TEORI NA PRÁTICA

Uma biografia intelectual

CLAUDIO XAVIER SEEFELDER FILHO
DANIEL COUSSIRAT DE AZEVEDO

Coordenadores

Prefácios
Luiz Fux
Luís Roberto Barroso

TEORI NA PRÁTICA

Uma biografia intelectual

Belo Horizonte

2022

© 2022 Editora Fórum Ltda.

É proibida a reprodução total ou parcial desta obra, por qualquer meio eletrônico, inclusive por processos xerográficos, sem autorização expressa do Editor.

Conselho Editorial

Adilson Abreu Dallari
Alécia Paolucci Nogueira Bicalho
Alexandre Coutinho Pagliarini
André Ramos Tavares
Carlos Ayres Britto
Carlos Mário da Silva Velloso
Cármen Lúcia Antunes Rocha
Cesar Augusto Guimarães Pereira
Clovis Beznos
Cristiana Fortini
Dinorá Adelaide Musetti Grotti
Diogo de Figueiredo Moreira Neto (*in memoriam*)
Egon Bockmann Moreira
Emerson Gabardo
Fabrício Motta
Fernando Rossi
Flávio Henrique Unes Pereira
Floriano de Azevedo Marques Neto
Gustavo Justino de Oliveira
Inês Virgínia Prado Soares
Jorge Ulisses Jacoby Fernandes
Juarez Freitas
Luciano Ferraz
Lúcio Delfino
Marcia Carla Pereira Ribeiro
Márcio Cammarosano
Marcos Ehrhardt Jr.
Maria Sylvia Zanella Di Pietro
Ney José de Freitas
Oswaldo Othon de Pontes Saraiva Filho
Paulo Modesto
Romeu Felipe Bacellar Filho
Sérgio Guerra
Walber de Moura Agra

Luís Cláudio Rodrigues Ferreira
Presidente e Editor

Coordenação editorial: Leonardo Eustáquio Siqueira Araújo
Aline Sobreira de Oliveira

Conselho de apoio, estruturação e organização: Caio Victor Ribeiro dos Santos / Frederico Carvalho Dias

Rua Paulo Ribeiro Bastos, 211 – Jardim Atlântico – CEP 31710-430
Belo Horizonte – Minas Gerais – Tel.: (31) 2121.4900
www.editoraforum.com.br – editoraforum@editoraforum.com.br

Técnica. Empenho. Zelo. Esses foram alguns dos cuidados aplicados na edição desta obra. No entanto, podem ocorrer erros de impressão, digitação ou mesmo restar alguma dúvida conceitual. Caso se constate algo assim, solicitamos a gentileza de nos comunicar através do *e-mail* editorial@editoraforum.com.br para que possamos esclarecer, no que couber. A sua contribuição é muito importante para mantermos a excelência editorial. A Editora Fórum agradece a sua contribuição.

Dados Internacionais de Catalogação na Publicação (CIP) de acordo com a AACR2

S451t	Seefelder Filho, Claudio Xavier Teori na prática: uma biografia intelectual / Claudio Xavier Seefelder Filho, Daniel Coussirat de Azevedo. – Belo Horizonte : Fórum, 2022. 498 p. ; 17cm x 24cm. Inclui bibliografia. ISBN: 978-65-5518-344-3 1. Direito Público. 2. Biografia. I. Azevedo, Daniel Coussirat de. II. Título.
2022-633	CDD: 341 CDU: 342

Elaborado por Odilio Hilario Moreira Junior – CRB-8/9949

Informação bibliográfica deste livro, conforme a NBR 6023:2018 da Associação Brasileira de Normas Técnicas (ABNT):

SEEFELDER FILHO, Claudio Xavier; AZEVEDO, Daniel Coussirat de (Coord.). *Teori na prática*: uma biografia intelectual. Belo Horizonte: Fórum, 2022. 498 p. ISBN 978-65-5518-344-3.

Ao saudoso Min. Teori Albino Zavascki.

Professor de Graduação e Pós-Graduação, Ex-Procurador do Banco Central, Desembargador (integrante da primeira composição) e Presidente do Tribunal Regional Federal da 4ª Região, Ministro do Superior Tribunal de Justiça (STJ) por quase uma década e Ministro do Supremo Tribunal Federal (STF) desde novembro de 2012, o Exmo. Min. Teori Zavascki foi um excepcional jurista, estudioso e preocupado com a correta aplicação da lei. Sempre zeloso e atento às causas que envolviam a Fazenda Pública, além de um entusiasta da atuação e da postura da Procuradoria-Geral da Fazenda Nacional (PGFN) na defesa da União em juízo. Ainda quando era Ministro do Superior Tribunal de Justiça (STJ), chegou a visitar a Coordenação-Geral de Representação Judicial da Fazenda Nacional (CRJ/PGFN) para um debate jurídico franco com os colegas que atuavam perante o STJ, o STF e na área de consultoria processual civil da PGFN. Na Presidência da 1ª Seção do STJ, abriu a sessão de julgamento do dia 24.3.2010 com congratulações e elogios à edição da Portaria PGFN nº 294/2010, em que destacou a responsabilidade do julgador na formação dos recursos repetitivos e a necessária autoridade substancial (não apenas formal) de seu conteúdo para a construção de um novo modelo de jurisdição. Solícito e disposto, prestou relevantes contribuições nos diversos debates realizados pela PGFN na tentativa de otimizar e aperfeiçoar a Lei de Execução Fiscal (LEF). Mestre e Doutor pela Universidade Federal do Rio Grande do Sul (UFRGS), sua tese de mestrado *A eficácia da sentença na jurisdição constitucional*, de 2001, inspirou os debates na construção do Parecer PGFN/CRJ nº 492/2011 (objeto de duas repercussões gerais no STF – RREE nºs 949.297/CE e 955.227/BA – Temas nºs 881 e 885). Coincidentemente, esse foi o tema de sua última palestra em vida, realizada no Congresso de Contencioso Tributário da PGFN e o FGTS em 12.12.2016.

Como relator da "Lava Jato" no STF, fez renovar a esperança e a convicção de que é possível fornecer uma resposta positiva à pergunta centenária e atualíssima de Clóvis Beviláqua, no intuito de mudar o estado das coisas em nosso país, *in verbis*:

Pela República

> Quando na solidão do meu gabinete contemplo o Brasil que agoniza no leito das torturas que lhe armaram os desmandos do regime que nos rege: quando escuto as invectivas indecorosas que mutuamente se assacam os bandos políticos que, como lobos famintos, disputam entre si as migalhas de um poder degenerado: quando constato o estado de apatia coletiva que mais parece uma saliência do caráter nacional – enquanto o povo estorce-se nas garras aduncas da miséria, da ignorância, e do vilipêndio: quando vejo a honra, e o talento abatidos pela exaltação da mediocridade bem sucedida dos charlatões e pusilânimes da causa pública: e quando descortino o horizonte da impunidade e da desesperança – eu me pergunto: não haverá

um único homem que, purificando o trato das instituições, sustenha a pátria que resvala para o abismo no fundo do qual irá encontrar seu esfacelamento? Como aterradora resposta, recolho o silêncio e o desânimo. (Clóvis Beviláqua, jun. 1879 – republicado no jornal *O Estado de S. Paulo*)

Privilegiados foram aqueles que puderam conviver e aprender com seus exemplos de postura, conduta, caráter e seu profundo conhecimento do direito.

Esta obra é uma singela homenagem à sua memória e ao seu legado.

Agradecemos a todos que participaram desta homenagem analisando e comentando as inúmeras contribuições do Min. Teori Albino Zavascki ao direito e à justiça.

O juiz deve fazer aquilo que ele acha que o direito determina em certo momento, ele não tem a opção de ser político, de decidir conforme sua vontade.
(Teori Zavascki)

SUMÁRIO

PREFÁCIO
Luiz Fux 19

PREFÁCIO
Luís Roberto Barroso 21

APRESENTAÇÃO
Claudio Xavier Seefelder Filho, Daniel Coussirat de Azevedo 25

A REPÚBLICA, O FEDERALISMO E O STF
Nelson Azevedo Jobim 27
1   A República. Constituição de 1891 27
2   As transições conciliatórias 31
3   A República. Constituição de 1891. Continuação 33
3.1   O Supremo Tribunal Federal 35
3.2   Controle da constitucionalidade e as decisões das justiças estaduais 36
3.3   Lei nº 221, 20.11.1894, e Amaro Cavalcanti 36
3.4   A França e os Estados Unidos da América 38
3.5   Brasil 41
3.5.1   Hipótese para a solução de 1894 41
3.5.2   Da Emenda Constitucional de 1926 à EC nº 16 de 1965 42
4   Teori Zavascki e a ADI nº 4.650/DF 44

A GRANDE MENSAGEM DO MINIMALISMO: ADI Nº 4.650 COMO CRÔNICA
DA MENTALIDADE DECISÓRIA DE TEORI ZAVASCKI
Daniel Pincowscy 49
    Introdução 49
    Breve contextualização da ADI nº 4.650 51
    O direito em tempos de constitucionalismo: o que podemos aprender com as diferentes mentalidades judiciárias 52
    "Empresa não vota": ciladas argumentativas, os custos deliberativos e as consequências adversas envolvidas na vedação judicial do financiamento empresarial da política 57
    Conclusão 63
    Referências 64

GARANTIAS INDIVIDUAIS E CULPABILIDADE NA AÇÃO DE IMPROBIDADE.
ENSINAMENTOS DE TEORI ZAVASCKI
Gilson Dipp, Rafael de A. Araripe Carneiro 65
    Considerações iniciais 65
1   A identidade com o direito penal e a observância das garantias individuais ... 66

2	As características incomuns e inéditas da ação da improbidade	68
3	O elemento subjetivo nos julgados de Teori	69
4	Contexto crítico que justificou a nova Lei de Improbidade	71
5	A reforma da Lei nº 14.230/21 sob a ótica de Teori	73
	Conclusões	75
	Referências	75

RESPONSABILIDADE CIVIL: O ESTADO COMO AGENTE ATIVO E PASSIVO DA CONDUTA LESIVA
Grace Mendonça 77

	Considerações iniciais	77
I	Responsabilidade civil do Estado	77
II	Ressarcimento ao erário	81
III	Interesse público e responsabilidade civil	82

A NATUREZA JURÍDICA DO PEDÁGIO E A CONTRIBUIÇÃO DO MINISTRO TEORI ZAVASCKI
Marcus Vinicius Barbosa 85

I	Introdução	85
II	Comentários ao voto do Ministro Teori Zavascki no REsp nº 417.804	86
III	Comentários ao voto do Ministro Teori Zavascki na ADI nº 800	88
IV	A relevância dos votos do Ministro Teori Zavascki para o debate sobre a natureza jurídica do pedágio no Brasil	91
V	Conclusão	96
	Referências	97

UM TÉCNICO HUMANISTA
Eliana Calmon Alves 99

I	Introdução	99
II	Comentários sobre o precedente	101
1	Introdução	101
2	Análise do acórdão	104
3	Votos divergentes	105
4	Comentários	107
III	Conclusões	109
	Referências	110

O JULGAMENTO DA RCL Nº 4.335/AC E A APLICAÇÃO DO ART. 52, X, DA CONSTITUIÇÃO FEDERAL
Gilmar Ferreira Mendes 113

I	Introdução	113
II	O julgamento da Rcl nº 4.335	116
III	Conclusão	118

TEORI ZAVASCKI: O JURISTA QUE SE TORNOU REFERÊNCIA NO MEIO JUDICIAL SEM NUNCA TER BUSCADO O PROTAGONISMO
José de Castro Meira 123

I	Introdução	123
II	Comentários sobre julgados selecionados	125
II.1	TRF4, AC nº 90.04.00445-9, 2ª Turma	125
	Breve relato	125
	Comentários	126
II.2	STJ, REsp nº 575.280, voto-vista	130
	Breve relato	131
	Comentários	132
II.3	STF, ações diretas de inconstitucionalidade nºs 4.357 e 4.425, voto vogal vencido	137
	Breve relato	137
	Comentários	140
III	Conclusão	143
	Referências	144

EM HOMENAGEM A TEORI
Ellen Gracie Northfleet 147

CONTRIBUIÇÕES DO MIN. TEORI ALBINO ZAVASCKI AO TEMA DA JURISDIÇÃO CONSTITUCIONAL E DA EFICÁCIA TEMPORAL DA COISA JULGADA NAS RELAÇÕES JURÍDICAS DE TRATO CONTINUADO
Claudio Xavier Seefelder Filho 161

1	Introdução	161
2	Jurisdição constitucional e a força do precedente do STF	164
3	A coisa julgada nas relações jurídicas de trato sucessivo, os limites temporais da coisa julgada e a cláusula *rebus sic stantibus*	169
4	Conclusão	181
	Referências	181

LIÇÕES ATUAIS NO MINISTRO TEORI SOBRE A EXECUÇÃO PROVISÓRIA DA PENA
Luana Vargas Macedo 185

I	Notas introdutórias sobre o papel desempenhado pelo Ministro Teori Albino Zavascki no debate em torno da constitucionalidade ou não da chamada "execução provisória da pena"	185
II	Evolução da jurisprudência do STF sobre a execução provisória da pena	187
III	Definição do objeto deste artigo	190
IV	O art. 283 do CPP traduz interpretação razoável e legítima do princípio da presunção de inocência previsto no art. 5º, inc. LVII, da CF/88?	191
IV.1	Nota prévia: o art. 283 do CPP e o art. 5º, inc. LVII, da CF/88 possuem conteúdos distintos	191
IV.2	Conteúdo essencial do princípio da presunção de inocência, nos termos previstos na Constituição brasileira	192
IV.3	A vedação à proteção insuficiente de direitos individuais e sociais como limite ao espaço de conformação do legislador na densificação do princípio da presunção de inocência	195
IV.4	A vedação à execução provisória da pena contribui para a disfuncionalidade do sistema penal brasileiro	197

V	O outro lado da moeda: a execução provisória não ofende a proporcionalidade em sua faceta de proteger o réu em face do excesso estatal	204
V.1	A prisão após decisão condenatória de 2ª instância resulta de um juízo exaustivo e definitivo acerca da culpa do réu	204
VI	Efeitos colaterais decorrentes da vedação da execução provisória da pena – Recursos protelatórios, morosidade e seletividade	208
VII	O impacto da execução provisória da pena na situação carcerária do país: primeiras impressões	210
VIII	Conclusão: as decisões proferidas em 2016 pelo STF sobre o tema "execução provisória da pena" representaram uma mudança de rumos que precisa ser retomada	211

COOPERAÇÃO JURÍDICA INTERNACIONAL PENAL NO CASO BORIS BEREZOVSKY: O ACÓRDÃO DO STJ NA RECLAMAÇÃO Nº 2.645/SP

Anselmo Henrique Cordeiro Lopes 215

	Introdução	215
1	Antecedentes fáticos do caso	215
2	Argumentos apresentados pela parte reclamante	216
3	Antecedentes jurídicos do tema	217
4	Diferenciação entre carta rogatória e auxílio direto	219
5	Os fundamentos do voto de Teori Zavascki na Reclamação nº 2.645/SP	221
6	Votos divergentes e convergentes	226
7	Legado do precedente: as grandes investigações de combate à corrupção	228
	Conclusão	230
	Referências	230

O MAGISTRADO TEORI ALBINO ZAVASCKI E O DIREITO PROCESSUAL CIVIL: TUTELA ANTECIPADA, COMPETÊNCIA E LEGITIMIDADE

Daniel Coussirat de Azevedo 233

I	....	234
II	....	238
III	....	243

AÇÕES RESCISÓRIAS E A SÚMULA Nº 343 DO SUPREMO TRIBUNAL FEDERAL: A ABORDAGEM DETERMINANTE DO MINISTRO TEORI ZAVASCKI

Lana Borges Câmara 245

| | Referências .... | 257 |

A SENTENÇA MERAMENTE DECLARATÓRIA COMO TÍTULO EXECUTIVO – UMA IMPORTANTE CONTRIBUIÇÃO DE TEORI ALBINO ZAVASCKI

Fredie Didier Jr., Paulo Mendes 259

1	Considerações iniciais	259
2	Da "sentença condenatória" à "decisão que reconhece a existência de uma obrigação"	260
3	O direito à mera declaração	265
4	Da não interrupção da prescrição pela demanda meramente declaratória	266

5	Exemplos de decisões meramente declaratórias com força executiva	267
6	Considerações finais	268
	Referências	268

DIREITO PROCESSUAL CIVIL. DIREITO COLETIVO

João Batista de Figueiredo 271

1	Introdução	271
2	Breve incursão na doutrina de Zavascki sobre processo coletivo	272
2.1	Direitos transindividuais (difusos e coletivos) e direitos individuais (homogêneos)	273
2.2	Os dois grandes domínios do processo coletivo	275
2.2.1	O domínio da tutela dos direitos transindividuais, difusos e coletivos (a ação civil pública, a ação popular e a ação de improbidade administrativa)	275
2.2.2	O domínio da tutela coletiva dos direitos individuais homogêneos (as ações civis coletivas e o mandado de segurança coletivo)	277
3	Comentários sobre os precedentes objeto do artigo	279
3.1	TRF4, AI nº 93.04.19891-7, 2ª Turma, DJ de 19.1.1994: Processo civil. Processo coletivo. Ações individuais concomitantes. Alternativas	280
3.2	TRF4, AC nº 94.04.48727-9, 2ª Turma, DJ de 4.12.1996: Processual civil. Processo coletivo. Associação. Legitimidade. Relação jurídica tributária	282
3.3	TRF4, AC nº 94.04.54999-1, 5ª Turma, DJ de 26.7.1995: Processual civil. Ação civil pública. Cabimento. Perdas do FGTS	285
3.4	STJ, REsp nº 605.323, Primeira Turma, DJ de 17.10.2005: Processual civil. Ação civil pública. Defesa do meio ambiente. Cumulação de pedidos	288
4	Conclusão	291
	Referências	292

TEORI ALBINO ZAVASCKI: RETIDÃO E PADRÃO DE COERÊNCIA JURISPRUDENCIAL. O TEMA DA TRIBUTAÇÃO NA INDENIZAÇÃO POR DANOS MORAIS

Arnaldo Sampaio de Moraes Godoy, Liziane Paixão Silva Oliveira 295

1	Introdução e linhas gerais da investigação	295
2	O Recurso Especial nº 963.387-RS, uma situação kafkiana e a decisão do Colegiado	296
3	O Recurso Especial nº 963.387-RS, a posição do Ministro Teori e o princípio do *non olet*	297
4	Considerações finais	302
	Referências	302

O JULGAMENTO DO RESP Nº 426.945 (CASO VOLVO) E O VOTO DO MINISTRO TEORI ZAVASCKI: A DESMISTIFICAÇÃO DE PROBLEMAS TRIBUTÁRIOS

Adriano Chiari da Silva 305

AS CONTRIBUIÇÕES DE ZAVASCKI E O FENÔMENO INFLACIONÁRIO DOS CRÉDITOS ESCRITURAIS

Amanda de Souza Geracy 315

1	Breves reflexões sobre o estilo julgador do Ministro Teori Zavascki	315

2	A contribuição de Teori à pacificação da controvérsia em torno da correção monetária dos créditos escriturais..	317
2.1	Esclarecimentos necessários: do regramento aplicável aos créditos escriturais e a diferenciação com o indébito tributário	317
2.2	Do julgamento, pelo STJ, do Recurso Especial nº 552.015/RS e dos embargos de divergência em recursos especiais nºs 468.926/SC e 530.182/RS.................	318
3	Da evolução da discussão: termo inicial da correção monetária excepcionalmente devida	323
4	Considerações finais..	324
	Referências...	324

COMENTÁRIOS AO ACÓRDÃO DO STF NO RECURSO EXTRAORDINÁRIO Nº 541.090/SC

Paulo Roberto Riscado Junior, Moisés de Sousa Carvalho Pereira.................... 327

1	Breves palavras sobre o Ministro Teori Zavascki..	327
2	Introdução..	327
3	Resumo dos votos dos ministros Joaquim Barbosa e Teori Zavascki no RE nº 541.090/SC..	333
4	Comentários aos votos dos ministros Joaquim Barbosa e Teori Zavascki no RE nº 541.090/SC...	335
5	Conclusão..	340
	Referências...	340

PRECEDENTES RELEVANTES EM DIREITO TRIBUTÁRIO: HIPÓTESE DE INCIDÊNCIA TRIBUTÁRIA, ISENÇÕES E IMUNIDADES

Alexandra Maria Carvalho Carneiro 343

I	Introdução..	343
II	Comentários sobre precedentes..	345
II.1	Impossibilidade de estender revogação de isenção por ato infralegal.............	345
II.2	Incidência de imposto de renda sobre verba indenizatória	348
II.3	Imunidade das entidades beneficentes de assistência social	354
III	Conclusão..	358
	Referências...	359

SOB O SIGNO DE TEORI: JULGAMENTOS SOBRE A EXTINÇÃO DO CRÉDITO PÚBLICO

José Péricles Pereira de Sousa.. 361

Julgamentos sobre a extinção do crédito público	362
Tese dos 5 + 5	362
Inconstitucionalidade do art. 45 da Lei nº 8.212/91	366
Prescrição para repetir, quando há declaração de inconstitucionalidade pelo STF...	369
Recurso repetitivo sobre prova de recolhimentos em mandados de segurança	371
Conclusão..	374

MOLDURA JURISPRUDENCIAL DO INSTITUTO DA RESPONSABILIDADE TRIBUTÁRIA: LEGADO DO MIN. TEORI
Flávia Palmeira de Moura Coelho, Rogerio Campos 377
1 Introdução 377
2 Impossibilidade de expedição de certidão de regularidade fiscal em face da existência de tributo declarado pelo contribuinte e não pago 378
3 Denúncia espontânea 380
4 Responsabilidade do sócio-gerente 384
5 Conclusões 388
Referências 388

REFLEXÕES E LEGADOS DE TEORI SOBRE O TEMA DO SIGILO BANCÁRIO
Luciana Miranda Moreira 391
Julgados 391
Introdução 391
Comentários 392
Conclusões 397
Referências 398

A CONTRIBUIÇÃO DO MINISTRO TEORI ZAVASCKI NA DISCUSSÃO DO CRÉDITO-PRÊMIO DO IPI
Fabrício Da Soller 399
Introdução 399
O termo final de vigência do crédito-prêmio do IPI 400
Conclusão 406

DIREITO PREVIDENCIÁRIO: DO MAGISTÉRIO À MAGISTRATURA, DO TRIBUNAL REGIONAL FEDERAL DA 4ª REGIÃO AO SUPREMO TRIBUNAL FEDERAL
Oscar Valente Cardoso 409
Introdução 409
1 Valor mínimo dos benefícios previdenciários 410
2 Benefício previdenciário e coisa julgada administrativa 412
3 Prazo decadencial para a revisão de benefício previdenciário 414
4 Direito à desaposentação 416
Conclusões 419

DANO MORAL COLETIVO *IN* TEORI: INQUIETUDES PERSISTENTES
Paulo Marcos de Farias, Vanessa Wendhausen Cavallazzi 421
1 Introdução 421
2 Recurso Especial nº 598.281/MG: um voto paradigmático 422
3 "Danos morais transindividuais?" 425
3.1 A natureza jurídica do dano moral coletivo e os requisitos para o seu reconhecimento 426
3.2 A conexão entre danos morais e a ideia de transindividualidade 428
4 Dano moral coletivo: contribuições para um conceito operacional 431

5   Conclusão 435
       Referências 436

REGULARIZAÇÃO FUNDIÁRIA E CONSTITUIÇÃO
Manoel L. Volkmer de Castilho 439
       Introdução 440
       Um pouco da história das ocupações 441
       A regularização fundiária. Terras devolutas da União 445
       Faixa de fronteira. Reforma agrária 445
       Política fundiária atual e Constituição 460
       O direito à regularização 472
       Conclusão... 475

NOTA SOBRE O TEMA DECISÃO DO STF NA AC Nº 4.070 – "SUSPENSÃO DE MANDATO PARLAMENTAR E AFASTAMENTO DA PRESIDÊNCIA DA CÂMARA DOS DEPUTADOS"
Luiz Carlos Sturzenegger 477
       Introdução 477
       O caso 479
       Voto. Soberania popular. Imunidades para detentores de mandato eletivo 479
       Imunidades parlamentares e sentença penal condenatória transitada em julgado. Jurisprudência do STF. Evolução recente 480
       Suspensão de mandato eletivo por decisão do STF em processo criminal em fase de investigação (AC nº 4.070 DF). Fundamentos 485
       Suspensão de mandato eletivo por decisão do STF em processo criminal em fase de investigação (AC nº 4.070 DF). Discussão 488
       Referência 492

SOBRE OS AUTORES 493

PREFÁCIO

Pelo prisma sofisticado de seus autores e organizadores, o livro que o leitor tem em mãos descortina a serenidade, o equilíbrio e a técnica que são marcas indeléveis da biografia intelectual do Ministro Teori Zavascki. Por isso, se "ler é sonhar pela mão de outrem", como bem entreviu Fernando Pessoa, a presente obra nos oferta um privilégio redobrado.

Primeiro, permite-nos sonhar pelas mãos de nosso tão saudoso Teori, cuja consistente produção jurisprudencial reflete – e eterniza – seu legado de virtudes e ensinamentos.

E, segundo, oportuniza-nos a perspectiva preciosa de autores de imenso quilate, cujos comentários e reflexões logram realçar ainda mais o brilho dos precedentes lavrados pelo nosso sempre ministro. Propicia-nos, por conseguinte, sonharmos também por intermédio dessas diversas e insignes mãos.

As páginas que se seguem apresentam análises percucientes de votos paradigmáticos proferidos pelo Ministro Teori ao longo de seus quase 28 anos de prática judicante. Trata-se de uma cuidadosa amostragem, a qual reluz com precisão suas inúmeras contribuições nos mais diversos ramos do direito – constitucional, administrativo, penal, internacional penal, civil, processual civil, tributário e eleitoral.

Ao reunir julgados de tão amplo espectro temporal (1990 a 2017), proferidos em distintos tribunais (TRF4, STJ e STF), e relativos a temas tão heterogêneos, o ponto alto da obra é justamente trazer a lume os aspectos comuns, que formam o conjunto tão singular de predicados presentes em toda a trajetória de Teori.

Deveras, como juiz especialmente vocacionado que era, Teori nos mostrou que é possível ser um magistrado técnico, sem deixar de ser sensível; brilhante, sem deixar de ser discreto; e eficiente, sem deixar de ser meticuloso. Por seus votos – tão profundos quanto objetivos – compreende-se que o refino prescinde de qualquer rebuscamento; que a complexidade pode ser desvelada de modo simples e acessível; e que a autocontenção ao decidir é compatível com a coragem e a tenacidade.

Porém, foi como ser humano – à frente de seu tempo – que Teori nos deixou seus maiores ensinamentos: comprovou que é possível transmitir tanta firmeza, quanto gentileza; e tanta excelência, quanto modéstia. Que se pode carregar fardos pesados com leveza; e grandes responsabilidades com humanidade.

Ao reunir essa constelação tão rara de virtudes, sua presença permanece viva, porquanto seu exemplo se faz rumo para nós. É por isso que rememorar Teori é dar vida às palavras de Rui Barbosa em sua Oração aos moços: apesar da grande saudade, em nossos corações "não há passado, nem futuro, nem ausência [...] tudo lhe é atualidade, tudo presença".

Por isso, honrado sobremaneira de prefaciar a presente obra, desejo a todos os leitores que – assim como eu – possam se encantar e se inspirar na admirável biografia intelectual do Ministro Teori Zavascki, ora descortinada, com maestria e sensibilidade, pelos autores e organizadores deste livro.

Brasília, 8 de fevereiro de 2022.

Luiz Fux
Presidente do Supremo Tribunal Federal.

PREFÁCIO

I Um breve depoimento pessoal

Difícil crer que já se passaram tantos anos desde a partida de Teori. Discreto, sereno e extremamente preparado, ele desempenhava no Supremo Tribunal Federal um papel valioso em qualquer instituição: o de funcionar como uma ponte entre atores com visões diferentes, sempre procurando um ponto de equilíbrio e a harmonia possível entre as posições contrárias. Fazia isso com naturalidade, sem abrir mão de princípios ou de convicções. Era um dom, uma bênção. Quando de sua morte prematura, em janeiro de 2017, escrevi um breve texto sobre ele, a pedido da *Folha de S.Paulo*, no qual disse: "O Brasil, o Supremo e os amigos não estavam preparados para viver sem Teori Zavascki". Triste verdade.

Teori não era, com alguns supunham, um homem conservador. Pelo contrário, tinha mente aberta e arejada. Mas era, sim, um juiz tradicional, no sentido de não ser afeito a modernidades pouco testadas e menos ainda ao protagonismo judicial. Ao se tornar relator da Lava-Jato no Supremo, ele se queixava, acima de tudo, da exposição pública a que passou a estar sujeito. Lamentou, mas não deixou de cumprir, com ponderação e afinco, a árdua missão que lhe tocou. Certa vez disse a ele, no Plenário do Tribunal: "O país teve muita sorte de tê-lo como relator da Lava-Jato". Com o estilo de sempre e um sorriso maroto, ele respondeu: "Quem não teve sorte fui eu!".

Gostávamos de estar juntos e de trocar ideias. Não que concordássemos em tudo. Mas tínhamos princípios basilares semelhantes e nos preocupávamos com o Brasil. Sem qualquer outro interesse ou agenda. Quando havia algo importante acontecendo, ele ia lá em casa às segundas-feiras para pizza e vinho. Charuto eu já não podia mais, mas era um dos prazeres de que ele gostava. Ali conversávamos e pensávamos sobre caminhos e alternativas possíveis. Fomos juntos ao Rio assistir à magnífica abertura das Olimpíadas de 2016. Impossível imaginar que ele iria embora pouco tempo depois.

II O homem, o jurista e o juiz

Teori tinha a simplicidade das pessoas profundas. O senso de humor de quem é verdadeiramente sério. Era um magistrado por vocação e destino. Mesmo tendo escolhido a Procuradoria do Banco Central à nomeação como juiz federal, tornou-se desembargador do Tribunal Regional da 4ª Região, ministro do Superior Tribunal de Justiça e ministro do Supremo Tribunal Federal. Nos meus tempos de advocacia, despachei com ele diversas vezes, postulando direitos que me pareciam legítimos. Admirava-o tanto pela cortesia e consideração com que tratava advogados – conhecidos ou anônimos – quanto pela nossa fraterna e espirituosa convivência no Tribunal. Gosto de dizer que a gente na vida ensina sendo. Teori foi um bom exemplo disso.

Teori Zavascki era processualista de formação, com mestrado e doutorado em Processo Civil pela Universidade Federal do Rio Grande do Sul, destacando-se, ainda, como renomado professor da matéria naquela instituição. Os livros *Eficácia das sentenças na jurisdição constitucional* e *Processo coletivo: tutela de direitos coletivos e tutela coletiva de direitos* são leituras valiosas para quem queira se aventurar nos caminhos do direito constitucional e do direito processual contemporâneos. A pedido do Centro Universitário de Brasília – UniCEUB, convidei-o para ser professor no programa de mestrado e doutorado daquela instituição. As aulas teriam início justamente poucas semanas após o fatídico acidente.

Mas não foi o direito processual civil que deu a ele a visibilidade indesejada. Em seus últimos anos como ministro do STF, atuou com a seriedade e a técnica que lhe eram peculiares em casos penais delicadíssimos. E não foram poucas as decisões emblemáticas que passaram por suas mãos. Entre elas, a possibilidade de execução da pena após a condenação em 2º grau; o afastamento do mandato e da presidência da Câmara dos Deputados de parlamentar sob acusações graves; a prisão de um senador da República acusado de interferir em investigação em curso. Para citar as que tiveram mais visibilidade. Também o direito tributário teve sua contribuição destacada, tornando-o referência na área, desde os tempos do Superior Tribunal de Justiça. Boa técnica e profundidade eram as marcas de qualidade dos seus votos. Era possível discordar dele, mas não era tarefa fácil. E, sobretudo, era impossível não apreciar, refletir e reconhecer a linearidade de seu raciocínio.

III Esta obra de homenagem

Impossível exagerar a importância da iniciativa dos coordenadores desta coletânea e a felicidade com que a estruturaram. Claudio Xavier Seefelder Filho, Procurador da Fazenda Nacional, esteve à frente da representação da Fazenda em alguns dos temas mais importantes de direito tributário decididos no Supremo Tribunal Federal; e Daniel Coussirat de Azevedo foi assessor direito de Teori por quase 15 (quinze) anos, entre o período do TRF da 4ª Região e o Supremo Tribunal Federal. Sou testemunha do empenho que tiveram e do carinho com que nutriram esta obra. O resultado é excepcional. Aqui está reunido um *dream team* de juristas das mais diferentes áreas.

Como já assinalado, Teori transitava com igual brilho em domínios diferentes do direito. Não por acaso, a obra contém a análise de seus votos em áreas como teoria da Constituição, direito constitucional, direito administrativo, direito processual civil, direito penal, direito internacional, direito previdenciário e direito tributário. Uma legião de amigos e admiradores participam desta obra. Ministros do STF, como Nelson Jobim, um dos seus grandes amigos, Gilmar Mendes e Ellen Gracie; ministros do STJ, como Gilson Dipp, Eliana Calmon e Castro Meira; membros do Ministério Público, como Luana Vargas Macedo; advogados públicos de destaque, como Arnaldo Godoy, Grace Mendonça e Marcus Vinicius Cardoso Barbosa; e advogados privados, como Luiz Carlos Sturzenegger, outro de seus grandes amigos, e o Professor Fredie Didier, entre muitos outros que dignificam o direito no Brasil.

Boa hora de sair do caminho. Prefácios longos são aborrecidos e desnecessários.

Muitas pessoas costumam ser reverenciadas quando ainda ocupam posições de poder, seja por merecimento real, seja pela aspiração de gratidão futura. A bela homenagem que aqui se presta passa ao largo de ambas as circunstâncias. Genuína e merecida, constitui reconhecimento por tudo o que o homenageado foi, fez e pelo tanto que até hoje nos inspira. Teori Zavascki é uma dessas pessoas que fazem imensa diferença nos lugares por onde passam e que deixam um vazio imenso quando se vão. Tê-lo conosco foi um privilégio da nossa geração. Cinco anos após sua partida, Teori continua presente.

Brasília, 23 de janeiro de 2022.

Luís Roberto Barroso
Ministro do Supremo Tribunal Federal. Presidente do Tribunal Superior Eleitoral (2020-2022). Professor titular da Universidade do Estado do Rio de Janeiro – UERJ.

APRESENTAÇÃO

Nascido em 15 de agosto de 1948 no município de Faxinal dos Guedes, Santa Catarina (à época, um distrito de Chapecó), Teori Albino Zavascki iniciou, na segunda metade dos anos 1960, seus estudos na Faculdade de Direito da Universidade Federal do Rio Grande do Sul.

Tendo concluído o curso em 1971, passou a se dedicar à advocacia. Em 1976, foi aprovado no concurso para advogado do Banco Central, passando a conciliar a atividade privada com a pública.

Em 1979, obteve aprovação nos concursos de consultor jurídico do estado do Rio Grande do Sul e de juiz federal, mas não tomou posse.

O encontro com a magistratura acabou ocorrendo dez anos depois. A Constituição de 1988 trouxe uma nova feição ao segundo grau de jurisdição da Justiça Federal, extinguindo o Tribunal Federal de Recursos e instituindo, em seu lugar, cinco Tribunais Regionais Federais.

Após uma exitosa trajetória na advocacia pública e privada, Teori Zavascki integrou a primeira composição do recém-criado Tribunal Regional Federal da 4ª Região, o qual abrangia os três estados da Região Sul, com sede em Porto Alegre.

Ali, aos 40 anos de idade, Teori Zavascki dava seus primeiros passos na carreira de juiz. Tendo em vista a competência do TRF4, destacou-se sua atuação em matéria de direito administrativo, econômico e tributário. Lado a lado com seus lapidares votos sobre o direito material, também sobressaíam seus posicionamentos no campo do direito processual civil, ramo ao qual se dedicava também nas atividades docente e doutrinária.

Em 2002, enquanto exercia a Presidência do TRF4, o Desembargador Federal Teori Zavascki apresentou-se como postulante à vaga aberta pela aposentadoria do Ministro Garcia Vieira, no Superior Tribunal de Justiça. Formada a lista tríplice para preenchimento de vaga destina a juiz de TRF, o Presidente Fernando Henrique Cardoso indicou-o para o STJ em 2002, e a nomeação ocorreria apenas em 2003, com Presidente Lula, confirmando seu nome. Começou a oficiar como Ministro do Superior Tribunal de Justiça em 8 de maio de 2003.

Nesse momento, a atuação do agora Ministro Teori Zavascki desborda o âmbito regional e passa a ter maior projeção no meio jurídico nacional. Rapidamente, suas posições audaciosas e inovadoras, expostas em votos de elevado rigor técnico, conquistam novos admiradores, além dos estudiosos de direito processual civil, que já acompanhavam sua robusta produção doutrinária.

A qualidade de seu desempenho no Superior Tribunal de Justiça faz com que o Ministro Teori Zavascki passe a figurar nas listas de cotados para uma vaga no Supremo Tribunal Federal.

Esta máxima honraria acaba vindo no ano de 2012. Com a aposentadoria do Ministro Cezar Peluso em setembro, abre-se a vaga, para a qual o Ministro Teori Zavascki é indicado pela Presidenta Dilma Rousseff.

Desde sua posse, em 29 de novembro do mesmo ano, apresentou-se para o Ministro Teori um desafio que, até então, mostrara-se raro e episódico: a jurisdição penal. Já em 2013, teve participação importante no julgamento dos embargos de declaração da AP nº 470 – o célebre caso do "Mensalão".

Mas nada em sua carreira teve o impacto e a visibilidade que lhe proporcionaram as ações ligadas à "Operação Lava-Jato". A partir de 2015, o Ministro Teori Zavascki cruza a linha que delimita a comunidade jurídica e torna-se uma personalidade popular, aparecendo com frequência na televisão, nos jornais e nas revistas de circulação nacional.

Este brilhante percurso foi subitamente interrompido em 19 de janeiro de 2017, pela queda da aeronave que transportava o Ministro Teori de São Paulo a Paraty, no Rio de Janeiro.

Encerrado este breve histórico de sua trajetória profissional, entrega-se agora ao leitor uma biografia intelectual do Ministro Teori Zavascki. Busca-se nesta obra resgatar os mais notáveis votos proferidos pelo inesquecível magistrado em seus quase 28 anos de atividade judicante, em três diferentes tribunais.

Esses lapidares precedentes vêm acompanhados da reflexão de juízes, advogados públicos e privados, juristas e colaboradores que seguiram de perto o caminho percorrido pelo Ministro Teori na magistratura.

Mais do que uma merecida homenagem à memória de um grande homem público brasileiro, pretende-se trazer para as atuais e futuras gerações seu avançado e sofisticado pensamento jurídico, realçado pelo comentário dos que tiveram o privilégio do contato mais próximo com a produção jurisprudencial do Ministro Teori Zavascki.

Claudio Xavier Seefelder Filho
Daniel Coussirat de Azevedo

A REPÚBLICA, O FEDERALISMO E O STF

NELSON AZEVEDO JOBIM

1 A República. Constituição de 1891

Amaro Cavalcanti escreveu em 1899:

> A Nação Brasileira passara, subitamente, do Estado simples, unitário, monárquico em que se achava organizada, havia mais de dois terços do século, e funcionando sob o regime parlamentar, para o sistema composto, e o mais descentralizado de todos: o Estado-Federal ou a República Federativa, sob a forma presidencial.[1]

Antes – em 1870 – a ala radical dos Liberais, já em cisão, funda o Partido Republicano e proclama, em seu *Manifesto*:

> A autonomia das províncias, a sua desvinculação da Corte, a livre escolha dos seus administradores, as suas garantias legislativas por meio de assembleias provinciais [...] a livre gerência de seus negócios [...].
>
> A centralização, tal qual existe, representa o despotismo, dá força ao poder pessoal que avassala, estraga e corrompe os caracteres, perverte e anarquiza os espíritos, comprime a liberdade, constrange o cidadão, subordina o direito de todos ao arbítrio de um só poder, nulifica de fato a soberania nacional, mata o estímulo do progresso local, suga a riqueza peculiar das províncias, constituindo-as satélites obrigadas da corte – centro absorvente e compressor que tudo corrompe e tudo concentra em si [...].

Era a convicção federalista.
Vinha do Império.
Impôs-se na República.
Sabe-se que, na madrugada do dia 15.11.1899, houve um golpe militar contra o Gabinete liberal do Visconde de Ouro Preto: "[...] ninguém veio em socorro do velho e doente Imperador".[2]
O golpe fora plantado em 1868.

---

[1] CAVALCANTI, Amaro. *Regime federativo e a República brasileira*. Brasília: UNB, 1983. p. 124.
[2] MATTOS, I. R. *História do Brasil Império*. Rio de Janeiro: Campus, [s.d.].

A queda do gabinete liberal de Zacarias de Gois com a posse do ministério conservador do Visconde de Itaboraí, do clã dos Saquaremas.

Tudo provocado pelo pedido do gabinete para a demissão de Caixas do comando das forças na Guerra do Paraguai e a reação daquele.

José Bonifácio, o moço, verberou:

> Hoje, do dia para a noite, um ministério cahe no meio de uma numerosa maioria parlamentar, e inopinadamente surgem os nobres ministros como hospedes importunos que batem fora de horas e pedem agasalho em casa desconhecida.
>
> Daríamos por mera complacência o apoio material e constrangido do nosso voto a um gabinete a quem não podemos prestar nossa cooperação moral, inteligente e livre. Desgraçado o governo que se visse condemnado a viver da generosidade de seus adversários; e mais desgraçado ainda o paiz que contemplasse sem estranheza esse espectaculo do aviltamento dos depositários de seus destinos.[3]

Era o Exército roendo as bases da Coroa.

Se por um lado as crises políticas do 2º Império desestabilizavam o Trono, por outro lado, as "molas fundamentais da economia imperial começaram a assentar em outras forças sociais".[4]

Eram os antigos proprietários rurais curvando-se à emergente burguesia agrária cafeeira. "A espada do marechal Deodoro abria as portas da República para que por ela passassem os Republicanos evolucionistas carregando um novo rei: o café de São Paulo".[5]

Com essa mudança nas bases e nas forças sociais, ingressou-se na República.

No 15 de novembro, o Marechal, com um regimento, derrubou o Gabinete liberal.

Na Câmara Municipal do Rio de Janeiro, na tarde do mesmo dia, Silva Jardim, José do Patrocínio e Lopes Trovão, em ato público, anunciaram a queda da Monarquia e a chegada da República.

E o povo, na expressão de Aristides Lobo, assistia "bestializado" ao desfile militar da Praça da Aclamação.

Benjamin Constant Botelho de Magalhães, militar, promoveu que o Marechal convertesse a queda do Gabinete imperial em queda do Regime.

(A Constituição de 1891 não esqueceu esse fato e reconheceu a importância de Benjamin Constant).[6]

Assim, fez-se a República.

E, por isso, ao novo regime se impunha forte reação contra a Monarquia e contra tudo que ela produziu e defendeu.

Os Republicanos tinham que ser federalistas, porque a Monarquia fora unitária.

Os Republicanos tinham que ser presidencialistas, porque a Monarquia havia sido um regime de gabinete.

---

[3] Sessão de 17.7.1868 em *Discursos parlamentares*. Rio de Janeiro: [s.n.], 1880. p. 579-580.
[4] Fernando Henrique Cardoso, HCB.
[5] MATTOS, I. R. *História do Brasil Império*. Rio de Janeiro: Campus, [s.d.].
[6] CF, 1981: "Art. 8º O Governo federal adquirirá para a Nação a casa em que faleceu o Doutor Benjamin Constant Botelho de Magalhães e nela mandará colocar uma lápide em homenagem à memória do grande patriota – o fundador da República".

Aos Republicanos, o parlamentarismo soava como o produto de uma acomodação europeia da burguesia com a Monarquia.

O primeiro ato do Governo Provisório (Decreto nº 1), redigido por Ruy Barbosa, afirmou, desde logo, a natureza federativa da República.

"Fica proclamada provisoriamente e decretada como forma de governo da Nação Brasileira – a República Federativa" (art. 1º).

A destruição do estado unitário da Monarquia era uma necessidade para a implantação e consolidação do novo regime.

Era o princípio federativo a moldar as novas instituições políticas, afirmando a República e sepultando a memória do Império.

O mesmo Decreto nº 1, na esteira do furor federativo, faz menção à "legítima soberania" dos estados, anunciando o grande debate que se travaria no seio da Constituinte republicana.

No dia 3 de dezembro do ano da Proclamação é constituída, pelo Decreto nº 29, comissão especial para a elaboração do anteprojeto de Constituição.

O trabalho da "comissão dos cinco" se encerra em 24.5.1890. O marechal remete-o a seu ministro da Fazenda – Ruy Barbosa – para revisão.

Antes, em 8.2.1890, o marechal promulgara o Decreto nº 200-A.

Era o Regulamento Silveira Lobo, que disciplinara a eleição para deputados à Assembleia Constituinte.

Em 22 de junho, o Governo Provisório publica a *Constituição dos Estados Unidos do Brasil*.

Convoca para 15.11.1890 "o primeiro Congresso Nacional dos representantes do povo brasileiro", que julgará a Constituição do Governo.

As eleições são marcadas para 15 de setembro.

É o Decreto nº 510.

No dia seguinte, é a vez do Decreto nº 511 – o Regulamento Alvim – que modifica o Decreto de 8 de fevereiro e dá nova disciplina às eleições agendadas.

Estavam estabelecidas as condições legais para a aprovação da Constituição republicana.

Algumas palavras devem ser ditas sobre o processo eleitoral da Assembleia Constituinte.

Os Republicanos abandonaram o sistema distrital puro introduzido em 1855 pela Lei dos Círculos (Dec. nº 842, 19.9) do Marques de Paraná.

As eleições diretas da Lei Saraiva de 1881 foram mantidas, mas se retornou ao modelo de lista completa do Decreto de 1824.

As cédulas passaram a conter tantos nomes quantos fossem os deputados que o estado deveria enviar ao Congresso.

Eleitos seriam os candidatos que tivessem a maioria de votos, sucessivamente, até o número que o estado deveria eleger.

Foi um sistema majoritário puro, por lista completa.

Além do mais, o Regulamento Alvim contrariou tradição que se esboçara no fim do Império com a Lei Saraiva.

Voltaram os intendentes municipais a controlar a qualificação do eleitor, a recepção e a apuração do voto, quando é certo que, desde 1881, a qualificação era da competência da autoridade judiciária.

Os Republicanos estavam, com o novo sistema eleitoral do Regulamento, assegurando uma assembleia unânime e desprezando toda a experiência da fase imperial quanto a representação das minorias.

Observe-se que as Regras de Alvim somente se mantiveram para a eleição da Assembleia Constituinte.

A Lei nº 35, de 1892, posterior à Constituição, retoma o sistema do distrito eleitoral de três deputados, com voto incompleto.

Os estados voltaram a ser divididos em distritos eleitorais. Cada um deles elegendo três deputados e os eleitores votando em dois candidatos.

Assim, a Assembleia Constituinte Republicana foi controlada, a partir da engenharia eleitoral, pelo próprio Governo Provisório.

Aliás, José Maria dos Santos informa que o Marechal Deodoro, pouco antes do término dos trabalhos constituintes, havia mandado lavrar um decreto no qual se dizia: "Faço saber a todos os cidadãos brasileiros que o Congresso Nacional, convocado para conhecer da constituição que pelo governo lhe foi apresentado, aprovou-a [...]".[7]

Fora sincero o Marechal.

No entanto, o decreto foi substituído pelo preâmbulo da Constituição: "Nós, os Representantes do Povo Brasileiro, reunidos em Congresso Constituinte para organizar um regime livre e democrático, estabelecemos, decretamos e promulgamos a seguinte Constituição [...]".

Na verdade, os 205 deputados e os 63 senadores, nos três meses e dias de duração dos trabalhos, procederam a mínimas alterações ao texto do Governo. Dos 90 artigos da Constituição aprovada, somente 16 discrepam do projeto. Um total de 74 artigos não sofreram qualquer alteração.

O grande nome da Assembleia Constituinte foi Prudente de Moraes, presidente da Assembleia.

Conseguiu vencer obstáculos, com postura vertical na aplicação da lei interna. Foi sábio o grande republicano paulista.

Nas discussões, na Constituinte, foi constante a disputa entre a União Federal e os estados federados.

A questão primordial se centrava na predominância de um ou de outro.

De um lado o Apostolado Positivista do Brasil, por suas próprias palavras:

> [...] instituir uma digna autonomia local, de modo a assegurar a concórdia das pátrias americanas de origem portuguesa, enquanto não fosse possível transformar o laço político em união religiosa, preparando ao mesmo tempo cada Estado da Federação brasileira para essa existência futura de completa independência política.[8]

---

[7] No clássico *A política geral do Brasil* (Rio de Janeiro: Itatiaia, 1989. p. 83).
[8] ROURE, Agenor de. *A Constituinte republicana*. [s.l.]: [s.n.], [s.d.]. v. I. p. 40.

Observe-se que o Apostolado falava em "concórdia das pátrias americanas de origem portuguesa".

Era o máximo da ousadia federalista.

Queria o "Apostolado, pois, 20 pátrias no Brasil e propunha emenda ao Art. 1º, substituindo a união perpétua e indissolúvel das antigas províncias, por uma união livre dessas mesmas províncias, de modo a ficar-lhes garantida, para o futuro, a independência e a separação".[9]

A isto se opôs Ruy Barbosa:

> [...] Nesse senhorio que a aspiração descentralizadora assumiu agora sobre os ânimos entre nós, começa a se revelar uma super excitação mórbida, que nos turva a lucidez do senso político [...]. Grassa por aí, senhores, um apetite desordenado e doentio de federalismo, cuja expansão sem corretivos seria a perversão e a ruína da reforma federal [...].

E continuou:

> Já os federalistas antigos se vêem desbancados e corridos pelo fanatismo dos conversos. [...] Federação tornou-se moda, entusiasmo, cegueira, palavra mágica, a cuja simples invocação tudo há de ceder, ainda que a invoquem mal, fora de propósito e em prejuízo da federação mesmo [...].[10]

Reproduzia-se no Brasil o grande debate que deu nitidez, nos Estados Unidos da América, aos partidos Federalista e Republicano dos anos 1800.

De um lado, os Federalistas de John Adams e Alexander Hamilton sustentando a primazia da União e, de outro lado, os Republicanos de Thomas Jefferson e James Madison defendendo a predominância das ex-colônias.

Era próximo ao dissenso de *Unitarios* e *Federales* da vizinha Argentina. Eram Don Juan Manuel de Rosas y el Gal. Lavalle.

A tentativa do Apostolado foi a causa de a Constituição de 1891 ter elegido o modelo republicano-federativo como cláusula pétrea.[11]

A pretensão autonomista foi obstada pela Assembleia Constituinte.

Atingiu, também, o sistema monárquico. Proibiu seu retorno.

Aliás, a Assembleia não se esqueceu do imperador e institui-lhe uma pensão, o que demonstra o aspecto não retaliatório no novo regime.[12]

2 As transições conciliatórias

Façamos um intervalo para examinar essa característica que permeia e permeou a vida política no Brasil.

---

[9] ROURE, Agenor de. *A Constituinte republicana*. [s.l.]: [s.n.], [s.d.]. v. I. p. 40.
[10] ROURE, Agenor de. *A Constituinte republicana*. [s.l.]: [s.n.], [s.d.]. v. I. p. 41.
[11] CF, 1891: "Art. 90. A Constituição poderá ser reformada, por iniciativa do Congresso Nacional ou das Assembléias dos Estados. [...] §4º Não poderão ser admitidos como objeto de deliberação, no Congresso, projetos tendentes a abolir a forma republicano-federativa, ou a igualdade da representação dos Estados no Senado".
[12] CF, 1891: "Art. 7º É concedida a D. Pedro de Alcântara, ex-Imperador do Brasil, uma pensão que, a contar de 15 de novembro de 1889, garanta-lhe, por todo o tempo de sua vida, subsistência decente. O Congresso ordinário, em sua primeira reunião, fixará o *quantum* desta pensão".

Nós não tivemos rupturas agudas do tipo europeu.

Até agora, tudo se passou com a superação do regime anterior pelo meio de uma transição conciliatória.

O regime político anterior já fazia nascer, em seu bojo, a sua própria superação.

Isso se deu com independência, em 1822, e em todo o regime monárquico.

É designado Imperador D. Pedro I, filho de D. João VI, Rei de Portugal.

A família de Orléans e Bragança continuou na chefia política do novo estado.

Em 1826, morre D. João VI.

Inicia-se uma tensão no Brasil. D. Pedro I era herdeiro do rei.

Em 13.3.1831, ocorre a Noite das Garrafadas. Brasileiros atacando portugueses que apoiavam D. Pedro.

Em 7.4.1831, D. Pedro I abdica em favor de seu filho, D. Pedro de Alcântara, com 5 anos de idade:

> Usando do direito que a Constituição me concede, declaro que, hei mui voluntariamente, abdicado na pessoa do meu muito amado e prezado filho, o sr. D. Pedro de Alcantara. Boa Vista, sete de abril de mil oitocentos e trinta e um, décimo da Independência e do Império. Pedro.

(Ele mesmo, depois, tornou-se, em 1826, D. Pedro IV, rei de Portugal).

Veio o período da Menoridade, com a Regência.

Em 12.8.1834, editou-se o Ato Adicional, que redesenhou o regime.

As turbulências políticas do período[13] levaram ao "Regresso", com a renúncia do Padre Feijó (último regente), em 19.9.1837.

Em 21.7.1840, deu-se o "O golpe da maioridade".

Constituiu-se em estratégia do Partido Liberal para dar fim à Regência (1831-1840) e restabelecer a estabilidade política. As tensões e conflitos políticos e sociais do Primeiro Reinado (1822-1831) mantiveram-se no período da Regência.

D. Pedro II, em 23.7.1840, com 14 anos, assume o trono, com a tutoria de José Bonifácio, e o regime vai até 1889.

A transição conciliatória também se deu na República.

Grande parte dos integrantes do regime monárquico ingressou nos quadros republicanos (Ruy Barbosa fora monarquista).

Tal se passou com Revolução de 1930, em relação à Velha República.

O modelo foi o mesmo na queda do Estado Novo e de Getúlio Vargas, em outubro de 1945.

O presidente eleito em 2 dezembro, Gen. Eurico Gaspar Dutra, fora ministro da Guerra de Vargas.

Os governadores eleitos, em grande parte, haviam sido interventores nos estados.

Tivemos, a seguir, a solução parlamentarista de 1961, decorrente da renúncia de Jânio Quadros e o veto militar ao vice-presidente.

---

[13] R. Segundo Reinado (21.7.1840 – o Golpe da Maioridade). Antecedentes: as revoltas (Cabanagem –PR, 1835/40; Farrapo – RS, 1835/45; Sabinada – BA, 1837/38; e Balaiada – MA, 1838/41); o regresso: Renúncia de Feijó (19.9.1837); vitórias eleitorais.

Após, em 1963, voltou-se ao presidencialismo durante a gestão de João Goulart (plebiscito de 6 de janeiro).

No Golpe de 1964, grande parte da classe política de então se perpetuou e o regime não extinguiu os demais poderes.

O General Geisel, em torno de 1977, iniciou a abertura política que prosseguiu com o General Figueiredo.

Em 15.1.1985, obedecidas as regras do regime militar, Tancredo Neves e José Sarney são eleitos presidente e vice-presidente da República.

(Tancredo alardeava que "Se é mineiro não é radical, se é radical não é mineiro").

Lembremo-nos de que tal candidatura e vitória decorreram de um acordo do PMDB com a dissidência Frente Liberal do PDS, que surgira em 1984.

Mais uma transição que se consolidou com o Governo Sarney e a Constituinte de 1987/88, que fora convocada pela Emenda Constitucional nº 26, de 1985, à Carta Militar de 1969.

(Uma curiosidade histórica: o Poder Constituinte derivado de 1985, com deputados eleitos em 1982 e senadores eleitos em 1978 e 1982, sob as regras do regime militar, emendaram o texto de 1969 e convocaram o Poder Constituinte Originário (!), que vem a ser composto pelos deputados eleitos em 1986 (!). Essas são transições brasileiras, que no caso criam problemas para os constitucionalistas).

3 A República. Constituição de 1891. Continuação

Termino o intervalo e retorno à Constituinte de 1891.

Do debate brasileiro que se produziu 1891 restou, na Carta Republicana, a prevalência dos estados federados:

a) "não se chegou à loucura, várias vezes tentada, de proibir que a União tivesse forças suas nos estados ou de entregar o comando das próprias forças federais aos Governadores; mas ficou a proibição do Congresso Nacional mobilizar a polícia estadual em caso de guerra";[14]

b) na discriminação das rendas públicas, o Projeto do Governo "adotara o sistema de dar um certo número de rendas à União, especificar as que deviam caber aos Estados e deixar as restantes à competência cumulativa da União e dos Estados". A Constituinte ampliou a competência dos Estados e, ainda, nos impostos cumulativos, a taxação pela União não excluía a dos estados;[15]

c) quanto ao território nacional, a Constituinte deixou para os estados as minas e terras devolutas (art. 64).

d) quanto ao processo eleitoral, ficou reservado ao Congresso Nacional legislar sobre as eleições federais.

A vitória das antigas províncias em 1891 definiu e moldou a Câmara dos Deputados.

---

[14] ROURE, Agenor de. *A Constituinte republicana*. [s.l.]: [s.n.], [s.d.]. v. I. p. 10.
[15] ROURE, Agenor de. *A Constituinte republicana*. [s.l.]: [s.n.], [s.d.]. v. I. p. 12.

O fato histórico definiu – deputados de 1891 e os subsequentes, até hoje – como deputados dos estados e com eles comprometidos, em primeiro lugar.

O dado da realidade, insuscetível de contestação, é a dependência absoluta do deputado ao seu estado. O futuro eleitoral do deputado depende, fortemente, do desempenho como representante estadual.

Por isso, no mais das vezes, as grandes "questões nacionais" passam lateralmente pela cabeça da maioria destes personagens estaduais, posto terem elas rarefeitas consequências no processo eleitoral a que se submete o parlamentar.

Este foi o pecado de 1891.

Não construiu uma Assembleia Nacional.

Produziu partidos regionais que não tiveram a nação brasileira como centro de formulação de políticas globalizantes.

Foi o triunfo da paróquia.

Foi a vitória dos "patriotas dos estados do Brasil".

Formou-se uma Câmara de Estados Federados que privilegia as questões locais e regionais.

Haja visto as emendas ao Orçamento da República, em que a preocupação com a paróquia se confunde com a questão nacional.

A situação foi agravada, em 2019, com a introdução, no processo legislativo do Orçamento, das "emendas individuais impositivas", além das de bancada, de comissão e do relator.[16]

Observe-se o comportamento dessas emendas durante o Governo Bolsonaro:

- 2019
- Emendas individuais: R$9,144 bilhões;
- Emendas de bancada: R$4,580 bilhões.

Total: R$13,724 bilhões.

- 2020
- Emendas individuais: R$9,468 bilhões;
- Emendas de bancada: R$5,927 bilhões;
- Emendas de comissão: R$0,687 bilhões;
- Emendas de relator: R$30,124 bilhões.

Total: R$46,207 bilhões.

- 2021
- Emendas individuais: R$9,670 bilhões;
- Emendas de bancada: R$7,302 bilhões;
- Emendas de comissão: R$0;
- Emendas de relator: R$18,530 bilhões.

Total: R$35,502 bilhões.

No Orçamento Federal, com essas emendas, a preocupação com a paróquia se confunde com a questão nacional.

---

[16] CF: art. 166, §9º (EC nº 86/2015) e §12 (EC nº 100/2019); art. 166-A (EC nº 105/2019); LOAs: nº 13.808/2019 (art. 4º, §6º), nº 13.978/2020 (art. 4º, §7º), nº 4.144/2021 (art. 4º, §7º) e nº 14.303/2022 (art. 4º, §7º).

No dizer de um professor carioca, "a vocação política da República era estadual e não fortalecia o poder central e nem os municípios" e a legislação por ela produzida "permite afirmar que os partidos políticos não se incluíam no quadro eleitoral da Primeira República como peças essenciais da política de representação e legitimação, nem funcionavam como instrumentos de demandas, mas de mera coordenação de interesses".[17]

A destruição da memória do Estado unitário monárquico foi o norte para a caminhada do federalismo republicano.

Hoje, 130 anos após, deparamo-nos com esta marca dos Republicanos históricos.

Foi um dos seus legados.

Os Estados Federados partilhando o Brasil, no seio de instituições federais comprometidas com as visões locais.

A superação do legado se impõe para que sejamos um Estado Federal de equilíbrio, como instituiu a Constituição de 1988.

O mundo do fim do século XX redefine os Estados Nacionais do século XIX. O conceito de soberania nacional absoluta cede lugar, cada vez mais, a problemas transnacionais que conduzem a soluções de compromissos mundiais.

Se não há mais espaço para os nacionalismos radicais no mundo moderno, o que se dizer para uma instituição política que tem dificuldades de pensar uma nação?

O momento histórico de 1891 exigia a solução posta na Carta.

Mas tenhamos a lucidez de compreender aquela obra, sem divinizá-la.

Hoje, mais do que nunca, precisamos extirpar o legado republicano, mantendo uma nação federal, a partir de um Parlamento que seja a Assembleia Nacional.

Eis a linha da reforma.

Há que se encontrar os meios.

Lembremo-nos de Quintino Bocaiuva, em discurso de 1909: "[...] Quando mais tarde se faça o balanço da República, no futuro, hão de encontrar no seu passivo muitos erros e algumas faltas graves; mas no seu ativo hão de encontrar glórias perenes que serão eternamente a honra da geração que proclamou a República no Brasil".[18]

3.1 O Supremo Tribunal Federal

Foi a Constituição de 1891 que instituiu o Supremo Tribunal Federal (STF).

O novo tribunal substituiu o então Supremo Tribunal de Justiça da Carta Imperial de 1824.

Para se compreender o STF da República temos que nos fixar na história da República, esboçada acima.

Os Republicanos tinham que forjar instituições judiciárias condizentes com suas necessidades políticas.

O Poder Judiciário do Império pertencia a uma tradição do continente europeu.

Com a República, quanto ao direito público, o Brasil teve seus olhos fixos na América do Norte.

---
[17] Aurélio Wander Bastos (1990).
[18] *Ideias políticas de Quintino Bocaiuva*. Brasília: SF, 1986. t. II. p. 407.

3.2 Controle da constitucionalidade e as decisões das justiças estaduais

O Governo Provisório percebeu, logo de início, que o furor de autonomia dos novos estados – as antigas províncias – precisava ser contido.

Por isso, já no Decreto nº 510, de 22.6.1890, que publicou o texto constitucional que seria apreciado pelos representantes do povo, institui o STF.

Atribui esse texto, que se transformou no art. 59 da Carta de 1891, ao STF, entre outras, a competência de julgar:

1) recursos das decisões da justiça dos estados que houvessem concluído contra os tratados e leis federais; e
2) recursos contra as decisões estaduais que houvessem dado pela validade de leis ou atos dos governos locais em face da Constituição e das leis federais.

É nítida a preocupação quanto a eventuais pretensões de autonomia dos estados.

As decisões das justiças estaduais, quando desprezassem regras federais, seriam revistas pelo STF.

A República entregou ao STF a tarefa de arbitrar as disputas entre a União e os estados e os estados entre si.

Tudo para assegurar a prevalência da União sobre suas unidades federativas.

Nesse aspecto, o STF foi instituído como uma "Corte da Federação".

Tal preocupação, com detalhamentos, norteou o Decreto nº 848, de 11.10.1890, que organizou a Justiça Federal.

É lamentável que tal não tenha se passado com a definição da Câmara dos Deputados.

Mas, enquanto os Republicanos erravam nessa definição, acertavam na configuração do Judiciário.

Até 1884, o STF somente controlava as decisões dos juízes e tribunais estaduais, quanto à sua compatibilidade com as regras federais.

No mais, era tribunal de apelação (2º grau) das decisões dos juízes federais.

3.3 Lei nº 221, 20.11.1894, e Amaro Cavalcanti

Em 25.9.1891, Campos Salles, Ministro da Justiça, compareceu à sessão do Senado Federal, e "apresentou" e justificou o projeto de lei (nº 47) para "completar a organização da Justiça Federal da República".

Disse Campos Salles:

> [...] é ao Poder Judiciário Federal que pertence resolver os conflitos provocados pela invasão das legislaturas locais [...].
>
> O Poder Judiciário intervém como guarda de fronteira [...].
>
> A Justiça Federal [...] representa na nossa organização o papel, por assim dizer, de um poder moderador [...].[19]

---

[19] Discurso na sessão do Senado Federal, em 25.9.1881 (*Diário do SF*, p. 1.483).

Amaro Cavalcanti[20] tem acolhida pela Comissão Especial, que apreciara a proposta do Governo, parte de projeto que apresentara, em especial o seguinte dispositivo:

> Art. 2º. [...]
>
> §10. Os juizes e tribunaes apreciarão a validade das leis e regulamentos e deixarão de applicar aos casos occurrentes as leis manifestamente inconstitucionais e os regulamentos manifestamente incompatíveis com as leis e com a Constituição.[21]

Esse dispositivo, sem alterações, passou a se constituir no §10 do art. 13, da Lei nº 221, de 20.11.1894.

Assim, surgiu o controle em concreto da constitucionalidade das leis e regulamentos *federais*.

Ampliou-se a competência do Poder Judiciário republicano.

Antes, a teor da CF de 1891, o STF controlava as leis estaduais vis-à-vis a Constituição e as leis federais.

Agora, a Justiça Federal passava a controlar as leis e os regulamentos federais.

Completou-se o sistema de controle em concreto.

Ruy Barbosa, com base nos arts. 60, "a",[22] e 59, §1º,[23] da CF de 1891, sustentou, creio que sem sucesso, que o controle da constitucionalidade das leis federais já estava contido nesses dispositivos.

Disse Ruy, após recorrer à doutrina e jurisprudência norte-americanas, do final dos anos 1700:

> [...] A redação é claríssima. Nella se reconhece, não só a competência das justiças da União, "como a das justiças dos Estados", para conhecer da legitimidade das leis perante a Constituição. Sómente se estabelece, a favor das leis federaes, a garantia de que, sendo contraria à subsistência delas a decisão do tribunal do Estado, o feito póde passar, por via de recurso, para o Supremo Tribunal Federal. Este ou revogará a sentença, por não procederem as razões de nulidade, ou a confirmará pelo motivo opposto. Mas, numa ou noutra hypothese, o princípio fundamental é a autoridade, reconhecida expressamente no texto constitucional!,[24] "a todos os tribunaes", federaes ou, locaes, de discutir a constitucionalidade das leis da União, e applical-as, ou desapplical-as, segundo esse critério.[25]

Em nenhum momento tais textos (vejam-se as notas 22 e 23) asseguraram à Justiça Federal o poder de controlar a constitucionalidade das leis federais.

---

[20] Amaro Cavalcanti Soares de Brito (nascimento: Caicó, RN, 15.8.1849 – falecimento: Rio de Janeiro, 28.1.1922): formou-se na Escola de Direito da Union University, em Albany, no estado de Nova York, EUA, obtendo grau na turma do ano acadêmico de 1880-1881. Foi: senador constituinte pelo RN (1890-1891); vice-governador do RN; juiz da Corte Internacional de Justiça de Haia; ministro das Relações Exteriores; procurador-geral da República; um dos autores da Constituição de 1891; ministro do Supremo Tribunal Federal (1906-1914). Em 12.01.1917, foi nomeado prefeito da cidade do Rio de Janeiro, DF; ministro de Estado da Fazenda.

[21] Parecer nº 117/1894, *Diário do Congresso Nacional*, 12.9.1894, p. 1002, terceira coluna.

[22] CF, 1891: "Art. 60. Compete aos Juízes ou Tribunais Federais, processar e julgar: a) as causas em que alguma das partes fundar a ação, ou a defesa, em disposição da Constituição federal; [...]".

[23] CF, 1891: "Art. 59. Ao Supremo Tribunal Federal compete: §1º Das sentenças das Justiças dos Estados, em última instância, haverá recurso para o Supremo Tribunal Federal: a) quando se questionar sobre a validade, ou a aplicação de tratados e leis federais, e a decisão do Tribunal do Estado for contra ela; [...]".

[24] Exclamação minha.

[25] *Commentários à Constituição Federal Brasil, colligidos e ordenados por Homero Pires*. [s.l.]: [s.n.], 1933. v. IV. p. 133.

A regra do art. 60, "a", somente atribuiu competência "aos juízes ou tribunais federaes" para as demandas "em que alguma das partes fundar a acção, ou a defesa, em disposição da Constituição Federal".

Daí concluir que a Justiça Federal poderia controlar a constitucionalidade das leis federais é ir longe demais, ou a favor de sua concepção pessoal.

O próprio Ruy reconhece, indiretamente, a fragilidade da sua interpretação elástica.

Após nova análise da situação nos Estados Unidos da América, disse:

> Não esqueçamos que a Constituição brasileira firma claramente esse direito (*de controle da constitucionalidade*). Mas, quando o não fizesse, ele não seria menos ineluctavel. "Nem as constituições locaes, nem a dos Estados Unidos contêm artigo, que prescreva à autoridade judiciaria não applicar as leis inconstitucionais. Nenhum texto explicito e formal investe nessa prerrogativa; o juiz a possue implicitamente, como parte integrante de suas atribuições" (Ruy cita De Noailles: Cent ans de republique aux, États Unis, II, p. 144-5).[26]

(Não sei em que data, nem onde, Ruy fez essas afirmações – Homero Pires menciona –, mas, seguramente foi após 1894. Aliás, curiosamente, não encontrei referência de Ruy a Amaro Cavalcanti).

A República, em 1891, com o complemento de 1894, rompeu com a concepção imperial de Poder Judiciário.

Afastava-se o Brasil, por opção legislativa, de suas tradições europeias, para abraçar modelo oriundo da América do Norte.

3.4 A França e os Estados Unidos da América

Impõe-se algum registro histórico quanto à França e aos Estados Unidos da América.

Os revolucionários franceses nutriam justificadas desconfianças em relação à magistratura de seu tempo.

A magistratura de então era oriunda do *ancien regime*.

Não havia juízes nos quadros dos revolucionários franceses.

Por isso, não se permitiu que os juízes interpretassem as leis.

Em caso de dúvida, havia um procedimento perante a Assembleia Nacional.

Fora criado, em 1790, um *Tribunal de Cassation*, que, naquele tempo, era um órgão da Assembleia Nacional.[27]

Se uma

> segunda decisão era depois submetida ao Tribunal de Cassation e por este cassada, e, no entanto, o segundo "giudice di rinvio" persistia na opinião havida por ilegítima pela Cassação, [...] tonava-se necessário o denominado RÉFÉRÉ OBLIGATOIRE ao corpo legislativo, o qual emitia uma decreto de interpretação da lei, vinculatório [...] para o terceiro "giudice di rinvio".[28]

---

[26] *Idem*, p. 135, 3º parágrafo.
[27] *Décret d'ensemble sur l'organisation du tribunal de cassation lors de la séance du 27 novembre 1790*: "Art. 1er. Il y aura un tribunal de cassation établi auprès du Corps législatif".
[28] CAPPELLETTI, Mauro. *O controle judicial de constitucionalidade das leis no direito comparado*. Porto Alegre: Sergio Antonio Fabris, 1984. p. 42.

Entendia-se que a Assembleia Nacional expressava, com a elaboração da lei, a soberania popular e os juízes não poderiam julgar a validade das leis porque não detentores de tal soberania.

Aliás, a Escola da Exegese[29] foi uma expressão política dessa necessidade. Era o dístico: "le juge c'est la bouche de la loi".

As teses dessa escola não eram verdadeiras ou falsas. Eram instrumentais e serviam às necessidades políticas da época.

A Constituição Imperial do Brasil, de 1824, se ateve ao modelo francês.

Cabia à Assembleia-Geral a atribuição de "fazer leis, *interpretá-las*, suspende-las e revoga-las".[30]

A República não acolheu a solução francesa de 1790 e resolveu apostar em sua magistratura, configurando-a no modelo norte-americano do *judicial review*.

Tenhamos presente uma distinção fundamental:

- no Brasil, o poder de controle, em concreto, da constitucionalidade das leis e regulamentos estaduais e federais nasceu por decisão legislativa (CF de 1891 e Lei nº 221/1894);
- nos Estados Unidos da América, o mesmo poder decorreu de uma decisão da Suprema Corte, interpretando a Constituição da Filadélfia no interior de acirrada disputa política.

Recordemos.

(Há farta literatura sobre os fatos que narremos a seguir).[31]

Nas eleições de 1800, o Partido Federalista do Presidente John Adams e de Alexandre Hamilton foi derrotado pelos Republicanos de Thomas Jefferson e de James Madison.

Os Federalistas perderam o Poder Executivo e a maioria da Casa de Representantes (Câmara dos Deputados) e do Senado.

No entanto, antes da posse de Jefferson, os Federalistas tomaram providências para assumir a maioria do Poder Judiciário.

Os Federalistas, antes da posse no novo Congresso e de Jefferson, aprovaram, em 27.2.1801, um *Judiciary Act* que "creaba dieciséis Tribunales de Circuito nacionales y autorizó por ley al presidente a nombrar jueces para el distrito de Columbia".[32]

Para essas novas funções, o Presidente Adams passou a nomear juízes sob a ascendência dos Federalistas. Ficaram conhecidos como *midnight judges*, porque nomeados até o último minuto do mandato de Adams. Todos referendados pelo Senado, até então, de maioria dos Federalistas.

Antes do término do mandato federalista, aposentou-se o *Chief Justice* Oliver Ellsworth.

---

[29] BONNECASE, J. *L'école de l'Exégése em Droit Civil*. 2. ed. [s.l.]: [s.n.], [s.d.]. p. 126 e ss.
[30] CI de 1894, art. 15, §8º.
[31] COX, Archibald. *The Court and the Constitution*. Boston: Houghton Mifflin Company, 1987. p. 44-62; NEWMYER, R. Kent. *John Marshall and the Heroic Age of the Supreme Court*. Baton Rouge: Louisiana State University Press, 2001. p. 157-175; MEACHAM, Jon. *Thomas Jefferson, the art of power*. Nova York: Randon House, 2012. p. 334-342; 375; CLINTON, Robert Lowry. *Marbury v. Madison and Judicial Review*. Kansas City: University Press of Kansas, 1989. p. 15-20; 81-101.
[32] AMAYA, Jorge Alejandro. *Marbury v. Madison*. 5. ed. [s.l.]: Astrea, 2017. p. 37.

Adams, então, nomeia para *Chief Justice*, John Marshall, seu secretário de estado.

O Senado, de maioria Federalista, confirmou a nomeação na última semana de janeiro de 1801.

Assim, os Federalistas assumiram o braço Judiciário do poder norte-americano.

Em março de 1802, o Congresso aprovou lei que revogou o *Judiciary Act* de 1801.

Em abril do mesmo ano, o Congresso aprovou novo *Judiciary Act*, que alterou a configuração do Poder Judiciário e eliminou a sessão de verão da *Supreme Court*.

Assim, ela somente voltaria a se reunir em fevereiro de 1803, 10 meses depois da aprovação da revogação do *Judiciary Act* de 1801.

Essa foi a fórmula para evitar que a *Supreme Court* decidisse sobre a lei de revogação na sua sessão de verão, a partir de junho.

Mas, mesmo assim, o tema foi submetido à *Supreme Court* em *Stuart v. Laird* (1803), que reconheceu a legitimidade da revogação, com voto do *Justice* William Paterson.

Antes do término do mandato de John Adams, o cidadão William Marbury foi nomeado, com a confirmação do Senado, juiz de paz de meio expediente do condado de Nova York.

Jefferson toma posse na presidência em 4.3.1801 e nomeia, como Secretário de Estado, James Madison.

Madison encontrou o ato de nomeação Marbury, que deveria lhe ter sido entregue pelo anterior Secretário de Estado, John Marshall.

Jefferson e Madison estavam irritados com o procedimento dos Federalistas quanto ao Poder Judiciário.

Madison nega a entrega do diploma.

Os Federalistas viram, então, uma oportunidade de acusar o governo de Jefferson do descumprimento de obrigação legal.

E, assim, é ajuizada, perante a Suprema Corte, um *writ* ou *mandamus*.

Iniciou-se o caso *Marbury v. Madison*.

Em 9.2.1803, a Suprema Corte começa a ouvir os argumentos (*hear the argument*) do caso e ficou numa situação problemática, pois o tema era político.[33]

O caso ficou com John Marshall.

Marshall retoma velha tese inglesa, defendida por *Sir* Edward Coke, no século XVII e sepultada pela "gloriosa revolução" (1688/89), para afirmar a supremacia da Constituição sobre a legislação produzida pelo Congresso.

As leis e atos normativos incompatíveis com a Constituição foram considerados como *void* e insuscetíveis de aplicação pelo Poder Judiciário.

A Constituição se constituía na *Supreme Law of the Land* e os juízes deveriam se comportar na forma por ela estabelecida.

Depois dessa decisão, a Suprema Corte, que Marshall dominou por 33 anos como seu presidente, construiu o poder do Governo Federal e sua supremacia sobre os estados.

Era exatamente essa tese que os Federalistas defendiam e os Republicanos repudiavam. Para estes, a União era uma mera legatária dos estados federados e destes dependente.

---

[33] CLINTON, Robert Lowry. *Marbury v. Madison and Judicial Review*. Kansas City: University Press of Kansas, 1989. p. 81.

Tal disputa política somente se resolveu, como se sabe, com a Guerra da Secessão e com a derrota do Sul.

3.5 Brasil

3.5.1 Hipótese para a solução de 1894

O Brasil resolveu, por seu Parlamento, outorgar ao Poder Judiciário o controle da constitucionalidade, exercitável nos casos concretos.

Como afirmei acima, na CF de 1891, o controle da legislação dos estados teve como finalidade assegurar a unidade nacional.

Resta questão sobre atribuição ao Poder Judiciário Federal do controle da constitucionalidade das leis federais, Lei nº 221/1894.

Vou formular uma hipótese, cuja pesquisa não encerrei.

No processo legislativo, nada é gratuito ou acadêmico.

Os textos legislativos têm sua história.

Como ouvi do Senador Virgílio Távora: "É jabuti no galho. Jabuti não sobe em árvore. Se ele está no galho é porque alguém botou. Se você mexer vai ficar sabendo quem botou e por quê?".

As perguntas de fundo político são estas: por que os Republicanos de 1884 resolveram atribuir à magistratura o poder de, ao fim e ao cabo, fiscalizar as decisões legislativas dos próprios parlamentares e do presidente da República? Por que essa renúncia de autonomia política, submetendo-se a fiscalização pelo Poder Judiciário?

Após a promulgação da CF de 1891, a Assembleia Constituinte, após eleger o Marechal Deodoro da Fonseca, Presidente, e o Marechal Floriano Peixoto, Vice, realizou sua última sessão em 26.2.1891.

Os parlamentares se separaram para continuar os seus trabalhos como senadores e deputados.

Em 23.11.1891, Deodoro, para encerrar crise política, renunciou, e Floriano assumiu o governo.

Em 1º.3.1894, elegeu-se Presidente Prudente de Moraes, que se opusera, em 1891, a Deodoro.

As primeiras eleições para o Congresso Nacional, legislatura 1894/1896, sucessor daquele que fez a CF/1891, não se realizariam, como não se realizou, sob a égide o Regulamento Alvim.

A Lei nº 35/1892, voltou ao sistema de distritos eleitorais de 3 deputados.

Os eleitores de cada distrito, em que foram divididos os estados, passaram a votar em "em dous terços do número de deputados do distrito" (art. 36, §3º).

Retornou-se ao voto incompleto já conhecido no Império – o Decreto do Terço, de 1875.

Com esse quadro, parto da hipótese de que os Republicanos passaram a suspeitar que o Congresso Nacional, eleito em 1893 e os subsequentes, poderia começar a produzir legislação contrária à CF/1891.

Havia, ainda, a presença de monarquistas.

O risco era o mesmo de 1890, porém de dimensão distinta: legislação sem correspondência com a Carta republicana.

Qual era a solução?

A que deram os parlamentares de 1894, na linha dos norte-americanos, mas por outras razões políticas.

Entregar aos juízes a não aplicação das leis federais contrárias à Constituição.

O Poder Judiciário Federal passou a ter o poder de assegurar a reprodução infraconstitucional do modelo republicano.

(Se o STF exerceu, ou não, nos primeiros tempos, essa função, não tenho condições de examinar agora. Lembro só que a sua primeira composição era de membros do antigo tribunal do Império. Não examino, também, as consequências da importação parcial do sistema norte-americano. Não se atribui às decisões do STF o efeito vinculante dos precedentes da Suprema Corte, não obstante as observações que vinham de 1854, de Nabuco Araújo, em Ministro da Justiça do Gabinete do Marques do Paraná).[34]

Pelo sistema, o magistrado passou a ter poder de considerar nula – inconstitucional – a legislação que o Congresso viesse a produzir em contrário ao modelo republicano.

A solução introduzida por Amaro Cavalcanti visou assegurar a República.

Avalio duas possibilidades para Amaro Cavalcanti ter introduzido o modelo norte-americano:

1) ou, porque conhecia o modelo e o admirava (ele se formou na Escola de Direito da Union University, em Albany, no estado de Nova York);
2) ou, razões políticas inspiraram sua emenda.

Não consegui dados empíricos para resolver o impasse.

No *Diário do Congresso Nacional*, de 1894, não encontrei justificativas de A. Cavalcanti para suas emendas.

Aparece, somente, uma referência de pedido de aparte ao discurso de Campos Salles de apresentação do projeto, que não foi concedido, e referência, no Parecer nº 117 sobre o projeto, que acolhia emendas de A. Cavalcanti.

No entanto, não creio em razões não políticas, pois se tratou da atribuição de um poder político.

Essa é a hipótese em que estou trabalhando.

3.5.2 Da Emenda Constitucional de 1926 à EC nº 16 de 1965

Três décadas após 1891, percebeu-se uma fissura no sistema para assegurar a vigência do direito federal nos estados.

Os tribunais dos estados, em alguns casos, estavam interpretando a mesma lei federal de forma diversa.

Assim, a lei federal passou a ter um conteúdo em um estado e outro, em outro estado.

Esse fato era contrário à necessidade de se assegurar a união do país.

---

[34] Ver os relatórios da Repartição dos Negócios da Justiça apresentados, pelo Ministro, à Assembleia Geral Legislativa, de 10.5 e 15.5.1854 (encontram-se nos arquivos do Ministério da Justiça).

A Emenda Constitucional de 3.9.1926 atribui ao STF o recurso para as divergências de interpretação da mesma lei federal pelos tribunais estaduais.[35]

Acrescentou-se mais um controle sobre os estados.

Na Constituição de 1946, a função de 2º grau da Justiça Federal passou para o então criado Tribunal Federal de Recursos, instituído em 1947.

O STF ficou liberado dessa competência.

A tradição norte-americana permaneceu como exclusiva até a Emenda Constitucional nº 16 de 1965.

Naquele ano, o Brasil adotou a solução europeia do controle em abstrato ou concentrado da constitucionalidade das leis.

A criação kelseniana na Constituição austríaca de 1919 chegava ao Brasil e o nosso STF passava a ser, também, corte constitucional.

No entanto, a alteração de 1965 não foi o produto de uma racionalidade jurídica constitucional que buscasse a eficiência interna do sistema legal.

Dizem alguns que o Poder Executivo autoritário de 1965 precisava controlar, pela via judiciária, as rebeldias de um Poder Legislativo eleito antes do golpe de 1964.

Fracassou a intenção autoritária.

O STF consolidou a então representação de inconstitucionalidade como instituto pleno.

Os próprios ministros nomeados em substituição aos atingidos pelos atos institucionais não palmilharam a rota de submissão ao regime.

Coube ao STF impor sua independência durante toda sua história.

Soube fazer respeitar as suas decisões.

Lembremos o ano 1911.

O Marechal Hermes da Fonseca procurou descumprir decisão do STF relativa à eleição de intendentes do Distrito Federal.

No ano de 1939, o artigo único do Decreto-Lei nº 1.564 de Vargas confirmou textos de lei do estado novo e determinou ficarem "sem efeito as decisões do Supremo Tribunal Federal e de quaisquer outros tribunais e juízes que tenha declarado a inconstitucionalidade desses mesmos textos", sob o fundamento de não constar da decisão "o interesse nacional".

E os Atos Institucionais, que retiraram da apreciação do Poder Judiciário as decisões tomadas pelo Executivo dito revolucionário.

As ditaduras primeiro atingem o Parlamento e depois o Judiciário.

O STF soube afirmar o federalismo brasileiro.

Soube impor-se na afirmação do Estado de direito.

---

[35] EC, 1926: "Art. 60. Á Justiça Federal compete: Ao Supremo Tribunal Federal: [...] §1º Das sentenças das justiças dos Estados em ultima instancia haverá recurso para o Supremo Tribunal Federal: [...] c) quando dous ou mais tribunaes locaes interpretarem de modo differente a mesma lei federal, podendo o recurso ser tambem interposto por qualquer dos tribunaes referidos ou pelo procurador geral da Republica; [...]".

4 Teori Zavascki e a ADI nº 4.650/DF

Discutia-se, na ADI nº 4.650, o financiamento de campanha eleitoral por pessoa jurídica.

O STF, por maioria, julgou parcialmente procedente a ação.

Não admitiu que a lei ordinária pudesse permitir contribuições de pessoas jurídicas.

Está em parte da ementa do Acórdão (Min. Luiz Fux):

> EMENTA: MODELO NORMATIVO VIGENTE DE FINANCIAMENTO DE CAMPANHAS ELEITORAIS. LEI DAS ELEIÇÕES, ARTS. 23, §1º, INCISOS I e II, 24 E 81, CAPUT E §1º. LEI ORGÂNICA DOS PARTIDOS POLÍTICOS, ARTS. 31, 38, INCISO III, E 39, CAPUT E §5º CRITÉRIOS DE DOAÇÕES PARA PESSOAS JURÍDICAS E NATURAIS E PARA O USO DE RECURSOS PRÓPRIOS PELOS CANDIDATOS. [...].
>
> 2. O funcionamento do processo político-eleitoral, conquanto matéria deveras sensível, impõe uma *postura mais expansiva e particularista* por parte do Supremo Tribunal Federal, *em detrimento de opções mais deferentes e formalistas, sobre as escolhas políticas exercidas pelas maiorias no seio do Parlamento*, instância, por excelência, vocacionada à tomada de decisão de primeira ordem sobre a matéria.
>
> 3. A Constituição da República, a despeito de não ter estabelecido um modelo normativo pré-pronto e cerrado de financiamento de campanhas, forneceu uma *moldura* que traça limites à discricionariedade legislativa, com a positivação de normas fundamentais (e.g., princípio democrático, o pluralismo político ou a isonomia política), que norteiam o processo político, e que, desse modo, *reduzem*, em alguma extensão, *o espaço de liberdade do legislador ordinário na elaboração de critérios* para as doações e contribuições a candidatos e partidos políticos. [...]
>
> 19. Ação direta de inconstitucionalidade julgada parcialmente procedente para assentar apenas e tão somente a inconstitucionalidade parcial sem redução de texto do art. 31 da Lei no 9.096/95, na parte em que autoriza, a contrario sensu, a realização de doações por pessoas jurídicas a partidos políticos, e pela declaração de inconstitucionalidade das expressões "ou pessoa jurídica", constante no art. 38, inciso III, e "e jurídicas", inserta no art. 39, caput e §5º, todos os preceitos da Lei no 9.096/95. [...].

Teori, em voto-vista, analisa a questão.

Primeiro, discorre sobre a flutuação das soluções dadas para o financiamento do processo eleitoral e sua indispensabilidade:

> 2. A questão do financiamento dos partidos políticos e das campanhas eleitorais é, na atualidade, um dos temas centrais da agenda política se deve ter presente é que o financiamento de partidos e de campanhas eleitorais é *contingência ineliminável* em nosso sistema democrático e que, para evitar que ele produza, ou continue produzindo, efeitos negativos indesejáveis e perversos, não há fórmulas simples, nem soluções prontas [...].

Segundo, constata que a CF/1988 não tem regras sobre o financiamento dos partidos e, de outro lado, somente se refere- à necessidade de contenção do abuso:

> 3. [...] é que a Constituição Federal não traz disciplina específica a respeito da matéria. [...]
> Há, na Constituição, apenas duas referências à influência do poder econômico em seara eleitoral, ambas em parágrafos do art. 14, inserido em capítulo que trata dos direitos políticos. Eis o que dispõem os parágrafos:
> "Art. 14 [...]

§9º – Lei complementar estabelecerá outros casos de inelegibilidade e os prazos de sua cessação, a fim de proteger a probidade administrativa, a moralidade para exercício de mandato considerada vida pregressa do candidato, e *normalidade e legitimidade das eleições contra a influência do poder econômico* ou o abuso do exercício de função, cargo ou emprego na administração direta ou indireta.

§10 – O mandato eletivo poderá ser impugnado ante a Justiça Eleitoral no prazo de quinze dias contados da diplomação, instruída a ação com provas de abuso do poder econômico, corrupção ou fraude".

O que essas normas visam a combater não é, propriamente, o concurso do poder econômico em campanhas eleitorais, até porque, como já afirmado, não se pode promover campanhas sem suporte financeiro. O que a Constituição *combate* é *a influência econômica abusiva*, ou seja, a que compromete a "normalidade e legitimidade das eleições" (§9º). É o abuso, e não o uso, que enseja a perda do mandato eletivo (§10). [...]

Não havendo, além das indicadas, outras disposições constitucionais a respeito, passa a ser dever e prerrogativa típica do legislador infraconstitucional a importante e espinhosa empreitada de formatar a disciplina normativa das fontes de financiamento dos partidos e das campanhas, em moldes a coibir abusos e a preservar a normalidade dos pleitos eleitorais. Ao Judiciário, por sua vez, fica reservado, nesse plano normativo, o papel de guardião da Constituição, cabendo-lhe o *controle da legitimidade constitucional das soluções apresentadas pelo legislador*.

Considerando o já referido caráter flutuante e conjuntural dessa problemática, a exigir continuada atenção reformadora para aperfeiçoamento do sistema, é importante que o Supremo Tribunal Federal tenha o cuidado de não extrair das raras disposições da Constituição sobre abuso do poder econômico ou, o que seria mais grave, da amplitude semântica e da plurissignificação dos princípios democrático, republicano e da igualdade, interpretações voluntaristas que imponham gessos artificiais e permanentes às alternativas que ela, Constituição, oferece ao legislador encarregado de promover ajustes normativos ao sistema de financiamento dos partidos políticos e das campanhas eleitorais. Refiro-me, com essa observação, ao financiamento privado e, mais especificamente, às contribuições de pessoas jurídicas, que, conforme procurarei demonstrar, não podem ser considerados como absoluta e manifestamente incompatíveis com a Constituição, a ponto de impedir, agora e para sempre (enquanto mantido o atual regime constitucional), possam elas ser autorizadas, ainda que limitadamente, pelo legislador ordinário. [...]

5. No caso, o que está em questão, ou não, se é adequado, ou não, ou mesmo se é eficiente ou não, se representa ou não a melhor forma de enfrentar as mazelas produzidas pela interferência do dinheiro na seara política. O que está em questão é a legitimidade constitucional das normas indicadas na petição inicial, editadas para dar viabilidade e legitimidade ao aporte de recursos privados aos partidos políticos e às campanhas eleitorais.

[...] o fator decisivo para aferir a legitimidade acaba se transferindo, mais uma vez, do marco normativo para o marco comportamental: tanto as doações de pessoas jurídicas, quanto às de pessoas naturais *serão incompatíveis com a Constituição se abusivas*. As más práticas, os excessos, a corrupção política, 'não podem ser simplesmente debitadas às contribuições feitas nos limites autorizados' por lei, mas àquelas provindas da ilegalidade. Em outras palavras: é preciso ter cuidado para não atribuir a inconstitucionalidade das normas ao seu sistemático descumprimento. [...].

Teori, com percuciência e elegância, denuncia o sofisma da posição da maioria, sem o referir.

A regra constitucional determina à lei complementar estabelecer "outros casos de inelegibilidade [...] a fim de proteger a [...] normalidade e legitimidade das eleições contra a influência do poder econômico [...]" (art. 14, §9º).

A CF, de forma coerente, atribui competência à Justiça Eleitoral para a ação de impugnação de mandato em caso "de abuso do poder econômico, corrupção ou fraude", com a pena de perda do mandato (art. 14, §9º).

Em momento algum dispõe sobre contribuições às eleições por parte de pessoa, natural ou jurídica.

A única proibição é a contribuição "de entidade ou governo estrangeiro" (art. 17, II).

O que fez a maioria?

A maioria não deu importância ao fato de competir à Justiça Eleitoral coibir o abuso e, do abuso proibido, saltou para a proibição da faculdade de contribuição!

Para tanto, recorreu a ilações expressas na ementa:

A Constituição da República, a despeito de não ter estabelecido um modelo normativo pré-pronto e cerrado de financiamento de campanhas, forneceu uma *moldura* que traça limites à discricionariedade legislativa, com a positivação de normas fundamentais (e.g., princípio democrático, o pluralismo político ou a isonomia política), que norteiam o processo político [...].

A ementa usa de retórica para legitimar a decisão:

[...] processo político-eleitoral, conquanto matéria deveras sensível, impõe uma *postura mais expansiva e particularista* por parte do Supremo Tribunal Federal, *em detrimento de opções mais deferentes e formalistas, sobre as escolhas políticas exercidas pelas maiorias no seio do Parlamento*, instância, por excelência, vocacionada à tomada de decisão de primeira ordem sobre a matéria.

Estamos ante o chamado "ativismo judicial", que consiste em o Poder Judiciário imiscuir-se em temas afetos ao demais poderes.

Seja quanto às políticas públicas, de atribuição do Poder Executivo.

Seja quanto à legislação, de atribuição do Poder Legislativo.

Vamos à história.

No período do regime militar, iniciado em 1964, não havia qualquer possibilidade de intervenção no conteúdo da produção legislativa.

Tudo era gerido pelo Poder Executivo autoritário, com o respaldo da maioria governista no Congresso Nacional.

Os textos legais visavam assegurar o regime de então e suas opções políticas.

Nos anos 70, a Ordem dos Advogados do Brasil (OAB), em especial, usou de uma fórmula, discutida pela academia, para se opor ao regime militar.

Disseminou uma distinção instrumental entre "direito legal" e "direito justo".

Essa distinção era sustentada pela OAB a todo momento: nos discursos de posse nos Tribunais, principalmente estaduais; na chegada de novo magistrado nas comarcas; nas solenidades do Judiciário; nos atos de faculdades de Direito; nos congressos jurídicos etc.

Tal distinção tinha um objetivo político: a decisão (sentença ou acórdão) pudesse fugir dos parâmetros da lei, produzida não democraticamente.

Os argumentos eram:

1) o direito legal, em alguns casos, não era um direito justo;
2) o comprometimento do magistrado era com a justiça;
3) logo, estava o magistrado autorizado, para o caso, a produzir decisões justas, embora não "legais".

Não se esclarecia de que justiça se tratava, mas se sustentava que a magistratura tinha uma ligação intuitiva com o conceito de "justiça para o caso concreto".

Atingia-se, assim, o poder autoritário na implementação, nos casos concretos, de decisões que abalavam o conteúdo das suas normas, posto que estas deixavam de ser aplicadas tal qual produzidas.

A Academia e a Magistratura (veja-se o Rio Grande do Sul) contribuíram com essa estratégia.

Produziram-se trabalhos de toda natureza e correntes, como o "direito alternativo", o "direito achado na rua" etc.

Além do mais, tudo isso tinha um forte atrativo: a afirmação da magistratura como um poder político.

Não creio que todos estivessem cientes de que tudo aquilo era uma fórmula de viabilizar uma oposição política ao regime.

Mas o regime militar caiu.

Veio a democracia.

Alguns sustentam as posições antigas sem se dar conta de que aquilo surgiu como estratégia de combate a regime antidemocrático.

Hoje, é legítimo continuar com essas práticas?

Temos de coibir que o "arbítrio voluntarista", travestido de raciocínio fundamentado, se imponha na decisão judicial.

Só o voto popular legitima decisões políticas.

Não o concurso público, que investe a magistratura.

A insegurança jurídica não decorre, também, da pretensão antidemocrática de o juiz ser fonte de direito?

Teori reagiu, mesmo contra alegado "clamor da sociedade".

Grande juiz.

Informação bibliográfica deste texto, conforme a NBR 6023:2018 da Associação Brasileira de Normas Técnicas (ABNT):

JOBIM, Nelson Azevedo. A República, o federalismo e o STF. *In*: SEEFELDER FILHO, Claudio Xavier; AZEVEDO, Daniel Coussirat de (Coord.). *Teori na prática*: uma biografia intelectual. Belo Horizonte: Fórum, 2022. p. 27-47. ISBN 978-65-5518-344-3.

A GRANDE MENSAGEM DO MINIMALISMO: ADI Nº 4.650 COMO CRÔNICA DA MENTALIDADE DECISÓRIA DE TEORI ZAVASCKI

DANIEL PINCOWSCY

Introdução

Após uma aclamada carreira judicial, que percorreu muitos anos de magistratura junto a dois dos principais tribunais federais do Brasil – o Tribunal Regional Federal da 4ª Região (em que atuou por 15 anos – entre 1989 e 2003, tendo-o presidido no biênio 2001/2003) e o Superior Tribunal de Justiça (em que oficiou por 10 anos – entre 2003 e 2012) –, Teori Zavascki teve a honra de ser designado para o mais alto ofício judiciário do Brasil, o Supremo Tribunal Federal.

Não lhe faltaram credenciais para tanto. Teori chegou à mais alta corte do país afiançado por uma reputação de processualista exímio, de raro talento acadêmico, quando também já desfrutava de sobrado reconhecimento pelo tirocínio para a magistratura. Assim como seu antecessor na bancada do Supremo Tribunal Federal, o Ministro Cezar Peluso, Teori era um juiz admirado por juízes, tendo o seu nome se destacado inúmeras vezes como "supremável" por enquetes simbólicas realizadas entre juízes nas ocasiões de vacância na Suprema Corte.

Tive a honra de travar conhecimento com ele em 2009, após uma passagem pelo Superior Tribunal de Justiça, quando trabalhei como analista em seu gabinete por pouco menos de um ano. Havia, no inusitado da descendência polonesa dos sobrenomes, algo que nos aproximava. Dada a exiguidade do meu período de serviço no STJ, porém, não houve tempo para desenvolver algo como uma afinidade pessoal. Mas tive tempo de sobra para criar grande admiração pelo estilo conciso, sóbrio e finamente eloquente que era típico de suas decisões.

Muito afortunadamente, a vida me reservou ensejo para um outro encontro profissional com Sua Excelência. Após deixar o Superior Tribunal de Justiça, passei a integrar a Advocacia-Geral da União, desde sempre oficiando junto ao Supremo Tribunal Federal. Essa circunstância e a experiência anterior me habilitaram a receber um segundo convite de trabalho, dessa vez para assessorá-lo no Supremo Tribunal Federal, o que vim a fazer entre meados de 2013 até o momento em que sua presença foi tragicamente subtraída de todos nós. Essa jornada marcou completamente a minha vida.

De um lado, impressionou-me tremendamente a complexidade decisória envolvida no desenvolvimento da jurisdição constitucional, uma escala de aplicação do direito que envolve operações de alta abstração e consequências muito politizáveis. Além das responsabilidades jurisdicionais singulares, o Supremo Tribunal Federal atrai uma voraz exposição midiática, que discrepa de qualquer outro ofício judiciário. De outro, pude interagir pessoalmente com frequência com o Ministro Teori, o que me ajudou a entender com mais nitidez seu perfil decisório e me permitiu avançar na minha própria compreensão do direito.

A atividade de assessoramento judicial é um desafio hermenêutico elevado à segunda potência. Mais do que interpretar o direito, o assessor interpreta o magistrado que lhe compete auxiliar. Mais do que habilidade para sugerir soluções jurídicas, o assessor tem de possuir a destreza de simular o raciocínio de outrem. Há um nível mínimo de sincronia que é indispensável para que se possa atingir um rendimento proveitoso, e tudo é facilitado quando ambos compartilham um mesmo tipo de personalidade decisória. Tive a felicidade de encontrar muitos aspectos de sobreposição entre a minha própria mentalidade jurídica e a do Ministro Teori Zavascki, em quem descobri uma personalidade sempre muito afável.

Em parte, isso pode não ter sido um acaso, mas uma consequência natural da experiência formativa que tive quando trabalhei pela primeira vez com ele, ainda no Superior Tribunal de Justiça. Mas foi no contexto mais amplo da jurisdição constitucional que pude assimilar com toda a plenitude as características que fizeram Teori se destacar na sua trajetória judicante. No meu entendimento, Teori era o epítome da mentalidade minimalista da função judicial, compreensão que ficou muito vivamente impregnada na minha lembrança após um voto por ele redigido a propósito do financiamento empresarial de campanhas eleitorais.

Curiosamente, trata-se de um voto vencido. Mas assim que fui convidado a colaborar com a presente compilação em memória do seu legado jurisprudencial, fui imediatamente atraído para esse pronunciamento, porque, do meu ponto de vista, ele simboliza melhor do que qualquer outro os elementos que tornaram Teori uma referência de serenidade, de equilíbrio e de prudência no exercício da jurisdição. Como o caso foi inserido na pauta de julgamento do final de 2013, foi também uma das primeiras ocasiões em que pude perceber como a mentalidade de Teori lidava com argumentações respaldadas em normas constitucionais de conteúdo quase etéreo, como os princípios democrático e republicano.

O ensaio que apresento objetiva transmitir essa percepção da mentalidade decisória do Ministro Teori, fazendo-o de modo contextualizado com o julgamento da ADI nº 4.650 e com uma literatura jurídica que se dedicou a explorar a ideia de que muito do que entendemos sobre o direito em geral e sobre o direito constitucional, em particular, pode ser explicado pelo estudo das personalidades decisórias dos juízes. Essas considerações buscam dar um testemunho dos traços que singularizaram a judicatura de Teori Zavascki, saudando sua memória e evidenciando o valor de sua contribuição para a prática jurídica brasileira.

Breve contextualização da ADI nº 4.650

A ADI nº 4.650 entrou instantaneamente para a antologia de julgamentos históricos da jurisdição constitucional brasileira. A ação foi proposta pela Ordem dos Advogados do Brasil em face de dispositivos da Lei das Eleições (Lei nº 9.504/1997) e da Lei dos Partidos Políticos (Lei nº 9.096/1995) que permitiam doações de pessoas físicas e jurídicas para partidos e campanhas eleitorais, sob a justificativa de que as regras existentes eram anti-isonômicas quanto aos limites para doações privadas em geral (autodoações, doações de pessoas físicas e jurídicas) e de que o consentimento com doações de pessoas jurídicas, em especial, afrontaria os princípios democrático e republicano, argumento reforçado pelo volumoso nível de recursos arrecadados nas últimas campanhas pelos partidos junto ao setor privado.

A ação canalizou para o principal fórum judicial do país mais uma vertente da crescente demanda por moralização política, aspiração apresentada dessa vez sob a crença de que as doações empresariais eram responsáveis diretas pelo alastramento da corrupção. Pesquisa encomendada pela OAB junto ao instituto Datafolha (FERREIRA; BASTOS JUNIOR, 2017) indicava que 79% da população acreditava que essas doações eram um estímulo à corrupção. Essa convicção social ficou aparente do conjunto de exposições colhidas dos 31 colaboradores que se apresentaram na audiência pública promovida a propósito da ação em julho de 2013. A apreciação da causa foi iniciada em dezembro de 2013, ano em que o país experimentava manifestações de convulsivo descontentamento da população com o sistema representativo, uma espécie de revolta antipartidária.

A voz das ruas clamava por uma resposta exemplar, e o Supremo Tribunal Federal aparecia naquele momento como única instituição que poderia vocalizá-la. Em razão desse contexto de enorme pressão política, o julgamento ficou marcado por acontecimentos folclóricos, alguns deles surgidos na esteira de um pedido de vista manifestado pelo Ministro Gilmar Mendes. Foi o caso de um protesto nas proximidades da Universidade Federal da Bahia, organizado por estudantes locais que cobravam do ministro vistor a continuidade do julgamento, episódio presenciado também pelo Ministro Teori, que expressou visível perplexidade com o tom exaltado da manifestação.

O rumoroso pedido de vista funcionou como um apelo subliminar para que o Congresso Nacional deliberasse sobre o tema antes do fim do julgamento, o que de fato veio a acontecer, mas o veredicto já estava selado. O clamor moralizante prevaleceu. O resultado final da demanda foi uma retumbante censura à "plutocratização do processo político", que se juntou a uma linha de ambiciosos pronunciamentos da Suprema Corte sobre a inadmissibilidade constitucional de padrões suspeitos de comportamento político. Após condenar o nepotismo (ADC nº 12) e o transfuguismo partidário (MS nº 26.602 e outros), o Supremo Tribunal Federal reiterou a tendência construtivista que vinha aplicando no espinhoso terreno político e acenou com um claro recado contra o clientelismo eleitoral.

A ADI nº 4.650 jogou luzes sobre os desafios decisórios enfrentados em dissídios constitucionais sobre princípios jurídicos de sentido vago e alta carga de indeterminação. Afinal, democracia e república são conceitos suficientes para deslegitimar a presença do dinheiro de empresas na política? A máxima *one man, one vote* basta como justificativa para banir doações empresariais da política? O Judiciário possui credenciais institucionais para contribuir com a moralização pretendida pela OAB e pela sociedade? As considerações da corrente divergente, inauguradas pelo Ministro Teori Zavascki, criticaram o valor escorregadio de alguns argumentos apresentados em favor da pretensão da OAB, evidenciando os riscos deliberativos envolvidos na causa e ilustrando as virtudes que uma abordagem minimalista da matéria poderia agregar para a construção do sentido da Constituição brasileira.

Essa tendência minimalista foi expressamente registrada na parte final do julgamento, quando o Ministro Teori manifestou uma alteração em seu voto, abandonando a conclusão de improcedência pura (que havia proposto originalmente), para assentar um veredicto interpretativo de procedência parcial, com objetivo de estabelecer uma vedação limitada a algumas espécies de abuso de direito de doação. Esse registro foi pouco notado, porque proferido quando já existente maioria para a vedação radical da doação empresarial. Não obstante a baixa visibilidade, o acréscimo final é muito simbólico do perfil de julgador Teori Zavascki, e por isso vale a pena lembrá-lo neste artigo.

O direito em tempos de constitucionalismo: o que podemos aprender com as diferentes mentalidades judiciárias

O amadurecimento da normatividade constitucional criou uma consciência renovada sobre o significado do direito, sobre o estatuto da interpretação jurídica e sobre a missão dos juízes como autoridades de aplicação de normas. Já se contam, hoje, aproximadamente duas décadas desde que o Poder Judiciário brasileiro incorporou esse novo senso normativo na linguagem de seus julgamentos e, a partir disso, experimentou palpável reconfiguração das bases da sua identidade institucional, capturando novas e dilemáticas responsabilidades.

Trata-se do fenômeno do juriscentrismo, que tem sido observado em escala mundial, mas que afetou a realidade brasileira com peculiar veemência. Embora tenha sido inicialmente saudado com hospitalidade, esse ciclo de afirmação constitucional pelos braços da jurisdição atraiu um agudo balanço crítico sobre as condições de legitimidade da atuação da Suprema Corte brasileira. Parte dessa avaliação ganhou a forma de pesquisas de teoria política, centradas na adequação democrática do controle de constitucionalidade. Em paralelo a essa vertente, surgiram inúmeros ensaios sobre a adaptação da teoria geral do direito ao paradigma juriscêntrico, contexto em que a subsistência do positivismo foi colocada sob forte contestação.

De modo geral, a exploração acadêmica da mutação do papel judicial foi cultivada sob ambições normativas de apontar e justificar o modelo de atuação mais apropriado para compatibilizar efetividade constitucional, democracia e Estado de direito. Contrariando, porém, expectativas mais otimistas por um arquétipo de redenção, logo ficou claro que o protagonismo da normatividade constitucional vem acompanhado de uma diversidade interpretativa inesgotável. Não raramente, essa fertilidade interpretativa se confunde com arbitrariedade, tendo em vista a sutileza das fronteiras entre a riqueza deliberativa e a vulnerabilidade narcísica das decisões proferidas na jurisdição constitucional.

Consciente da utopia de uma teorização conciliadora, parte da literatura jurídica desbravou uma linha de trabalho diferenciada. Abdicando da pretensão normativa de conceber uma explicação certeira do direito e da Constituição, essa vertente resignou-se com o fato de que a prática jurídica é fruto de uma soma de diferentes abordagens jurídicas, encontrando, na descrição dessa complexidade, uma fonte de estudo promissora. O conhecimento das diversas mentalidades de julgamento passa a ser utilizado para resolver, com maior proveito, os problemas da jurisdição constitucional, colaborando para determinar qual a melhor maneira de construir o sentido da Constituição em cada caso julgado.

A seguir serão apresentadas brevemente duas doutrinas que ilustram essa dicotomia teórica a partir do estudo de modelo de juízes. Em uma delas, a teoria busca exportar as suas convicções especulativas para o terreno da prática. Na outra, o conhecimento da atitude dos juízes é utilizado para enriquecer o poder explicativo da própria teoria.

A primeira referência remonta a um artigo escrito na década de 1990 pelo jurista belga François Ost (1993), que apresenta três modelos de juiz nas figuras de Júpiter, Hércules e Hermes. Os dois primeiros são retratados como paradigmas em processo de crise, referentes ao positivismo embrionário e ao realismo extremado, mas teriam sido largamente úteis para refletir as demandas do Estado liberal do século XIX e do Estado social do século XX. O terceiro arquétipo seria uma espécie de síntese valorosa dos modelos anteriores, um artifício teórico mais evoluído.

Júpiter representaria o modelo clássico de supremacia do legislador, caracterizado pelo monismo das formas jurídicas, pela composição hierárquica, unidirecional e linear do sistema jurídico e pela crença no modelo dedutivo de aplicação do direito. Hércules seria o seu antípoda, um verdadeiro engenheiro social, resultante da troca do centro de gravidade do sistema – com a substituição das regras pelas decisões – e da crença nas infinitas capacidades pragmáticas dos juízes. Abandonando o monismo, a autoridade jurídica ganharia uma compleição dispersa, fundamentada no apelo da razão indutiva e no valor das decisões disruptivas. Não por acaso, são traduzidos por recursos geométricos opostos: uma pirâmide (Júpiter) e um filtro (Hércules).

Ost (1993, p. 180) aduz que esses dois modelos seriam tipos ideais, alheios à realidade, mas que possuiriam alguma eficácia na prática. Júpiter, por exemplo, seria ainda predominante no ensino jurídico belga da época, embora já com algumas adaptações, como a abertura para uma jurisprudência razoavelmente criadora. O modelo de Hércules, por sua vez, encontraria uma representação moderada na doutrina de Dworkin, que professaria convicção na capacidade decisória do Judiciário, embora sempre postulando a unidade do direito contra o decisionismo e o pragmatismo.

Hermes traduz um modelo intermediário, típico do pós-modernismo, em que o juiz funciona como mediador e o direito como jogo de mediação. A partir da descrição do Juiz Hermes, Ost remete com bastante sensibilidade às potencialidades lúdicas, flexíveis e superintegrativas do direito no limiar do século XX. Mais do que regra e instituição, força e justiça, letra e espírito, o direito representaria uma rede integradora de racionalidades paradoxais. Como um jogo social em que o sentido das regras e os papéis de cada participante nunca estão exaustivamente predefinidos, o direito comportaria uma parte de convenção e um pouco de improviso, valendo-se da interação entre seus praticantes para gerar um movimento contínuo de criatividade endógena, de modo a possibilitar que o jogo seja sempre algo mais do que ele mesmo (OST, 1993, p. 187).

Entre as características mais destacadas do Juiz Hermes, encontra-se a restauração da velha regra da prudência, a ser institucionalizada por meio da abertura ao procedimento, à contínua reflexão, podendo levar, em caso de dúvida, à abstenção. Trata-se, porém, de um recurso que não é aplicável a todas as ocasiões, e que é balanceado com a imperiosidade da decisão quando estiverem presentes as condições concretas para tanto (OST, 1993, p. 193-194).

O texto de Ost é um franco libelo em prol do figurino judicial hermenêutico, que seria o único à altura dos desafios envolvidos na complexidade de uma sociedade pós-moderna. Os modelos anteriores de juiz são descritos como obsoletos, quase como meras premissas históricas da formação do Juiz Hermes. Trata-se de um artigo marcadamente alegórico, construído com vários recursos metafóricos para justificar a superioridade de uma categoria específica de juiz. Ao proclamar uma investigação centrada em modelos abstratos de juiz, Ost avança o projeto teórico de justificação de um modelo lúdico de direito.

Cass Sunstein, uma das mentes mais criativas do direito constitucional americano, dedicou vários artigos e livros à investigação do comportamento judicial na aplicação do direito, como *One case at a time* e *A Constituition of many minds*. A sua proposta é bem diferente da de Ost, pois veicula uma análise mais profundamente comportamental do que teórica.

Recentemente, Sunstein (2015) consolidou os diversos ensaios produzidos sobre o tema em um livro só – *Constitutional personae* – que apresenta um conjunto de posturas que caracterizariam o comportamento dos juízes segundo diferentes opções de interpretação constitucional. Partindo do contexto da Suprema Corte americana, o professor de Harvard, já bastante notabilizado no Brasil, imaginou quatro perfis que distinguiriam de forma marcante a atitude dos *justices* americanos, a saber: os heróis, os soldados, os minimalistas e os mudos.

Esses perfis de atuação judicial não existiriam em abstrato. Os juízes externariam comportamentos heterogêneos no curso de sua vida profissional, não sendo raro que um juiz manifeste um dos padrões referidos em um dia da semana, e outro na semana seguinte. As diferentes abordagens não seriam uma questão de vocação, mas uma escolha sobre como proceder em cada caso, a ser estabelecida argumentativamente (SUNSTEIN, 2015, p. 3). A definição da persona judiciária dependeria de circunstâncias relacionadas ao tipo de controvérsia sob apreciação (envolvendo, por exemplo, o grau de desacordo moral existente na sociedade); o tipo de disposições constitucionais objeto de interpretação (aplicando-se tratamento diferenciado, por exemplo, a direitos negativos de liberdade e a normas de organização estatal); e, ainda, a teoria de interpretação constitucional preferida (Sunstein cita principalmente as correntes do originalismo, procedimentalismo e interpretativismo).

As categorias de personalidade judiciária de Sunstein não devem ser confundidas com a orientação ideológica dos juízes nem se identificam integralmente com a versão autoproclamada de magistrados a respeito de si próprios. O uso estratégico ou retórico desses perfis seria relativamente comum, mas o seu potencial acadêmico é direcionado para outro alvo. A maior serventia desse mosaico de personalidades residiria no auxílio que ele ofereceria à compreensão do magistrado sobre o papel reservado ao Poder Judiciário na aplicação da Constituição. Cada tipo de persona embute uma sensibilidade típica, um apelo intuitivo sobre a natureza do ato decisório de concretizar a Constituição. Esse discernimento, geralmente inconfesso, traduziria uma ponderação dos custos institucionais assumidos pelo Judiciário ao decidir (e possivelmente se equivocar) quanto ao conteúdo das normas constitucionais.

Ao todo, Sunstein (2015, p. 5-24) imagina a existência de 4 posturas judiciais, vislumbrando elementos de oposição e complementaridade entre elas. Os heróis cultivariam as interpretações mais ambiciosas da Constituição, atribuindo sentido robusto a cláusulas semanticamente abertas, movidos pela convicção da missão transformadora do Judiciário. Soldados, em contraste, seriam muito ciosos da linguagem da deferência, enxergando o Judiciário como instituição vocacionada a "cumprir ordens" das instâncias políticas, salvo em casos de afronta clara ao sentido de normas constitucionais. Minimalistas subscreveriam uma visão de interpretação constitucional modesta, voltada a construir o significado da Constituição de forma incremental, mediante passos cautelosos, sem excluir o espaço para atuação de outras parcelas de poder. Mudos, por fim, apostariam nas virtudes passivas do Judiciário, valorizando soluções de jurisprudência defensiva em determinados contextos, para postergar decisões de impacto divisivo na sociedade.

Duas das categorias apresentadas acima geram subgrupos. Os soldados se dividem entre os de primeira ordem, propensos a defender a autoridade decisória do processo político como um todo, e os de segunda ordem, cuja combatividade é operada em favor de um sentido subjetivamente fixado das disposições constitucionais, caso dos originalistas americanos. Estes acreditam na liberdade do processo político desde que não afrontem a visão constitucional dos fundadores, que deve ser defendida a todo custo. Os minimalistas, por sua vez, reúnem tradicionalistas e racionalistas. Os primeiros, concebidos com inspiração na filosofia do irlandês Edmund Burke, valorizam com bastante vigor as práticas constitucionais vigentes, possuindo um alto grau de ceticismo quanto às capacidades do Judiciário para alterá-las. Os racionalistas, de outra parte, entendem que a virtude das práticas não deve impedir um escrutínio judicial de justificação mais profundo, principalmente diante de situações que geram injustiça social (SUNSTEIN, 2015, p. 70).

Embora à primeira vista surjam como antagônicos, heróis e soldados se aproximariam em certas circunstâncias. Sunstein identifica inclusive uma espécie peculiar de soldados, os de segunda ordem, propensos a adotar decisões de alcance heroico para defender sentidos originalistas da Constituição. Entre heróis e minimalistas também haveria coincidências. Embora minimalistas sejam avessos a teorias fundacionalistas, muitas vezes seriam compelidos a consolidar um conteúdo constitucional modestamente inovador. Diferentemente de soldados, minimalistas não limitam a função judicial ao cumprimento de ordens, pois reconhecem a existência de discricionariedade para a construção pontual. Assim como minimalistas, mudos valorizam a abstenção como medida de prudência, podendo ambos ser considerados pertencentes a um mesmo gênero, com diferença de grau.

Ao longo do livro, Sunstein busca contextualizar as diferentes mentalidades com julgamentos notórios da Suprema Corte. Como exemplo de precedentes históricos, cita Brown *v.* Board of Education (1954) e, em outro extremo ideológico, o caso Dred Scott (1857), ambos resolvidos pelo recurso a teorias constitucionais abrangentes. Ilustração de soldado é identificada nos votos de Oliver Wendel Holmes a favor da legislação social durante a era Lochner. Entre os expoentes minimalistas, Sunstein aponta o caso Lawrence *v.* Texas (2013), em que a Suprema Corte anulou a proibição de relações sexuais entre pessoas do mesmo gênero, sem, contudo, fazer declarações amplas a favor da privacidade ou de direitos civis da população homoafetiva. O mutismo foi relacionado à decisão em Hollingsworth *v.* Perry (2013), na qual a USSC se recusou a decidir o mérito da questão constitucional por falta de interesse de agir.

Ponto de grande importância nessa proposta de Sunstein reside na conexão que o autor estabelece entre as diferentes personas judiciárias e a atividade interpretativa. Ele averba que, assim como ocorre na definição dos métodos de interpretação, o engajamento em relação às mentalidades constitucionais é uma escolha, a ser definida em cada caso, de acordo com as dificuldades de justificação pertinentes e com as consequências associadas à decisão, no pressuposto de tornar a ordem constitucional melhor (SUNSTEIN, 2015, p. 66). Não existe obrigação de fidelidade capaz de constranger juízes a adotar um ponto de vista interpretativo. Afinal, o próprio conceito de interpretação é fruto de uma construção, não podendo ser simplesmente reduzido a uma vertente intencionalista, procedimentalista ou interpretativista. A definição da abordagem decisória dependeria, inclusive, de juízos de capacidade institucional.

Em diversos trabalhos, Sunstein admite uma declarada preferência pela categoria minimalista, que ele considera a mais instigante, além de especialmente influente no direito constitucional americano. A característica mais saliente deste tipo de persona corresponde, como já apontado, à preferência por decisões aptas a obter um desenvolvimento incremental do sentido das normas constitucionais, por meio de pequenos passos, e não via pronunciamentos grandiloquentes. Essa seria uma cautela apropriada para evitar consequências imprevistas e possivelmente negativas sobre o processo político, e representaria uma linguagem muito apropriada para a função judiciária. Afinal, diferentemente do Legislativo (que avalia o quadro maior durante seu processo deliberativo), o Judiciário trabalha sob uma base decisória microscópica, que atrai um nível maior de prudência.

Por esses motivos, o minimalista tende a optar por métodos decisórios parcimoniosos, privilegiando apenas os aspectos pontuais cuja abordagem seja estritamente indispensável, mediante fundamentação que seja contida quanto à sua profundidade. O binômio pontualidade (*narrowness*) e comedimento (*shallowness*) (SUNSTEIN, 2015, p. 74-78) é central nos cálculos minimalistas. O primeiro aspecto enfatiza a conveniência de decisões estreitas, recusando o apelo de declarações muito amplas. A ideia é prevenir pronunciamentos que comprometam as Cortes com possíveis efeitos contraproducentes, muitas vezes de difícil reversibilidade no futuro. A segunda diretriz minimalista é a superficialidade, que convida a decisões de fundamentação mais modesta, livrando os juízes de cargas argumentativas muito pesadas. Somadas, essas características não só ajudam a prevenir erros, mas podem viabilizar um maior grau de pacificação social, por preservar espaços para que outras instâncias de poder auxiliem na construção interpretativa da Constituição.

Mesmo sendo adepto do minimalismo, Sunstein registra que há questões jurídicas que podem ser mais bem resolvidas por decisões mais abrangentes, recomendando que o Judiciário assuma riscos maiores. Em certas ocasiões, as Cortes devem mirar uma fundamentação completa e transparente, o que sucederia, por exemplo, na solução de controvérsias sobre tratamento discriminatório, que exigiriam um juízo mais contundente sobre o conteúdo da cláusula constitucional da igualdade.

A metodologia minimalista de decisão se ancora em outros conceitos utilizados na obra de Sunstein, nas quais o autor aborda como o Judiciário deve atuar em situações de agudo conflito político. Em livro escrito em coautoria com Adrian Vermeule, Sunstein argumenta que, em situações dilemáticas, juízes devem ajustar suas ambições decisórias a uma plataforma mais modesta, recusando teorizações abstratas, e com potencial obsedante, em favor de soluções úteis e contidas, denominadas de acordos incompletamente teorizados[1] (SUNSTEIN, 2018). Trata-se de uma técnica de promoção de consensos em cenários de diversidade, uma espécie de denominador comum ou de tônica na "segunda melhor opção", cujo emprego, no Judiciário, seria vantajoso para ajustar as Cortes às suas capacidades institucionais.

Não obstante reitere, por diversas vezes, que juízes não se vinculam apenas a uma personalidade constitucional e que as diferentes posturas não fazem sentido em todos os contextos, Sunstein (2015, p. 106) considera que frequentemente é possível enxergar uma mentalidade predominante no conjunto da obra judicante dos magistrados. Ele mesmo associa alguns perfis a nomes conhecidos da Suprema Corte americana, destacando, por exemplo, Earl Warren como encarnação do herói, Oliver W. Holmes como um soldado nato e Felix Frankfurter (SUNSTEIN, 2015, p. 70) como típico minimalista.

"Empresa não vota": ciladas argumentativas, os custos deliberativos e as consequências adversas envolvidas na vedação judicial do financiamento empresarial da política

À luz do acervo de mentalidades judiciárias que se vem de apresentar, a decisão majoritária na ADI nº 4.650 aparece sem dúvida alguma como um exemplo de atuação heroica, com traços herculanos, fundamentada em uma interpretação expansiva dos princípios democrático e republicano.

Curiosamente, a Suprema Corte americana também deliberou de modo heroico ao contemplar a mesma controvérsia no julgamento do caso Citizens United *v.* Federal Election Comission (2010), mas pronunciou conclusão em sentido radicalmente oposto. A Corte americana valeu-se de uma interpretação eloquente da cláusula da liberdade de expressão para anular normas da lei de reforma da campanha bipartidária (*Bipartisan*

---

[1] Sunstein esclarece que acordos incompletamente teorizados são incompletamente especificados, gerando um padrão, não uma regra, que oferece uma semente de decisão a ser casuisticamente amadurecida em situações pontuais de aplicação. Trata-se de uma fórmula de consenso aplicada tanto pelos legisladores quanto pelos julgadores, motivando sobretudo estes últimos a optar por acordos em um nível mais baixo de abstração (SUNSTEIN, 2018).

Campaign Reform Act's, de 2002) que haviam sido estabelecidas para restringir gastos independentes de corporações e sindicatos. O próprio Sunstein elenca esse precedente como um típico marco heroico (SUNSTEIN, 2015, p. 7-8; 29-30).

O contraste entre as duas soluções transmite muitas mensagens interessantes. De certa forma, ele planta uma incômoda interrogação sobre a própria consistência argumentativa das duas decisões: afinal, se os princípios interpretados por ambas as Cortes são praticamente os mesmos e se o pano de fundo fático sugeria uma realidade de presença excessiva do dinheiro corporativo nas eleições, como as Constituições brasileira e americana poderiam produzir respostas tão antagônicas?

Esse contraste parece fazer ecoar algumas das perspicazes observações da doutrina de Sunstein. Ele ilustra como o conjunto das personalidades decisórias de uma Corte pode ser mais relevante para entender o sentido da prática da jurisdição constitucional do que o próprio texto interpretado. Mais do que isso, também sugere que o tema do financiamento eleitoral por empresas não comporta apenas uma avaliação certeira em termos de direito constitucional. Pelo contrário, trata-se de um dissídio que anima interpretações vivamente contraditórias, com nuances que parecem ir além do alcance da cognição judicial, o que, pelo menos em tese, deveria tornar mais atraente um padrão decisório que não prevaleceu em nenhum dos dois julgados, o do minimalismo.

Esse antagonismo foi objeto de uma dissertação de mestrado de primeira linha, elaborada por Pedro Marques Neto (2018) junto à Escola de Direito da Fundação Getúlio Vargas. O trabalho oferece uma rica avaliação do papel da jurisdição constitucional na supervisão do sistema democrático, encampando uma proposta normativa segundo a qual as Cortes deveriam preferir intervenções voltadas à minimização de danos democráticos causados por desenhos institucionais perniciosos (modelo estrutural de antidominação), em contraste com decisões de efeitos obsedantes voltadas à maximização de direitos individuais ou de bens democráticos.

Marques Neto (2018) descreve as decisões proferidas pela Suprema Corte brasileira e americana como exemplos de intervenções unidimensionais, isto é, voltadas à consagração de apenas um dos elementos constitucionais presentes na complexa equação que envolve o financiamento empresarial de campanhas. A jurisdição brasileira teria optado pela exaltação dos bens democráticos, enquanto a americana potencializou direitos individuais. Segundo a conclusão do trabalho, as alternativas aplicadas por ambas as Cortes não são condizentes com uma avaliação mais realista das capacidades institucionais do Poder Judiciário, pois deixam de considerar o potencial dominador decorrente da atuação dessa instância (MARQUES NETO, 2018, p. 116-117).

Dentro da realidade judiciária brasileira, Teori Zavascki é seguramente um ícone da abordagem minimalista. Os assessores que, assim como eu, despacharam com ele ao longo de sua judicatura certamente concordariam em subscrever isso na forma de um testemunho. Mas esse perfil decisório é tão presente na obra forense do Ministro Teori Zavascki que não depende de avaliações subjetivas, podendo ser constatado objetivamente de diversos dos pronunciamentos do estimado magistrado.

Dentro do Supremo Tribunal Federal, a personalidade decisória do Ministro Teori Zavascki expressou-se muito claramente, por exemplo, no voto proferido na Reclamação nº 4.335, em 2014. Embora tenha rejeitado a tese mais ambiciosa da abstrativização do controle difuso pela mutação do art. 52, inc. X, da Constituição, Teori encontrou uma saída conciliadora na especial "força expansiva" das decisões proferidas nessa sede. Em conhecido voto-vista na ADI nº 2.028, prolatado no mesmo ano, Sua Excelência também forjou – no critério da contrapartida – um ponto de equilíbrio para a tormentosa controvérsia sobre o alcance da reserva de lei complementar aplicável à imunidade de entidades beneficentes.

Muitos outros votos, alguns dos quais lembrados no decorrer desta obra conjunta, poderiam ser indicados como episódios de minimalismo, mas a manifestação na ADI nº 4.650 é especial nesse sentido, porque oferece um maior número de elementos que o enquadram nesse estilo.

Como visto no tópico anterior, Sunstein afirma que a pontualidade (*narrowness*) e o comedimento (*shalowness*) são as duas principais características do modelo minimalista. Fazendo uso de um jargão idiomático da língua inglesa, pode-se traduzir essa postura decisória na frase "look small, find big". O voto-vista proferido pelo Ministro Teori Zavascki no julgamento da ADI nº 4.650 entregou uma análise jurídica com esse formato, apostando em uma leitura mais estreita da controvérsia constitucional examinada, com o descarte de teorizações abrangentes e um olhar cético sobre as consequências do julgamento.

A aplicação desse corte metodológico se apresenta primeiramente na declaração de que a Constituição brasileira não proíbe diretamente o concurso do dinheiro empresarial nas eleições ou na política, mas apenas a sua presença abusiva (p. 141-142 do acórdão). Embora possa parecer trivial, esse ponto serve como assoalho para a construção do raciocínio jurídico de Sua Excelência, pois entrega maior margem de discricionariedade na matéria ao legislador e decota a influência dos princípios democrático e republicano no desfecho da avaliação judicial, exemplificando um claro recurso argumentativo de estreitamento do alcance da causa.

Nas palavras do saudoso ministro:

> Considerando o já referido caráter flutuante e conjuntural dessa problemática, a exigir continuada atenção reformadora para aperfeiçoamento do sistema, é importante que o Supremo Tribunal Federal tenha o cuidado de não extrair das raras disposições da Constituição sobre abuso do poder econômico ou, o que seria mais grave, da amplitude semântica e da plurissignificação dos princípios democrático, republicano e da igualdade, interpretações voluntaristas que imponham gessos artificiais e permanentes às alternativas que ela, Constituição, oferece ao legislador encarregado de promover ajustes normativos ao sistema de financiamento dos partidos políticos e das campanhas eleitorais. (p. 142)

Na sequência, o Ministro Teori Zavascki busca desabilitar a persuasividade da teorização ampla do conceito de democracia. Um dos argumentos esgrimidos de forma mais enfática na petição inicial da OAB era o de que, nas democracias, o poder emana do povo, e, como empresas não são parte do povo e não votam, também não deveriam participar do processo eleitoral por meio de doações. No início do julgamento, o argumento ganhou terreno fértil. O voto-vencedor, proferido pelo Ministro Luiz Fux, demonstrou receptividade à alegação ao registrar que "o exercício de direitos políticos é incompatível com a essência das pessoas jurídicas". O Ministro Dias Toffoli consignou que "quando do exercício da soberania popular, o cidadão, pessoa física, é o único constitucionalmente legitimado a exercitá-la".

O voto-vista apresentado pelo Ministro Teori Zavascki não escondeu a aversão a esse argumento, considerando-o precário para justificar, por si só, a conclusão de que a Constituição proibiria terminantemente o aporte de recursos empresariais a partidos. Tampouco o impressionava a alegação de que as doações empresariais eram sempre acompanhadas de interesses suspeitos.

Como contraponto a essa visão, o ministro asseverou o seguinte:

> Afirma-se, como argumento central da inconstitucionalidade, que as pessoas jurídicas "não exercem cidadania", pois não têm aptidão para votar. É, com o devido respeito, um argumento do qual não se pode extrair a radical conclusão de que a Constituição proíbe, terminantemente, o aporte de recursos a partidos políticos. A Constituição não faz, nem implicitamente, essa relação necessária entre capacidade de votar e habilitação para contribuir, até porque há também muitas pessoas naturais sem habilitação para votar e nem por isso estão proibidas de contribuir financeiramente para partidos e campanhas. É que o voto é apenas uma das variadas formas de participar da vida em sociedade e de influir para que a escolha de representantes políticos recaia sobre os mais eficientes e mais qualificados. As pessoas jurídicas, embora não votem, embora sejam entidades artificiais do ponto de vista material, ainda assim fazem parte da nossa realidade social, na qual desempenham papel importante e indispensável, inclusive como agentes econômicos, produtores de bens e serviços, geradores de empregos e de oportunidades de realização aos cidadãos. Mesmo quando visam a lucro, são entidades que, a rigor, não têm um fim em si mesmas: ao fim e ao cabo, as entidades de existência formal só existem para, direta ou indiretamente, atender e satisfazer interesses e privilegiar valores das pessoas naturais que por trás delas invariavelmente gravitam e das quais funcionam como instrumentos jurídicos de atuação. [...]
>
> Diz-se, por outro lado, que pessoas jurídicas só contribuem por interesse. Não se contesta esse fato. Todavia, é exatamente isso o que ocorre também com as pessoas naturais: suas contribuições não podem ser consideradas desinteressadas. Nem num caso, nem no outro, entretanto, há de se afirmar que os interesses a que visam as contribuições para partidos ou campanhas políticas sejam, invariavelmente, interesses ilegítimos. Não se mostra assim, por exemplo, o interesse de pessoas jurídicas em ver eleitos candidatos favoráveis a impulsionar certas reformas legislativas de natureza econômica, ou tributária, ou trabalhista, ou em ver priorizadas políticas públicas na área de infraestrutura, ou de expansão de empregos, ou de industrialização ou de desburocratização. É claro que há também interesses escusos movendo doações de pessoas jurídicas, mas seria igualmente ingênuo afirmar que os interesses que movem pessoas naturais a contribuir para campanhas sejam, sempre, interesses legítimos. A realidade está repleta de exemplos em sentido contrário, alguns até da mais alta gravidade, como é o caso de candidaturas sustentadas por organizações criminosas.

Além disso, Sua Excelência também fez questão de reiterar que o recebimento de recursos empresariais sequer seria o único fator capaz de desequilibrar o caráter isonômico da competição eleitoral, que também seria afetado pela distribuição de tempo de propaganda e pelo poder de disposição da máquina administrativa pelos grupos políticos governistas, pois "o exercício dos postos de poder já confere ao seu titular e ao respectivo partido uma natural e significativa vantagem estratégica no plano da disputa eleitoral" (p. 155).

Essas passagens são extremamente elucidativas porque expõem alguns dos riscos interpretativos contidos na aplicação de um sentido muito ambicioso às cláusulas democráticas e republicanas. Trata-se do risco de equiparação entre poder e influência. Conforme salientado por Teles Filho em artigo elaborado a propósito do tema, a democracia representativa exige sim a igualdade no momento do voto, mas essa exigência não se reflete com o mesmo rigor em relação à capacidade de influência, pois "o fato de a influência distribuir-se de maneira diferente na sociedade não desvirtua per se o caráter democrático da representação" (FERREIRA; BASTOS JUNIOR, 2017, p. 94).

O argumento de que "empresa não vota" é perigosamente cativante. Trata-se de uma cilada argumentativa, cuja acolhida, em termos amplos, teria o condão de tornar inconstitucional não apenas a doação empresarial para partidos e campanhas, mas diversos tipos de práticas enquadráveis no conceito de *lobby*. Também essa atuação de empresas junto ao Congresso Nacional revela comportamentos abusivos sobre o processo político, e, por uma analogia simplória, também poderiam ser considerados atentatórios à democracia e à república.

Além de aplicar os filtros da pontualidade e do comedimento, o voto-vista de Teori explorou outras perspectivas argumentativas que se conectam com a atitude minimalista imaginada por Sunstein, como a valorização da tradição. Isso é visível no ponto em que destacou o valor do aprendizado institucional coletado no passado recente, na forma do parecer da Comissão Parlamentar de Inquérito sobre doações eleitorais no Governo Collor de Mello. A partir do resgate desse exemplo histórico, o Ministro Teori Zavascki apontou a ubiquidade dos problemas relacionados à regulação das fontes de financiamento e acenou para o perigo das soluções simplistas, alertando que "o problema da abusiva interferência do poder econômico na política e nas campanhas eleitorais – que é uma realidade e que precisa ser combatida – não está no marco normativo, mas no seu sistemático descumprimento" (p. 149).

Quando se trata de modelo de financiamento eleitoral, o risco de colonização é de mão dupla. Partidos buscarão financiamento onde for possível, extraindo o máximo das fontes que estiverem à disposição, sejam elas legítimas ou não. Os comportamentos abusivos sempre colocarão o funcionamento dos modelos de controle sob risco de distorção. Se houver financiamento privado, o clientelismo e a plutocratização serão males a evitar. Se o financiamento for exclusivamente público, o parasitismo e a cartelização (KATZ; MAIR, 1995) irão exercer pressão no momento de definição orçamentária.

Em qualquer desses contextos, a corrupção estará à espreita, e a única maneira de fazer frente a ela é por meio do fortalecimento da transparência do relacionamento entre partidos e doadores, das técnicas de controle e da efetividade das sanções. Simplesmente mudar a chave do sistema não seria suficiente para tornar a realidade menos vulnerável aos comportamentos excessivos. Depositar as esperanças de purificação da competição política em uma declaração judicial expansiva dos princípios da democracia e da república seria uma cruzada ingênua e fadada a gerar consequências indiretas negativas, fomentando uma cultura que Sua Excelência denominou "messianismo judicial". Aqui estaria o pecado de todo heroísmo judicial, a *hybris* cuja contenção é tão difícil.

Mais uma vez cumpre fazer transcrição de parte do voto, na parte em que apresenta uma magistral consideração de prudência:

> Só por messianismo judicial se poderia afirmar que, declarando a inconstitucionalidade da norma que autoriza doações por pessoas jurídicas e, assim, retornar ao regime anterior, se caminhará para a eliminação da indevida interferência do poder econômico nos pleitos eleitorais. É ilusão imaginar que isso possa ocorrer, e seria extremamente desgastante à própria imagem do Poder Judiciário alimentar na sociedade, cansada de testemunhar práticas ilegítimas, uma ilusão que não tardará em se transformar em nova desilusão. (p. 156)

A oscilação entre modelos de proibição/permissão de doações empresariais proveria um enfrentamento simbólico da controvérsia, distraindo a agenda pública do debate realmente importante, que seria relativo ao aperfeiçoamento dos mecanismos e instituições de controle eleitoral. Segundo Sua Excelência, a metodologia mais plausível para neutralizar o abuso do poder na competição entre candidatos seria "a criação de limites de gastos, acompanhada de instrumentos institucionais de controle e de aplicação de sanções, em casos de excessos" (p. 156). Não por acaso, em um voto-condutor proferido em outra ação que tratava de financiamento eleitoral – a ADI nº 5.394 – Sua Excelência condenou de modo veemente a iniciativa de "ocultação de doadores" patrocinada pela minirreforma eleitoral de 2015.

Embora tenha feito essa proclamação inaugural pela improcedência da ação, o Ministro Teori Zavascki trouxe um complemento de voto na assentada final de julgamento, propondo um significativo ajuste em sua declaração. Enfatizando mais uma vez que a mensagem constitucional é dirigida a vedar o abuso – e não a mera presença – das fontes privadas de financiamento político, Sua Excelência argumentou ter percebido que os votos proferidos pelos demais ministros, inclusive aqueles de desfecho contrário ao seu, permitiram intuir a existência de um denominador comum sobre comportamentos notoriamente abusivos.

Seriam duas as espécies de comportamento empresarial de financiamento que poderiam ser consideradas abusivas em qualquer contexto, a saber as doações: "(i) de pessoas jurídicas ou de suas controladas e coligadas que mantenham contratos onerosos celebrados com a Administração Pública, independentemente de sua forma e objeto; (ii) de pessoas jurídicas a partidos (ou seus candidatos) diferentes, que competem entre si". Na medida em que existiria um acordo profundo em relação ao rechaço a esses casos, o Tribunal poderia consolidar um exercício ampliativo da interpretação da Constituição quanto a eles, tal como feito em relação ao nepotismo e à infidelidade partidária.

Esse ajuste final é absolutamente convergente com a ideia de construtivismo incremental que Cass Sunstein idealizou na figura do juiz minimalista. A um só tempo, ela traduz um aceno para um consenso mais seguro entre os ministros, um alerta contra consequências imprevistas da decisão de banimento total das doações empresariais e um convite à atuação das demais instâncias políticas da sociedade na programação futura do tema.

É interessante perceber que essa achega final indica a adesão expressa do Ministro Teori Zavascki à metodologia minimalista de decisão, registro pessoal que é raro de ser encontrado nas suas declarações de voto:

> O estabelecimento de uma vedação deste calibre por via judicial fecharia as portas antecipadamente para eventuais propostas legislativas de uma presença mais comedida do capital corporativo no financiamento político, comprometendo o Supremo Tribunal Federal

com as imprevisíveis consequências da instalação de um modelo predominantemente público, cuja eficiência ainda não tem comprovação empírica mundo afora.

Daí meu convencimento de que a solução proposta na inicial, de vedar toda e qualquer contribuição financeira de empresas a partidos e a campanhas, deve ser analisada com redobrada cautela. Em cenário assim movediço, o maior compromisso do Tribunal deve ser com a prudência, virtude que é base da linguagem institucional do Judiciário.

Por entender que, pela sua natureza e características, o tema relacionado a financiamentos de campanhas e partidos políticos é desses que reclamam intervenção minimalista do Poder Judiciário – permitindo, como ocorre no direito comparado, espaço mais amplo para a atuação legislativa – o voto originalmente proferido foi pela improcedência.

Embora também essa proposta final de procedência parcial não tenha vingado, ela produziu um claro efeito atenuante sobre os termos da declaração final de julgamento que viria a ser feita. Alguns ministros que haviam votado pela procedência, como o Ministro Roberto Barroso, agregaram esclarecimentos indicando que não estariam conferindo uma interpretação contrária a toda e qualquer forma de doação empresarial nas eleições, mas apenas condenando o modelo atual, que seria muito inadequado. A própria formatação final da ementa de julgamento, lavrada pelo Ministro Luiz Fux, sinaliza uma conclusão mais temperada do julgamento, salientando que o veredicto da Suprema Corte constituiria apenas uma última palavra provisória, sem pretensão de fossilizar o conteúdo constitucional interpretado.

Conclusão

O julgamento da ADI nº 4.650 representa um marco na experiência constitucional brasileira. Ele reflete algumas das principais características da prática judicial vigente, entre as quais a crença no poder transformador da interpretação constitucional como elemento de superação de vícios do processo político. Não há dúvida de que a argumentação constitucional tem muito a contribuir com a melhora da racionalidade das decisões estatais. Mas toda atuação jurisdicional em campos de indeterminação tem seu preço.

Conquanto vencido no resultado, o voto proferido por Teori Zavascki no âmbito desta ação representa uma lúcida crônica minimalista, com advertências eloquentes sobre as externalidades futuras que o precedente poderá acarretar, inclusive para a credibilidade do próprio Tribunal. Uma dessas consequências vem a ser o inevitável fomento à ampliação do financiamento público de partidos e campanhas. Em um país que enfrenta um gargalo fiscal continuado e um fosso social sem fundo, é desalentador pensar na oneração orçamentária que será gerada para fins de sustento partidário.

Para além disso, a manifestação de Teori Zavascki deixa uma mensagem muito mais importante para a sociedade brasileira. Trata-se de uma mensagem antinarcísica, de reflexão e de modéstia decisória, virtudes tão em falta em um mundo que experimenta uma espécie de midiopatia, presente tanto no Poder Judiciário quanto fora dele. Vazamentos, monocratismos, *lives*, *tweets* e notas de repúdio são sintomas da baixa qualidade institucional do Poder Público brasileiro como um todo, e a superação desse quadro demanda mais personagens como Teori, que, ao seu modo muito particular, era uma poderosa celebridade da discrição.

Em determinado momento de seu voto (p. 150 do acórdão), Teori Zavascki menciona um conhecido escrito do cientista político italiano Giovanni Sartori – *Homo Videns* –, no qual esse pensador registra grande apreensão com a erosão das capacidades cognitivas do ser humano após a dispersão dos meios de comunicação de massa. Trata-se de um texto irônico, agudo e pessimista, com uma lancinante crítica sobre a subsistência da capacidade humana de pensar. Um dos pontos que causava mais preocupação a Sartori era a sedução obscena da mensagem visual, e a paralisia que ela parecia causar no aparelho crítico da razão humana.

Teori Zavascki e Giovanni Sartori faleceram no início de 2017. Nenhum dos dois teve a desventura de presenciar o impacto cognitivo causado no discernimento humano pelas mídias sociais. Mas ambos, cada um a seu modo, deixaram preciosas lições evolutivas para o mundo que os perdeu. Talvez ali, no voto-vencido na ADI nº 4.650, Teori tenha legado um antídoto para os vícios do fanatismo, do negacionismo e da superpolarização, hoje tão presentes na vida pública brasileira: a elegância civil do minimalismo.

Referências

FERREIRA, Luciana; BASTOS JUNIOR, Luiz Magno Pinto. O financiamento de campanhas eleitorais sob a ótica da democracia. *Resenha Eleitoral: Tribunal Regional Eleitoral de Santa Catarina Tribunal Regional Eleitoral de Santa Catarina*, Florianópolis, v. 20, n. 2, 2017. ISSN 0104-6152.

KATZ, Richard; MAIR, Peter. Changing models of party organization and party democracy: the emergence of the cartel party. *Party Politics*, London, v. 1, p. 5-28, jan. 1995.

MARQUES NETO, Pedro. *Supervisão judicial do financiamento de campanha eleitoral*: proteção de direitos individuais, maximização de bens democráticos e modelo antidominação. Dissertação (Mestrado em Direito) – FGV, 2018.

OST, François. Júpiter, Hércules e Hermes: tres modelos de juez. *Revista Doxa – Cuadernos de Filosofia del Derecho*, Alicante, n. 14, 1993.

SUNSTEIN, Cass R. *A Constitution of many minds*: why the founding document doesn't mean what it meant before. Princeton: Princeton University Press, 2009.

SUNSTEIN, Cass R. *Constitutional personae*. Oxford: Oxford University Press, 2015.

SUNSTEIN, Cass R. *Legal reasoning and political conflict*. 2. ed. Oxford: Oxford University Press, 2018.

SUNSTEIN, Cass R. *One case at a time*: judicial minimalism on the Supreme Court. Cambridge: Harvard University Press, 2001.

Informação bibliográfica deste texto, conforme a NBR 6023:2018 da Associação Brasileira de Normas Técnicas (ABNT):

PINCOWSCY, Daniel. A grande mensagem do minimalismo: ADI nº 4.650 como crônica da mentalidade decisória de Teori Zavascki. *In*: SEEFELDER FILHO, Claudio Xavier; AZEVEDO, Daniel Coussirat de (Coord.). *Teori na prática*: uma biografia intelectual. Belo Horizonte: Fórum, 2022. p. 49-64. ISBN 978-65-5518-344-3.

GARANTIAS INDIVIDUAIS E CULPABILIDADE NA AÇÃO DE IMPROBIDADE. ENSINAMENTOS DE TEORI ZAVASCKI

GILSON DIPP
RAFAEL DE A. ARARIPE CARNEIRO

Considerações iniciais

A recente Lei nº 14.230/2021 provou significativas mudanças na disciplina processual e material da improbidade administrativa. Entre as alterações mais relevantes estão a exigência do dolo específico, a taxatividade das hipóteses de ofensa aos princípios, o rigor para o ajuizamento das ações de improbidade e a fixação de novos critérios para a dosimetria das sanções.

As mudanças na lei dividiram a opinião de especialistas a respeito da necessidade, qualidade e possíveis consequências da reforma. Por um lado, colocam-se aqueles que preveem favorecimento da impunidade e esvaziamento da persecução por improbidade. De outro, estão os que esperam maior efetividade na punição dos atos reprováveis, ganho de segurança jurídica da gestão pública e uniformização na aplicação da lei.

Nesse conflituoso cenário, mostra-se relevante resgatar os ensinamentos do Ministro Teori Zavascki, cujo legado esta obra em boa hora homenageia. A credibilidade e respeitabilidade do homenageado lhe permitem colocar-se acima de pensamentos meramente binários e aprofundar as reflexões sobre a temática. Teori contribuiu enormemente para o desenvolvimento do estudo da improbidade. Tanto em sede doutrinária, com destaque para a obra *Processo coletivo: tutela de direitos coletivos e tutela coletiva de direitos*, fruto de sua tese de doutorado e cuja primeira edição foi publicada pela RT no ano de 2006, como no ofício judicante, em que se sobressai o notável precedente da Ação de Improbidade Administrativa nº 30/AM do Superior Tribunal de Justiça (STJ), datado de 2011.

O texto está dividido em cinco partes principais. Os dois primeiros capítulos foram elaborados em caráter descritivo e apresentam os fundamentos da doutrina de Teori sobre improbidade. O Capítulo 1 examinará a inspiração da improbidade no direito penal e os reflexos dessa relação na observância das garantias individuais, enquanto o Capítulo 2 se destina a cuidar das *características incomuns e inéditas* que a ação de improbidade trouxe ao sistema processual civil. O Capítulo 3 dedica-se a analisar os julgados do Ministro Teori sobre a culpabilidade do agente público e a diferença entre improbidade e ilegalidade. No Capítulo 4 será apresentado o contexto crítico doutrinário e jurisprudencial que culminou com o advento da Lei nº 14.230/2021. Por fim, o quinto capítulo examinará se as alterações promovidas pela nova lei consagraram as posições do Ministro Teori.

1 A identidade com o direito penal e a observância das garantias individuais

A doutrina de Teori sobre improbidade funda-se essencialmente na aproximação dessa esfera sancionadora com o direito penal. Como ponto de partida, Teori argumentava que as sanções de improbidade têm, do ponto de vista substancial, *absoluta identidade* com as penas decorrentes de ilícitos penais.[1] Com efeito, ele ressaltava que as sanções de suspensão dos direitos políticos, perda da função pública, perda dos bens, multa civil e proibição de contratar com o Poder Público, previstas nos arts. 37, §4º da Constituição Federal e 12 da Lei nº 8.429/92, encontram paridade com o art. 5º, XLVI, da Constituição, como asseverou em trabalho acadêmico:

> A perda de bens, a suspensão de direitos e a multa são penas que têm, do ponto de vista substancial, absoluta identidade com as decorrentes de ilícitos penais, conforme se pode ver do art. 5º, XLVI da Constituição. A suspensão dos direitos políticos é, por força da Constituição, consequência natural da "condenação criminal transitada em julgado, enquanto durarem os seus efeitos" (art. 15, III). Também é efeito secundário da condenação criminal a perda "do produto do crime ou de qualquer bem ou valor que constitua proveito auferido pelo agente com a prática do fato criminoso" (CP, art. 91, II, b). A perda de "cargo, função pública ou mandato eletivo" é, igualmente, efeito secundário da condenação criminal, nos casos previstos no art. 92, I, do Código Penal: "quando aplicada pena privativa de liberdade por tempo igual ou superior a um ano, nos crimes praticados com abuso de poder ou violação de dever para com a administração pública" e "quando for aplicada pena privativa de liberdade por tempo superior a quatro anos, nos demais casos".[2]

Também no ofício judicante o Ministro Teori registrou essa visão: "o ato de improbidade, embora não tenha natureza penal, mantém laços fortes com a seara criminal, perceptível a partir das consequências das reprimendas, sendo que somente a pena privativa de liberdade é característica da ação penal. No mais, as consequências

---

[1] ZAVASCKI, Teori Albino. *Processo coletivo*: tutela de direitos coletivos e tutela coletiva de direitos. 7. ed. São Paulo: RT, 2017. p. 104-105.

[2] ZAVASCKI, Teori Albino. *Processo coletivo*: tutela de direitos coletivos e tutela coletiva de direitos. 7. ed. São Paulo: RT, 2017. p. 104-105. Em relação ao ressarcimento ao erário, também previsto como sanção no art. 12 da Lei nº 8.429/92, Teori argumentava que se trata de uma sanção em sentido genérico, sendo disciplinada pelo regime jurídico da responsabilidade civil, como objeto próprio de ação judicial proposta pelo lesado e da ação civil pública em defesa do erário. Por isso, afirmava que, para aplicar a sanção de reparar danos, não haveria a necessidade de criação de novo procedimento judicial (ZAVASCKI, Teori Albino. *Processo coletivo*: tutela de direitos coletivos e tutela coletiva de direitos. 7. ed. São Paulo: RT, 2017. p. 104-105).

são iguais".[3] Com isso, Teori afirmava não ver qualquer diferença das penas quando decorrentes de ilícito penal e administrativo:

> Não há dúvida de que as sanções aplicáveis aos atos de improbidade, previstas na Lei 8.429/92, não tem natureza penal. Todavia, há inúmeros pontos de identidade entre as duas espécies, seja quanto a sua função (que é punitiva e com finalidade pedagógica e intimidatória, visando a inibir novas infrações), seja quanto ao conteúdo. Com efeito, não há qualquer diferença entre a perda de função pública ou a suspensão dos direitos políticos, ou a imposição de multa pecuniária, quando decorrente de ilícito penal e de ilícito administrativos.[4]

A partir da concepção da *unidade da pretensão punitiva estatal*, baseada na ideia da identidade substancial das penas, Teori defendia que os princípios constitucionais e as garantias individuais são comuns ao direito penal e ao direito administrativo sancionador. Sob essa ótica, ele argumentava que princípios comumente aplicados no direito penal – *v.g.*, legalidade, tipicidade, individualização da pena e presunção de inocência – incidem no regime da improbidade:

> Ora, é justamente essa identidade substancial das penas que dá suporte à doutrina da unidade da pretensão punitiva (ius puniendi) do Estado, cuja principal consequência "é a aplicação de princípios comuns ao direito penal e ao Direito Administrativo Sancionador, reforçando-se, nesse passo, as garantias individuais". Realmente, não parece lógico, do ponto de vista dos direitos fundamentais e dos postulados da dignidade da pessoa humana, que se invista o acusado das mais amplas garantias até mesmo quando deva responder por infração penal que produz simples pena de multa pecuniária e se lhe negue garantias semelhantes quando a infração, conquanto administrativa, pode resultar em pena muito mais severa, como a perda de função pública ou a suspensão de direitos políticos. Por isso, embora não se possa traçar uma absoluta unidade de regime jurídico, não há dúvida de que alguns princípios são comuns a qualquer sistema sancionatório, seja nos ilícitos penais, seja nos administrativos, entre eles o da legalidade, o da tipicidade, o da responsabilidade subjetiva, o do non bis in idem, o da presunção de inocência e o da individualização da pena, aqui enfatizados pela importância que têm para a adequada compreensão da Lei de Improbidade Administrativa.[5]

Em concordância, Gilmar Mendes e Arnoldo Wald sustentam que a ação de improbidade é uma *ação civil* de forte conteúdo penal, com incontestáveis aspectos políticos. Destacam que a sentença condenatória proferida nessa *peculiar ação civil* é dotada de efeitos que, em alguns aspectos, superam aqueles atribuídos à sentença penal condenatória.[6] Em sentido similar, Gregório Guardia constata que as sanções relacionadas aos atos de improbidade têm carga intimidatória frequentemente superior ao próprio ilícito penal, embora não possuam natureza formalmente penal. Argumenta,

---
[3] STF. Pet nº 3.240. Rel. Min. Teori Albino Zavascki, j. 10.5.2018.
[4] ZAVASCKI, Teori Albino. *Processo coletivo*: tutela de direitos coletivos e tutela coletiva de direitos. 7. ed. São Paulo: RT, 2017. p. 105.
[5] ZAVASCKI, Teori Albino. *Processo coletivo*: tutela de direitos coletivos e tutela coletiva de direitos. 7. ed. São Paulo: RT, 2017. p. 105-106.
[6] MENDES, Gilmar F.; WALD, Arnoldo. Competência para julgar ação de improbidade administrativa. *Revista de Informação Legislativa*, Brasília, v. 35, n. 138, abr./jun. 1998. p. 213-216. Disponível em: https://www2.senado.leg.br/bdsf/bitstream/handle/id/378/r138-17.pdf?sequence=4. Acesso em: 3 abr. 2022.

assim, que as infrações por improbidade impõem, na essência, os mesmos ônus e o mesmo constrangimento das sanções penais.[7]

2 As características incomuns e inéditas da ação da improbidade

A inspiração no direito penal foi igualmente a base para o desenvolvimento da doutrina de Teori em relação aos aspectos processuais da improbidade. Ele afirmava que "à identidade material das penas veio juntar-se a identidade formal dos mecanismos de sua aplicação. Foi no Código de Processo Penal, com efeito, que o legislador civil se inspirou para formatar o novo instrumento".[8] Não por outra razão, dizia, "o procedimento adotado para a ação de improbidade foi moldado em formato semelhante ao da ação penal para os crimes praticados por funcionário público contra a Administração, prevista nos artigos 513 a 518 do CPP".[9]

Nesse contexto, embora reconhecesse a função de reparação civil, o Ministro Teori ressaltava o caráter eminentemente punitivo da ação de improbidade, isto é, a sua finalidade precípua de aplicar sanções. A característica sancionadora era tida por ele como o diferencial em relação às demandas civis anulatórias ou reparatórias e o que caracteriza a *natureza especialíssima* da ação de improbidade:

> Realmente, não se pode confundir a ação de improbidade administrativa com a simples ação de ressarcimento de danos ao erário. A primeira, disciplinada no artigo 17 da Lei 8.429/92, tem seu assento no art. 37, §4º da Constituição, sendo manifesto seu caráter repressivo, já que se destina, precipuamente, a aplicar sanções de natureza pessoal, semelhantes às penais, aos responsáveis por atos de improbidade administrativa, conforme prevê o art. 12 da referida Lei. Já a ação em que se busca a anulação de atos danosos ao erário, com pedido de reparação, que pode ser promovida pelo Ministério Público com base no art. 129, III, da Constituição, tem por objeto apenas sanções civis comuns, desconstitutivas e reparatórias. Essa distinção foi enfatizada no julgamento do REsp 827.445, perante a 1ª. Turma (DJ de 08.03.10), quando, em voto-vista, registrei que, diferentemente do que ocorre com simples demandas anulatórias de ato jurídico ou de reparação de danos, a ação de improbidade administrativa tem natureza especialíssima, qualificada pela singularidade do seu objeto, que é o de aplicar penalidades a administradores ímprobos.[10]

A partir dessa ótica, Teori realçava as *características incomuns e inéditas* que a ação de improbidade traz ao nosso sistema processual civil.[11] Como exemplo, ele elencava a sujeição aos princípios comuns aos regimes sancionadores, como a legalidade, a tipicidade, a individualização da pena e da presunção de inocência, que devem refletir no plano do processo da improbidade:

---

[7] GUARDIA, Gregório E. R. Selingardi. Princípios processuais no direito administrativo sancionador: um estudo à luz das garantias constitucionais. *Revista da Faculdade de Direito da Universidade de São Paulo*, São Paulo, v. 109, p. 773-795, jan./dez. 2014. p. 786.

[8] REsp nº 1.163.643/SP. Rel. Min. Teori Albino Zavascki, Primeira Seção. *DJe*, 30 mar. 2010.

[9] REsp nº 928.725/DF. Rel. Min. Denise Arruda, Rel. p/ Acórdão Min. Teori Albino Zavascki, Primeira Turma. *DJe*, 5 ago. 2009.

[10] REsp nº 1.163.643/SP. Rel. Min. Teori Albino Zavascki, Primeira Seção. *DJe*, 30 mar. 2010.

[11] ZAVASCKI, Teori Albino. *Processo coletivo*: tutela de direitos coletivos e tutela coletiva de direitos. 7. ed. São Paulo: RT, 2017. p. 116.

Ao contrário das sanções civis, sua função não é a de recompor o patrimônio material ou moral lesado e nem a de desfazer os atos contrários ao direito (= recomposição do patrimônio jurídico), e sim a de punir o infrator, aplicando-lhe um castigo. Realça-se, nelas, o elemento aflitivo, do qual decorre, entre outras consequências, a força pedagógica e intimidadora de inibir a reiteração da conduta ilícita, seja pelo apenado, seja por outros membros da sociedade. Tais sanções (aqui num sentido estrito) compõem o *ius puniendi* do Estado, cuja face mais evidente é a da repressão de ilícitos penais, mas que se manifesta também em ilícitos administrativos e disciplinares. Sujeitam-se, entre outros, aos princípios da legalidade, da tipicidade, da individualização da pena, da presunção de inocência, o que traz significativos reflexos no plano do processo.[12]

Da mesma forma, quando analisava a possibilidade de afastamento cautelar do agente do cargo ou função pública, conforme previsto no art. 20, parágrafo único, da redação original da Lei nº 8.429/92, o Ministro Teori ensinava ser necessário demonstrar o risco para a instrução processual ou continuidade delitiva para a concessão da medida, lembrando que, à semelhança dos requisitos para a prisão preventiva, a probabilidade de êxito da demanda, por si só, não legitima a concessão da cautelar (CPP, art. 312).[13]

3 O elemento subjetivo nos julgados de Teori

Para a caracterização do elemento subjetivo do tipo ímprobo, Teori afirmava que devem ser observados, *mutatis mutandis*, os mesmos padrões conceituais que orientam o sistema penal, fundados na teoria finalista, segundo a qual a vontade constitui elemento indispensável à ação típica de qualquer crime. Ele lembrava que, no crime doloso, a finalidade da conduta é a vontade do concretizar um ilícito (vontade de resultado), enquanto no crime culposo o agente é autor de fato típico por não ter empregado em seu comportamento os cuidados necessários para evitar o dano.[14]

Em coerência com os seus ensinamentos doutrinários, o julgador Teori mostrou-se um intransigente defensor da necessidade de demonstração do elemento subjetivo para a configuração de improbidade. Foi no julgamento da Ação de Improbidade Administrativa nº 30/AM em 2011, relatada pelo Ministro Teori, que a Corte Especial do STJ sinalizou de forma mais contundente essa exigência. A acusação era de que dois juízes do Tribunal Regional do Trabalho da 11ª Região teriam praticado ato de improbidade de ofensa a princípios da administração por terem, no exercício da presidência do tribunal, editado portarias afastando temporariamente juízes de primeiro grau do exercício de suas funções, para que proferissem sentenças em processos pendentes. A ação de improbidade foi rejeitada por que o STJ considerou que, embora enfatizasse a ilegalidade das portarias, a petição inicial sequer descreveu a existência de qualquer

---

[12] ZAVASCKI, Teori Albino. *Processo coletivo*: tutela de direitos coletivos e tutela coletiva de direitos. 7. ed. São Paulo: RT, 2017. p. 103. Essa também é a posição de Fábio Medina Osório, que ressalta que a Lei de Improbidade atrai o emprego de princípios e regras usualmente associados ao processo penal, considerando que o Estado possui um único e unitário poder punitivo. *Vide* OSÓRIO, Fábio Medina. *Direito administrativo sancionador*. São Paulo: RT, 2000. p. 102.

[13] ZAVASCKI, Teori Albino. *Processo coletivo*: tutela de direitos coletivos e tutela coletiva de direitos. 7. ed. São Paulo: RT, 2017. p. 127.

[14] ZAVASCKI, Teori Albino. *Processo coletivo*: tutela de direitos coletivos e tutela coletiva de direitos. 7. ed. São Paulo: RT, 2017. p. 109.

circunstância indicativa de conduta dolosa ou mesmo culposa dos demandados. Nesse contexto, o tribunal ressaltou:

> Não se pode confundir improbidade com simples ilegalidade. A improbidade é ilegalidade tipificada e qualificada pelo elemento subjetivo da conduta do agente. Por isso mesmo, a jurisprudência do STJ considera indispensável, para a caracterização de improbidade, que a conduta do agente seja dolosa, para a tipificação das condutas descritas nos artigos 9º e 11 da Lei 8.429/92, ou pelo menos eivada de culpa grave, nas do artigo 10.[15]

A preocupação com a qualificação da ilegalidade pelo elemento subjetivo, contudo, já podia ser identificada em julgamentos anteriores do Ministro Teori. A título de ilustração, no Recurso Especial nº 751.634/MG julgado em 2007, examinou-se a contratação sem concurso público de um cidadão pela Administração municipal de Poços de Caldas para a realização de trabalhos braçais. O Ministro Teori, relator, considerou que não foi demonstrado que o ato inquinado tivesse desrespeitado norma tipificadora de conduta qualificada, o que impedia a configuração de improbidade:

> nem todo ato irregular ou ilegal configura ato de improbidade, para os fins da Lei 8.429/92. A ilicitude que expõe o agente às severas sanções da Lei é apenas aquela especialmente qualificada em norma tipificadora, no geral dos casos praticada dolosamente. São, portanto, ilicitudes sujeitas ao princípio da tipicidade.[16]

Já no Recurso Especial nº 1.054.843/SP, um agente público havia sido condenado por improbidade pelo não repasse de contribuição previdenciária. O réu alegava que o pagamento a menor da contribuição patronal não se dera por dolo ou culpa, mas em razão de comprometimento do orçamento municipal. Para provar a sua alegação, ele requerera a expedição de ofícios a órgãos públicos, além de prova pericial e testemunhal. O tribunal paulista indeferira a produção das provas por entender desnecessárias, chegando a afirmar que "as providências solicitadas mostram-se irrelevantes, ficando-se com a impressão que os réus pretendem fugir do foco da discussão proposta nestes autos". No STJ, o Ministro Teori, relator, proveu o recurso para possibilitar à defesa exercer o seu amplo direito probatório diante da necessidade de se apurar a conduta do réu:

> Realmente, o *princípio da legalidade* impõe que a sanção por ato de improbidade esteja associada ao *princípio da tipicidade*. Reflexo da aplicação desses princípios é a descrição, na Lei 8.429, de 1992, dos atos de improbidade administrativa e a indicação das respectivas penas [...]. Deve-se considerar, a propósito, que o §6º do art. 37 da Constituição, ao estatuir a regra geral da responsabilidade civil objetiva do Estado, preservou, quanto a seus agentes causadores do dano, a responsabilidade de outra natureza, subordinada a casos de dolo ou culpa. Sua responsabilidade objetiva, em consequência, demandaria, no mínimo, previsão normativa expressa, que, ademais, dificilmente se compatibilizaria com a orientação sistemática ditada pelo preceito constitucional. Não é por acaso, portanto, que, no âmbito da Lei 8.429/92 (editada com o objetivo de conferir maior efetividade aos princípios constitucionais da legalidade, impessoalidade, moralidade, publicidade e eficiência, inscritos no caput do mesmo dispositivo da Constituição), há referência a 'ação ou omissão, dolosa ou culposa' no art. 5º, que obriga ao ressarcimento do dano, em caso de lesão ao patrimônio público,

---

[15] AIA nº 30/AM. Rel. Min. Teori Albino Zavascki, Corte Especial. *DJe*, 28 set. 2011.
[16] REsp nº 751.634/MG. Rel. Min. Teori Albino Zavascki, Primeira Turma. *DJ*, 2 ago. 2007. p. 353.

e no art. 10, que descreve uma das três espécies de atos de improbidade, qual seja a dos atos que causam prejuízo ao erário. O silêncio da lei com respeito ao elemento subjetivo na descrição dos outros dois tipos de atos de improbidade – os que importam enriquecimento ilícito (art. 9º) e os que atentam contra os princípios da Administração Pública (art. 11) – certamente *não pode ser interpretado como consagração da responsabilidade objetiva*, diante de sua excepcionalidade em nosso sistema. Trata-se de omissão a ser colmatada a luz do sistema e segundo o padrão constitucional, que é o da responsabilidade subjetiva.[17]

Outro interessante precedente deu-se no Recurso Especial nº 827.445/SP, julgado pelo STJ em 2010. O ministro relator, Luiz Fux, apresentou voto pela manutenção da condenação dos agentes públicos por irregularidades em contratos administrativos de limpeza de vias no estado de São Paulo. O Ministro Teori inaugurou a divergência. Sob a sua ótica, "eliminados os adjetivos e as definições teóricas, a noção de culpa, substancialmente adotada pelo Tribunal, está ligada muito mais a um juízo sobre a ilegalidade do ato administrativo do que propriamente a uma conduta ímproba dos demandados".[18] Teori argumentou ainda que a prática de ato contrário à lei – embora suscetível de anulação e até de reparação pecuniária – não configura, por si só, improbidade administrativa decorrente de conduta culposa.[19] O seu entendimento logrou-se vencedor por maioria e os réus foram absolvidos.

4 Contexto crítico que justificou a nova Lei de Improbidade

Os precedentes colacionados acima retratam múltiplas situações que podem sugerir, ainda que indevidamente, o sancionamento por improbidade. A esse respeito, não foram raras as vozes que criticaram o uso desmedido das ações com base na Lei nº 8.429/92 e as recorrentes condenações com base em presunções. Sobre o tema, o Min. Dias Toffoli, em voto proferido no RE nº 656.558, consignou que as *sucessivas delegações*, na tarefa de definir o conteúdo jurídico da improbidade – a Constituição delegou à lei, que delegou ao julgador intérprete –, permitem uma ampliação indevida da improbidade e podem gerar confusão com o conceito de ilegalidade:

> Ao deixar a Constituição de definir de forma detalhada o conteúdo jurídico do que seja ato de improbidade administrativa, delegando tal tarefa à legislação infraconstitucional, e ao permitir a Lei nº 8.429/92 que o intérprete verifique, em cada caso, a ocorrência ou não de improbidade administrativa, acaba-se, a toda evidência, possibilitando que esse chegue a conclusões equivocadas, pois a lei possibilita que atos administrativos ilegais, praticados muitas vezes sem má-fé ou sem prejuízo ao ente ou ao erário públicos, venham a ser confundidos com os tipos previstos na Lei de Improbidade Administrativa. (STF, RE nº 656.558)

Já Fernando Capez centrou as suas críticas no desrespeito às garantias individuais no regime da improbidade. Segundo ele, houve um alargamento da prática punitiva

---

[17] REsp nº 1.054.843/SP. Rel. Min. Teori Albino Zavascki, Primeira Turma. *DJe*, 23 mar. 2009.
[18] REsp nº 827.445/SP. Rel. Min. Luiz Fux, Rel. p/ Acórdão Min. Teori Albino Zavascki, Primeira Turma. *DJe*, 8 mar. 2010. p. 166.
[19] REsp nº 827.445/SP. Rel. Min. Luiz Fux, Rel. p/ Acórdão Min. Teori Albino Zavascki, Primeira Turma. *DJe*, 8 mar. 2010. p. 166.

estatal por instrumentos formalmente não penais, porém com sanções tão ou mais drásticas, como forma de se negar os direitos fundamentais. Com isso, ele afirmava que a Lei nº 8.429/92 se tornara um perigoso instrumento de vingança e grave retrocesso ao Estado de Direito, especialmente pelas condenações sem exame da culpabilidade do agente e com base na mera causalidade física.[20]

Napoleão Nunes e Mário Henrique Maia, por sua vez, atacavam a ausência de tipicidade dos atos de improbidade na Lei nº 8.429/92. Isso porque a lei adotara técnica não usual de incluir condutas genéricas no *caput* dos dispositivos e apresentar hipóteses concretas nos incisos que, contudo, estabeleceu como meramente exemplificativas.[21] Dessa forma, eles argumentam que "os atos de improbidade administrativa que dão ensejo às sanções da Lei 8.429/92 estão listados – mas não tipificados, como seria desejável".[22]

Nesse ponto, Cláudio Ari Mello criticava a abertura da modalidade de improbidade inserida pelo art. 11 da Lei nº 8.429/92 de ofensa aos princípios da administração pública. De acordo com ele, "causa certa perplexidade o art. 11, cuja interpretação literal resultaria em que todo ato de agente público contrário a legislação vigente enquadrar-se-ia na categoria de ato de improbidade administrativa".[23]

Em sentido similar, Carlos Ari Sundfeld assevera que a Lei nº 8.429/92 impunha deveres amplos, só que indeterminados, para os agentes públicos.[24] Também sob a ótica do gestor público, Fernando Vernalha Guimarães argumentava que o risco do gestor público é potencializado pelos entendimentos superlativos dos tribunais que enquadram quaisquer ilícitos como atos de improbidade. Segundo a lei, basta que a conduta do gestor público seja considerada ilícita ou contrária aos princípios da Administração Pública para que a ele seja imputado o enquadramento em práticas de improbidade.[25]

O Ministro Teori Zavascki também teceu críticas à Lei nº 8.429/92 pela ausência de contornos objetivos para o proceder da dosimetria das sanções. Ele censurava a *evidente insuficiência* na regulamentação sobre a fixação da pena e enfatizava a necessidade de o intérprete se socorrer aos princípios norteadores do direito penal.[26]

Como se percebe, diferentes aspectos da Lei nº 8.429/92 vinham sofrendo censuras de renomados juristas. Nesse contexto, Mauro Roberto Gomes de Mattos afirmava ser necessário haver prudência no manejo das ações de improbidade para que esta não seja

---

[20] CAPEZ, Fernando. *Improbidade administrativa*: limites constitucionais. 2. ed. São Paulo: Saraiva, 2015. p. 297.
[21] DIPP, Gilson; CARNEIRO, Rafael Araripe. A dosimetria das sanções por improbidade administrativa. *Conjur*, 19 jan. 2019. Disponível em: https://www.conjur.com.br/2019-jan-19/opiniao-dosimetria-sancoes-improbidade-administrativa. Acesso em: 3 abr. 2022.
[22] MAIA FILHO, Napoleão Nunes; MAIA, Mário Henrique G. *O poder administrativo sancionador*: origem e controle jurídico. Fortaleza: Imprece, 2012. p. 182.
[23] MELLO, Cláudio Ari. Improbidade administrativa. *In*: DI PIETRO, Maria Sylvia Zanella; SUNDFELD, Carlos Ari (Org.). *Doutrinas essenciais*: direito administrativo – Agentes públicos e improbidade. São Paulo: Revista dos Tribunais, 2013. v. VII. p. 795.
[24] SUNDFELD, Carlos Ari. Um direito mais que administrativo. *In*: MARRARA, Thiago. *Direito administrativo*: transformações e tendências. São Paulo: Almedina, 2014. p. 58.
[25] GUIMARÃES, Fernando Vernalha. O direito administrativo do medo: a crise da ineficiência pelo controle. *Direito do Estado*. Disponível em: http://www.direitodoestado.com.br/colunistas/fernando-vernalha-guimaraes/o-direito-administrativo-do-medo-a-crise-da-ineficiencia-pelo-controle. Acesso em: 3 abr. 2023.
[26] ZAVASCKI, Teori Albino. *Processo coletivo*: tutela de direitos coletivos e tutela coletiva de direitos. 7. ed. São Paulo: RT, 2017. p. 121.

enfraquecida pelo uso excessivo.[27] Também nós tivemos a oportunidade de manifestar preocupações sobre os efeitos deletérios da banalização da improbidade:

> A banalização do conceito de improbidade administrativa é prejudicial à administração pública, por resultar em nuvens de incerteza e suspeitas de desonestidade sobre todos os atos administrativos. E também é prejudicial à própria sociedade, pois se perde o referencial de má-fé dos atos efetivamente ímprobos, em diferença às irregularidades sem gravidade. Improbidade não é qualquer ilegalidade.[28]

Em acréscimo, cabe registrar que a pesquisa empírica *STJ em números: improbidade administrativa*, realizada pelo IDP com mais de 700 julgamentos de ações de improbidade do STJ, ocorridos entre os anos de 2005 e 2018, demonstrou uma série de distorções na aplicação da Lei nº 8.429/92. Por exemplo, foi identificado que menos de 10% das ações envolvem acusação de enriquecimento ilícito, enquanto mais de 50% das demandas são por ofensa a princípios,[29] cuja abstração e generalidade eram objeto de constante crítica doutrinária. Além disso, a pesquisa constatou que as sanções previstas na Lei nº 8.429/92 não são utilizadas de forma escalonada, em que as mais graves somente são aplicadas caso as menos lesivas não sejam suficientes para reprimir a conduta ilícita. De fato, verificou-se que a suspensão dos direitos políticos (pena mais gravosa) é aplicada quase na mesma frequência da multa (mais branda).[30]

A excessiva judicialização da improbidade também era tida como um problema. Com efeito, o tema improbidade administrativa figura entre os dez assuntos mais frequentes no acervo do STJ. Se consideradas apenas as matérias de direito público, a improbidade está em segundo lugar entre os temas mais recorrentes do tribunal.[31]

5 A reforma da Lei nº 14.230/21 sob a ótica de Teori

O contexto bastante crítico descrito acima resultou em profundas alterações trazidas pela Lei nº 14.230/21. Com exceção dos arts. 15 e 19 da Lei nº 8.429/92,[32] todos os demais sofreram modificação. Desse conjunto de inovações, tem-se a mais relevante transformação na Lei de Improbidade: a incorporação pormenorizada dos vários elementos do direito penal, tanto materiais como processuais.

---

[27] MATTOS, Mauro Roberto Gomes de. *O limite da improbidade administrativa*: comentários à Lei nº 8.429/92. 5. ed. Rio de Janeiro: Forense, 2010. p. 27.

[28] DIPP, Gilson; CARNEIRO, Rafael de Alencar Araripe. Banalização do conceito de improbidade administrativa é prejudicial a todos. *Conjur*, 19 mar. 2017. Disponível em: https://www.conjur.com.br/2017-mar-19/banalizacao-conceito-improbidade-prejudicial-todos. Acesso em: 3 abr. 2022.

[29] CARNEIRO, Rafael Araripe. STJ em números: improbidade administrativa. Parte IV. Ações de improbidade no STJ: o que se condena? *Jota*, 4 jan. 2022. Disponível em: https://www.jota.info/opiniao-e-analise/artigos/stj-em-numeros-acoes-de-improbidade-o-que-se-condena-04012022. Acesso em: 4 abr. 2022.

[30] CARNEIRO, Rafael Araripe. STJ em números: improbidade administrativa. Parte V. Sanções por improbidade: existe dosimetria? *Jota*, 11 jan. 2022. Disponível em: https://www.jota.info/opiniao-e-analise/artigos/stj-sancoes-por-improbidade-dosimetria-11012022. Acesso em: 4 abr. 2022.

[31] CARNEIRO, Rafael Araripe. STJ em números: improbidade administrativa. Parte I. *Jota*, 6 jun. 2020. Disponível em: https://www.jota.info/paywall?redirect_to=//www.jota.info/opiniao-e-analise/artigos/stj-em-numeros-improbidade-administrativa-06062020. Acesso em: 3 abr. 2022.

[32] Desconsideramos as disposições finais da lei.

Se o legislador de 1992 teve a inspiração no direito penal, mas optou por ser econômico nos seus termos e apostar no senso de razoabilidade e proporcionalidade dos julgadores – o que se mostrou um equívoco, a nova lei preferiu disciplinar as matérias importadas. Prescrição intercorrente, vedação do julgamento antecipado para condenar o réu e exigência da individualização da pena, por exemplo, eram temas até então tratados na legislação penal, que agora foram incorporados ao sistema da improbidade. A recente lei ainda estabeleceu a incidência dos princípios constitucionais no regime sancionador da improbidade[33] e exigiu o respeito ao *non bis in idem*.[34] Como visto nos tópicos iniciais deste artigo, a aproximação da improbidade com o direito penal foi constantemente ressaltada por Teori em seus escritos doutrinários e julgamentos. Ele mencionava os *inúmeros pontos de identidade* e *fortes laços* entre esses regimes sancionadores, além de pregar a unicidade do sistema punitivo estatal.

Outra significativa mudança da Lei nº 14.230/21 foi focar o uso punitivo estatal nas questões realmente reprováveis. Assim, foram expressamente excluídos do alcance da improbidade o mero desempenho de competências públicas[35] e as decisões tomadas com base em divergência interpretativa da lei.[36] Ademais, a nova lei passou a exigir o dolo específico.[37] Houve ainda a delimitação das hipóteses de improbidade por infração a princípios. Doravante, exige-se a expressa indicação das normas violadas[38] e a demonstração de lesividade relevante ao bem jurídico tutelado.[39] Essas mudanças encontram agasalho na doutrina de Teori. Diversos foram os seus julgados que afastaram a imputação de improbidade considerando a inexistência de ilegalidade qualificada pelo elemento subjetivo do agente. Como cunhado no julgamento da Ação de Improbidade Administrativa nº 30/AM, *não se pode confundir improbidade com simples ilegalidade*.

Na aplicação das sanções, a Lei nº 14.230/21 também caminhou atenta aos ensinamentos de Teori. Enquanto o texto anterior se limitava a indicar a *gravidade da conduta*, *extensão do dano* e *proveito patrimonial do agente*, o novo diploma elencou uma série de critérios precisos para a dosimetria das reprimendas, semelhantes aos do processo penal: a) os princípios da proporcionalidade e da razoabilidade; b) a natureza, a gravidade e o impacto da infração cometida; c) a extensão do dano causado; d) o proveito patrimonial obtido pelo agente; e) as circunstâncias agravantes ou atenuantes; f) a atuação do agente em minorar os prejuízos e as consequências advindas de sua conduta omissiva ou comissiva; e g) os antecedentes do agente.[40] Sobre esse aspecto, tivemos a oportunidade de relembrar que Teori criticava a evidente omissão de parâmetros para a fixação das reprimendas da lei de improbidade de 1992, motivo pelo qual defendia a aplicação por analogia dos critérios da legislação penal.

Ademais, a Lei nº 14.230/21 explicitou a existência de uma ação judicial típica de improbidade, distinta do regime da ação civil pública. A nova lei dispõe expressamente

---

[33] Art. 1º, §4º da Lei nº 14.230/21.
[34] Arts. 21, §5º e 12, §7º da Lei nº 14.230/21.
[35] Arts. 1º, §3º e 17-D da Lei nº 14.230/21.
[36] Art. 1º, §8º da Lei nº 14.230/21.
[37] Art. 1º, §§1º e 2º da Lei nº 14.230/21.
[38] Art. 11, §3º da Lei nº 14.230/21.
[39] Art. 11, §4º da Lei nº 14.230/21.
[40] Art. 17-C da Lei nº 14.230/21.

que a ação por improbidade administrativa é repressiva, de caráter sancionatório, destinada à aplicação de sanções de caráter pessoal e não constitui ação civil, vedado seu ajuizamento para o controle de legalidade de políticas públicas e para a proteção do patrimônio público.[41] Também nesse ponto o recente diploma legal parece ter se inspirado nas lições de Teori. Há muito ele ressaltou que a ação de improbidade é excepcionalíssima diante do seu forte caráter sancionatório, sem paralelos no processo civil.

Conclusões

Este artigo considera que a Lei nº 14.230/21 consagrou diversos ensinamentos doutrinários e jurisprudenciais desenvolvidos por Teori sobre a improbidade. Com efeito, o Ministro Teori tinha como ponto de partida do estudo da improbidade a sua aproximação com o direito penal diante do forte caráter punitivo e da identidade das penas de ambos os regimes jurídicos. A partir da unicidade do sistema punitivo estatal, ele defendia a aplicação das garantias individuais e dos princípios constitucionais comuns ao direito penal e ao direito administrativo sancionador, além de exigir o elemento subjetivo do agente para a configuração da conduta ímproba.

A aplicação prática da Lei nº 8.429/92, contudo, deixou de observar os ensinamentos de Teori. A vagueza e generalidade do antigo diploma legal foi interpretada como flexibilidade procedimental e ausência de garantias da defesa. Com isso, deixou-se que a improbidade se tornasse um instrumento geral de correção de possíveis ilegalidades da Administração Pública, independentemente da reprovabilidade da conduta do agente.

A Lei nº 14.230/2021 busca colocar o trem nos trilhos. A nova legislação disciplinou de modo expresso as garantias materiais e processuais dos acusados, à semelhança do direito penal. Estabeleceu ainda critérios objetivos para a interpretação judicial de conceitos até então imprecisos. Tenta-se, assim, orientar o sancionamento por improbidade apenas para as condutas efetivamente danosas e reprováveis, conforme ensinava Teori. Por isso, acreditamos que a nova lei deve ser recebida de braços abertos pelos admiradores do Ministro Teori.

Referências

CAPEZ, Fernando. *Improbidade administrativa*: limites constitucionais. 2. ed. São Paulo: Saraiva, 2015.

CARNEIRO, Rafael Araripe. STJ em números: improbidade administrativa. Parte I. *Jota*, 6 jun. 2020. Disponível em: https://www.jota.info/paywall?redirect_to=//www.jota.info/opiniao-e-analise/artigos/stj-em-numeros-improbidade-administrativa-06062020. Acesso em: 3 abr. 2022.

CARNEIRO, Rafael Araripe. STJ em números: improbidade administrativa. Parte III. O STJ e as partes: faz diferença quem recorre? *Jota*, 20 jun. 2020. Disponível em: https://www.jota.info/opiniao-e-analise/artigos/a-diversidade-no-stj-tribunal-uniformizador-20062020. Acesso em: 4 abr. 2022.

CARNEIRO, Rafael Araripe. STJ em números: improbidade administrativa. Parte II. A diversidade no STJ: tribunal uniformizador? *Jota*, 21 jun. 2020. Disponível em: https://www.jota.info/opiniao-e-analise/artigos/o-stj-e-as-partes-faz-diferenca-quem-recorre-21062020. Acesso em: 4 abr. 2022.

---

[41] Art. 17-D da Lei nº 14.230/21. *Vide* ainda o art. 17, §16, da mesma lei.

CARNEIRO, Rafael Araripe. STJ em números: improbidade administrativa. Parte IV. Ações de improbidade no STJ: o que se condena? *Jota*, 4 jan. 2022. Disponível em: https://www.jota.info/opiniao-e-analise/artigos/stj-em-numeros-acoes-de-improbidade-o-que-se-condena-04012022. Acesso em: 4 abr. 2022.

CARNEIRO, Rafael Araripe. STJ em números: improbidade administrativa. Parte V. Sanções por improbidade: existe dosimetria? *Jota*, 11 jan. 2022. Disponível em: https://www.jota.info/opiniao-e-analise/artigos/stj-sancoes-por-improbidade-dosimetria-11012022. Acesso em: 4 abr. 2022.

CEREZZO, Benedito. As improbidades da Lei de Improbidade. *Revista do Superior Tribunal de Justiça*, Brasília, v. 241, n. 28, p. 431-454, jan./mar. 2016.

DIPP, Gilson. A dosimetria das sanções por improbidade administrativa. *In*: BRASIL. Superior Tribunal de Justiça. *Edição comemorativa*: 30 anos do STJ. Brasília: Superior Tribunal de Justiça, 2019.

DIPP, Gilson; CARNEIRO, Rafael Araripe. A dosimetria das sanções por improbidade administrativa. *Conjur*, 19 jan. 2019. Disponível em: https://www.conjur.com.br/2019-jan-19/opiniao-dosimetria-sancoes-improbidade-administrativa. Acesso em: 3 abr. 2022.

FAZZIO JR., Waldo. *Improbidade administrativa*. 4. ed. São Paulo: Atlas, 2016.

GARCIA, Emerson; ALVES, Rogério Pacheco. *Improbidade administrativa*. 8. ed. São Paulo: Saraiva, 2014.

GUARDIA, Gregório E. R. Selingardi. Princípios processuais no direito administrativo sancionador: um estudo à luz das garantias constitucionais. *Revista da Faculdade de Direito da Universidade de São Paulo*, São Paulo, v. 109, p. 773-795, jan./dez. 2014.

MAIA FILHO, Napoleão Nunes; MAIA, Mário Henrique G. *O poder administrativo sancionador*: origem e controle jurídico. Fortaleza: Imprece, 2012.

MATTOS, Mauro Roberto Gomes de. *O limite da improbidade administrativa*: comentários à Lei nº 8.429/92. 5. ed. Rio de Janeiro: Forense, 2010.

MELLO, Cláudio Ari. Improbidade administrativa. *In*: DI PIETRO, Maria Sylvia Zanella; SUNDFELD, Carlos Ari (Org.). *Doutrinas essenciais*: direito administrativo – Agentes públicos e improbidade. São Paulo: Revista dos Tribunais, 2013. v. VII.

MENDES, Gilmar F.; WALD, Arnoldo. Competência para julgar ação de improbidade administrativa. *Revista de Informação Legislativa*, Brasília, v. 35, n. 138, abr./jun. 1998. Disponível em: https://www2.senado.leg.br/bdsf/bitstream/handle/id/378/r138-17.pdf?sequence=4. Acesso em: 3 abr. 2022.

OSÓRIO, Fábio Medina. *Direito administrativo sancionador*. São Paulo: RT, 2000.

OSÓRIO, Fábio Medina. Observações acerca dos sujeitos do ato de improbidade administrativa. *Revista do Ministério Público do Rio Grande do Sul*. Disponível em: https://www.amprs.com.br/public/arquivos/revista_artigo/arquivo_1285252622.pdf. Acesso em: 3 abr. 2022.

PRADO, Francisco Octávio de Almeida. *Improbidade administrativa*. São Paulo: Malheiros, 2001.

SUNDFELD, Carlos Ari. Um direito mais que administrativo. *In*: MARRARA, Thiago. *Direito administrativo*: transformações e tendências. São Paulo: Almedina, 2014.

ZAVASCKI, Teori Albino. *Processo coletivo*: tutela de direitos coletivos e tutela coletiva de direitos. 7. ed. São Paulo: RT, 2017.

Informação bibliográfica deste texto, conforme a NBR 6023:2018 da Associação Brasileira de Normas Técnicas (ABNT):

DIPP, Gilson; CARNEIRO, Rafael de A. Araripe. Garantias individuais e culpabilidade na ação de improbidade. Ensinamentos de Teori Zavascki. *In*: SEEFELDER FILHO, Claudio Xavier; AZEVEDO, Daniel Coussirat de (Coord.). *Teori na prática*: uma biografia intelectual. Belo Horizonte: Fórum, 2022. p. 65-76. ISBN 978-65-5518-344-3.

RESPONSABILIDADE CIVIL: O ESTADO COMO AGENTE ATIVO E PASSIVO DA CONDUTA LESIVA

GRACE MENDONÇA

Considerações iniciais

Uma obra que se propõe a render homenagem ao Ministro Teori Zavascki, tendo seus votos como eixo condutor, detém a virtude de conferir às gerações futuras o registro estruturado dos posicionamentos – sempre coerentes – desse extraordinário magistrado, que brindou a sociedade brasileira com emblemáticos julgados em temas de relevância de índole infraconstitucional e constitucional, durante o período em que integrou o Superior Tribunal de Justiça e o Supremo Tribunal Federal, respectivamente.

De fato, os entendimentos por ele firmados ao longo de sua marcante trajetória no Poder Judiciário brasileiro representam um legado jurisprudencial de incomparável envergadura merecedor de detidos estudos. Firmeza e objetividade podem ser extraídas das robustas fundamentações de seus julgados, os quais percorreram as múltiplas vertentes do direito sem se afastar das bases teóricas e da necessária aderência da norma ao dinamismo próprio das relações jurídicas.

Entre os principais temas objeto de análise e reflexões pelo ministro, figura a responsabilidade civil do Estado. Seus enfoques estão alicerçados em premissas talentosamente fundamentadas e ordenadas, sobre as quais são estruturadas conclusões relevantes para a atuação do Estado em benefício de toda a coletividade. A seguir são apresentadas singelas considerações a propósito do referido tema, à luz das compreensões assentadas pelo ministro em suas passagens pelo Superior Tribunal de Justiça e pelo Supremo Tribunal Federal.

I   Responsabilidade civil do Estado

O instituto da responsabilidade civil do Estado guarda relação direta com os avanços próprios do Estado democrático de direito, cuja essência tem como decorrência natural o afastamento da figura estatal abastada de poder e desabastecida de responsabilidades.

Da perspectiva da irresponsabilidade – oriunda da turva visão de um poder estatal sem limites –, à concepção atual acerca da responsabilidade civil do Estado, é possível observar que quanto mais aprimorados foram se tornando os eixos de sustentação do Estado democrático de direito, mais niveladas foram se engendrando as relações entre Estado e sociedade, inclusive no tocante às consequências próprias da atuação ou da omissão estatal originadoras de prejuízos a terceiros.

É na rota dessa evolução civilizatória que se situa o modelo brasileiro de responsabilização civil do Estado, encartado no seio da Constituição da República de 1988, no art. 37, §6º, segundo o qual as pessoas jurídicas de direito público e as de direito privado prestadoras de serviço público respondem pelos prejuízos que seus agentes, agindo nessa qualidade, causarem a terceiros, sendo assegurada a respectiva ação regressiva em face do agente público causador do dano.

As premissas foram bem fixadas pelo legislador constituinte, não deixando dúvidas acerca da escolha pela responsabilização objetiva do Estado, diante do prejuízo causado a terceiro, em viés de abrandamento à posição de subalternidade do particular em face da preponderância do Estado. Assim, para fins de reparação, ao lesado compete a demonstração da ação praticada pelo agente público, bem como do dano sofrido e do nexo de causalidade; enquanto ao Estado, para fins de ação de regresso, incumbe a demonstração da culpa ou dolo do agente causador do prejuízo.

A Constituição da República, portanto, assegura ao indivíduo o direito de ser ressarcido quando for lesado pela atuação estatal, externando a figura de um Estado comprometido com seu agir e com o seu dever perante a sociedade, muito embora dotado de prerrogativas. O manto da irresponsabilidade[1] não reveste o desempenho das incumbências estatais, eis que aos indivíduos foram assegurados instrumentos de proteção de estatura constitucional.

Nessa perspectiva, quanto mais diligente for o agir estatal, por meio de uma eficiente estruturação de políticas públicas e de uma adequada execução de serviços públicos, menor será o impacto decorrente do desembolso de valores devidos pelo Estado, para fins indenizatórios. Daí a relevância do nexo de causalidade, um dos pilares da teoria do risco administrativo adotada pelo modelo brasileiro de responsabilização estatal, sem a qual não há que se falar em reparação pelo Estado.

Aliás, a propósito dos pressupostos para a incidência da responsabilidade do Estado, o Ministro Teori Zavascki bem ressaltou:[2]

> [...] tradicionalmente, o sistema de responsabilidade civil funda-se em três pressupostos: o dano, a culpa e o nexo causal. Amparada pela teoria do risco administrativo, a Constituição de 1988, em seu ar. 37, §6º, afastou o elemento da culpa para a configuração do dever ressarcitório do Estado por danos que seus agentes causarem. Nessa hipótese, basta a comprovação do dano e do nexo de causalidade com a conduta para que seja deflagrada a responsabilização do ente público.

---

[1] Ao longo da história, a concentração de poder sempre guardou relação com a irresponsabilidade do ente ou do sujeito no comando de determinado território. Verifica-se tal cláusula de irresponsabilidade, inclusive, em Constituições brasileiras, como a Constituição do Império de 1824, que dispunha: "Art. 99. A Pessoa do Imperador é inviolavel, e Sagrada: Elle não está sujeito a responsabilidade alguma".

[2] Conforme entendimento firmado pelo Ministro Teori Zavascki no âmbito do RE nº 580.252 (*DJe*, 16 fev. 2017).

Logo, a aferição da responsabilidade civil do Estado depende não apenas de uma conduta empenhada por agente público geradora de danos a privados, mas da existência de nexo causal. O resultado danoso diretamente conectado e decorrente de ato praticado revela a consubstanciação do nexo causal, elemento indispensável para a configuração da responsabilidade civil.

O conceito de nexo causal mereceu atenção do Ministro Teori:[3]

> [...] por nexo causal entende-se a relação – de natureza lógico-normativa, e não fática – entre dois fatos (ou dois conjuntos de fato): a conduta do agente e o resultado danoso. Fazer juízo sobre nexo causal não é, portanto, revolver prova, e sim estabelecer, a partir de fatos dados como provados, a relação lógica (de causa e efeito) que entre eles existe (ou não existe). Trata-se, em outras palavras, de pura atividade interpretativa, exercida por raciocínio lógico e à luz do sistema normativo.

Um detido exame acerca das circunstâncias que resultaram no dano revela-se prática central para a verificação do nexo de causalidade e, consequentemente, da responsabilidade civil. Por conseguinte, um agir estatal nos trilhos da legislação e das melhores práticas tem a força de prevenir a ocorrência de dano e de esvaziar eventual tentativa de responsabilização estatal sem a demonstração da assinalada "relação lógica (de causa e efeito)".

Entretanto, a apuração do nexo causal não representa tarefa singela, considerando a multiplicidade de atribuições e de braços estatais destacados para execução das atividades administrativas, inclusive sob a modalidade de concessões. O encadeamento de atos estatais, muitas vezes questionados nas múltiplas demandas judiciais envolvendo a matéria, denota a importância de se ter precisão técnica em torno da aferição do nexo de causalidade.

A complexa tarefa de promover a verificação do nexo de causalidade para fins de configuração da denominada responsabilidade do Estado ensejou, inclusive, o desenvolvimento pelo Ministro Teori de método próprio de indagações, com o escopo de sustentar o encadeamento lógico de ideias apto a demonstrar circunstâncias caracterizadoras ou não do nexo de causalidade.[4]

Nos julgados envolvendo a responsabilização estatal, o nexo de causalidade é identificado pelo Ministro Teori mediante a elaboração de questionamentos estruturais. Perguntas basilares vão gerando respostas impulsionadoras de novos questionamentos, até se obter conclusão lógica acerca da presença ou não do necessário nexo.

O método utilizado pelo ministro ganha contornos ainda mais expressivos quando se considera que, à luz das características próprias do Estado – cuja atuação se expande para alcançar múltiplos setores –, a verificação do nexo causal deve suceder não somente em linha de conformidade com as circunstâncias fáticas apresentadas, como também com as respectivas normas de regência.

Adiciona-se a esse bloco de relevância o fato de se envolver – como consequência da construção lógica do raciocínio e da constatação do nexo de causalidade – a obrigação do

---

[3] Conforme voto exarado pelo Ministro Teori Zavascki no âmbito o REsp nº 858.511 (*DJe*, 19 ago. 2008).

[4] O método de indagações para verificação do nexo causal pode ser conferido nos seguintes julgados do Ministro Teori Zavascki: REsp nº 628.806, REsp nº 858.511.

Estado de promover a correspondente reparação mediante o aporte de valores oriundos dos cofres do Estado, providos pelo contribuinte, aspecto que intensifica a importância da precisão técnica do Poder Judiciário na apreciação de demandas judiciais relativas à responsabilidade do Estado.

A apropriada averiguação do nexo causal no âmbito da responsabilidade civil, portanto, revela-se de fundamental importância para conferir proteção adequada àqueles comprovadamente prejudicados por ações ou omissões estatais, bem como, por outro lado, para afastar eventual oneração indevida ou desmedida ao Estado.

Assim, a identificação do nexo causal deve perpassar frentes diversas para que seja verdadeiramente aferida a responsabilidade civil do Estado, revelando-se crucial especialmente no que diz respeito à atribuição de deficiência na prestação de serviço público[5] para que não haja dissipação desnecessária de recursos públicos.

Com efeito, estabelecido o nexo causal, os danos decorrentes da inadequação do serviço devem ser ressarcidos pelo Estado. A concreção da obrigação de natureza indenizatória, embora sujeita à sistemática do art. 100, independe de atos legislativos ou administrativos, porquanto emanada da própria disposição constitucional prevista no art. 37, §6º. Afinal, como bem ressaltou o Ministro Teori:[6]

> O dever de ressarcir danos, inclusive morais, efetivamente causados por ato dos agentes estatais ou pela inadequação dos serviços públicos decorre diretamente do art. 37, §6º, da Constituição, disposição normativa autoaplicável, não sujeita a intermediação legislativa ou administrativa para assegurar o correspondente direito subjetivo à indenização. Ocorrendo o dano e estabelecido o seu nexo causal com a atuação da Administração ou dos seus agentes, nasce a responsabilidade civil do Estado, caso em que os recursos financeiros para a satisfação do dever de indenizar, objeto da condenação, serão providos, se for o caso, na forma do artigo 100 da Constituição.

O respeito à contribuição de toda a coletividade para os cofres públicos, manifestado pela entrega da prestação jurisdicional em matéria de responsabilidade civil do Estado altamente criteriosa, marca a postura do Ministro Teori em seus julgados. Tal circunstância, porém, não implica elidir a responsabilização do ente público quando o dano é oriundo da dinâmica de um sistema estatal que desrespeita os direitos fundamentais, cuja indenização não tem a aptidão de corrigir suas distorções.

Essa especial consideração do Ministro Teori merece ser ressaltada quando de seu posicionamento ao julgar o emblemático caso em que se apurou a responsabilidade civil do Estado por danos oriundos do sistema prisional em desfavor dos detentos.[7] Eis trecho do voto por ele proferido:

> É evidente, pois, que as violações a direitos fundamentais causadoras de danos pessoais a detentos em estabelecimentos carcerários não podem ser simplesmente relevadas ao argumento de que a indenização não tem o alcance para eliminar o grave problema prisional globalmente considerado, que depende da definição e da

---

[5] No âmbito do RE nº 719.738 (*DJe*, 16 jun. 2008), o entendimento firmado pelo Relator Ministro Teori Zavascki examinou o elo referencial entre os dois fatos para alcançar a conclusão de que o evento danoso não guardava relação direta com a deficiência imputada ao serviço público.

[6] Conforme entendimento firmado pelo Ministro Teori no julgamento do RE nº 580.252 (*DJe*, 16 fev. 2017).

[7] Conforme voto exarado pelo Ministro Teori Zavascki no âmbito do RE nº 580.252 (*DJe*, 16 fev. 2017).

implantação de políticas públicas específicas, providências de atribuição legislativa e administrativa, não de provimentos judiciais. Esse argumento, se admitido, acabaria por justificar a perpetuação da desumana situação que se constata em presídios como o de que trata a presente demanda. Ainda que se admita não haver direito subjetivo individual de deduzir em juízo pretensões que visem a obrigar o Estado a formular e implantar política pública determinada, inclusive em relação à questão carcerária, certamente não se pode negar ao indivíduo encarcerado o direito de obter, inclusive judicialmente, pelo menos o atendimento de prestações inerentes ao que se denomina mínimo existencial, assim consideradas aquelas prestações que, à luz das normas constitucionais, podem ser desde logo identificadas como necessariamente presentes qualquer que seja o conteúdo da política pública a ser estabelecida.

Portanto, para o Ministro Teori, não se pretende a partir das ações de indenização em face do Estado modificar drasticamente determinada estrutura estatal em sua integralidade, mas sim oferecer – quando devida – a reparação ao cidadão nas hipóteses de falhas ou erros detectados que estejam sob o manto e a vigilância do Estado.

Mais uma vez, a coerência pode ser extraída de seu posicionamento, porquanto ainda que a responsabilização seja proveniente de circunstâncias próprias de um sistema estatal deficiente – a ser aprimorado mediante política pública adequada –, o nexo de causalidade entre a ação ou omissão do Estado e o dano provocado ao cidadão é valor inafastável, a exigir, ao menos, o atendimento de prestações atinentes ao mínimo existencial daqueles que estão sob a tutela do sistema estatal – na hipótese sob julgamento, do sistema carcerário –, "identificadas como necessariamente presentes qualquer que seja o conteúdo da política pública a ser estabelecida".

Portanto, a existência de um instituto que responsabilize o Estado por seus atos e omissões não somente confere ao particular instrumento de proteção nas circunstâncias que lhe gerem prejuízos, como também impõe ao Estado o aprimoramento de seus serviços e o estabelecimento de novos mecanismos aptos a mitigar defeitos e desvios nas prestações estatais.

Nessa perspectiva, a responsabilidade civil desencadeia como consequência um estímulo ao incremento nos níveis de prestação dos serviços estatais e a formação de um Estado conscencioso.

O espectro de amparo ao cidadão amplia-se, assim, a partir da segurança jurídica que lhe foi outorgada pelo legislador constituinte ao reconhecer o dever do Estado de reparar o prejuízo causado por seus agentes, quando agirem nessa qualidade. A avaliação estatal acerca de seus sistemas de gestão e da prestação de serviços deve configurar consequência natural de uma atuação estatal responsável e preservadora do conjunto de direitos dos indivíduos. Nesse sentido, a deficiência na prestação de serviços públicos e a inércia na execução de políticas públicas que se convertam em violação a direitos subjetivos ensejam a responsabilização estatal.

II   Ressarcimento ao erário

Por outro lado, também a coisa pública recebe tutela constitucional a partir do art. 37, §5º, que prevê a imprescritibilidade de ações de ressarcimento ao erário. Nessa perspectiva, o agente que praticar atos ilícitos que gerem danos patrimoniais ao Poder Público deverá reparar o prejuízo aferido.

Ao inserir tal dispositivo, o legislador constituinte demonstra preocupação com ações desenvolvidas por agentes públicos e privados que lesem o Estado e os cofres públicos, circunstância ensejadora da devida reparação. Logo, não se exime de responsabilidade civil aquele que tenha promovido ações comprovadamente prejudiciais ao Estado.

A responsabilização por danos praticados ao Estado revela-se como mecanismo de proteção aos bens e recursos públicos consolidados mediante a contribuição dos cidadãos. O ressarcimento ao erário, quando revelado o prejuízo, preserva diretamente os recursos estatais e indiretamente os cidadãos contribuintes.

Ao se posicionar acerca da discussão em torno da imprescritibilidade da ação de ressarcimento ao erário, o Ministro Teori destacou:[8]

> Em suma não há dúvidas de que o fragmento final do §5º do art. 37 da Constituição veicula, sob a forma da imprescritibilidade, uma ordem de bloqueio destinada a conter eventuais iniciativas legislativas displicentes com o patrimônio público. Esse sentido deve ser preservado. Todavia, não é adequado embutir na norma de imprescritibilidade um alcance ilimitado, ou limitado apenas pelo (a) conteúdo material da pretensão a ser exercida – o ressarcimento – ou (b) pela causa remota que deu origem ao desfalque no erário – um ato ilícito em sentido amplo. O que se mostra mais consentâneo com o sistema de direito, inclusive o constitucional, que consagra a prescritibilidade como princípio, é atribuir um sentido estrito aos ilícitos de que trata o §5º do art. 37 da Constituição Federal, afirmando como tese de repercussão geral a de que a imprescritibilidade a que se refere o mencionado dispositivo diz respeito apenas a ações de ressarcimento de danos decorrentes de ilícitos tipificados como de improbidade administrativa e como ilícitos penais.

Mais uma vez, serenidade e ponderação estão presentes na compreensão do Ministro Teori, validando a imprescritibilidade como ordem de bloqueio a iniciativas legislativas lesivas ao patrimônio público, ressaltando, porém, a importância de não lhe atribuir alcance ilimitado e de concentrar seu comando a ações de ressarcimento oriundas de condutas configuradoras de ilícitos penais e de improbidade administrativa.

A envergadura de tais condutas praticadas em desfavor do Estado é capaz, por si só, de promover verdadeiro desarranjo estrutural nas ações estatais com implicações que resvalam em toda a sociedade, daí a importância de mecanismos reparatórios hígidos, inclusive quanto ao viés temporal.

Nesse sentido, a proteção à coisa pública pode ser constatada pela fixação da imprescritibilidade para o ressarcimento ao erário de prejuízos decorrentes de referidas condutas, bem como do obstáculo constitucional a eventuais medidas legislativas de renúncia aos meios de reaver valores adequadamente devidos ao Estado.

III Interesse público e responsabilidade civil

O Estado detém prerrogativas próprias de atuação que o diferenciam dos demais agentes com quem firma vínculos. Entretanto, também possui deveres distintos de

---

[8] O entendimento do Ministro Teori Zavascki no âmbito do RE nº 669.069 (*DJe*, 3 fev. 2016) firmou-se exatamente nesse sentido.

qualquer outro ator privado, uma vez que suas funções e atribuições são fundadas na Constituição e nas leis, sempre voltadas ao atendimento do interesse público.

Independentemente das prerrogativas inerentes ao Poder Público, o Estado não detém arbítrio no desenvolvimento de ações, na medida em que sua atividade encontra limites no princípio da legalidade e na possibilidade de responsabilização por atos e omissões que produzam prejuízos a privados. As prerrogativas outorgadas ao Estado, portanto, não implicam carta branca para o agir estatal.

As atribuições do Estado e seus limites de atuação encontram alicerces constitucionais que inviabilizam o exercício desmedido e irresponsável de suas tarefas. A essência pública, naturalmente voltada ao atendimento dos interesses da coletividade, assenta o Estado em posição de serviço à população, inibindo qualquer perspectiva tendente a macular esse eixo de sustentação.

Entre as diversas peculiaridades inerentes ao Estado e diretamente afetas à responsabilidade civil, o interesse público merece reflexões mais detidas. O instituto da responsabilidade civil aplicado ao Estado guarda relação direta com o interesse público, eis que a atuação estatal encontra seu início e fim na sociedade.

As funções do Estado devem ser adequadamente prestadas para que atinjam de maneira satisfatória a população, enquanto os recursos públicos subsidiam as atividades indispensáveis à execução de suas atribuições. Quando se trata de recursos públicos, aliás, sua utilização consciente – quanto ao aspecto de saúde financeira estatal – e congruente com o planejamento orçamentário toca diretamente à população. Afinal, a extensão do acesso de toda a coletividade a serviços públicos e a correspondente carga de contribuição para os cofres públicos são desdobramentos da gestão orçamentária e financeira do ente público.

Dessa forma, uma deficiente prestação de serviços públicos tem a força de impactar negativamente a população em, ao menos, três vertentes: (i) na qualidade do serviço prestado à sociedade; (ii) na produção de danos para os particulares diretamente atingidos; (iii) na alocação de recursos públicos para compensar os prejuízos experimentados a título de responsabilidade civil. Logo, uma prestação de serviços públicos disforme alcança não apenas aqueles diretamente envolvidos na situação fática danosa, como também os demais contribuintes que, em última análise, arcarão com os aportes necessários à correspondente reparação.

Igualmente, agentes públicos e privados que gerem prejuízos ao erário estão sujeitos à responsabilização. Com efeito, os danos produzidos ao Estado têm a aptidão de criar obstáculos à adequada prestação de serviços públicos, por configurar verdadeira subtração dos meios necessários à mais eficiente ação estatal, consolidando embaraços à consecução do interesse público.

O Ministro Teori bem recordou em julgado o caráter aberto do conceito de interesse público e o relevante papel do intérprete de lhe atribuir sentido nos casos concretos.[9] Sob qualquer ângulo, não obstante, o instituto da responsabilidade civil, tendo o Estado como agente passivo ou ativo da ação danosa, envolve o interesse público, afinal, é ele a força propulsora do agir estatal e, ao mesmo tempo, seu freio de contenção.

---

[9] Conforme assinalado pelo Ministro Teori no âmbito do RE nº 628.806.

O dever do Estado de imprimir eficiência no desempenho de suas atividades, em atenção ao interesse público, deve também mirar a prevenção para que o instituto da responsabilidade civil seja acionado de maneira reduzida. Uma atuação estatal eficiente é capaz de mitigar circunstâncias aptas a gerar prejuízos ao particular e, simultaneamente, de inibir ações lesivas a ele próprio mediante mecanismos de proteção de todo o espectro da Administração Pública, nas balizas estabelecidas pelo princípio do interesse público.

A força preventiva de uma gestão estatal eficiente, totalmente alinhada ao interesse público, favorece não apenas o particular individual e coletivamente considerado, como também o próprio sistema de justiça, evitando que as portas do Poder Judiciário sejam acionadas para fins indenizatórios em face de lesões causadas por ações ou omissões do Estado.

Um Estado cioso de seu papel e aderente à sua missão se curva ao interesse público, mesmo diante de sua magnitude. Os agentes diretamente engajados no exercício das funções estatais devem compreender a amplitude de seu papel, evitando práticas incongruentes com a grandeza de suas atribuições e com a riqueza própria da defesa do interesse público.

O Ministro Teori foi esse magistrado que soube dar concretude ao interesse público, seja bem dimensionando-o nos casos concretos que lhe foram submetidos, seja transformando sua própria vida judicante em um bem servir à coletividade, deixando um inquestionável legado de reverência ao interesse público.

Informação bibliográfica deste texto, conforme a NBR 6023:2018 da Associação Brasileira de Normas Técnicas (ABNT):

MENDONÇA, Grace. Responsabilidade civil: o Estado como agente ativo e passivo da conduta lesiva. *In*: SEEFELDER FILHO, Claudio Xavier; AZEVEDO, Daniel Coussirat de (Coord.). *Teori na prática*: uma biografia intelectual. Belo Horizonte: Fórum, 2022. p. 77-84. ISBN 978-65-5518-344-3.

A NATUREZA JURÍDICA DO PEDÁGIO E A CONTRIBUIÇÃO DO MINISTRO TEORI ZAVASCKI

MARCUS VINICIUS BARBOSA

I   Introdução

Escrever sobre o saudoso Ministro Teori Zavascki é uma grande honra e uma responsabilidade. Antes de mais nada, sou um admirador do juiz que ele foi. Exercendo a advocacia pública há mais de 15 anos nos três diferentes níveis federativos, a admiração pelo Ministro Teori Zavascki começou cedo, a partir da leitura dos vários precedentes que ajudou a consolidar no Superior Tribunal de Justiça, em acórdãos que marcaram época na Primeira Seção. A verdade é que poucos magistrados compreenderam e expressaram tão bem teses complicadas de direito público, em muitas das quais tendo o papel nem sempre simpático de votar a favor da Fazenda Pública, como o Ministro Teori fez em várias oportunidades. Todavia, ter tido a oportunidade a assistir semanalmente à sua atuação como ministro da Suprema Corte ajudou a formar a minha visão sobre como deve se portar um juiz constitucional.

Durante um ano e meio tive a sorte de ser um observador privilegiado da sua atuação no Supremo Tribunal Federal. Nesse período, atuei como assessor do Ministro Luís Roberto Barroso, com quem o Ministro Teori travou excelentes discussões jurídicas, estando em lado oposto por várias vezes e sendo parceiro em tantas outras oportunidades em que construíram decisões que marcaram a história do Tribunal. Durante o período em que servi ao Supremo Tribunal Federal, acompanhei de perto: um senador da República ser preso no curso do mandato por ordem do Supremo; o julgamento que culminou com a primeira mudança de posicionamento do Supremo Tribunal Federal quanto à possibilidade de prisão após o julgamento em segunda instância; o presidente da Câmara dos Deputados ser afastado da Presidência da Casa e do mandato parlamentar por decisão unânime do Plenário do Supremo Tribunal Federal; o julgamento pelo Supremo da ADPF nº 378, que definiu o rito do processo de *impeachment* que culminou com o afastamento do cargo da presidente da República eleita. Para o Supremo Tribunal Federal, foi um dos períodos mais turbulentos da sua história. Mas como ouvi certa vez de um querido amigo da Procuradoria-Geral do Estado do Rio de Janeiro: mar calmo não faz marinheiro bom.

O Ministro Teori foi um juiz modelo: discreto, sóbrio, firme, inteligente e independente. Era um defensor implacável dos seus argumentos. Ao longo do período mencionado (2015-2016), considerando a relevância dos casos julgados e todo o apelo midiático existente, tais características se mostravam ainda mais relevantes como forma de preservação do capital institucional do Tribunal no papel de guardião da ordem constitucional. Nesse momento, o Supremo Tribunal Federal teve no Ministro Teori Zavascki um dos principais timoneiros que permitiram o Supremo navegar em um mar bastante bravio. Foi o relator inicial da Lava-Jato na Corte e ajudou a estabelecer as primeiras balizas sobre aquele que seria um dos processos mais relevantes da história do país. Também de sua relatoria merecem registro especial a Ação Cautelar nº 4.070, que determinou o afastamento do então presidente da Câmara dos Deputados da função de presidente da Casa e do mandato parlamentar, e o HC nº 126.292, que autorizou em 2016 a prisão após o julgamento em segunda instância, entre vários outros casos relevantes.

Além de um grande juiz, o Ministro Teori também foi um jurista completo: professor e autor de livros que marcaram a minha formação acadêmica e de muitos. Seus livros sobre processo coletivo e eficácia das sentenças na jurisdição constitucional são primorosos e organizaram o debate sobre esses dois temas no Brasil. Assim, retornando ao que foi dito no início desta introdução, ter a honra de participar de uma homenagem ao Juiz, Professor e Jurista Ministro Teori Zavascki é motivo de imenso orgulho e realização profissional.

Dito isso, o presente artigo discorre sobre a contribuição fundamental que o Ministro Teori deu sobre o debate teórico em torno da natureza jurídica do pedágio. Para tal objetivo, o texto conta com mais três capítulos, além desta breve introdução. Assim, no capítulo II, comento o voto do Ministro Teori no REsp nº 417.804, enquanto no capítulo III apresento o voto produzido na ADI nº 800. No capítulo IV, faço uma breve retrospectiva sobre a confusão teórica em torno desse assunto, especialmente a sua origem e fundamentos; finalizando, destaco a relevância da construção jurisprudencial elaborada pelo homenageado para o debate acerca da natureza jurídica do pedágio, se taxa ou preço público.

II Comentários ao voto do Ministro Teori Zavascki no REsp nº 417.804

O primeiro caso a comentar é o REsp nº 417.804, julgado em 2005. Na origem, tratava-se de ação civil pública promovida pelo Ministério Público Federal em face da União, do Departamento Nacional de Estradas de Rodagem (DNER), do estado do Paraná, do Departamento de Estradas de Rodagem (DER) do Estado e de Rodovias Integradas do Paraná S.A. (Viapar), visando à sustação da cobrança de pedágio na rodovia BR-369, no trecho situado entre os municípios de Cascavel e Ubiratã/PR, cuja praça de cobrança está localizada no município de Corbélia/PR, bem assim à devolução dos valores já recebidos a esse título, enquanto não se disponibilizasse aos usuários via alternativa gratuita.

Segundo o autor da ação, a cobrança do pedágio ofenderia o direito à livre locomoção, tendo em vista a inexistência de via alternativa. Esse argumento foi acatado pelo juízo de primeiro grau, que determinou aos réus que se abstivessem de exigir o pedágio no trecho situado entre os municípios de Cascavel e Ubiratã, já que não ofereciam via alternativa aos usuários da rodovia e enquanto não estabelecidas isenções específicas às pessoas de baixa renda. O Tribunal Regional Federal da 4ª Região deu provimento à apelação do Ministério Público e ainda determinou devolução dos valores cobrados a título de pedágio, cabendo aos prejudicados proceder à liquidação e execução da sentença, na forma do art. 97 do CDC. O Tribunal Regional Federal da 4ª Região seguiu a linha do juízo de primeiro grau e acrescentou que: (i) não havia a presença de via alternativa para o trânsito dos veículos, o que impossibilitava que a população de menor poder aquisitivo se locomovesse sem o pagamento do pedágio, ficando prejudicado o seu direito de livre locomoção, como no caso em questão; (ii) houve restrição na circulação de riquezas, a cobrança do pedágio ofende o direito de todos os usuários da BR-369, independentemente de sua condição econômica; (iii) por força do art. 5º, II, da Constituição Federal, "os brasileiros e estrangeiros residentes no país só podem ser compelidos a usufruir de um determinado serviço público se esta compulsoriedade resultar de uma lei, formal e materialmente constitucional".

O caso chegou ao Superior Tribunal de Justiça a partir de diversos recursos especiais que, para as finalidades do presente artigo, defendiam que (i) a exigência do pedágio se ampara em contrato de concessão para execução de obra e prestação de serviços, precedido de concorrência internacional, celebrado entre a recorrente e o estado do Paraná; (ii) o art. 9º, §1º, da Lei nº 8.987/95 afasta a exigência de que exista serviço público alternativo e gratuito para autorizar a cobrança de tarifa que remunere o serviço prestado pela concessionária, salvo expressa determinação legal.

No REsp nº 417.804, em voto preciso, técnico e consistente, o Ministro Teori resolve a questão com os seguintes argumentos:

(i) a cobrança de pedágio limita o tráfego de pessoas, mas ainda em menor grau do que a ausência do Poder Público na criação e conservação de rodovias de modo a efetivamente possibilitar o tráfego de bens e pessoas, tanto que a Constituição expressamente o ressalvou no art. 150, V, da Constituição;

(ii) como consequência do argumento anterior, a contrapartida de oferecimento de via alternativa gratuita como condição para a cobrança de pedágio não pode ser considerada exigência constitucional e, tampouco, legal, já que a Lei nº 8.987/95, que regulamenta a concessão e permissão de serviços públicos, nunca impôs tal exigência;

(iii) em verdade, nos termos do seu art. 9º, §1º, da Lei nº 8.987/95, fica definido que "a tarifa não será subordinada à legislação específica anterior e somente nos casos expressamente previstos em lei, sua cobrança poderá ser condicionada à existência de serviço público alternativo e gratuito para o usuário";

(iv) assim, em que pese reconhecer a polêmica existente em torno da natureza jurídica do pedágio, com apoio em doutrina, o Ministro Teori reconhece que a inclusão do §1º ao art. 9º da Lei nº 8.987/95 encerrou a discussão do ponto de vista normativo;

(v) mesmo porque a liberdade de escolha mencionada no art. 7º, III, da Lei nº 8.987/95, somente se refere aos serviços públicos que comportem exploração em regime de competição, não se aplicando aos monopólios naturais, em que a liberdade de escolha se limitará a escolher entre a utilização ou não do serviço (serviços públicos de telecomunicações, água e esgoto, energia ou gás canalizado).

Com esses argumentos, o ministro conseguiu formar maioria em torno do seu voto na Primeira Turma do Superior Tribunal de Justiça, consolidando precedente importante sobre a matéria.

III Comentários ao voto do Ministro Teori Zavascki na ADI nº 800

O segundo caso que será comentado é da lavra do Supremo Tribunal Federal e trata-se da Ação Direta de Inconstitucionalidade nº 800, com origem no Rio Grande do Sul, relatada pelo Ministro Teori Zavascki. No caso, o Partido Socialista Brasileiro ajuizou ADI contra Decreto nº 34.417/92, do estado do Rio Grande do Sul, que autoriza a cobrança de pedágio na Rodovia Estadual RS-135. A norma atacada previa o seguinte:

> Art. 1º Fica o Departamento Autônomo de Estradas de Rodagem do Estado do Rio Grande do Sul DAER/RS autorizado a cobrar um preço, a título de pedágio, aos condutores de veículos automotores que utilizam a Rodovia Estadual RS/135, trecho ENTRONCAMENTO RS/324 (P/PASSO FUNDO) - ENTRONCAMENTO BR/153/RS (P/ERECHIM), integrante do Programa do Pedágio, na forma do presente Decreto.
>
> Art. 2º Cria-se a Unidade de Pedágio (UP), a ser aplicada na rodovia definida no art. 1º que serve de referencial para os preços, denominados "Pedágio", relativos aos diversos tipos de veículos, definidos como categorias, tendo em conta os custos necessários à conservação da obra e os melhoramentos existentes ou a introduzir para comodidade e segurança dos usuários.
>
> Parágrafo único - Fica fixado em Cr$ 2.000,00 (dois mil cruzeiros) o valor da unidade de Pedágio.
>
> Art. 3º O Pedágio, calculado em Unidades de Pedágio, será estabelecido, periodicamente, em tabelas aprovadas pelo Secretário dos Transporte, mediante propostas do Departamento Autônomo de Estradas de Rodagem - DAER/RS, ouvido seu Conselho Executivo.
>
> Parágrafo único - O pagamento do pedágio será feito em moeda corrente nacional, não podendo ser realizado com cheque bancário.
>
> Art. 4º Fica aprovada a tabela anexa, contendo os referenciais à Unidade de Pedágio (UP) ora criada.
>
> §1º Os Preços decorrentes da aplicação da tabela anexa são diferenciados segundo as seguintes categoria de veículos:
>
> I - CATEGORIA 1: Veículos de passeio e utilitários com 2 (dois) eixos;
>
> II - CATEGORIA 2: Veículos comerciais com 2 (dois) eixos;
>
> III - CATEGORIA 3: Veículos comerciais com 3 (três) eixos;
>
> IV - CATEGORIA 4: Veículos comerciais com 4 (quatro) eixos:
>
> V - CATEGORIA 5: Veículos comerciais com 5 (cinco) eixos;
>
> VI - CATEGORIA 6: Veículos comerciais com 6 (seis) eixos;

VII - CATEGORIA 7: Veículos de Passeio com reboque três eixos;

VIII - CATEGORIA 8: Veículos de passeio com reboque quatro eixos;

§2º Todos os veículos de Passeio ou utilitários são admitidos como possuindo 2 (dois), 3 (três) ou 4 (quatro) eixos de rodagem simples.

§3º Os veículos comerciais são aqueles que possuem, pelo menos, 1 (um) eixo com rodagem dupla.

§4º Ficam liberados do pagamento do pedágio, unicamente, os seguintes veículos:

a) veículo ambulância;

b) veículo bombeiro;

c) veículo policial;

d) motocicletas e ciclomotores.

§5º Caberá ao DAER/RS examinar, após a implantação do pedágio, a viabilidade, a titulo de excepcionalidade, de outros tipos de liberação de seu pagamento.

Art. 5º O pedágio de que trata o presente Decreto será cobrado na Praça de Pedágio - do tipo barreira - situada no Km 10+800 metros da rodovia mencionada no Art. 1º do presente Decreto.

Art. 6º O valor do pedágio constitui receita do Departamento Autônomo de Estrada de Rodagem do Estado do Rio Grande do Sul - DAER/RS e é por este cobrado, destinando-se a indenizar as despesas de manutenção, conservação e restauração da rodovia definida no art. 1º deste Decreto, inclusive as melhorias e serviços pró-usuário a serem implantados na mesma.

§1º Os valores recolhidos serão, obrigatoriamente, depositados em conta de receita do DAER/RS, especialmente aberta para este fim.

§2º Cabe à 6ª (sexta) Unidade de Conservação do DAER/RS, a responsabilidade de operação, arrecadação e guarda do pedágio recolhido pela utilização da rodovia mencionada no art. 1º deste Decreto.

Art. 7º Este Decreto entra em vigor na data de sua publicação, produzindo seus efeitos a partir de 31.7.92.

Art. 8º Revogam-se as disposições em contrário.

O autor da ADI arguiu em síntese que o pedágio é uma taxa e não um preço público, logo, está sujeito ao princípio da legalidade tributária estrita e somente poderia ter a cobrança instituída por lei. Como decorrência lógica desse raciocínio, o autor concluiu que o decreto gaúcho ofende o art. 150, V, da Constituição Federal de 1988, que confere caráter tributário ao pedágio. O pedido liminar foi indeferido por decisão do Plenário em 26.11.1992, quando o relator do caso ainda era o Ministro Ilmar Galvão.

Em sua defesa, o estado do Rio Grande do Sul defendeu a natureza jurídica de preço público do pedágio instituído pelo Decreto nº 34.417/92 com base em dois fundamentos: (i) existência de vias alternativas e (ii) destinação do valor arrecadado para a conservação da própria rodovia.

Decidindo a questão, o Ministro Teori Zavascki produziu um daqueles votos típicos da sua lavra: técnico, direto e de argumentação certeira. Assim, após afastar as preliminares e estabelecer as balizas constitucionais que regeram o instituto do pedágio ao longo da história constitucional brasileira, o ministro pontuou a principal controvérsia a ser dirimida no caso: qual a verdadeira natureza jurídica do pedágio à luz da Constituição de 1988.

Em prosseguimento, primeiro elencou os principais argumentos daqueles que defendem que o pedágio, na verdade, tem natureza tributária, quais sejam: (i) a inserção do pedágio na Constituição ao lado das limitações ao poder de tributar; (ii) constituir-se como pagamento de um serviço específico ou divisível, prestado ao contribuinte ou posto à sua disposição; (iii) não ser cabível remunerar serviços públicos por meio outro que não o de taxa.

Em um segundo momento, listou os argumentos mais relevantes trazidos por aqueles que defendem a natureza do pedágio como preço público, que são: (i) a inclusão no texto constitucional apenas esclarece que, apesar de não incidir tributo sobre o tráfego de pessoas ou bens, pode, excepcionalmente, ser cobrado o pedágio, espécie jurídica diferenciada; (ii) não existir compulsoriedade na utilização de rodovias; e (iii) a cobrança se dá em virtude da utilização efetiva do serviço, não sendo devida com base no seu oferecimento potencial.

Todavia, um dos grandes méritos do voto do Ministro Teori Zavascki foi a análise criteriosa e inteligente da jurisprudência do próprio Supremo Tribunal Federal, identificando como a decisão proferida pela 2ª Turma do Tribunal acabou por "contaminar o debate". No julgamento do RE nº 181.475, conforme detalhado no voto do Ministro Teori Zavascki, o Supremo Tribunal Federal acertou ao declarar a inconstitucionalidade do então questionado "selo-pedágio", instituído pela Lei nº 7.712/88. Porém, era fundamental atentar para a peculiaridade do "selo-pedágio", cuja disciplina legal o configurava como: (i) uma exação compulsória a todos os usuários de rodovias federais, por meio de um pagamento renovável mensalmente (art. 3º do Decreto nº 97.532/89), independentemente da frequência de uso das rodovias; (ii) cobrado antecipadamente, como contrapartida a um serviço específico ou divisível, prestado ao contribuinte ou posto à sua disposição.

Ocorre que, como brilhantemente destacado pelo Ministro Teori Zavascki, a disciplina atual dos pedágios existentes pelo Brasil em nada se assemelha ao "selo-pedágio", hoje revogado. Enquanto os pedágios atuais são cobrados apenas quando há efetivo uso da estrada, o "selo-pedágio" era cobrado em valores fixos e independentemente do número de vezes que o motorista fazia uso da estrada por mês. Essa diferença entre os casos concretos, segundo o ministro, impede que o RE nº 181.475 sirva de parâmetro para a definição da natureza jurídica do pedágio nas hipóteses da ADI nº 800. Após afastar a aplicação do principal precedente do Tribunal ao caso, o Ministro Teori lança as bases jurídicas do seu voto, sempre seguindo um encadeamento lógico claro, típico dos seus votos.

Primeiro, relembra que no voto vencedor do Ministro Ilmar Galvão, que indeferiu a liminar pleiteada na ADI, prevaleceu a posição no sentido de ser o pedágio um preço público por ser cobrado compulsoriamente apenas daqueles que utilizam a rodovia. Ou seja, tratava-se de cobrança facultativa.

Segundo, deixa claro seu entendimento de que o argumento topográfico não deve prevalecer na definição da natureza jurídica do pedágio. Em outras palavras, mais importante do que o pedágio estar listado no texto constitucional ao lado das limitações constitucionais, é atentar para se a cobrança se adequa à definição de tributo constante do art. 3º do Código Tributário Nacional.

Terceiro, e principal, a despeito dos debates na doutrina e na jurisprudência, ressaltou que é irrelevante para a definição da natureza jurídica do pedágio a existência ou não de via alternativa gratuita para o usuário trafegar. Essa condição não está estabelecida na Constituição. Mais: consciente dessa realidade, a Constituição Federal autorizou a cobrança de pedágio em rodovias conservadas pelo Poder Público, inobstante a limitação de tráfego que tal cobrança possa eventualmente acarretar. Por fim, ressaltou que a Lei nº 8.987/95 resolveu essa questão no art. 9º, §1º.

Quarto, resgatou o histórico de apego da Corte ao critério da compulsoriedade para distinguir as taxas dos preços públicos, conforme estabelecido no Verbete nº 545 da Súmula do Supremo Tribunal Federal. Aqui, menciona expressamente o ERE nº 54.491, que definiu a natureza do serviço de fornecimento de água como sendo preço público. Destacando como a ligação com o interesse coletivo ajuda a moldar o critério da obrigatoriedade.

IV A relevância dos votos do Ministro Teori Zavascki para o debate sobre a natureza jurídica do pedágio no Brasil

Como se pode perceber dos julgados comentados acima, a discussão sobre a natureza jurídica do pedágio não é meramente teórica. Ao contrário, essa discussão tem um aspecto prático fundamental: definir qual o regime jurídico que será aplicado à cobrança do pedágio. Caso se entenda que se trata de uma taxa, portanto, apresentando natureza tributária, atrai-se imediatamente um regime jurídico muito mais rígido do que aquele ao qual estão sujeitos os preços públicos. Em termos mais precisos, por força da Constituição, caso se entenda que o pedágio é uma taxa, estará ela sujeita aos princípios da legalidade, isonomia, anterioridade etc., previstos na Constituição Tributária. Por outro lado, o mero enquadramento como preço público torna o regime muito mais maleável, especialmente no que diz respeito à forma de instituição do pedágio e ao instrumento necessário para os posteriores aumentos de preço, que prescindem de lei.

Considero que a confusão em torno da natureza jurídica do pedágio tem raiz em três questões principais: (i) do ponto de vista doutrinário, na forte influência exercida pela escola positivista de São Paulo, capitaneada nesse ponto pelos professores Geraldo Ataliba e Roque Antonio Carrazza; (ii) do ponto de vista normativo, na opção do constituinte de tratar do instituto do pedágio dentro do Sistema Tributário Nacional, mais precisamente no art. 150; (iii) do ponto de vista histórico, na juventude do modelo atual de concessões de rodovias no Brasil, que consolidou o modelo de investimento prioritariamente privado na malha rodoviária, a partir da edição da Lei de Concessões (Lei nº 8.987/95).

Do ponto de vista doutrinário, ninguém menos do que Geraldo Ataliba defendia que a correta interpretação constitucional do art. 145, inc. II, da Constituição caminha no sentido da inconstitucionalidade da cobrança de preços públicos.[1] Para o autor, o art. 145, inc. II, da Constituição, constitui-se como um comando do qual a Administração não pode se afastar e que determina que o regime de remuneração dos serviços públicos

---

[1] ATALIBA, Geraldo. *Hipótese de incidência tributária*. 6. ed. 4. tir. São Paulo: Malheiros, 2003. p. 159-160.

será sempre feito via a cobrança de uma taxa, de natureza tributária.[2] Em outros termos, para o autor, cabe à Administração apenas decidir se a prestação de dado serviço público divisível e específico será ou não remunerada. Caso seja, a partir de uma escolha prévia feita pela Constituição, essa remuneração deverá se dar via taxa.

No mesmo sentido, Roque Antônio Carrazza considera que o serviço público é bem indisponível, já que o Estado o presta nos termos da lei e para atender ao interesse público, de acordo com a Constituição.[3] Por essa razão, conclui que a prestação de um serviço público não pode ensejar a cobrança de preço público, que, na visão do autor, pressuporia igualdade das partes contratantes e disponibilidade do objeto do negócio.[4]

Com todas as vênias aos autores, se fez sentido um dia, essa ideia não faz mais o menor sentido atualmente. Considerando a complexidade, a variedade e o volume da demanda por serviços públicos, não faz o menor sentido ainda hoje defender uma interpretação constitucional que acarrete o aprisionamento da natureza jurídica da remuneração do serviço público no regime constitucional das taxas, desconsiderando e limitando todos os arranjos constitucionalmente possíveis entre Poder Público e iniciativa privada.

De todo modo, essa interpretação específica da Constituição de 1988 traz a base doutrinária para se concluir, em conjunto com esses autores, que o pedágio deverá sempre ser remunerado por uma taxa tributária.[5] Tratando-se de dois grandes professores de direito tributário, que formaram gerações de juristas, esse entendimento é amplificado e forma a perna doutrinária que sustenta a ideia de que o pedágio terá sempre natureza tributária.

Esse raciocínio tem problemas, o principal deles é que os autores não encaram o fato de modernamente esses serviços serem concedidos a particulares, com base em mandamento constitucional específico constante do art. 175. Assim, deixam de enfrentar qual efeito tal situação teria para o raciocínio que expõem. Isso será tratado com mais detalhes na sequência. Mas ainda que considerem apenas a hipótese em que a rodovia é operada diretamente pela Estado e que o pedágio sirva como remuneração desse serviço público, hipótese do decreto gaúcho decidido na ADI nº 800, os autores utilizam um critério de indisponibilidade do serviço público que não guarda nenhuma relação com o conceito de tributo constante do art. 3º do CTN. Aliás, o Ministro Teori foi preciso também nessa crítica em seu voto.

Do ponto de vista normativo, o argumento topográfico acaba exercendo um papel importante para os que defendem a natureza de taxa do pedágio. Isso porque a menção ao pedágio na Constituição de 1988 veio exatamente em um dispositivo localizado no capítulo do Sistema Tributário Nacional. Mais especificamente, consta do art. 150, V, da Constituição de 1988, que veda a todos os entes que possam "estabelecer limitações

---

[2] ATALIBA, Geraldo. *Hipótese de incidência tributária*. 6. ed. 4. tir. São Paulo: Malheiros, 2003. p. 159-160.
[3] CARRAZZA, Roque Antônio. *Curso de direito constitucional tributário*. 27. ed. rev., ampl. e atual. até a Emenda Constitucional n. 67/2010. São Paulo: Malheiros, 2011. p. 578.
[4] CARRAZZA, Roque Antônio. *Curso de direito constitucional tributário*. 27. ed. rev., ampl. e atual. até a Emenda Constitucional n. 67/2010. São Paulo: Malheiros, 2011. p. 578.
[5] Nesse sentido: CARRAZZA, Roque Antônio. *Curso de direito constitucional tributário*. 27. ed. rev., ampl. e atual. até a Emenda Constitucional n. 67/2010. São Paulo: Malheiros, 2011. p. 589; e ATALIBA, Geraldo. *Hipótese de incidência tributária*. 6. ed. 4. tir. São Paulo: Malheiros, 2003. p. 166-167.

ao tráfego de pessoas ou bens, por meio de tributos interestaduais ou intermunicipais, ressalvada a cobrança de pedágio pela utilização de vias conservadas pelo Poder Público".

Uma leitura apressada e estanque do dispositivo mencionado leva à conclusão de que o pedágio seria a única espécie tributária excepcionada da vedação geral de se estabelecer limitações ao tráfego de pessoas. Logo, para quem adota esse modo de enxergar a Constituição, ela teria previamente definido como único figurino constitucionalmente legítimo para o pedágio o de uma taxa. Esse entendimento não se conecta com o art. 175, da Constituição de 1988, que prevê de forma textual a possibilidade de concessão e permissão de serviços públicos com a cobrança de tarifas.[6] Todavia, juntamente com a peculiar leitura do art. 145, II da Constituição de 1988, mencionada acima, forma a perna normativa que dá sustentação à ideia de que o pedágio terá sempre natureza jurídica de tributo.

Comentando esse ponto, Flávio Amaral Garcia afirma com propriedade que dos dispositivos mencionados não se deve, em absoluto, extrair a interpretação de que o pedágio deveria ser sempre uma taxa.[7] Em verdade, como bem realçado pelo autor, a exceção trazida pela Constituição apenas autoriza a cobrança do pedágio como taxa, mas não exclui a possibilidade de que possa ser cobrado também como tarifa, a partir de uma interpretação sistemática da Constituição, que deve incluir o art. 175, da Carta Magna.[8] Tributaristas tendem a ter uma visão do direito de certo modo encapsulada em sua própria área de atuação e, como regra, são pouco afeitos a interagir com outros ramos. Ou, quando fazem, apenas buscam subjugar os conceitos de outras áreas aos modelos tributários. Considero isso um equívoco. Trata-se de crítica que eu faço já há alguns anos e que publiquei, em parte, em artigo em homenagem aos cinco anos de Supremo Tribunal Federal do Ministro Luís Roberto Barroso.[9]

Do ponto de vista histórico, a Constituição de 1969 trazia um dispositivo semelhante, mas fazia expressa menção ao caráter retributivo do pagamento do pedágio, como forma de custeio da manutenção das estradas.[10] Esse caráter remuneratório atraía para alguns a ideia de que o pedágio deveria necessariamente ser considerado uma taxa. Esse pensamento vigorou mais fortemente na doutrina antes da entrada em vigor da Constituição de 1988. Contudo, além desse aspecto normativo, havia uma forte influência do contexto histórico por trás dessa ideia à época, como é comum acontecer na interpretação constitucional.

---

[6] Nesse sentido, Flávio Amaral Garcia destaca que: GARCIA, Flávio Amaral. *Concessões, parcerias e regulação*. São Paulo: Malheiros, 2019. p. 312-314. Sobre esse tema, Flávio Amaral Garcia destaca: "Com efeito, o fato do pedágio figurar como ressalva ao princípio constitucional da vedação à limitação ao tráfego de bens, no capítulo do sistema tributário, não permite concluir, em absoluto, que sempre será uma taxa. A ressalva constitucional autoriza a cobrança de pedágio como taxa mas não exclui sua cobrança como tarifa, à luz do disposto no art. 175 da CF, que confere aos entes públicos o poder discricionário de optarem pela forma de prestar os serviços públicos, ou diretamente ou sob o regime de concessão ou permissão".

[7] GARCIA, Flávio Amaral. *Concessões, parcerias e regulação*. São Paulo: Malheiros, 2019. p. 312-314.

[8] GARCIA, Flávio Amaral. *Concessões, parcerias e regulação*. São Paulo: Malheiros, 2019. p. 312-314.

[9] BARBOSA, Marcus Vinicius. Constitucionalização do direito tributário e o Supremo Tribunal Federal: aportes doutrinários e jurisprudenciais para um direito constitucional renovado. In: SARAIVA, Renata *et al*. *Ministro Luís Roberto Barroso*: 5 anos de Supremo Tribunal Federal: homenagem de seus assessores. Belo Horizonte: Fórum, 2018. p. 333-366.

[10] Constituição de 1967: "Art. 20. É vedado à União, aos Estados, ao Distrito Federal e aos Municípios: [...] II - estabelecer limitações ao tráfego, no território nacional, de pessoas ou mercadorias, por meio de tributos interestaduais ou intermunicipais, exceto o pedágio para atender ao custo de vias de transporte; [...]".

Os primeiros pedágios em rodovias federais surgiram no final dos anos 60 e início dos anos 70, contudo, a Lei de Concessões foi editada apenas em 1995. Ou seja, a lógica de concessão de rodovias para a iniciativa privada como modelo principal de manutenção e expansão da malha rodoviária brasileira surge apenas após 1995 ou, mais propriamente, a partir da assinatura dos primeiros contratos após a edição da lei. Antes de 1988, esse serviço era prestado essencialmente pelo Estado, o que ajudava a atrair a ideia de cobrança do pedágio como taxa e, por conseguinte, a adequação ao respectivo regime jurídico, como algo natural. A regra à época eram as chamadas taxas de pedágio. Como demonstrado pelo Ministro Teori em seu voto na ADI nº 800, essa relação não é necessariamente verdadeira e o só fato de a exploração do serviço e cobrança do pedágio serem feitas diretamente pelo Estado não tornam esse valor uma taxa. Mas, de todo, e especialmente naquele momento histórico, esse era a experiência prática dos modelos de cobrança instituídos. Portanto, esse contexto forja o aspecto histórico da terceira perna que sustenta a tese da natureza jurídica de taxa do pedágio.

Contudo, o Estado mudou e mudou também a sua maneira de atuação no domínio econômico. Com isso, o modelo de administração de rodovias passou a ser o de delegação da exploração à iniciativa privada, que de forma nenhuma se adequa à rigidez ínsita ao regime das taxas. Apenas para se ficar nos aspectos principais, a política tarifária prevista nos arts. 8º, 9º e 10 da Lei nº 8.987/95 repele totalmente o regime constitucional das taxas. Antes que se pense que se defende aqui uma interpretação da Constituição a partir da legislação ordinária, é importante lembrar que a Lei nº 8.987/95 é um dos resultados da redefinição desse papel do Estado na economia, como consequência não apenas de uma mudança no quadro fático e político, mas, principalmente, de num conjunto de reformas que alteraram profundamente a Constituição Econômica brasileira na segunda metade dos anos 90.[11] Ainda nesse particular, concordo coma posição de Marcus Abraham, para quem, tratando-se de serviço público passível de delegação da exploração a um particular, afasta-se o regime obrigatório da taxa de serviço público.[12]

Pois bem. Os votos do Ministro Teori foram certeiros ao expor os melhores argumentos contra as ideias acima mencionadas como sustentação da noção de que o pedágio deveria ter sempre a natureza jurídica de taxa. Na sua argumentação, o Ministro Teori Zavascki sempre conseguiu, como poucos, unir a perfeição técnica a uma análise

---

[11] Como explica André Rodrigues Cyrino, o papel do Estado na economia passou por uma transformação com a derrocada do Estado de bem-estar social, evoluindo para um Estado regulador. Com isso, alterou-se a lógica de intensa atuação direta na economia, para, principalmente nos anos noventa do último século, uma atuação estatal que elege, como formas de intervenção na economia, estratégias ligadas a uma regulamentação relativamente intensa e ao fomento da atuação dos agentes econômicos privados (CYRINO, André Rodrigues. *Direito constitucional regulatório*. Rio de Janeiro: Renovar, 2010. p. 38-39). Marçal Justen Filho traça bem o perfil dessa transformação, destacando quatro alterações fundamentais que marcam a passagem do modelo de Estado-Providência para o modelo regulador: (i) a transferência para a iniciativa privada de atividades antes desenvolvidas pelo Estado, inclusive com a liberalização de monopólios estatais; (ii) a inversão da relevância do instrumento interventivo, antes focado no exercício direito pelo Estado das funções econômicas e agora privilegia a atividade regulatória; (iii) a atuação regulatória não mais apenas focada na atenuação ou eliminação dos defeitos de mercado, mas preocupada em propiciar a realização de valores de natureza política e social; e (iv) a institucionalização de mecanismos de disciplina permanente das atividades reguladas, passando de um regramento estático para um regramento dinâmico (JUSTEN FILHO, Marçal. *Curso de direito administrativo*. São Paulo: Saraiva, 2005. p. 450-451).

[12] ABRAHAM, Marcus. *Curso de direito financeiro brasileiro*. 3. ed. rev., atual. e ampl. Rio de Janeiro: Forense, 2015. p. 161.

dos efeitos das decisões judiciais sobre a realidade econômica e social do país, algo fundamental na interpretação de uma constituição principiológica como a brasileira.

Assim, no voto produzido para o REsp nº 417.804, o Ministro Teori destacou como a ausência do Poder Público é capaz de produzir efeitos ainda mais deletérios ao tráfego de pessoas e frustrar de igual modo o preceito constitucional de não causar embaraços à livre circulação de pessoas. Com esse argumento, afastou a necessidade de via alternativa gratuita como condição para a cobrança do pedágio. Prosseguindo, avançou na análise da Lei nº 8.987/95, para pontificar: (i) que a polêmica existente em torno da natureza jurídica do pedágio se encerrou com a inclusão do §1º ao art. 9º da Lei nº 8.987/95; (ii) que a liberdade de escolha mencionada no art. 7º, III, da Lei nº 8.987/95, somente se refere aos serviços públicos que comportem exploração em regime de competição, que não é o caso, como regra, do pedágio. Como já era de costume nos julgados de relatoria do Ministro Teori, o precedente cunhado nesse recurso especial teve forte impacto na jurisprudência do Superior Tribunal de Justiça, influenciando diretamente o julgamento do REsp nº 617.002, do REsp nº 927.810 e da AgRg na SLS nº 1.240, este último julgado pela Corte Especial.[13]

No voto elaborado para o julgamento de mérito da ADI nº 800, o Ministro Teori destaca: (i) que o precedente anterior do Supremo sobre a matéria foi forjado em contexto completamente distinto do atual e tratando de um pedágio com regime jurídico peculiar e que de fato se assemelhava a uma taxa (selo-pedágio); (ii) a desimportância do argumento topográfico para definição da natureza jurídica do pedágio; (iii) a alteração normativa e de contexto promovida pela edição da Lei nº 8.987/95, especialmente pelo

---

[13] STJ: (1) "ADMINISTRATIVO. RECURSOS ESPECIAIS. COBRANÇA DE PEDÁGIO EM RODOVIA FEDERAL POR EMPRESA CONCESSIONÁRIA. LEI 9.648/88. DESNECESSIDADE DE EXISTÊNCIA DE SERVIÇO PÚBLICO QUE DISPONIBILIZE GRATUITAMENTE VIA ALTERNATIVA DE TRÂNSITO. EXIGÊNCIA SOMENTE APLICÁVEL A SITUAÇÕES EXPRESSAMENTE PREVISTAS EM LEI, QUE NÃO É O CASO DOS AUTOS. RECURSOS ESPECIAIS PROVIDOS PARA O FIM DE RECONHECER LEGÍTIMA A COBRANÇA DO PEDÁGIO E IMPEDIR A DEVOLUÇÃO DAS QUANTIAS PAGAS. 1. O acórdão recorrido dispôs, para se preservar a legalidade da cobrança de pedágio de empresa concessionária que administra rodovia federal, ser necessária a disponibilização de via pública alternativa e gratuita para os usuários, motivo pelo qual julgou indevida a exigência de pedágio. Contudo, tal exegese está equivocada, uma vez que a Lei 9.648/88, que regula a questão controversa, não faz tal exigência. 2. Com efeito, a disponibilização e oferta de via pública alternativa e gratuita para os usuários, em caráter obrigatório, somente deve ser imposta quando objeto de previsão expressa de lei. 3. RECURSOS ESPECIAIS interpostos pela Rodovia das Cataratas S/A, pelo Estado do Paraná e pela União PROVIDOS para o fim de reconhecer legítima, na espécie, a cobrança do pedágio, e impedir a devolução das quantias pagas" (REsp nº 617.002/PR. Rel. Min. José Delgado, Primeira Turma, j. 5.6.2007); (2) "AÇÃO CIVIL PÚBLICA. RODOVIA. PEDÁGIO. SUSPENSÃO. VIAS ALTERNATIVAS. DESNECESSIDADE. INEXISTÊNCIA DE DETERMINAÇÃO EXPRESSA. LEI Nº 8.987/95, ARTIGOS 7º, III E 9º, PARÁGRAFO 1º. PRECEDENTE. I - Ação civil pública ajuizada pelo Ministério Público Federal visando suspender a cobrança de pedágio na Rodovia BR 227, nos postos indicados, sob a alegação de que tal cobrança em rodovias federais cuja exploração foi concedida à iniciativa privada somente se legitima caso exista via alternativa, possibilitando ao usuário deslocar-se sem o referido pagamento. II - A Lei nº 8.987/95, que regulamenta a concessão e permissão de serviços públicos, não prevê a contrapartida de oferecimento de via alternativa gratuita como condição para a cobrança de pedágio, nem mesmo no seu artigo 7º, III. Ao contrário, o artigo 9º, parágrafo 1º, da mesma lei, é expresso em dispor que 'a tarifa não será subordinada à legislação específica anterior e somente nos casos expressamente previstos em lei, sua cobrança poderá ser condicionada à existência de serviço público alternativo e gratuito para o usuário'. Precedente: REsp nº 417.804/PR, Rel. Min. TEORI ZAVASCKI, DJ de 16.05.05. III - Recurso improvido" (REsp nº 927.810/PR. Rel. Min. Francisco Falcão, Primeira Turma, j. 17.5.2007); (3) "SUSPENSÃO DE LIMINAR. AÇÃO CIVIL PÚBLICA. PEDÁGIO. REDUÇÃO DO PREÇO. LESÃO À ORDEM PÚBLICA. OCORRÊNCIA. No âmbito do pedido de suspensão de medida liminar, em que não há dilação probatória, havendo controvérsia a respeito das regras do edital, prevalece a posição da Administração Pública face a presunção de legitimidade do ato administrativo. Agravo regimental não provido" (AgRg na SLS nº 1.240/SP. Rel. Min. Ari Pargendler, Corte Especial, j. 16.3.2011).

art. 9º, §1º, da mencionada lei; (iv) a importância do critério da compulsoriedade para distinção entre taxa e preço público, reafirmando a normatividade do Verbete nº 545 da Súmula do Supremo Tribunal Federal.

No âmbito do Supremo Tribunal Federal, a questão inicialmente foi decidida no RE nº 181.475, de relatoria do Ministro Carlos Velloso, no qual o Tribunal decidiu pela natureza jurídica de taxa do hoje extinto selo-pedágio.[14] Contudo, como bem demonstrado pelo Ministro Teori em seu voto na ADI nº 800, tratava-se de configuração muito peculiar de pedágio e que não encontrava mais paralelo na configuração jurídica que o instituo passou a ter mais modernamente, especialmente a partir do texto consolidado da Lei nº 8.987/95. Diante disso, nos anos que se seguiram ao julgamento de mérito ADI nº 800, o que se viu foi a total influência desse julgado relatado pelo Ministro Teori na jurisprudência do Supremo Tribunal Federal.[15]

Até o fechamento deste artigo, ainda se encontrava pendente de julgamento repercussão geral sobre o tema, no RE nº 645.181, de relatoria do Ministro Alexandre de Moraes. Nesse caso, discute-se a necessidade de via alternativa para cobrança de pedágio em rodovia federal que perpassa bairros do município de Palhoça/SC. Na hipótese, habitantes do município ingressaram com ação popular pedindo que os veículos emplacados na cidade fossem dispensados da cobrança. O Ministro Alexandre de Moraes já exarou seu voto reafirmando a jurisprudência consolidada do Supremo a partir do precedente de relatoria do Ministro Teori Zavascki. Embora não tenha tido acesso aos detalhes do caso e ao voto do Ministro Alexandre, essa me parece a solução adequada para o caso. Todavia, na sequência do julgamento, o Ministro Luís Roberto Barroso pediu vistas do processo e no momento aguarda-se essa devolução de vista.

V Conclusão

Concluindo, a discussão acerca da natureza jurídica do pedágio evoluiu no Brasil graças à contribuição preciosa do Ministro Teori Zavascki como relator do REsp nº 417.804 e da ADI nº 800. Nesses julgamentos, o Ministro Teori respondeu aos principais argumentos daqueles que defendiam a natureza jurídica exclusivamente tributária do pedágio e atualizou a jurisprudência brasileira, adequando-a ao atual papel do Estado na economia, tal qual estampado no texto constitucional em vigor. As lições lançadas nesse julgado são perenes, como é perene o legado do saudoso Ministro Teori Zavascki.

---

[14] STF. RE nº 181.475, Rel. Carlos Velloso, Segunda Turma, j. 4.5.1999: "EMENTA: - CONSTITUCIONAL. TRIBUTÁRIO. PEDÁGIO. Lei 7.712, de 22.12.88. I.- Pedágio: natureza jurídica: taxa: C.F., art. 145, II, art. 150, V. II.- Legitimidade constitucional do pedágio instituído pela Lei 7.712, de 1988. III.- R.E. não conhecido".

[15] STF. STA nº 811 Extn-AgR. Rel. Dias Toffoli (Presidente), Tribunal Pleno, j. 5.11.2019: "Agravo regimental em suspensão de tutela antecipada. Concessão de liminar pelo tribunal de origem para suspender revisão extraordinária de tarifa básica de pedágio. Potencial violação da ordem pública. Demonstração da imposição de novas obrigações à concessionária. Comprovação da redução do número de acidentes na rodovia com as medidas. Concessão da suspensão pela decisão agravada para manter a majoração do pedágio. Agravo regimental não provido. [...] 2. Considerada a elevação dos custos da concessionária diante da ampliação pela Administração Pública das obrigações àquela impostas (e tendo em vista que tais atividades se apresentam como mero apoio à atividade própria da Administração Pública no monitoramento do trânsito), não há óbice à majoração do pedágio (cuja natureza é de preço público e não de tributo – vide ADI nº 800/RS, Rel. Min. Teori Zavascki) para fazer frente àqueles custos. 3. Preservação da ordem pública com a suspensão da decisão proferida na ação originária, para permitir a manutenção do ajuste combatido na origem (que redundou em aumento de 0,63% da tarifa básica de pedágio), até o trânsito em julgado daquele feito. 4. Agravo regimental não provido".

Elas serviram e continuarão a servir de norte para as principais discussões sobre essa matéria. E que bom que seja assim.

Referências

ABRAHAM, Marcus. *Curso de direito financeiro brasileiro*. 3. ed. rev., atual. e ampl. Rio de Janeiro: Forense, 2015.

ATALIBA, Geraldo. *Hipótese de incidência tributária*. 6. ed. 4. tir. São Paulo: Malheiros, 2003.

BARBOSA, Marcus Vinicius. Constitucionalização do direito tributário e o Supremo Tribunal Federal: aportes doutrinários e jurisprudenciais para um direito constitucional renovado. *In*: SARAIVA, Renata *et al*. *Ministro Luís Roberto Barroso*: 5 anos de Supremo Tribunal Federal: homenagem de seus assessores. Belo Horizonte: Fórum, 2018.

CARRAZZA, Roque Antônio. *Curso de direito constitucional tributário*. 27. ed. rev., ampl. e atual. até a Emenda Constitucional n. 67/2010. São Paulo: Malheiros, 2011.

CYRINO, André Rodrigues. *Direito constitucional regulatório*. Rio de Janeiro: Renovar, 2010.

GARCIA, Flávio Amaral. *Concessões, parcerias e regulação*. São Paulo: Malheiros, 2019.

JUSTEN FILHO, Marçal. *Curso de direito administrativo*. São Paulo: Saraiva, 2005.

Informação bibliográfica deste texto, conforme a NBR 6023:2018 da Associação Brasileira de Normas Técnicas (ABNT):

BARBOSA, Marcus Vinicius. A natureza jurídica do pedágio e a contribuição do Ministro Teori Zavascki. *In*: SEEFELDER FILHO, Claudio Xavier; AZEVEDO, Daniel Coussirat de (Coord.). *Teori na prática*: uma biografia intelectual. Belo Horizonte: Fórum, 2022. p. 85-97. ISBN 978-65-5518-344-3.

UM TÉCNICO HUMANISTA

ELIANA CALMON ALVES

I   Introdução

Recebi o convite para fazer parte do livro em homenagem ao Ministro Teori Zavascki com muita honra, diante da dimensão do profissional e do homem que nos deixou de forma tão precoce.

Fomos colegas no concurso para a magistratura federal, como juízes de segunda instância da Justiça Federal e depois como ministros do Superior Tribunal de Justiça onde por nove anos convivemos integrando a Primeira Seção e a Corte Especial, o que me levou não só a admirá-lo como julgador, mas a querê-lo bem, como amigo especial.

O Ministro Teori Zavascki ingressou na magistratura federal em 1989, por ocasião da criação dos cinco tribunais regionais federais pela Constituição Federal de 1988, garantindo-lhe o acesso à Ordem dos Advogados do Brasil; passou a ocupar uma das vagas do quinto constitucional no Tribunal Regional Federal da Quarta Região.

Chegou à magistratura como representante dos advogados, mas em verdade sempre foi um profissional vocacionado para a atividade judicante, dividindo com o magistério todo seu empenho e dedicação. Posso fazer essa afirmação com absoluta segurança porque o conheci em 1988, quando juntos realizamos o concurso de juiz federal, no qual logramos êxito destacado.

Por circunstâncias de conveniência pessoal, o advogado Teori optou por assumir o cargo de advogado do Banco Central do Brasil, para o qual foi também aprovado em concurso simultâneo ao de juiz federal, tornando-se, no Bacen, coordenador dos serviços jurídicos e depois superintendente do Banco Meridional do Brasil, enquanto eu me tornei juíza federal na Bahia (MITIDIERO, 2020).

Perdi o contato com o colega que muito me impressionou pela segurança e pelo conhecimento demonstrados no tempo da prova oral de juiz e fui reencontrá-lo depois de dez anos, quando juntos assumimos como juízes dos tribunais regionais federais, ele na Quarta Região, no Rio Grande do Sul, e eu na Primeira Região, em Brasília.

Com facilidade e em muito pouco tempo o Ministro Teori tornou-se um dos mais respeitáveis magistrados da Corte Federal do Sul, onde também pontificou como professor universitário, ensinando Introdução ao Ensino do Direito na Universidade do Vale do Rio dos Sinos até tornar-se, por concurso, professor de Processo Civil na Universidade Federal do Rio Grande do Sul (BRASIL, 2016).

As modernidades dos direitos de terceira geração, trazidos na década de 80 e sedimentados com a Constituição Federal de 1988, trouxeram notável evolução no sistema processual civil brasileiro, com demandas coletivas de fantástica evolução. Basta falar da ação civil pública, do mandado de segurança coletivo e do Código de Defesa do Consumidor, três grandiosos e revolucionários instrumentos, que mereceram do Professor Teori, ao apresentar em 1997 o primeiro livro técnico de sua autoria, *Antecipação da tutela*, a apreciação seguinte: "Os tempos atuais [...] exigem de quem faz do processo o seu ofício um reforço de sensibilidade, de criatividade, quem sabe, de ousadia, para perceber a mudança e dar a ela, aos poucos, pela via da hermenêutica, sua exata dimensão" (ZAVASCKI, 1997).

Ele não só escreveu processo mas também ensinou, ousou e conduziu todos os que lhe chegaram às mãos de julgador com maestria, sensibilidade e criatividade, em belíssima trajetória iniciada como juiz federal de segundo grau (desembargador), depois ministro do Superior Tribunal de Justiça em 2003, até chegar ao Supremo Tribunal Federal em 2012, merecendo do Ministro Ari Pargendler, seu colega e amigo de muitos anos, a seguinte observação: "O Senhor Ministro Teori Zavascki faz obra de arte ao julgar" (BRASIL, 2016).

Tive a satisfação de conviver com o Ministro Teori como colega e amigo, fiel companheiro em diuturnas jornadas. Com ele trocava ideias e opiniões, dividia preocupações e pedia conselhos técnicos; alinhei-me a ele muitas e muitas vezes, mas discordei em muitas oportunidades. Afinal, éramos amigos, mas muito diferentes em temperamento. Teori era emocionalmente maduro, reservado, de pouca conversa, introvertido. Nunca discutimos fora do tom porque nos respeitávamos e nos admirávamos, ele didático, profundo e ponderado, como julgador, tendo a academia como guia.

Na Primeira Seção e na Corte Especial, onde trabalhamos juntos por anos, enfrentamos grandes debates, alguns marcantes na história da jurisprudência do STJ, como o Crédito Prêmio do IPI, a Devolução do Empréstimo Compulsório pela Eletrobrás, o Conflito de Competência de Demandas Coletivas e Individuais promovidas contra a Anatel e empresas concessionárias de serviço de telefonia. Foi decidida a querela que lotava todos os tribunais intermediários estaduais e federais, e desaguou no STJ o tumulto de uma jurisprudência com muitas diversidades, deixando confusos consumidores, empresas concessionárias e agência reguladora. A decisão do Ministro Teori, mestre em ações coletivas, com voto prevalente e como em um passo de mágica, acalmou o imbróglio procedimental, colocando as coisas nos seus devidos lugares.

O rigor técnico com que tratava o direito público era a preocupação dos advogados, pois sabiam ser ele um formador de opinião nas turmas de julgamento, ao tempo em que o admiravam e respeitavam pela coerência dos seus posicionamentos, sempre preocupado com a manutenção da jurisprudência da Corte. Não foram poucas as vezes que eu o ouvi dizer e repetir: "O STJ é um tribunal de precedentes, a servir de orientação para toda a magistratura".

A escolha do Ministro Teori Zavascki para ocupar uma vaga no Supremo Tribunal Federal não deixou entre os colegas, mesmo aqueles que almejavam a mesma vaga, nenhum descontentamento.

Quando se despediu, o Ministro Teori, do Conselho da Justiça Federal, onde estávamos mais uma vez juntos na atividade de administradores da Justiça Federal, tive a oportunidade de saudá-lo e deixei expresso em palavras o sentimento de todos: foi uma escolha diferente, porque a campanha não foi conduzida por ele, e sim por colegas, amigos e admiradores que o elegeram como capaz de abrilhantar a Corte Maior da Justiça brasileira pelos seus predicados intelectuais e morais, pelo respeito de que se tornou merecedor, sem alarde e sem soberba. E neste país nunca ouvi uma voz que criticasse a escolha. Foi um momento mágico em que todos se uniram sem estar adredemente acertados em torno do professor, jurista e julgador que, sozinho, foi capaz de, silenciosamente, traçar o seu caminho para o Supremo.

Na Corte Suprema não houve mudança de tom, ficou por muito pouco tempo, menos de cinco anos, mas deixou um legado de julgados e trabalhos doutrinários que o posiciona ao lado de ministros de saudosa memória, a exemplo de Castro Nunes, Orozimbo Nonato, Victor Nunes Leal, Aliomar Baleeiro e outros que ainda nos legam grandes lições, como o grande José Carlos Moreira Alves (MITIDIERO, 2020).

O Ministro Teori, mesmo antes de chegar aos tribunais superiores, já era conhecido como jurista e professor emérito.

Como doutrinador, deixa-nos magnífica obra de mais de uma dúzia de livros, o primeiro publicado em 1997, *Antecipação da tutela*, e o último em 2012, *Eficácia das sentenças na jurisdição constitucional*. Esta última obra parece até uma preparação para o que viria logo depois: sua nomeação para proferir as decisões cuja eficácia foi cuidadosamente estudada, e doutrinariamente ensinada no livro publicado, o que ocorreu no mesmo ano da sua nomeação para a Corte Suprema, no penúltimo dia do mês de novembro de 2012.

A última vez em que estive com o meu amigo Teori foi em dezembro de 2013, por ocasião da minha aposentadoria. Fui visitá-lo e me despedir como magistrada; conversamos muito, ele me falou da descomunal carga de trabalho que estava a enfrentar e disse: "eu, como você, pretendia me aposentar antes da compulsória, mas quis o destino que eu fosse aqui colocado para novos desafios, vou cumpri-lo". E assim nos despedimos em um último abraço.

II Comentários sobre o precedente

1 Introdução

Dos acórdãos que consagraram o Ministro Teori Zavascki como julgador, destaco o RE nº 608.482, que versou sobre direito administrativo, de tema em que já tinha o ministro firmado seu entendimento no Superior Tribunal de Justiça, onde judicou por quase dez anos, no sentido de afastar a teoria do fato consumado, para somente em situações especialíssimas acolher a tese.

Socorrendo-se do princípio da segurança jurídica ou da proteção da confiança legítima, a teoria espalhou-se pela jurisprudência. Foi aplicada pelo STF, pelo extinto TFR, pelos tribunais intermediários e depois pelo STJ, invocando-se como fator legitimador das situações jurídicas a incidência temporal, à míngua de direito material, ora somando-se ao fator tempo alguma razão social para robustecer a tese. Assim, ampliou-se lentamente o entendimento para contemplar as mais diversas hipóteses, acarretando com essa abertura a banalização do direito pretoriano (ESPÍRITO SANTO, 2014).

Apontam os estudiosos, pesquisadores da jurisprudência, que, na primeira metade do século passado, o STF já apresentava julgado similar à teoria do fato consumado, indicando como exemplo decisão que considerou válido recebimento por funcionários protegidos pela irredutibilidade de vencimentos, mesmo depois de lei posterior ter cassado as vantagens pecuniárias concedidas, ao argumento de que estavam os servidores de boa-fé (ACi nº 8.070, Rel. Ministro Philadelpho Azevedo, j. 30.9.1943).

Entretanto a teoria, com a nomenclatura atual, é identificada como sendo da década de 60, em uma profusão de ações ajuizadas contra as universidades que exigiam, nos seus regimentos internos, nota mínima de cinco para aprovação. Não alcançada a média e na iminência de esgotar-se o prazo para matrícula, insurgiam-se os alunos, que, mediante via judicial, obtinham decisões liminares. Protegidos pelas decisões provisórias, esperavam os estudantes durante anos a finalização dos processos, só solucionada a questão muitas vezes quando o aluno já tinha concluído o curso universitário, sendo irreversível a situação fática daqueles que não logravam êxito na Justiça.

Essa foi a porta de entrada, segundo os pesquisadores, da teoria do fato consumado, o que levou o STF a editar a Súmula nº 58: "É válida a exigência de média superior a quatro para a aprovação no estabelecimento de ensino superior, consoante o respectivo regimento" (ALVES, 2017), diante do grande número de demandas.

Segundo Odim Brandão Ferreira, citado por Francisco Glauber Pessoa Alves (2017):

> [...] os critérios utilizados pelo STF no nascedouro das decisões que invocaram o fato consumado (excepcionalidade do caso e dúvida objetiva sobre o direito aplicável ao caso) findaram por serem abandonados ou subvertidos ao longo dos anos, acarretando uma degradação da sua jurisprudência.

Assim, muitas decisões provisórias de razoável duração foram proferidas com respaldo apenas no resguardo de uma situação fática, sem amparo no direito material.

O tema tornou-se comum na jurisprudência durante muito tempo, sem, entretanto, encontrar respaldo doutrinário, apoiando-se em razões metajurídicas para justificar um problema criado pela própria Justiça: a questão do tempo razoável de duração do processo (ROBALDO, 2014).

A insistente reiteração jurisprudencial foi assumindo novas variantes, principalmente com a expansão das inovações processuais em socorro aos chamados direitos instantâneos, incorporando-se inovações ao direito positivo em torno da tutela antecipada.

A falta de critério na aplicação da teoria do fato consumado e a ampliação cada vez mais frequentes de argumentos discursivos com divergências evidentes entre a solução dada ao caso concreto e o princípio da legalidade precisavam ser estudadas e cotejadas na busca de um tratamento jurídico alentado quanto à solução.

Coube ao Ministro Teori a relatoria do recurso que se consagrou como de repercussão geral, sedimentando finalmente a posição da jurisprudência. Técnico e sempre muito responsável por manter a coerência dos precedentes da Corte, esquadrinhou o relator, nesse julgamento, diversos ângulos de abordagem, a começar pela atenta análise dos julgamentos antecedentes e suas tendências, ora socorrendo-se do princípio da proteção da confiança legítima, traduzido em última análise no princípio da segurança jurídica, ora respaldando-se apenas nos grandes aliados da construção jurídico-interpretativa, o fator tempo e a morosidade do Estado-Juiz.

Contextualizando-se os fatos sobre os quais repousa o acórdão, foi a tese do *fato consumado* examinada em um recurso extraordinário oriundo de uma ação cautelar ajuizada por candidata ao concurso de agente da polícia civil do estado do Rio Grande do Norte que, reprovada na segunda fase do certame (teste físico), foi favorecida com uma liminar que a deixou fora da terceira fase da competição, sem realizar os testes psicotécnicos (ROBALDO, 2014).

A liminar concedida propiciou a nomeação da candidata, o que foi confirmado pela sentença que consolidou, em caráter definitivo, a sua manutenção no cargo, ao argumento de ter a interessada, no decurso de sete anos, exercido as funções corretamente, sem qualquer reparo ou ilegalidade na exigência do teste físico e do exame psicotécnico, sendo aplicada a teoria do fato consumado.

Houve recurso por parte do estado do Rio Grande do Norte, parecer contrário do Ministério Público, o chamamento da União para ingressar no feito como *amicus curie*, chegando o processo ao Supremo Tribunal Federal por força de recurso extraordinário, com alegação de ofensa ao art. 5º, *caput* e inc. II – violação ao princípio da isonomia (falta do psicotécnico) e ao art. 37, *caput* e incs. I e II – vinculação ao edital e inaplicabilidade da teoria do fato consumado, perpetrando decisões injustas, ilegais ou inconstitucionais (ROBALDO, 2014).

Em 7.8.2014, o recurso foi posto em pauta para julgamento, colocando ponto final em uma questão que, por mais de dez anos, percorreu todas as instâncias da Justiça, ocasião em que decidiu a Corte por não acolher a teoria do fato consumado ao negar provimento ao recurso extraordinário em acórdão que recebeu a seguinte ementa:

CONSTITUCIONAL. ADMINISTRATIVO. CONCURSO PÚBLICO. CANDIDATO REPROVADO QUE ASSUMIU O CARGO POR FORÇA DE LIMINAR. SUPERVENIENTE REVOGAÇÃO DA MEDIDA. RETORNO AO STATUS QUO ANTE. "TEORIA DO FATO CONSUMADO", DA PROTEÇÃO DA CONFIANÇA LEGÍTIMA E DA SEGURANÇA JURÍDICA. INAPLICABILIDADE. RECURSO PROVIDO. 1. Não é compatível com o regime constitucional de acesso aos cargos públicos a manutenção no cargo, sob fundamento de fato consumado, de candidato não aprovado que nele tomou posse em decorrência de execução provisória de medida liminar ou outro provimento judicial de natureza precária, supervenientemente revogado ou modificado. 2. Igualmente incabível, em casos tais, invocar o princípio da segurança jurídica ou o da proteção da confiança legítima. É que, por imposição do sistema normativo, a execução provisória das decisões judiciais, fundadas que são em títulos de natureza precária e revogável, se dá, invariavelmente, sob a inteira responsabilidade de quem a requer, sendo certo que a sua revogação acarreta efeito ex tunc, circunstâncias que evidenciam sua inaptidão para conferir segurança ou estabilidade à situação jurídica a que se refere. 3. Recurso extraordinário provido. (STF. RE nº 608.482/RN, em regime de mérito em repercussão geral. Rel. Min. Teori Zavascki, Pleno. *DJe*-213, 30 out. 2014)

2 Análise do acórdão

O primeiro aspecto destacado pelo relator, Ministro Teori Zavascki, ao analisar a jurisprudência em torno da teoria do fato consumado, foi a existência de confronto entre duas ordens de valores, incompatíveis entre si: *o interesse individual da candidata em se manter no cargo público regular e o interesse público de dar cumprimento a dispositivo constitucional*, o qual exige, para investidura em cargo ou emprego público, aprovação prévia em concurso, dispositivo que conduz ao princípio da impessoalidade, da moralidade e da eficiência, ao tempo em que também representa severa ofensa ao princípio da igualdade de acesso aos cargos públicos. Para demonstrar o que estava afirmando, trouxe o relator à colação diversos arestos da Corte, de ambas as turmas, do plenário e de dezenas de decisões monocráticas, todas proclamando a prevalência do interesse público e dos dispositivos constitucionais quando em confronto.

Ao comentar sobre o confronto dos julgados majoritários e das decisões divergentes, o relator afastou a possibilidade de se invocar, em favor da interessada, o princípio da boa-fé ou da proteção da confiança legítima do administrador, porque o ato que levou ao litígio não decorreu da administração, e sim inteiramente da vontade da administrada. E assim explicou:

> É realmente difícil, em face das disposições constitucionais que regem o acesso a cargos públicos, justificar a manutenção da situação pretendida pela recorrida. Não se trata, sequer, de considerar o argumento da boa-fé ou o princípio, a ela associado, da proteção da confiança legítima do administrado. Esse argumento é cabível quando, por ato de iniciativa da própria Administração, decorrente de equivocada interpretação da lei ou dos fatos, o servidor se vê alçado a determinada condição jurídica ou vê incorporada ao seu patrimônio funcional determinada vantagem, fazendo com que, por essas peculiares circunstâncias, provoque em seu íntimo uma natural e justificável convicção de que se trata de um status ou de uma vantagem legítima. Por isso mesmo, eventual superveniente constatação da ilegitimidade desse status ou dessa vantagem caracteriza, certamente, comprometimento da boa-fé ou da confiança legítima provocada pelo primitivo ato da administração, o que pode autorizar, ainda que em nome do "fato consumado", a manutenção do status quo, ou, pelo menos, a dispensa de restituição de valores. Isso ocorre, todavia, em casos restritos, marcados pela excepcionalidade. (ALVES, 2017)

Cotejando os pressupostos ensejadores da teoria do fato consumado com os aspectos fáticos dos autos, destacou o relator como relevantes os seguintes tópicos:

1) a vantagem obtida (nomeação e posse em cargo público) não ocorreu por iniciativa da Administração, mas por provocação do próprio servidor, contra a vontade da Administração, que foi obrigada a cumprir ordem judicial;
2) o título judicial que protegeu o interesse da candidata ao cargo público era precário, marcado pela revogabilidade que, por força de lei, caso ocorresse, levaria ao retorno da situação jurídica antecedente, ou seja, ao *status quo ante*, sendo impertinente, por isso mesmo, invocar os princípios da segurança jurídica ou da proteção da confiança legítima dos atos administrativos. Afinal, não desconhecia a candidata a possibilidade de revogação e, em consequência, o automático efeito *ex tunc*;

3) a lei, seja no mandado de segurança, seja em relação às medidas antecipatórias, é expressa – sujeita todas as liminares ao mesmo regime de execução provisória (art. 475-O CPC), ou seja, o seu cumprimento corre por conta e responsabilidade do requerente; fica sem efeito em caso de revogação, sem suporte lógico ou teleológico para evitar o retorno ao *status quo ante*;
4) sem a proteção constitucional do princípio da segurança jurídica, o único fundamento a sustentar a conclusão do acórdão recorrido, segundo o relator, era o interesse individual de manutenção do cargo, o que não tem força suficiente para se opor ao interesse público, consubstanciado no sistema constitucional de acesso aos cargos públicos;
5) o interesse individual da candidata, beneficiada pela decisão judicial antecipatória, também se opõe a outro direito particular, da mesma natureza, o do candidato que, obtendo aprovação no concurso, foi alijado do cargo, ocupado por outro concorrente que não observou as exigências constitucionalmente exigidas (ALVES, 2017).

3 Votos divergentes

1 As primeiras divergências foram do *Ministro Luís Roberto Barroso*, que destacou dois pontos contrários ao entendimento do relator:

a) para ele, o debate sobre a possibilidade de estabilização de provimentos em cargos públicos, oriundos de decisões judiciais sem trânsito em julgado, não significa oposição entre interesse individual e interesse público. E isso porque, na sua ótica, na medida em que o órgão público, responsável pelo concurso público, considera o candidato reprovado em etapa eliminatória, está aplicando o princípio da isonomia ao acesso aos cargos públicos e da necessidade de pautarem-se as seleções públicas por critérios de impessoalidade, merecimento, presunção de veracidade e validade dos atos administrativos (ALVES, 2017);
b) discordou o Ministro Barroso do posicionamento do relator, ao considerar como opostos o interesse individual e o interesse público. Segundo ele, o princípio da segurança jurídica tem vertente subjetiva que protege a confiança legítima e, objetivamente, veda a retroação da lei, tutela o direito adquirido, o ato jurídico perfeito e a coisa julgada, destinando-se, em última análise, a proteger expectativas legitimamente criadas em indivíduos por decisões estatais, sejam essas decisões administrativas, sejam judiciais. A partir dos óbices apontados, pondera o Ministro Barroso que, diante do papel do Supremo Tribunal Federal de uniformizar a interpretação da Constituição Federal, inclusive em repercussão geral, considera conveniente seja expedida orientação clara e objetiva para a atuação dos demais tribunais brasileiros em hipóteses semelhantes, estabelecendo-se os fatores a serem observados.

Para ele, a potencial reversibilidade de decisões judiciais não transitadas em julgado não restringe a aplicação do princípio da proteção da confiança no âmbito da Administração Pública, pois a invalidação da posse em cargo público, determinada por decisão judicial prolatada há décadas, pode, quando presentes determinadas condições, frustrar expectativas legítimas criadas pelo ato estatal pretérito, causando forte abalo à segurança jurídica.

Para o julgador Barroso o primeiro elemento fático a ser trabalhado, quando se examinam os pressupostos da teoria do fato consumado, é o *tempo decorrido entre as decisões judiciais*, porque, segundo entende, há direta proporcionalidade entre o decurso de tempo e o fortalecimento da expectativa de preservação. Assim, quanto maior o tempo decorrido, mais sólida será a expectativa. E, como parâmetro, pode-se utilizar, por analogia, o art. 54 da Lei nº 9.784/1999, que estabelece o prazo de cinco anos para a Administração anular os seus atos, contados da data em que foram praticados.

O segundo fator destacado é a *boa-fé do beneficiário*, e a proposta do ministro é que se observe esse prazo de cinco anos como razoável para que se possa aferir a boa-fé, mediante a plausibilidade da tese jurídica exposta na petição inicial e pela ausência de procrastinação do feito. Sendo claramente plausível a boa-fé da autora, e não tendo ela dado causa à demora na revisão da decisão que lhe foi favorável, não há que se falar em intangibilidade da sua expectativa, ainda que tenham se passado mais de cinco anos da prolação da decisão judicial que lhe assegurou a posse em cargo público.

O terceiro fator relevante a ser observado é o *nível de estabilidade da decisão judicial que determinou a posse* em cargo público, o que tem direta influência na confiança nutrida pelo indivíduo acerca da obtenção de posicionamento favorável do Poder Judiciário sobre a sua pretensão. E mais uma vez se vale o ministro de uma lei como parâmetro, fazendo a construção seguinte:

> Para além da analogia à Lei da Ficha Limpa, essa orientação parte da premissa de que o Supremo Tribunal Federal não deve necessariamente processar e julgar, em última instância, todas as hipóteses de aplicação pelos Tribunais brasileiros do princípio da proteção da confiança para a preservação do provimento em cargo público em decorrência de decisão judicial, mas fixar os parâmetros para a sua correta aplicação e reformar as decisões em que haja demonstração inequívoca da sua não observância adequada. (ALVES, 2017)

Ao arrematar o seu pronunciamento, sintetiza os três fatores destacados em uma proposta objetiva a ser considerada pelo STF, em repercussão geral, para proteger uma situação consolidada: "a) *permanência no cargo por mais de cinco anos*; b) *plausibilidade da tese jurídica que justificou a investidura* e ausência de conduta processual procrastinatória; c) *decisão de mérito proferida em segunda instância*" (ALVES, 2017).

Enfeixando o seu entendimento, diz o Ministro Luís Roberto Barroso: "eu não defendo a teoria do fato consumado, eu estou defendendo o princípio da proteção da confiança" (ALVES, 2017).

2 O segundo a divergir do relator foi o *Ministro Luiz Fux*, com apreciações episódicas e contextuais. Referiu-se à jurisprudência da Corte afirmando ser ela no sentido de impedir a superação do concurso, considerando uma teratologia a prova física; quanto ao exame psicotécnico, disse o Ministro Fux que, no seu modo de ver, "o exame psicotécnico afere condições biopsicológicas no exercício de uma função, e ela (a candidata recorrida) exerceu a função por quatorze anos de forma exemplar, o que supera completamente essa ausência do psicotécnico" (ALVES, 2017).

Ao enumerar as razões da sua divergência, assinala:

1º) o Supremo não aceita burlar a lei do concurso, mas a candidata realizou o certame e sofreu apenas uma microdesclassificação teratológica;
2º) o Supremo Tribunal Federal não outorga proteção de confiança e segurança jurídica a decisões liminares precárias, mesmo quando se trata de tutela liminar satisfativa. Entretanto, na hipótese dos autos, a liminar outorgada em ação cautelar foi reafirmada em sentença de mérito e confirmada em acórdão que perdurou durante doze anos;
3º) não é aceitável a tese desenvolvida pelo relator, de que o princípio da proteção da confiança ou da segurança jurídica só é oponível ao estado da Administração, e não ao estado jurídico, por ser inconcebível que a Administração só possa anular os seus atos no prazo máximo de cinco anos, enquanto o Judiciário pode fazê-lo a qualquer tempo;
4º) a tendência mundial de dar valor à cognição exauriente dos tribunais deve ser levada em consideração, o que dispensa o trânsito em julgado para só assim ser obtida a segurança jurídica;
5º) o julgamento enfrenta, na visão do Ministro Fux, divergência com o relator, por existir em favor da candidata direito fundamental (segurança jurídica), encartado no art. 5º, o qual prevalece sobre todos os outros interesses constantes na demanda (ALVES, 2017).

No curso dos debates aqui e ali, demonstraram os julgadores preocupação quanto à possibilidade de se locupletarem com a tese da teoria do fato consumado aqueles que, não por um acaso, obtinham liminares, tudo faziam para postergar o julgamento final para assim valerem-se da morosidade da Justiça, consolidada pelo decurso do tempo situação fática que lhes favorecia, mesmo sem terem direito. E assim mencionaram com preocupação a possibilidade de fraude, mediante aposta na obtenção de liminares positivas; a morosidade da Justiça; a oposição do Estado para afastar a proteção da confiança; a ciência da parte quanto à precariedade de sua situação; a necessidade de as pessoas terem fé no princípio constitucional do concurso público; não ser aceito fato consumado em decisões judiciais; ser estranho o uso da teoria do fato consumado como razão decisória, resumindo-se todas as elucubrações no curso do julgamento a uma frase do relator: "Ninguém pode ter confiança na definitividade de uma medida cautelar" (ALVES, 2017).

4   Comentários

Considero de grande importância o julgamento da questão aqui enfocada pelo Supremo Tribunal Federal, principalmente por se dar em repercussão geral, colocando um freio na flexibilização da jurisprudência que, ao longo do tempo, foi sendo ampliada em nome do decurso do tempo, distanciando-se cada vez mais dos fundamentos jurídicos que lhe deram origem. A prevalência de argumentos fáticos e empíricos, com visão eminentemente simplista, banalizou a jurisprudência e tumultuou o direito pretoriano, prejudicando muitas vezes uma terceira pessoa portadora de um bom direito.

Por isso mesmo, ao enfrentar o problema no STJ, um pouco antes do julgamento que está sendo aqui analisado, decidi tecnicamente a tese do caso consumado, deixando registrado o meu entendimento em voto proferido em 30.9.2013: "[...] não se aplica a *teoria do fato consumado* em situações amparadas por medida de natureza precária, como liminar em antecipação do efeito de tutela, não havendo que se falar em situação consolidada pelo decurso do tempo" (REsp nº 1.333.588).

Na doutrina já demonstravam os autores preocupação com a abertura dos precedentes, o que ensejou o seguinte comentário, bem antes da manifestação final do STF:

> Em razão da consolidação de situações desencadeadas por força de decisões precárias, surgiu a necessidade da aplicação da teoria do fato consumado. A aplicação da teoria deve ocorrer com cautela, pois, como veremos a seguir, através dela deixa-se de lado a regra processual que resguarda o direito da parte adversa de ter a sua situação recomposta ou até mesmo de ser indenizada pelos prejuízos que lhe foram causados (CPC, arts. 273, § 3º; art. 475-O, Ie II e art. 811). [...]
>
> A solução para o impasse aqui discutido pode estar na aplicação da ponderação de interesses, em cada caso concreto. Ou melhor, deve-se fazer um juízo de ponderação e fazer prevalecer o princípio que mais se adequa à situação naquele momento, como por exemplo, o princípio da dignidade da pessoa humana sobre o princípio da prevalência do interesse público. (ESPÍRITO SANTO, 2014)

O enfrentamento de uma tese jurídica em uma Corte Superior não pode se agasalhar em argumentos metajurídicos, com a única preocupação de fazer justiça caso a caso, fugindo inteiramente da missão constitucional dos tribunais superiores, STJ e STF, os quais fazem justiça por via de consequência, porquanto lhes cabe uniformizar o direito federal e as regras e os princípios constitucionais, respectivamente.

Torna-se ainda mais importante ordenar o posicionamento do direito pretoriano após a vigência do Novo CPC – Lei nº 13.105, de 16.3.2015, o qual instituiu um notável sistema de precedentes, em duas dimensões: a observância à *uniformização interna*, chamada de horizontal (art. 926 do CPC), *pois os tribunais devem uniformizar a sua jurisprudência, em nome da segurança jurídica; a uniformização externa* em respeito às outras cortes, principalmente por parte das cortes superiores, pelo papel de condutores da jurisprudência.

O precedente relatado pelo Ministro Teori Zavascki antecedeu o atual CPC e, por isso mesmo, é até de maior importância por já visualizar o Supremo Tribunal Federal a tendência do mundo inteiro em fundir os sistemas da *civil law* com o sistema de precedentes.

Ao deixar o lugar comum da teoria do fato consumado, a Suprema Corte seguiu doutrina segura e duradoura para todo e qualquer caso concreto.

Aos menos avisados, se observados apenas os fatos sobre os quais se apoia o direito discutido, pode parecer de extrema injustiça retirar-se do serviço público servidor que, por força de decisão judicial precária, mesmo com reprovação, veio a ser nomeado e assim exerceu por mais de dez anos a tarefa própria do seu mister. Mas o que dizer de um outro candidato que cumpriu todas as regras do edital, realizou com sucesso todas as etapas do concurso e deixou de ser nomeado para aquele cargo ocupado por alguém menos qualificado. Observe-se que essa foi uma das grandes preocupações do relator.

Para o Ministro Barroso, essa situação esdrúxula, provocada, é bem verdade, pelo Judiciário, pode e deve merecer a proteção do Supremo, porque presentes os três fundamentos por ele considerados essenciais: a) permanência no cargo por tempo superior a cinco anos (tempo decorrido entre a decisão concedida e sua revogação); b) ausência de conduta processual procrastinatória; c) decisão de mérito proferida em segunda instância (ALVES, 2017).

Para o Ministro Luiz Fux, a proteção legal deve ser outorgada pelo Supremo por cinco razões:

1ª) a parte interessada não cometeu nenhuma ilegalidade ou burla, ocorreu apenas uma microdesclassificação teratológica que a reprovou na segunda etapa do certame;

2ª) embora o Supremo não outorgue proteção de confiança e segurança jurídica a decisões precárias, na hipótese a liminar foi reafirmada por sentença de mérito e depois confirmada em acórdão, o que retira a sua precariedade;

3ª) o ministro considera inaceitável a tese do relator de que o princípio da confiança é oponível ao Estado-Administrador, e não ao Estado-Juiz, por não ser possível que o ato administrativo, quando passível de correção, só possa sofrer tal sanção em cinco anos, enquanto o ato judicial permanece em aberto, com a possibilidade de reversibilidade, até o trânsito em julgado;

4ª) faz-se pertinente aplicar a cognição exauriente dos tribunais, o que dispensa o trânsito em julgado para obtenção de segurança jurídica dos atos judiciais, sendo essa uma tendência mundial;

5ª) na visão do Ministro Fux, divergente do relator, existe em favor da candidata direito fundamental (segurança jurídica), encartado no art. 5º, o qual prevalece sobre todos os outros interesses (ALVES, 2017).

III Conclusões

A condução do julgamento pelo Ministro Teori Zavascki levou a uma decisão eminentemente técnica, sedimentando os limites de aplicação de um dos capítulos mais difíceis de ser devidamente contido dentro da legalidade, sem ofensa a regras e a princípios de outros institutos afins, ao tempo em que deixava exposta uma das maiores fragilidades do Poder Judiciário: o tempo do Judiciário e a sua incompatibilidade com o tempo dos seus jurisdicionados. E isto porque a preservação de certas situações por força do chamado fato consumado, ao servir de motivo para que os tribunais autorizem a prática de certos atos jurídicos, aos quais esteja a faltar um dos pressupostos de validade, permite a ilegalidade cuja consequência vem a atingir direito de terceira pessoa.

O julgamento, ocorrido em 7.8.2014, contou com ampla maioria, e nele prevaleceu o voto do relator, com a só divergência de dois ministros em demonstração inequívoca de estar a Corte preparada para agir tecnicamente, abortando o que se chamava jocosamente de princípio do jeitinho brasileiro.

O relator, Ministro Teori Zavascki, abandonou a discussão dos aspectos fáticos, extremamente sedutores para o exercício do ativismo judicial, mantendo-se dentro da análise e do cotejo de regras jurídicas e princípios constitucionais, sepultando a possibilidade de se obter um direito, pela via judicial, unicamente pelo decurso do tempo.

Da leitura do voto do relator e dos votos divergentes podemos extrair as seguintes conclusões:

1) a teoria do fato consumado pode ser aplicada em circunstâncias especialíssimas, com muito critério, por não ser possível decisão judicial em colisão com norma constitucional de investidura (art. 37, II) e com agressão a outros princípios da Administração Pública, como impessoalidade, moralidade, eficiência e igualdade;
2) está demonstrada no voto, pelo extenso rol de julgados seja do plenário, seja pelas decisões monocráticas, a segurança da Corte quanto à tese estabelecida em caráter *erga omnes*, repudiando a teoria do fato consumado;
3) é decorrência natural do regime das medidas cautelares antecipatórias que esteja o seu cumprimento sob responsabilidade e risco de quem as requer, diante da precariedade, operando-se a sua revogação com efeitos *ex tunc*;
4) no exame do direito material hão de prevalecer os princípios constitucionais da proteção da confiança e da boa-fé;
5) a teoria do fato consumado não se aplica às decisões provisórias pela sua precariedade, sobretudo quando é do conhecimento do interessado a provisoriedade;
6) restringe-se o uso da teoria do fato consumado às hipóteses de erro da Administração, o qual induz o interessado à presunção de sua legalidade;
7) o decurso do tempo não pode, por si só, legitimar decisões equivocadas ou *contra legem*;
8) parafraseando o que disse Odim Brandão Ferreira, o Judiciário está sempre a preservar uma ilicitude quando usa como fórmulas prontas as expressões "fato consumado" e "situação de fato consolidado".

Em conclusão podemos afirmar que, a partir do posicionamento da Suprema Corte, com o julgamento do RE nº 608.482, em repercussão geral, não é possível desconsiderar as diretrizes estabelecidas no precedente, sob pena flagrante ilegalidade, com subversão da ordem jurídica.

Registro, ao finalizar, frase cunhada pelo relator em seu voto que bem retrata o engano de se acolher como direito situação consolidada no tempo: "Ninguém pode ter confiança na definitividade de uma medida cautelar" (ALVES, 2017).

Referências

ALVES, Francisco Glauber Pessoa. Fato consumado, direito material e direito processual. *RKL Escritório de Advocacia*, 2017. Disponível em: https:www.rkladvocacia.com/fato.consumado-direito-material-e-direito. processual/. Acesso em: 25 maio 2021.

BRASIL. Superior Tribunal de Justiça (STJ). *Coletânea de julgados e momentos jurídicos dos magistrados no TFR e no STJ*. Secretaria de Documentação. Ministro Teori Zavascki: Homenagem. Brasília: Superior Tribunal de Justiça, 2016.

CALMON, Eliana. STJ reúne jurisprudência sobre teoria do fato consumado. *Migalhas Quentes*, 2013. Disponível em: https://www.migalhas.com.br. Acesso em: 25 maio 2020.

ESPÍRITO SANTO, Geruza Ribeiro do. A aplicação da teoria do fato consumado e a ponderação de interesses. *Conteúdo Jurídico*, 2014. Disponível em: http://www.conteudojuridico.com.br/consulta/Artigos/42584/a-aplicacao-da-teoria-do-fato-consumado-e-a-ponderacao-de-interesses. Acesso em: 25 maio 2021.

MITIDIERO, Daniel. *Memória jurisprudencial* – Ministro Teori Zavascki. Brasília: Supremo Tribunal Federal; Secretaria de Documentação, 2020.

ROBALDO, Carlos. Teoria do fato consumado. *Jusbrasil*, 2014. Disponível em: https://joserobaldo.jusbrasil.com.br/artigos/142853929/teoria-do-fato-consumado. Acesso em: 25 maio 2021.

ZAVASCKI, Teori Albino. *Antecipação de tutela*. São Paulo: Saraiva, 1997.

Informação bibliográfica deste texto, conforme a NBR 6023:2018 da Associação Brasileira de Normas Técnicas (ABNT):

ALVES, Eliana Calmon. Um técnico humanista. *In*: SEEFELDER FILHO, Claudio Xavier; AZEVEDO, Daniel Coussirat de (Coord.). *Teori na prática*: uma biografia intelectual. Belo Horizonte: Fórum, 2022. p. 99-111. ISBN 978-65-5518-344-3.

O JULGAMENTO DA RCL Nº 4.335/AC E A APLICAÇÃO DO ART. 52, X, DA CONSTITUIÇÃO FEDERAL

GILMAR FERREIRA MENDES

I   Introdução

A releitura do papel do Senado no processo de controle de constitucionalidade suscita interessantes debates na doutrina constitucional. A fórmula da suspensão da execução da lei foi definida pelo constituinte para emprestar eficácia *erga omnes* às decisões definitivas de inconstitucionalidade e a sua aparente originalidade tem dificultado o seu enquadramento dogmático.

Quando o instituto foi concebido no Brasil, em 1934, medrava certa concepção da divisão de poderes, há muito superada. Quando da promulgação do texto de 1934, outros países já atribuíam eficácia geral às decisões proferidas em sede de controle abstrato de normas, tais como o previsto na Constituição de Weimar de 1919 e no modelo austríaco de 1920.

A suspensão de execução da lei declarada inconstitucional teve o seu significado normativo fortemente abalado com a ampliação do controle abstrato de normas na Constituição Federal de 1988. Se a intensa discussão sobre o monopólio da ação por parte do Procurador-Geral da República não levou a uma mudança na jurisprudência consolidada sobre o assunto, é fácil constatar que foi decisiva para a alteração introduzida pelo constituinte de 1988, com a significativa ampliação do direito de propositura da ação direta.

A Constituição de 1988 reduziu o significado do controle de constitucionalidade incidental ou difuso ao ampliar, de forma marcante, a legitimação para propositura da ação direta de inconstitucionalidade (art. 103), permitindo que, praticamente, as controvérsias constitucionais mais relevantes sejam submetidas ao Supremo Tribunal Federal mediante processo de controle abstrato de normas. A ampla legitimação, a presteza e a celeridade desse modelo processual, dotado, inclusive, da possibilidade de se suspender imediatamente a eficácia do ato normativo questionado, mediante pedido de cautelar, fazem com que as grandes questões constitucionais sejam solvidas, na sua maioria, mediante a utilização da ação direta, típico instrumento do controle concentrado.

Assim, se continuamos a ter um modelo misto de controle de constitucionalidade, a ênfase passou a residir não mais no sistema difuso, mas no de perfil concentrado.

A interpretação que se deu à suspensão de execução da lei pela doutrina majoritária e pela própria jurisprudência do Supremo Tribunal Federal contribuiu decisivamente para que a afirmação sobre a teoria da nulidade da lei inconstitucional restasse sem concretização entre nós. Nesse sentido, constatou Lúcio Bittencourt que os constitucionalistas brasileiros não lograram fundamentar nem a eficácia *erga omnes*, nem a chamada retroatividade *ex tunc* da declaração de inconstitucionalidade proferida pelo Supremo Tribunal Federal.[1]

Ainda que não pertencente ao universo específico da *judicial review*, o instituto do *stare decisis* desonerava os constitucionalistas americanos, pelo menos em parte, de um dever mais aprofundado de fundamentação na espécie. Como esse mecanismo assegura efeito vinculante às decisões das Cortes Superiores, em caso de declaração de inconstitucionalidade pela Suprema Corte, tinha-se a segurança de que, em princípio, nenhum tribunal haveria de conferir eficácia à norma objeto de censura. Assim, a ausência de mecanismo processual assemelhado à "força de lei" (*Gesetzeskraft*) do direito alemão não impediu que os autores americanos sustentassem a nulidade da lei inconstitucional.

Sem dispor de um mecanismo que emprestasse *força de lei* ou que, pelo menos, conferisse caráter vinculante às decisões do Supremo Tribunal Federal para os demais tribunais, tal como o *stare decisis* americano,[2] contentava-se a doutrina brasileira em ressaltar a evidência da nulidade da lei inconstitucional[3] e a obrigação dos órgãos estatais de se absterem de aplicar disposição que teve a sua inconstitucionalidade declarada pelo Supremo Tribunal Federal.[4] A suspensão da execução pelo Senado não se mostrou apta para superar essa incongruência, especialmente porque se emprestou a ela um sentido substantivo que talvez não devesse ter. Segundo entendimento amplamente aceito, esse ato do Senado Federal conferia eficácia *erga omnes* à declaração de inconstitucionalidade proferida no caso concreto.

Ainda que se aceite, em princípio, que a suspensão da execução da lei pelo Senado retira a lei do ordenamento jurídico com eficácia *ex tunc*, esse instituto, tal como foi interpretado e praticado entre nós, configura antes a negação do que a afirmação da teoria da nulidade da lei inconstitucional. A não aplicação geral da lei depende exclusivamente da vontade de um órgão eminentemente político, e não dos órgãos judiciais incumbidos da aplicação cotidiana do direito. Tal fato reforça a ideia de que,

---

[1] BITTENCOURT, Carlos Alberto Lúcio. *O controle jurisdicional da constitucionalidade das leis*. 2. ed. Rio de Janeiro: Forense, 1968. p. 140141.

[2] Cf., sobre o assunto, a observação de Rui Barbosa a propósito do direito americano: "[...] se o julgamento foi pronunciado pelos mais altos tribunais de recurso, a todos os cidadãos se estende, imperativo e sem apelo, no tocante aos princípios constitucionais sobre o que versa". Nem a legislação "tentará contrariá-lo, porquanto a regra *stare decisis* exige que todos os tribunais daí em diante o respeitem como *res judicata* [...]" (cf. BARBOSA, Rui. *Comentários à Constituição Federal brasileira, coligidos por Homero Pires*. [s.l.]: [s.n.], [s.d.]. v. 4. p. 268). A propósito, anotou Lúcio Bittencourt que a regra *stare decisis* não tinha o poder que lhe atribuíra Rui, muito menos o de eliminar a lei do ordenamento jurídico (BITTENCOURT, Carlos Alberto Lúcio. *O controle jurisdicional da constitucionalidade das leis*. 2. ed. Rio de Janeiro: Forense, 1968. p. 143, nota 17).

[3] Cf., a propósito, BITTENCOURT, Carlos Alberto Lúcio. *O controle jurisdicional da constitucionalidade das leis*. 2. ed. Rio de Janeiro: Forense, 1968. p. 140141.

[4] BITTENCOURT, Carlos Alberto Lúcio. *O controle jurisdicional da constitucionalidade das leis*. 2. ed. Rio de Janeiro: Forense, 1968. p. 592.

embora tecêssemos loas à teoria da nulidade da lei inconstitucional, consolidávamos institutos que iam de encontro à sua implementação. Assinale-se que, se a doutrina e a jurisprudência entendiam que lei inconstitucional era *ipso jure* nula, deveriam ter defendido, de forma coerente, que o ato de suspensão a ser praticado pelo Senado destinava-se exclusivamente a conferir publicidade à decisão do STF.

Essa foi a posição sustentada, isoladamente, por Lúcio Bittencourt:

> Se o Senado não agir, nem por isso ficará afetada a eficácia da decisão, a qual continuará a produzir todos os seus efeitos regulares que, de fato, independem de qualquer dos poderes. O objetivo do art. 45, IV da Constituição é apenas tornar pública a decisão do tribunal, levando-a ao conhecimento de todos os cidadãos. Dizer que o Senado "suspende a execução" da lei inconstitucional é, positivamente, impropriedade técnica, uma vez que o ato, sendo "inexistente" ou "ineficaz", não pode ter suspensa a sua execução.[5]

Tal concepção afigurava-se absolutamente coerente com o fundamento da nulidade da lei inconstitucional. Uma orientação dogmática consistente haveria de encaminhar-se nesse sentido, até porque a atribuição de funções substantivas ao Senado Federal configurava a própria negação da ideia de nulidade da lei devidamente declarada pelo órgão máximo do Poder Judiciário.

Não foi o que se viu inicialmente. A jurisprudência e a doutrina acabaram por conferir significado substancial à decisão do Senado, entendendo que somente o ato de suspensão de execução da lei mostrava-se apto a conferir efeitos gerais à declaração de inconstitucionalidade proferida pelo Supremo Tribunal Federal, cuja eficácia estaria limitada às partes envolvidas no processo.

Contudo, a adoção da técnica da declaração de inconstitucionalidade com limitação de efeitos[6] pareceu passar a sinalizar que o Tribunal entendia estar desvinculado de qualquer ato do Senado Federal, cabendo tão somente a ele – Tribunal – definir os efeitos da decisão. Foi o que restou decidido no julgamento da Rcl nº 4.335, ajuizada pela Defensoria Pública da União, em face de ato de juiz do Estado do Acre. Trata-se de importante precedente, que definiu novos contornos para a aplicação do art. 52, X, da Constituição, a partir de relevantes debates travados no Plenário do Supremo Tribunal Federal, que foram marcados pelas valorosas e significativas contribuições do Ministro Teori Zavascki.

Nesse particular, faz-se necessária uma breve homenagem a Teori Zavascki, notável magistrado, que deixou um precioso legado pela incansável defesa da Constituição, por sua contribuição pelo fortalecimento da democracia e pela ética e retidão que pautavam suas decisões. Sua cordialidade peculiar transmitiu a missão aos demais ministros do Supremo Tribunal Federal de dar continuidade ao seu mister na constituição da justiça e da cidadania, em um processo democrático transparente.

É inquestionável a importância de Zavascki para a história do Supremo Tribunal federal. Sua marcante participação em julgamentos relevantes, a exemplo da reclamação ora examinada, demonstra o quão brilhante era o eminente e saudoso Ministro Teori.

---

[5] BITTENCOURT, Carlos Alberto Lúcio. *O controle jurisdicional da constitucionalidade das leis*. 2. ed. Rio de Janeiro: Forense, 1968. p. 145-146.

[6] Cf. MENDES, Gilmar Ferreira. *Jurisdição constitucional*. 5. ed. São Paulo: Saraiva, 2005. p. 387-413.

Como bem ressaltou o Ministro Celso de Mello em seu discurso de abertura do Ano Judiciário de 2017, grandes juízes como Teori "permanecem na consciência e no respeito de seus jurisdicionados, a quem tanto souberam servir com lealdade e dedicação, iluminando, para sempre, com a grandeza do seu legado e a integridade de uma vida reta, os caminhos do Direito e da Justiça".

II O julgamento da Rcl nº 4.335

O tema foi decidido pelo Plenário do Supremo Tribunal Federal em março de 2014. A Defensoria Pública da União alegava o descumprimento da decisão do Supremo Tribunal Federal no HC nº 82.959,[7] da relatoria do Ministro Marco Aurélio, quando a Corte afastou a vedação de progressão de regime aos condenados pela prática de crimes hediondos, ao considerar inconstitucional o art. 2º, §1º, da Lei nº 8.072/1990 (Lei dos Crimes Hediondos).

Com base nesse julgamento, a Defensoria solicitou fosse concedida progressão de regime a determinados apenados, tendo o juiz de direito da Vara de Execuções Penais indeferido o pedido, fazendo afixar, nas dependências do fórum, aviso com o seguinte teor:

> Comunico aos senhores reeducandos, familiares, advogados e comunidade em geral que a recente decisão Plenária do Supremo Tribunal Federal proferida nos autos do "Habeas Corpus" n. 82.959, a qual declarou a inconstitucionalidade do dispositivo da Lei dos Crimes Hediondos que vedava a progressão de regime prisional (art. 2º, §1º, da Lei 8.072/90), somente terá eficácia a favor de todos os condenados por crimes hediondos ou a eles equiparados que estejam cumprindo pena, a partir da expedição, pelo Senado Federal, de Resolução suspendendo a eficácia do dispositivo de lei declarado inconstitucional pelo Supremo Tribunal Federal, nos termos do art. 52, inciso X, da Constituição Federal.

O Ministro Gilmar Mendes reafirmou posição no sentido de que a fórmula relativa à suspensão de execução da lei pelo Senado há de ter simples efeito de publicidade, ou seja, se o Supremo, em sede de controle incidental, declarar, definitivamente, que a lei é inconstitucional, essa decisão terá eficácia *erga omnes*, fazendo-se a comunicação àquela Casa legislativa para que publique a decisão no *Diário do Congresso*.

Nesse sentido, destacou-se que o Senado Federal não revoga o ato declarado inconstitucional, até porque lhe falece competência para tanto. Cuida-se de ato político que empresta eficácia *erga omnes* à decisão do Supremo Tribunal proferida em caso concreto. Não se obriga o Senado Federal a expedir o ato de suspensão, não configurando eventual omissão ou qualquer infringência a princípio de ordem constitucional. Assim, não pode a Alta Casa do Congresso, todavia, restringir ou ampliar a extensão do julgado proferido pelo Supremo Tribunal Federal.

Ressaltou-se que a inércia do Senado não afeta a relação entre os poderes, não se podendo vislumbrar qualquer violação constitucional na eventual recusa à pretendida extensão de efeitos. Aliás, se pretendesse outorgar efeito genérico à decisão do Supremo Tribunal, não precisaria o constituinte valer-se dessa fórmula complexa.

---

[7] Julgado pelo Pleno em 23.2.2006 (*DJ*, 1º set. 2006).

Sobre a eficácia do instituto, pontuou o ministro que a única resposta plausível nos leva a crer que a suspensão pelo Senado se assenta, hoje, em razão de índole exclusivamente histórica. Deve-se observar, outrossim, que o instituto da suspensão da execução da lei pelo Senado mostra-se inadequado para assegurar eficácia geral ou efeito vinculante às decisões do Supremo Tribunal que não declaram a inconstitucionalidade de uma lei, limitando-se a fixar a orientação constitucionalmente adequada ou correta.

Isso se verifica quando o Supremo Tribunal afirma que dada disposição há de ser interpretada desta ou daquela forma, superando, assim, entendimento adotado pelos tribunais ordinários ou pela própria Administração. A decisão do Supremo Tribunal não tem efeito vinculante, valendo nos estritos limites da relação processual subjetiva. Como não se cuida de declaração de inconstitucionalidade de lei, não há que se cogitar, aqui, de qualquer intervenção do Senado, restando o tema aberto para inúmeras controvérsias.

Situação semelhante ocorre quando o Supremo Tribunal Federal adota uma interpretação conforme a Constituição, restringindo o significado de certa expressão literal ou colmatando uma lacuna contida no regramento ordinário. Aqui, o Supremo Tribunal não afirma propriamente a ilegitimidade da lei, limitando-se a ressaltar que dada interpretação é compatível com a Constituição, ou, ainda, que, para ser considerada constitucional, determinada norma necessita de um complemento (lacuna aberta) ou restrição (lacuna oculta – redução teleológica). Todos esses casos de decisão com base em uma interpretação conforme a Constituição não podem ter a sua eficácia ampliada com o recurso ao instituto da suspensão de execução da lei pelo Senado Federal.

Além disso, há os casos de declaração de inconstitucionalidade parcial sem redução de texto, nos quais se explicita que um significado normativo é inconstitucional sem que a expressão literal sofra qualquer alteração. Também nessas hipóteses, a suspensão de execução da lei ou do ato normativo pelo Senado revela-se problemática, porque não se cuida de afastar a incidência de disposições do ato impugnado, mas tão somente de um de seus significados normativos.

Não é preciso dizer que a suspensão de execução pelo Senado não tem qualquer aplicação naqueles casos nos quais o Tribunal limita-se a rejeitar a arguição de inconstitucionalidade. Nessas hipóteses, a decisão vale *per se*. Da mesma forma, o vetusto instituto não tem qualquer serventia para reforçar ou ampliar os efeitos da decisão do Tribunal naquelas matérias nas quais a Corte, ao prover ou não dado recurso, fixa uma interpretação da Constituição.

De igual maneira, a suspensão da execução da lei inconstitucional não se aplica à declaração de não recepção da lei pré-constitucional levada a efeito pelo Supremo Tribunal. Portanto, das decisões possíveis em sede de controle, a suspensão de execução pelo Senado está restrita aos casos de declaração de inconstitucionalidade da lei ou do ato normativo. É certo, assim, que a admissão da pronúncia de inconstitucionalidade com efeito limitado no controle incidental ou difuso (declaração de inconstitucionalidade com efeito *ex nunc*), cuja necessidade já vem sendo reconhecida no âmbito do STF, parece debilitar, fortemente, a intervenção do Senado Federal – pelo menos aquela de conotação substantiva. É que a "decisão de calibragem" tomada pelo Tribunal parece avançar também sobre a atividade inicial da Alta Casa do Congresso. Pelo menos, não resta dúvida de que o Tribunal assume uma posição que parte da doutrina atribuía, anteriormente, ao Senado Federal.

Todas essas razões demonstram, na visão do Ministro Gilmar Mendes, o novo significado do instituto de suspensão de execução pelo Senado no contexto normativo da Constituição de 1988.

Dessa forma, o ministro votou pela procedência da reclamação, por entender que foi desrespeitada a eficácia *erga omnes* da decisão proferida no HC nº 82.959, no que foi acompanhado por Eros Grau.

Divergiram dessa posição os ministros Sepúlveda Pertence, Joaquim Barbosa, Ricardo Lewandowski e Marco Aurélio. Já os ministros Teori Zavascki e Roberto Barroso acompanharam o relator quanto à procedência da reclamação, embora dele discordassem em alguns aspectos relacionados à atribuição de efeitos *erga omnes* à decisão em HC (calcaram-se, para o juízo de procedência, na superveniência da Súmula Vinculante nº 26).

Como se vê, embora a reclamação tenha sido julgada procedente pela maioria dos ministros, a divisão quanto aos fundamentos desse aresto, e a própria alteração na composição da Corte, após alguns votos já terem sido prolatados, estão a indicar que outros julgados ainda poderão lançar mais luz sobre a controvérsia.

O julgamento foi concluído quando o Supremo Tribunal Federal, por fim, conheceu da Rcl nº 4.335, após o voto-vista do Ministro Teori Zavascki, seguido pelos ministros Celso de Mello, Rosa Weber e Luís Barroso. O ministro acolheu o entendimento do Ministro Gilmar Mendes, no sentido de que as decisões do Supremo Tribunal Federal, mesmo em sede de controle concreto, em anos recentes têm sido investidas de eficácia expansiva. Nesse sentido, asseverou o Ministro Zavascki:

> É inegável, por conseguinte, que, atualmente, a força expansiva das decisões do Supremo Tribunal Federal, mesmo quando tomadas em casos concretos, não decorre apenas e tão somente de resolução do Senado, nas hipóteses de que trata o art. 52, X da Constituição. É fenômeno que está se universalizando, por força de todo um conjunto normativo constitucional e infraconstitucional, direcionado a conferir racionalidade e efetividade às decisões dos tribunais superiores e, como não poderia deixar de ser, especialmente os da Corte Suprema.

Zavascki fez valorosas ponderações sobre a inequívoca força *ultra partes* que o sistema normativo brasileiro passou a atribuir aos precedentes dos tribunais superiores. Trata-se, segundo o Ministro Teori, do perfil institucional atribuído ao STF, na seara constitucional, e ao STJ, no domínio federal, já que esses tribunais têm a finalidade de uniformizar a jurisprudência.

Ademais, aferiu que a edição da Súmula Vinculante nº 26 pela Corte, apesar de superveniente à propositura da ação, não pode ser ignorada e torna flagrante o desrespeito à jurisprudência que enseja a reclamação constitucional.

III Conclusão

A ampliação do sistema concentrado, com a multiplicação de decisões dotadas de eficácia geral, acabou por modificar radicalmente a concepção que dominava entre nós sobre a divisão de poderes, tornando comum no sistema a decisão com eficácia geral, que era excepcional sob a Emenda Constitucional nº 16/65 e sob a Carta de 1967/69.

No sistema constitucional de 1967/69, a ação direta era apenas uma idiossincrasia no contexto de um amplo e dominante modelo difuso. A adoção da ADI, posteriormente, conferiu perfil diverso ao nosso sistema de controle de constitucionalidade, que continuou a ser um modelo misto. A ênfase passou a residir, porém, não mais no modelo difuso, mas nas ações diretas. O advento da Lei nº 9.882/1999 conferiu conformação à ADPF, admitindo a impugnação ou a discussão direta de decisões judiciais das instâncias ordinárias perante o Supremo Tribunal Federal. Tal como estabelecido na referida lei (art. 10, §3º), a decisão proferida nesse processo há de ser dotada de eficácia *erga omnes* e de efeito vinculante. Assim, resta evidente que a ADPF estabeleceu uma ponte entre os dois modelos de controle, atribuindo eficácia geral a decisões de perfil incidental.

Vê-se, assim, que a Constituição de 1988 modificou de forma ampla o sistema de controle de constitucionalidade, sendo inevitáveis as reinterpretações ou releituras dos institutos vinculados ao controle incidental de inconstitucionalidade, especialmente da exigência da maioria absoluta para declaração de inconstitucionalidade e da suspensão de execução da lei pelo Senado Federal.

O Supremo Tribunal Federal percebeu que não poderia deixar de atribuir significado jurídico à declaração de inconstitucionalidade proferida em sede de controle incidental, ficando o órgão fracionário de outras Cortes exonerado do dever de submeter a declaração de inconstitucionalidade ao plenário ou ao órgão especial, na forma do art. 97 da Constituição. Não há dúvida de que o Tribunal, nessa hipótese, acabou por reconhecer efeito jurídico transcendente à sua decisão. Embora na fundamentação desse entendimento fale-se em quebra da presunção de constitucionalidade, é certo que, em verdade, a orientação do Supremo acabou por conferir à sua decisão algo assemelhado a um efeito vinculante, independentemente da intervenção do Senado.

Essa é a orientação que parece presidir o entendimento que julga dispensável a aplicação do art. 97 da Constituição por parte dos tribunais ordinários, se o Supremo já tiver declarado a inconstitucionalidade da lei, ainda que no modelo incidental. No julgamento do RE nº 190.728, ressaltou o relator para o acórdão, Ministro Ilmar Galvão, que o novo entendimento estava "em perfeita consonância não apenas com o princípio da economia processual, mas também com o da segurança jurídica, merecendo, por isso, todo encômio, como procedimento que vem ao encontro da tão desejada racionalização orgânica da instituição judiciária brasileira", ressaltando que se cuidava "de norma que não deve ser aplicada com rigor literal, mas, ao revés, tendo-se em mira a finalidade objetivada, o que permite a elasticidade do seu ajustamento às variações da realidade circunstancial".[8]

E ela também demonstra que, por razões de ordem pragmática, a jurisprudência e a legislação têm consolidado fórmulas que retiram do instituto da "suspensão da execução da lei pelo Senado Federal" significado substancial ou de especial atribuição de efeitos gerais à decisão proferida no caso concreto.

---

[8] RE nº 190.728. Rel. p/ acórdão Min. Ilmar Galvão. *DJ*, 30 maio 1997.

Como se vê, as decisões proferidas pelo Supremo Tribunal Federal, em sede de controle incidental, acabam por ter eficácia que transcende o âmbito da decisão, o que indica que a própria Corte vem fazendo uma releitura do texto constante do art. 52, X, da Constituição de 1988, que, como já observado, reproduz disposição estabelecida, inicialmente, na Constituição de 1934 (art. 91, IV) e repetida nos textos de 1946 (art. 64) e de 1967/69 (art. 42, VIII).

Portanto, é outro o contexto normativo que se coloca para a suspensão da execução pelo Senado Federal no âmbito da Constituição de 1988. Ao se entender que a eficácia ampliada da decisão está ligada ao papel especial da jurisdição constitucional, e, especialmente, se considerarmos que o texto constitucional de 1988 alterou substancialmente o papel desta Corte, que passou a ter uma função preeminente na guarda da Constituição a partir do controle direto exercido na ADI, na ADC e na ADPF, não há como deixar de reconhecer a necessidade de uma nova compreensão do tema.

De qualquer sorte, a natureza idêntica do controle de constitucionalidade, quanto às suas finalidades e aos procedimentos comuns dominantes para os modelos difuso e concentrado, não mais parece legitimar a distinção quanto aos efeitos das decisões proferidas no controle direto e no controle incidental.

Somente essa nova compreensão parece apta a explicar o fato de o Tribunal ter passado a reconhecer efeitos gerais à decisão proferida em sede de controle incidental, independentemente da intervenção do Senado. Da mesma forma são as várias decisões legislativas que reconhecem efeito transcendente às decisões do STF tomadas em sede de controle difuso. Esse conjunto de decisões judiciais e legislativas revela, em verdade, uma nova compreensão do texto constitucional no âmbito da Constituição de 1988.

É possível, sem qualquer exagero, falar-se de uma autêntica mutação constitucional em razão da completa reformulação do sistema jurídico e, por conseguinte, da nova compreensão que se conferiu à regra do art. 52, X, da Constituição de 1988. Valendo-nos dos subsídios da doutrina constitucional a propósito da mutação constitucional, poder-se-ia cogitar aqui de uma autêntica reforma da Constituição sem expressa modificação do texto.[9]

De fato, é difícil admitir que a decisão proferida em ADI ou ADC e na ADPF possa ser dotada de eficácia geral e a decisão proferida no âmbito do controle incidental – esta muito mais morosa porque em geral tomada após tramitação da questão por todas as instâncias – continue a ter eficácia restrita entre as partes.

Explica-se, assim, o desenvolvimento da nova orientação a propósito da decisão do Senado Federal no processo de controle de constitucionalidade, no contexto normativo da Constituição de 1988.

A prática dos últimos anos, especialmente após o advento da Constituição de 1988, parece dar razão, pelo menos agora, a Lúcio Bittencourt, para quem a finalidade

---

[9] JELLINEK, Georg. *Reforma y mutación de la Constitution*. Tradução espanhola de Christian Förster. Madri: Centro de Estudios Constitucionales, 1991. p. 15-35; DAULIM, Hsü. *Mutación de la Constitución*. Tradução espanhola de Christian Förster e Pablo Lucas Verdú. Bilbao: IVAP, 1998. p. 68 e ss.; FERRAZ, Anna Cândida da Cunha. *Processos informais de mudança da Constituição*. São Paulo: Max Limonad, 1986. p. 64 e ss.; 102 e ss.

da decisão do Senado era, desde sempre, "apenas tornar pública a decisão do tribunal, levando-a ao conhecimento de todos os cidadãos".[10]

Sem adentrar o debate sobre a correção desse entendimento no passado, não parece haver dúvida de que todas as construções que se vêm fazendo em torno do efeito transcendente das decisões pelo Supremo Tribunal Federal e pelo Congresso Nacional, com o apoio, em muitos casos, da jurisprudência da Corte, a exemplo da Rcl nº 4.335, estão a indicar a revisão da orientação dominante antes do advento da Constituição de 1988.

Informação bibliográfica deste texto, conforme a NBR 6023:2018 da Associação Brasileira de Normas Técnicas (ABNT):

MENDES, Gilmar Ferreira. O julgamento da Rcl nº 4.335/AC e a aplicação do art. 52, X, da Constituição. *In*: SEEFELDER FILHO, Claudio Xavier; AZEVEDO, Daniel Coussirat de (Coord.). *Teori na prática*: uma biografia intelectual. Belo Horizonte: Fórum, 2022. p. 113-121. ISBN 978-65-5518-344-3.

---

[10] BITTENCOURT, Carlos Alberto Lúcio. *O controle jurisdicional da constitucionalidade das leis*. 2. ed. Rio de Janeiro: Forense, 1968. p. 145.

TEORI ZAVASCKI: O JURISTA QUE SE TORNOU REFERÊNCIA NO MEIO JUDICIAL SEM NUNCA TER BUSCADO O PROTAGONISMO

JOSÉ DE CASTRO MEIRA

I Introdução

O dia 19 de janeiro sempre foi especial para a minha família. Todo ano, nessa data, celebramos o aniversário de um de seus integrantes. Em 2017, todavia, as costumeiras celebrações foram convertidas em pesar e tristeza ante a dolorosa notícia de que o ministro do STF, Teori Zavascki, havia falecido em um desastre aéreo, na cidade de Paraty.

Lentamente, fui absorvendo os efeitos da terrível notícia, enquanto rememorava acontecimentos com a participação do amigo que se fora.

No ano 2000, a Escola da Magistratura Federal – Esmaf, do Tribunal Regional Federal da 5ª Região – TRF5, realizava seus primeiros eventos, com palestras sobre temas controvertidos de direito processual civil. Teori Zavascki, então integrante do Tribunal Regional Federal da 4ª Região – TRF4, foi um dos primeiros palestrantes.

Logo após sua chegada ao Recife, coloquei-me à disposição para acompanhá-lo em visitas aos monumentos históricos da cidade, aproveitando o tempo disponível antes do evento. Ele me agradeceu a gentileza, dispensando-me do encargo. Disse-me que desejava apenas visitar o Mercado Público de Boa Viagem, localizado nas imediações do hotel em que estava hospedado. Para mim, uma surpresa.

Na época, ele já era bastante conhecido no meio acadêmico como professor universitário da Unisinos e, depois, da Faculdade de Direito da UFRGS. Já havia publicado diversos estudos processuais, inclusive as obras *Antecipação da tutela* e *Título executivo e liquidação*.[1]

Voltaríamos a nos encontrar na formação da lista tríplice para a vaga no Superior Tribunal de Justiça – STJ decorrente da aposentadoria do saudoso Ministro Garcia Vieira. Depois de meses de expectativa, Teori foi indicado pelo Presidente Fernando

---
[1] Depois de ampliada, esta obra foi reeditada sob o título *Processo de execução*.

Henrique Cardoso, já nos últimos dias do mandato, ficando sua nomeação a cargo do Presidente Luís Inácio Lula da Silva.[2]

Meu ingresso ocorreria menos de um mês depois, na vaga do saudoso Ministro Milton Pereira. A adaptação ao novo ambiente, o número de processos, a escolha dos auxiliares seriam nossos primeiros desafios, meu e dele.

Recordei-me de Maria Helena, com quem ele se casara em 2004. Já a conhecia. Era juíza federal, sempre atenciosa, meiga, tranquila. Parecia ser o par perfeito para Teori. Relembro-a alegre, saudável e bem-humorada. Não imaginava que, anos depois, travaria uma luta contra o câncer, que nos privou do seu convívio, tão cedo.

Relembrei-me, também, do jovem Dr. Francisco Prehn Zavascki.[3] Havia recebido de Teori, para breve análise, um estudo de Francisco sobre um tema de direito tributário. Fiz apenas ressalva a uma crítica do autor, que me pareceu um tanto forte (ainda que muito bem fundamentada) a ensinamento de um consagrado tributarista, nacionalmente respeitado. Embora tivesse reconhecido a procedência da ressalva do jovem autor, sugeri que a crítica deveria ser antecedida das homenagens merecidas ao grande jurista. Teori ouviu tudo em silêncio, limitando-se a um meio sorriso, certamente orgulhoso dos passos iniciais que o filho caçula dera nos debates jurídicos.

Nos dias reservados às sessões de julgamento, a maioria dos ministros costumava chegar um pouco antes. Era a oportunidade de um breve bate-papo com os colegas das outras turmas e seções.[4] Eram frequentes os papos entre os ministros Teori Zavascki e Ari Pargendler, oriundos do TRF4. À distância, aparentavam certa similaridade, sobretudo pela altura e pela calvície. Isso foi o suficiente para chistosa indagação do Min. Félix Fischer, enquanto apontava para a dupla: "Gêmeos?". Embora aparentados no físico, havia entre eles uma *profunda* divergência: Teori, conselheiro do Grêmio; Ari, fiel torcedor do Internacional.

Com a aposentadoria do Ministro Cézar Peluso, em 2012, a Presidente Dilma Rousseff indicou o Ministro Teori para ocupar a vaga aberta no Supremo Tribunal Federal – STF. Como presidente da 1ª Seção, registrei o fato, com breves considerações sobre o escolhido. Seguiram-se os pronunciamentos de alegria, júbilo e certo orgulho pela feliz escolha da sra. Presidente da República, o que deu à sessão um tom de despedida. Impassível, Teori ouviu as manifestações. Ao fim de tudo, lembrou que continuava ministro do STJ e integrante da Primeira Seção, pois sua nomeação ainda dependia da aprovação do Senado. Agradeceu as manifestações, dizendo, logo em seguida, que preferia não ser prematuramente *despedido* daquele órgão julgador, já que poderia ficar em situação delicada, caso não obtivesse a aprovação senatorial.

São apenas alguns traços sobre o ser humano (e também o jurista), que deixou ensinamentos valiosos no TRF4, no STJ e no STF, como se observa de algumas de suas mais emblemáticas manifestações judiciais, despretensiosamente comentadas a seguir.

---

[2] Teori ingressou no STJ em 8.5.2003. Minha posse ocorreu em 4.6.2003.
[3] Do primeiro casamento, com a advogada Liana Prehn Zavascki, em 1978, teve os filhos Alexandre Prehn Zavascki, 1974, médico; Liliana Maria Prehn Zavascki, 1978, advogada; e Francisco, 1980, advogado.
[4] No STJ, são três seções (direito público, direito privado e direito criminal), cada uma delas com duas turmas, numeradas nessa sequência: 1ª e 2ª (dir. público), 3ª e 4ª (dir. privado) e 5ª e 6ª (direito criminal).

II Comentários sobre julgados selecionados

II.1 TRF4, AC nº 90.04.00445-9, 2ª Turma

TEORIA GERAL DO DIREITO, ADMINISTRATIVO E PROCESSUAL CIVIL – AUTOS DE INFRAÇÃO APLICADOS PELA EXTINTA SUNAB – DESRESPEITO À CONGELAMENTO DE PREÇOS – ANULAÇÃO DAS PENALIDADES, POR RAZÕES DE ORDEM SOCIOLÓGICA – LIMITES DO PODER JUDICIÁRIO.

Breve relato

A empresa opôs embargos às execuções fiscais movidas pela Superintendência Nacional do Abastecimento – Sunab, decorrentes da lavratura de cinco autos de infração. As multas decorreram da inobservância do preço tabelado e da ausência de descrição dos produtos expostos à venda, entre outras razões, deveres acessórios fixados nas portarias nºs 15 e 27, emitidas pelo órgão fiscalizador.

A Sunab apresentou impugnação, pedindo a rejeição liminar dos embargos, ante a presunção de liquidez e certeza das certidões de dívida ativa, bem como da inexistência de provas que demonstrassem que as infrações não foram praticadas.

Em relação aos autos de infração que se amparavam na falta de discriminação dos produtos vendidos, o julgador de 1ª instância decidiu que a materialidade das infrações estaria "caracterizada na extensa prova documental produzida, já que as notas de venda apresentavam discriminação deficiente dos produtos, o que dificultava o trabalho de fiscalização".

Todavia, mesmo admitindo a materialidade das infrações, por entender que o Plano Cruzado fora "forjado por finalidade político-eleitoreira", o juiz entendeu que não seria "justo impor apenas ao povo e à iniciativa privada os ônus e prejuízos decorrentes do fracasso do Plano econômico, bem como sanções por eventual desrespeito às normas, e nada ao Governo, que também teria violado o congelamento". Sob o enfoque sociológico, reconheceu que "se deveria afastar a solução legal, técnica e fria, posto que inexoravelmente injusta".

Mesmo reconhecendo que, legalmente, não havia fundamento para acolher os embargos, amparado em razões extrajurídicas, de enfoque sociológico, o juiz decidiu acolher a pretensão da embargante, por entender que a Portaria nº 27 "seria parte integrante daquele engodo, e suas sanções fruto de uma euforia".

Quanto a um dos autos de infração remanescentes, referente à venda de carne sem as especificações exigidas pela Portaria nº 16/83, o juiz decidiu manter a punição, por não ser "plausível substituir a discricionariedade da Administração pela do Judiciário". Do mesmo modo, e pelo mesmo fundamento, também foi mantido o outro auto de infração (oferta à venda de ovos com preços acima do tabelado).

A 2ª Turma do TRF4, seguindo o voto do Juiz Teori Zavascki,[5] negou provimento ao recurso da embargante e deu provimento ao recurso da Sunab. Na oportunidade, ressaltou o relator:

---

[5] Era a denominação legal. Posteriormente, foi adotado o título "desembargador federal".

[...] as questões trazidas pelos jurisdicionados ao exame do Poder Judiciário, o são para que dele receba solução de natureza jurídica e não sociológica ou econômica, para as quais, aliás, não está ele tecnicamente aparelhado e nem, de um modo geral, cientificamente preparado. Ao Juiz cabe julgar as demandas segundo os poderes normativos aprovados pelos demais Poderes da República, compostos de representantes eleitos pelo povo e aos quais compete – sob o signo do voto e sob a vigilância dos eleitores – formular juízos de conveniência ou de adequação às normas legais.

Seguiu-se lição sobre a harmonia necessária do sistema jurídico, que exige do preceito legal compatibilidade com a Constituição:

> Sem embargo da necessária interpretação à luz de seus variados métodos, as disposições normativas que estejam conformes com a Constituição não podem ter sua aplicação dispensada, pena de se consagrar a anarquia, a completa insegurança, e o puro arbítrio.

Por fim, sobre o papel do juiz, anotou:

> A recusa, dos juízes, de aplicar normas constitucionalmente legítimas, retiraria do Poder Judiciário sua única base de sustentação, que é a própria Constituição. Em suma: não se questionando a legitimidade constitucional da Portaria 27/86, não há como deixar de aplicá-la ao caso concreto.

Em resumo, a legalidade das multas aplicadas ao estabelecimento autuado achava-se demonstrada na ampla prova documental e sequer havia questionamento sobre legalidade ou constitucionalidade das portarias baixadas em cumprimento das normas instituídas para a execução do Plano Cruzado.

Comentários

À época, na tentativa de controlar a inflação, foi anunciado o Plano Cruzado, com a edição do Decreto-Lei nº 2.283, de 28.2.1986, e do Decreto-Lei nº 2.284, de 10.3.1986 (para meras retificações formais), que instituíram o cruzado como a nova moeda brasileira, estabelecendo o congelamento de preços de alimentos, combustíveis, produtos de limpeza e serviços,[6] cuja execução estava a cargo da Sunab.[7]

O Plano Cruzado foi instituído na gestão do Presidente José Sarney, o primeiro presidente após o regime militar. O ministro da Fazenda, à época, era o empresário Dílson Funaro. A constante desvalorização da moeda nacional havia atingido patamares inusitados, tendo desaparecido a moeda divisionária, o centavo, enquanto a moeda então vigente, o cruzeiro, passara a equivaler a um milésimo da nova moeda, o cruzado.

Os fatos descritos nos autos ocorreram durante o ano de 1986, quando o Governo Federal se empenhava em controlar a inflação através de uma política de tabelamento e congelamento de preços. A fiscalização estava a cargo da extinta Sunab,[8] autarquia federal criada pela Lei Delegada nº 5, de 26.9.1962.

---

[6] A tentativa de controle dos preços fora iniciada antes com o Plano Delfim. Ao Plano Cruzado (março de 1986) seguiu-se o Plano Cruzado II (novembro de 1986).

[7] Autarquia instituída pela Lei Delegada nº 5/1962.

[8] A Sunab foi criada pela Lei Delegada nº 5, de 26.9.1962, e extinta pelo Decreto nº 2.280, de 24.7.1997.

As infrações atribuídas à empresa embargante fundavam-se nas portarias nºs 15 e 27, da Sunab, quando ainda se achava em vigor a Constituição Federal de 1946, que, no Título V ("Da Ordem Econômica e Social"), assim dispunha:

> Art. 146. A União poderá, mediante lei especial, intervir no domínio econômico e monopolizar determinada indústria ou atividade. A intervenção terá por base o interesse público e por limite os direitos fundamentais assegurados nesta Constituição.

Em 26.9.1962, o presidente da República, invocando esse dispositivo constitucional, promulgou a Lei Delegada nº 4, segundo a qual a União foi autorizada a intervir no domínio econômico para "assegurar a livre distribuição de mercadorias e serviços essenciais ao consumo e uso do povo, nos limites fixados (art. 1º)", autorizando-se a intervenção, "também, para assegurar o suprimento dos bens necessários às atividades agropecuárias, da pesca e indústrias do País".

Consoante o art. 2º, a intervenção poderia ocorrer sob quatro modalidades: (i) compra, armazenamento, distribuição e venda de diversos produtos, desde medicamentos até veículos motorizados;[9] (ii) fixação de preços e controle do abastecimento, compreendendo a produção, o transporte, o armazenamento e a comercialização; (iii) desapropriação de bens, por interesse social ou na requisição de serviços necessários à realização dos objetivos nela previstos; e (iv) promoção de estímulos à produção.

Para a consecução desses objetivos, foi editada a Lei Delegada nº 5, de 26.9.1962, que instituiu "a SUNAB como autarquia federal, com sede no DF, colocada sob a responsabilidade do Conselho de Ministros".[10]

Assinale-se que a Lei Delegada nº 4, de 26.9.1962, somente foi revogada formalmente com a medida provisória de 30.4.2019, convertida na Lei nº 13.874, de 20.9.2019, que instituiu a Declaração de Direitos de Liberdade Econômica, estabeleceu garantias de livre mercado, além de alterar diversos outros diplomas legais.[11] Portanto, mesmo sofrendo algumas alterações, a Lei Delegada nº 4, de 1962, permaneceu em vigor, formalmente, por quase 57 anos.

A Constituição de 1946 expressamente autorizava a União a intervir no domínio econômico e monopolizar determinada indústria ou atividade, com base no interesse público (art. 146), deixando à lei a repressão sobre o abuso do poder econômico (art. 148) e sobre a usura (art. 154).

---

[9] a) Gêneros e produtos alimentícios; b) gado *vacum*, suíno, ovino e caprino, destinado ao abate; c) aves e pescados próprios para a alimentação; d) tecidos e calçados de uso popular; e) medicamentos; f) instrumentos e ferramentas de uso individual; g) máquinas, inclusive caminhões, "jipes", tratores, conjunto motomecanizados e peças sobressalentes destinados às atividades agropecuárias; h) arames, farpados e lisos, quando destinados a emprego nas atividades rurais; i) artigos sanitários e artefatos, de uso doméstico; j) cimento e laminados de ferro, destinados à construção da casa própria, de tipo popular, e as benfeitorias rurais; k) produtos e materiais indispensáveis à produção de bens de consumo popular.

[10] O Brasil achava-se sob o sistema parlamentarista de governo, instituído como fórmula para a aceitação da posse do Vice-Presidente da República João Goulart pelos militares.

[11] Altera as leis nºs 10.406, de 2002 (Código Civil brasileiro), 6.404, de 1976, 11.598, de 2007, 12.682, de 2012, 6.015, de 1973, 10.522, de 2002, 8.934, de 1994, o Decreto-Lei nº 9.760, de 1946, a CLT, aprovada pelo Decreto-Lei nº 9.760, aprovada pelo Decreto-Lei nº 5.452, de 1943, revoga a Lei Delegada nº 4, de 1962, Lei nº 11.887, de 2008, Decreto-Lei nº 73, de 1966.

A Constituição de 1967 consagrava como princípio da ordem econômica e social a "liberdade de iniciativa" (art. 160, I), mas facultava, por meio de lei federal, a "intervenção no domínio econômico e o monopólio de determinada indústria ou atividade (art. 163)".[12]

As medidas adotadas para o controle inflacionário trouxeram grandes preocupações, muitas de ordem jurídica. A instabilidade econômica provocou consequências indesejáveis sobre o Poder Judiciário, com o ajuizamento de inúmeras causas em que se discutiam a repercussão das medidas instituídas nos planos econômicos em diversos setores da vida, sobretudo nas relações contratuais.

Arnold Wald[13] bem descreveu aquele momento:

> A longa convivência da sociedade brasileira com a instabilidade monetária, tolerada, senão provocada, pelos sucessivos governos que tivemos, nos últimos trinta e cinco anos, fez com que o legislador e os tribunais adotassem a correção monetária, que se tornou um mal necessário. Como bem teve o ensejo de salientar o Ministro Moreira Alves:[14]
>
> Esse foi o grande mal que se fez ao Brasil com a adoção da correção monetária institucionalizada. Criou-se uma mentalidade de que onde há inflação não se pode viver sem correção monetária.

A preocupação do Ministro Moreira Alves era compartilhada pelo Ministro Aliomar Baleeiro, que ressaltou, algumas vezes, a necessidade "urgente de uma construção jurisprudencial que consagrasse a correção monetária, por ele considerada como um verdadeiro imperativo ético", como se manifestou no voto proferido no julgamento dos ERE nº 75.504, em 1974.

Diversamente da Constituição Federal de 1946 e da Carta de 1967/69, que deixaram ao legislador ordinário a competência para dispor sobre a intervenção do Estado no domínio econômico, como é o caso da Lei Delegada nº 4/62 e da Lei Delegada nº 5/62, a Constituição atual restringe a intervenção a casos específicos: "imperativos da segurança nacional ou a relevante interesse coletivo" (art. 173).

Nesse sentido, escreveu Luís Roberto Barroso:

> É bem de ver que, embora a referência à livre iniciativa seja tradicional nos textos constitucionais brasileiros, a Carta de 1988 traz uma visão bem diversa da ordem econômica e do papel do Estado, em contraste com os modelos anteriores. Já não se concede mais, como fazia a Carta de 1967/69, ampla competência na matéria do legislador ordinário, ao qual era reconhecido até mesmo a possibilidade de instituir monopólios estatais. As exceções ao princípio da livre iniciativa, portanto, haverão de estar autorizadas pelo próprio texto da Constituição de 1988 que o consagra. Não se admite que o legislador ordinário possa livremente excluí-la, salvo se agir fundamentado em outra norma constitucional específica.[15]

---

[12] "Art. 163. São facultados a intervenção no domínio econômico e o monopólio de determinada indústria ou atividade, mediante lei federal, quando indispensável por motivo de segurança nacional ou para organizar setor que não possa ser desenvolvido com eficácia no regime de competição e de liberdade de iniciativa, assegurados os direitos e garantias individuais".

[13] WALD, Arnold. Da constitucionalidade da tablita. *Revista de Direito Bancário e do Mercado de Capitais – RDB*, v. 9, n. 32, abr./jun. 2006. p. 144.

[14] RT 690/187, voto na ADI nº 493 *apud* WALD, Arnold. Da constitucionalidade da tablita. *Revista de Direito Bancário e do Mercado de Capitais – RDB*, v. 9, n. 32, abr./jun. 2006).

[15] BARROSO, Luís Roberto. A ordem econômica constitucional e os limites à autuação estatal no controle de preços. *R. Dir. Adm.*, Rio de Janeiro, v. 226, p. 187-212, out./dez. 2001. Disponível em: http://bibliotecadigital.fgv.br/ojs/index.php/rda/article/view/47240/44652. Acesso em: 1º abr. 2021.

Barroso entende que:

> [...] em situações excepcionais, o controle prévio de preços poderá justificar-se, com fundamento nos próprios princípios da livre iniciativa e da livre concorrência. Será este o caso quando esta medida extrema for essencial para organizar o mercado deteriorado, no qual esses dois princípios tenham entrado em colapso e não mais operem regularmente.[16]

Mesmo nessa hipótese (situações excepcionais), para o hoje Ministro da Suprema Corte:

> [...] o controle prévio dos preços está sujeito aos pressupostos constitucionais e sofre três limitações insuperáveis: a) deverá observar o princípio da razoabilidade, em sua tríplice dimensão: adequação lógica, vedação do excesso e proporcionalidade; b) deverá ser limitado no tempo, não podendo prolongar-se indefinidamente; c) em nenhuma hipótese poderá impor a venda de bens ou serviços por preço inferior ao preço de custo, acrescido do lucro e do retorno mínimo compatível com o reinvestimento.[17]

Ao analisar os nove princípios da atividade econômica (CF, art. 170),[18] escreve Tércio Sampaio Ferraz Jr.:

> Esses nove princípios não se contrapõem aos fundamentos da ordem, mas dão-lhes seu espaço relativo. Cumpre ao Estado assegurar os fundamentos a partir dos princípios. Não se pode, por isso, em nome de qualquer deles eliminar a livre iniciativa nem desvalorizar o trabalho humano. Fiscalizar, estimular, planejar, portanto, são funções a serviço dos fundamentos da ordem, conforme seus princípios. Jamais devem ser entendidos como funções que, supostamente em nome dos princípios, destruam seus fundamentos.[19]

A enunciação dos princípios gerais da atividade econômica demonstra a preocupação do legislador constituinte em estabelecer um equilíbrio entre os interesses individuais. Assim, de um lado, assegura a propriedade privada e, de outro, valoriza a função social da propriedade; a livre concorrência e a defesa do consumidor.

Em resumo, as diversas intervenções no domínio econômico entabuladas nas portarias da Sunab encontravam legitimação próxima (legal) nas leis delegadas nºs 4 e 5, de 1962, e legitimação remota (constitucional) nos princípios da ordem econômica. Portanto, nelas não havia vícios de ordem jurídica, que pudessem inquiná-las.

---

[16] BARROSO, Luís Roberto. A ordem econômica constitucional e os limites à autuação estatal no controle de preços. *R. Dir. Adm.*, Rio de Janeiro, v. 226, p. 187-212, out./dez. 2001. Disponível em: http://bibliotecadigital.fgv.br/ojs/index.php/rda/article/view/47240/44652. Acesso em: 1º abr. 2021.

[17] BARROSO, Luís Roberto. A ordem econômica constitucional e os limites à autuação estatal no controle de preços. *R. Dir. Adm.*, Rio de Janeiro, v. 226, p. 187-212, out./dez. 2001. Disponível em: http://bibliotecadigital.fgv.br/ojs/index.php/rda/article/view/47240/44652. Acesso em: 1º abr. 2021.

[18] "I - soberania nacional; II - propriedade privada; III - função social da propriedade; IV - livre concorrência; V - defesa do consumidor; VI - defesa do meio ambiente, inclusive mediante tratamento diferenciado, conforme o impacto ambiental dos produtos e serviços e de seus processos de elaboração e prestação; VII - redução das desigualdades regionais e sociais; VIII - busca do pleno emprego; IX - tratamento favorecido para as empresas de pequeno porte constituídas sob as leis brasileiras e que tenham sua sede e administração no País".

[19] Congelamento de Preços – tabelamentos oficiais (parecer), in Revista de Direito Público n. 91, 1989, p. 77/78, *apud* BARROSO, Luís Roberto. A ordem econômica constitucional e os limites à autuação estatal no controle de preços. *R. Dir. Adm.*, Rio de Janeiro, v. 226, p. 187-212, out./dez. 2001. Disponível em: http://bibliotecadigital.fgv.br/ojs/index.php/rda/article/view/47240/44652. Acesso em: 1º abr. 2021.

Assim, ao reconhecer a "improcedência dos fundamentos jurídicos", que embasavam os embargos do devedor, impunha-se ao sentenciante, como conclusão lógica, julgar improcedentes os pedidos neles formulados, tendo em vista inexistir qualquer mácula de legalidade ou constitucionalidade nas portarias Sunab que embasavam a autuação.

As razões de decidir adotadas pelo d. juiz federal sentenciante eram de matiz extrajurídica, de base econômica e sociológica, como afirmou o então Juiz do TRF4 Teori Zavascki. Considerações dessa natureza (ou de qualquer outra não jurídica) não só podem como devem coadjuvar o juiz na tarefa de decidir, de adequar a decisão às necessidades do meio social em que deve ser aplicada. Essa autorização é expressa e consta da Lei de Introdução às Normas do Direito Brasileiro – LINDB, no seu art. 5º, segundo o qual "Na aplicação da lei, o juiz atenderá aos fins sociais a que ela se dirige e às exigências do bem comum".

Igualmente, o juiz deverá atentar para as consequências sociais das decisões que proferir, norma que consta do art. 20 da LINDB: "Nas esferas administrativa, controladora e judicial, não se decidirá com base em valores jurídicos abstratos sem que sejam consideradas as consequências práticas da decisão".

O chamado consequencialismo jurídico deve ser encarado, sempre, como instrumento auxiliar à ciência do direito (não como fim em si mesmo), de caráter eminentemente acessório, porque a decisão jurisdicional jamais pode apartar-se de sua natureza essencialmente jurídica. Ou seja, a resposta deve ser buscada sempre dentro do próprio ordenamento, embora circunstâncias extrajurídicas possam – e até devam – servir de elemento de correlação com os fatos sociais subjacentes e com o momento histórico vivenciado ao tempo da decisão.

No caso, as considerações de ordem macroeconômica ou sociológica, de que se valeu o juiz sentenciante, jamais poderiam ter sido utilizadas sem que estivessem, antes, correlacionadas ao exame estritamente jurídico da questão controvertida submetida a sua apreciação. Constatada a legalidade das portarias, como de fato se constatou, não havia campo interpretativo para se acolher os embargos à execução e anular os autos de infração.

O juízo de conveniência e oportunidade, de eficácia e ineficácia, de correção ou incorreção, justiça ou injustiça das medidas administrativas adotadas refoge à competência jurisdicional. São decisões de índole política que cabem ora ao Parlamento (inovação do direito e criação legislativa) ora à Administração Pública (execução da lei, com atuação legitimada dentro do espaço por ela reservado).

Permitir ao Judiciário atuação intrusiva e abrangente viola a cláusula pétrea da separação das funções estatais, comprometendo o equilíbrio entre os poderes da República, que garante estabilidade ao regime republicano.

II.2 STJ, REsp nº 575.280, voto-vista

CONSTITUCIONAL – AÇÃO CIVIL – LIMITES DO PODER JUDICIÁRIO – JUDICIALIZAÇÃO DE POLÍTICAS PÚBLICAS – ACESSO DE MENOR CARENTE À CRECHE.

Breve relato

O recurso especial foi interposto pelo Ministério Público do Estado de São Paulo para reformar acórdão da Corte estadual, que havia negado o pedido de condenação da municipalidade em obrigação de fazer consistente "na criação e manutenção de vagas em creches municipais para crianças, menores de seis anos, sob pena de multa diária". O argumento foi o de que é inadmissível a "substituição da vontade da Administração Pública" pela do Judiciário, que não pode se imiscuir no "exame do mérito administrativo".

O relator originário, Ministro José Delgado, negou provimento ao recurso especial, assim resumindo os fundamentos do seu voto: (i) "Impossibilidade de o juiz substituir a Administração Pública"; (ii) "Ao Poder Executivo cabe a conveniência e a oportunidade de realizar atos físicos de administração (construção de conjuntos habitacionais, escolas públicas, creches, etc.)"; (iii) "O controle dos atos administrativos pelo Poder Judiciário está vinculado a perseguir a atuação do agente público em campo de obediência aos princípios da legalidade, da moralidade, da eficiência, da impessoalidade, da finalidade e, em algumas situações, o controle do mérito"; e (iv) "As atividades de realização dos fatos concretos pela administração dependem de dotações orçamentárias prévias e do programa de prioridades estabelecido pelo governante".

O voto divergente do Ministro Luiz Fux, no essencial, apresentou os seguintes argumentos: (i) "o dever do Estado expresso no art. 54 do ECA consubstancia direito subjetivo das crianças que estejam nas condições ali descritas"; e (ii) "quando a norma constitucional consagra um direito e norma infraconstitucional o explicita, impõe-se ao Judiciário torná-lo realidade, ainda que isso implique obrigação de fazer, com repercussão na esfera orçamentária".

Seguiu-se o pedido de vista do Ministro Teori Zavascki, que acompanhou a divergência, resumindo seus fundamentos nos seguintes tópicos da ementa:

> [...] Não se pode afirmar, consequentemente, que a norma, prevista na Constituição e em lei federal, segundo a qual "é dever do Estado assegurar [...] atendimento em creche e pré-escola às crianças de 0 (zero) a seis anos de idade" (Lei 8.069/90, art. 54, V), garanta, imediatamente, um direito subjetivo, universal e incondicional de obter essa prestação perante os Municípios.
>
> 3. Todavia, isso não significa dizer que ditos preceitos sejam absolutamente destituídos de eficácia. O poder de conformação não é carta de alforria ao ente estatal para descumprir o dever constitucional. Os Municípios devem aplicar pelo menos vinte e cinco por cento de suas receitas em impostos na manutenção e desenvolvimento do ensino (CF, art. 212). A educação às crianças deve ser prestada "com absoluta prioridade" (CF, art. 227), ainda mais em se tratando de criança carente, já que a erradicação da pobreza e das desigualdades constitui objetivo fundamental da República (CF, art. 3º, III).
>
> 4. Assim, por mais elástico que possa ser o campo da atuação conformadora do Município em matéria de educação, é razoável identificar a presença, no conjunto normativo, de um mínimo essencial que escapa a qualquer poder de discrição administrativa ou política. Há um núcleo mínimo essencial de densidade normativa apto a assegurar, desde logo, o cumprimento do dever de atendimento em creche, senão a todas, ao menos às crianças completamente carentes, desprovidas de qualquer outra espécie de proteção, financeira ou social.

Comentários

O direito à educação sempre esteve entre os temas de destaque de nossas Constituições. A de 1946 era bastante sintética, ao dispor que "A educação é direito de todos e será dada no lar e na escola. Deve inspirar-se nos princípios de liberdade e nos ideais de solidariedade humana" (art. 166).

Texto similar foi inserido na Constituição de 1967: "A educação, inspirada no princípio da unidade nacional e nos ideais de liberdade e solidariedade humana, é direito de todos e dever do Estado, e será dada no lar e na escola" (art. 176).

Já a Constituição de 1988 prestigia o direito à educação, ao enunciá-la como o primeiro entre os direitos sociais (art. 6º) e fixar, entre os arts. 205 e 214, diversas normas e princípios, entre os quais o que garante "educação infantil, em creche e pré-escola, às crianças até 5 (cinco) anos de idade" (art. 208, IV, redação da EC nº 53, 2006).

Assinalam Carlos Roberto Jamil Cury e Luiz Antonio Miguel Ferreira:

> [...] a educação, ainda que afirmada como um direito de todos, não possuía sob o enfoque jurídico e em qualquer de seus aspectos, excetuada a obrigatoriedade da matrícula, qualquer instrumento de exigibilidade, fenômeno de afirmação de determinado valor como direito suscetível de gerar efeitos práticos e concretos no contexto pessoal dos destinatários da norma.[20]

Nos primeiros anos de vigência da CF/1988, era dominante o entendimento de que caberia ao Poder Judiciário apenas o controle de legalidade do ato administrativo, descabendo-lhe aprofundar no exame do mérito. Esse era o entendimento dominante na doutrina e jurisprudência, posicionamento bem expresso no voto do relator originário.

Mesmo diante dos termos enfáticos da Constituição, era predominante o argumento de que o Judiciário não poderia substituir a Administração Pública e determinar a realização de obras públicas ou outras prestações positivas, a fim de dar cumprimento a direitos fundamentais, de segunda geração, invocando-se o princípio da separação e da harmonia entre os poderes e o princípio da legalidade. Ademais, o pronto reconhecimento de determinados direitos poderia ensejar conflito com outras normas de direito público, a exemplo da falta de autorização para realização da despesa ou mesmo da escassez de recursos financeiros (a chamada reserva do possível).

Ao examinar a diversidade de posicionamentos adotados pelo Poder Judiciário, o constitucionalista Rafael Barreto Garcia[21] distinguiu três correntes quanto ao tema da judicialização de políticas públicas: (i) corrente da inequívoca possibilidade de intervenção do Judiciário nas políticas públicas sempre que houver violação a direito fundamental; (ii) corrente da extrema impossibilidade de intervenção do Judiciário nas políticas públicas; (iii) corrente da possibilidade de intervenção do Judiciário nas políticas públicas quando envolvem prestações positivas do Estado em casos extremos.

O voto-vista do Ministro Teori reconhece que a atuação estatal pretendida envolvia "direitos a prestações que dependem, [...] em muitos casos, da existência ou

---

[20] CURY, Carlos Roberto Jamil; FERREIRA, Luiz Antonio Miguel. A judicialização da educação. *Revista CEJ*, Brasília, ano XIII, n. 45, p. 32-45, abr./jun. 2009.

[21] GARCIA, Rafael Barreto. O Poder Judiciário e as políticas públicas no Brasil: análise doutrinária e evolução casuística. *RT*, v. 98, n. 879, jan. 2009.

da disponibilidade de recursos materiais escassos", admitindo que "essa conformação político-administrativa não cabe ao Judiciário estabelecer", pois está reservada ao legislador e ao administrador, atentos aos limites orçamentários e à prioridade dos gastos. Em outras palavras, admite a aplicação do "princípio da reserva do possível", aduzindo, em relação ao "dever do Estado de prestar educação, apenas o acesso ao ensino fundamental foi considerado, pela Constituição, desde logo, como direito público subjetivo (art. 208, par. 1º)".[22] Assim, o atendimento em creche e pré-escola às crianças de zero a seis anos de idade não está garantido como direito subjetivo e incondicional a ser proporcionado pelos municípios.

Malgrado essas ressalvas, o voto esclarece que "não significa dizer que ditos preceitos estão absolutamente destituídos de eficácia", pois "o poder de conformação não é carta de alforria ao ente estatal para descumprir o dever constitucional". Nesse sentido, invoca a norma constitucional que obriga o município a aplicar pelo menos 25% das suas receitas em impostos na manutenção e desenvolvimento do ensino (CF, art. 212); a prioridade na educação das crianças (CF, art. 227), ainda mais em se tratando de criança carente, já que a erradicação da pobreza e das desigualdades constitui objetivo fundamental da República (CF, art. 3º, III). Conclui que esse núcleo mínimo essencial de densidade normativa "é apto a assegurar, desde logo, o cumprimento do dever de atendimento em creche, senão a todas, ao menos às crianças carentes, desprovidas de qualquer outra espécie de proteção, financeira ou social".

O voto em análise foi proferido em 2.9.2004, quando predominava a orientação defendida pelo Ministro José Delgado, no sentido de que o controle dos atos administrativos pelo Judiciário estava limitado à observância dos princípios da legalidade, impessoalidade, moralidade, publicidade e eficiência (CF, art. 37).

A extensão do controle judicial foi sensivelmente ampliada com o julgamento proferido na ADPF nº 45/DF, Relator Ministro Celso de Mello,[23] com a seguinte ementa:

> Arguição de descumprimento de preceito fundamental. A questão da legitimidade constitucional do controle e da intervenção do Poder Judiciário em tema de implementação de políticas públicas, quando configurada hipótese de abusividade governamental. Dimensão política da jurisdição constitucional atribuída ao Supremo Tribunal Federal. Inoponibilidade do arbítrio estatal à efetivação dos direitos sociais, econômicos e culturais. Caráter relativo da liberdade de conformação do legislador. Considerações em torno da cláusula da reserva do possível. Necessidade de preservação, em favor dos indivíduos, da integridade e da intangibilidade do núcleo consubstanciador do mínimo existencial. Viabilidade instrumental da arguição de descumprimento no processo de concretização das liberdades positivas (direitos constitucionais de segunda geração).

A decisão monocrática do eminente Ministro Celso de Mello, recentemente aposentado, entre outros argumentos, acolheu estudo da jurista Ana Paula de Barcelos,[24] que analisou, com proficiência, a efetividade dos direitos de segunda geração – sociais,

---

[22] Com a EC nº 53, de 19.12.2006 (*DOU*, 20 dez. 2006): "[...] pré-escola às crianças até 5 (cinco) anos de idade".
[23] *DJ*, 4 maio 2007.
[24] BARCELLOS, Ana Paula de. *A eficácia jurídica dos princípios constitucionais*. Rio de Janeiro: Renovar, 2002. p. 245-246.

econômicos e culturais – ante a sempre lembrada limitação dos recursos financeiros disponíveis:

> Em resumo, a limitação de recursos existe e é uma contingência que não se pode ignorar. O intérprete deverá levá-la em conta ao afirmar que algum bem pode ser exigido judicialmente, assim como o magistrado ao determinar o seu fornecimento pelo Estado. Por outro lado, não se pode esquecer que a finalidade do Estado ao obter recursos, para, em seguida, gastá-los sob a forma de obras, prestação de serviços, ou qualquer política pública, é exatamente realizar os objetivos fundamentais da Constituição.
>
> A meta central das Constituições modernas, e da Carta de 1988, em particular, pode ser resumida, como já exposto, na promoção do bem-estar do homem, cujo ponto de partida está em assegurar as condições de sua própria dignidade, que inclui, além dos direitos individuais, condições materiais mínimas de existência. Ao apurar os elementos fundamentais dessa dignidade (o mínimo existencial) estar-se-ão estabelecendo exatamente os alvos prioritários dos gastos públicos. Apenas depois de atingi-los é que se poderá discutir, relativamente aos recursos remanescentes, em que outros projetos se deverá investir. O mínimo existencial, como se vê, associado ao estabelecimento de prioridades orçamentárias, é capaz de conviver produtivamente com a reserva do possível.

Depois da transcrição desse estudo, o relator estabelece os parâmetros para a aplicação da cláusula da "reserva do possível":

> Vê-se, pois, que os condicionamentos impostos pela cláusula de "reserva do possível" ao processo de concretização dos direitos de segunda geração – de implantação sempre onerosa – traduz-se em um binômio que compreende de um lado, (1) a razoabilidade da pretensão individual/social deduzida em face do Poder Público e, de outro, (2) a existência de disponibilidade financeira do Estado para tornar efetivas as prestações positivas dele reclamadas.

O voto-vista proferido pelo Ministro Teori Zavascki traz fundamentos similares aos apresentados pelo Ministro Celso de Mello, ao frisar que a conformação às diretrizes municipais, por mais amplas que sejam, resta sempre um "núcleo mínimo essencial de densidade normativa", apto a assegurar, "desde logo, o cumprimento do dever de atendimento em creche, senão a todas, ao menos às crianças carentes".[25]

Deve ficar claro, porém, que o ato de natureza política exclui, em princípio, o controle judicial, como bem percebeu o constitucionalista Cezar Saldanha Souza Jr.:

> Caso a política adotada pelo Parlamento não consiga resolver os problemas da aplicabilidade dos direitos sociais e das políticas públicas, muito menos condições teria o próprio Judiciário, cuja função é diversa, bem como carece dos instrumentos e da legitimidade para tal.[26]

---

[25] Na esteira desse precedente, entre 2004 e 2006, vejam-se outros julgados: RE nº 472.707/SP. Rel. Min. Celso de Mello. *DJ*, 4 abr. 2006; RE nº 467.255/SP. Rel. Min. Celso de Mello. *DJ*, 14 mar. 2006; RE nº 463.210/SP. Rel. Min. Carlos Velloso. *DJ*, 17 nov. 2005; RE nº 410.715/SP. Rel. Min. Celso de Mello. *DJ*, 8 nov. 2005; RE nº 402.024/SP. Rel. Min. Carlos Velloso. *DJ*, 27 out. 2004.

[26] SOUZA JR., Cezar Saldanha. *Constituições do Brasil*. Porto Alegre: Sagra Luzzatto, 2002. p. 87 *apud* GARCIA, Rafael Barreto. O Poder Judiciário e as políticas públicas no Brasil: análise doutrinária e evolução casuística. *RT*, v. 98, n. 879, jan. 2009. p. 72.

Nessa esteira, vale lembrar a distinção entre "fazer política" e "controlar políticas", sobre a qual assim discorre Rodrigo Albuquerque de Victor:

> Percebe-se, nos diuturnos debates a propósito do denominado ativismo judicial, que as pessoas apregoam muito frequentemente que o Judiciário está fazendo a vez de outros "Poderes" da República e legislando. É certo que ocasionalmente se depara com sentenças judiciais de perfil aditivo (caso do direito de greve). Nada obstante, a intervenção mais corriqueira do Judiciário se verifica no campo do controle, máxime quando estão em jogo direitos públicos subjetivos, bem como a higidez do patrimônio público.[27]

Há situações que constituem verdadeiros desafios para o magistrado, quando estas não se ajustam aos precedentes dos tribunais superiores, como ocorreu no caso examinado. De um lado, o direito à creche, consagrado no art. 208, IV, da Constituição e, também, no art. 54 do ECA. De outro, as limitações fiscais alegadas pelo município para dar cumprimento ao dever.

O voto-vista reconhece que a tutela dos direitos de segunda geração, como são os direitos sociais, que demandam atuações positivas do Estado, em regra, é menos intensa do que a tutela dos direitos de primeiro grau (direitos, liberdades e garantias), voltados para as pessoas, individualmente consideradas, a exemplo do direito à igualdade, ao direito de crença, ao direito à vida.

Admite, também, que apenas o acesso ao ensino obrigatório e gratuito é reconhecido como direito público subjetivo (CF, §1º do art. 208). Em relação ao direito à educação infantil em creche e pré-escola, não há o reconhecimento nesses mesmos termos. Os direitos sociais pressupõem atuações positivas do Estado, dependentes da orientação do legislador e do administrador, da disponibilidade orçamentária e de recursos financeiros, medidas que não cabem ao Poder Judiciário. Desse modo, ainda que a Constituição tenha incluído o direito à creche e à pré-escola às crianças até 5 anos (CF, art. 208, IV; Lei nº 8.069/90, art. 54, V), não garante, desde logo, o direito incondicional de obter essa prestação pelo município.

O Min. Teori supera esses óbices, trazendo à colação o dever do município de aplicar pelo menos vinte e cinco por cento de suas receitas em impostos na manutenção e desenvolvimento do ensino (CF, art. 212), a "absoluta prioridade" do direito da criança à educação (CF, art. 227), sobretudo a criança carente (CF, art. 3º, III), já que a erradicação da pobreza constitui objetivo fundamental da República. Ante esses pressupostos, observa que a norma possui um "mínimo de efetividade", argumentando:

> Por mais elástico que possa ser o campo de atuação discricionária do Município, é inafastável a presença, no conjunto normativo, de um mínimo essencial que escapa ao poder de discrição administrativa ou política. Pode-se concluir que esse núcleo mínimo essencial de densidade normativa é apto a assegurar, desde logo, o cumprimento do dever de atendimento em creche, senão a todas, ao menos às crianças carentes, desprovidas de qualquer outra espécie de proteção, financeira ou social.

---

[27] VICTOR, Rodrigo Albuquerque de. *Judicialização de políticas públicas para a educação infantil* – Características, limites e ferramentas para um controle judicial legítimo. São Paulo: Saraiva, 2011. p. 36.

Na finalização do voto, revela: "Quem vem buscar o cumprimento do dever estatal de assistência a seus filhos é mãe necessitada e desassistida pelo Estado, conforme se constata no relatório elaborado pela Assistente Social do Judiciário".

Como se percebe, o julgamento do REsp nº 575.280-SP admitiu a possibilidade de intervenção do Judiciário nas políticas públicas quando envolvam prestações positivas do Estado em casos extremos (3ª corrente), na classificação de Rafael Barreto Garcia.

Mesmo reconhecendo a inexistência de suporte normativo para o reconhecimento imediato do direito à matrícula em creche, o voto-vista assenta-se sobre interpretação sistemática das normas constitucionais – CF, art. 208, §1º; art. 208, IV; art. 211, §2º; art. 212; art. 227; art. 3º, III, bem como o art. 54, V, da Lei nº 8.069/90, para concluir pela existência de um mínimo de efetividade, suficiente para assegurar o direito à creche, senão a todas, pelo menos em relação às crianças carentes, como era o caso.

Ao reconhecimento do mínimo de efetividade normativa deve-se acrescentar o conceito do mínimo existencial – também denominado núcleo duro ou núcleo comum dos direitos fundamentais. Como observa Antônio Augusto Cançado Trindade, citado por Emerson Garcia,[28] trata-se de:

> [...] conteúdo mínimo e inderrogável desses direitos, resultando de um levantamento comparativo de sua incidência em instrumentos de direitos humanos (os próprios textos), fortalecido ademais pela construção jurisprudencial daí decorrente e pelo processo de interpretação destes dispositivos equivalentes com formulações distintas.

Com efeito, inútil o reconhecimento dos direitos sociais, se o Poder Público pudesse deixar de dar-lhes cumprimento, sem demonstração da efetiva impossibilidade. "O poder de conformação não é carta de alforria ao ente estatal para descumprir o dever constitucional", como ressaltou o Min. Teori no seu voto-vista.

Em estudo sobre as políticas públicas e a participação do Judiciário, escreve a festejada mestra Teresa Arruda Alvim Wambier:

> Veja-se que a divisão do poder do Estado em três esferas de atuação tem caráter funcional, para impedir a concentração de poderes e, consequentemente, o arbítrio. Substancialmente, o poder estatal é único, uno, pelo que não há violação ao princípio da separação de poderes, quando o Judiciário age para garantir a concretização dos direitos do cidadão. Impropriamente, muitas vezes, essa atividade é rotulada de "politização da justiça" ou "judicialização da política", quando, na verdade, se trata de zelar pela satisfação de direito do jurisdicionado, o que por vezes gera ativismo judicial legítimo, que ocorre quando os outros poderes se eximem de cumprir suas obrigações constitucionais, ou o fazem de forma inadequada. É sintomático que, na Constituição de 1988, os direitos e garantias fundamentais estejam dispostos no texto antes da organização do Estado e dos Poderes, o que evidencia a importância que têm como garantias da dignidade da pessoa humana.[29]

O voto-vista proferido pelo Ministro Teori Zavascki acompanhou a divergência iniciada pelo Ministro Luiz Fux, para acolher o recurso especial interposto pelo Ministério

---

[28] GARCIA, Emerson. O direito à educação e suas perspectivas de efetividade. In: GARCIA, Emerson (Coord.). *A efetividade dos direitos sociais*. Rio de Janeiro: Lumen Juris, 2004. p. 184.

[29] WAMBIER, Teresa Arruda Alvim. Estudo sobre as políticas públicas e a participação do Judiciário. *Revista de Direito Administrativo Contemporâneo*, v. 2, n. 11, ago. 2014. p. 135.

Público do Estado de São Paulo, invocando o entendimento de Luís Roberto Barroso, hoje ministro da Suprema Corte, que deu uma interpretação ampliativa ao §1º do art. 208 da Constituição, para abranger "todas as outras situações jurídicas constitucionais que sejam redutíveis direito individual-dever do Estado".

O Min. Teori, na oportunidade, bem observou que o "Estado prometeu o direito à creche e cumpre adimpli-lo, porquanto a vontade político e constitucional, para utilizarmos a expressão de Konrad Hesse, foi essa, no sentido da erradicação da miséria intelectual". O voto-vista aqui analisado abriu caminhos, superando entraves burocráticos, para o reconhecimento dos direitos sociais em situações extremas.

II.3 STF, ações diretas de inconstitucionalidade nºs 4.357 e 4.425, voto vogal vencido

DIREITO CONSTITUCIONAL. EXECUÇÃO DA FAZENDA PÚBLICA MEDIANTE PRECATÓRIO. EMENDA CONSTITUCIONAL Nº 62/2009.

Breve relato

A Emenda Constitucional – EC nº 62/2009 trouxe mudanças substanciais no sistema de precatórios, com a inclusão dos §§2º, 6º, 9º, 10, 11, 12, 13 e 14 no art. 100 da CF de 1988, e a instituição do regime diferenciado de pagamentos de precatórios, no art. 97 do ADCT. O novo regime instaurado pela emenda também possibilitou um parcelamento de até 15 (quinze) anos, levando em conta, inclusive, as parcelas não pagas desde antes da promulgação da Constituição.

O §1º do art. 100 privilegiava os débitos de natureza alimentícia decorrentes de salários *lato sensu*, benefícios previdenciários e indenizações fundadas em responsabilidade civil, em virtude de sentença transitada em julgado.

O art. 100, §2º, da CF de 1988, incluiu uma preferência especial para os débitos de natureza alimentícia cujos titulares tivessem sessenta anos de idade ou mais na data da expedição do precatório ou fossem portadores de doença grave, até o valor equivalente ao triplo do fixado em lei para os fins do disposto no §3º desse artigo, admitido o fracionamento para esta finalidade, com o restante sendo pago na ordem cronológica da apresentação do precatório.

O §3º excluiu do art. 100 o pagamento das obrigações definidas em lei como de pequeno valor que as Fazendas devam fazer em decorrência de sentença judicial transitada em julgado.

Além dos pagamentos ordinários, descritos no *caput* e da preferência para os créditos de natureza alimentícia, a EC nº 62 estabeleceu uma modalidade mais privilegiada para as pessoas idosas (60 anos ou mais) e portadores de doença grave.

O §12 previu a atualização dos valores pelo índice oficial de remuneração básica das cadernetas de poupança. Esse mesmo critério também seria utilizado para fins de compensação da mora (ADCT, art. 97, §16), com a incidência de juros simples no mesmo percentual de juros incidentes sobre a caderneta de poupança, sendo excluídos os juros compensatórios.

Houve o ajuizamento de diversas ações diretas de inconstitucionalidade – ADI em face dessa nova sistemática. Apenas as ADIs nºs 4.357 e 4.425, todavia, propostas pelo Conselho Federal da OAB (CFOAB) e pela Confederação Nacional da Indústria (CNI), respectivamente, foram admitidas, assim resumidas as causas de pedir que as fundamentam: a) ocorrência de inconstitucionalidade material nos §§2º, 6º, 9º, 10, 11, 12, 13 e 14 do art. 100 da CF de 1988; e b) inconstitucionalidade material do art. 97 do ADCT.

Em apertada síntese, os argumentos foram: afronta ao Estado democrático de direito (art. 1º, *caput*, c/c art. 60, §4º, IV, da CF de 1988); à dignidade da pessoa humana (art. 1º, III, c/c art. 60, §4º, IV, da CF); à separação dos poderes (art. 2º, *caput*, c/c art. 60, §4º, III, da CF); à proteção ao direito de propriedade (art. 5º, XXII, c/c art. 60, §4º, IV, da CF); ao ato jurídico perfeito e à coisa julgada (art. 5º, XXXVI, c/c art. 60, §4º, IV, da CF); à razoável duração do processo (art. 5º, LXXVIII, c/c art. 60, §4º, IV, da CF); à inafastabilidade da tutela jurisdicional a qualquer lesão ou ameaça de direito (art. 5º, XXXV, c/c art. 60, §4º, IV, da CF); e ao princípio da moralidade administrativa (art. 37, *caput*, c/c art. 60, §4º, IV, da CF).

O Supremo Tribunal Federal, por maioria, julgou procedentes, em parte, as referidas ADIs.[30]

Nos termos do referido acórdão (de 14.3.2013), a Corte, por maioria, acompanhou o voto do Ministro Ayres Britto, para julgar procedente a ação direta, vencidos os ministros Gilmar Mendes, Teori Zavascki e Dias Toffoli, que a julgavam totalmente

---

[30] Os fundamentos dos votos vencedores foram assim sumariados: "Ementa: DIREITO CONSTITUCIONAL. REGIME DE EXECUÇÃO DA FAZENDA PÚBLICA MEDIANTE PRECATÓRIO. EMENDA CONSTITUCIONAL Nº 62/2009. [...] 1. A Constituição Federal de 1988 não fixou um intervalo temporal mínimo entre os dois turnos de votação para fins de aprovação de emendas à Constituição (CF, art. 62, §2º), de sorte que inexiste parâmetro objetivo que oriente o exame judicial do grau de solidez da vontade política de reformar a Lei Maior. A interferência judicial no âmago do processo político, verdadeiro locus da atuação típica dos agentes do Poder Legislativo, tem de gozar de lastro forte e categórico no que prevê o texto da Constituição Federal. Inexistência de ofensa formal à Constituição brasileira. 2. O pagamento prioritário, até certo limite, de precatórios devidos a titulares idosos ou que sejam portadores de doença grave promove, com razoabilidade, a dignidade da pessoa humana (CF, art. 1º, III) e a proporcionalidade (art. 5º, LIV), situando-se dentro da margem de conformação do legislador constituinte para operacionalização da novel preferência subjetiva criada pela Emenda Constitucional nº 62/2009. 3. A expressão na data da expedição do precatório contida no art. 100, §2º, com redação dada pela EC nº 62/09, enquanto baliza temporal para aplicação da preferência no pagamento de idosos, ultraja o princípio da isonomia (CF, art. 5º, caput) entre os cidadãos credores da Fazenda Pública, na medida em que discrimina, sem qualquer fundamento, aqueles que venham a alcançar a idade de sessenta anos não na data da expedição do precatório, mas sim posteriormente, enquanto pendente este e não ocorrido o pagamento. 4. O regime de compensação dos débitos da Fazenda Pública inscritos em precatórios (§§9º e 10 do art. 100, incluídos pela EC 62/09), embaraça a efetividade da jurisdição (CF, art. 5º, XXXV), desrespeita a coisa julgada material (CF, art. 5º, XXXVI), vulnera a Separação dos Poderes (CF, art. 2º) e ofende a isonomia entre o Poder Público e o particular (CF, art. 5º, caput), cânone essencial do Estado Democrático de Direito (CF, art. 1º, caput). 5. A atualização monetária dos débitos fazendários inscritos em precatório segundo o índice oficial de remuneração da caderneta de poupança viola o direito fundamental de propriedade (art. 5º, XXII), na medida em que é manifestamente incapaz de preservar o valor real do crédito de que é titular o cidadão. A inflação, fenômeno tipicamente econômico-monetário, mostra-se insuscetível de captação apriorística (ex ante), de modo que o meio escolhido pelo legislador constituinte (remuneração da caderneta de poupança) é inidôneo a promover o fim a que se destina (traduzir a inflação do período). 6. A quantificação dos juros moratórios relativos a débitos fazendários inscritos em precatórios segundo o índice de remuneração da caderneta de poupança vulnera o princípio da isonomia (CF, art. 5º, caput) ao incidir sobre débitos estatais de natureza tributária pela discriminação em detrimento da parte processual privada que, salvo expressa determinação em contrário, responde pelos juros da mora tributária à taxa de 1% ao mês em favor do Estado (ex vi do art. 161, §1º, CTN). Declaração de inconstitucionalidade parcial sem redução da expressão independentemente de sua natureza, contida no art. 100, §12 da CF, incluído pela EC 62/09, para determinar que, quanto aos precatórios de natureza tributária, sejam aplicados os mesmos juros de mora incidentes sobre todo e qualquer crédito tributário".

improcedente, e os ministros Marco Aurélio e Ricardo Lewandowski, que a julgavam procedente em menor extensão.

Contudo, pouco mais de dois anos depois, em 25.3.2015, a Corte acolheu questão de ordem: 1) para modular os efeitos, de modo a dar sobrevida ao regime especial de pagamento de precatórios, instituído pela EC nº 62/2009, por cinco exercícios financeiros a contar de 1º.1.2016; 2) para conferir eficácia prospectiva à declaração de inconstitucionalidade da ADI (tomando como marco inicial a data de conclusão do julgamento da questão de ordem – 25.3.2015), assim mantendo válidos os precatórios expedidos ou pagos até esta data, quanto à aplicação do índice oficial de remuneração básica da caderneta de poupança (TR), até 25.3.2015, data após a qual (i) os créditos em precatórios deveriam ser corrigidos pelo Índice de Preços ao Consumidor Amplo Especial (IPCA-E) e (ii) os precatórios tributários deveriam observar os mesmos critérios pelos quais a Fazenda Pública corrige seus créditos tributários; 3) quanto às formas alternativas de pagamento previstas no regime especial: 3.1) seriam consideradas válidas as compensações, os leilões e os pagamentos à vista por ordem crescente de crédito previstos na EC nº 62/2009, desde que realizados até 25.3.2015, data a partir da qual não seria possível a quitação de precatórios por essas modalidades; 3.2) seria mantida a possibilidade de realização de acordos diretos, observada a ordem de preferência dos credores e de acordo com lei própria da entidade devedora, com redução máxima de 40% do valor do crédito atualizado; 4) durante o período fixado no item 1, seria mantida a vinculação de percentuais mínimos da receita corrente líquida ao pagamento dos precatórios (ADCT, art. 97, §10), bem como as sanções para o caso de não liberação tempestiva dos recursos destinados ao pagamento de precatórios (ADCT, art. 97, §10); 5) delegação de competência ao CNJ para que considerasse a apresentação de proposta normativa que disciplinasse (i) a utilização compulsória de 50% dos recursos da conta de depósitos judiciais tributários para o pagamento de precatórios e (ii) a possibilidade de compensação de precatórios vencidos, próprios ou de terceiros, com o estoque de créditos inscritos em dívida ativa até 25.3.2015, por opção do credor do precatório; e 6) atribuição de competência ao CNJ para que monitorasse e supervisionasse o pagamento dos precatórios pelos entes públicos na forma da decisão proferida na questão de ordem em comento. Vencidos o Ministro Marco Aurélio, que não modulava os efeitos da decisão, e, em menor extensão, a Ministra Rosa Weber, que fixava como marco inicial a data do julgamento da ação direta de inconstitucionalidade. Reajustaram seus votos os ministros Roberto Barroso, Dias Toffoli e Gilmar Mendes.

Diante desse quadro, escreveu Priscila Peixinho Maia:

> Neste sentido, entendeu-se que o caso das ADIn's 4.357 e 4.425 fixa no STF um precedente de declaração de "meia inconstitucionalidade", que se diferencia da inconstitucionalidade parcial, prevista pelo ordenamento jurídico. Entendeu-se como declaração de "meia inconstitucionalidade" aquela em que o Supremo, apesar de visualizar e expressar a notória inconstitucionalidade da norma sobre a qual se volta, a resguarda através de modulação – por imperativos fáticos ou ineficiência procedimental – de tal modo que a decisão original (aquela de fato declaratória de inconstitucionalidade) quase que se desnatura.[31]

---

[31] MAIA, Priscila Peixinho. A 'meia' inconstitucionalidade da EC62/2009. *Revista Tributária e de Finanças Públicas*, São Paulo, ano 23, v. 125, p. 333-359, nov./dez. 2015. p. 354.

Realmente, com a devida reverência à decisão da Corte, não é de fácil entendimento que, anos após o julgamento da EC nº 62/90, considerada inconstitucional, em parte, possa essa decisão ser revertida para admitir-se a aplicação da norma durante cinco exercícios financeiros, a partir de 1º.1.2016.

Comentários

O voto do Ministro Teori ressaltou que o exame da inconstitucionalidade de emenda constitucional, em nosso sistema, comporta duas situações: a) por vício formal no processo de aprovação,[32] disciplinado no art. 60 da CF, que enuncia os legitimados para a apresentação da proposta, aí incluído o limite circunstancial, que veda o procedimento na vigência de intervenção federal, de estado de defesa ou de estado de sítio; ou b) por ofensa (= incompatibilidade material) a uma das cláusulas pétreas previstas no §4º do art. 60.[33] Nesse sentido, contrariando a orientação dos votos que o antecederam, assinala: "O parâmetro para a aferição da legitimidade da emenda constitucional não é, portanto, a Constituição em seu todo, mas apenas o seu artigo 60 e, implicitamente, os dispositivos a ele vinculados por derivação".

Em decorrência dessa premissa, acrescentou:

> Respeitado o processo legislativo próprio e observadas as cláusulas pétreas, é soberano o poder constituinte reformador. Embora se saiba que as normas constitucionais formam um todo orgânico e entrelaçado, não faz sentido algum à luz desse amplo poder de reforma conferido pela Constituição, pretender o reconhecimento da ilegitimidade de emenda à luz de qualquer outro parâmetro constitucional que não seja aquele núcleo central, ou, o que seria mais grave, à luz de normas ou de princípios de origem infraconstitucional.

Afirmou, também, que não basta a emenda contrariar preceito constitucional para considerá-la inconstitucional:

> É indispensável ter presente que qualquer emenda constitucional, justamente por modificar a Constituição, tem, sempre, por sua própria natureza, o caráter de norma contrária a algum preceito constitucional, pelo menos o que visa a modificar, mas afirmar, só por isso, a sua inconstitucionalidade significaria eliminar do sistema o próprio poder constituinte reformador.

Em seguida, argumentou:

> Ora, é manifesto exagero supor que a EC 62/2009, que veio dar nova disciplina ao art. 100 da CF, tenha se destinado ou tenha aptidão para "abolir", ainda que parcialmente qualquer dos princípios e institutos protegidos pelo §4º do art. 60 da Constituição, que sequer foram por ela "afetados", nem mesmo perifericamente. O dispositivo modificado cuida de outro tema, o do regime de pagamento de precatórios, tema que, a rigor, poderia, sem qualquer gravame ao modelo constitucional, ser retirado do texto da Constituição. A existência, ou

---

[32] Foi suscitada a inconstitucionalidade formal da EC nº 62/2009, pela inobservância de interstício mínimo entre os dois turnos de votação. O Plenário afastou esse fundamento por entender que a CF (art. 60, §2º) não fixou período mínimo entre os dois turnos de votação para fins de emendas à Constituição.

[33] "§4º Não será objeto de deliberação a proposta de emenda tendente a abolir: I - a forma federativa de Estado; II - o voto direto, secreto, universal e periódico; III - a separação dos poderes; IV - os direitos e garantias individuais.

não, do art. 100 no texto constitucional não comprometeria, nem mesmo modificaria, muito menos aboliria o núcleo estruturante da forma federativa de Estado, do voto direto, secreto, universal e periódico, da separação dos Poderes ou dos direitos e garantias individuais. Considerar ilegítima até mesmo emenda constitucional que discipline o regime de precatórios judiciais, essa, sim, seria, com perdão do trocadilho, uma interpretação constitucional tendente a abolir o poder constituinte reformador. A inexistência de ofensa a qualquer cláusula pétrea, bem se vê, é razão suficiente para afastar a inconstitucionalidade da EC 62/2009.

Em outro tópico do voto, observou o ministro que a declaração de inconstitucionalidade da EC nº 62/2009 acarretaria o retorno ao primitivo regime do art. 100 da CF, um modelo, segundo observou, "absolutamente perverso para os credores", já que deixa "à pura conveniência da Fazenda Pública a satisfação das condenações judiciais [...], sem que ao credor ou ao Judiciário fique assegurado qualquer meio executivo". Lembrou que não cabe sequestro contra essa inadimplência nem intervenção federal nos estados ou estadual nos municípios, trazendo a jurisprudência do STF sobre a matéria.

Para o Min. Teori, as iniciativas do constituinte para solucionar a crise dos precatórios:

> [...] têm sido vistas com muitas reservas, provavelmente porque são avaliadas tendo como parâmetro não o modelo anteriormente vigente, mas um modelo ideal que lamentavelmente nunca existiu. Esse modelo de avaliação, que pode ser adequado sob o aspecto político ou de conveniência da proposta reformadora, certamente não pode ser adotado no exame de sua constitucionalidade, em que o contraste deve ser entre o modelo que era e o que agora se apresenta.

Em contrapartida ao novo modelo instituído pela EC nº 62, o voto-vista lembrou da EC nº 30/2000, introdutória do art. 78 do ADCT, que também fora recebido com muitas críticas pelos credores, com o ajuizamento de uma ação direta de inconstitucionalidade. Embora tenha conferido prazo de parcelamento em até dez anos, assegurou ao credor, em contrapartida, meios eficientes para a obtenção do seu crédito: meio liberatório de pagamento de tributos (§2º) e sequestro do valor como meio executivo (§4º).

Diante disso, argumentou:

> A reconhecida falência do primitivo sistema de pagamento dos precatórios judiciais indica, sem dúvida, que o novo sistema implantado pela EC 62/2009, embora esteja longe de um modelo ideal de tutela dos legítimos interesses dos credores, certamente não pode ser considerado um retrocesso em relação ao anterior.

Para sintetizar, o voto-vista apresenta três fundamentos sucessivos. No primeiro, demonstra que a EC nº 62/2009 não vulnera cláusula pétrea; no segundo, conclui não ter havido retrocesso constitucional, porque não cabe avaliar essa emenda à luz de um sistema ideal, mas apenas à luz do sistema revogado; no terceiro, afirma que a "jurisprudência tradicional do Supremo Tribunal Federal, sempre foi de dar uma interpretação restrita à cláusula pétrea no que se refere à modificação de situações jurídicas já consolidadas".

O julgamento sobre a inconstitucionalidade da EC nº 62/2009, iniciado em 14.3.2013, só se completou em 25.3.2015, com diversas modulações já registradas.

O voto-vista apresentado pelo Ministro Teori trouxe questionamentos a serem analisados e discutidos em outras oportunidades. Por exemplo: o julgamento de inconstitucionalidade de emenda constitucional está adstrito ao disposto no art. 60 da CF? Como já ficou ressaltado, o voto-vista é incisivo: "O parâmetro para aferição da legitimidade da emenda constitucional não é, portanto, a Constituição em seu todo, mas apenas o seu art. 60 e, implicitamente, os dispositivos a ele vinculados por derivação".

Outro ponto diz respeito ao confronto que se deve fazer não com um modelo ideal, mas com o sistema revogado pela emenda.

A EC nº 62 talvez tenha sido a emenda mais debatida no meio jurídico nos últimos anos. Alguns analistas não hesitaram em tratá-la como a Emenda do Calote, como Carlos Valder Nascimento;[34] ou considerá-la portadora de pelo menos cinco inconstitucionalidades, como Ives Gandra da Silva Martins,[35] para quem a EC nº 62/2009 violaria o princípio da igualdade; o princípio da dignidade da pessoa humana; o direito à propriedade; a coisa julgada e o princípio da razoável duração do processo.

Em estudo sobre a EC nº 62, Daniela Olímpio de Oliveira observa que o art. 100 da CF já passou "por variadas reformas constitucionais, todas demonstrando falibilidade". Para a autora, "Algumas dessas emendas sequer perceberam a realidade da dívida de precatórios, haja vista o pagamento de obrigações alimentares terem sido relegadas por décadas em detrimento dos não alimentares". Segundo ela, a emenda buscou "estabelecer nova moratória para a Fazenda Pública, possibilitando prazos extravagantes, e desconfigurando a sentença transitada em julgado, a partir de outras possibilidades de satisfação do débito". Apesar dessa visão negativa, admite que a emenda é "até louvável em alguns pontos".[36]

Entre os estudos realizados sobre a EC nº 62/2009, destaca-se o empreendido por Ângelo Emílio Carvalho Fonseca e Gláucio Maciel Gonçalves,[37] sobretudo quando analisam as inovações introduzidas pela emenda e as normas de cunho administrativo editadas pelo CNJ, especialmente as resoluções nº 115, de 29.6.2010, e nº 123, de 9.11.2010.

Os autores destacam entre os avanços a criação do Sistema de Gestão de Precatórios, conforme o disposto no art. 1º da Resolução CNJ/2010, que permitirá, segundo os autores, um maior controle sobre a gestão da dívida pública com precatórios pela sociedade e também pelo Poder Público; quanto à utilização dos precatórios para a aquisição de bens imóveis públicos; quanto às Requisições de Pequeno Valor – RPV; quanto à criação de nova categoria privilegiada de precatórios, destaca o art. 13 da Resolução CNJ, sobre moléstias graves, como aquelas definidas no art. 6º, XIV, da Lei nº 7.713, de 22.12.1988, na redação da Lei nº 11.052, de 29.12.2004.

Certamente a EC nº 62/2009 esteve longe de construir um modelo ideal, como bem assinalou o voto vencido do Ministro Teori. No entanto, também é verdade que deu

---

[34] NASCIMENTO, Carlos Valder do. Pressupostos da inconstitucionalidade da emenda dos precatórios. *Fórum Administrativo – Direito Público – FA*, Belo Horizonte, ano 10, n. 108, fev. 2010. Disponível em: http://www.editoraforum.com.br/bid/bidConteudoShow.aspx?idConteudo=65460. Acesso em: 25 mar. 2021.

[35] Artigo publicado na *Folha de S.Paulo*, edição de 7.12.2009 apud NASCIMENTO, Carlos Valder do. Pressupostos da inconstitucionalidade da emenda dos precatórios. *Fórum Administrativo – Direito Público – FA*, Belo Horizonte, ano 10, n. 108, fev. 2010. Disponível em: http://www.editoraforum.com.br/bid/bidConteudoShow.aspx?idConteudo=65460. Acesso em: 25 mar. 2021.

[36] OLIVEIRA, Daniela Olímpio de. Precatórios: a Emenda nº 62/2009 e o devido processo legal. *Revista Brasileira de Direito Público – RBDP*, Belo Horizonte, ano 9, n. 33, p. 57-99, abr./jun. 2011.

[37] FONSECA, Ângelo Emilio de Carvalho; GONÇALVES, Gláucio Maciel. *Execução contra a Fazenda Pública*: a sistemática dos precatórios e a Emenda Constitucional 62/2009. [s.l.]: [s.n.], [s.d.].

um passo largo no aperfeiçoamento do sistema de precatórios, com o oferecimento de alternativas, a exemplo da sua utilização para a aquisição de bens imóveis públicos, as requisições de pequeno de pequeno valor e a possibilidade de cessão do crédito a terceiros, entre outras.

III Conclusão

À guisa de conclusão, dedico este espaço final a uma aligeirada reflexão sobre o papel do Judiciário no tema inquietante das políticas públicas de concretização dos direitos de segunda geração, como o são os direitos econômicos (1º precedente examinado) e os sociais (2º precedente examinado).

As necessidades sociais são infinitas e os recursos que as sustentam são escassos. Em um Estado de roupagem social democrática, como o nosso, que assume a missão de garantir, a todos, diversos direitos econômicos e sociais imediatos, a escassez de recursos torna-se um problema, racional e parcialmente equacionado pela elaboração de políticas públicas contempladas nas peças orçamentárias.

O ponto de partida de toda a discussão é o fato notório e, portanto, incontroverso, de que o Estado não tem condições de arcar indistintamente com todos os custos atrelados à garantia desses direitos (cláusula da reserva do possível). Os recursos são finitos, sendo necessária a adoção de políticas públicas eficazes, com aptidão para conjugar as limitações orçamentárias com os benefícios/resultados advindos da aplicação dos recursos.

Como lembra o Ministro Barroso, os recursos públicos são insuficientes para atender às necessidades sociais, impondo ao Estado a tomada de decisões difíceis. As decisões são ainda mais difíceis quando se está diante do direito à vida, à saúde ou à educação, que compõem o núcleo essencial da dignidade da pessoa humana, erigido pelo Constituinte de 1988 à condição de epicentro axiológico do sistema jurídico.

Quando o Judiciário, alheio à política instituída pelo Governo, impõe aos entes federados o custeio de certas prestações, acaba, ainda que involuntariamente e movido por bons propósitos, por desorganizar a lógica do sistema. O benefício individual advindo da decisão, por seu poder multiplicador, tem aptidão suficiente para pôr o sistema em risco real de colapso.

O juiz não está proibido de decidir e de impor ao Estado uma obrigação não contemplada nas rotinas públicas por ele definidas. Em absoluto. É preciso, todavia, que sejam adotados parâmetros judiciais (jurisprudenciais) seguros para que as decisões individuais, que se repetem aos milhões, não comprometam a universalidade do serviço público. Ou seja, é preciso repensar a judicialização de políticas públicas a partir de uma abordagem não individualista dos graves problemas sociais que assolam o país.

Alguns desses parâmetros foram sugeridos pelo Ministro Roberto Barroso em estudo intitulado *Da falta de efetividade à judicialização excessiva: direito à saúde, fornecimento gratuito de medicamentos e parâmetros para atuação judicial*. No artigo, Sua Excelência defende que as pessoas necessitadas podem postular judicialmente, por meio de demandas individuais, a atuação do Estado na área de saúde, desde que estejam sendo descumpridas as determinações constitucionais e legais aplicáveis à espécie, o que ocorre, por exemplo, quando o Estado deixa de fornecer medicamento de dispensação obrigatória, previsto nas listas elaboradas pelo SUS.

A imposição ao Estado de obrigações não contempladas nas rotinas e procedimentos públicos deve ser excepcional, sob pena de violação à cláusula de separação dos poderes e ao princípio democrático, com grave risco de pôr em colapso a universalidade do serviço público pretendida pelo Constituinte de 1988. Pretensão dessa natureza deve ser articulada, preferencialmente, por meio de ações coletivas, dotadas de eficácia geral.

É preciso que os tribunais superiores racionalizem a judicialização das políticas públicas, sem negá-la, mas estabelecendo parâmetros seguros (ou menos imprecisos) ao garantir a concretização dos direitos de segunda geração.

A dignidade do homem é a "síntese" dos direitos fundamentais, tendo sido alçada ao centro do sistema jurídico na condição de postulado axiológico fundamental. Como síntese dos direitos fundamentais, o respeito à dignidade da pessoa humana centraliza o *mínimo existencial*, que se compõe dos bens e valores mínimos indispensáveis à subsistência material e moral do indivíduo.

O juiz, ao se deparar com as duas faces desse problema, escassez de recursos e necessidades sociais infinitas, deve valer-se da ponderação axiológica para solucionar o caso concreto, encontrando a excepcionalidade que justifique a intervenção do Judiciário no tema da concretização das políticas públicas.

Nos dois primeiros precedentes aqui examinados houve esse cuidado. O primeiro garantiu a execução da política econômica do governo, excepcional em razão do momento histórico vivido pelo país à época, rechaçando a anulação de autos de infração aplicados pela extinta Sunab. O segundo, reconhecendo tratar-se de uma situação excepcional, garantiu o direito à creche, dada a constatação da situação de miserabilidade e carência da mãe do menor.

No terceiro precedente, o Ministro Teori, embora vencido, teve o cuidado de separar a função jurisdicional da função política, própria do Parlamento, ao afirmar que o exame da inconstitucionalidade de uma emenda constitucional, por mais longe que esteja de um suposto modelo ideal, faz-se exclusivamente à luz do modelo anterior revogado e com base, única, nas cláusulas pétreas, e não no todo da Constituição, sob pena de esvaziar-se o poder reformador, que deve ficar a cargo do Poder Legislativo.

O saudoso Teori Zavascki teve sensibilidade e equilíbrio para "dosar a mão" nos casos examinados nesta resenha.

Referências

BARCELLOS, Ana Paula de. *A eficácia jurídica dos princípios constitucionais*. Rio de Janeiro: Renovar, 2002.

BARROSO, Luís Roberto. A ordem econômica constitucional e os limites à autuação estatal no controle de preços. *R. Dir. Adm.*, Rio de Janeiro, v. 226, p. 187-212, out./dez. 2001. Disponível em: http://bibliotecadigital.fgv.br/ojs/index.php/rda/article/view/47240/44652. Acesso em: 1º abr. 2021.

CURY, Carlos Roberto Jamil; FERREIRA, Luiz Antonio Miguel. A judicialização da educação. *Revista CEJ*, Brasília, ano XIII, n. 45, p. 32-45, abr./jun. 2009.

FERRAZ JÚNIOR, Tércio Sampaio. Congelamento de preços: tabelamentos oficiais. *Revista de Direito Público*, São Paulo, v. 22, n. 91, p. 76-86, jul./set. 1989.

FONSECA, Ângelo Emilio de Carvalho; GONÇALVES, Gláucio Maciel. *Execução contra a Fazenda Pública*: a sistemática dos precatórios e a Emenda Constitucional 62/2009. [s.l.]: [s.n.], [s.d.].

GARCIA, Emerson. O direito à educação e suas perspectivas de efetividade. *In*: GARCIA, Emerson (Coord.). *A efetividade dos direitos sociais*. Rio de janeiro: Lumen Juris, 2004.

GARCIA, Rafael Barreto. O Poder Judiciário e as políticas públicas no Brasil: análise doutrinária e evolução casuística. *RT*, v. 98, n. 879, jan. 2009.

MAIA, Priscila Peixinho. A 'meia' inconstitucionalidade da EC62/2009. *Revista Tributária e de Finanças Públicas*, São Paulo, ano 23, v. 125, p. 333-359, nov./dez. 2015.

NASCIMENTO, Carlos Valder do. Pressupostos da inconstitucionalidade da emenda dos precatórios. *Fórum Administrativo – Direito Público – FA*, Belo Horizonte, ano 10, n. 108, fev. 2010. Disponível em: http://www.editoraforum.com.br/bid/bidConteudoShow.aspx?idConteudo=65460. Acesso em: 25 mar. 2021.

OLIVEIRA, Daniela Olímpio de. Precatórios: a Emenda nº 62/2009 e o devido processo legal. *Revista Brasileira de Direito Público – RBDP*, Belo Horizonte, ano 9, n. 33, p. 57-99, abr./jun. 2011.

VICTOR, Rodrigo Albuquerque de. *Judicialização de políticas públicas para a educação infantil* – Características, limites e ferramentas para um controle judicial legítimo. São Paulo: Saraiva, 2011.

WALD, Arnold. Da constitucionalidade da tablita. *Revista de Direito Bancário e do Mercado de Capitais – RDB*, v. 9, n. 32, abr./jun. 2006.

WAMBIER, Teresa Arruda Alvim. Estudo sobre as políticas públicas e a participação do Judiciário. *Revista de Direito Administrativo Contemporâneo*, v. 2, n. 11, ago. 2014.

Informação bibliográfica deste texto, conforme a NBR 6023:2018 da Associação Brasileira de Normas Técnicas (ABNT):

MEIRA, José de Castro. Teori Zavascki: o jurista que se tornou referência no meio judicial sem nunca ter buscado o protagonismo. *In*: SEEFELDER FILHO, Claudio Xavier; AZEVEDO, Daniel Coussirat de (Coord.). *Teori na prática*: uma biografia intelectual. Belo Horizonte: Fórum, 2022. p. 123-145. ISBN 978-65-5518-344-3.

EM HOMENAGEM A TEORI

ELLEN GRACIE NORTHFLEET

O sistema jurídico tem na efetividade da sentença sua pedra angular. Sem execução pronta, os conflitos permanecem irresolvidos sob a égide da lei. O avanço civilizatório representado pelo estabelecimento de uma legislatura e de uma estrutura estatal que a aplique ao caso concreto perde sentido, na ausência de impunibilidade das decisões. Esta situação impensável faria das sentenças meros exercícios acadêmico-literários a serem, ou não, tomados a sério por aqueles a quem se destinam. Mensagens de admoestação, na melhor das hipóteses.[1]

Nas nações civilizadas, a condenação criminal é sempre passível de revisão, em geral por instância colegiada. Garantia do indivíduo contra sentenças mal formuladas, sem o devido exercício do contraditório e da ampla defesa ou ditadas por inaceitável preconceito do juiz ordinário, a reapreciação pelos tribunais de apelação é saudável e necessária.

A execução das sentenças criminais recebe tratamento diversificado, sendo em alguns casos imponível de imediato e em outros, ficando sujeita à confirmação pela segunda instância. O Brasil já adotou ambas as soluções.

Para o que interessa no desenvolvimento deste breve relato, a executoriedade da sentença criminal, tão logo referendada pelo segundo grau de jurisdição, foi regra incontestada durante o século passado.

O advento da Constituição de 1988 não alterou este quadro.[2] O Supremo Tribunal Federal teve ocasião de reafirmar a recepção do art. 594 do Código de Processo Penal,[3] entendendo-o compatível com a redação do art. 5º, LVII[4] da Constituição Federal.

---

[1] Para efeito de contextualização histórica, refira-se que este texto foi escrito pouco após a afirmativa pública do Sr. Líder do Governo na Câmara dos Deputados haver afirmado que o Congresso vai deixar de cumprir as decisões do Supremo Tribunal Federal.

[2] Muito oportuno o cômputo feito pelo Min. Alexandre de Moraes, quando do julgamento da ADC nº 43: "É importante ressaltar que, durante os 31 anos de vigência da Constituição, este posicionamento – possibilidade de execução provisória de acórdão penal condenatório proferido em grau de apelação – foi amplamente majoritário em 24 anos. Tanto da promulgação da Constituição até a decisão proferida no HC 84.078, relatado pelo Min. Eros Grau, em 5 de fevereiro de 2009, como da decisão no HC 126.292, relatado pelo saudoso Min. Teori Zavascki, em 17/02/2016, aos dias de hoje. Somente no período compreendido entre 5 de fevereiro de 2009 e 17 de fevereiro de 2016, ou seja, durante sete anos, prevaleceu a tese contrária que exigia o trânsito em julgado. Da mesma maneira, durante esses 31 anos de vigência da Constituição Federal, dos 34 Ministros que atuaram na Corte, somente 9 Ministros se posicionaram contrariamente à possibilidade de execução provisória da pena após condenação em segunda instância. E, mesmo entre esses nove Ministros, quatro deles haviam, em posicionamento anterior, considerado constitucional a possibilidade de execução provisória. A grande maioria, vinte e dois, sempre defendeu a atual jurisprudência da Corte".

Manifestações de ilustres integrantes da Corte Suprema revelam esse entendimento.[5]

Antecedia à Constituição de 1988 a internalização do princípio da não culpabilidade, com a adesão do Brasil à Declaração Universal dos Direitos do Homem de 1948. Seu art. 11.1 assegura: "Toda pessoa acusada de delito tem direito a que se presuma sua inocência, enquanto não se prova sua culpabilidade, de acordo com a lei e em processo público no qual se assegurem todas as garantias necessárias para sua defesa".

Ao final do século 20, porém, manifestaram-se no Supremo Tribunal Federal dois votos divergentes à orientação de há muito consolidada.[6] Tais posições isoladas foram sucessivas vezes vencidas pela maioria do colegiado que manteve a jurisprudência tradicional.[7]

Na sequência, em janeiro de 2003, tomou posse como ministro da Justiça um jurista de elevada formação, rara argúcia e notável senso estratégico. O Ministro Márcio Thomas Bastos era, até então, o maior criminalista em atividade e defensor de casos de grande repercussão nacional.[8] Permaneceu no cargo até 2007, mas sua influência sobre o governo do Partido dos Trabalhadores persistiu até seu falecimento em 2014.

O Presidente Luiz Inácio Lula da Silva confiou-lhe integralmente as "coisas da justiça", aí incluídas as nomeações para os tribunais superiores, cargos para os quais seu círculo íntimo ou as principais instâncias partidárias não se qualificavam.

Uma circunstância trágica, porém, previsível, fez com que, em espaço de poucos dias, no ano de 2003, se desse a abertura de nada menos que três vagas no Supremo Tribunal Federal. Mais viriam a seguir.

Caíram, tragados pela aposentadoria compulsória, pela ordem: Sydney Sanches (17.4.2003); Moreira Alves (20.4.2003) e Ilmar Galvão (3.5.2003). Dali a mais um ano, aposentava-se Mauricio Correa (8.5.2004). E, finalmente, em 2006, deram-se as aposentadorias de Carlos Velloso (19.1.2006) e Nelson Jobim (29.3.2006).

Abria-se assim uma inédita janela de oportunidade para alterar os rumos da jurisprudência até então vigorante.

Todas as substituições passaram pelo crivo do ministro da Justiça, em quem o presidente depositava integral confiança e a quem dera carta branca em relação a esses temas.

---

[3] "LVII - ninguém será considerado culpado até o trânsito em julgado de sentença penal condenatória; [...]".

[4] "Art. 594. O réu não poderá apelar sem recolher-se à prisão, ou prestar fiança, salvo se for primário e de bons antecedentes, assim reconhecido na sentença condenatória, ou condenado por crime de que se livre solto. (Redação dada pela Lei nº 5.941, de 22.11.1973)" (revogado pela Lei nº 11.719, de 2008).

[5] Ver HC nº 67.245. Rel. Min. Aldir Passarinho, 1ª Turma, j. 28.3.1989; HC nº 68.726. Rel. Min. Néri da Silveira, Plenário.

[6] Exemplos da orientação majoritária da Corte são encontrados nos HC nº 69.964. Rel. Min. Ilmar Galvão. *DJ*, 1º jul. 1993; HC nº 72.366. Rel. Min. José Néri da Silveira. *DJ*, 26 nov. 1999; HC nº 79.814. Rel. Min. Nelson Jobim. *DJ*, 13 out. 2000; HC nº 80.174. Rel. Min. Maurício Corrêa. *DJ*, 12 abr. 2002; HC nº 91.675. Rel. Min. Cármen Lúcia. *DJe*, 7 dez. 2007.

[7] A fundamentação das posições vencidas está estampada, entre outros, nos votos proferidos quando do julgamento dos HC nº 69.964. Rel. Min. Ilmar Galvão. *DJ*, 1º jul. 1993; HC nº 72.366. Rel. Min. Néri da Silveira. *DJ*, 26 nov. 1999; HC nº 79.814. Rel. Min. Nelson Jobim. *DJ*, 13 out. 2000; HC nº 80.174. Rel. Min. Maurício Corrêa. *DJ*, 12 abr. 2002; HC nº 91.675. Rel. Min. Cármen Lúcia. *DJ*, 7 dez. 2007.

[8] Entre outras, atuou como advogado de defesa das empreiteiras na Operação Castelo de Areia e na Operação Lava-Jato.

É, portanto, razoável imaginar que, ao proceder à seleção, o ministro da Justiça tenha dado preferência a juristas com quem tivesse afinidade e que comungassem dos pontos de vista da minoria "garantista", em diversas questões, como a da prisão, após condenação em segundo grau.

É natural que fosse assim. Sua formação de grande criminalista ansiava pela extensão à terceira e quarta instâncias a possibilidade infindável de recursos com que se impede, no Brasil, a execução das sentenças criminais.

Já transcorria, há anos, a saga de Pimenta Neves, réu confesso de assassinato duplamente qualificado contra vítima indefesa, condenado a mais de quinze anos de prisão e que somente veio a ser encarcerado em 24.5.2011, mais de dez anos após o crime, quando o Supremo Tribunal Federal, pelo voto condutor do Min. Celso de Mello decidiu:

> realmente esgotaram-se todos os meios recursais, num primeiro momento, perante o Tribunal de Justiça de São Paulo; posteriormente, em diversos instantes, perante o Superior Tribunal de Justiça, e também perante esta Corte. Esta não é a primeira vez que eu julgo recursos interpostos pela parte ora agravante, e isto tem sido uma constante, desde o ano de 2000. Eu entendo que realmente se impõe a imediata execução da pena, uma vez que não se pode falar em comprometimento da plenitude do direito de defesa, que se exerceu de maneira ampla, extensa e intensa.

Apenas nos tribunais superiores, a defesa de Pimenta Neves somou mais de 20 recursos.

O caso Pimenta Neves ganhou muita notoriedade por envolver dois jornalistas na posição de agressor e vítima. Mas, na verdade, não são poucos os casos semelhantes em que o abuso do direito de defesa leva à prescrição da pretensão punitiva ou à postergação indefinida do cumprimento das sanções, até que sobrevenha a prescrição da pretensão punitiva. Todos envolvem figuras cujas condições financeiras permitam a contratação de advogados muito qualificados. Muitos são os casos protagonizados por figuras da arena política. As quadrilhas de traficantes internacionais costumam manter equipes numerosas de advogados prontos a intervir, consoante as necessidades das organizações.[9]

Aos defensores interessa sempre, na impossibilidade de isentar o autor do crime, ganhar tempo, mediante o manejo adequado da pletora de recursos que nosso ordenamento enseja. E da multiplicação das instâncias nas quais este arsenal possa ser manejado.

A partir do ano de 2004, vemos surgir nos registros do STF uma série de julgados em que se passou a impedir a aplicação de penas restritivas de direito antes do trânsito em julgado da sentença condenatória.[10] Todas essas decisões, tomadas no âmbito

---

[9] Tive ocasião, durante sessão da Segunda Turma, de fazer assinalar ao defensor de um acusado de integrar quadrilha de tráfico internacional de drogas, que há pouco deixara a tribuna em processo de minha relatoria, que seu cliente era paciente de outro HC a ser chamado na sequência. O "capinha" foi surpreendido com a afirmação de que o outro caso estava a cargo de outro grupo de defensores.

[10] Vejam-se os *Habeas Corpus* nºs 84.587. Rel. Min. Marco Aurélio, 1ª Turma. *DJ*, 19 nov. 2004; 84.859. Rel. Min. Celso de Mello, 2ª Turma. *DJ*, 14 dez. 2004; 84.741. Rel. Min. Sepúlveda Pertence, 1ª Turma. *DJ*, 18 fev. 2005; 85.289. Rel. Min. Sepúlveda Pertence, 1ª Turma. *DJ*, 11 mar. 2005; 84.677. Rel. Min. Cezar Peluso, 1ª Turma. *DJ*, 8 abr. 2005; 86.498. Rel. Min. Eros Grau, 2ª Turma. *DJ*, 19 maio 2006; 88.413. Rel. Min. Cezar Peluso, 1ª Turma. *DJ*, 9 jun. 2006; 88.741. Rel. Min. Eros Grau, 2ª Turma. *DJ*, 4 ago. 2006.

das turmas e não do Plenário, consistiram em medidas preparatórias para a alteração jurisprudencial que afinal se produziu.

Vale também referir a acurada análise feita pela Dra. Márcia de Holanda Montenegro,[11] que relembra: "No fatídico ano de 2006 o Supremo Tribunal Federal (STF) nos estreitos limites de um habeas corpus, por 6 votos a 5, usurpou a competência do Legislativo e pôs fim ao regime integral fechado, cuja constitucionalidade até então era reafirmada pela própria Corte".[12]

Afinal, a habilidosa formação de uma maioria na Corte fez por transformar a posição vencida em majoritária, quando se apresentou a oportunidade. Esta surgiu quando apregoado o HC nº 84.078, Rel. Min. Eros Grau.[13]

Naquela ocasião afirmei:

> Senhor Presidente, desejo iniciar a minha manifestação ressalvando – e o faço com muita ênfase – o profundo respeito que guardo pelas posições manifestadas neste Plenário e que são diversas da que manifestarei a seguir. Em segundo lugar, manifesto também a minha profunda preocupação com os rumos que o julgamento já toma. Creio que o julgamento deste caso transcende em muito ao caso concreto. Revela, Senhor Presidente, antes de mais nada, a falibilidade humana e a falibilidade deste Plenário, porque estamos a alterar jurisprudência velha de vinte anos, em regime plenamente democrático, formada por nada menos que todos os luminares que nos antecederam nessas cadeiras. E sobre uma matéria que não é matéria de somenos; uma matéria que diz respeito a direitos fundamentais, tema de liberdade humana. Portanto estamos concluindo, ao que tudo indica, na sessão de hoje, que estiveram equivocados todos aqueles que nos antecederam durante vinte anos. Também percebi, Senhor Presidente, pelo andamento das discussões, que o Tribunal se encaminha para considerar possível o recolhimento à prisão, após julgamento de segunda instância confirmando a decisão originária, a decisão de primeiro grau, portanto quando já não mais cabe reexame nem de fatos nem de provas, só ias hipóteses que caberiam na letra estrita do art. 312 do CPP. Faço questão de revisar esse art. 312 para que nós possamos ter a dimensão exata de qual será a hipótese possível em que a sentença condenatória confirmada em segundo grau venha a ter alguma eficácia. A prisão preventiva, como todos sabem, pode se dar por garantia da ordem pública. O Ministro Carlos Britto muito brilhantemente nos recordou que este é um princípio extremamente vago, de dificílima aplicação, muito mais frequentemente rejeitado no reexame dos tribunais. Pode ser também decretada por garantia da ordem econômica. E, aqui, nós estamos diante de uma hipótese ainda mais difícil de ser caracterizada, porque ordem econômica, naturalmente, é aquela ordem econômica mais ampla, ordem nacional. Quem sabe, talvez, pudesse atentar contra a ordem

---

[11] Procuradora de Justiça do Ministério Público do Estado de São Paulo, em artigo intitulado "A falida execução da pena", jornal *Estado de São Paulo*.

[12] Afirma a autora: "O Legislativo curvou-se ao ativismo do STF e apressou-se a consolidar o entendimento daqueles seis ministros. Em 2007, a Lei nº 11.464, dentre novas e flexíveis regras, restabeleceu a progressão de regime e sacramentou o fim do regime integral fechado para apenados por homicídio qualificado, estupro, latrocínio, extorsão com morte ou sequestro e outros graves delitos – situação que persiste até hoje". Na mesma esteira, é possível acrescentar que a efetividade da aplicação da sanção penal foi sendo pouco a pouco corroída, sob pretexto de aderência aos princípios da nova ordem constitucional. Assim, as leis nºs 11.686 e 11.719 de 2009 revogaram a prisão decorrente de pronúncia (art. 408, §1º, CPP) e a obrigatoriedade de prisão para apelar (art. 594, CPP), assim como a Lei nº 12.403/2011 revogou o art. 393, que previa a prisão decorrente de sentença condenatória e alterou o art. 283 nos termos agora vigentes: "Ninguém poderá ser preso senão em flagrante delito ou por ordem escrita e fundamentada da autoridade judiciária competente, em decorrência de sentença condenatória transitada em julgado ou, no curso da investigação ou do processo, em virtude de prisão temporária ou prisão preventiva".

[13] O caso concreto do qual foi extraído o HC nº 84.078 dizia respeito a uma tentativa de homicídio ocorrida em 1991 e que graças à decisão do STF prescreveu em 2012, sem que se tenha verificado o trânsito em julgado!

econômica nacional algum ato do Presidente do Banco Central. Fora disso, realmente, muito difícil chegarmos a configurar essa hipótese. A terceira hipótese é a da conveniência da instrução criminal – já não aplicável, porque a instrução criminal se encerrou. Portanto, ao invés de termos quatro pressupostos, temos apenas três. Há, ainda, a última hipótese, para assegurar a aplicação da lei penal. Neste caso concreto, Senhor Presidente, o eminente Ministro Menezes Direito foi extremamente cuidadoso ao referir que o réu, na hipótese, está vendendo todo o seu patrimônio; preparando-se, portanto, para colocar-se em condições de evadir-se à aplicação da lei penal. No entanto, também, essa hipótese muito concreta que se verifica aqui não está sendo considerada pelo Plenário. Portanto, chego à conclusão de que raras, raríssimas serão as hipóteses em que esta Corte concederá qualquer valia, seja à sentença de primeiro grau, onde extensamente foi examinada prova e fato, ou à sua eventual confirmação pelo segundo grau de jurisdição que, como todos sabemos, tem ampla liberdade para revisar a produção dessas provas e definir a certeza sobre os fatos. Portanto, essa é a situação, essa é a conseqüência deste julgamento. Mas, feita essa digressão, peço vênia para tomar algum tempo do Plenário com a leitura de um voto, que já havia preparado para outras questões em que havia pedido vista anteriormente, mas a apresentação deste caso me enseja retomar o tema: "1. A questão central debatida neste habeas corpus diz respeito à possibilidade (ou não) de expedição do mandado de prisão contra pessoa que teve sua condenação mantida ou imposta na segunda instância dos órgãos jurisdicionais locais. Tal hipótese envolve a temática do esgotamento das instâncias ordinárias e, consequentemente, de imposição da prisão em decorrência da condenação ainda não transitada em julgado. Princípio Constitucional da Presunção de Não Culpabilidade (art. 5º, LVII). 2. Dou à presunção de inocência ou, mais corretamente, à presunção de não-culpabilidade uma extensão diversa daquela sustentada pelo impetrante. Com efeito, entendo que a presunção posta no inciso LVII do art. 5º da Constituição Federal – e que não corresponde à inovação trazida ou inaugurada pelo texto constitucional de 88, pois já figurava nas redações dos textos constitucionais anteriores – é garantia, apenas, de que os acusados sejam tidos e havidos por inocentes durante toda a instrução criminal, sendo-lhes garantido o devido processo legal, em que à acusação incumbe todo o ônus da prova. De fato, esse princípio de direito processual penal traduziu-se na regra, há muito observada, de caber à parte acusadora a prova da responsabilidade penal do acusado. Todavia, a sentença condenatória que seja mantida pelo tribunal após o devido contraditório e a ampla defesa não deixa a salvo tal presunção. Porque *presunção é a mera predeterminação do sujeito a aceitar uma hipótese, enquanto ela não seja invalidada por provas. Por isso mesmo, mera presunção não se sobrepõe a juízo, porque o juízo é formado após a dilação probatória, na qual precisa estribar-se para alcançar uma conclusão condenatória.* Logo, a presunção de inocência é substituída, a partir da sentença confirmada, por um juízo de culpabilidade, embora não definitivo, já que sujeito à revisão. 3. Segundo entendo, a prática da doutrina da presunção de inocência há de corresponder a um compromisso entre (1) o direito de defesa da sociedade contra os comportamentos desviantes criminalmente sancionados e (2) a salvaguarda dos cidadãos contra o todo poderoso Estado (acusador e juiz). Longe estamos, felizmente, da fórmula inversa em que ao acusado incumbia demonstrar sua inocência, fazendo prova negativa das faltas que lhe eram imputadas. Naquele tempo, nem tão distante, mas felizmente superado, o recolhimento à prisão era a regra. A simples suspeita levantada contra alguém podia levá-lo à prisão por tempo indefinido. Foi este o uso, por exemplo, na França pré-revolucionária, onde o encarceramento, mais que uma política de controle da criminalidade, servia como hábil método de coerção sobre a vontade de devedores relapsos e até mesmo de filhos rebeldes. A rica literatura da época nos oferece excelentes relatos a esse respeito. Mais recentemente, o direito soviético também optou por esse "privilégio da acusação", e a crônica literária, ainda aqui, nos dá conta das violações de direitos decorrentes. No campo mais ameno da sátira, é conhecida a história da lebre que, ao cruzar a fronteira da ex-URSS, encontrou-se com uma doninha. Esta lhe perguntou: "Por que você está fugindo?" Diz a lebre: "Mandaram prender todos os camelos." E a outra, atônita: "Mas você não é um camelo!" "Claro", remata a lebre, "mas como é que eu faço para provar isso?" O Ministro Celso de Mello, no brilhante voto proferido no HC 73.338, relembrou que entre nós o Estado Novo 'com a falta de pudor que caracteriza os regimes autoritários, criou para o réu a obrigação de provar a sua própria inocência'. Ora, se aos simples acusados, o direito de então não resguardava do encarceramento, menos ainda aos condenados em processos conduzidos muitas vezes sem oportunidade para o contraditório e o exercício efetivo do direito de defesa. Pois bem, é dessa situação historicamente documentada, cuja memória deve permanecer como advertência constante, que, em movimento pendular, alguns propõem que se vá até o extremo oposto. Em suma, para sustentar a inviabilidade do recolhimento à prisão, após sentença condenatória confirmada pelo tribunal. Ora, se a presunção de inocência é conquista democrática das mais valiosas, não há de decorrer que, da aplicação desse princípio, resulte a total inanidade da persecução criminal, a desvalia das sentenças mantidas pelo tribunal, o absoluto desamparo da cidadania de bem ante a prática criminosa e a corrosiva sensação de impunidade de que nossa sociedade tanto se ressente. 4. *Entendo que o domínio mais expressivo de incidência do princípio da não-culpabilidade é o da disciplina jurídica da prova (CF, art. 5º, LIV).* O acusado deve, necessariamente, ser considerado inocente durante a instrução criminal – mesmo que seja réu confesso de delito praticado perante as câmeras de TV e presenciado por todo o país. Por isso mesmo, o ônus da prova recai integralmente sobre a acusação. Não se exige do suspeito que colabore minimamente para a comprovação da veracidade das acusações que lhe são imputadas. Pode calar para ocultar fatos que lhe sejam desfavoráveis. Pode utilizar-se de todos os meios postos à sua disposição pela legislação para contrastar os elementos de prova produzidos pela Promotoria e mesmo para impedir o seu aproveitamento quando não sejam obtidos por meios absolutamente ortodoxos. O Ministério Público é que deverá se encarregar de fazer a prova mais completa de materialidade, autoria e imputabilidade. Nessas circunstâncias, o país pode orgulhar-se de contar com uma legislação das mais garantidoras da liberdade e de uma prática jurisprudencial que lhe está à altura. É, pois, num quadro de grande rigor formal, que, uma vez sopesada a prova e considerada ela como suficiente pelo juiz de primeiro grau, tal demonstração embasará a sentença condenatória que nela deverá fundar suas conclusões, em relação necessária de causa e conseqüência lógica. A sentença é silogismo pelo qual se demonstra que um delito (tipo penal) foi cometido e que o foi pelo acusado, pois nesse sentido convergem as provas constantes dos autos. E sua confirmação pelo tribunal culmina por impedir qualquer rediscussão sobre questões de fato relacionadas ao caso concreto. É equivocado afirmar que o inciso LVII do art. 5º da Constituição Federal exige o esgotamento de toda a extensa gama recursal, para que, só então, se dê conseqüência à sentença condenatória. Essa extensa gama recursal já foi designada em outra oportunidade pelo Ministro Francisco Rezek como extravagâncias barrocas do processo penal brasileiro. O inciso LVII do art. 5º da Constituição Federal deve ser lido em harmonia com o que dispõem os incisos LIV e LXVI do mesmo dispositivo, os quais autorizam a privação de liberdade desde que obedecido o devido processo legal e quando a legislação não admita a liberdade provisória, com ou sem fiança. Esta é, aliás, a prática internacional. Mesmo em países em que a legislação não é tão generosa em permitir a recorribilidade procrastinatória como acontece no Brasil, mas cuja tradição democrática é reconhecida (como é o caso do Reino Unido), a regra é a de que o réu se recolha à prisão, a partir da sentença condenatória de primeira instância. Aguardar, como se pretende, que a prisão só ocorra depois do trânsito em julgado é algo inconcebível. A prevalecer essa tese, nenhuma prisão poderia haver no Brasil, mesmo após a condenação pelo juiz ser confirmada por tribunal de segundo grau de jurisdição, único competente para reexaminar a autoria, a materialidade e a prova dos fatos. Essa análise não podem fazê-lo nem o Superior Tribunal de Justiça e nem o Supremo Tribunal Federal. Tanto que os recursos especial e extraordinário são desprovidos de efeito suspensivo (Lei 8.038/90, art. 27, §2º). Não creio que a extrema violência que impera no

Brasil e a sensação de impunidade que a morosidade da justiça provoca na sociedade brasileira estejam a recomendar interpretação diversa da que esta Corte firmou no julgamento do HC 72.366. Nesta linha, vale lembrar, mais uma vez, as palavras do Ministro Francisco Rezek, na apreciação do HC 71.026: "Há países onde se pode conviver, sem consequências desastrosas, com a tese segundo a qual a pessoa não deveria ser presa senão depois do trânsito em julgado da decisão condenatória. São países onde o trânsito em julgado ocorre com rapidez, porque não conhecem nada semelhante à nossa espantosa e extravagante prodigalidade recursiva." A Convenção Americana sobre Direitos Humanos (Pacto de San José da Costa Rica). 5. A Convenção Americana sobre Direitos Humanos, por sua vez, "não assegura ao condenado, de modo irrestrito, o direito de recorrer em liberdade" (HC 73.151, rel. Min. Moreira Alves, DJ 19.04.1996). Vejamos o seu teor: "Ninguém pode ser privado de sua liberdade física, salvo pelas causas e nas condições previamente fixadas pelas constituições políticas dos estados-partes ou pelas leis, de acordo com elas promulgadas". (artigo 7º, nº 2) Vale dizer, o que a Convenção está a reafirmar é a antiga regra segundo a qual a prisão só se pode efetuar nas hipóteses autorizadas pelas Constituições e na forma e nas condições estabelecidas pela legislação editada em sua conformidade. Sua redação não significa indenidade contra efeitos de sentenças condenatórias regularmente proferidas e mantidas pelo tribunal, após instrução processual regular em que assegurado o direito de defesa, nos termos da legislação interna de cada país. Além do mais, o duplo grau de jurisdição não é garantia constitucional. Di-lo o Professor José Frederico Marques, citado pelo Ministro Celso de Mello no julgamento do HC 72.366: "Vigora no Direito brasileiro o princípio do duplo grau de jurisdição. Trata-se, porém, de postulado não consagrado constitucionalmente, pelo que o legislador ordinário poderá derrogá-lo em hipóteses especiais." E mais. O Pacto de San José da Costa Rica não assegura o direito de recorrer em liberdade, mas, sim, o direito de recorrer tout court. E seus redatores certamente não tinham em mente a "superabundância tipicamente brasileira de recursos supérfluos" (Min. Francisco Rezek, no HC 72.366). Seria demasia, segundo penso, tentar *interpretar o Pacto de San José à luz daquilo que o tratado não previu* e que consiste em extravagância exclusiva deste país. Leia-se o artigo 25, §1º, da Convenção: "Toda pessoa tem direito a um recurso simples e rápido ou a qualquer outro recurso efetivo, perante os juízes ou tribunais competentes que a proteja contra atos que violem os seus direitos fundamentais reconhecidos pela Constituição, pela lei ou pela presente Convenção mesmo quando tal violação seja cometida por pessoas que estejam atuando no exercício de suas funções oficiais." Portanto, *quando a Convenção, nesse artigo, fala em recurso simples e rápido*, não está a significar apelação ou acesso ao segundo, terceiro ou quarto grau de jurisdição. *O termo recurso, aí empregado, remete à possibilidade, meio ou modo de obter-se remédio pronto contra prisão ilegal*. Por isso mesmo, faz destinatários da súplica os juízes e os tribunais competentes, atento às diferentes formas de organização judiciária. Em resumo, a garantia posta em tal artigo encontra-se incluída no conteúdo do inciso LXII do art. 5º da Constituição Federal: "A prisão de qualquer pessoa e o local onde se encontre serão comunicados imediatamente ao juiz competente [...]" É mais ampla a proteção dada pela Constituição Federal. Ela obriga a própria autoridade a submeter a prisão ao crivo do juiz competente. A não ser que se pretenda tomar literalmente uma versão deficiente como a letra definitiva da Convenção, é forçoso reconhecer que também ali não foi consagrado como garantia inarredável o duplo grau de jurisdição. Recurso, na redação do art. 25, §1º, da Convenção, não significa manifestação de inconformidade contra uma decisão judicial. O Princípio da Proporcionalidade. 6. O princípio da proporcionalidade é uma via de mão dupla. Ao mesmo tempo em que proíbe o excesso, proíbe, também, a insuficiência. De fato, a noção de proporcionalidade, na seara penal, não se esgota na categoria da proibição do excesso, já que vinculada igualmente a um dever de proteção, por parte do Estado, em relação às agressões a bens jurídicos praticadas por terceiros. Ou seja, de um lado a proibição do excesso, de outro, a proibição da insuficiência. Não identifico excesso algum quando o legislador torna eficaz, enquanto não modificada, uma sentença condenatória mantida pelo tribunal. Ele parte da presunção de que a condenação foi acertada. Não seria razoável partir da presunção de que ela é sempre desacertada. Qualquer magistrado de segundo, terceiro ou quarto graus de jurisdição sabe que é mínimo o percentual de reformas em decisões condenatórias. Afetado estaria o referido princípio se aceitássemos que alguém pudesse ser privado da liberdade no curso do processo quando não há certeza formada sobre materialidade e autoria (CPP, art. 312), mas não pudesse sê-lo após a sentença condenatória mantida pelo tribunal, quando, *ao invés de presunção, já existe juízo de certeza*. Ademais, frágil me parece, com a vênia devida, a tese de que as formas diferentes de execução de uma sentença civil proferida contra devedor inadimplente e de uma sentença penal proferida contra sujeito ativo de crime possam comprometer o princípio da proporcionalidade na esfera penal, apenas porque constituem tratamento normativo desigual. Os bens jurídicos tutelados são diversos e diversas, portanto, as formas de execução. 7. Ressalto, ainda, que enquanto a condenação não for mantida pelo terceiro grau de jurisdição, o condenado não ingressa no regime prisional. Aguarda, em presídio próprio, a definitividade da condenação. Só depois da carta de guia é que inicia o cumprimento da pena no regime prisional que foi estabelecido pela sentença condenatória. *Não se cuida, portanto, de antecipação da pena, mas de prisão provisória, decorrente de uma condenação mantida pelo segundo grau de jurisdição, dado que os recursos especiais ou extraordinários não se prestam ao reexame da prova, nem dos fatos*. 8. Diante do exposto, denego a ordem de habeas corpus. É como voto." Por todas essas razões, renovando as vênias aos eminentes Colegas, especialmente ao Ministro-Relator, denego a ordem de habeas corpus.

Nada pôde evitar que a maioria então formada rasgasse os precedentes, desdenhasse a sabedoria de gerações de antecessores e proclamasse um absurdo que não tem similar no mundo civilizado. Considerou-se, em leitura rigidamente gramatical, que apenas após os últimos embargos de declaração perante o Supremo Tribunal Federal pode um condenado ser encarcerado.[14]

Vale transcrever excertos de alguns dos votos então proferidos.

> [...] *A ampla defesa, não se a pode visualizar de modo restrito. Engloba todas as fases processuais, inclusive as recursais de natureza extraordinária. Por isso a execução da sentença após o julgamento do recurso de apelação significa, também, restrição do direito de defesa, caracterizando desequilíbrio entre a pretensão estatal de aplicar a pena e o direito, do acusado, de elidir essa pretensão*. [...] Nas democracias mesmo os criminosos são sujeitos de direitos. Não perdem essa qualidade, para se transformarem em objetos processuais. São pessoas, inseridas entre aquelas beneficiadas pela afirmação constitucional da sua dignidade (art. 1°, III, da Constituição do Brasil). É

---

[14] Por bem refletir o absurdo contido na interpretação restrita dada ao princípio da não culpabilidade, transcrevo trecho do voto do Min. Luís Roberto Barroso, no HC n° 126.292: "Infelizmente, porém, estes casos não constituem exceção, mas a regra. Tome-se aleatoriamente, um outro caso incluído na pauta do mesmo dia do presente julgamento. Refiro-me ao AI 394.065-AgR-ED-ED-ED-Edv_AgR-AgR-AgR-ED, de relatoria da Ministra Rosa Weber, relativo ao crime de homicídio qualificado cometido em 1991. Proferida a sentença de pronúncia, houve recurso em todos os graus de jurisdição até sua confirmação definitiva. Posteriormente, deu-se a condenação pelo Tribunal do Júri e foi interposto recurso de apelação. Mantida a decisão condenatória, foram apresentados embargos de declaração (EDs). Ainda inconformada, a defesa interpôs recurso especial. Decidido desfavoravelmente o recurso especial, foram manejados novos EDs. Mantida a decisão embargada, foi ajuizado Recurso Extraordinário, inadmitido pelo eminente Min. Ilmar Galvão. Contra esta decisão monocrática, foi interposto agravo regimental (AgR). O AgR foi desprovido pela 1ª Turma, e, então, foram apresentados EDs, igualmente desprovidos. Desta decisão foram oferecidos novos EDs, redistribuídos ao Min. Ayres Britto. Rejeitados os embargos de declaração, foram interpostos embargos de divergência, distribuídos ao Min. Gilmar Mendes, que inadmitiu os EDiv, foi ajuizado AgR, julgado pela Min. Ellen Gracie. Da decisão da Ministra foram apresentados EDs, conhecidos como AgR, a que a 2ª Turma negou provimento. Não obstante isso, foram manejados novos EDs, pendentes de julgamento pelo Plenário do STF. Portanto, utilizando-se de mais de uma dúzia de recursos, depois de quase 25 anos, a sentença de homicídio cometido em 1991 não transitou em julgado".

inadmissível a sua exclusão social, sem que sejam consideradas, em quaisquer circunstâncias, as singularidades de cada infração penal, o que somente se pode apurar plenamente quando transitada em julgado a condenação de cada qual Ordem concedida [...].[15]

[...] Diante desse quadro, o conteúdo jurídico do princípio é, nada mais nada menos, que a expressão de uma garantia no sentido substancial, não no sentido de remédio processual; no sentido substancial de o ordenamento jurídico, em relação ao réu, não lhe poder impor nenhuma medida que atinja sua esfera ou patrimônio jurídico, no sentido largo do termo, enquanto não sobrevenha sentença definitiva condenatória. Ou seja, *o ordenamento jurídico constitucional não tolera, por força do princípio, que o réu, no curso do processo penal, sofra qualquer medida gravosa, cuja justificação seja um juízo de culpabilidade que ainda não foi emitido em caráter definitivo*. Toda medida que se aplique, mediante lei, ao réu, no curso do processo, e que não possa ser justificada ou explicada por outra causa jurídica, senão por um juízo de culpabilidade, ofende a garantia constitucional. [...].[16]

Esta situação de inanidade da ordem jurídica ante o ato ilícito perdurou até 2016, ocasião em que, relatando o HC nº 126.292/SP, o Min. Teori Zavascki liderou maioria de 7 a 4[17] para obter a reversão da decisão que aberrava à melhor interpretação constitucional, à política de enfrentamento à criminalidade e ao próprio bom senso.

Daquele julgamento destacam-se os seguintes excertos:

[...] Nesse cenário jurisprudencial, em caso semelhante ao agora sob exame, esta Suprema Corte, no julgamento do HC 68.726 (Rel. Min. Néri da Silveira), realizado em 28/6/1991, assentou que a presunção de inocência não impede a prisão decorrente de acórdão que, em apelação, confirmou a sentença penal condenatória recorrível, em acórdão assim ementado: [...] "A ordem de prisão, em decorrência de decreto de custódia preventiva, de sentença de pronúncia ou de decisão e órgão julgador de segundo grau, é de natureza processual e concernente aos interesses de garantia da aplicação da lei penal ou de execução da pena imposta, após o devido processo legal. Não conflita com o art. 5º, inciso LVII, da Constituição". [...] Ao reiterar esses fundamentos, o Pleno do STF asseverou que, "com a condenação do réu, fica superada a alegação de falta de fundamentação do decreto de prisão preventiva", de modo que "os recursos especial e extraordinário, que não têm efeito suspensivo, não impedem o cumprimento de mandado de prisão" (HC 74.983, Rel. Min. Carlos Velloso, julgado em 30/6/1997). [...] a superveniência da sentença penal condenatória recorrível imprimia acentuado "juízo de consistência da acusação",(HC 72.366/SP, Rel. Min. Néri da Silveira, DJ 26/1/1999), [...] as Turmas do STF afirmaram e reafirmaram que princípio da presunção de inocência não inibia a execução provisória da pena imposta, ainda que pendente o julgamento de recurso especial ou extraordinário: HC 71.723, Rel. Min. Ilmar Galvão, Primeira Turma, DJ 16/6/1995; HC 79.814, Rel. Min. Nelson Jobim, Segunda Turma, DJ 13/10/2000; HC 80.174, Rel. Min. Maurício Corrêa, Segunda Turma, DJ 12/4/2002; RHC 84.846, Rel. Carlos Velloso, Segunda Turma, DJ 5/11/2004; RHC 85.024, Rel. Min. Ellen Gracie, Segunda Turma, DJ 10/12/2004; HC 91.675, Rel. Min. Cármen Lúcia, Primeira Turma, DJe de 7/12/2007; e HC 70.662, Rel. Min. Celso de Mello, Primeira Turma, DJ 4/11/1994; [...] Ilustram, ainda, essa orientação as Súmulas 716 e 717, aprovadas em sessão plenária realizada em 24/9/2003, cujos enunciados têm por pressupostos situações de execução provisória de sentenças penais condenatórias. [...] O estabelecimento desses limites ao princípio da

---

[15] HC nº 84.078-7/MG, trecho do voto do Min. Rel. Eros Grau.
[16] HC nº 84.078-7/MG, trecho do voto do Min. Cezar Peluso.
[17] Acompanhando o relator votaram os ministros Gilmar Mendes, Cármen Lúcia, Dias Toffoli, Luiz Fux, Roberto Barroso e Edson Fachin. Foram votos vencidos os dos srs. ministros Rosa Weber, Marco Aurélio, Celso de Mello e Ricardo Lewandowski.

presunção de inocência tem merecido o respaldo de autorizados constitucionalistas, como é, reconhecidamente, nosso colega Ministro Gilmar Ferreira Mendes, que, a propósito, escreveu: [...] "Esgotadas as instâncias ordinárias com a condenação à pena privativa de liberdade não substituída, tem-se uma declaração, com considerável força de que o réu é culpado e a sua prisão necessária." Não é incompatível com a garantia constitucional autorizar, a partir daí, ainda que cabíveis ou pendentes de julgamento de recursos extraordinários, a produção dos efeitos próprios da responsabilização criminal reconhecida pelas instâncias ordinárias. [...] a presunção de inocência não impede que, mesmo antes do trânsito em julgado, o acórdão condenatório produza efeitos contra o acusado. [...] os apelos extremos [...] não acarretam a interrupção da contagem do prazo prescricional. Assim, ao invés de constituírem um instrumento de garantia da presunção de não culpabilidade do apenado, acabam representando um mecanismo inibidor da efetividade da jurisdição penal.[18]

Secundando o relator, assim se manifestou o Min. Luís Roberto Barroso:

[...] (ii) a presunção de inocência é princípio (e não regra) e, como tal, pode ser aplicada com maior ou menor intensidade, quando ponderada com outros princípios ou bens jurídicos constitucionais colidentes. No caso específico da condenação em segundo grau de jurisdição, na medida em que já houve demonstração segura da responsabilidade penal do réu e finalizou-se a apreciação de fatos e provas, o princípio da presunção de inocência adquire menor peso ao ser ponderado com o interesse constitucional na efetividade da lei penal (CF/1988, arts. 5º, caput e LXXVIII e 144); (iii) com o acórdão penal condenatório proferido em grau de apelação esgotam-se as instâncias ordinárias e a execução da pena passa a constituir, em regra, exigência de ordem pública, necessária para assegurar a credibilidade do Poder Judiciário e do sistema penal. [...] 3. [...] os incentivos à criminalidade de colarinho branco, decorrente do mínimo risco de cumprimento efetivo da pena; [...] 5. Em julgamento realizado em 5.02.2009, porém, este entendimento[19] foi alterado em favor de uma leitura mais literal do art. 5º, LVII. [...] por 7 votos a 4 [...]. 6. É pertinente aqui uma brevíssima digressão doutrinária acerca do tema da mutação constitucional. Trata-se de mecanismo informal que permite a transformação do sentido e do alcance de normas da Constituição, sem que se opere qualquer modificação do seu texto. A mutação está associada à plasticidade de que devem ser dotadas as normas constitucionais. Este novo sentido ou alcance do mandamento constitucional pode decorrer de uma mudança na realidade fática ou de uma nova percepção do Direito, uma releitura do que deve ser considerado ético ou justo. A tensão entre normatividade e facticidade, assim como a incorporação de valores à hermenêutica jurídica, produziu modificações profundas no modo como o Direito contemporâneo é pensado e praticado. [...][20] "A mutação constitucional por via de

---

[18] HC nº 126.292/SP, trecho do voto do Min. Rel. Teori Zavascki.

[19] "Veja-se, nesse sentido, os seguintes julgados: (i) no Plenário: HC 68.726, Rel. Min. Néri da Silveira, HC 72.061, Rel. Min. Carlos Velloso; (ii) na Primeira Turma: HC 71.723, Rel. Min. Ilmar Galvão; HC 91.675, Rel. Min. Carmen Lúcia; HC 70.662, Rel. Min. Celso de Mello; e (iii) na Segunda Turma: HC 79.814, Rel. Min. Nelson Jobim; HC 80.174, Rel. Min. Maurício Corrêa; RHC 84.846, Rel. Min. Carlos Veloso e RHC 85.024, Rel. Min. Ellen Gracie. Confiram-se, ainda, as Súmulas 716 e 717: Súmula 716 "Admite-se a progressão de regime de cumprimento da pena ou a aplicação imediata de regime menos severo nela determinada, antes do trânsito em julgado da sentença condenatória. Súmula 717: "Não impede a progressão de regime de execução da pena, fixada em sentença não transitada em julgado, o fato de o réu se encontrar em prisão especial".

[20] "Sobre o tema, v. o trabalho seminal de Konrad Hesse, A força normativa da Constituição. In: Escritos de derecho constitucional, 1983. Um desenvolvimento específico dessa questão foi dado por Friedrich Muller, para quem a norma jurídica deve ser percebida como o produto da fusão entre o programa normativo e o âmbito normativo. O programa normativo corresponde ao sentido extraído do texto do dispositivo constitucional pela utilização dos critérios tradicionais de interpretação, que incluem o gramatical, o sistemático, o histórico e o teleológico. O âmbito normativo, por sua vez, identifica-se com a porção da realidade social sobre a qual incide o programa normativo, que tanto condiciona a capacidade de a norma produzir efeitos como é o alvo de sua pretensão de efetividade. V. Friedrich Müller, Métodos de trabalho do direito constitucional, 2005. Sobre a relevância dos

interpretação, por sua vez, consiste na mudança de sentido da norma, em contraste com entendimento pré-existente. Como só existe norma interpretada, a mutação constitucional ocorrerá quando se estiver diante da alteração de uma interpretação previamente dada. No caso da interpretação judicial, haverá mutação constitucional quando, por exemplo, o Supremo Tribunal Federal vier a atribuir a determinada norma constitucional sentido diverso do que fixara anteriormente. [...] A mutação constitucional em razão de uma nova percepção do Direito ocorrerá quando se alterarem os valores de uma determinada sociedade. A ideia do bem, do justo, do ético varia com o tempo. Um exemplo: a discriminação em razão da idade, que antes era tolerada, deixou de ser. [...] A mutação constitucional se dará, também, em razão do impacto de alterações da realidade sobre o sentido, o alcance ou a validade de uma norma. O que antes era legítimo pode deixar de ser. E vice-versa. Um exemplo: a ação afirmativa em favor de determinado grupo social poderá justificar-se em um determinado momento histórico e perder o seu fundamento de validade em outro". [...] 8. [...] impacto traumático da própria realidade que se criou após a primeira mudança de orientação. [...] Em primeiro lugar, funcionou como um poderoso incentivo à infindável interposição de recursos protelatórios [...] de 1.01.2009 a 19.04.2016, em 25.707 decisões de mérito proferidas em recursos criminais pelo STF (REs e agravos), as decisões absolutórias não chegam a representar 0,1% do total de decisões. [...] Em segundo lugar, reforçou a seletividade do sistema penal. [...] Em terceiro lugar, o novo entendimento contribuiu significativamente para agravar o descrédito do sistema de justiça penal junto à sociedade. [...] há diversos outros efeitos da condenação criminal que só podem ser produzidos com o trânsito em julgado, como os efeitos extrapenais (indenização do dano causado pelo crime, perda de cargo, função pública ou mandato eletivo, etc.) e os efeitos penais secundários (reincidência, aumento do prazo da prescrição na hipótese de prática de novo crime, etc.). [...] a presunção de inocência ou de não-culpabilidade é um princípio, e não uma regra. [...] Como escrevi em texto doutrinário: "A integração de sentido dos conceitos jurídicos indeterminados e dos princípios deve ser feita, em primeiro lugar, com base nos valores éticos mais elevados da sociedade (leitura moral da Constituição). Observada essa premissa inarredável – porque assentada na ideia de justiça e na dignidade da pessoa humana – deve o intérprete atualizar o sentido das normas constitucionais (interpretação evolutiva) e *produzir o melhor resultado possível para a sociedade (interpretação pragmática)*. A interpretação constitucional, portanto, configura uma atividade concretizadora – i.e., uma interação entre o sistema, o intérprete e o problema – e construtivista, porque envolve a atribuição de significados aos textos constitucionais que ultrapassam sua dicção expressa."[21] 42. O pragmatismo possui duas características que merecem destaque para os fins aqui visados: (i) o contextualismo, a significar que a realidade concreta em que situada a questão a ser decidida tem peso destacado na determinação da solução adequada; e (ii) o consequencialismo, na medida em que o resultado prático de uma decisão deve merecer consideração especial do intérprete. Dentro dos limites e possibilidades dos textos normativos e respeitados os valores e direitos fundamentais, cabe ao juiz produzir a decisão que traga as melhores consequências possíveis para a sociedade como um todo. [...].[22]

Á época, formando com a maioria, manifestou-se o Min. Gilmar Mendes,[23] nos seguintes termos:

---

fatos para a interpretação constitucional, v. Jean-Jacques Pardini, Le juge constitutionnel et le 'fait' en Italie et en France, 2001".

[21] BARROSO, Luís Roberto. *Curso de direito constitucional contemporâneo.* [s.l.]: [s.n.], 2015. p. 322.
[22] HC nº 126.292/SP, trecho do voto do Min. Luís Roberto Barroso.
[23] Também em texto doutrinário, S.Exa. manifestou o mesmo pensamento: "Os recursos extraordinários têm sua fundamentação vinculada a questões federais (recurso especial) e constitucionais (recurso extraordinário) e, por força da lei (art. 673 do CPP) e mesmo da tradição, não tem efeito suspensivo. A análise das questões federais e constitucionais em recursos extraordinários, ainda que decorra da provocação da parte recorrente,

> [...] A Convenção Americana de Direitos Humanos (Pacto de San José da Costa Rica) prevê a garantia no artigo 8, 2: "Toda pessoa acusada de um delito tem direito a que se presuma sua inocência, enquanto não for legalmente comprovada sua culpa". A Convenção Europeia dos Direitos do Homem prevê, no artigo 6º, 2, que "Qualquer pessoa acusada de uma infração presume-se inocente enquanto a sua culpabilidade não tiver sido legalmente provada". [...] Todas escolhem, como marco para cessação da presunção, o momento em que a culpa é provada de acordo com o direito. [...] O Tribunal Europeu dos Direitos do Homem, interpretando o dispositivo da Convenção Europeia, afirma que a presunção pode ser tida por esgotada antes mesmo da conclusão do julgamento em primeira instância. Alguns países, notadamente os do sistema "common law", dividem os julgamentos nas fases de veredito (verdict) e de aplicação da pena (sentencing). Na primeira, é deliberado acerca da culpa do implicado. Se declarada a culpa, passa-se à fase seguinte, de escolha e quantificação das penas. No caso Matijašević v. Serbia, n. 23037/04, julgado em 19.9.2006, o Tribunal reitera já longa jurisprudência no sentido de que, declarada a culpa na fase de veredito, o dispositivo não mais se aplica. Ou seja, com a declaração da culpa, cessa a presunção, independentemente do cabimento de recursos. Os Estados Unidos adotam standards bastante rigorosos nessa seara. A legislação processual federal – art. 18 U. S. Code §3143 – determina a imediata prisão do condenado, mesmo antes da imposição da pena (alínea "a"), salvo casos excepcionais. As exceções são ainda mais estritas na pendência de apelos (alíneas "b" e "c"). [...] entendo que, nesse contexto, *não é de se considerar que a prisão, após a decisão do tribunal de apelação, haja de ser considerada violadora desse princípio*.[24]

Todavia, passado algum tempo, circunstâncias políticas ensejaram o ressurgimento do movimento revisionista dentro do Tribunal. A condenação em processos relacionados à Operação Lava-Jato de inúmeras figuras de proa entre o empresariado nacional e do mundo político acabou por levar de roldão a maioria formada em 2016, para restabelecer o aleijão de 2009.

Refiro-me ao julgamento da ADC nº 43/DF, Rel. Min. Marco Aurélio, ocorrido em 17.10.2019.

Referida ADC foi instaurada pelo Partido Ecológico Nacional – PEN (atual Patriota) e teve como interessados, na qualidade de *amicus curiae*, o Instituto de Defesa do Direito de Defesa, o Instituto Brasileiro de Ciências Criminais – IBCCRIM, a Associação Brasileira de Advogados Criminalistas – Abracrim e o Instituto de Garantias Penais – IGP.

Com alguns votos surpreendentes e lamentáveis pela falta de consistência jurídica, manifestações nitidamente circunstanciais e alijadas da preocupação de contribuir para a solidificação de um ordenamento jurídico coerente acabaram por fazer a jurisprudência retroceder em alguns anos.

Para que se não esqueçam, vale transcrever alguns trechos desses votos:

> [...] Penso que, nos termos do que sustentei anteriormente, há uma progressiva fragilização da presunção de inocência ao longo da persecução penal, com decisões como o recebimento da denúncia, a sentença condenatória e a confirmação de tal decisão em segundo grau. Isso não autoriza o início da execução da pena, mas é sem dúvidas relevante para eventual imposição e fundamentação de uma prisão preventiva. A produção e a verificação das

---

serve preponderantemente não ao interesse do postulante, mas ao interesse coletivo no desenvolvimento e aperfeiçoamento da jurisprudência. [...] Nesse estágio, é compatível com a presunção de não culpabilidade determinar o cumprimento das penas, ainda que pendentes recursos" (MENDES, Gilmar Ferreira. A presunção de não culpabilidade. *In*: MELLO, Marco Aurélio. *Ciência*. Ribeirão Preto: Migalhas, 2015. p. 39-40).

[24] HC nº 126.292/SP, trecho do voto do Min. Gilmar Mendes.

provas ao longo do processo são relevantes ao menos em relação ao fundamento da medida cautelar, o fummus comissi delicti, ou seja, a existência de lastro probatório suficiente a demonstrar a plausibilidade da ocorrência do fato criminoso narrado e de sua autoria. Mas igualmente pode contribuir para assentar a gravidade concreta dos fatos ou elementos concretos que indiquem consistente risco de reiteração criminosa. Ou seja, o transcorrer do procedimento penal e as decisões proferidas pelos juízos de primeiro e segundo grau podem ser relevantes e fortalecer elementos para justificar legitimamente a imposição de uma prisão preventiva, desde que a partir de fundamentos compatíveis com a presunção de inocência e a jurisprudência deste Tribunal. [...] Após a decisão tomada em 2016, muito se alterou e se descobriu no cenário da persecução penal no Brasil. As ilegalidades cometidas em operações midiáticas atestam a necessidade de busca por limites ao poder punitivo estatal. Desde que votei favoravelmente à execução provisória da pena, muito refleti sobre as consequências amplas de tal posicionamento e percebi que uma leitura tão destoante do texto expresso da Constituição Federal só acarretaria abertura de brechas para cada vez mais arbitrariedades por todo o sistema penal.[25]

[...] entendo, com a devida vênia à corrente majoritária, a qual ocasionalmente se formou no julgamento do HC 126.292/SP, que naquela assentada o Plenário da Corte retirou do art. 5º, LVII, da Constituição um sentido que dele não poderia extrair – nem mesmo no mais elástico dos entendimentos – pois resultou na vulneração de um mandamento constitucional claro, unívoco, direto e objetivo, inclusive protegido pelo próprio texto magno, como visto, contra iniciativas tendentes a aboli-lo. Insisto em que não se mostra possível superar a taxatividade daquele dispositivo constitucional, salvo em situações de cautelaridade, por tratar-se de comando constitucional absolutamente imperativo, categórico, com relação ao qual não cabe qualquer tergiversação, pois, como já diziam os jurisconsultos de antanho, in claris cessat interpretatio. E o texto do inciso LVII do art. 5º da Carta Magna, ademais, além de ser claríssimo, jamais poderia ser objeto de uma inflexão jurisprudencial para interpretá-lo in malam partem, ou seja, em prejuízo dos acusados em geral. [...].[26]

Os argumentos, como se vê, não correspondem à magnitude da questão posta nem respondem às ponderáveis indagações suscitadas pelos votos divergentes.

Vale dizer, num intervalo de 10 anos, a jurisprudência do Tribunal, qual biruta de aeroporto, se alterou três vezes em matéria de direitos e garantias fundamentais do cidadão!

A posição atual não faz honra à tradição do Supremo Tribunal Federal, nem serve à finalidade pragmática de dar cobro à generalizada sensação de impunidade que mina os alicerces da ordem jurídica. Indagava o Sr. Min. Luís Roberto Barroso, quando de seu voto na ADC nº 43: "Quais foram os impactos dramaticamente negativos que a mudança da jurisprudência em 2009 trouxe para o Direito brasileiro?". E, S.Exa. responde, na sequência de seu voto, apontando "o poderoso incentivo à litigância procrastinatória, o reforço à seletividade do sistema e o absoluto descrédito que trouxe para o sistema de justiça, junto à sociedade, gerando mais do que uma sensação, uma realidade de impunidade".

De tudo, resta-nos a conclusão de que é, de fato, necessária uma alteração na composição do Supremo Tribunal Federal. Muitos falam em acrescentar novos

---

[25] ADC nº 43/DF, trecho do voto do Min. Gilmar Mendes.
[26] ADC nº 43/DF, trecho do voto do Min. Ricardo Lewandowski.

participantes no processo seletivo, de sorte a limitar o arbítrio do chefe de governo, dado que o Senado tem reduzido a uma sessão congratulatória o seu poder de *advise and consent*.

Não é propriamente ao processo seletivo que me refiro, porém, quando proponho uma reflexão sobre a composição da Corte. Minha preocupação se dá, sobretudo, em relação à necessidade de evitar que, ao gosto das circunstâncias, possa um grupo político povoar a Corte com juristas que se alinhem a determinadas posições que, embora bem-intencionadas e embasadas juridicamente, não servem ao melhor interesse do país.

Na Suprema Corte norte-americana confia-se ao inexorável a renovação do Tribunal. Aqui, na contramão do pensamento doutrinário dominante e da experiência dos últimos anos, ampliou-se a idade de aposentadoria compulsória. Oito ministros foram nomeados pelo Pres. Luís Inácio Lula da Silva e mais cinco foram entronizados pela Pres. Dilma Rousseff. Diga-se que nenhum deles descumpriu seu dever de bem e fielmente cumprir e fazer cumprir a Constituição e as leis. Julgaram e continuam a fazê-lo de acordo com suas convicções dentro do princípio da livre interpretação das regras jurídicas.

É necessário, todavia, que se institua um mecanismo limitador da permanência dos ministros em atividade. Dez ou doze anos é prazo suficiente para o exercício das melhores condições de criatividade na posição de julgador de última instância. Dá-se prazo para a necessária adaptação às novas funções e responsabilidades, prazo para enfrentar questões novas que ainda não tenham recebido a devida apreciação e prazo para ocupar as funções administrativas que a todos são atribuídas pela ordem de precedência. Quanto a estas, segundo entendo, também se deveria prever, quiçá regimentalmente, uma trava aos mandatos breves ou brevíssimos que não servem ao bom andamento da administração, mas apenas à satisfação de vaidades pessoais.

Nosso homenageado teve passagem breve pelo Supremo Tribunal Federal, mas sua participação foi luminosa e deixou marca indelével na melhor jurisprudência da Casa, sendo o brilhante voto condutor no HC nº 126.292 apenas um exemplo. Sua ausência é sentida. Sua figura inspiradora para toda uma geração de juízes permanece!

Informação bibliográfica deste texto, conforme a NBR 6023:2018 da Associação Brasileira de Normas Técnicas (ABNT):

NORTHFLEET, Ellen Gracie. Em homenagem a Teori. *In*: SEEFELDER FILHO, Claudio Xavier; AZEVEDO, Daniel Coussirat de (Coord.). *Teori na prática*: uma biografia intelectual. Belo Horizonte: Fórum, 2022. p. 147-160. ISBN 978-65-5518-344-3.

CONTRIBUIÇÕES DO MIN. TEORI ALBINO ZAVASCKI AO TEMA DA JURISDIÇÃO CONSTITUCIONAL E DA EFICÁCIA TEMPORAL DA COISA JULGADA NAS RELAÇÕES JURÍDICAS DE TRATO CONTINUADO

CLAUDIO XAVIER SEEFELDER FILHO

1 Introdução

Neste artigo em homenagem ao saudoso Min. Teori Albino Zavascki, pretendo analisar suas contribuições acadêmicas e jurisdicionais ao complexo tema da cessação da eficácia temporal da coisa julgada nas relações jurídicas de trato continuado.

Partindo de sua obra referencial sobre o tema, intitulada *Eficácia das sentenças na jurisdição constitucional*, fruto de sua tese de mestrado (2001 – Universidade Federal do Rio Grande do Sul – UFRGS), irei abordar um conjunto de votos proferidos pelo Min. Teori Zavascki no Superior Tribunal de Justiça (STJ) e no Supremo Tribunal Federal (STF) que contribuíram para o estudo do tema da cessação automática da eficácia das decisões judicias transitadas em julgado nas relações jurídicas de trato continuado contrárias a superveniente precedente do STF.

Da análise conjunta de seus estudos durante a vida acadêmica e dos entendimentos firmados na atividade judicante do Ministro Teori Zavascki, verificaremos importantes discussões sobre as relações jurídicas de trato continuado, os suportes fáticos e jurídicos implícitos em toda decisão judicial e a validade da cláusula *rebus sic stantibus* para elas, a cessação automática ou não dos efeitos da coisa julgada contrária ao entendimento do STF, a aproximação dos modelos de controle de constitucionalidade no Brasil e a abrangência de seus efeitos vinculantes, expansivos e *ultra partes*.

O Min. Teori Zavascki anteviu a relevância jurídica do tema aqui analisado e o tempo comprovou o acerto da direção de seus estudos, em especial nas relações jurídico-tributárias de trato continuado, conforme constatado: (i) na realidade fática de diversos casos em que, apesar do entendimento dos Tribunais Regionais, Tribunais de Justiça e Superior Tribunal de Justiça o Supremo Tribunal Federal dando a última palavra sobre o assunto, decide de forma diferente; (ii) na edição pela Procuradoria-Geral da

Fazenda Nacional do Parecer PGFN/CRJ nº 492/2011, para tratar dos casos mencionados acima, no qual se firmou orientação à Administração Tributária Federal no sentido que com o precedente do STF há uma alteração do suporte jurídico que sustenta as decisões em sentido contrário, fazendo cessar seus efeitos prospectivamente, sem a necessidade de ação declaratória, revisional ou rescisória; e (iii) a existência de duas repercussões gerais reconhecidas pelo STF em que se discute o limite da coisa julgada no âmbito tributário, na hipótese de o contribuinte ter em seu favor decisão judicial transitada em julgado que declare a inexistência de relação jurídico-tributária, ao fundamento de inconstitucionalidade incidental de tributo, por sua vez declarado constitucional, em momento posterior, na via do controle concentrado e abstrato de constitucionalidade exercido pelo STF. São os RE nº 949.297/CE, relator Min. Edson Fachin (Tema nº 881), que trata do controle concentrado, e o RE nº 955.227/BA, relator Min. Luís Roberto Barroso (Tema nº 885), que trata do controle difuso.

O Exmo. Min. Teori Albino Zavascki foi um excepcional jurista, estudioso e preocupado com a correta aplicação da lei, com larga experiência na área jurídica, com destaque para sua atuação como professor de graduação e pós-graduação, ex-procurador do Banco Central, desembargador (integrante da primeira composição) e presidente do Tribunal Regional Federal da 4ª Região, ministro do Superior Tribunal de Justiça (STJ) por quase uma década e ministro do Supremo Tribunal Federal (STF) desde novembro de 2012.

Tive a honra de conhecê-lo em 2004, quando cheguei a Brasília-DF, vindo da Procuradoria-Seccional de Marília-SP, minha cidade natal, para atuar pela Procuraria-Geral da Fazenda Nacional (PGFN) perante o Superior Tribunal de Justiça (STJ).

Ao acompanhar presencialmente as sessões de julgamento da 1ª Turma e da 1ª Seção do STJ, comecei a observar que suas participações nos julgamentos eram sempre polidas – sem atravessar nenhum colega –, serenas e pacificadoras, com técnica e domínio plenos das matérias em debate, além do dom de sempre detectar de forma precisa o ponto fulcral para a solução da controvérsia – esta última qualidade, em especial, sempre me surpreendia e era o momento em todo julgamento que esperava: quando ele recebia a palavra e ensinava todas as vezes que as coisas mais complexas tinham solução simples e inteligente e que todos conheciam, mas apenas ele visualizava e aplicava. Essa qualidade nata que me impressionava e deleitava perdurou por toda sua trajetória como magistrado em colegiados.

No teor dos acórdãos de sua lavra e de suas decisões monocráticas, verificamos sua clareza de texto, a correta aplicação da lei e da jurisprudência, além do pleno domínio do direito processo civil e do mérito em litígio, em especial, o direito tributário.

Nas visitas/audiências para tratar dos casos da PGFN no STJ, o conheci pessoalmente. Era sempre cordato e gentil e dominava plenamente os casos da pauta de julgamento em discussão. Nas inúmeras vezes em que subi à tribuna dos colegiados do STJ e STF, sempre tive no Min. Teori Zavascki um ouvinte atento, respeitoso e conhecedor pleno do caso e do direito em debate. Para a minha sorte, na maioria das vezes que subi a tribuna, tive na figura do Min. Teori Zavascki um qualificador dos julgamentos e das discussões sobre a matéria em debate.

Fui um privilegiado observador desse magistrado de grandeza maior, tanto no STJ e depois no STF. Sua atuação agregava juridicidade ímpar aos casos em debate, influenciando de forma decisiva o destino da causa e a percepção dos pares que tiveram o privilégio de compor os colegiados por onde o Min. Teori Zavascki passou.

Sempre zeloso e atento às causas que envolviam a Fazenda Pública, além de um entusiasta da atuação e da postura da Procuradoria-Geral da Fazenda Nacional (PGFN) na defesa da União em juízo, ainda quando era ministro do Superior Tribunal de Justiça (STJ), chegou a visitar a meu convite a Coordenação-Geral de Representação Judicial da Fazenda Nacional (CRJ/PGFN) para um debate jurídico franco com os colegas que atuavam perante o STJ e o STF e na área de consultoria processual civil da PGFN.

Na Presidência da 1ª Seção do STJ, abriu a sessão de julgamento do dia 24.3.2010 com congratulações e elogios à edição da Portaria PGFN nº 294/2010, em que destacou a responsabilidade do julgador na formação dos recursos repetitivos e a necessária autoridade substancial (não apenas formal) de seu conteúdo para a construção de um novo modelo de jurisdição.

Solícito e disposto, prestou relevantes contribuições nos diversos debates realizados pela PGFN na tentativa de otimizar e aperfeiçoar a Lei de Execução Fiscal (LEF). Mestre e Doutor pela Universidade Federal do Rio Grande do Sul (UFRGS), sua tese de mestrado *A eficácia da sentença na jurisdição constitucional*, de 2001, inspirou os debates na construção do Parecer PGFN/CRJ nº 492/2011 (objeto de duas repercussões gerais no STF – RE nº 949.297/CE e RE nº 955.227/BA – temas nºs 881 e 885). Coincidentemente, esse foi o tema de uma de suas últimas palestras em vida, realizada no primeiro Congresso de Contencioso Tributário realizado pela PGFN em 12.12.2016.

Infelizmente um acidente aéreo ocorrido em 19.1.2017 interrompeu drasticamente suas contribuições ao direito e à Justiça brasileira.

Costumo dizer que não vivi esse fatídico dia da morte do Ministro Teori Zavascki. Explico. Estava embarcando em viagem ao Japão, tendo entrado no avião no Brasil no dia 18.1.2017 e saído do avião, já em Tóquio, em 20.1.2017. Essa inusitada situação comprova que realmente não vivi o dia 19.1.2017, bem como demonstra a razão pela qual ainda considero o Min. Teori presente em suas lições, artigos, obras e votos.

A faísca para o início deste projeto surgiu em 2019, quando após sonhar como Min. Teori Zavascki tive a ideia de chamar amigos e admiradores do Min. Teori Zavascki para uma obra de homenagem póstuma. Pensei em uma obra que reunisse os principais pronunciamentos judiciais de sua marcante carreira de magistrado com passagem pelo Tribunal Regional Federal da 4ª Região (TRF4), Superior Tribunal de Justiça (STJ) e Supremo Tribunal Federal (STF). Uma verdadeira biografia intelectual-jurídica. No mesmo dia liguei para o amigo Dr. Daniel Coussirat de Azevedo, o qual como assessor havia acompanhou toda a jornada do Min. Teori pelo TRF4, STJ e STF. Após contar sobre a ideia e convidá-lo para coordenar a obra comigo, ele me fez a seguinte pergunta. "Dr. Claudio, o sr. sabe que dia é hoje?". Respondi: "Não". Ele respondeu; "Hoje é 15 de agosto. Seria o aniversário de 71 anos do Ministro Teori". Emocionados, tivemos a convicção de que a obra teria que sair, custasse o que custasse. Demorou três anos, mas saiu com participação de um *dream team* de grandes profissionais do direito que toparam de pronto participar desta homenagem contando um pouco sobre o Min. Teori Zavascki e analisando o conteúdo de seus votos mais relevantes.

Privilegiados foram aqueles que puderam conviver e aprender com seus exemplos de postura, conduta, caráter e seu profundo conhecimento do direito.

As contribuições do Min. Teori Zavascki ao tema da eficácia das sentenças na jurisdição constitucional demonstram seu olhar moderno, técnico e dinâmico sobre o direito. Suas esplêndidas contribuições ao assunto permanecem vivas, seja no campo acadêmico, com seus artigos e sua obra, seja na magistratura, com sua participação qualificada na construção de entendimentos que iluminam o passado, o presente e o futuro das discussões do Superior Tribunal de Justiça e do Supremo Tribunal Federal sobre a matéria.

A presente obra é uma singela homenagem à sua memória e ao seu legado.

2 Jurisdição constitucional e a força do precedente do STF

Em estudo sobre a jurisdição constitucional, Teori Zavascki registrou que qualquer desrespeito por agente, público ou privado, de quaisquer dos preceitos constitucionais enseja a possibilidade de controle pelo Poder Judiciário, ao final, conclui que a "a atuação de esse Poder do Estado na interpretação e aplicação da Constituição constitui o que se denomina jurisdição constitucional".[1] A relevância da Suprema Corte, seja como órgão exclusivo do sistema concentrado, seja como órgão de cúpula do sistema difuso, era destacada por Teori Zavascki, vejamos:

> [...] o STF é o órgão de cúpula do Poder Judiciário e o Tribunal da Constituição, com atribuições para resolver, originariamente ou em instância recursal extraordinária, as demandas em que se alega ofensa a preceito ou a princípio constitucional. O STF ocupa, assim, a posição mais importante no sistema de tutela de constitucionalidade dos comportamentos. Suas decisões, ora julgando situações concretas, ora apreciando a legitimidade em abstrato de normas jurídicas, ostentam a força da autoridade que detém, por vontade do constituinte, a palavra definitiva em matéria de interpretação e aplicação das normas constitucionais.[2]

Sobre a interpretação dos preceitos contidos na Constituição e a força normativa neles contida, Teori Zavascki ensinava de forma assertiva:

> A força normativa da Constituição a todos vincula e a todos submete. Juram cumprir e fazer cumprir a Constituição as autoridades do Poder Judiciário, do Poder Executivo e do Poder Legislativo, mas o dever de seguir fielmente os seus preceitos é também das pessoas e entidades privadas.[3]

Profícua análise sobre a força normativa da Constituição e o papel institucional do STF no desempenho de sua missão de guardião da norma constitucional e da

---

[1] ZAVASCKI, Teori Albino. *Eficácia das sentenças na jurisdição constitucional*. 4. ed. São Paulo: Revista dos Tribunais, 2017. p. 20.
[2] ZAVASCKI, Teori Albino. *Eficácia das sentenças na jurisdição constitucional*. 4. ed. São Paulo: Revista dos Tribunais, 2017. p. 23.
[3] ZAVASCKI, Teori Albino. *Eficácia das sentenças na jurisdição constitucional*. 4. ed. São Paulo: Revista dos Tribunais, 2017. p. 19.

intangibilidade da Constituição realizou Teori Zavascki, a qual, em face da juridicidade dela contida, pedimos licença para colacionar em maior extensão, vejamos:

> Ocorre que a lei constitucional não é uma lei qualquer. Ela é a lei fundamental do sistema, na qual todas as demais assentam suas bases de validade e de legitimidade, seja formal, seja material. Na Constituição está moldada a estrutura do Estado, seus organismos mais importantes, a distribuição e a limitação dos poderes dos seus agentes, estão estabelecidos os direitos e as garantias fundamentais dos cidadãos. Enfim, a Constituição é a lei suprema, a mais importante, a que está colocada no ápice do sistema normativo. Guardar a Constituição, observá-la fielmente, constitui, destarte, condição essencial de preservação do Estado de Direito no que ele tem de mais significativo, de mais vital, de mais fundamental. Em contrapartida, violar a Constituição, mais que violar uma lei, é atentar contra a base de todo o sistema. Não é por outra razão que, além dos mecanismos ordinários para tutelar a observância dos preceitos normativos comuns, as normas constitucionais têm seu cumprimento fiscalizado e garantido também por instrumentos especiais e próprios. [...]
>
> Mais ainda: a "guarda da Constituição", além de constituir dever jurado de todos os juízes, foi atribuída como missão primeira, mais relevante, a ser desempenhada "precipuamente", ao órgão máximo do Poder Judiciário, o Supremo Tribunal Federal (CF, art. 102). A ele atribui-se, no exercício da fiscalização abstrata da constitucionalidade do ordenamento, o poder de declarar, com eficácia erga omnes e efeito vinculante, a inconstitucionalidade de preceitos normativos, retirando-os do ordenamento jurídico, ou a sua constitucionalidade, afirmando a imperiosidade da sua observância. Também no âmbito do controle difuso, os precedentes do STF têm eficácia transcendental no sistema, como, por exemplo, a de desencadear a suspensão da execução pelo Senado, das leis declaradas inconstitucionais (CF, art. 52, X) e a de vincular, indiretamente, as decisões dos demais tribunais, cujos órgãos fracionários "não submeterão ao plenário, ou órgão especial, a arguição de inconstitucionalidade, quando já houver pronunciamento [...] do Supremo Tribunal Federal sobre a questão" (CPC, art. 481, parágrafo único). [...]
>
> As razões fundantes do tratamento diferenciado, segundo é possível colher da jurisprudência do STF, são, essencialmente, a da "supremacia jurídica" da Constituição, cuja interpretação "não pode ficar sujeita à perplexidade", e a especial gravidade com que se reveste o descumprimento das normas constitucionais, mormente o "vício" da inconstitucionalidade das leis. O exame desta orientação em face das súmulas revela duas preocupações fundamentais da Corte Suprema: a primeira, a de preservar em qualquer circunstância, a supremacia da Constituição e a sua aplicação uniforme a todos os destinatários; a segunda, a de preservar a sua autoridade de guardião da Constituição, de órgão com legitimidade constitucional para dar a palavra definitiva em temas relacionados com a interpretação e a aplicação da Carta Magna. Supremacia da Constituição e autoridade do STF são, na verdade, valores associados e que têm sentido transcendental quando associados. Há, entre eles, relação de meio e fim. E é justamente essa associação o referencial básico de que se lança mão para solucionar os diversos problemas[...]
>
> O princípio da supremacia da Constituição e a autoridade do pronunciamento do Supremo Tribunal Federal constituem, conforme se viu, os pilares de sustentação para construir um sistema apto a dar respostas coerentes à variedade de situações [...]
>
> O STF é o guardião da Constituição. Ele é o órgão autorizado pela própria Constituição a dar a palavra final em temas constitucionais. A Constituição, destarte, é o que o STF diz que ela é. Eventuais controvérsias interpretativas perante outros tribunais perdem, institucionalmente, toda e qualquer relevância frente ao pronunciamento da Corte Suprema. Contrariar o precedente tem o mesmo significado, o mesmo alcance, pragmaticamente considerado, que os de violar a Constituição. A existência de pronunciamento do Supremo sobre matéria constitucional acarreta, no âmbito interno dos demais tribunais, a dispensabilidade da

instalação do incidente de declaração de inconstitucionalidade (CPC, art. 481, parágrafo único), de modo que os órgãos fracionários ficam, desde logo, submetidos em suas decisões, à orientação traçada pelo STF. É nessa perspectiva, pois, que se deve aquilatar o peso institucional dos pronunciamentos do Supremo Tribunal Federal, mesmo em controle difuso.[4]

Atento ao fenômeno mundial de aproximação entre os controles concentrado e difuso de constitucionalidade, registrou, tanto em trabalho acadêmico,[5] como em posicionamentos como ministro do STJ[6] e, posteriormente, como ministro da Suprema Corte,[7] que a edição de resolução senatorial perdeu sua importância, ressalvada a função

---

[4] ZAVASCKI, Teori Albino. Ação rescisória em matéria constitucional. *In*: NERY JÚNIOR, Nelson; WAMBIER, Teresa Arruda Alvim (Coord.). *Aspectos polêmicos e atuais dos recursos cíveis e de outras formas de impugnação às decisões judiciais*. [s.l.]: [s.n.], 2001. v. 4.

[5] Teori Zavascki destaca: "considerando o atual quadro normativo, fruto de uma constante e progressiva escalada constitucional e infraconstitucional em direção à 'dessubjetivação' ou à objetivação das decisões do STF, inclusive no controle incidental de constitucionalidade, é inquestionável a constatação de que, embora persista, na Constituição (art. 52, X da CF/1988), a competência do Senado Federal para suspender a execução de lei declarada inconstitucional, o seu papel foi paulatinamente perdendo a importância e o sentido que tinha originariamente, sendo, hoje, inexpressivas, ressalvado seu efeito de publicidade, as consequências práticas que dela podem ocorrer. Isso vem sendo reconhecido pelo próprio STF, conforme se pode verificar de importante precedente em que tal questão foi examinada, no qual se firmou a eficácia naturalmente expansiva das decisões da Corte, inclusive em controle incidental de constitucionalidade de preceitos normativos". Na p. 183-184, complementa sua análise: "Em qualquer dos casos, e independentemente da existência ou não de resolução do Senado suspendendo a execução da norma declarada inconstitucional, tem igual autoridade a manifestação do Supremo em juízo de constitucionalidade, sendo de notar que, de qualquer sorte, não seria cabível resolução do Senado na declaração de inconstitucionalidade parcial sem redução de texto e na que decorre da interpretação conforme a Constituição. A distinção restritiva, entre precedentes em controle incidental e em controle concentrado, não é compatível com a evidente intenção do legislador, já referida, de valorizar a autoridade dos precedentes emanados do órgão judiciário guardião da Constituição, que não pode ser hierarquizada simplesmente em função do procedimento em que a decisão foi tomada. Sob esse enfoque, há idêntica força de autoridade nas decisões do STF tanto em ação direta quanto nas proferidas em via recursal, estas também com natural vocação expansiva, conforme já reconheceu o STF, a evidenciar que est ganhando autoridade a recomendação da doutrina clássica de que a eficácia erga omnes das decisões que reconhecem a inconstitucionalidade, ainda que incidentalmente, deveria ser considerada 'efeito natural da sentença'. É exatamente isso que ocorre, aliás nas hipóteses previstas no parágrafo único do art. 949 do CPC, reproduzindo parágrafo único do art. 481 do CPC/1973, que submete os demais Tribunais à eficácia vinculante das decisões do Plenário do STF em controle de constitucionalidade, indiferentemente de terem sido tomadas em controle concentrado ou difuso" (ZAVASCKI, Teori Albino. *Eficácia das sentenças na jurisdição constitucional*. 4. ed. São Paulo: Revista dos Tribunais, 2017. p. 53; 183-184).

[6] Trecho do voto do Min. Teori no REsp nº 828.106/SP: "[...] há idêntica força de autoridade nas decisões do STF em ação direta quanto nas proferidas em via recursal. Merece aplausos essa aproximação, cada vez mais evidente, do sistema de controle difuso de constitucionalidade ao do concentrado, que se generaliza também em outros países (SOTELO, José Luiz Vasquez. 'A jurisprudência vinculante na 'common law' e 'civil law'', in Temas Atuais de Direito Processual Ibero-Americano, Rio de Janeiro, Forense, 1998, p. 374; SEGADO, Francisco Fernandez. La obsolescência de la bipolaridad 'modelo americano-modelo europeo kelseniano' como critério nalitico del control de constitucionalidad y la búsqueda de una nueva tipología explicativa', apud Parlamento y Constitución, Universida de Castilla-La Mancha, Anuário (separata), n. 6, p. 1-53). No atual estágio de nossa legislação, de que são exemplos esclarecedores os dispositivos acima transcritos, é inevitável que se passe a atribuir simples efeito de publicidade às resoluções do Senado previstas no art. 52, X, da Constituição. É o que defende, em doutrina, o Ministro Gilmar Ferreira Mendes, para quem 'não parece haver dúvida de que todas as construções que se vêm fazendo em torno do efeito transcendente das decisões tomadas pelo Supremo Tribunal Federal e pelo Congresso Nacional, com o apoio, em muitos casos, da jurisprudência da Corte, estão a indicar a necessidade de revisão da orientação dominante antes do advento da Constituição de 1988' (MENDES, Gilmar Ferreira. 'O papel do Senado Federal no controle de constitucionalidade: um caso clássico de mutação constitucional', Revista de Informação Legislativa, n. 162, p. 165)".

[7] O importante precedente mencionado nas notas acima pelo autor e ministro do Superior Tribunal de Justiça contou com judicioso voto-vista do Min. Teori Zavascki no Supremo Tribunal Federal, no qual, sem aderir à tese da mutação constitucional, atribuiu razão ao entendimento do Min. Gilmar Mendes quanto ao entendimento de que as decisões do STF em controle difuso de inconstitucionalidade têm natural aptidão expansiva, concluindo que é "inegável, por conseguinte, que, atualmente, a força expansiva das decisões do Supremo Tribunal Federal, mesmo quando tomadas em casos concretos, não decorre apenas e tão somente de resolução do Senado, nas

de publicidade, em face das evoluções normativas que atribuíram objetividade e força expansiva aos precedentes da Suprema Corte, equiparando a força dos precedentes do STF formados seja no modelo concentrado seja difuso de controle de constitucionalidade, conferindo racionalidade e efetividade ao sistema. Em seu voto-condutor na ADI nº 2.418/DF, destaca com propriedade o movimento em direção à força subordinante dos precedentes do STF, vejamos:

> Também não se fazia alusão nem distinção, à época, entre precedente em controle incidental ou concentrado. Como agora explicita o novo Código, essa distinção é irrelevante. Em qualquer dos casos, e independentemente da existência ou não de resolução do Senado suspendendo a execução da norma declarada inconstitucional, tem igual autoridade a manifestação do Supremo em seu juízo de constitucionalidade, sendo de anotar que, de qualquer sorte, não seria cabível resolução do Senado na declaração de inconstitucionalidade parcial sem redução de texto e na que decorre da interpretação conforme a Constituição. A distinção restritiva, entre precedentes em controle incidental e em controle concentrado, não é compatível com a evidente intenção do legislador, já referida, de valorizar a autoridade dos precedentes emanados do órgão judiciário guardião da Constituição, que não pode ser hierarquizada simplesmente em função do procedimento em que a decisão foi tomada. Sob esse enfoque, há idêntica força de autoridade nas decisões do STF tanto em ação direta quanto nas proferidas em via recursal, estas também com natural vocação expansiva, conforme reconheceu o STF no julgamento da Reclamação 4.335, Min. Gilmar Mendes, Dje 22.10.14, a evidenciar que está ganhando autoridade a recomendação da doutrina clássica de que a eficácia erga omnes das decisões que reconhecem a inconstitucionalidade, ainda que incidentalmente, deveria ser considerada "efeito natural da sentença" (BITTENCOURT, Lúcio, op. cit., p. 143; CASTRO NUNES, José. Teoria e prática do Poder Judiciário. Rio de Janeiro: Forense, 1943. p. 592). É exatamente isso que ocorre, aliás, nas hipóteses previstas no parágrafo único do art. 949 do CPC/15, reproduzindo o parágrafo único do art. 481 do CPC/73, que submete os demais Tribunais à eficácia vinculante das decisões do plenário do STF em controle de constitucionalidade, indiferentemente de terem sido tomadas em controle concentrado ou difuso.

Em seu antológico e determinante voto-vista na Reclamação nº 4.335/AC, após historiar as evoluções normativas (legais e constitucionais) e a jurisprudência do STF, foi cirúrgico na constatação da atual equiparação de feitos e impactos entre as decisões proferidas pelo STF, seja no modelo difuso, seja no modelo concentrado de constitucionalidade, destacando:

> É inegável, por conseguinte, que, atualmente, a força expansiva das decisões do Supremo Tribunal Federal, mesmo quando tomadas em casos concretos, não decorre apenas e tão somente de resolução do Senado, nas hipóteses de que trata o art. 52, X da Constituição. É fenômeno que está se universalizando, por força de todo um conjunto normativo constitucional e infraconstitucional, direcionado a conferir racionalidade e efetividade às decisões dos tribunais superiores e, como não poderia deixar de ser, especialmente os da Corte Suprema.

---

hipóteses de que trata o art. 52, X da Constituição. É fenômeno que está se universalizando, por força de todo um conjunto normativo constitucional e infraconstitucional, direcionado a conferir racionalidade e efetividade às decisões dos tribunais superiores e, como não poderia deixar de ser, especialmente os da Corte Suprema" (Rcl nº 4.335/AC).

Alterou as últimas edições de seu livro sobre a cessação da eficácia das decisões na jurisdição constitucional para incluir os precedentes da Suprema Corte no regime de repercussão geral como capazes de modificar o estado de direito em face de sua força expansiva e *ultra partes*, vejamos:

> [...] h) em matéria constitucional, nosso sistema contempla formas especiais de "modificação do estado de direito": (a) a Resolução do Senado Federal que suspende a execução de preceito normativo declarado inconstitucional pelo STF, em controle difuso de constitucionalidade; (b) sentença definitiva, proferida pelo STF, em ações de controle concentrado de constitucionalidade, inclusive ADPF, declarando a legitimidade ou a ilegitimidade de certo preceito normativo em face da Constituição, ou a sua compatibilidade ou não com normas constitucionais supervenientes; (c) a aprovação, pelo STF, de súmula vinculante, e (d) as decisões do STF tomadas em seus julgamentos pelo regime de repercussão geral.[8]

O acerto de suas lições vem sendo comprovado pela evolução dos precedentes do Supremo Tribunal Federal, alguns com sua relevante contribuição, no sentido de conferir objetivação, vinculação e efeitos expansivos *ultra partes* aos seus pronunciamentos que interpretam a Constituição, seja como órgão exclusivo do sistema concentrado, seja como órgão de cúpula do sistema difuso. Nesse sentido: RE nº 197.917/SP; HC nº 82.959/SP; Questão de Ordem na Ação Cautelar nº 2.177/PE; Questão de Ordem no Agravo de Instrumento nº 760.358/SE; RE-EDcl nº 574.706/PR; ADI nº 3.345/DF e nº 3.365/DF (apensa); Rcl nº 4.335/AC; ADI nº 2.418/DF; ADI-AgR nº 4.071/DF; e ADI nº 3.406/RJ e nº 3.470/RJ. Especificamente sobre o impacto do precedente do STF na ordem jurídica, destacamos as judiciosas contribuições do Ministro Teori Zavascki na construção dos precedentes no RE nº 596.663/RJ, Tema nº 494 da Repercussão Geral e no RE nº 730.462/SP, Tema nº 733 da Repercussão Geral, os quais abordaremos com mais vagar no próximo tópico.

Inegável a contribuição do Ministro Teori Zavascki para a consolidação do entendimento de que o Supremo Tribunal Federal, ao dar a palavra final sobre matéria constitucional, seja em controle difuso ou concentrado, declarando a inconstitucionalidade ou a constitucionalidade de lei, promove substantivo impacto na ordem jurídica, com profundas e abrangentes consequências jurídicas, em face da força normativa da Constituição e dos efeitos vinculantes, expansivos e *erga omnes* dos precedentes firmados pelo Plenário do STF. Esse impacto na ordem jurídica com o estabelecimento de um novo marco jurídico formado pela autoridade do precedente do STF separa o "antes" e o "depois" da norma, como se a ela se aderisse um selo de chancela positivo ou negativo conferido pelo próprio Supremo Tribunal Federal, vedando interpretações em sentido contrário.

Diante de todas as evidências, suas lições sempre defenderam que o precedente do STF, seja em controle difuso seja concentrado de constitucionalidade, promove substantivo impacto na ordem jurídica, a qual ganha um elemento novo com sua introdução no ordenamento jurídico: a força normativa vinculante e expansiva *ultra partes* da interpretação da norma constitucional analisada pelo Supremo Tribunal com profundidade e definitividade.

---

[8] ZAVASCKI, Teori Albino. *Eficácia das sentenças na jurisdição constitucional*. 4. ed. São Paulo: Revista dos Tribunais, 2017. p. 120.

3 A coisa julgada nas relações jurídicas de trato sucessivo, os limites temporais da coisa julgada e a cláusula *rebus sic stantibus*

A relação intrínseca entre o exercício da jurisdição constitucional e a eficácia temporal dos julgados nas relações de trato continuado sempre foi um tema muito caro ao Ministro Teori Zavascki, conforme verificamos nesse trecho final da introdução de sua obra:

> A jurisdição constitucional, conforme demonstrado, envolve toda a atividade jurisdicional que tenha por matéria de trato a interpretação e a aplicação da Constituição. Desse rico manancial, o estudo destaca e prioriza as questões relacionadas com a eficácia dos julgados sob o enfoque oferecido pelo sistema brasileiro de guarda da Constituição e, mais especificamente, pelo sistema de controle da constitucionalidade dos preceitos normativos. Assim, na primeira parte, as atenções estão voltadas para a eficácia das sentenças proferidas pelo STF e a sua vocação para expandir efeitos erga omnes. O papel da Corte, como órgão de cúpula do Judiciário e guardião da Constituição, e a autoridade dos julgados que nessa condição profere – seja na apreciação de casos concretos, seja nos processos objetivos de controle abstrato de constitucionalidade – são os pontos principais dessa abordagem inicial. Adotando tais enfoques como pressupostos, a segunda parte enfrenta a problemática relacionada com a estabilidade dos julgados em matéria constitucional e a sua eficácia para produzir efeitos futuros. Os vínculos entre controle abstrato e controle concreto de constitucionalidade, que se manifestam especialmente nas relações jurídicas de trato continuado, e os conflitos entre importantes valores e institutos – coisa julgada e segurança jurídica, de um lado, supremacia da Constituição, autoridade do STF e igualdade de todos perante a lei, de outro – são abordados sob a perspectiva da eficácia temporal dos julgados, nela incluídas a sua rescindibilidade, a sua reversibilidade e a extinção da sua força vinculante em face de alterações no estado de fato ou de direito.[9]

Os estudos de Teori Zavascki trataram com muito zelo do tema da eficácia prospectiva das decisões judiciais transitadas em julgado que regulam relações jurídicas de trato continuado após superveniente precedente da Suprema Corte, não havendo que se confundir o tema com a relativização, flexibilização, rescisão, desconsideração ou imutabilidade da coisa julgada com efeitos *ex tunc*. Importante o registro que nesse tema não tratamos da relativização da coisa julgada ou mitigação de sua imutabilidade, mas, sim, exclusivamente, no plano da sua eficácia temporal. Essa distinção é fundamental para afastarmos as confusões entre a eficácia e a imutabilidade da coisa julgada, as quais acabam mais confundindo do que esclarecendo no trato desse sensível tema, já complexo por si só.[10]

A respeito da imutabilidade da coisa julgada em nosso sistema jurídico, o Supremo Tribunal Federal, no julgamento da ADI nº 2.418/DF, rel. Min. Teori Zavascki, consagrou

---

[9] ZAVASCKI, Teori Albino. *Eficácia das sentenças na jurisdição constitucional*. 4. ed. São Paulo: Revista dos Tribunais, 2017. p. 28.

[10] Neste contexto, torna-se relevante estabelecer o conteúdo básico envolvido no conceito de coisa julgada, conforme lição trazida por Jordi Nieva-Fenoll, vejamos: "O princípio básico de que parte o conceito de coisa julgada é o seguinte: os juízos só devem realizar-se uma única vez. Deste princípio se deriva que a coisa julgada consiste em uma proibição de reiteração de juízos. Esse foi o postulado da época de HAMMURABI, esse era o postulado no período romano, e esse é e seguirá sendo o postulado de que a coisa julgada partirá em todo caso" (NIEVA-FENOLL, Jordi. *Coisa julgada*. Tradução de Antônio do Passo Cabral. São Paulo: Revista dos Tribunais, 2016. Coleção Liebman. p. 134-135).

o entendimento de que a coisa julgada não é um instituto de caráter absoluto, estando sujeita a uma conformação infraconstitucional que harmonize a garantia da coisa julgada com os primados da Constituição.[11] Vejamos trecho relevante do voto-condutor do acordão da lavra do Exmo. Min. Teori Zavascki:

> 9. Registre-se, desde logo, que, segundo a jurisprudência assentada no STF (por todos, ilustrativamente, o acórdão de lavra do Min. Celso de Mello no RE 681.953, DJe de 09.11.12, com farta indicação de precedentes no mesmo sentido), o instituto da coisa julgada, embora de matriz constitucional, tem sua conformação delineada pelo legislador ordinário, ao qual se confere a faculdade de estabelecer seus limites objetivos e subjetivos, podendo, portanto, indicar as situações em que tal instituto cede passo a postulados, princípios ou bens de mesma hierarquia, porque também juridicamente protegidos pela Constituição. É o que ocorre, v.g., nas hipóteses de ação rescisória previstas no art. 485 do CPC/73 (e no art. 966 do CPC/15), em que a coisa julgada fica submetida a outros valores constitucionais considerados circunstancialmente preponderantes, como o da imparcialidade do juiz (incisos I e II), o da boa-fé e da seriedade das partes quando buscam a tutela jurisdicional

---

[11] Em seu voto no REsp nº 822.683/PR, o Min. Teori registrou: "Estabelecidos estes pressupostos, ficam mais compreensíveis as conseqüências, para as sentenças que versam sobre relações jurídicas de trato continuado, decorrentes do advento de Resolução do Senado, suspendendo a execução de norma que, no caso concreto, foi aplicada pelo juiz. O que muda, com a Resolução, já se disse, não é o estado da norma em si, mas o estado do direito, que ganha, como elemento novo, o efeito vinculante erga omnes do reconhecimento da inconstitucionalidade da norma pelo Supremo Tribunal Federal. A partir dessa inovação, estabelece-se, na situação agora examinada, um conflito entre a força vinculante da sentença do caso concreto e a força, também vinculante, da decisão do Supremo, universalizada pela Resolução do Senado. Qual delas deve prevalecer? Para sustentar a prevalência da força vinculativa da sentença anterior, pode-se invocar o princípio constitucional da coisa julgada. Todavia, o argumento se mostra frágil e insuficiente quando contraposto aos que operam em sentido contrário. Com efeito, também a Resolução do Senado parte de uma decisão definitiva com trânsito em julgado, proferida pelo Supremo Tribunal Federal. Ademais, o princípio da coisa julgada não é absoluto. Conforme assinalou Liebman, discorrendo sobre as restrições a serem impostas à coisa julgada, 'a razão principal que sufraga a orientação restritiva é que a coisa julgada é, afinal, uma limitação à procura da decisão justa da controvérsia, e deve, por isso, se bem que socialmente necessária, ficar contida em sua esfera legítima e não expandir-se fora dela' [LIEBMAN, Enrico Tullio. Limites objetivos da coisa julgada, op. cit., p. 573]. Assim, no âmbito do conflito aqui examinado, a coisa julgada formada no caso concreto deve ser harmonizada com os demais princípios e valores consagrados na Constituição. Ora, militam em favor da prevalência da força vinculante da Resolução dois princípios constitucionais, pelo menos: o da autoridade da decisão do Supremo Tribunal Federal, que lhe deu suporte, e o da igualdade de todos perante a lei, especialmente a lei constitucional. Não teria sentido, por exemplo, invocar a coisa julgada para exigir que determinado cidadão continue pagando um tributo a que foi condenado em demanda particular, quando todos os demais estão desobrigados de fazê-lo porque o Senado, com base em decisão do Supremo, suspendeu, com eficácia erga omnes, a execução da lei criadora da exação fiscal. Pode-se afirmar, em suma, que a Resolução do Senado suspendendo a execução de norma inconstitucional irradia seus efeitos, imediatamente, sobre as relações jurídicas de trato continuado (duradouras ou sucessivas), mesmo quando declaradas por sentença que as apreciou em demanda individualizada. Convém frisar, entretanto, que a prevalência da força vinculante da Resolução do Senado sobre a sentença do caso concreto se dá a partir da data da sua vigência, não antes. Relativamente ao ocorrido no período anterior, não havendo, à época, o conflito acima apontado, vigorou, sem empecilho, o efeito vinculante da sentença proferida na demanda particular. As situações jurídicas decorrentes do seu cumprimento naquele período não são infirmadas nem anuladas automaticamente pela resolução superveniente, cuja força não é retroativa. Assim, para desfazer as conseqüências então produzidas pela referida sentença, cumpre ao interessado utilizar as vias judiciais ordinárias, nomeadamente a da ação rescisória. No exemplo dado, o contribuinte que pretender a repetição das parcelas do imposto pagas, por força da sentença, antes do advento da Resolução do Senado poderá fazê-lo desde que obtenha a rescisão da sentença que impôs o pagamento. Nada impede, todavia, que o Fisco, espontaneamente, proceda à restituição do indébito, comportamento que estará legitimado pela inconstitucionalidade da norma, reconhecida e declarada, que contamina, desde a origem, a exigência do tributo. Quid juris sobre a exeqüibilidade, após a Resolução do Senado, de obrigações anteriores ainda pendentes? Estaria ela assegurada pela força vinculante da sentença? Entendemos que não. Reproduz-se, na situação focada, o conflito entre a força vinculante da sentença do caso concreto e a da que decorre da decisão do Supremo e da Resolução do Senado. Entre uma e outra, mesmo que se esteja em fase de execução, a prevalência, pelos motivos antes expostos, é da segunda, que poderá ser invocada, em embargos do devedor, como causa extintiva da obrigação executada (CPC, art. 741, VI)".

(inciso III), o da própria coisa julgada (inciso IV) e, mesmo, o da justiça da sentença quando comprometida por ofensa à literalidade de lei ou por manifesta contrariedade aos fatos ou à prova (incisos V a IX). É evidente que, como sempre ocorre nessa atividade normativa infraconstitucional de dar concreção a normas constitucionais e, se for o caso, de estabelecer fórmulas para harmonizar eventuais situações de colisão de valores ou princípios de superior hierarquia, a legitimidade da solução oferecida pelo legislador ordinário supõe observância de critérios de razoabilidade e de proporcionalidade, a fim de não comprometer mais do que o estritamente necessário qualquer dos valores ou princípios constitucionais colidentes.

No referido julgado, houve a relativização da eficácia de sentenças inconstitucionais, uma vez que foi agregado ao sistema um mecanismo com eficácia rescisória de sentenças revestidas de uma inconstitucionalidade qualificada, desde que decisão do STF seja anterior ao trânsito em julgado da sentença exequenda. No mesmo sentido, *vide* RE nº 611.503/SP, rel. Min. Teori Zavascki, Tema nº 360 da Repercussão Geral.

Após estabelecidos conceito e limites do instituto da coisa julgada, focaremos nossas atenções nas lições do Min. Teori Zavascki relativas ao processo de conhecimento em que reside uma das mais relevantes atribuições da atividade jurisdicional: a aplicação da lei ao caso concreto, e, em especial, quando realizada no exercício da jurisdição constitucional, seja pelo Supremo Tribunal Federal, seja pelas demais instâncias do Poder Judiciário no exercício do controle de constitucionalidade das leis.

O processo de conhecimento consiste em uma "declaração de certeza" quanto à existência, ou não, de uma relação jurídica, e que o juiz realiza esse trabalho sobre o "fenômeno jurídico da incidência", aplicando a lei (norma) ao caso concreto (fatos) e regulando as consequências daí advindas (relações jurídicas), conforme registra Teori Zavascki com lições de Carnelutti e Pontes de Miranda, vejamos:

> Discorrendo sobre o processo de conhecimento, afirmou Carnelutti que ele consiste, na verificação de dados de fato e de direito relevantes para um juízo de certeza a respeito de determinada relação jurídica, "isto é, dos preceitos e dos fatos dos quais depende a existência ou inexistência", e "segundo os resultados desta verificação, o juiz declara que a situação existe ou que não existe". Toda sentença, consequentemente, tem um conteúdo declaratório, uma "declaração de certeza", consistente "na declaração imperativa de que ocorreu um fato ao qual a norma vincula um efeito jurídico". Trabalhar sobre normas, os fatos e as relações jurídicas correspondentes é trabalhar sobre o fenômeno jurídico da incidência, e daí a acertada conclusão de Pontes de Miranda: "nas ações de cognição [...] há enunciados sobre a incidência (toda a aplicação da lei é enunciado sobre incidência)".[12]

Tal definição é das mais importantes, pois partiremos da premissa de que uma decisão no processo de conhecimento tem como base um "silogismo original da sentença", como bem denominado por Teori Zavascki,[13] entre os fatos e a norma, com as consequências jurídicas daí advindas. Uma vez transitada em julgado a decisão que declarou essa certeza sobre a relação jurídica, baseada nos fatos e na norma aplicada,

---

[12] ZAVASCKI, Teori Albino. *Eficácia das sentenças na jurisdição constitucional*. 4. ed. São Paulo: Revista dos Tribunais, 2017. p. 97.

[13] ZAVASCKI, Teori Albino. *Eficácia das sentenças na jurisdição constitucional*. 4. ed. São Paulo: Revista dos Tribunais, 2017. p. 105.

faz surgir a coisa julgada, ou seja, torna-se a lei entre as partes e imutável, conforme art. 503 do CPC/2015.

Após devidamente delimitados esses aspectos, passaremos agora à análise da coisa julgada formada nas relações jurídicas sucessivas, ou de trato continuado, em especial a coisa julgada formada no litígio tributário sobre essas relações, a qual projeta sua eficácia (efeitos) para o futuro, autorizadas por construção jurisprudencial no âmbito tributário.

De fato, no campo tributário, as ações declaratórias envolvendo as relações jurídicas tributárias de trato continuado à coisa julgada formada não se limitam aos fatos narrados na inicial ou ocorridos durante a demanda, mas projetam seus efeitos para o futuro, conforme construção jurisprudencial do STJ que redefiniu o entendimento contido na Súmula nº 239/STF.

Tal particularidade de as decisões judiciais projetarem efeitos para o futuro foge da clássica atuação do Poder Judiciário, haja vista que o Poder Judiciário, em regra, analisa os fatos históricos ocorridos no passado e relatados no pedido, sendo, portanto, exceções às decisões judiciais que projetam efeitos sobre fatos que irão ocorrer no futuro.

Sobre esse interessante aspecto da atuação judicial, Teori Zavascki traz uma importante lição de Carnelutti, vejamos:

> No que se refere aos limites objetivos e temporais, a regra geral é a de que, por qualificar norma concreta, fazendo juízo sobre fatos já ocorridos, a sentença pera sobre o passado, e não sobre o futuro. É o que demonstrou Carnelutti, em passagem didática sobre o confronto que, no particular, se estabelece entre norma abstrata e norma concreta: "No que diz respeito à lei, já observei que ela, em princípio, regula somente os fatos que ocorreram depois de ela adquirir eficácia [...]. Este é precisamente o princípio de sua irretroatividade, que disciplina o fenômeno da sucessão de (várias) leis no tempo. Quando, porém, (por exceção), disciplina efeitos de fatos já consumados, a lei se diz retroativa. Com a sentença ocorre normalmente o contrário, dado o seu caráter de comando concreto. O juiz ao decidir a lide, define, em regra, os efeitos de fatos já acontecidos, não de fatos ainda por acontecer. Ao princípio da irretroatividade da lei corresponde o da retroatividade da sentença. Porém. Como a irretroatividade para a lei, também o da retroatividade para a sentença, é um princípio que sofre exceções: isto ocorre quando o juiz disciplina os efeitos ainda por acontecer de fatos já passados; nestes casos, não seria exato falar em irretroatividade, que é a noção negativa apta a excluir a eficácia do comando a respeito de fatos passados, convindo ao invés enfatizar que a sentença vale também a respeito de fatos futuros.[14]

Tal lição vigorou por muito tempo nas demandas tributárias, conforme o conteúdo da Súmula nº 239 do STF, a qual era plenamente aplicável às relações tributárias instantâneas e aos questionamentos em embargos à execução fiscal e ação anulatória de lançamento tributário que limitam seus pedidos aos fatos geradores ocorridos em determinado espaço de tempo ou exercício, sem questionar a relação jurídica-tributária em si, porém, impedia que o Poder Judiciário em suas decisões em relações tributárias de trato continuado disciplinasse o futuro, papel precípuo do legislador. Vejamos sua dicção: "Decisão que declara indevida a cobrança do imposto em determinado exercício não faz coisa julgada em relação aos posteriores".

---

[14] ZAVASCKI, Teori Albino. *Eficácia das sentenças na jurisdição constitucional*. 4. ed. São Paulo: Revista dos Tribunais, 2017. p. 101.

A doutrina já identificara na eficácia dos comandos declaratórios o "efeito de preceitação",[15] com a pretensão de evitar futuros conflitos[16] e "ação futura"[17] ao se estabelecer uma "norma de conduta para as partes".[18]

Nesse contexto, o então recém-criado Superior Tribunal de Justiça, ao julgar o REsp nº 719/SP, relator para acórdão Min. Américo Luz, superou a referida súmula com relação às relações jurídico-tributárias de trato continuado com base no fundamento de não ser razoável exigir que o contribuinte ajuíze todo ano a mesma demanda sobre determinado tributo ilegal.[19] Forjou-se o entendimento de que a eficácia da sentença declaratória perdurará enquanto estiver em vigor a lei que a fundamentou, interpretando-a. Nada mais pragmático em um Poder Judiciário que começava a lidar com as lides tributárias de massa. Registramos que o então Ministro do Superior Tribunal de Justiça Carlos Velloso ficou vencido aplicando a Súmula nº 239/STF, que entendia que "a decisão que julga indevido o tributo cobrado em determinado exercício não faz coisa julgada sobre os exercícios ulteriores", citando lição de Pontes de Miranda, segundo a qual "no que diz respeito ao tempo, a coisa julgada está limitada aos fatos existentes por ocasião do encerramento dos debates"[20] e que os tributos periódicos não geram típica relação jurídica de trato continuado. Importante também a manifestação do Min. Vicente Cernicchiaro, que condicionou o efeito futuro da decisão à manutenção da relação jurídica e à natureza jurídica do fato. Após alguma oscilação,[21] a tese acabou prevalecendo, definitivamente.

Essa alteração de entendimento acabou possibilitando a existência das ações declaratórias com efeitos futuros. Ou seja, o Poder Judiciário, que precipuamente analisa fatos históricos (instantâneos, duradouros ou contínuos) aplicando o direito às situações já ocorridas, passou a lançar a eficácia de seus julgados sobre fatos jurídicos futuros que ainda estavam por ocorrer. Tal prática se tornou regra nos processos judiciais que

---

[15] PONTES DE MIRANDA, Francisco Cavalcanti. *Comentários ao Código de Processo Civil*. Rio de Janeiro: Forense, 1999. t. I. p. 161-163.

[16] BUZAID, Alfredo. *A ação declaratória no direito brasileiro*. 2. ed. rev. e aum. São Paulo: Saraiva, 1986. p. 266.

[17] PONTES DE MIRANDA, Francisco Cavalcanti. *Comentários ao Código de Processo Civil*. Rio de Janeiro: Forense, 1999. t. I. p. 163.

[18] MOREIRA, José Carlos Barbosa. Eficácia da sentença e autoridade da coisa julgada. *Revista da Associação dos Juízes do Rio Grande do Sul*, Porto Alegre, n. 28, jul. 1983. p. 21.

[19] Helenilson Cunha Pontes registra a distinção realizada por Rubens Gomes de Souza "[...] entre decisões judiciais transitadas em julgado que se pronunciam sobre elementos permanentes e imutáveis da relação jurídica tributária, como a constitucionalidade ou inconstitucionalidade do tributo, sua incidência ou não-incidência em determinada hipótese, a existência ou inexistência de e o seu alcance, a vigência de lei tributaria ou sua revogação etc, e, de outro lado, as decisões que se manifestam sobre elementos temporários ou mutáveis da relação jurídica tributaria, como a avaliação de bens, as condições personalíssimas do contribuinte e seus reflexos tributários, e outras questões da mesma natureza. Segundo aquele autor, à coisa julgada emanada das decisões da primeira espécie há que se atribuir uma eficácia permanente, enquanto àquela derivada das decisões da segunda natureza deve ser reconhecida uma eficácia circunscrita ao caso específico em que foi proferida" (PONTES, Helenilson Cunha. *Coisa julgada tributária e inconstitucionalidade*. São Paulo: Dialética, 2005. p. 127).

[20] Nesse sentido, RE nº 87.366-0/RJ. Rel. Min. Soares Muñoz, 1ª Turma, j. 21.8.1979. *DJ*, 10 set. 1979: "A doutrina moderna a respeito da coisa julgada restringe os seus efeitos aos fatos contemporâneos ao momento em que foi prolatada a sentença. A força da coisa julgada material, acentua James Goldschmidt, alcança a situação jurídica no estado em que se achava no momento da decisão, não tendo, portanto, influência sobre os fatos que venham a ocorrer depois (in Derecho Procesal Civil, pág. 390, tradução espanhola de 1936)"; e a AR-AgR nº 948-7. Rel. Min. Xavier de Albuquerque, Plenário, j. 21.11.1979. *DJ*, 2 maio 1980: "[...] a força da coisa julgada material alcança a situação jurídica no estado em que se achava no momento da resolução, não tendo, portanto, influência sobre os fatos que sobrevenham depois [...]".

[21] Os REsp nº 7.478/SP, REsp nº 92.779/MG e REsp nº 75.657/SP mantiveram a antiga posição originada da jurisprudência do Supremo Tribunal Federal.

questionam tributos no país, infelizmente sem as ressalvas feitas pelo Min. Vicente Cernicchiaro no REsp nº 719/SP.

Diante deste quadro da jurisprudência, passaremos agora a analisar as contribuições do Min. Teori Zavascki para a solução do tema relativo aos limites temporais da coisa julgada, assim entendida a delimitação do *dies ad quem* da eficácia da coisa julgada que projeta seus efeitos para o futuro.

Partindo da concepção de que toda decisão judicial há de cessar seus efeitos um dia, não devendo seus comandos gerarem eficácia eterna, ou seja, a decisão judicial transitada em julgado perdura "enquanto ainda subsista a realidade que regula",[22] Teori Zavascki lecionava que todas as sentenças contêm, implicitamente, a cláusula *rebus sic stantibus*, ou seja, elas mantêm seu efeito vinculante enquanto se mantiverem inalterados o direito e o suporte fático com base nos quais estabeleceu o juiz de certeza. As sentenças sobre relações jurídicas de trato continuado deixam de ter força vinculante de lei para as partes quando ocorre superveniente alteração da situação de fato ou da situação de direito.[23] A consolidação dessa lição no âmbito do STJ contou com importantes contribuições do Min. Teori Zavascki, conforme verificamos em seu voto-condutor proferido perante a Corte Especial do STJ no MS nº 11.045/DF, *in verbis*:

> 2. Não há qualquer inconstitucionalidade no ato atacado, especialmente no que diz respeito à garantia da coisa julgada. É que todas as sentenças judiciais, notadamente as que tratam de relações jurídicas com efeitos prospectivos, têm sua eficácia temporal vinculada à cláusula rebus sic stantibus, isto é, sua força vinculativa permanece enquanto se mantiverem íntegras as situações de fato e de direito existentes quando da sua prolação. Mas isso não inibe a atividade normativa do Poder Legislativo, quanto a fatos futuros. Ou seja, não atenta contra a coisa julgada a superveniente alteração do estado de direito, desde que a nova norma jurídica tenha eficácia ex nunc, sem efeitos retroativos, como ocorreu no caso. Peço licença para reproduzir excerto de voto-vista que, acerca desse tema, proferi perante a 1ª Turma (REsp 599.764, DJ de 01.07.04) em situação assemelhada: [...]
>
> É incontroversa a premissa segundo a qual a força vinculativa da coisa julgada atua rebus sic stantibus, isto é, enquanto se mantiverem íntegras as situações de fato e de direito existentes quando da prolação da sentença, cessando, porém, com a alteração do quadro fático ou, como no presente caso, do quadro normativo componente do silogismo do fenômeno de incidência por ela apreciado. Sobre o tema, tivemos oportunidade de sustentar o seguinte, em sede doutrinária (Eficácia das Sentenças na Jurisdição Constitucional, São Paulo: Revista dos Tribunais, 2001, pp. 81-101): "[...] Ora, a sentença, ao examinar os fenômenos de incidência e pronunciar juízos de certeza sobre as conseqüências jurídicas daí decorrentes, certificando, oficialmente, a existência, ou a inexistência, ou o modo de ser da relação jurídica, o faz levando em consideração as circunstâncias de fato e de direito (norma abstrata e suporte fático) que então foram apresentadas pelas partes. Considerando a natureza permanente ou sucessiva de certas relações jurídicas, põem-se duas espécies de questões: primeira, a dos limites objetivos da coisa julgada, que consiste em saber se a eficácia vinculante do pronunciamento judicial abarca também (a) o desdobramento futuro da relação jurídica permanente, (b)

---

[22] NIEVA-FENOLL, Jordi. A coisa julgada: o fim de um mito. *In*: DIDIER JR., F.; CABRAL, A. P. (Coord.). *Coisa julgada e outras estabilidades processuais*. Salvador: JusPodivm, 2018. p. 105-122.

[23] ZAVASCKI, Teori Albino. *Eficácia das sentenças na jurisdição constitucional*. 4. ed. São Paulo: Revista dos Tribunais, 2017. p. 105.

as reiterações futuras das relações sucessivas e (c) os efeitos futuros das relações instantâneas. A resposta positiva à primeira questão suscita a segunda: a dos limites temporais da coisa julgada, que consiste em saber se o comando sentencial, emitido em certo momento, permanecerá inalterado indefinidamente, mesmo quando houver alteração no estado de fato ou de direito. Ambas as questões, no fundo, guardam íntima relação de dependência, conforme se verá. No que se refere aos limites objetivos da coisa julgada, a regra geral é a de que, por qualificar norma concreta, fazendo juízo sobre fatos já ocorridos, a sentença opera sobre o passado, e não sobre o futuro. [...]

Estabelecido que a sentença, nos casos assinalados, irradia eficácia vinculante também para o futuro, surge a questão de saber qual é o termo ad quem de tal eficácia. A solução é esta e vem de longe: a sentença tem eficácia enquanto se mantiverem inalterados o direito e o suporte fático sobre os quais estabeleceu o juízo de certeza. Se ela afirmou que uma relação jurídica existe ou que tem certo conteúdo, é porque supôs a existência de determinado comando normativo (norma jurídica) e de determinada situação de fato (suporte fático de incidência); se afirmou que determinada relação jurídica não existe, supôs a inexistência, ou do comando normativo, ou da situação de fato afirmada pelo litigante interessado. A mudança de qualquer desses elementos compromete o silogismo original da sentença, porque estará alterado o silogismo do fenômeno de incidência por ela apreciado: a relação jurídica que antes existia deixou de existir, e vice-versa. Daí afirmar-se que a força da coisa julgada tem uma condição implícita, a da cláusula rebus sic stantibus, a significar que ela atua enquanto se mantiverem íntegras as situações de fato e de direito existentes quando da prolação da sentença. Alterada a situação de fato (muda o suporte fático, mantendo-se o estado da norma) ou de direito (muda o estado da norma, mantendo-se o estado de fato), ou dos dois, a sentença deixa de ter a força de lei entre as partes, que até então mantinha. A alteração do status quo tem, em regra, efeitos imediatos e automáticos. Assim, se a sentença declarou que determinado servidor público não tinha direito a adicional de insalubridade, a superveniência de lei prevendo a vantagem importará o imediato direito a usufruí-la, cessando a partir daí a eficácia vinculativa do julgado, independentemente de novo pronunciamento judicial ou de qualquer outra formalidade. Igualmente, se a sentença declara que os serviços prestados por determinada empresa estão sujeitos a contribuição para a seguridade social, a norma superveniente que revogue a anterior ou que crie isenção fiscal cortará a sua força vinculativa, dispensando o contribuinte, desde logo, do pagamento do tributo. O mesmo pode ocorrer em favor do Fisco, em casos em que, reconhecida, por sentença, a intributabilidade, sobrevier lei criando o tributo: sua cobrança pode dar-se imediatamente, independentemente da revisão do julgado anterior.

As premissas lançadas pelo Min. Teori Zavascki contribuíram com a consolidação desse entendimento no âmbito do Superior Tribunal de Justiça, seu raciocínio a respeito da coisa julgada e os limites temporais de sua eficácia são reinantes, em especial, na relação jurídica-tributária de trato continuado, em face da ação declaratória tributária com efeitos futuros, conforme construção jurisprudencial do STJ que redefiniu o entendimento contido na Súmula nº 239/STF, em face da existência da cláusula *rebus sic stantibus* implícita nas decisões declaratórias que projetam efeitos para o futuro.

O entendimento acima mencionado tem sido consagrado em inúmeros arestos no STJ, tanto na hipótese da superveniência de lei nova regulando a matéria,[24] como

---

[24] Nesse sentido *vide* REsp nº 308.857/GO (superveniência de nova legislação), Rel. Min. Garcia Vieira; REsp nº 281.209/GO (superveniência de nova legislação), Rel. Min. José Delgado; REsp nº 875.635/MG (inexistência de alteração legislativa superveniente) e REsp nº 599.764/GO (superveniência de nova legislação), Rel. Min. Luiz Fux; AgRg no REsp nº 703.526/MG (superveniência de nova legislação), Rel. Min. Teori Albino Zavascki; REsp nº

especificamente nas hipóteses de alteração do estado de direito pela superveniência de precedente do STF em sentido contrário à decisão transitada em julgado, seja no controle difuso – com ou sem resolução do Senado, seja no controle concentrado, conforme verificamos nos seguintes arestos: REsp nº 193.500/PE (superveniência de precedente do STF no controle difuso declarando a constitucionalidade da CSLL – RE nº 146.733/SP), REsp nº 233.662/GO (superveniência de precedente do STF no controle difuso declarando a constitucionalidade da CSLL – RE nº 138.284/CE), REsp nº 381.911/PR (superveniência de precedente do STF declarando a inconstitucionalidade da contribuição incidente sobre avulsos, autônomos e administradores em controle difuso com a edição de Resolução do Senado nº 15 e em controle concentrado – RREE nº 166.772/RS e nº 177.296/RS e ADI nº 1.102/DF), REsp nº 822.683/PR (superveniência de precedente do STF declarando a inconstitucionalidade da contribuição incidente sobre parlamentar, exercente de mandato eletivo federal, estadual ou municipal, com a edição de Resolução do Senado nº 26/2005 – RE nº 351.717/PR), REsp nº 888.834/RJ (superveniência de precedente do STF no controle difuso declarando a constitucionalidade do Cofins, PIS e Finsocial incidentes sobre operações relativas a derivados de petróleo – RE-AgRg nº 205.355/DF, RE nº 227.832/PR, RE nº 230.337/RN e RE nº 233.807/RN), REsp nº 1.103.584/DF (superveniência de precedente do STF declarando a inconstitucionalidade do PIS – decretos-leis nº 2.445, de 29.6.1988, e nº 2.449, de 21.7.1988, em controle difuso com a edição de Resolução do Senado nº 49/95 – RE nº 148.754/RJ) e AgInt nos EDcl no AREsp nº 313.691/SC[25] (superveniência de precedente do STF declarando a constitucionalidade do ISS sobre os serviços de registros públicos, cartorários e notariais em controle concentrado – ADI nº 3.089/DF).

No âmbito do Supremo Tribunal Federal, abordaremos agora com mais vagar e profundidade os precedentes do STF que trataram do impacto de seu precedente na ordem jurídica, em especial sobre relações jurídicas de trato continuado,[26] os quais contaram com destacada contribuição do Min. Teori Zavascki.

No julgamento do RE nº 596.663/RJ, Tema nº 494 da Repercussão Geral, capitaneado pelo Min. Teori Zavascki, o STF firmou o entendimento de que a força vinculante das sentenças sobre relações jurídicas de trato continuado atua *rebus sic stantibus*: sua eficácia permanece enquanto se mantiverem inalterados os pressupostos fáticos e jurídicos adotados para o juízo de certeza estabelecido pelo provimento sentencial.[27] A superveniente alteração de qualquer desses pressupostos (a) determina a imediata cessação da eficácia executiva do julgado, independentemente de ação rescisória ou,

---

1.095.373/SP (superveniência de nova legislação), Rel. Min. Eliana Calmon; AgInt no AgInt no AREsp nº 459.787/DF (superveniência de nova legislação), Rel. Min. Sérgio Kukina; AgInt no AREsp nº 450.045/DF (superveniência de nova legislação), Rel. Min. Napoleão Nunes Maia Filho; e AgInt no AREsp nº 1.145.363/DF (superveniência de nova legislação), Rel. Min. Assusete Magalhães.

[25] Nesse sentido: AgRg na MC nº 24.972/SC, Rel. Min. Min. Olindo Menezes (Desembargador convocado do TRF 1ª Região); AgRg no REsp nº 1.470.687/SC, Rel. Min. Napoleão Nunes Maia Filho; AgInt no REsp nº 1.516.130/SC, Rel. Min. Mauro Campbell Marques; e AgInt no AREsp nº 1.387.412/RS, Rel. Min. Francisco Falcão.

[26] *Vide*: RE nº 596.663/RJ, Tema nº 494 da Repercussão Geral e o RE nº 730.462/SP, Tema nº 733 da Repercussão Geral.

[27] Nesse sentido: MS nº 25.430/DF, Min. Edson Fachin, Pleno. *DJe*, 12 jun. 2016; MS-AgR nº 26.323/DF, Min. Teori Zavascki, 2ª Turma. *DJe*, 14 set. 2015; RE-AgR nº 897.624/RS. Min. Dias Toffoli, 2ª Turma. *DJe*, 18 maio 2016; MS-AgR nº 27.628/DF, Min. Rosa Weber, 1ª Turma. *DJe*, 6 nov. 2015.

salvo em estritas hipóteses previstas em lei, de ação revisional, razão pela qual (b) a matéria pode ser alegada como matéria de defesa em impugnação ou em embargos do executado. No caso concreto, a sentença que reconheceu ao trabalhador ou servidor o direito a determinado percentual de acréscimo remuneratório deixa de ter eficácia a partir da superveniente incorporação definitiva do referido percentual nos seus ganhos.

Neste referido julgado, restou consagrado pelo Plenário da Suprema Corte, conforme voto-condutor da lavra do Min. Teori Zavascki, que a ação rescisória e a ação revisional são dispensáveis nas hipóteses de alteração das razões de fato ou de direito assumidas originalmente pela sentença, vejamos seus judiciosos argumentos:

> 3. Restaria saber se essa superveniente perda de eficácia da sentença dependeria de ação rescisória ou, ao menos, de uma nova sentença em ação revisional. Quanto à rescisória, a resposta é certamente negativa, até porque a questão posta não se situa no plano da validade da sentença ou da sua imutabilidade, mas, sim, unicamente, no plano da sua eficácia temporal. Quanto à ação de cunho revisional, também é dispensável em casos como o da espécie, pois, alteradas por razões de fato ou de direito as premissas originalmente adotadas pela sentença, a cessação de seus efeitos, em regra, opera-se de modo imediato e automático, independente de novo pronunciamento judicial. Sobre esse tema, permito-me, outra vez, reproduzir o que escrevi em sede doutrinária: "[...] A alteração do status quo tem, em regra, efeitos imediatos e automáticos. Assim, se a sentença declarou que determinado servidor público não tinha direito a adicional de insalubridade, a superveniência de lei prevendo a vantagem importará imediato direito de usufruí-la, cessando a partir daí a eficácia vinculativa do julgado, independente de novo pronunciamento judicial ou de qualquer outra formalidade. Igualmente, se a sentença declara que os serviços prestados por determinada empresa estão sujeitos a contribuição para a seguridade social, a norma superveniente que revogue a anterior ou que crie isenção fiscal cortará sua força vinculativa, dispensando o contribuinte, desde logo, do pagamento do tributo. O mesmo pode ocorrer em favor do Fisco, em casos que, reconhecida por sentença, a intributabilidade, sobrevier lei criando tributo: sua cobrança pode dar-se imediatamente, independentemente de revisão do julgado anterior.
>
> No que se refere à mudança no estado de fato, a situação é idêntica. A sentença que, à vista da incapacidade temporária para o trabalho, reconhece o direito ao benefício de auxílio-doença tem força vinculativa enquanto perdurar o status quo. A superveniente cura do segurado importa imediata cessação dessa eficácia. Nos exemplos citados, o interessado poderá invocar a nova situação (que extinguiu, ou modificou a relação jurídica) como matéria de defesa, impeditiva da outorga da tutela pretendida pela parte contrária. Havendo execução da sentença, a matéria pode ser alegada pela via de embargos, nos termos art. 741, VI, do CPC. Tratando-se de matéria típica de objeção, dela pode conhecer o juiz até mesmo de ofício, mormente quando se trata de mudança do estado de direito, quando será inteiramente aplicável o princípio jura novit curia" (op. cit. p. 106-107). As exceções a essa automática cessação da eficácia vinculante da sentença por decorrência da mudança do status quo ocorre quando, por imposição expressa de lei, atribui-se ao beneficiado a iniciativa de provocar o pronunciamento judicial a respeito, configurando, dessa forma, uma espécie de direito potestativo. No mesmo estudo já referido, observei, a esse propósito: "Em certas situações, a modificação do estado de fato ou de direito somente operará alteração na relação obrigacional se houver iniciativa do interessado e nova decisão judicial. Em outras palavras, assiste ao beneficiado pela mudança no status quo o direito potestativo de provocar, mediante ação própria, a revisão da sentença anterior, cuja força vinculativa permanecerá íntegra enquanto não houver aquela provocação. A nova sentença terá, portanto, natureza constitutiva com eficácia ex nunc, provocando a modificação ou a extinção da relação jurídica afirmada na primitiva demanda. Exemplo clássico é o dos alimentos provisionais. A sentença que

os fixa está sujeita à cláusula rebus sic stantibus, a significar que a obrigação poder ser alterada, para mais ou para menos, ou até extinta, com a superveniente mudança do status quo ante. Todavia, aqui não há eficácia automática. Cumpre ao devedor dos alimentos, que teve reduzida a sua capacidade financeira, promover judicialmente a alteração da obrigação; cumpre, igualmente, ao credor, que teve supervenientemente aumentadas as suas despesas de subsistência, demandar em juízo a majoração do pensionamento. É o que prevê, expressamente, o art. 1.699 do CC. Enquanto não houver a iniciativa do interessado, a obrigação permanece intacta, segundo os parâmetros estabelecidos na sentença. Daí afirmar-se que, em tais casos, há direito potestativo à modificação, que deve ser exercido mediante ação judicial. São casos excepcionais, que, por isso mesmo, recebem interpretação estrita. É justamente nessas situações que será cabível – e indispensável para operar a mudança na relação jurídica objeto da sentença – a chamada ação revisional ou ação de modificação, anunciada no art. 471, II, do CPC. Compreendida nos exatos e estritos limites acima referidos, a ação de revisão não visa a anular a sentença revisanda, nem a rescindi-la. Conforme observou Pontes de Miranda, "não há dúvida de que a ação de modificação não diz respeito à não existência, nem à não validade da sentença que se quer executar. Tão somente à interpretação, ou versão, da sua eficácia" (Pontes de Miranda, Francisco Cavalcanti. Comentários ao Código de Processo Civil. 3. ed. Rio de Janeiro: Forense, 1997. t. V. p. 199). Ela tem, certamente, natureza constitutiva, e a correspondente sentença de procedência terá eficácia ex nunc, para o efeito de modificar ou extinguir, a partir da sua propositura, a relação jurídica declarada na sentença revisanda. O que se modifica ou extingue é a relação de direito material, não a sentença. Convém repetir e frisar, todavia, que a ação de revisão é indispensável apenas quando a relação jurídica material de trato continuado comportar, por disposição normativa, o direito potestativo antes referido. É o caso da ação de revisão de alimentos, destinada a ajustá-los à nova situação econômica do devedor ou às supervenientes necessidades do credor, e da ação de revisão de sentença que tenha fixado valores locatícios, para ajustá-los a novas condições de mercado (arts. 19 e 68 da Lei 8.245/1991). Afora tais casos, a modificação do estado de fato ou de direito produz imediata e automaticamente a alteração da relação jurídica, mesmo quando esta tiver sido certificada por sentença com trânsito em julgado, conforme anteriormente assinalado" (op. cit., p. 107-108). 4.

Ora, no caso concreto, ocorreu uma evidente alteração no status quo: o percentual de 26,05% objeto da condenação foi inteiramente satisfeito pela instituição executada, tendo sido inclusive objeto de incorporação aos vencimentos dos demandantes por força de superveniente cláusula de dissídio coletivo. Em outras palavras: não houve ofensa alguma ao comando da sentença; pelo contrário, houve, sim, o seu integral cumprimento superveniente. Esgotou-se, assim, a sua eficácia temporal, por ter sido satisfeita a condenação.

No julgamento do RE nº 730.462/SP, Tema nº 733 da Repercussão Geral (RG), rel. Min. Teori Zavascki, o STF deixou claro que a eficácia de seu julgado no plano executivo (das relações jurídicas concretas) é *ex nunc*, entretanto, o efeito vinculante no plano executivo nasce da própria decisão do STF e tem seu termo *a quo* na data da publicação da ata de julgamento, reforçando o impacto do precedente do STF na ordem jurídica atual, com especial destaque no julgamento para a ressalva às hipóteses dos efeitos futuros da sentença proferida em caso concreto, notadamente quando decide sobre relações jurídicas de trato continuado.[28] Vejamos relevante trecho de seu voto-condutor acompanhado à unanimidade pelo Plenário do STF:

---

[28] Conforme trecho esclarecedor do voto do Min. Teori Zavascki: "É importante distinguir essas duas espécies de eficácia (a normativa e a executiva), pelas consequências que operam em face das situações concretas. A eficácia normativa (= declaração de constitucionalidade ou de inconstitucionalidade) se opera ex tunc, porque o juízo

5. Isso se aplica também às sentenças judiciais anteriores. Sobrevindo decisão em ação de controle concentrado declarando a constitucionalidade ou a inconstitucionalidade de preceito normativo, nem por isso se opera a automática reforma ou rescisão das sentenças anteriores que tenham adotado entendimento diferente. Conforme asseverado, o efeito executivo da declaração de constitucionalidade ou inconstitucionalidade deriva da decisão do STF, não atingindo, consequentemente, atos ou sentenças anteriores, ainda que inconstitucionais. Para desfazer as sentenças anteriores será indispensável ou a interposição de recurso próprio (se cabível), ou, tendo ocorrido o trânsito em julgado, a propositura da ação rescisória, nos termos do art. 485, V, do CPC, observado o respectivo prazo decadencial (CPC, art. 495). Ressalva-se desse entendimento, quanto à indispensabilidade da ação rescisória, a questão relacionada à execução de efeitos futuros da sentença proferida em caso concreto, notadamente quando decide sobre relações jurídicas de trato continuado, tema de que aqui não se cogita. Interessante notar que o novo Código de Processo Civil (Lei 13.105, de 16.3.2015), com vigência a partir de um ano de sua publicação, traz disposição explícita afirmando que, em hipóteses como a aqui focada, "caberá ação rescisória, cujo prazo será contado do trânsito em julgado da decisão proferida pelo Supremo Tribunal Federal" (art. 525, §12 e art. 535, §8º). No regime atual, não há, para essa rescisória, termo inicial especial, o qual, portanto, se dá com o trânsito em julgado da decisão a ser rescindida (CPC, art. 495).

Os entendimentos firmados pelo STF nos recursos extraordinários acima analisados dialogam em perfeita sintonia, uma vez que a ressalva deixada pelo Exmo. Min. Teori Zavascki no acordão do RE nº 730.462/SP – "desse entendimento, quanto à indispensabilidade da ação rescisória, a questão relacionada à execução de efeitos futuros da sentença proferida em caso concreto sobre relações jurídicas de trato continuado" – se justifica pelo entendimento firmado no RE nº 596.663/RJ, de que "força vinculativa das sentenças sobre relações jurídicas de trato continuado atua rebus sic stantibus: sua eficácia permanece enquanto se mantiverem inalterados os pressupostos fáticos e jurídicos adotados para o juízo de certeza estabelecido pelo provimento sentencial". Ou seja, nas relações tributárias de trato continuado, alterado o pressuposto jurídico da sentença com o pronunciamento do STF em sentido contrário, faz cessar a eficácia da sentença inconstitucional.

Nesse cenário, Teori Zavascki não pactuava com a vigência eterna dos efeitos da coisa julgada contrária à Constituição, para o futuro, tal qual ocorre com frequência em matéria tributária, a qual violaria o princípio da igualdade e isonomia tributária, uma vez que resulta na existência de privilégios jurídicos permanentes que implicam

---

de validade ou nulidade, por sua natureza, dirige-se ao próprio nascimento da norma questionada. Todavia, quando se trata da eficácia executiva, não é correto afirmar que ele tem eficácia desde a origem da norma. É que o efeito vinculante, que lhe dá suporte, não decorre da validade ou invalidade da norma examinada, mas, sim, da sentença que a examina. Derivando, a eficácia executiva, da sentença (e não da vigência da norma examinada), seu termo inicial é a data da publicação do acórdão do Supremo no Diário Oficial (art. 28 da Lei 9.868/1999). [...] Isso se aplica também às sentenças judiciais anteriores. Sobrevindo decisão em ação de controle concentrado declarando a constitucionalidade ou a inconstitucionalidade de preceito normativo, nem por isso se opera a automática reforma ou rescisão das sentenças anteriores que tenham adotado entendimento diferente. Conforme asseverado, o efeito executivo da declaração de constitucionalidade ou inconstitucionalidade deriva da decisão do STF, não atingindo, consequentemente, atos ou sentenças anteriores, ainda que inconstitucionais. Para desfazer as sentenças anteriores será indispensável ou a interposição de recurso próprio (se cabível), ou, tendo ocorrido o trânsito em julgado, a propositura da ação rescisória, nos termos do art. 485, V, do CPC, observado o respectivo prazo decadencial (CPC, art. 495). Ressalva-se desse entendimento, quanto à indispensabilidade da ação rescisória, a questão relacionada à execução de efeitos futuros da sentença proferida em caso concreto, notadamente quando decide sobre relações jurídicas de trato continuado, tema de que aqui não se cogita".

o ônus, apenas por parte dos cidadãos, com o pagamento de tributos que beneficiam toda a sociedade.

Nas relações jurídico-tributárias de trato continuado regidas por coisas julgadas contrárias à Constituição, conforme definido por precedente da Suprema Corte, os princípios da igualdade e da isonomia tributária, na hipótese de trânsito de ações judiciais voltadas a disciplinar relações jurídicas futuras, o único meio de que o Estado dispõe a cumprir os mandamentos constitucionais referentes à igualdade e isonomia é conferir, a partir da decisão da Corte, idênticos direitos e deveres a todos cidadãos. A Constituição tem como missão uma sociedade igualitária, justa e fraterna, sendo dever do Estado tratar todos como iguais, merecedores de idêntica consideração e respeito, a permanência para o futuro dos efeitos de coisas julgadas inconstitucionais não pode ser um critério objetivo de discriminação, em qualquer concepção razoável de igualdade que se possa imaginar.[29]

Sobre a gravidade do desrespeito à isonomia e à segurança jurídica na aplicação de preceitos constitucionais, Teori Zavascki lecionava com propriedade:

> [...] os preceitos normativos têm, por natureza, a característica da generalidade, isto é, não se destinam a regular específicos casos concretos, mas sim, estabelecer um comando abstrato aplicável a um conjunto indefinido de situações e de pessoas. Quando, portanto, se questiona a legitimidade desse preceito, ainda que no conjunto de um caso concreto, o que se faz é pôr em xeque também a sua aptidão para incidir em todas as demais situações semelhantes. Essa peculiaridade é especialmente relevante se considerada em face do princípio da igualdade perante a lei, de cuja variada densidade normativa se extrai primordialmente a da necessidade de conferir um tratamento jurisdicional igual para as situações iguais. É também importante em face do princípio da segurança jurídica, que estaria fatalmente comprometido se a mesma lei pudesse ser tida por constitucional num caso e como inconstitucional em outro caso semelhante, dependendo do juiz que a aprecia.
>
> [...] a prevalência [...] do efeito vinculante erga omnes em relação à sentença proferida no caso concreto decorre não apenas da superior autoridade do pronunciamento do STF que lhe dá suporte, mas também da afirmação, que ele enseja, do princípio da igualdade em face da Constituição, dispensando a todos um tratamento isonômico quanto aos direitos assegurados e os deveres impostos pelo ordenamento jurídico.
>
> [...] supremacia da norma constitucional, tratamento igualitário e autoridade do STF, são, na verdade, valores associados e, como tais, tem sentido transcendental. Há, entre eles, relação de meio e fim.[30]

Especificamente no âmbito das relações jurídico-tributárias de trato continuado em face coisa julgada contrária a superveniente precedente da Suprema Corte, Teori Zavascki registrava a iniquidade e injustiça da situação, vejamos:

> Ofenderia o mais elementar senso de justiça invocar a força da coisa julgada do caso concreto para, por exemplo, impor a determinada pessoa uma carga tributária que o Supremo Tribunal

---

[29] Ávila reconhece a existência de "[...] situações em que um estado grave de desigualdade possa surgir no caso de relações continuativas, em razão de uma decisão favorecer ou prejudicar um contribuinte em detrimento de outros" (ÁVILA, Humberto. *Teoria da segurança jurídica*. 4. ed. rev., atual. e ampl. São Paulo: Malheiros, 2016. p. 371).

[30] ZAVASCKI, Teori Albino. *Eficácia das sentenças na jurisdição constitucional*. 4. ed. São Paulo: Revista dos Tribunais, 2017. p. 32; 120; 160.

Federal declarou inexistente ou nula ou inexigível para todas as demais; ou, por exemplo, para assegurar a um cidadão o privilégio de receber determinado benefício remuneratório ou gozar de favor fiscal, que é negado, com força vinculante, a todos os demais cidadãos nas mesmas condições.[31]

Para Teori, a "supremacia da norma constitucional, tratamento igualitário e autoridade do STF, são, na verdade, valores associados e, como tais, tem sentido transcendental. Há, entre eles, relação de meio e fim".[32]

É indubitável que, diante das lições do Min. Teori Albino Zavascki, a posição de nunca mais pagar determinado tributo ou continuar pagando tributo em face de coisa julgada contrária à Constituição viola a noção básica de igualdade e Justiça, não merecendo abrigo em um sistema jurídico em que os princípios devem convergir, evitando-se incoerências, prestigiando a supremacia da Constituição e a vontade do constituinte originário de constituir uma sociedade livre, justa e solidária (art. 3º, I da CF/88).

4 Conclusão

Incontestável que as valiosas contribuições do Min. Teori Zavascki ao tema da cessação da eficácia das decisões na jurisdição constitucional são um legado jurídico relevante, sólido, sofisticado, coerente e técnico no sentido de que o ordenamento jurídico é um conjunto de normas que devem convergir, evitando-se a incoerência e assegurando a supremacia das normas constitucionais, a superveniência de precedente com eficácia vinculante e expansiva *ultra partes* da Suprema Corte impacta a ordem jurídica, alterando o situação de direito, quebrando o silogismo original da decisão, a qual era condicionada à coisa julgada pela cláusula *rebus sic stantibus*, fazendo, assim, cessar, de forma automática, os efeitos prospectivos de coisa julgada tributária em sentido contrário após o trânsito em julgado no precedente definitivo da Suprema Corte, seja como órgão exclusivo do sistema concentrado, seja como órgão de cúpula do sistema difuso.

Referências

ÁVILA, Humberto. *Teoria da segurança jurídica*. 4. ed. rev., atual. e ampl. São Paulo: Malheiros, 2016.

BRASIL. *Constituição da República Federativa do Brasil de 1988*. Brasília: Senado Federal, 1988.

BRASIL. *Decreto-Lei n. 2.445, de 29 de junho de 1988*. Altera a legislação do Programa de Formação do Patrimônio do Servidor Público – PASEP e do Programa de Integração Social – PIS e dá outras providências. Brasília: Presidência da República, 1988.

BRASIL. *Decreto-Lei n. 2.449, de 21 de julho de 1988*. Altera disposições do Decreto-Lei nº 2.445, de 29 de junho de 1988, e dá outras providências. Brasília: Presidência da República, 1988.

BRASIL. *Lei n. 13.105, de 16 de março de 2015*. Código de Processo Civil. Brasília: Congresso Nacional, 2015.

---

[31] ZAVASCKI, Teori Albino. Coisa julgada em matéria constitucional: eficácia das sentenças nas relações jurídicas de trato continuado. *Academia Brasileira de Direito Processual Civil*, 2005. Disponível em http://www.abdpc.org.br/abdpc/artigos/Teori%20Zavascki. Acesso em: 2 ago. 2021.

[32] ZAVASCKI, Teori Albino. *Eficácia das sentenças na jurisdição constitucional*. 4. ed. São Paulo: Revista dos Tribunais, 2017. p. 160.

BRASIL. Lei n. 5.869, de 11 de janeiro de 1973. Institui o Código de Processo Civil. Brasília: Congresso Nacional, 1973.

BRASIL. Senado Federal. Resolução n. 26, de 21.06.2005. "Suspende a execução da alínea "h" do inciso I do artigo 12 da Lei Federal 8.212, de 24 de julho de 1991, acrescentada pelo parágrafo 1º do artigo 13 da Lei Federal 9.506, de 30 de outubro de 1997". *Diário Oficial da União*, 22 jun. 2005, p. 5, col. 1.

BRASIL. Senado Federal. Resolução n. 49, de 09.10.1995. "Suspende a execução dos Decretos-leis números 2.445 de 29 de junho de 1988, e 2.449, de 21 de julho de 1988". *Diário Oficial da União*, 10 out. 1995, p. 15861, col. 2.

BUZAID, Alfredo. *A ação declaratória no direito brasileiro*. 2. ed. rev. e aum. São Paulo: Saraiva, 1986.

MOREIRA, José Carlos Barbosa. Eficácia da sentença e autoridade da coisa julgada. *Revista da Associação dos Juízes do Rio Grande do Sul*, Porto Alegre, n. 28, jul. 1983.

NIEVA-FENOLL, Jordi. A coisa julgada: o fim de um mito. In: DIDIER JR., F.; CABRAL, A. P. (Coord.). *Coisa julgada e outras estabilidades processuais*. Salvador: JusPodivm, 2018.

NIEVA-FENOLL, Jordi. *Coisa julgada*. Tradução de Antônio do Passo Cabral. São Paulo: Revista dos Tribunais, 2016. Coleção Liebman.

PONTES DE MIRANDA, Francisco Cavalcanti. *Comentários ao Código de Processo Civil*. Rio de Janeiro: Forense, 1999. t. I.

PONTES, Helenilson Cunha. *Coisa julgada tributária e inconstitucionalidade*. São Paulo: Dialética, 2005.

SUPERIOR TRIBUNAL DE JUSTIÇA. AgInt no AgInt no AREsp. n. 459.787/DF rel. Min. Sérgio Kukina, 1ª Turma, julgado em 11.11.2019. *DJe*, 18 nov. 2019.

SUPERIOR TRIBUNAL DE JUSTIÇA. AgInt no AREsp n. 1.145.363/DF, rel. Min. Assusete Magalhães, 2ª Turma, julgado em 05.12.2017. *DJe*, 12 dez. 2017.

SUPERIOR TRIBUNAL DE JUSTIÇA. AgInt no AREsp n. 1.387.412/RS, rel. Min. Francisco Falcão, 1ª Turma, julgado em 01.10.2019. *DJe*, 3 out. 2019.

SUPERIOR TRIBUNAL DE JUSTIÇA. AgInt no AREsp. n. 450.045/DF, rel. Min. Napoleão Nunes Maia Filho, 1ª Turma, julgado em 20.02.2018. *DJe*, 13 mar. 2018.

SUPERIOR TRIBUNAL DE JUSTIÇA. AgInt no REsp. n.1.516.130/SC, rel. Min. Mauro Campbell Marques, 2ª Turma, julgado em 06.12.2016. *DJe*, 15 dez. 2016.

SUPERIOR TRIBUNAL DE JUSTIÇA. AgInt nos EDcl no AREsp n. 313.691/SC, rel. Min. Napoleão Nunes Maia Filho, 1ª Turma, julgado em 17.11.2020. *DJe*, 24 nov. 2020.

SUPERIOR TRIBUNAL DE JUSTIÇA. AgRg na MC n. 24.972/SC, rel. Min. Olindo Menezes (Desembargador convocado do TRF 1ª Região), 1ª Turma, julgado em 17.12.2015. *DJe*, 2 fev. 2016.

SUPERIOR TRIBUNAL DE JUSTIÇA. AgRg no REsp n. 1.470.687/SC, Rel. Ministro Napoleão Nunes Maia Filho, 1ª Turma, julgado em 16.06.2015. *DJe*, 26 jun. 2015.

SUPERIOR TRIBUNAL DE JUSTIÇA. AgRg no REsp n. 703.526/MG. 1ª Turma. Relator para acórdão Min. Teori Zavascki, julgado em 02.08.2005. *DJ*, 19 set. 2005.

SUPERIOR TRIBUNAL DE JUSTIÇA. AgRg no REsp n. 888.834/RJ, rel. Min. Francisco Falcão, 1ª Turma, julgado em 02.10.2007. *DJ*, 12 nov. 2007.

SUPERIOR TRIBUNAL DE JUSTIÇA. REsp 1.095.373/SP, relatora Min. Eliana Calmon, 2ª Turma, julgado em 23.06.2009, *DJe*, 4 ago. 2009.

SUPERIOR TRIBUNAL DE JUSTIÇA. REsp 875.635/MG, relator Min. Luiz Fux, 1ª Turma, julgado em 16.10.2008, *DJe*, 3 nov. 2008.

SUPERIOR TRIBUNAL DE JUSTIÇA. REsp n. 1.103.584/DF, rel. Min. Luiz Fux, 1ª Turma, julgado em 18.05.2010. *DJe*, 10 set. 2010.

SUPERIOR TRIBUNAL DE JUSTIÇA. REsp n. 193.500/PE, rel. Min. Garcia Vieira, 1ª Turma, julgado em 06.05.1999. *DJ*, 13 set. 1999.

SUPERIOR TRIBUNAL DE JUSTIÇA. REsp n. 233.662/GO, rel. Min. José Delgado, 1ª Turma, julgado em 14.12.1999. *DJ*, 12 mar. 2000.

SUPERIOR TRIBUNAL DE JUSTIÇA. REsp n. 281.209/GO, rel. Min. José Delgado, 1ª Turma, julgado em 07.06.2001. *DJ*, 27 ago. 2001.

SUPERIOR TRIBUNAL DE JUSTIÇA. REsp n. 308.857/GO, rel. Min. Garcia Vieira, 1ª Turma, julgado em 21.06.2001. *DJ*, 27 ago. 2001.

SUPERIOR TRIBUNAL DE JUSTIÇA. REsp n. 381.911/PR, rel. Min. Humberto Gomes de Barros, 1ª Turma, julgado em 02.12.2003. *DJ*, 19 dez. 2003.

SUPERIOR TRIBUNAL DE JUSTIÇA. REsp n. 599.764/GO, relator Min. Luiz Fux, 1ª Turma, julgado em 08.06.2004. *DJ*, 1º jul. 2004.

SUPERIOR TRIBUNAL DE JUSTIÇA. REsp n. 7.478/SP, relator Min. Ilmar Galvão, 2ª Turma, julgado em 10.04.1991. *DJ*, 29 abr. 1991.

SUPERIOR TRIBUNAL DE JUSTIÇA. REsp n. 719/SP, relator para acórdão Min. Américo Luz, 2ª Turma, julgado em 07.02.1990. *DJ*, 19 mar. 1990.

SUPERIOR TRIBUNAL DE JUSTIÇA. REsp n. 75.657/SP, relator Min. Garcia Vieira, 1ª Turma, julgado em 07.11.1997. *DJ*, 16 fev. 1998.

SUPERIOR TRIBUNAL DE JUSTIÇA. REsp n. 822.683/PR, relator Min. Teori Albino Zavascki, 1ª Turma, julgado em 10.10.2006. *DJ*, 26 out. 2006.

SUPERIOR TRIBUNAL DE JUSTIÇA. REsp n. 92.779/MG, relator Min. Garcia Vieira, 1ª Turma, julgado em 09.09.1997. *DJ*, 6 out. 1997.

SUPREMO TRIBUNAL FEDERAL. Ação Cautelar (AC) n. 1.657/RJ, relator para acórdão Min. Cesar Peluso, Tribunal Pleno, julgado em 27.06.2007, *DJe*, 31 ago. 2007.

SUPREMO TRIBUNAL FEDERAL. ADI n. 2.418/DF, relator Min. Teori Albino Zavascki, Tribunal Pleno, julgado em 04.05.2016, *DJe*, 17 nov. 2016.

SUPREMO TRIBUNAL FEDERAL. ADI n. 3.345/DF e ADI n. 3.365/DF (Apenso), relator Min. Celso de Mello, Tribunal Pleno, julgado em 25.08.2005, *DJe*, 20 ago. 2010.

SUPREMO TRIBUNAL FEDERAL. ADI n. 3.406/RJ, relatora Min. Rosa Weber, Tribunal Pleno, julgado em 29.11.2017, *DJe*, 1º fev. 2019.

SUPREMO TRIBUNAL FEDERAL. ADI n. 3.470/RJ, relatora Min. Rosa Weber, Tribunal Pleno, julgado em 29.11.2017, *DJe*, 1º fev. 2019.

SUPREMO TRIBUNAL FEDERAL. ADIn. n. 1.102/DF, relator Min. Maurício Corrêa, Tribunal Pleno, julgado em 05.10.1995, *DJ*, 1º dez. 1995.

SUPREMO TRIBUNAL FEDERAL. ADIn. n. 3.089/DF. relator Min. Joaquim Barbosa, Tribunal Pleno, julgado em 13.02.2008, *DJe*, 1º ago. 2008.

SUPREMO TRIBUNAL FEDERAL. ADIn-AgR n. 4.071/DF, relator Min. Menezes de Direito, Tribunal Pleno, julgado em 22.04.2009, *DJe*, 16 out. 2009.

SUPREMO TRIBUNAL FEDERAL. AR-AgR n. 948-7, rel. Min. Xavier de Albuquerque, Tribunal Pleno, julgado em 09.09.1981, *DJ*, 4 dez. 1981.

SUPREMO TRIBUNAL FEDERAL. HC n. 82.959/SP. Relator: Min. Marco Aurélio, Tribunal Pleno, julgado em 23.02.2006, *DJ*, 1º set. 2006.

SUPREMO TRIBUNAL FEDERAL. Questão de Ordem na Ação Cautelar n. 2.177/PE. relatora Min. Ellen Gracie, Tribunal Pleno, julgado em 12.11.2008, *DJe*, 19 nov. 2008.

SUPREMO TRIBUNAL FEDERAL. Questão de Ordem no Agravo de Instrumento n. 760.358/SE. Relator: Min. Gilmar Mendes, Tribunal Pleno, julgado em 19.11.2009. *DJe*, 19 fev. 2010.

SUPREMO TRIBUNAL FEDERAL. RE n. 138.284/CE, relator Min. Carlos Velloso, Tribunal Pleno, julgado em 01.07.1992, *DJ*, 28 ago. 1992.

SUPREMO TRIBUNAL FEDERAL. RE n. 146.733/SP, relator Min. Moreira Alves, Tribunal Pleno, julgado em 29.06.1992, *DJ*, 6 nov. 1992.

SUPREMO TRIBUNAL FEDERAL. RE n. 148.754/RJ, relator Min. Francisco Rezek, Tribunal Pleno, julgado em 24.06.1993, *DJ*, 4 mar. 1994.

SUPREMO TRIBUNAL FEDERAL. RE n. 166.772/RS, relator Min. Marco Aurélio, Tribunal Pleno, julgado em 12.05.1994, *DJ*, 16 dez. 1994.

SUPREMO TRIBUNAL FEDERAL. RE n. 177.296/RS, relator Min. Moreira Alves, Tribunal Pleno, julgado em 15.09.1994, *DJ*, 9 dez. 1994.

SUPREMO TRIBUNAL FEDERAL. RE n. 197.917/SP. Relator Min. Maurício Corrêa, Tribunal Pleno, julgado em 24.03.2004, *DJ*, 7 maio 2004.

SUPREMO TRIBUNAL FEDERAL. RE n. 227.832/PR, relator Min. Carlos Velloso, Tribunal Pleno, julgado em 01.07.1999, *DJ*, 28 jun. 2002.

SUPREMO TRIBUNAL FEDERAL. RE n. 230.337/RN, relator Min. Carlos Velloso, Tribunal Pleno, julgado em 01.07.1999, *DJ*, 28 jun. 2002.

SUPREMO TRIBUNAL FEDERAL. RE n. 233.807/RN, relator Min. Carlos Velloso, Tribunal Pleno, julgado em 01.07.1999, *DJ*, 28 jun. 2002.

SUPREMO TRIBUNAL FEDERAL. RE n. 351.717/PR. relator Min. Carlos Velloso, Tribunal Pleno, julgado em 08.10.2003, *DJ*, 21 nov. 2003

SUPREMO TRIBUNAL FEDERAL. RE n. 574.706/PR, relatora Min. Cármen Lúcia, Tribunal Pleno, julgado em 15.03.2017. *DJe*, 2 out. 2017.

SUPREMO TRIBUNAL FEDERAL. RE n. 596.663/RJ, relator para acórdão Min. Teori Zavascki, Tribunal Pleno, julgado em 24.09.2014, *DJe*, 26 nov. 2014.

SUPREMO TRIBUNAL FEDERAL. RE n. 730.462/SP, relator Min. Teori Zavascki, Tribunal Pleno, julgado em 28.05.2015, *DJe*, 9 set. 2015.

SUPREMO TRIBUNAL FEDERAL. RE n. 87.366-0/RJ, rel. Min. Soares Muñoz, 1ª Turma, julgado em 21.08.1979. *DJ*, 10 set. 1979.

SUPREMO TRIBUNAL FEDERAL. *RE n. 949.297/CE*. Relator Min. Edson Fachin (Tema 881).

SUPREMO TRIBUNAL FEDERAL. *RE n. 955.227/BA*. Relator Min. Luís Roberto Barroso (Tema 885).

SUPREMO TRIBUNAL FEDERAL. RE-AgRg n. 205.355/DF, relator Min. Carlos Velloso, Tribunal Pleno, julgado em 01.07.1999, *DJ*, 8 nov. 2002.

SUPREMO TRIBUNAL FEDERAL. Reclamação n. 4.335/AC. Relator Min. Gilmar Mendes, Tribunal Pleno, julgado em 21.03.2014, *DJe*, 22 out. 2014.

SUPREMO TRIBUNAL FEDERAL. *Súmula n. 239*. Decisão que declara indevida a cobrança do imposto em determinado exercício não faz coisa julgada em relação aos posteriores. Sessão Plenária de 13.12.1963.

ZAVASCKI, Teori Albino. Ação rescisória em matéria constitucional. *In*: NERY JÚNIOR, Nelson; WAMBIER, Teresa Arruda Alvim (Coord.). *Aspectos polêmicos e atuais dos recursos cíveis e de outras formas de impugnação às decisões judiciais*. [s.l.]: [s.n.], 2001. v. 4.

ZAVASCKI, Teori Albino. Coisa julgada em matéria constitucional: eficácia das sentenças nas relações jurídicas de trato continuado. *Academia Brasileira de Direito Processual Civil*, 2005. Disponível em http://www.abdpc.org.br/abdpc/artigos/Teori%20Zavascki. Acesso em: 2 ago. 2021.

ZAVASCKI, Teori Albino. *Eficácia das sentenças na jurisdição constitucional*. 4. ed. São Paulo: Revista dos Tribunais, 2017.

LIÇÕES ATUAIS NO MINISTRO TEORI SOBRE A EXECUÇÃO PROVISÓRIA DA PENA

LUANA VARGAS MACEDO

I Notas introdutórias sobre o papel desempenhado pelo Ministro Teori Albino Zavascki no debate em torno da constitucionalidade ou não da chamada "execução provisória da pena"

A atividade judicante é, certamente, uma das mais complexas a serem despenhadas por alguém. É o juiz a pessoa responsável por decidir conflitos da vida real. E como todo estudante de direito rapidamente percebe ao se formar e exercer qualquer profissão jurídica, esses conflitos raramente são resolvidos a partir da simples consulta a textos legais, à doutrina ou à jurisprudência. A sua resolução em geral demanda do juiz muito mais do que profundo conhecimento jurídico. Do juiz se espera, muitas vezes, não apenas decisões corretas à luz do direito, mas também decisões que carreguem em si sementes de transformação da realidade para melhor.

Ao meu ver, o Ministro Teori Albino Zavascki se destacava justamente por aliar vasto conhecimento jurídico a um aguçado senso de justiça e responsabilidade social. Como ministro do Supremo Tribunal Federal (STF), ele teve papel fundamental na definição de causas capazes de impactar diretamente o funcionamento de todo o sistema de justiça brasileiro, e, nessa condição, sempre atuou com olhos no que seria melhor para o país, no que contribuiria para torná-lo mais justo e menos desigual. Uma dessas causas discutia a constitucionalidade ou não do início do cumprimento de pena de prisão quando ainda não transitada em julgado a respectiva condenação criminal (a chamada execução provisória da pena), objeto do Habeas Corpus nº 126.292 e do Recurso Extraordinário com Agravo nº 964.246/SP, ambos de relatoria do Ministro Teori Albino Zavascki.

O tema da constitucionalidade ou não da execução provisória da pena sempre foi, no Brasil, um daqueles chamados *hard cases*: um caso para o qual há muitas soluções jurídicas possíveis, todas igualmente defensáveis com base em regras e princípios de hierarquia similar. De fato, até mesmo diante da ambiguidade da redação do art. 5º, inc. LVII, da Constituição Federal de 1988 –[1] norma constitucional em que sediado o princípio da presunção de inocência –, a sua compatibilidade com a execução provisória da pena suscitou intensos debates doutrinários e jurisprudenciais desde a inserção do princípio no texto constitucional de 1988.[2] A grande oscilação no entendimento do STF sobre o tema ao longo do tempo, melhor explicitada no próximo tópico, além de demonstrar que a sua resolução sempre esteve longe de ser tarefa simples, sugere que tanto os partidários da constitucionalidade do instituto quanto os partidários da tese oposta gozam de parcela de razão à luz do ordenamento jurídico pátrio.

Em meio a essa acirrada celeuma, e diante de um problema que certamente comportava mais de uma solução igualmente aceitável juridicamente, o Ministro Teori Albino Zavascki optou por um caminho que, embora sem se descolar do sentido e alcance possíveis do princípio da presunção de inocência diante do texto constitucional vigente, preocupava-se com os resultados práticos da decisão, em especial com o seu potencial de impactar positivamente o sistema de justiça penal brasileiro, que, naquele momento, era tido, inclusive em âmbito internacional, como marcantemente seletivo e disfuncional. Nessa linha, o Ministro Teori foi o grande protagonista da virada jurisprudencial histórica ocorrida sobre o tema no âmbito do STF ao longo do ano de 2016: em três oportunidades distintas nesse ano (a seguir tratadas com detalhes), o Ministro Teori Albino Zavascki liderou a maioria que se formou na Suprema Corte pela constitucionalidade da execução provisória da pena.

Ao longo deste artigo, serão explorados os principais argumentos teóricos e práticos em favor da constitucionalidade da execução provisória da pena, com especial destaque para aqueles extraídos das lições que o Ministro Teori Albino Zavascki forneceu sobre o tema nos votos que proferiu como relator do Habeas Corpus nº 126.292 e do Recurso Extraordinário com Agravo nº 964.246/SP, em seguida replicados no julgamento da medida cautelar nas ADCs nºs 43 e 44, todos em 2016.

Como será visto, em seus votos o Ministro Teori Albino Zavascki destacou aspectos como a disfuncionalidade que a vedação à execução provisória da pena causava ao processo penal brasileiro: segundo ele, a exigência de se aguardar o trânsito em julgado da condenação para, só então, executar-se o acórdão que determinava a prisão do réu tornava essa prisão praticamente impossível no Brasil, pois os réus, especialmente os mais abastados, sempre podiam interpor sucessivos recursos contras as respectivas

---

[1] Acerca da redação conferida pelo legislador constituinte ao art. 5º, inc. LVII, confira-se o que diz o Ex-Ministro Cezar Peluso: "Vamos agora tentar fazer uma síntese dos desdobramentos do alcance do princípio, sobretudo perante a nossa Constituição de 1988, que o adotou de modo expresso no art. 5.º, LVII. Nenhuma Constituição anterior o consagrou literalmente. E é muito interessante rever a história da redação desse inciso, porque o art. 43, §1.º, do Anteprojeto dizia o seguinte: 'Presume-se inocente todo acusado, até que haja declaração judicial de culpa'. O deputado constituinte, que depois foi governador do estado do Espírito Santo, José Inácio Ferreira, apresentou emenda que resultou na redação atual do inc. LVII, onde se estatui, com outras palavras, que ninguém – *ninguém* – será considerado culpado, até que lhe sobrevenha sentença condenatória definitiva" (AULA magna do Min. Antonio Cezar Peluso, ministrada no VI Encontro AASP. *Revista Brasileira da Advocacia*, v. 1, p. 231-245, 2016).

[2] Embora as demais Constituições republicanas brasileiras trouxessem capítulos próprios relativos a direitos e garantias fundamentais, a Constituição Federal de 1988 foi a primeira Constituição brasileira a adotar, expressamente, o princípio da presunção de inocência. Para conferir um histórico do referido princípio na realidade constitucional brasileira, confira-se a obra de GOMES FILHO, Antonio Magalhães. *Presunção de inocência e prisão cautelar*. São Paulo: Saraiva, 1991. p. 9-30.

condenações, protraindo ao máximo no tempo o trânsito em julgado, até o atingimento da prescrição.

Sabe-se que o entendimento do Ministro Teori Albino Zavascki acabou sendo superado mais recentemente no âmbito do STF. De lá para cá, pesquisas indicam que o índice de confiança da população brasileira no Poder Judiciário em geral caiu,[3] o mesmo ocorrendo em relação à confiança em torno no Supremo.[4] A sociedade não parece mais aceitar que, em nome da presunção de inocência, um réu duplamente condenado criminalmente, muitas vezes por crimes de patente gravidade, possa permanecer livre. Assim, a sensação de impunidade e a descrença na Justiça que atualmente predominam na sociedade brasileira sugerem que o tema deverá, mais hora, menos hora, ser revisitado.

II Evolução da jurisprudência do STF sobre a execução provisória da pena

A jurisprudência do Supremo Tribunal Federal (STF) acerca do tema que constitui o pano de fundo deste artigo – a *constitucionalidade ou não do início do cumprimento de pena de prisão quando ainda não transitada em julgado a respectiva condenação criminal (a chamada execução provisória da pena)* – apresentou variações desde a promulgação da Constituição Federal de 1988 (CF).

De 1988 até 2009, a jurisprudência do STF era pacífica no sentido de autorizar o início de cumprimento da pena de prisão quando ainda pendentes de julgamento recursos especial ou extraordinário,[5] entendendo ser isso compatível com o princípio da presunção de inocência, inscrito no art. 5º, inc. LVII da CF.

Em 5.2.2009, o Pleno da Suprema Corte, no julgamento do Habeas Corpus nº 84.078/MG, de relatoria do Ministro Eros Grau, adotou posição oposta e passou a entender, por maioria de 7 votos a 4, ser inconstitucional a execução provisória da pena, por ofensa ao mencionado princípio constitucional.[6]

Sete anos depois, em 17.2.2016, no julgamento do HC nº 126.292/SP, a maioria dos ministros integrantes do Pleno do STF considerou compatível com o princípio da presunção de inocência a execução provisória de acórdão penal condenatório proferido em grau de apelação, mesmo que ainda sujeito a recurso especial ou extraordinário.

Estava-se, ali, diante de uma virada jurisprudencial histórica, resultante de um amplo, vertical e democrático debate ocorrido não apenas entre os ministros que compunham a Corte à época, mas, também, entre vários setores da sociedade civil, que massivamente participaram do julgamento como *amici curiae*.

---

[3] DATAFOLHA: Confiança da população nas instituições e nos três poderes cai. *O Globo*, 24 set. 2021. Disponível em: https://oglobo.globo.com/politica/datafolha-confianca-da-populacao-nas-instituicoes-nos-tres-poderes-cai-1-25211071.

[4] VALENTE, Fernanda. Datatempo: Maioria tem pouca confiança nas instituições. *O Tempo*, 24 set. 2021. Disponível em: https://www.otempo.com.br/politica/datatempo/datatempo-maioria-tem-pouca-confianca-nas-instituicoes-1.2545054.

[5] Como se sabe, no direito brasileiro tais recursos ordinariamente carecem de efeito suspensivo.

[6] São exemplos disso os seguintes precedentes: no Plenário: HC nº 68.726, Rel. Min. Néri da Silveira, HC nº 72.061, Rel. Min. Carlos Velloso; na Primeira Turma: HC nº 71.723, Rel. Min. Ilmar Galvão; HC nº 91.675, Rel. Min. Cármen Lúcia; HC nº 70.662, Rel. Min. Celso de Mello; e na Segunda Turma: HC nº 79.814, Rel. Min. Nelson Jobim; HC nº 80.174, Rel. Min. Maurício Corrêa; RHC nº 84.846, Rel. Min. Carlos Veloso e RHC nº 85.024, Rel. Min. Ellen Gracie.

Na época, um dos argumentos mais contundentes em favor do retorno da jurisprudência histórica da Suprema Corte quanto à matéria foi a constatação de que a vedação da execução provisória da pena, adotada pelo STF entre fevereiro de 2009 em fevereiro de 2016, acentuava a disfuncionalidade do sistema de justiça penal brasileiro, tornando-o inapto a proteger a sociedade contra ofensas a seus mais importantes bens jurídicos. O Ministro Teori Zavascki, na condição de relator do HC nº 126.292/SP, vocalizou boa parte dessas contratações em seu voto vencedor, e foi o responsável por resumir, na ementa a seguir, o novo entendimento da Suprema Corte:

> CONSTITUCIONAL. HABEAS CORPUS. PRINCÍPIO CONSTITUCIONAL DA PRESUNÇÃO DE INOCÊNCIA (CF, ART. 5º, LVII). SENTENÇA PENAL CONDENATÓRIA CONFIRMADA POR TRIBUNAL DE SEGUNDO GRAU DE JURISDIÇÃO. EXECUÇÃO PROVISÓRIA. POSSIBILIDADE.
>
> 1. A execução provisória de acordão penal condenatório proferido em grau de apelação, ainda que sujeito a recurso especial ou extraordinário, não compromete o princípio constitucional da presunção de inocência afirmado pelo artigo 5º, inciso LVII da Constituição Federal.
>
> 2. Habeas corpus denegado.

Logo após esse julgamento (que ocorreu em fevereiro de 2016), já em maio de 2016, o Partido Ecológico Nacional (PEN) e o Conselho Federal da Ordem dos Advogados do Brasil (CFOAB) ajuizaram as ações declaratórias de constitucionalidade (ADC) nºs 43 e 44, respectivamente, ambas visando, em linhas gerais, à declaração de constitucionalidade do art. 283 do Código de Processo Penal (CPP), cuja redação então vigente dispunha:

> ninguém poderá ser preso senão em flagrante delito ou por ordem escrita e fundamentada da autoridade judiciária competente, em decorrência de sentença condenatória transitada em julgado ou, no curso da investigação ou do processo, em virtude de prisão temporária ou prisão preventiva.

Os requerentes sustentavam a existência de "controvérsia judicial relevante", nos termos do art. 14 da Lei nº 9868/99, em torno do art. 283 do CPP, motivada pelo já referido julgamento do HC nº 126.292, em que o Plenário do STF reconheceu a compatibilidade com a Constituição Federal do início do cumprimento da pena de prisão já após a condenação criminal em segunda instância, fazendo-o, contudo – segundo alegado pelos ali requerentes –, sem afastar a constitucionalidade do mencionado dispositivo legal, em violação à cláusula de reserva de plenário inscrita no art. 97 da CF.

Em outubro de 2016, o Pleno da Suprema Corte *indeferiu*, por maioria, o pedido de medida cautelar formulado nos autos das ações declaratórias nºs 43 e 44, oportunidade em que conferiu interpretação conforme a Constituição ao art. 283 do CPP para excluir a possibilidade de que o texto do dispositivo fosse interpretado no sentido de obstar a execução provisória da pena depois da decisão condenatória de segundo grau e antes do trânsito em julgado da sentença condenatória.

Em dezembro de 2016, o Plenário da Suprema Corte, no julgamento do Recurso Extraordinário com Agravo nº 964.246/SP, também de relatoria do Ministro Teori Zavascki, reafirmou a posição externada meses antes pelo Pleno no sentido da constitucionalidade da execução provisória da pena. Confira-se:

CONSTITUCIONAL. RECURSO EXTRAORDINÁRIO. PRINCÍPIO CONSTITUCIONAL DA PRESUNÇÃO DE INOCÊNCIA (CF, ART. 5º, LVII). ACÓRDÃO PENAL CONDENATÓRIO. EXECUÇÃO PROVISÓRIA. POSSIBILIDADE. REPERCUSSÃO GERAL RECONHECIDA. JURISPRUDÊNCIA REAFIRMADA.

1. *Em regime de repercussão geral, fica reafirmada a jurisprudência* do Supremo Tribunal Federal no sentido de que *a execução provisória de acórdão penal condenatório proferido em grau recursal, ainda que sujeito a recurso especial ou extraordinário, não compromete o princípio constitucional da presunção de inocência afirmado pelo artigo 5º, inciso LVII, da Constituição Federal.*

2. Recurso extraordinário a que se nega provimento, com o reconhecimento da repercussão geral do tema e a reafirmação da jurisprudência sobre a matéria.

Como o tema discutido no Recurso Extraordinário com Agravo nº 964.246/SP teve sua repercussão geral reconhecida pelo STF (Tema nº 925), o precedente que se originou do seu julgamento ostentou força vinculante *erga omnes*, de modo que a sua *ratio decidendi* era de observância obrigatória a todas as instâncias jurisdicionais do país, inclusive às próprias turmas do STF e a seus ministros, nos termos dos arts. 489, inc. VI, 927, inc. III e 988, §5º, inc. II do Código de Processo Civil (CPC).

Apesar da força vinculante do referido precedente, sabe-se que, já no início de 2017, alguns dos ministros do STF que ficaram vencidos quando da sua prolação continuaram a proferir decisões monocráticas impedindo a execução provisória de penas de prisão.[7]

À relutância de parte dos ministros da Suprema Corte em seguir o precedente obrigatório então vigente somou-se a mudança de entendimento a respeito do tema por parte de outros ministros, o quais passaram ou a rejeitar inteiramente a execução provisória da pena, ou admiti-la apenas mediante algumas condições. Finalmente, em novembro de 2019, o Pleno do STF, já sem o Ministro Teori Albino Zavascki em sua composição, voltou a analisar o tema por ocasião do julgamento do mérito das ADCs nºs 43 e 44, oportunidade na qual revogou o precedente obrigatório anterior e passou, mais uma vez, a vedar a execução provisória da pena. Eis o respectivo acórdão:

PENA – EXECUÇÃO PROVISÓRIA – IMPOSSIBILIDADE – PRINCÍPIO DA NÃO CULPABILIDADE. Surge constitucional o artigo 283 do Código de Processo Penal, a condicionar o início do cumprimento da pena ao trânsito em julgado da sentença penal condenatória, considerado o alcance da garantia versada no artigo 5º, inciso LVII, da Constituição Federal, no que direciona a apurar para, selada a culpa em virtude de título precluso na via da recorribilidade, prender, em execução da sanção, a qual não admite forma provisória.

A nova maioria dos ministros do STF passou a seguir a posição vencedora do Ministro Marco Aurélio, relator das ADCs nºs 43 e 44, a qual, por sua vez, havia sido vencida pouco mais de 2 anos antes.

De todo modo, mesmo após o julgamento do mérito das ADCs nºs 43 e 44, em novembro de 2019, o tema continuou sendo amplamente discutido não apenas nos

---

[7] Como exemplo, cita-se decisão proferida pelo Ministro Marco Aurélio no Habeas Corpus nº 138.337, em 16.11.2016 (apenas seis dias depois de o Plenário Virtual do STF julgar o ARE nº 964.246), em que ele deferiu medida liminar para suspender a execução da pena de paciente já condenado em segunda instância. O Ministro Ricardo Lewandowski também proferiu decisões liminares contrárias ao ARE nº 964.246, como exemplo, as proferidas no HC nº 137.063, HC nº 145.856, HC nº 140.217 e HC nº 144.908.

meios acadêmicos, entre juristas e aplicadores do direito, mas também pela sociedade civil, que claramente compreendeu a importância da execução provisória da pena para o aperfeiçoamento do sistema de justiça penal no Brasil, historicamente marcado pela combinação trágica de seletividade e impunidade.

Nessa toada, ainda em 2019, um grupo de senadores protocolou a Proposta de Emenda à Constituição nº 5 (PEC nº 5/19), visando incluir o inc. XVI ao art. 93 do texto constitucional de modo a autorizar execução provisória da pena após a condenação por órgão colegiado. Atualmente, além da PEC nº 5/2019, também estão em trâmite no Congresso Nacional as PECs nºs 410/2018 e 252/2016, todas voltadas a modificar a Constituição de forma a permitir a execução provisória da pena privativa de liberdade.

Assim, percebe-se que, muito embora a posição no sentido da legitimidade da execução provisória da pena tenha restado vencida no último julgamento do STF, muitas das razões subjacentes a essa posição, liderada à época pelo Ministro Teori Zavascki, permanecem iluminando o debate que ainda paira no país sobre o tema.

Conforme se espera demonstrar a seguir, o Ministro Teori Albino Zavascki, na relatoria de dois dos principais feitos que tramitaram no STF acerca do tema (HC nº 126.292 e REA nº 964.246/SP), forneceu, em seus votos vencedores, as bases argumentativas que até hoje conferem respaldo teórico à defesa da constitucionalidade da execução provisória da pena de prisão.

III Definição do objeto deste artigo

Os julgamentos do STF, acima citados, acerca da constitucionalidade ou não da execução provisória da pena examinaram, na verdade, a constitucionalidade ou não do dispositivo legal então em vigor que vedava tal instituto, no caso, do art. 283 do CPP. Sua redação à época era a seguinte:

> ninguém poderá ser preso senão em flagrante delito ou por ordem escrita e fundamentada da autoridade judiciária competente, em decorrência de sentença condenatória transitada em julgado ou, no curso da investigação ou do processo, em virtude de prisão temporária ou prisão preventiva.

Como se viu, ao julgar as ADCs nºs 43 e 44, a maioria do STF entendeu pela constitucionalidade do art. 283 do CPP, considerando-o uma expressão legal do princípio constitucional da presunção de inocência.

Logo após o julgamento do mérito das ADCs nºs 43 e 44, ocorrido em novembro de 2019, foi publicada a Lei nº 13.964, de 24.12.2019, que alterou a redação do art. 283 do CPP, mantendo, todavia, a vedação da execução provisória da pena de prisão. Eis a redação dada pela Lei nº 13.964/2019 ao art. 283 do CPP, o qual, aliás, continua em vigor nos dias atuais:

> Ninguém poderá ser preso senão em flagrante delito ou por ordem escrita e fundamentada da autoridade judiciária competente, em decorrência de prisão cautelar ou em virtude de condenação criminal transitada em julgado.

Dessa forma, além da posição jurisprudencial majoritária externada pelo STF quando do julgamento de mérito das ADCs nºs 43 e 44 no sentido da vedação da execução provisória da pena, tal vedação decorre, ainda, de lei expressa. Daí que qualquer posição que pretenda, atualmente, defender a execução provisória da pena precisará demonstrar não apenas a sua constitucionalidade, mas, também, a inconstitucionalidade da sua vedação legal, plasmada, atualmente, no art. 283 do CPP.

Nessa linha, e valendo-se de várias lições contidas nos votos vencedores do Ministro Teori Zavascki nos julgamentos do HC nº 126.292/SP e do ARE nº 964.246, pretendo demonstrar neste artigo que: (I) o art. 283 do CPP extrapola o princípio da presunção de inocência previsto no art. 5º, inc. LVII, da CF/8 e ofende preceitos constitucionais outros; e (II) a execução provisória da pena é compatível com a Constituição.

IV O art. 283 do CPP traduz interpretação razoável e legítima do princípio da presunção de inocência previsto no art. 5º, inc. LVII, da CF/88?

IV.1 Nota prévia: o art. 283 do CPP e o art. 5º, inc. LVII, da CF/88 possuem conteúdos distintos

Antes que se passe a discorrer sobre os pontos acima assinalados, abre-se breve parênteses para assinalar que, ao contrário do que defendem alguns, a redação do art. 283 do CPP *não é* uma mera repetição da redação do art. 5º, inc. LVII da CF/88. Caso existente tal repetição, não haveria dúvidas de que o art. 283 do CPP é constitucional, já que, como se sabe, o direito brasileiro não admite a tese da "norma constitucional inconstitucional". Todavia, a dessemelhança entre os mencionados dispositivos pode ser percebida sem muito esforço.

Com efeito, enquanto o dispositivo do CPP estabelece que "Ninguém poderá ser preso senão em flagrante delito ou por ordem escrita e fundamentada da autoridade judiciária competente, em decorrência de prisão cautelar ou em virtude de condenação criminal transitada em julgado", vedando, com isso, a prisão de natureza não cautelar antes do trânsito em julgado da respectiva condenação (execução provisória da pena), o dispositivo constitucional, por seu turno, preconiza que *"ninguém será considerado culpado* até o trânsito em julgado de sentença penal condenatória".

Percebe-se, portanto, que o legislador constitucional se restringiu a estabelecer uma proibição genérica, ao preconizar que "ninguém será tratado como culpado" antes do trânsito em julgado da respectiva condenação. Já o legislador ordinário foi além e, numa redação mais específica e densificada, vedou a execução provisória da pena. Não se está diante, portanto, de dispositivo legal que simplesmente espelha a Constituição, donde decorre que a constitucionalidade do art. 283 do CPP *não exsurge* como mera decorrência direta e quase automática do art. 5º, inc. LVII, da CF/88. Antes, ela precisa ser demonstrada.

Assim – e aqui se fecham os parênteses –, para que se defina se tal dispositivo legal é ou não constitucional, há que se analisar se ele representa interpretação razoável e legítima do princípio da presunção de inocência previsto no art. 5º, inc. LVII, da CF/88, ou se, ao revés, ele consiste em extrapolação que, por ofender preceitos constitucionais outros, mostra-se incompatível com a Constituição. Esta última posição é a que nos parece mais correta, pelas razões que se passam a expor.

IV.2 Conteúdo essencial do princípio da presunção de inocência, nos termos previstos na Constituição brasileira

Conforme pontuado pelo Ministro Teori Albino Zavascki, no início do voto que proferiu quando do julgamento do HC nº 126.292, "o tema relacionado com a execução provisória de sentenças penais condenatórias envolve reflexão sobre (a) *o alcance do princípio da presunção da inocência* [...]". Nessa linha, pois, importa inicialmente compreender o *conteúdo essencial* do princípio da presunção de inocência, plasmado no sistema jurídico brasileiro no art. 5º, inc. LVII, da CF/88, segundo o qual *"ninguém será considerado culpado* até o trânsito em julgado de sentença penal condenatória".

Diante da ambiguidade da redação do 5º, inc. LVII, da CF/88, a definição do seu conteúdo essencial, longe de ser tarefa de simples implemento, tem suscitado intensos debates doutrinários e jurisprudenciais desde a inserção do princípio no texto constitucional de 1988. Talvez por isso, logo passou a ser consenso entre estudiosos no tema a importância de se conhecer arqueologia do princípio da presunção de inocência, ou seja, a reconstituição histórica da sua evolução, para que verdadeiramente se compreenda o preceito inscrito no art. 5º, inc. LVII da CF/88.[8]

Nessa linha, e para evitar incursões desnecessariamente longas nesse histórico, serão destacados, aqui, apenas os momentos que serviram como marco na construção paulatina do princípio, e que, por certo, influenciaram o legislador constituinte brasileiro. São eles:

(i) a edição da Declaração dos Direitos do Homem e do Cidadão, no bojo da Revolução Francesa de 1789, que, em seu art. 9º, IX, dispôs que "Todo homem deve ser presumido inocente, e se for indispensável detê-lo, todo rigor que não seja necessário (para submeter a pessoa), deve ser severamente reprimido por lei". Nessa previsão, o foco está em coibir o rigor desnecessário do poder de punir estatal, sendo ela uma reação contra as arbitrariedades no uso do processo penal pelo monarca, tão comuns à época. Segundo Fernando Brandini Barbagalo, "a presunção de inocência alterava a então existente presunção de culpabilidade quando era o próprio acusado quem tinha que comprovar sua inocência. Diante dos abusos e exageros comuns a essa inominada exigência à época, foi um avanço significativo".[9] A ideia subjacente a esse dispositivo,

---

[8] Nessa linha, segundo ensina Weber Martins Batista: "[...] o ilustre jurista português afirmou que um preceito jurídico – e, de forma muito especial, um preceito constitucional – é, naturalmente o seu texto, mas é também, e sobretudo, a sua história (op. cit.). Ora, da norma constitucional que trata da presunção de inocência talvez se possa dizer que ela não é nada o seu texto, só a sua história. Ou seja, que vale tão-somente como uma idéia-força, no sentido de impedir que o réu seja tratado como se já tivesse sido condenado, que sofra restrições de direitos não imprescindíveis à apuração dos fatos, que seja tratado como mero objeto de investigação e não como sujeito de direitos. Em suma, para impedir que lhe sejam negadas as garantias inerentes ao devido processo legal" (BATISTA, Weber Martins. O princípio constitucional da inocência. *Revista de Julgados e Doutrina do Tribunal de Alçada Criminal do Estado de São Paulo*, São Paulo, p. 15-30, abr./jun. 1990).

[9] BARBAGALO, Fernando Brandini. *Presunção de inocência e recursos criminais excepcionais*: em busca da racionalidade no sistema processual penal brasileiro. Brasília: TJDFT, 2015. Disponível em: https://www.tjdft.jus.br/institucional/

considerado a primeira positivação do princípio da história,[10] tornou-se, dali por diante, um postulado universal, influenciando boa parte dos diplomas constitucionais que vieram a ser editados ao redor do globo.

(ii) a aprovação, em 1948, da Declaração Universal dos Direitos do Homem da Organização das Nações Unidas (ONU), que, embora despida de caráter mandatório, estabelece a seguinte recomendação: "Todo homem tem direito de ser presumido inocente até que sua culpabilidade seja provada de acordo com a lei, em julgamento público, com todas as garantias da defesa". Aqui, fixa-se um marco temporal para que a presunção de inocência se desfaça (a saber: até que a culpabilidade seja provada de acordo com a lei), e o princípio passa a atuar como regra de prova, segundo a qual o ônus de se provar a responsabilidade penal cabe ao Estado.

(iii) a promulgação da Constituição italiana de 1947, que, em seu art. 27, prevê que "o acusado não é considerado culpado até a condenação definitiva". É evidente a semelhança entre o art. 27 da Constituição italiana e o art. 5º, inc. LVII da CF/88. Em razão disso, há autores que consideram que o texto italiano serviu de inspiração para o brasileiro,[11] embora não haja registro expresso nesse sentido nos trabalhos da Assembleia Constituinte.

Os três marcos, acima citados, que se inserem na linha do desenvolvimento histórico do princípio da presunção de inocência, permitem que se aproxime do seu *conteúdo essencial*. Este, por sua vez, serve de *parâmetro interpretativo* do preceito inscrito no art. 5º, inc. LVII da CF/88.

Assim, valendo-se desse parâmetro, pode-se dizer que, no Brasil, o princípio da presunção de inocência possui, basicamente, *duas dimensões*.

A primeira delas, claramente inspirada na Declaração Universal dos Direitos do Homem de 1948, é a de funcionar como regra de prova, de modo que as consequências de eventual incerteza sobre a materialidade e autoria delitivas beneficiam o réu (*in dubio pro reu*), impondo uma carga material da prova à parte acusadora.

Discorrendo sobre essa primeira dimensão do princípio da presunção de inocência, o Ministro Teori Zavascki, no voto vencedor que preferiu nos autos do HC nº 126.292, ensina:

> [...] o plexo de regras e princípios garantidores da liberdade previsto em nossa legislação revela quão distante estamos, felizmente, da fórmula inversa em que ao acusado incumbia demonstrar sua inocência, fazendo prova negativa das faltas que lhe eram imputadas. Com inteira razão, portanto, a Ministra Ellen Gracie, ao afirmar que "o domínio mais

---

escola-de-administracao-judiciaria/documentos_e-books/e-books-pdf/presuncao-de-inocencia-e-recursos-criminais-excepcionais. Acesso em: 2 jan. 2022.

[10] BATISTI, Leonir. *Presunção de inocência*: apreciação dogmática e nos instrumentos internacionais e Constituições do Brasil e Portugal. Curitiba: Juruá, 2009. p. 33.

[11] Nesse sentido, por exemplo, assevera Luiz Flávio Gomes que, "Considerando que o texto italiano aqui enfocado constituiu a fonte de inspiração do dispositivo nacional semelhante, para sua exata compreensão era mesmo necessária a incursão que fizemos ao debate peninsular. Agora já sabemos porque nosso Constituinte evitou a utilização da locução 'presunção de inocência'. Quis adotar uma postura 'neutra', asséptica, no que concerne à posição do acusado frente ao processo penal" (GOMES, Luiz Flávio. *Sobre o conteúdo processual tridimensional do princípio da presunção de inocência*. São Paulo: Revista dos Tribunais, 1996. p. 377-387).

expressivo de incidência do princípio da não-culpabilidade é o da disciplina jurídica da prova. O acusado deve, necessariamente, ser considerado inocente durante a instrução criminal – mesmo que seja réu confesso de delito praticado perante as câmeras de TV e presenciado por todo o país" (HC 84078, Relator(a): Min. EROS GRAU, Tribunal Pleno, DJe de 26/2/2010). Realmente, antes de prolatada a sentença penal há de se manter reservas de dúvida acerca do comportamento contrário à ordem jurídica, o que leva a atribuir ao acusado, *para* todos os efeitos – mas, sobretudo, no que se refere ao ônus da prova da incriminação –, a presunção de inocência.

A *segunda dimensão* do princípio da presunção de inocência, por sua vez influenciada pela Declaração do Homem e do Cidadão de 1789, é de servir como *regra de tratamento* do réu no curso do processo penal, vetando-se qualquer antecipação de juízo condenatório ou de culpabilidade, seja por situações, práticas, palavras ou gestos. Conforme ensinou o Ministro Luiz Fux em voto que proferiu no julgamento da ADC nº 30,[12] "a presunção de inocência protege, nessa vertente, o processado de sofrer restrições desnecessárias a seus direitos antes de ser provada a sua responsabilidade criminal, ou seja, antes de ser julgado e sem ingressar aqui na questão da necessidade de este julgamento ser definitivo ou não".

Voltando-se o foco, aqui, apenas para a dimensão do princípio da presunção da inocência associada à função de regra de tratamento, percebe-se desde logo que ela se encontra claramente evidenciada na primeira parte do art. 5º, inc. LVII da CF/88, segundo a qual *"ninguém será considerado culpado* até o trânsito em julgado de sentença penal condenatória".

A *contrario sensu* do que se lê desse dispositivo, tem-se que serão consentâneas com o princípio da presunção de inocência (ao menos sob a dimensão aqui analisada) quaisquer medidas adotadas pelo Estado no exercício do seu *jus puniendi*, em face do réu ainda não definitivamente condenado, *que não equivalham a tratá-lo como culpado*.

Remanesce, entretanto, a dúvida: *o que seria tratar alguém como culpado?* Que tipo de tratamento dispensado ao réu pelo Estado seria afrontoso ao conteúdo essencial do art. 5º, inc. LVII da CF/88, em sua dimensão de servir como regra de tratamento, por equipará-lo ao penalmente culpado antes do trânsito em julgado da condenação penal?

Diante do silêncio do legislador *constitucional* sobre o que significa "tratar alguém como culpado", caberá ao legislador *ordinário* a tarefa de definir quais condutas preenchem tal perfil e que, por isso, são vedadas posto que afrontosas ao art. 5º, inc. LVII da CF/88.

Refletindo exatamente acerca dessa questão, o Ministro Gilmar Mendes, em passagem de notável precisão e clareza, assim expõe:

> [...] o núcleo essencial da presunção de não culpabilidade impõe o ônus da prova do crime e de sua autoria à acusação. Sob esse aspecto, não há maiores duvidas de que estamos falando de um direito fundamental processual, de âmbito negativo. *Para além disso, a garantia impede, de uma forma geral, o tratamento do réu como culpado até o trânsito em julgado da sentença. No entanto, a definição do que vem a ser tratar como culpado depende de intermediação do legislador. Ou seja, a norma afirma que ninguém será considerado culpado até o transito em julgado da condenação, mas esta longe de precisar o que vem a ser considerar alguém culpado* [...]. *Disso se extrai que o espaço de conformação do legislador é lato. A cláusula não obsta*

---

[12] STF. ADC nº 30. Rel. Min. Luiz Fux, Pleno, j. 16.12.2012.

que a lei regulamente os procedimentos, tratando o implicado de forma *progressivamente mais gravosa, conforme a imputação evolui*.[13] (Grifos nossos)

IV.3 A vedação à proteção insuficiente de direitos individuais e sociais como limite ao espaço de conformação do legislador na densificação do princípio da presunção de inocência

Ocorre que o legislador ordinário, ao executar a tarefa de definir o que vem a ser tratar alguém como culpado para fins de incidência do princípio presunção de inocência, possui algumas *limitações*.

No voto vencedor que deu no julgamento do HC nº 126.292, o Ministro Teori Zavascki forneceu pistas de quais seriam essas limitações. Ali, ele pontuou que, no tema pertinente à constitucionalidade ou não da execução provisória da pena, há que se buscar um *equilíbrio* à função jurisdicional penal, pois esta "deve atender a valores caros não apenas aos acusados, mas também à sociedade, diante da realidade de nosso intricado e complexo sistema de justiça criminal".

A posição do Ministro Teori nada mais é do que a síntese da chamada "concepção dualista" do processo penal, que o enxerga como um instrumento voltado, a um só tempo, à consecução do *interesse público* à repressão do crime *e do interesse do indivíduo* contra abusos ou excessos por parte do Estado persecutor.

Justamente por que o processo penal possui essa dúplice função, ele deve ser guiado por dois vetores axiológicos de igual relevância:

(i) *de um lado*, pelo dever estatal de garantir segurança aos integrantes do corpo social (mediante a prevenção de crimes, bem como pela sua repressão), o qual é associado ao direito da sociedade à efetiva justiça penal (eficientes investigação administrativa e persecução judicial dos delitos);[14]
(ii) *de outro*, pelo dever estatal de garantir ao investigado/acusado um processo penal justo, legal e constitucional, sem abusos ou excessos estatais, o qual é associado ao direito do indivíduo sob suspeita de somente ser punido após um processo dessa natureza.

São justamente esses dois vetores axiológicos que *limitam* a atividade do legislador ordinário na tarefa de integrar o conteúdo do princípio da presunção da inocência previsto no art. 5º, inc. LVII da CF/88 mediante a definição do que seja tratamento, como culpado, do réu ainda não definitivamente condenado. O espaço de conformação do legislador situa-se, justamente, entre esses dois extremos.

---

[13] Trecho do voto proferido pelo ministro no julgamento do HC nº 126.292/SP.
[14] "O dever de garantir a segurança está, além de evitar condutas criminosas que atinjam direitos fundamentais de terceiros, também na devida apuração (com respeito aos direitos dos investigados ou processados) do ato ilícito e, em sendo o caso, na punição do responsável. (FISCHER, 2009, p. 4). Exatamente por isso, 'resta induvidosa a existência do direito da coletividade ao acesso à efetiva justiça penal (eficientes investigação administrativa e persecução judicial dos delitos perpetrados no seio social)'" (KURKOWSKI, Rafael Schwez. Justificação constitucional da execução provisória da pena privativa de liberdade na pendência dos recursos extraordinário e especial recebidos sem efeito suspensivo. *Revista de Direito Brasileiro*, v. 18, n. 7, 2017. Disponível em: https://www.indexlaw.org/index.php/rdb/article/view/3081. Acesso em: 2 fev. 2022).

Caso ele transite para *além ou para aquém* de quaisquer desses dois extremos, o produto da sua atividade será inconstitucional *ou* por violação ao *dever estatal de garantir ao réu um processo penal justo, legal e constitucional, sem abusos ou excessos* estatais *ou* por violação ao *dever estatal de dar segurança e proteger*, mediante a tutela penal, bens jurídicos essenciais à sociedade, como a vida, a dignidade da pessoa humana, a integridade física, entre outros (o qual decorre mais diretamente dos arts. 5º, *caput*, 6º, *caput* e 144 da CF).[15]

Nesta última hipótese, estar-se-á diante de uma inconstitucionalidade em razão da *proteção insuficiente de direitos fundamentais sociais*, que, ao lado da inconstitucionalidade em face do excesso do Estado, consiste em uma das faces do princípio da proporcionalidade.[16] [17]

Em resumo: o legislador ordinário, ao desempenhar a tarefa de definir o que vem a ser tratar alguém como culpado para fins de incidência do princípio da presunção de inocência, *deve se equilibrar entre os dois extremos acima referidos (simplificadamente: entre o dever de proteger o réu contra excessos/abusos na persecução penal estatal e o dever de proteger a sociedade contra ilícitos penais).*

Esse equilíbrio se mostra especialmente difícil de ser alcançado por que praticamente toda e qualquer medida adotada pelo Estado em face do réu no curso de um processo penal representa, por definição, uma restrição a direitos individuais, fundada no pressuposto implícito de que pairam dúvidas acerca do estado de inocência do réu ainda não condenado definitivamente. Tal dificuldade não se abranda diante da constatação de que o que se quer impedir com a vedação de se tratar alguém como culpado antes do trânsito em julgado, decorrente do princípio da presunção de inocência, são aquelas restrições abusivas ou excessivas a direitos individuais do réu, e não qualquer restrição. Ora, a dificuldade persiste por que igualmente árdua é a tarefa de se definir a abusividade ou não de uma restrição.

---

[15] Sobre o dever estatal de proteção e segurança, ensina Rogério Lauria Tucci que "considerada a infração penal como violação de um bem juridicamente tutelado por legislação específica, que não somente lesa ou ameaça lesar direitos individuais, mas afeta também a harmonia e a estabilidade indispensáveis à vivência comunitária, incumbe ao Estado a restauração da ordem jurídica por ela atingida, de sorte a restabelecer, simultaneamente, a paz social, assecuratória da segurança pública" (TUCCI, Rogério Lauria. *Teoria do direito processual penal*. São Paulo: Revista dos Tribunais, 2002. p. 163).

[16] Segundo Ingo Sarlet "A noção de proporcionalidade não se esgota na categoria da proibição de excesso, já que abrange, [...], um dever de proteção por parte do Estado, inclusive quanto a agressões contra direitos fundamentais provenientes de terceiros, de tal sorte que se está diante de dimensões que reclamam maior densificação, notadamente no que diz com os desdobramentos da assim chamada proibição de insuficiência no campo jurídico-penal e, por conseguinte, na esfera da política criminal, onde encontramos um elenco significativo de exemplos a serem explorados" (SARLET, Ingo Wolfgang. Constituição e proporcionalidade: o direito penal e os direitos fundamentais entre a proibição de excesso e de insuficiência. *Revista Opinião Jurídica*, v. 4, n. 7, 2006. Disponível em: https://periodicos.unichristus.edu.br/opiniaojuridica/article/view/2134/655. Acesso em: 2 fev. 2022).

[17] Em ensinamento clássico sobre o tema, Lenio Streck assevera que "[...] a proporcionalidade possui uma dupla face: de proteção positiva e de proteção de omissões estatais. Ou seja, a inconstitucionalidade pode ser decorrente de excesso do Estado, caso em que determinado ato é desarrazoado, resultando desproporcional o resultado do sopesamento (Abwägung) entre fins e meios; de outro, a inconstitucionalidade pode advir de proteção insuficiente de um direito fundamental-social, como ocorre quando o Estado abre mão do uso de determinadas sanções penais ou administrativas para proteger determinados bens jurídicos. Este duplo viés do princípio da proporcionalidade decorre da necessária vinculação de todos os atos estatais à materialidade da Constituição, e que tem como conseqüência a sensível diminuição da discricionariedade (liberdade de conformação) do legislador" (STRECK, Lenio. A dupla face do princípio da proporcionalidade: da proibição de excesso (Übermaßverbot) à proibição de proteção deficiente (Untermaßverbot) ou de como não há blindagem contra norma penais inconstitucionais. *Revista da Ajuris*, ano XXXII, n. 97, mar. 2005. p. 180).

Daí se vê, facilmente, que a depender do quão alargado seja, para o legislador ordinário, o conceito de "tratar alguém como culpado" antes do trânsito em julgado, ter-se-á um processo penal mais ou menos esvaziado ou mais ou menos inoperante, já que as restrições em maior ou menor medida aos direitos individuais do réu ainda não condenado definidamente são inerentes ao funcionamento do processo penal como instrumento voltado a dar segurança e proteger a sociedade contra infrações penais.

J. J. Gomes Canotilho parece compartilhar da mesma preocupação ao afirmar o seguinte:

> [...] não é fácil determinar o sentido do princípio da presunção de inocência do argüido. Considerado em todo o seu rigor verbal, o princípio poderia levar à própria proibição de antecipação de medidas de investigação e cautelares (inconstitucionalizando a instrução criminal em si mesma) e à proibição de suspeitas sobre a culpabilidade (o que equivaleria à impossibilidade de valorização das provas e aplicação e interpretação das normas criminais pelo juiz).[18]

Em sentido semelhante, René Ariel Dotti defende:

> [...] não é possível adotar uma interpretação literal desse direito-garantia, porque ela conduziria ao paradoxo frente às medidas cautelares de restrição de liberdades e direitos (busca e apreensão, interceptação de comunicações e dados etc.) e até mesmo diante das formas de prisão provisória adotadas pela generalidade dos sistemas processuais.[19]

No caso do art. 283 do CPP, percebe-se que ele considera que a prisão do réu já condenado em duas instâncias jurisdicionais, mas com condenação ainda não passada em julgado, equivaleria a tratá-lo como culpado antes do trânsito em julgado, o que é vedado pelo princípio da presunção de inocência.

Tal previsão poderia parecer, à primeira vista, uma opção legítima do legislador ordinário de incluir no conceito de "tratar como culpado" a chamada "execução provisória da pena". *Sob essa ótica, a vedação de se executar provisoriamente a pena criminal, na condição de uma interpretação possível do art. 5º, inc. LVII da CF/88, seria constitucional. Não é, todavia, o que ocorre.*

IV.4 A vedação à execução provisória da pena contribui para a disfuncionalidade do sistema penal brasileiro

Com efeito, a escolha plasmada no art. 283 do CPP *não* passa no teste de constitucionalidade porque ela extrapola os limites possíveis do que seja tratar alguém como culpado para fins de incidência do art. 5º, inc. LVII da CF/88, ao comprometer em grau inaceitável a eficácia da tutela penal, deixando desprotegidos bens jurídicos a que o Estado incumbe proteger. Em outras palavras, ela conduz ao descumprimento do dever estatal de proteger e garantir segurança aos integrantes do corpo social.

---

[18] CANOTILHO, José Joaquim Gomes. *Direito constitucional e teoria da Constituição*. Lisboa: Almedina, 1999. p. 125.
[19] DOTTI, René Ariel. O processo penal constitucional. Alguns aspectos de relevo. *Gazeta do Povo*, 4 dez. 2015. Disponível em: http://www.gazetadopovo.com.br/vida-publica/justica-e-direito/colunistas/rene-ariel-dotti/o-processo-penal-constitucional---alguns-aspectos-de-relevo-dp37vc8cc3yr3v4vgz1ºxdkgv. Acesso em: 2 fev. 2022.

Explica-se. Sabe-se que o complexo sistema recursal brasileiro, da forma como foi desenhado, permite que, na prática, o réu condenado apenas deixe de apresentar recursos quando se "conformar" com a condenação – o que, a toda evidência, pode jamais acontecer. E isso porque há sempre a possibilidade de se manejar novos recursos contra as sucessivas decisões prolatadas no curso do processo penal. Veja-se um breve resumo disso:

(i) Todos os acórdãos condenatórios proferidos pelos tribunais brasileiros, quando preencham os requisitos legais, podem ser objeto de recursos extremos ao STJ e ao STF.

(ii) Caso os recursos extremos sejam inadmitidos, é cabível interposição de agravo nos próprios autos (art. 1.042, Código de Processo Civil – CPC), sendo que o presidente do Tribunal *a quo* não pode obstar o processamento deste agravo (art. 1.042, §2º, CPC). Portanto, o agravo (nos próprios autos) subirá, para que a decisão sobre o não recebimento dos recursos especial ou extraordinário seja revista pelo tribunal *ad quem* (STJ ou STF).

(iii) Quando a parte entender que a decisão desafia ambos os recursos (especial e extraordinário), ela deverá apresentá-los conjuntamente, sendo que, se ambos forem rejeitados, deverá, igualmente, insurgindo-se, apresentar dois recursos de agravos (art. 28, Lei nº 8.038/90 e art. 1.042, §6º, CPC). Entretanto, os autos inicialmente serão remetidos ao Superior Tribunal de Justiça (art. 27, §3º, Lei nº 8.038/90 e art. 1.031, *caput*, CPC), salvo quando a matéria constitucional for prejudicial ao tema tratado no recurso especial, caso em que será encaminhado o agravo (nos próprios autos) ao Supremo Tribunal Federal (art. 27, §4º, Lei nº 8.038/90 e art. 1.031, §1º, CPC) para verificar a prejudicialidade e, se a vislumbrar, analisar o caso, para, só então, encaminhar os autos de volta ao STJ.

(iv) Caso seja admitido o recurso especial, apenas após o seu julgamento e de todos seus consectários é que os autos seguirão finalmente ao Supremo.

(v) Rejeitado o agravo contra a decisão que inadmitiu os recursos extremos, caberá agravo regimental para a turma (art. 28, §5º, Lei nº 8.030/90 e art. 1.021, CPC);

(vi) Resolvida a questão pela turma, poderão ser apresentados embargos de divergência (art. 29, Lei nº 8.038/90 e art. 1.043, CPC) e sempre poderá ser apresentado um embargo de declaração quando se entender que a decisão não é suficientemente clara, apresenta ambiguidade ou contradição (art. 263, RISTJ).

(vii) Nesse ínterim, é sempre possível a apresentação de recurso de embargos de declaração contra decisão que analisou anteriormente o mesmo recurso (os chamados embargos dos embargos de declaração) desde que o fundamento seja distinto.

(viii) Terminada a fase no STJ referente ao recurso especial e seus vários consectários, não havendo possibilidade de outros recursos nesse tribunal, determina-se a baixa dos autos para a execução da condenação.

(ix) No entanto, se o réu tiver interposto conjuntamente o recurso extraordinário e o especial, os autos deverão agora seguir ao Supremo Tribunal Federal para análise do agravo, e todo o caminho delineado acima pode ser repetido no Supremo: a possibilidade de agravo regimental com a denegação do agravo (art. 317, RISTF), os embargos de divergência (art. 330, RISTF) e sempre (contra decisões colegiadas ou monocráticas) os embargos de declaração (art. 337, RISTF) e outros embargos de declaração contra decisão que indeferir os primeiros embargos de declaração.

Assim, "constata-se que o sistema recursal brasileiro só encontra limite na capacidade (ou imaginação) do defensor do recorrente",[20] de modo que, ante as características do processo penal no país, não parece equivocado afirmar que as decisões condenatórias proferidas em seu curso *são sempre passíveis de alguma forma de reexame*. Como ensina Fernando Brandini Barbagalo:

> Por isso, Pimenta Bueno referido por Marques acerta ao dizer que *a* decisão condenatória penal nunca fará coisa soberanamente julgada, dito de forma mais simples, decisão (sentença ou acórdão) que condene alguém criminalmente, não faz coisa julgada material, pois nunca se tornará imutável, dado os diversos mecanismos de direito material (indulto, anistia, abolitio criminis) e processual (revisão criminal e habeas corpus) criados para alterar essa espécie de decisão.[21]

O perfil do sistema recursal no processo penal brasileiro, assim, ao permitir a interposição sucessiva de uma infinidade de recursos e outros mecanismos de impugnação da condenação, *acaba possibilitando que o momento do trânsito em julgado da decisão condenatória se protraia no tempo de modo quase que infinito – a depender da disposição da defesa de recorrer*.

Essa constatação, quando combinada com a exigência de se aguardar o trânsito em julgado da condenação para, só então, executar-se o acórdão que determina a prisão do réu, conduz, quase que inevitavelmente, a duas *consequências alternativas: ou* a prisão do réu condenado, por ter que aguardar o trânsito em julgado, ocorre apenas muitos anos, em geral décadas, após a prática do fato criminoso; *ou* a pena de prisão nem chega a ser executada ante a ocorrência da prescrição da pretensão punitiva ou executória.

No que tange à *consequência* de fazer com que a eventual prisão do réu condenado ocorra apenas muitos anos após a prática do fato criminoso, é certo que ela acarreta inúmeros efeitos danosos ao sistema de justiça em geral. Uma pena aplicada muito tempo depois da prática da conduta criminosa que lhe deu causa perde muito de sua legitimidade e justificativa, já que "quando se julga além de um prazo razoável se está

---

[20] BARBAGALO, Fernando Brandini. *Presunção de inocência e recursos criminais excepcionais*: em busca da racionalidade no sistema processual penal brasileiro. Brasília: TJDFT, 2015. Disponível em: https://www.tjdft.jus.br/institucional/escola-de-administracao-judiciaria/documentos_e-books/e-books-pdf/presuncao-de-inocencia-e-recursos-criminais-excepcionais. Acesso em: 2 jan. 2022.

[21] BARBAGALO, Fernando Brandini. *Presunção de inocência e recursos criminais excepcionais*: em busca da racionalidade no sistema processual penal brasileiro. Brasília: TJDFT, 2015. Disponível em: https://www.tjdft.jus.br/institucional/escola-de-administracao-judiciaria/documentos_e-books/e-books-pdf/presuncao-de-inocencia-e-recursos-criminais-excepcionais. Acesso em: 2 jan. 2022.

julgando um homem completamente distinto daquele que praticou o delito".[22] Aqui, mostra-se bastante atual a lição que, ainda no século XVIII, Cesare Beccaria forneceu a respeito do tema:

> A presteza da pena é mais útil porque quanto mais curto o tempo que decorre entre o delito e a pena, tanto mais estreita e durável no espírito humano é a associação dessas duas ideias, delito e pena; de tal modo que imperceptivelmente se consideram uma como causa e a outra como efeito necessário e indefectível. Está demonstrado que a união das ideias é o cimento que forma o intelecto humano, sem o qual o prazer e a dor seriam sentimentos isolados e sem nenhum efeito.[23]

Além disso, um intervalo excessivo entre o fato e a imposição da pena equivale a dar uma resposta penal a um conflito que certamente já não mais existe, e que, muitas vezes, sequer é lembrado pelos envolvidos. Neste caso, a extemporaneidade da resposta retira-lhe a razão de ser.

Por fim, permitir-se que transcorram anos entre o ilícito penal e a prisão de réu já condenado por tribunal gera, por certo, uma sensação na sociedade de que a lei penal não é aplicada, de que as decisões judiciais não são cumpridas – de que a Justiça não funciona, para ser mais simples. Por oportunas, vale transcrever as palavras de Márcio Thomaz Bastos:

> Não podemos ter uma resposta lenta ao ponto de, se os tribunais do júri de São Paulo trabalhassem todos os dias, fazendo um julgamento, levaremos dezenove anos para pôr a pauta em dia. E todos nós sabemos que hoje, em São Paulo, quando alguém comete um crime de homicídio, só vai ser julgado, provavelmente, se tudo correr normalmente, depois de cinco anos do seu cometimento. Isto, sim, é um estímulo à impunidade. Cria-se aquela sensação de anomia, de impunidade que, acredito, seja um fator de criminalidade. Se tivermos uma resposta firme do Poder Judiciário, criminal, acredito que haverá uma diminuição da criminalidade. O fato de a pessoa ficar solta durante muitos anos, depois de ter cometido um homicídio, leva a população a descrer na justiça e enfraquecer o fator de intimidação que a pena deve ter. Se tivéssemos um Judiciário de resposta rápida, em que a pessoa não ficasse cinco anos solta, mas apenas seis meses, e depois fosse julgada e presa, assim, teríamos um forte fator de dissuasão da criminalidade.[24]

Mas ainda pode ser pior: a exigência de se aguardar o trânsito em julgado da condenação para, só então, levar à prisão o réu condenado não raras vezes produz como *consequência* não a aplicação de uma pena já carente de legitimidade e justificativa (por estar sendo aplicada muitos anos após o crime), mas, sim, a própria inaplicação de qualquer pena, tendo em conta a ocorrência da prescrição da pretensão punitiva ou executória.

Como a interposição de recursos extremos pela defesa não interrompe a fluência do prazo prescricional, a necessidade de se aguardar o seu julgamento para que, só então, possa se iniciar o cumprimento da pena imposta pelo tribunal tem conduzido à

---

[22] LOPES JR., Aury; BADARÓ, Gustavo Henrique. *Direito ao processo penal no prazo razoável*. Rio de Janeiro: Lumen Juris, 2006. p. 14.

[23] BECCARIA, Cesare. *Dos delitos e das penas*. Tradução de José Roberto Malta. São Paulo: WVC, 2002. p. 57.

[24] Atas da Subcomissão dos Direitos Políticos e Garantias Individuais (p. 49; 81. Disponível em: http://www.senado.gov.br/publicacoes/anais/asp/CT_Abertura.asp. Acesso em: 5 jan. 2022).

ocorrência massiva da prescrição da pretensão punitiva (em geral na modalidade intercorrente) ou executória.

No que tange à prescrição da pretensão executória, sabe-se que ela começa a correr com o trânsito em julgado da condenação para a acusação (art. 112, I, do CP) e tem como o seu primeiro marco interruptivo o início do cumprimento da pena (art. 117, IV, do CP). Dessa forma, como, na prática, a defesa poderá manejar incontáveis recursos contra a condenação e protrair ao máximo no tempo o trânsito em julgado, não é difícil perceber que a prescrição da pretensão executória inevitavelmente ocorrerá se o cumprimento da pena antes do trânsito em julgado da condenação para ambas as partes for vedado.

A prescrição da pretensão punitiva na modalidade intercorrente, por sua vez, tem seu fluxo iniciado com o trânsito em julgado da condenação para a acusação, e tem como o seu marco final o trânsito em julgado para ambas as partes. Como, na prática, a defesa poderá manejar incontáveis recursos contra a condenação e protrair ao máximo no tempo o trânsito em julgado, e como a defesa tem o incentivo de assim fazê-lo por saber que o réu não será preso enquanto o trânsito em julgado não ocorrer, não é difícil perceber que a prescrição da pretensão punitiva na modalidade intercorrente inevitavelmente ocorrerá se o cumprimento da pena antes do trânsito em julgado da condenação para ambas as partes for vedado.

Tal preocupação também foi externada pelo Ministro Teori Zavascki, em seu voto vencedor no julgamento do HC nº 126.292:

> E não se pode desconhecer que a jurisprudência que assegura, em grau absoluto, o princípio da presunção da inocência – a ponto de negar executividade a qualquer condenação enquanto não esgotado definitivamente o julgamento de todos os recursos, ordinários e extraordinários – tem permitido e incentivado, em boa medida, a indevida e sucessiva interposição de recursos das mais variadas espécies, com indisfarçados propósitos protelatórios visando, não raro, à configuração da prescrição da pretensão punitiva ou executória. Esse fenômeno, infelizmente frequente no STF, como sabemos, se reproduz também no STJ.

Antes de o STF mudar seu entendimento e, em 2016, passar a permitir a execução provisória da pena criminal, ano a ano eram centenas de ações penais em que o Estado, apesar de reconhecer ter ocorrido a prática do delito (em geral mediante duas decisões condenatórias, uma em 1º grau e a outra em 2º grau de jurisdição), simplesmente deixava de lhes dar qualquer resposta penal justamente ante a ocorrência da prescrição da pretensão executória ou punitiva na modalidade intercorrente. Após a nova mudança de entendimento do STF, ocorrida no final de 2019, essa constrangedora realidade se instalou novamente. A sensação de impunidade e a descrença na Justiça em razão dela são patentes.

Ambas as consequências advindas da vedação da execução provisória da pena – ou seja, ou a oferta de uma resposta penal extemporânea (dada muitos anos após a prática do crime) ou a completa ausência de resposta penal (ante a prescrição) – atingem o direito penal precisamente naquilo que o singulariza, ou seja, na sua condição de ser o ramo do direito que fornece o respaldo teórico e instrumental para o exercício do dever estatal de punir terceiros por agressões a bens jurídicos a que o Estado, por força constitucional, incumbe proteger.

Repita-se: considerando que, no Brasil, o trânsito em julgado da condenação, na prática, somente ocorrerá quando a defesa assim permitir, exigir-se que o início do cumprimento da pena de prisão dependa do trânsito em julgado conduz, inevitavelmente, a *um sistema penal que ou pune tardiamente ou simplesmente não pune.*

E um sistema penal com esse perfil é *disfuncional* em um grau inaceitável, e sob duas óticas: *primeiro*, ele deixa de dar resposta adequada e suficiente aos conflitos penais que lhe são submetidos, deixando de tutelar, assim, bens jurídicos relevantes à sociedade (função retributiva do direito penal); e *segundo*, ele deixa de produzir ameaça ou efeito intimidatório intenso e sério o bastante a inibir a prática de novos crimes (função preventiva do direito penal).

Quanto ao último ponto acima mencionado, é quase intuitivo que um Estado que não oferece respostas suficientes e adequadas aos conflitos penais que lhe incumbe solucionar perde a sua credibilidade enquanto guardião de direitos fundamentais e sociais, transmitindo a indesejada mensagem da impunidade. A sensação de impunidade, por seu turno, é um conhecido combustível que move a engrenagem social em direção à nova prática de crimes.

E a razão disso é muito simples. Sem adentrar demasiadamente em considerações teóricas – que refogem ao escopo deste parecer –, sabe-se que o *processo decisório* do sujeito que se depara com a possibilidade de praticar crimes baseia-se, em geral e idealmente, em considerações de custo-benefício: simplificadamente, diz-se que se ele antevê que o *proveito* possivelmente decorrente do crime (montante da vantagem econômica, por exemplo) supera os seus *custos* (calculados em função da pena prevista em lei para o delito e *probabilidade de o sujeito ser por ele perseguido e punido*), então a tendência é que esse sujeito opte por delinquir.

Essa é a ideia subjacente ao conceito de efeito *deterrence* (ou dissuasório) formulado por Gary Becker em sua teoria da escolha racional –[25] e que, aliás, tem iluminado o desenho de sistemas de persecução penal ao redor do mundo –, segundo o qual, quando se deparam como a possibilidade de cometer crimes, sujeitos racionais[26] serão

---

[25] "A aplicação dessa abordagem a questões jurídicas relacionadas à criminalidade começou no século XX com o artigo seminal de Gary Becker, 'Crime and Punishment: an Economic Approach', escrito em 1968, e tornou-se conhecida como a teoria econômica do crime. De acordo com essa teoria, a chave para a compreensão do comportamento criminoso está em assumir que a maioria das pessoas cometeria um ilícito apenas se a utilidade esperada percebida pelo agente excedesse a utilidade esperada do emprego de seu tempo e recursos em outras atividades, como um trabalho tradicional. Nessa linha, algumas pessoas tornam-se criminosas não porque suas motivações básicas diferem das motivações das demais pessoas, mas por seus benefícios e custos diferirem. Essa abordagem faz ressurgir o debate entre os efeitos retributivos e dissuasivos das penalidades1 e pode ser resumido da seguinte forma: $E[U] = (1 - P) XU(R) - P X U(R - C)$ [1] Nessa equação, 'E[U]' é a utilidade esperada individual decorrente do cometimento do ilícito; 'p' é a probabilidade de punição, logo, $(1 - p)$ é a probabilidade esperada de não ser punido. 'U' é a função utilidade individual do agente; 'R' é o ganho ou renda obtida com a atividade ilícita; e 'c' é o custo de ser punido. [...] De acordo com esse modelo, quando a expectativa 'E[U]' é positiva, o agente tem incentivos para cometer o ilícito, do contrário, ele não tem incentivos. Aqui a probabilidade e a magnitude da punição são os elementos-chave para a análise juseconômica do comportamento criminoso. A essa altura deve estar bem claro que, de acordo com a teoria, a atividade criminosa é altamente dependente dos fatores que influenciam a alocação de tempo entre atividades legais e ilegais (custo de oportunidade)" (ALENCAR, Carlos Higino Ribeiro de; GICO JR., Ivo. Corrupção e Judiciário: A (in)eficácia do sistema judicial no combate à corrupção no Brasil. *Revista Direito GV*, São Paulo, v. 7, n. 1, p. 75-98, jan./jun. 2011. Disponível em: http://www.egov.ufsc.br/portal/sites/default/files/28_2.pdf. Acesso em: 5 jan. 2022).

[26] Como se vê, trata-se de ideia que toma como pressuposto teórico o conceito de "homem racional", o qual, apesar de ser alvo de intensas críticas por parte de estudiosos do campo da psicologia moral e da economia comportamental, certamente, ainda merece ser levado em conta ao se analisar o efeito *deterrence* (dissuasório)

dissuadidos e deixarão de delinquir apenas se o custo de punição esperado (*expected punishment cost*) superar os ganhos esperados (*expected gain*)[27] advindos do ato ilegal.

Ocorre que a *probabilidade de o criminoso ser punido* pelo seu crime é uma das variáveis da equação acima mencionada. Quanto maior essa probabilidade for, maior será a capacidade que um dado sistema penal terá de produzir um efeito intimidatório forte o suficiente a evitar a prática de novos crimes. E a produção desse efeito intimidatório – diretamente vinculada à capacidade estatal de punir – é simplesmente essencial para que dado sistema penal funcione.[28]

A disfuncionalidade do sistema penal brasileiro já foi, inclusive, reconhecida em âmbito internacional; nesse sentido, confiram-se as considerações por parte da Comissão responsável por acompanhar a implementação, pelo Brasil, do Convenção Interamericana contra a corrupção:

> [224] Cumpre salientar que, com exceção do representante da Ordem dos Advogados do Brasil (OAB), todos os participantes da sociedade civil, inclusive os acadêmicos, criticaram fortemente, durante a visita in loco, as conseqüências da existência de quatro instâncias judiciais no Brasil; todos consideraram que isso contribui, na realidade, para que uma sentença definitiva (inapelável) seja quase inalcançável, levando com freqüência à prescrição das causas e, portanto, à impunidade dos acusados de atos de corrupção. Esses representantes da sociedade civil, bem como os membros do Ministério Público que participaram da visita in loco coincidiram em que era necessária uma reforma para dar mais eficácia ao STF, como a Proposta de Emenda Constitucional 15/2011. [...].
>
> [247] Em vista dos comentários formulados na referida seção, a Comissão sugere que o Estado analisado considere as recomendações seguintes:
>
> 5.4.1. Considerar a possibilidade de implementar reformas no sistema de recursos judiciais ou buscar outros mecanismos que permitam agilizar a conclusão dos processos no Poder Judiciário e o início da execução da sentença, a fim de evitar a impunidade dos responsáveis por atos de corrupção (ver seção 5.2. do capítulo II deste relatório).[29]

Diante disso, a escolha plasmada no art. 283 do CPP – especificamente no ponto em que veda a execução provisória da pena – mostra-se *incompatível* com a Constituição

---

produzido por sistemas penais. E mais: tal ideia permanece aplicável com uma boa margem de segurança quando se está diante de criminosos de "colarinho branco". É que estes são mais propensos a agir de modo racional, à luz de avaliações ligadas ao custo-benefício da sua conduta, quando se deparam com a oportunidade de auferir vantagens com a prática de crimes econômicos, por exemplo.

[27] BECKER, Gary. Crime and punishment: an economic approach. *The Journal of Political Economy*, v. 76, p. 169-217, 1968.

[28] Especificamente no que tange ao crime de corrupção, estudo empírico realizado por Ivo Gico Jr. e Carlos Higino Alencar demonstra que a chance de um servidor público corrupto ser efetivamente condenado criminalmente é de 3,17%. À luz desses dados, eis as conclusões dos autores: "Diante desses resultados, é possível afirmar-se que a eficácia do sistema judicial no combate à corrupção no Brasil é desprezível, o que apenas torna o controle administrativo ainda mais relevante. Como um agente racional está normalmente preocupado com "p", isto é, a probabilidade de ser punido, e não com a probabilidade de ser meramente processado, decorre diretamente da teoria e dos dados levantados que, atualmente, há no Brasil enormes incentivos à realização de práticas de corrupção, pois o servidor provavelmente sairá impune. Nesse caso, a percepção popular está amparada por evidências empíricas" (ALENCAR, Carlos Higino Ribeiro de; GICO JR., Ivo. Corrupção e Judiciário: A (in)eficácia do sistema judicial no combate à corrupção no Brasil. *Revista Direito GV*, São Paulo, v. 7, n. 1, p. 75-98, jan./jun. 2011. Disponível em: http://www.egov.ufsc.br/portal/sites/default/files/28_2.pdf. Acesso em: 5 jan. 2022).

[29] Mecanismo de Acompanhamento da Implementação da Convenção Interamericana contra a Corrupção, relatório final aprovado na sessão plenária de 14.9.2012 (Disponível em: http://www.oas.org/juridico/PDFs/mesicic4_bra_por.pdf. Acesso em: 5 jan. 2022).

de 1988, mais precisamente com os seus arts. 5º, *caput*, 6º, *caput* e 144, uma vez que ela, a pretexto de proteger em grau máximo direitos individuais do réu, compromete em grau inaceitável a funcionalidade do sistema penal no país, deixando desprotegidos bens jurídicos a que o Estado incumbe proteger.

V O outro lado da moeda: a execução provisória não ofende a proporcionalidade em sua faceta de proteger o réu em face do excesso estatal

V.1 A prisão após decisão condenatória de 2ª instância resulta de um juízo exaustivo e definitivo acerca da culpa do réu

Como visto anteriormente, o art. 283 do CPP, no ponto em que veda a execução provisória da pena, ultrapassou os limites possíveis de conformação do que seja tratar alguém como culpado para fins de incidência do art. 5º, inc. LVII da CF/88, na medida em que, ao fazê-lo, comprometeu em grau inaceitável a eficácia da tutela penal, deixando desprotegidos bens jurídicos a que o Estado incumbe proteger. Por tal motivo, trata-se de preceito legal parcialmente inconstitucional, precisamente por promover uma *proteção insuficiente de direitos fundamentais individuais e sociais*, como a vida, a integridade física e a segurança. Há, nesse mesmo diapasão, ofensa ao princípio da proporcionalidade em sua vertente positiva (da qual derivam deveres de proteção).

Mas, além disso, é preciso destacar que a execução provisória da pena privativa de liberdade não representa, por outro lado, qualquer excesso por parte do Estado. Noutras palavras: a prisão do réu condenado pelas instâncias ordinárias, restando pendentes de julgamento apenas recursos extremos, não representa medida desproporcional e excessiva, hipótese em que ela poderia ser considerada inconstitucional por ofensa à proporcionalidade em vertente negativa (da qual resultam deveres de abstenção).

Com efeito, o cumprimento da pena de prisão imposta por decisão colegiada, após longo processo penal em que garantidos todos os direitos inerentes ao devido processo legal (inclusive as regras de prova e de tratamento decorrentes da presunção de inocência) e examinados profundamente os fatos da causa, não pode ser considerado uma medida fruto de um juízo precitado acerca da responsabilidade do réu. Muito pelo contrário: trata-se de medida (a prisão) resultante de um juízo acerca da culpa verdadeiramente vertical e exaustivo, feito pelas únicas instâncias judiciais que, no sistema processual brasileiro, possuem atribuição para fazê-lo.

É de conhecimento notório – razão pela qual este artigo não se alongará sobre o tema – que, no Brasil, são as instâncias ordinárias (1º e 2º graus de jurisdição) que se debruçam sobre os fatos da causa penal, discutindo todos os aspectos da materialidade e autoria delitivas e, ao final, definindo a responsabilidade penal do réu. Assim, o réu condenado à pena de prisão pelas instâncias ordinárias o foi precisamente por que as autoridades judiciais com atribuição exclusiva para tanto entenderam estar comprovada a culpabilidade, o que engloba a comprovação do fato típico e do vínculo que liga esse fato ao acusado. Mais uma vez, recorre-se às palavras do Ministro Teori Albino Zavascki, extraídas do seu voto no julgamento do HC nº 126.292:

Realmente, antes de prolatada a sentença penal há de se manter reservas de dúvida acerca do comportamento contrário à ordem jurídica, o que leva a atribuir ao acusado, para todos os efeitos – mas, sobretudo, no que se refere ao ônus da prova da incriminação –, a presunção de inocência. A eventual condenação representa, por certo, um juízo de culpabilidade, que deve decorrer da logicidade extraída dos elementos de prova produzidos em regime de contraditório no curso da ação penal. Para o sentenciante de primeiro grau, fica superada a presunção de inocência por um juízo de culpa – pressuposto inafastável para condenação –, embora não definitivo, já que sujeito, se houver recurso, à revisão por Tribunal de hierarquia imediatamente superior. É nesse juízo de apelação que, de ordinário, fica definitivamente exaurido o exame sobre os fatos e provas da causa, com a fixação, se for o caso, da responsabilidade penal do acusado. É ali que se concretiza, em seu sentido genuíno, o duplo grau de jurisdição, destinado ao reexame de decisão judicial em sua inteireza, mediante ampla devolutividade da matéria deduzida na ação penal, tenha ela sido apreciada ou não pelo juízo *a quo*. Ao réu fica assegurado o direito de acesso, em liberdade, a esse juízo de segundo grau, respeitadas as prisões cautelares porventura decretadas.

Uma vez definida a culpabilidade, ela não poderá mais ser rediscutida pelo STJ ou STF em sede de recursos extremos, já que, diante da feição do sistema constitucional recursal brasileiro, a cognição, nestes recursos, é limitada à matéria de direito. Segundo o Ministro Teori Albino Zavascki:

> Ressalvada a estreita via da revisão criminal, é, portanto, no âmbito das instâncias ordinárias que se exaure a possibilidade de exame de fatos e provas e, sob esse aspecto, a própria fixação da responsabilidade criminal do acusado. É dizer: os recursos de natureza extraordinária não configuram desdobramentos do duplo grau de jurisdição, porquanto não são recursos de ampla devolutividade, já que não se prestam ao debate da matéria fático-probatória. Noutras palavras, com o julgamento implementado pelo Tribunal de apelação, ocorre espécie de preclusão da matéria envolvendo os fatos da causa. usa. Os recursos ainda cabíveis para instâncias extraordinárias do STJ e do STF – recurso especial e extraordinário – têm, como se sabe, âmbito de cognição estrito à matéria de direito. Nessas circunstâncias, tendo havido, em segundo grau, um juízo de incriminação do acusado, fundado em fatos e provas insuscetíveis de reexame pela instância extraordinária, parece inteiramente justificável a relativização e até mesmo a própria inversão, para o caso concreto, do princípio da presunção de inocência até então observado.

Daí que o réu que, condenado à pena de prisão pelas instâncias ordinárias, for preso mesmo que pendentes recursos extremos interpostos contra a condenação é alguém cuja culpa já foi definida em caráter definitivo. As chances, em favor da defesa, de alteração do decreto condenatório (redução de pena) ou mesmo de absolvição do réu podem até existir, mas elas em geral não se devem a questões relacionadas à culpa, mas, sim, ao reconhecimento da prescrição, causas de diminuição de pena ou erros em dosimetria da pena; *além disso, trata-se de chances de reversão ínfimas, conforme comprovam diversos estudos empíricos.*

De fato, pesquisas realizadas para medir o índice de sucesso de recursos extremos interpostos pela defesa em matéria criminal indicam que esse índice beira a insignificância.

No que tange ao universo dos *recursos extraordinários*, dados oficiais da assessoria de gestão estratégica do STF, referentes ao período de 1º.1.2009 até 19.4.2016, revelam que o percentual de recursos extraordinários deles providos em favor do réu "é irrisório, inferior a 1,5%. Mais relevante ainda: de 1.01.2009 a 19.04.2016, em 25.707 decisões de mérito proferidas em recursos criminais pelo STF (REs e agravos), as decisões absolutórias não chegam a representar 0,1% do total de decisões". E, aprofundando a análise desses números, restou identificado que:

> o percentual médio de recursos criminais providos (tanto em favor do réu, quanto do MP) é de 2,93%. Já a estimativa dos recursos providos apenas em favor do réu aponta um percentual menor, de 1,12%. Como explicitado no texto, os casos de absolvição são raríssimos. No geral, as decisões favoráveis ao réu consistiram em: provimento dos recursos para remover o óbice à progressão de regime, remover o óbice à substituição da pena privativa de liberdade por restritiva de direitos, remover o óbice à concessão de regime menos severo que o fechado no caso de tráfico, reconhecimento de prescrição e refazimento de dosimetria.[30]

O cenário não é muito diferente quando se volta a atenção ao universo de *recursos especiais* em matéria criminal interpostos pela defesa: a sua taxa de sucesso também é ínfima.

Nessa linha, recente pesquisa feita pela Coordenadoria de Gestão da Informação do Superior Tribunal de Justiça (STJ), amplamente divulgada pelos meios de comunicação nacionais, indica que em apenas *0,62% dos recursos especiais interpostos pela defesa houve reforma da decisão de segunda instância para absolver o réu*; em *1,02% dos casos, os ministros que compõem as duas turmas de direito criminal do STJ decidiram pela substituição* da pena restritiva de liberdade por pena restritiva de direitos; e em *0,76% foi reconhecida a prescrição* da pretensão punitiva. Para realizar tal pesquisa, foram examinadas decisões proferidas, entre 1º.9.2015 e 31.8.2017, pelos 10 ministros que compõem as 5ª e 6ª turmas do STJ, no julgamento de recursos especiais e de agravos em recursos especiais.

Esses números demonstram que, ao se possibilitar a prisão do réu condenado nas instâncias ordinárias, mesmo que pendentes recursos extraordinário e/ou especial, dificilmente se estará levando à prisão alguém que será absolvido depois, quando do julgamento de tais recursos pelo STF e/ou STJ.

O máximo que poderá acontecer, e ainda assim muito raramente (o que se deduz do exame dos dados acima referidos), é que a prisão atinja alguém que, posteriormente, tenha sua pena reduzida no julgamento dos recursos extraordinário ou especial, alterando-se, assim, o regime de cumprimento de pena, ou possibilitando-se, assim, a imposição de pena restritiva de direitos, a provocar a revogação da custódia provisória.

Situações remotas como as acima narradas podem ser enfrentadas na alargada via do *habeas corpus*, a ser impetrado contra a decisão que autorizar a execução provisória da pena, ocasião em que ao impetrante caberá demonstrar a plausibilidade de que sua pena seja reduzida (a ponto de alterar o regime de cumprimento da sua pena) no julgamento do recurso especial por ele interposto; o mesmo poderá ser feito em sede de medida cautelar no recurso especial ou extraordinário. Esse ponto não passou desapercebido pelo Ministro Teori Albino Zavascki em seu voto no HC nº 126.292/SP:

> Sustenta-se, com razão, que podem ocorrer equívocos nos juízos condenatórios proferidos pelas instâncias ordinárias. Isso é inegável: equívocos ocorrem também nas instâncias extraordinárias. Todavia, para essas eventualidades, sempre haverá outros mecanismos

---

[30] Dados extraídos do voto proferido pelo Ministro Luís Roberto Barroso quando do julgamento, pelo STF, do HC nº 126.292/SP.

aptos a inibir consequências danosas para o condenado, suspendendo, se necessário, a execução provisória da pena. Medidas cautelares de outorga de efeito suspensivo ao recurso extraordinário ou especial são instrumentos inteiramente adequados e eficazes para controlar situações de injustiças ou excessos em juízos condenatórios recorridos. Ou seja: havendo plausibilidade jurídica do recurso, poderá o tribunal superior atribuir-lhe efeito suspensivo, inibindo o cumprimento de pena. Mais ainda: a ação constitucional do *habeas corpus* igualmente compõe o conjunto de vias processuais com inegável aptidão para controlar eventuais atentados aos direitos fundamentais decorrentes da condenação do acusado. Portanto, mesmo que exequível provisoriamente a sentença penal contra si proferida, o acusado não estará desamparado da tutela jurisdicional em casos de flagrante violação de direitos.

Além disso, possibilidades remotas e extraordinárias como as acimas narradas – sempre analisáveis via *habeas corpus* ou cautelares em REsp e RE, repita-se – não justificam que, sob o pretexto de evitá-las, enfraqueça-se todo o sistema de persecução penal no país, com inúmeros prejuízos à efetividade da Justiça, inclusive à confiança que a população nela deposita. Vale dizer: *o remédio, na tentativa de curar o paciente, não pode ser forte a ponte de matá-lo.*

Aqui, é oportuno transcrever as lúcidas palavras do Ministro Luís Roberto Barroso, externadas em voto ofertado quando do julgamento das medidas cautelares nas ADCs nºs 43 e 44:

> Não se ignora que em relação a algumas unidades da federação verificam-se taxas mais elevadas de sucesso nesses recursos, especialmente os interpostos perante o STJ. Também não se ignora que, como o sistema prisional é integrado majoritariamente pela parcela mais vulnerável da população, que estes acabem sendo de alguma forma atingidos. Porém, entendo que o problema decorre especialmente do fato de que Tribunais em algumas unidades da federação se mantêm recalcitrantes em cumprir a jurisprudência pacífica dos tribunais superiores (algumas vezes, até mesmo súmulas vinculantes). A situação é especialmente dramática em ilícitos relacionados às drogas, já que são responsáveis por 28% da população prisional.
>
> Nesse cenário, penso que, em princípio, a questão não deve se resolver com prejuízo à funcionalidade do sistema penal (excluindo-se a possibilidade de prisão após a condenação em segundo grau), mas com ajustes pontuais que atinjam a própria causa do problema e que permitam maior grau de observância à jurisprudência dos tribunais superiores. É possível, por exemplo, pensar em medidas que favoreçam o cumprimento das decisões do STJ e do STF, como a edição de súmulas vinculantes em matéria penal nos casos em que se verificar maior índice de descumprimento de precedentes dos tribunais. Outra opção seria determinar ao CNJ a realização de mutirões carcerários com maior frequência nessas unidades federativas. Assim é possível até mesmo restabelecer-se o prestígio e a autoridade das instâncias ordinárias, algo que se perdeu no Brasil a partir do momento em que o juiz de primeiro grau e o Tribunal de Justiça passaram a ser instâncias de passagem, aguardando-se que os recursos subam para o Superior Tribunal de Justiça e, depois, para o Supremo Tribunal Federal. Ainda assim, para evitar prejuízos aos réus, especialmente aqueles hipossuficientes, recomenda-se, nos casos em que se verificar tal índice de provimento desproporcional, a adoção, nos tribunais superiores, de jurisprudência mais permissiva quanto ao cabimento de habeas corpus que permita a célere correção de eventual abuso ou erro das decisões de segundo grau.

Todos esses argumentos demonstram que a execução provisória da pena de prisão não é desproporcional e, muito menos, levará injustamente à prisão réus cuja culpa ainda não esteja satisfatoriamente demonstrada, muito pelo contrário. Por outro lado, trata-se de medida essencial a corrigir a grave disfunção que historicamente acomete o sistema penal do país.

VI Efeitos colaterais decorrentes da vedação da execução provisória da pena – Recursos protelatórios, morosidade e seletividade

Há que se salientar, ainda, que a vedação à execução provisória da pena, a par de comprometer a funcionalidade do sistema penal brasileiro por fazê-lo incapaz de punir adequada e suficientemente, produz, ainda consequências colaterais que reforçam essa disfuncionalidade. Elencam-se, aqui, de modo exemplificativo e sem maiores aprofundamentos, três dessas consequências: o incentivo à interposição de recursos protelatórios, a morosidade da Justiça e a seletividade do sistema penal.

Já se discorreu anteriormente sobre o complexo sistema recursal penal brasileiro, o qual, na prática, permite que dada condenação penal seja atacada por diversos, sucessivos e ilimitados recursos. Um manejo estratégico, pela defesa, desse manancial de recursos permitirá que o momento do trânsito em julgado se protraia no tempo. Isso, associado à vedação à execução provisória da pena, tem como resultado a extinção do poder de punir estatal pela prescrição.

Diante disso, o *incentivo* a se recorrer contra dada condenação penal existe em grau máximo no Brasil, independentemente das chances de êxito recursal. Tendo ou não razão, a defesa poderá, sempre, evitar o trânsito em julgado e, assim, o cumprimento da pena, alcançando-se quase sempre a prescrição. Não é difícil compreender, assim, por que o Poder Judiciário brasileiro tem sido historicamente alvo de uma imensidão de recursos protelatórios. O caráter protelatório dos recursos em matéria penal se comprova pelo seu baixíssimo percentual de êxito, conforme demonstram os estudos acima referidos.

Ocorre que, sendo escassos os recursos materiais e humanos à disposição do Poder Judiciário, o fato de este ser assoberbado por impugnações meramente protelatórias – aviadas apenas para retardar o trânsito em julgado da condenação – atinge em cheio a eficiência judicial, ou seja, a sua capacidade de dar respostas adequadas aos conflitos da vida que lhe são apresentados – essa, aliás, é a sua vocação primeira. Por resposta adequada entende-se, aqui, aquela que, a um só tempo, é correta tecnicamente e é proferida em tempo.

Como consequência, ao centrar seus recursos humanos e materiais para apreciar e julgar impugnações despidas de qualquer chance de sucesso, o Poder Judiciário estará deixando de aplicar esses mesmos ativos para a resolução de conflitos que, verdadeiramente, ainda pendem de solução. Estes ficarão no aguardo de uma resposta, e a conhecida morosidade do Poder Judiciário se acentuará.

O cenário acima pincelado conta com uma variável ainda não mencionada aqui, mas que, certamente, o influencia sobremaneira: é que, embora seja certo que o incentivo a se recorrer mediante a interposição de recursos extremos protelatórios seja bastante alto (já que o benefício daí decorrente é máximo), é igualmente certo, por outro lado, que, no

Brasil, nem todos possuem condições financeiras de arcar com os custos advindos da interposição *ad eternum* de recursos. A lógica sugere que apenas os réus mais abastados possuem tamanha disponibilidade de recursos.

Tal circunstância, aliás, foi notada por Fernando Brandini Barbagalo:

> Constata-se que essa espécie de recurso (especial e extraordinário) não é, e jamais foi utilizado pelas classes consideradas subalternas, muito menos em questões criminais. Prova disso, são as informações do próprio Supremo Tribunal Federal, *de que entre os anos de 2008 e 2011, foram conhecidos pelo Supremo, ressalte-se: conhecidos, apenas seis recursos extraordinários em matéria criminal interpostos pelas Defensorias Públicas dos Estados e da União*. Desnecessário dizer que as Defensorias Públicas são os órgãos que possuem atribuição constitucional para defender os representantes das "classes subalternas".[31]

E continua Fernando Brandini Barbagalo:

> Suponhamos que um estudo nesse sentido demonstre que apenas os componentes de uma classe mais abastada da sociedade façam uso frequente desses mecanismos recursais excepcionais. Não haveria nesse aspecto uma violação do princípio da igualdade visto que, sabidamente, as Defensorias Públicas possuem uma estrutura material e humana limitada?

Faz-se coro, aqui, à observação feita pelo Ministro Luís Roberto Barroso quando do julgamento do Habeas Corpus nº 126.292, segundo o qual:

> [...] a ampla (e quase irrestrita) possibilidade de recorrer em liberdade *aproveita sobretudo aos réus abastados*, com condições de contratar os melhores advogados para defendê-los em sucessivos recursos. Em regra, os réus mais pobres não têm dinheiro (nem a Defensoria Pública tem estrutura) para bancar a procrastinação. Não por acaso, na prática, torna-se mais fácil prender um jovem de periferia que porta 100g de maconha do que um agente político ou empresário que comete uma fraude milionária.

Assim, a vedação à execução provisória da pena produz como efeito colateral indesejado uma situação que acentua a já existente *seletividade* do sistema penal brasileiro. Neste, alguns poucos, por terem condições financeiras de apresentar recursos sucessivos contra condenação, logram livrar-se da sanção penal; ao assim fazê-lo, todavia, estes poucos abarrotam o Poder Judiciário de recursos protelatórios, em detrimento dos vários outros jurisdicionados que aguardam uma resposta judicial aos seus conflitos.

Os históricos precedentes formados quando dos julgamentos do Habeas Corpus nº 126.292 e ARE nº 964.246/SP – que passaram a permitir a execução provisória da pena – vieram, a um só tempo, para corrigir a constrangedora e inconstitucional disfunção do sistema penal brasileiro e torná-lo menos suscetível aos graves efeitos colaterais acima narrados.

---

[31] BARBAGALO, Fernando Brandini. *Presunção de inocência e recursos criminais excepcionais*: em busca da racionalidade no sistema processual penal brasileiro. Brasília: TJDFT, 2015. Disponível em: https://www.tjdft.jus.br/institucional/escola-de-administracao-judiciaria/documentos_e_books/e-books-pdf/presuncao-de-inocencia-e-recursos-criminais-excepcionais. Acesso em: 2 jan. 2022.

VII O impacto da execução provisória da pena na situação carcerária do país: primeiras impressões

Outro argumento utilizado pelos que defendem a vedação à execução provisória da pena é o de que ela contribui para a conhecida situação de superlotação carcerária existente no país (situação que, por violar massivamente direitos fundamentais dos detentos, foi reconhecida como inconstitucional pelo STF no julgamento da ADPF nº 347).

Entretanto, até onde se sabe não há dados que suportem tal receio. Muito pelo contrário: estudo empírico recentemente realizado demonstra que:

> a expedição de mandado de prisão de réus condenados em segunda instância a pena igual ou maior a 8 anos e com recurso tramitando no STF e STJ significaria um aumento de 0,6% no número de apenados no sistema prisional. Longe, portanto, de previsões catastróficas propaladas pelos críticos do novo entendimento do Supremo sobre a execução da pena após condenação em segunda instância.[32]

Sobre o tema, a Subprocuradora-Geral da República Luíza Cristina Fonseca Frischeisen produziu a Nota Técnica nº 1/2017, apresentada pela PGR nos autos das ADC nºs 43 e 44, pedindo-se vênia para se transcrever, aqui, seus principais trechos:

> [...] a partir dos dados obtidos nos acórdãos do STF e do STJ, verifica-se que o impacto da execução provisória da pena no sistema carcerário é muito baixo.
>
> 11. A atuação perante o Superior Tribunal de Justiça corrobora os dados obtidos pela pesquisa. O que se observa é que a maioria dos réus respondem ao processo presos, em especial aqueles de menor escolaridade e menor condição econômica, que cometem delitos de tráfico, roubo, homicídio e furto.
>
> 12. *Os dados da Reunião Especial de Jurisdição do Conselho Nacional de Justiça, de 2017, demonstram que 66% dos presos já estão condenados, enquanto 34% estão em prisão provisória.*
>
> 13. *Esse relatório também aponta que 29% dos presos provisórios respondem a ações penais pelo delito de tráfico de drogas.*
>
> 14. Como cediço, o tráfico é o delito que mais demanda o Poder Judiciário, como demonstra o Relatório Justiça em Números de 2017, do Conselho Nacional de Justiça. *Desse modo, tendo em vista a quantidade de presos provisórios pelo mesmo delito, pode-se inferir que não ocorreu um aumento significativo no número de pessoas encarceradas em razão da execução provisória da pena, pois estes já se encontravam detidos.*
>
> 15. *Por outro lado, a execução provisória da pena alcança outros delitos, nos quais, em geral, os réus respondem em liberdade e, posteriormente, é reconhecida a prescrição. Tais fatos podem ser explicados por se tratar de acusados que dispõem de melhores condições financeiras e, consequentemente, possuem assistência jurídica individualizada e bem capacitada.* [...]
>
> 18. De fato, a prática demonstra que, especialmente nos processos originários de São Paulo, de onde provém a maior parte dos recursos para o STJ, é frequente que os acusados por tráfico respondam ao processo presos, mesmo para pequenas quantidades de entorpecentes apreendidos. Ressaltam-se os seguintes julgados do Superior Tribunal de Justiça, que

---

[32] HARTMANN, Ivan A.; KELLER, Clara Iglesias; VASCONCELOS, Guilherme; NUNES, José Luiz; CARNEIRO, Letícia; CHAVES, Luciano; BARRETO, Matheus; CHADA, Daniel; ARAÚJO, Felipe; TEIXEIRA, Fernando. O impacto no sistema prisional brasileiro da mudança de entendimento do Supremo Tribunal Federal sobre execução da pena antes do trânsito em julgado no HC 126.292/SP: um estudo empírico quantitativo. *Revista de Direito Econômico e Socioambiental*, v. 9, n. 1, jan./abr. 2018. Disponível em: https://periodicos.pucpr.br/direitoeconomico/article/view/22393. Acesso em: 5 jan. 2022.

demonstram a situação narrada: HC 417.520/SP, HC 399.325/SP, 394.754/SP, HC 390.156/SP, HC 388.736/SP.

19. Quantitativamente, de acordo com os dados do Sistema Único, utilizado pelo Ministério Público Federal, São Paulo é o estado com mais processos criminais no STJ, como demonstra o mapa abaixo, relativo aos anos de 2015, 2016 e 2017: [...].

20. Já em relação aos assuntos dos processos, os dados do Sistema Único demonstram que os delitos mais frequentes para análise das Turmas Criminais do Superior Tribunal de Justiça são, respectivamente, tráfico de drogas, roubo e homicídio.

21. Desse modo, se o objetivo é a redução da população carcerária, não é a mudança de entendimento sobre a execução provisória que amenizará o problema, mas uma sensibilização de Magistrados e Desembargadores para que observem a jurisprudência dos Tribunais Superiores e evitem a imposição de regimes mais gravosos e prisões preventivas desnecessárias, em especial para os casos de tráfico de drogas em pequenas quantidades de réus primários.

Percebe-se, portanto, já existirem primeiros dados empíricos que demonstram o baixo impacto que a prisão provisória após decisão proferida por tribunal, mesmo que pendentes de julgamento recursos extremos, produziu em relação à situação carcerária do país – cuja superlotação parece se explicar, assim, por outros motivos.

VIII Conclusão: as decisões proferidas em 2016 pelo STF sobre o tema "execução provisória da pena" representaram uma mudança de rumos que precisa ser retomada

Os precedentes de 2016 em que o STF posicionou-se no sentido da compatibilidade da execução provisória da pena de prisão com o princípio constitucional da presunção de inocência (HC nº 126.292 e Recurso Extraordinário com Agravo nº 964.246/SP), todos de relatoria do Ministro Teori Albino Zavascki, representaram uma mudança de rumos no que tange à efetividade do sistema de Justiça penal brasileiro.

Antes deles, o Brasil era conhecido, inclusive em âmbito internacional, por possuir um sistema penal *disfuncional*, em que autores de crimes ou eram punidos de modo tardio (anos após a prática do delito), ou simplesmente não eram punidos (pela ocorrência da prescrição).

A fórmula que levava a essa disfunção era simples, e, resumidamente, resultava da combinação de dois fatores: *primeiro*, da então vigente exigência de se aguardar o trânsito em julgado da condenação para, só então, executar-se o acórdão que determinava a prisão do réu; *segundo*, do perfil do sistema recursal brasileiro, que permite que o momento do trânsito em julgado da decisão condenatória protraia-se no tempo de modo quase que infinito – a depender da disposição da defesa de recorrer. *A sensação de impunidade e a descrença na Justiça em razão de tal constrangedora realidade eram patentes.*

Em 2016, graças ao Supremo Tribunal Federal e sob a liderança do Ministro Teori Albino Zavascki, esse cenário finalmente iniciou uma relevante mudança. A sucessão de decisões tomadas durante o ano de 2016, que culminou com a edição do *precedente obrigatório* plasmado no julgamento do REA nº 964.246/SP, compôs uma virada jurisprudencial histórica.

O novo precedente obrigatório do STF sobre o tema colocou o Brasil *ao lado* das principais e mais maduras democracias do mundo ocidental, como a dos Estados Unidos, da Alemanha, da Itália e da França – países de evidente tradição ligada ao reconhecimento aos direitos fundamentais dos cidadãos e que, apesar de acolherem o princípio da presunção de inocência, admitem a execução provisória da pena de prisão.

Além disso, muito em virtude desse novo precedente, desde 2016 a população brasileira passou a assistir a criminosos poderosos, de "colarinho branco", serem presos após afirmada em juízo a sua culpa, – algo que antes não acontecia, basicamente, em razão da capacidade financeira desses réus mais afortunados de arcar com a interposição sucessiva de recursos contra as respectivas condenações, protraindo ao máximo no tempo o trânsito em julgado, até o atingimento da prescrição.

Infelizmente, em 2019, pouco mais de 2 após a prolação do precedente obrigatório resultado do julgamento do REA nº 964.246, o STF, com sua nova composição de ministros, voltou atrás e, no julgamento das ADCs nºs 43 e 44, passou a novamente proibir que réus condenados em duas instâncias sejam presos provisoriamente. Atualmente, a única prisão passível de ser decretada antes do trânsito em julgado da condenação é a de natureza cautelar, nos termos do art. 283 do CPP.

Embora se respeite a posição vencedora sobre o tema atualmente em vigor no âmbito da Suprema Corte, esta autora entende que a posição plasmada nos já citados precedentes de 2016, defendida e liderada pelo Ministro Teori Albino Zavascki, é a mais correta, e por vários motivos.

É ela que se mostra como a mais consentânea com os deveres que a Constituição Federal conferiu ao Estado em matéria penal: respeitar os direitos fundamentais dos réus e investigados, assim como agir para proteger a sociedade contra violações aos bens jurídicos que lhe pertencem. É ela, também, que, ao criar as possibilidades para que esses dois deveres sejam cumpridos, é capaz de devolver à sociedade brasileira o sentimento de que a lei penal é cumprida e vale para todos. Quando esse sentimento se esvai, corrói-se um importante pilar que sustenta a coesão social, a saber, a confiança na (e a credibilidade da) Justiça.

Aqui, oportunas, mais uma vez, as palavras do Ministro Teori Albino Zavascki ao final do seu voto no julgamento do HC nº 126.292:

> [...] cumpre ao Poder Judiciário e, sobretudo, ao Supremo Tribunal Federal, garantir que o processo – único meio de efetivação do *jus puniendi* estatal –, resgate essa sua inafastável função institucional. A retomada da tradicional jurisprudência, de atribuir efeito apenas devolutivo aos recursos especial e extraordinário (como, aliás, está previsto em textos normativos) é, sob esse aspecto, mecanismo legítimo de harmonizar o princípio da presunção de inocência com o da efetividade da função jurisdicional do Estado. Não se mostra arbitrária, mas inteiramente justificável, a possibilidade de o julgador determinar o imediato início do cumprimento da pena, inclusive com restrição da liberdade do condenado, após firmada a responsabilidade criminal pelas instâncias ordinárias.

Trata-se de lição que não poderia ser mais atual e que, ao ver desta autora, precisa ser retomada com urgência.

Informação bibliográfica deste texto, conforme a NBR 6023:2018 da Associação Brasileira de Normas Técnicas (ABNT):

MACEDO, Luana Vargas. Lições atuais no Ministro Teori sobre a execução provisória da pena. *In*: SEEFELDER FILHO, Claudio Xavier; AZEVEDO, Daniel Coussirat de (Coord.). *Teori na prática*: uma biografia intelectual. Belo Horizonte: Fórum, 2022. p. 185-213. ISBN 978-65-5518-344-3.

COOPERAÇÃO JURÍDICA INTERNACIONAL PENAL NO CASO BORIS BEREZOVSKY: O ACÓRDÃO DO STJ NA RECLAMAÇÃO Nº 2.645/SP

ANSELMO HENRIQUE CORDEIRO LOPES

Introdução

O presente artigo tem o propósito de analisar um importante *leading case* relatado pelo estimado Ministro Teori Albino Zavascki que tangencia uma temática do relacionamento da República brasileira com Estados estrangeiros e que impacta a esfera jurídica de indivíduos e do Estado: a cooperação jurídica internacional penal.[1]

O acórdão que comentaremos é de 2009, quando o ministro aqui homenageado era um dos ministros mais ilustres do Superior Tribunal de Justiça. O caso tratou da possibilidade de realização de cooperação internacional jurídica em matéria criminal por meio de auxílio direto, sem carta rogatória, tema esse discutido em sede de reclamação (nº 2.645/SP), decidido pela Corte Especial do STJ.

Trata-se de um acórdão de enorme importância e que foi indispensável para que avançassem grandes casos de cooperação internacional contra o crime organizado na última década.

É o que veremos a seguir.

1 Antecedentes fáticos do caso

Boris Abramovich Berezovsky era um cidadão russo, empresário muito conhecido e bilionário, suspeito de integrar organização criminosa e que, supostamente, realizou atos de lavagem de dinheiro obtido a partir de crimes contra a Administração Pública. Trata-se de uma figura polêmica, que chegou a se envolver em controvérsias políticas

---

[1] Cooperação jurídica internacional penal é sintetizada por Patrícia Maria Núñez Weber como "o conjunto de mecanismos que propiciam interação de Estados na efetivação da justiça penal, em atenção a procedimentos ou processos específicos". Ver WEBER, Patrícia Maria Núñez. Cooperação internacional penal: conceitos básicos. *In*: BRASIL. Ministério Público Federal. Secretaria de Cooperação Internacional (Ed.). *Temas de cooperação internacional*. Brasília: Secretaria de Cooperação Internacional, 2015. p. 25.

(era relevante dissidente do Presidente Vladimir Putin)[2] e que terminou fugindo da Rússia para se refugiar no Reino Unido, esquivando-se das tentativas de extradição formuladas pela Federação Russa. Terminou morrendo em 2013, em condições que podem sugerir homicídio.[3]

No Brasil, Berezovsky chegou a ser investigado e denunciado por crimes (em especial, lavagem de capitais) que envolvem a empresa britânica MSI (*Media Sports Investment*) e o Sport Club Corinthians Paulista.[4] O magnata russo, naquele momento, alegou que as acusações brasileiras aderiam à política do Kremlin de perseguição por motivação política. O caso correu na Justiça Federal, mais precisamente na 6ª Vara Federal da Seção Judiciária de São Paulo.[5]

Antes da sentença, Berezovsky terminou falecendo, sendo assim declarada a extinção da punibilidade de seus supostos crimes no Brasil. De toda forma, os demais acusados terminaram também sendo absolvidos, acolhendo o magistrado pedido nesse sentido de membro do próprio Ministério Público Federal.[6] O fundamento principal para a absolvição foi a ausência de prova suficiente sobre a proveniência ilícita do objeto da suposta lavagem de capitais, considerando o então Juiz Federal Substituto Marcelo Costenaro Cavali que "não há prova de que Boris não detivesse ganhos lícitos, de modo que não é possível presumir que todo seu patrimônio seja oriundo dos crimes pelos quais foi condenado na Rússia".[7]

2 Argumentos apresentados pela parte reclamante

O acórdão que comentaremos não trata da ação penal contra Berezovsky ajuizada pelo Ministério Público Federal (MPF) brasileiro, mas sim da remessa de provas realizada pelo MPF para a Confederação Russa, com autorização judicial, na forma de cooperação internacional penal ativa, na modalidade de auxílio direto.[8] A defesa de Berezovsky se insurgiu contra esse compartilhamento internacional de provas e a questão foi parar no Superior Tribunal de Justiça (STJ – em que Zavascki era ministro naquele tempo) por meio de uma reclamação (nº 2.645/SP) em que se alegava a violação da competência do

---

[2] Cf. COBAIN, Ian; TAYLOR, Matthew; HARDING, Luke. 'I am plotting a new Russian revolution' – London exile Berezovsky says force necessary to bring down President Putin. *The Guardian*, 13 abr. 2017. Disponível em: https://www.theguardian.com/world/2007/apr/13/topstories3.russia. Acesso em: 31 jul. 2021.

[3] Cf. BORIS Berezovsky inquest: Coroner records open verdict. *BBC*, 27 mar. 2014. Disponível em: https://www.bbc.com/news/uk-england-berkshire-26778866. Acesso em: 31 jul. 2021.

[4] Cf. PHILLIPS, Tom; SHAH, Saeed. Berezovsky wanted in Brazil for alleged money laundering. *The Guardian*, 14 jul. 2007. Disponível em: https://www.theguardian.com/world/2007/jul/14/brazil.russia?INTCMP=SRCH. Acesso em: 2 ago. 2021.

[5] A ação penal tinha o número 2006.61.81.008647-8 (0008647-36.2006.403.6181).

[6] A sentença de absolvição foi amplamente divulgada e está disponível na seguinte página eletrônica da *Conjur*: https://www.conjur.com.br/dl/msi-corinthians.pdf. Acesso em: 14 ago. 2021.

[7] Cf. Disponível em: https://www.conjur.com.br/dl/msi-corinthians.pdf. Acesso em: 14 ago. 2021.

[8] Cooperação jurídica internacional, segundo Denise Neves Abade, "consiste no conjunto de medidas e mecanismos pelos quais órgãos competentes dos Estados solicitam e prestam auxílio recíproco para realizar, em seu território, atos pré-processuais ou processuais que interessem à jurisdição estrangeira" (ABADE, Denise. Análise da coexistência entre carta rogatória e auxílio direto na assistência jurídica internacional. *In*: BRASIL. Ministério Público Federal. Secretaria de Cooperação Internacional (Ed.). *Temas de cooperação internacional*. Brasília: Secretaria de Cooperação Internacional, 2015. p. 11).

STJ, visto que a remessa de provas não havia passado pelo crivo desse tribunal na forma de carta rogatória (alegada violação do art. 105, I, "i", da Constituição da República).

Os argumentos levantados pela parte reclamante foram assim sintetizados no relatório do acórdão:

> Sustenta o reclamante, em síntese, que (a) o exercício da cooperação jurídica internacional não prescinde do controle da legalidade e admissibilidade do ato no território nacional, o que se dá por via de carta rogatória sujeita a *exequatur* pelo STJ; (b) ainda que o parágrafo único do art. 7º da Resolução/STJ nº 9, de 05/05/2005, preveja o "cumprimento por auxílio direto" nos casos de "pedidos de cooperação jurídica internacional que tiverem por objeto atos que não ensejem juízo de delibação", está assentado na jurisprudência do STF (Rcl 1819) a indispensável observância das formalidades relativas a carta rogatória e seu endosso; (c) no caso dos autos, além de não haver tratado de cooperação internacional entre o Brasil e a Federação Russa, o pedido foi encaminhado por ofício subscrito pelo Vice-Procurador Geral daquele País (e não por autoridade judiciária) diretamente ao Ministério Público Federal brasileiro, não havendo prova de autenticidade dos documentos (eis que não tramitaram pela via diplomática e nem foram objeto de chancela consular), inexistindo, sequer, tradução para o vernáculo (foram "apresentados em idioma russo e inglês" – fl. 04). Alegando, assim, o desatendimento "de todas as regras que regulam os atos de cooperação judicial com autoridade estrangeira em matéria penal" (fl. 14), especialmente o disposto no art. 105, I, i, da Constituição e nos artigos 780 e seguintes do CPP, postula (a) diante da iminência de dano irreparável, "seja determinada a imediata suspensão da execução da decisão proferida pela autoridade ora reclamada que deferiu o envio ao Ministério Público russo das cópias dos hards disks dos computadores apreendidos em posse de Boris Abramovich Berezovsky, nos autos n. 2006.61.81.00511-8/ Apenso VII (doc. 3), oficiando-se especialmente a embaixada da Federação Russa para que se abstenha de remeter tal material à Federação Russa ou, tendo-os remetido, que providencie de imediato a sua devolução até a decisão final desta Reclamação" (fl. 15); (b) a procedência da presente reclamação com a cassação definitiva da decisão impugnada.

Como se observa do trecho acima transcrito, a questão principal levada ao STJ pela reclamação é a de saber se, para a remessa de provas do MPF brasileiro à autoridade congênere russa, bastava a decisão judicial – do juízo federal de primeiro grau – de compartilhamento ou se era indispensável a obtenção de *exequatur* pelo Tribunal Superior.

3 Antecedentes jurídicos do tema

Antes de a temática da cooperação jurídica internacional penal via auxílio direto ser levada à Corte Especial do STJ, ainda na primeira década deste século, a processualística brasileira estava pouco acostumada com as novas sistemáticas de cooperação internacional. A figura da "carta rogatória", prevista no art. 105 da Constituição da República, ainda era tida como o instrumento tradicional para o compartilhamento internacional de provas obtidas em juízo e para a realização de outros atos cooperativos úteis para a investigação criminal ou para a instrução processual. As autoridades do Ministério Público de diversos países ainda não se comunicavam com a mesma naturalidade com que se comunicam hoje.

Assim, a forma mais "burocrática" e segura para o "intercâmbio" de provas judiciais criminais (bem como para outros atos de cooperação) seria a remessa de carta rogatória pelo juízo estrangeiro (após pedido do membro do Ministério Público do país em questão) ao juízo nacional, o qual, com o devido *exequatur* do STJ, poderia instruir os autos específicos da carta rogatória e devolvê-la conforme estabelecem os arts. 780 e seguintes do Código de Processo Penal – CPP. Tal procedimento poderia levar – e efetivamente levava – anos para ser concluído, causando sério prejuízo à efetividade da persecução criminal de delitos transfronteiriços, especialmente daqueles do "colarinho branco", altamente sofisticados já há muito tempo.[9] A consequência conhecida, portanto, era a ampla impunidade nessa área da delinquência internacional.

A temática sofreu ainda alteração constitucional por meio da edição da Emenda Constitucional nº 45/2004 (a "Reforma do Judiciário"), que passou o *exequatur* das cartas rogatórias, bem como a homologação das sentenças estrangeiras, à competência do STJ (art. 105, I, "i", da Constituição da República) – antes, a competência era do Supremo Tribunal Federal (antiga alínea "h" do art. 102, inc. I, da Constituição).

Logo em 2005, meses após entrar em vigor a EC nº 45/2004, o STJ editou resolução em que buscou tratar de sua nova competência quanto ao tema. Trata-se da Resolução/STJ nº 9, de 5.5.2005, que já previa a possibilidade de cooperação internacional com "auxílio direto" sem a necessidade de formalização de carta rogatória, nos seguintes termos:

> Art. 7º As cartas rogatórias podem ter por objeto atos decisórios ou não decisórios.
>
> Parágrafo único. Os *pedidos de cooperação jurídica internacional* que tiverem por objeto atos *que não ensejem juízo de delibação pelo Superior Tribunal de Justiça, ainda que denominados como carta rogatória*, serão *encaminhados ou devolvidos ao Ministério da Justiça* para as providências necessárias ao *cumprimento por auxílio direto*. (Grifos nossos)

De acordo com a resolução acima citada, não somente o STJ previa a possibilidade de auxílio direto sem a necessidade de formalização de carta rogatória como também estabelecia que, se fosse autuada carta rogatória para finalidades que "não ensejem juízo de delibação pelo Superior Tribunal de Justiça", seria ela devolvida ou enviada ao Ministério da Justiça (ponto focal para a maioria dos atos de cooperação internacional do Brasil), para que fosse ultimada a cooperação via "auxílio direto".

Ocorre que esse entendimento começou a ser colocado em xeque no STJ quando do julgamento da Reclamação nº 1.819-RJ, no bojo da qual uma decisão monocrática do ministro Sávio Teixeira deferiu liminar para suspender processo criminal em curso no Tribunal Regional Federal da 2ª Região, sob o fundamento de "existir pedido da Justiça Suíça para inquirição de testemunhas e cópia de documentos, entre outros, relativos à investigações criminais em andamento perante à autoridade judiciária brasileira, os quais só poderiam ser atendidos mediante carta rogatória" (Decisão de 25.2.2005, publicada em 3.3.2005). Segundo o que entendeu o Min. Sávio Teixeira naquele momento, o conteúdo

---

[9] Nesse sentido, vejamos o que aponta Anna Carolina Canestraro: "Há de se falar, no entanto, que não está previsto na legislação brasileira qualquer prazo para o cumprimento da carta rogatória. De fato, o Art. 786 do Código de Processo Penal Brasileiro apenas fala em 'prazo razoável, que poderá ser excedido, havendo justa causa'. E, diante deste cenário, afirma Damásio de Jesus que 70% das cartas rogatórias brasileiras não são cumpridas e, as que demoram, no mínimo dois anos; fazendo com que muitos processos sejam atingidos pela prescrição da pretensão punitiva do Estado". Ver CANESTRARO, Anna Carolina. Cooperação internacional em matéria de lavagem de dinheiro: da importância do auxílio direto, dos tratados internacionais e os mecanismos de prevenção. *Revista Brasileira de Direito Processual Penal*, Porto Alegre, v. 5, n. 2, maio/ago. 2019. p. 642.

da cooperação jurídica internacional penal demandaria a expedição de carta rogatória e, portanto, de respeito da competência do STJ para emanar o *exequatur*.

Tal reclamação perante o STJ perdeu efeito em razão de *habeas corpus* impetrado no Supremo Tribunal Federal (HC nº 85.588/RJ), no bojo do qual o STF afastou a validade da cooperação internacional realizada por auxílio direto, invalidando o acórdão do TRF da 2ª Região e decidindo que o caso em questão demandaria carta rogatória (pois seria matéria que, em nosso sistema nacional, poderia ser objeto de carta rogatória) e, portanto, *exequatur* do STJ. O acórdão do STF, com voto de maioria, é de 4.4.2006, cuja ementa foi a seguinte:

> CRIME - COOPERAÇÃO INTERNACIONAL - COMBATE - DILIGÊNCIAS - TERRITÓRIO NACIONAL - MEIO. A prática de atos decorrentes de pronunciamento de autoridade judicial estrangeira, em território nacional, objetivando o combate ao crime, pressupõe carta rogatória a ser submetida, sob o ângulo da execução, ao crivo do Superior Tribunal de Justiça, não cabendo potencializar a cooperação internacional a ponto de colocar em segundo plano formalidade essencial à valia dos atos a serem realizados. (HC nº 85.588. Rel. Marco Aurélio, Primeira Turma, j. 4.4.2006. *DJ*, 15 dez. 2006 PP-00095 EMENT VOL-02260-04 PP-00685)

Em razão de tal julgamento do STF, o Ministro Barros Monteiro, do STJ, julgou prejudicada a Reclamação nº 1.819-RJ, arquivando-a em decisão de 29.5.2006.[10] A partir desse momento, o STJ passou a se curvar à orientação do STF e passou a entender incabível o auxílio direto em casos de investigação que, hipoteticamente, comportariam carta rogatória.[11]

Tal orientação jurisprudencial só teve seu *turning point* no Superior Tribunal de Justiça a partir do acórdão na Reclamação nº 2.645/SP, que é objeto deste artigo.

4 Diferenciação entre carta rogatória e auxílio direto

Segundo Denise Neves Abade, auxílio direto e carta rogatória em matéria penal são dois instrumentos básicos do gênero "assistência jurídica em matéria penal",

---

[10] Denise Neves Abade narra que, antes de ser julgada prejudicada a Reclamação nº 1.819-RJ do STJ (ou seja, provavelmente antes da juntada nos autos de tal reclamação da cópia do acórdão do STF no HC nº 85.588-1/RJ), a Corte Especial, julgando agravo interno interposto contra a decisão monocrática do Min. Sávio Teixeira, teria reformado esta e reconhecido a possibilidade de manejo da modalidade "auxílio direto" de cooperação jurídica internacional no caso concreto, sendo tal acórdão relatado pelo Min. Edson Vidigal (ver ABADE, Denise. Análise da coexistência entre carta rogatória e auxílio direto na assistência jurídica internacional. *In*: BRASIL. Ministério Público Federal. Secretaria de Cooperação Internacional (Ed.). *Temas de cooperação internacional*. Brasília: Secretaria de Cooperação Internacional, 2015. p. 18). Contudo, acessando a página eletrônica do STJ, não encontramos a íntegra deste último acórdão (apesar de que ele aparece superficialmente mencionado no final da decisão monocrática do Min. Barros Monteiro, que determina a juntada de acórdão em agravo interno nos autos do processo que estava ali sendo arquivado).

[11] Ver, por exemplo, o acórdão do STJ no AgRg na CR nº 2.484/RU. Rel. Min. Barros Monteiro, Corte Especial, j. 29.6.2007, publ. 13.8.2007, em cuja ementa constou o seguinte: "CARTA ROGATÓRIA. AGRAVO REGIMENTAL. ASSISTÊNCIA DIRETA. NECESSIDADE DE EXEQUATUR. Ante o disposto no art. 105, I, "i", da Lei Maior, a Suprema Corte considerou que a única via admissível para a solicitação de diligência proveniente do exterior é a Carta rogatória, que deve submeter-se previamente ao crivo do Superior Tribunal de Justiça. Assim, a despeito do disposto no art. 7º, parágrafo único, da Resolução n. 9, da Presidência do STJ, de 4.5.2005, a qual à evidência não pode prevalecer diante do texto constitucional, a execução de diligências solicitadas por autoridade estrangeira deve ocorrer via carta rogatória. Agravo regimental a que se nega provimento".

conceituando esta como o "conjunto de atos necessários para instituir ou facilitar a persecução de uma infração criminal, como envio de documentos ou colheita de provas".[12] Dentro desse gênero maior, estariam contempladas tanto a tradicional carta rogatória, instrumento processual em que uma autoridade jurisdicional solicita de outra uma medida judicial útil para seu processo de origem, quanto o auxílio direto, cooperação em que a diligência é solicitada por um Estado a outro Estado e é realizada de forma mais célere, sem necessariamente demandar o acesso à jurisdição – que poderá ser demandado eventualmente, a depender do conteúdo da cooperação solicitada – porém, sem demandar *exequatur*.

Conforme se pôde observar do resumo dos argumentos aduzidos na Reclamação nº 2.645/SP, objeto de nosso estudo, entendeu a reclamante que o caso em tela seria próprio de uma *carta rogatória passiva*, em que a autoridade brasileira é demandada por uma estrangeira para dar cumprimento ao ato decisório dessa autoridade judicial. A questão central, logo, é saber se o caso demandava carta rogatória ou auxílio direto.

Existem algumas diferenças importantes entre os mecanismos do auxílio direto e da carta rogatória, como as relativas ao juízo de delibação ou análise do mérito, ao papel do Poder Executivo na forma de cooperação, entre outras.[13] Contudo, para fins da Reclamação nº 2.645/SP, a distinção mais relevante diz respeito aos ritos de cada uma e à necessidade ou não de *exequatur* para sua formalização.

Denise Neves Abade assim resume o rito para o cumprimento da carta rogatória passiva:[14]

> As cartas rogatórias passivas (aquelas em que o Brasil é Estado requerido) possuem tratamento normativo singular no Brasil: devem ser apreciadas por órgão judicial de cúpula antes de ser deferido seu cumprimento no território nacional. Essa apreciação consiste em juízo de delibação, no qual o órgão deliberante apenas aprecia o cumprimento dos requisitos formais previstos na lei ou em tratados, bem como se o conteúdo do pedido rogado não ofende a ordem pública brasileira. Assim, caso ambos os crivos sejam satisfeitos (requisitos formais e respeito à ordem pública interna), será concedido pelo órgão de cúpula do Judiciário brasileiro, o Superior Tribunal de Justiça (STJ), *exequatur* à carta rogatória estrangeira. Em seguida, a carta rogatória será cumprida pelo juízo federal de primeiro grau, que, depois de a diligência rogada ter sido realizada, devolvê-la-á para o próprio STJ, que a encaminhará ao Ministério da Justiça, encarregado de tomar as últimas providências para a devolução (pela via diplomática – Ministério das Relações Exteriores – ou ainda pela via da autoridade central).

---

[12] ABADE, Denise. Análise da coexistência entre carta rogatória e auxílio direto na assistência jurídica internacional. In: BRASIL. Ministério Público Federal. Secretaria de Cooperação Internacional (Ed.). *Temas de cooperação internacional*. Brasília: Secretaria de Cooperação Internacional, 2015.

[13] Cf. DIPP, Gilson Langaro. Carta rogatória e cooperação internacional. In: BRASIL. Secretaria Nacional de Justiça. Departamento de Recuperação de Ativos e Cooperação Jurídica Internacional. *Manual de Cooperação jurídica internacional e recuperação de ativos* – Cooperação em matéria penal, organizado pelo Ministério da Justiça. 1. ed. Brasília: Ministério da Justiça, 2008. p. 31; e ABADE, Denise. Análise da coexistência entre carta rogatória e auxílio direto na assistência jurídica internacional. In: BRASIL. Ministério Público Federal. Secretaria de Cooperação Internacional (Ed.). *Temas de cooperação internacional*. Brasília: Secretaria de Cooperação Internacional, 2015. p. 12-13.

[14] ABADE, Denise. Análise da coexistência entre carta rogatória e auxílio direto na assistência jurídica internacional. In: BRASIL. Ministério Público Federal. Secretaria de Cooperação Internacional (Ed.). *Temas de cooperação internacional*. Brasília: Secretaria de Cooperação Internacional, 2015. p. 10.

Já o rito comum da cooperação internacional com auxílio direto é descrito por Abade da seguinte forma:[15]

> No auxílio direto, o pedido é recebido pela autoridade central brasileira e, em seguida, é encaminhado ao órgão incumbido internamente dos poderes para realização da diligência. Caso haja, de acordo com o ordenamento brasileiro, a necessidade de autorização judicial para o cumprimento da diligência (por exemplo, quebra de sigilo bancário), a autoridade central enviará o pleito ao Ministério Público Federal, que proporá ação judicial solicitando atendimento do pedido.

Conforme se observa da descrição acima, a adoção do caminho do auxílio direto somente exigirá o acesso à jurisdição quando a medida pleiteada, de acordo com o sistema jurídico do país solicitado, demanda decisão judicial, ou seja, quando tal objeto é alcançado pela reserva de jurisdição.

Como vimos no trecho do acórdão da Reclamação nº 2.645/SP, a parte reclamante apegava-se ao mesmo art. 7º da Resolução/STJ nº 9/2005, mais precisamente ao seu *caput*, que estabelece que as cartas rogatórias podem ter tanto objeto decisório quanto não decisório. Dessa forma, segundo a reclamante (a defesa de Berezovsky), como as provas que seriam – e foram – compartilhadas foram colhidas a partir de processo judicial, o compartilhamento demandaria carta rogatória, havendo aí ainda objeto decisório (de compartilhamento de provas) que competiria ao Superior Tribunal de Justiça avaliar.

5   Os fundamentos do voto de Teori Zavascki na Reclamação nº 2.645/SP

De uma forma um tanto corajosa, o Ministro Teori Zavascki, atuando como relator na Reclamação nº 2.645/SP, decide não seguir os últimos precedentes do próprio STJ e do STF e então reexaminar o mérito da questão jurídica aqui em tela. Assim, aproveitando a reunião da Corte Especial para a análise da reclamação em questão, em caso bastante rumoroso, Zavascki passa a diferenciar a carta rogatória da cooperação jurídica internacional na modalidade de auxílio direto. Assim, em seu voto, após repassar as competências constitucionais na temática do relacionamento entre Estados (e dos órgãos dos poderes Executivo, Legislativo e Judiciário, cada um em suas esferas) e conceituar *exequatur* e carta rogatória, o saudoso magistrado passa a estabelecer quando seria o caso em que a Constituição da República prevê a competência do STJ para o *exequatur* de carta rogatória, fazendo-o da seguinte forma:[16]

> Não há dúvida, portanto, que, ao atribuir ao STJ a competência para a "concessão de *exequatur* às cartas rogatórias" (art. 105, I, i), a Constituição está se referindo, especificamente, ao juízo de delibação consistente em aprovar ou não o pedido feito por *autoridade judiciária estrangeira* ("*Juízos ou Tribunais estrangeiros*", segundo o art. 225 do Regimento Interno do STF) para cumprimento, em nosso país, de diligência processual requisitada por decisão do juiz rogante. É com esse sentido e nesse limite, portanto, que deve ser compreendida a referida competência constitucional. (Grifos nossos)

---

[15] ABADE, Denise. Análise da coexistência entre carta rogatória e auxílio direto na assistência jurídica internacional. *In*: BRASIL. Ministério Público Federal. Secretaria de Cooperação Internacional (Ed.). *Temas de cooperação internacional*. Brasília: Secretaria de Cooperação Internacional, 2015. p. 12.

[16] Cf. voto do Min. Teori Zavascki na Reclamação nº 2.645/SP, p. 14 do acórdão.

Note-se, no trecho acima, que Zavascki deixa claro que as cartas rogatórias decorrem de atos de "autoridade judiciária estrangeira", de "Juízos ou Tribunais estrangeiros", colocando em evidência, pois, o aspecto subjetivo-formal de identificação das cartas rogatórias (subjetivo porque diz respeito a quem solicitou a cooperação; formal em razão de que tal conceito passa a se dar pela forma da cooperação e não por seu conteúdo).

Em seguida, Zavascki esclarece que a cooperação entre Estados não se limita a essa possibilidade de cumprimento cruzado de decisões judiciais, dando azo a outras formas de cooperação jurídica internacional. Vejamos suas palavras:[17]

> Ocorre que o sistema de cooperação entre Estados soberanos vai muito além das relações decorrentes do cumprimento de atos de natureza jurisdicional, ou seja, de sentenças ou de decisões proferidas por seus juízes em processos judiciais. Mesmo no âmbito do que se costuma denominar, na linguagem do direito público internacional, de "cooperação jurídica internacional", há uma gama enorme de medidas solicitadas por um a outro Estado soberano que não são, nem teria sentido algum que o fossem, oriundas ou intermediadas pelos órgãos ou autoridades do respectivo Poder Judiciário e que, portanto, não são, nem teria sentido algum que o fossem, submetidas ao procedimento da carta rogatória, com as formalidades próprias desse instrumento processual (DIPP, Gilson Langaro. Carta rogatória e cooperação internacional, Revista CEJ – Centro de Estudos Judiciários do Conselho da Justiça Federal, n. 38, jul/set 2007, p. 40).

Conforme fundamenta Zavascki, essas medidas solicitadas por um Estado a outro, que vão "além das relações decorrentes do cumprimento de atos de natureza jurisdicional", não podem ficar limitadas às formalidades tradicionais da carta rogatória, não havendo qualquer razão para essa coarctação da cooperação entre Estados.

Se houvesse um exagerado refreio ritualístico da cooperação jurídica entre os Estados, os novos fenômenos de macrocriminalidade internacional restariam impunes, diante da morosidade estatal e de seus instrumentos processuais concebidos em épocas passadas alheias a esse novo cenário delitivo global. Eis os termos que constam, sobre esse ponto, do voto do saudoso ministro:[18]

> Ninguém desconhece que o moderno fenômeno da globalização e da cada vez mais estreita aproximação entre os povos e as Nações, na área econômica e em outras áreas, tornou propício e foi acompanhado também pelo fenômeno da criminalidade transnacional. Atualmente, é realidade corriqueira a ocorrência de delitos com características internacionais, seja em seus atos preparatórios, seja em sua execução, seja em sua consumação ou nas suas conseqüências. O crime e o produto do crime transitam, hoje, com singular agilidade – e facilidade – entre as fronteiras físicas e as barreiras jurídicas de controle e fiscalização. Proclama-se, por isso mesmo, no meio jurídico, a necessidade urgente de atualização, inclusive no plano normativo, dos métodos tradicionais, a fim de propiciar aos Estados meios adequados e idôneos de enfrentamento dessa nova realidade.

Assim, a partir dessa necessidade prática de agilidade na cooperação das nações contra o crime transnacional, o então Relator Teori Albino Zavascki aponta que a ordem jurídica internacional adotou um sistema de comunicação e de compartilhamento

---

[17] Cf. voto do Min. Teori Zavascki na Reclamação nº 2.645/SP, p. 14 do acórdão.
[18] Cf. voto do Min. Teori Zavascki na Reclamação nº 2.645/SP, p. 14-15 do acórdão.

de provas e informações que vão muito além do cumprimento de decisões judiciais. Vejamos:[19]

> Justamente por isso, tornou-se preocupação geral das Nações e dos Organismos Internacionais a adoção de medidas de cooperação mútua para a prevenção, a investigação e a punição efetiva de delitos dessa espécie, o que tem como pressuposto essencial e básico um sistema eficiente de comunicação, de troca de informações, de compartilhamento de provas e, mesmo, de tomada de decisões e de execução de medidas preventivas, investigatórias, instrutórias ou acautelatórias, de natureza extrajudicial. O sistema da cooperação jurídica internacional não exclui, evidentemente, as medidas de cooperação entre os órgãos judiciários, pelo regime das cartas precatórias, no âmbito de processos já submetidos à esfera jurisdicional. Mas, além delas, conforme já enfatizado, a cooperação mútua engloba outras muitas providências que até podem, se for o caso, dar ensejo a futuras ações penais, mas enquanto circunscritas ao âmbito da prevenção e da investigação, não exigem prévia aprovação ou a intermediação judicial para serem executadas. Exigência dessa natureza não existe no plano do direito interno, nem há razão para existir no plano do direito internacional.

Continuando sua linha de justificação, o Ministro Zavascki enumera uma série de tratados internacionais por meio dos quais o Brasil comprometeu-se internacionalmente a zelar por uma cooperação jurídica internacional com efetividade e agilidade, especialmente na temática do combate à corrupção. Observemos mais um fragmento de seu voto:[20]

> O conjunto dessas normas internacionais sobre cooperação jurídica evidencia claramente a preocupação das Nações e dos Organismos Internacionais em estabelecer novos paradigmas de assistência mútua nessa área, a fim de enfrentar, com agilidade e eficiência, os graves problemas de aplicação das leis, especialmente das leis penais, numa realidade mundial globalizada. Ilustram essa preocupação os considerandos estampados no preâmbulo da Convenção das Nações Unidas contra a Corrupção, de 31.10.03, já referida, recentemente promulgada no Brasil (Decreto 5.687, de 31.01.06), que alertam: "[...] a corrupção deixou de ser um problema local para converter-se em um fenômeno transnacional que afeta todas as sociedades e economias", fazendo "necessária a cooperação internacional para preveni-la e lutar contra ela", o que "requer um enfoque amplo e multidisciplinar para prevenir e combater eficazmente" a sua propagação, bem como para "prevenir, detectar e dissuadir com maior eficácia as transferências internacionais de ativos adquiridos ilicitamente e a fortalecer a cooperação internacional para a recuperação destes ativos". Consideram, também, que "a prevenção e a erradicação da corrupção são responsabilidades de todos os Estados e que estes devem cooperar entre si, com o apoio e a participação de pessoas e grupos que não pertencem ao setor público, como a sociedade civil, as organizações não-governamentais e as organizações de base comunitárias, para que seus esforços neste âmbito sejam eficazes".

Esse novo modelo de cooperação jurídica internacional – continua a fundamentação de Zavascki – não se alinha àquele tradicional das cartas rogatórias, em que a autoridade judicial de um país roga à autoridade judicial de outro Estado o cumprimento de sua decisão, passando pelo *exequatur* de alguma autoridade judicial superior (como o STJ, no Brasil, após a EC nº 45/2004), mas sim inaugura um novo formato de procedimento em que o protagonismo está destinado a uma "autoridade central", órgão nacional com

---
[19] Cf. voto do Min. Teori Zavascki na Reclamação nº 2.645/SP, p. 15 do acórdão.
[20] Cf. voto do Min. Teori Zavascki na Reclamação nº 2.645/SP, p. 16 do acórdão.

expertise em cooperação jurídica internacional que está dotado de todas as condições para a realização da cooperação ágil e eficaz mencionada nos pactos internacionais. Colacionamos mais esse importante trecho do voto do relator:[21]

> A cooperação jurídica internacional estabelecida no conjunto de acordos regionais e multilaterais de que o Brasil é parte, adota, em linhas gerais, um modelo padronizado em nível internacional, que tem como característica importante a indicação, em cada Estado-Parte, de uma "autoridade central", responsável pelo trâmite burocrático dos pedidos de assistência em face de outro Estado-Parte, tanto no que diz respeito à cooperação passiva (recebimento de pedidos), quanto à cooperação ativa (formulação de pedidos). É o que consta, v.g., do art. 46.13 da Convenção de Mérida, do art. 18.13 da Convenção de Palermo e, no âmbito regional, do art. 3º do "Protocolo de Assistência Jurídica Mútua em Assuntos Penais - Mercosul", (Decreto 3.468, de 17.05.2000). A indicação de "autoridade central" é técnica adotada há mais tempo no plano internacional, como se pode constatar, v.g., na Convenção de Haia (art. 6º), sobre "Aspectos civis do seqüestro internacional de crianças", de 1980, promulgada no Brasil pelo Decreto 3.087, de 21.06.99 (que indicou como sua autoridade central, nessa área, a Secretaria Especial de Direitos Humanos - SEDH da Presidência da República). No que se refere aos acordos bilaterais de cooperação jurídica, o Brasil indicou o Ministério da Justiça como a sua "autoridade central" (v.g.: art. 2º do Tratado firmado com a República Popular da China - Decreto 6.282/2007; art. III do Tratado firmado com a República da Colômbia - Decreto 3.895/2001; art. II do Tratado firmado com os Estados Unidos da América - Decreto 3.810/2001). Para o desempenho dessa função, o Ministério da Justiça dispõe, em sua estrutura administrativa, do Departamento de Recuperação de Ativos e Cooperação Jurídica Internacional - DRCI, vinculado à Secretaria Nacional de Justiça (Decreto 6.061, de 15.03.07). Cumpre a essa autoridade central, entre outras atividades, o gerenciamento dos pedidos de cooperação jurídica internacional, inclusive no que diz respeito à sua adequada instrução, segundo as exigências estabelecidas nos acordos internacionais, e a coordenação da sua execução pelas autoridades nacionais ou estrangeiras competentes.

De toda forma, o Ministro Teori Zavascki registra que, mesmo nesse novo sistema de cooperação, as demais normas nacionais devem ser cumpridas (integrando-se com as normas internacionais introduzidas validamente em nosso sistema interno). Outrossim, Zavascki aponta que, em muitos casos, a cooperação jurídica internacional sequer demanda decisão judicial, podendo exigi-la quando houver alguma cláusula interna de reserva de jurisdição. Vejamos:[22]

> As diligências passíveis de solicitação mútua entre os Estados Partes, em regime de cooperação internacional (indicadas, v.g, no art. 18.3 da Convenção de Palermo, no art. 46.3 da Convenção de Mérida e no art. 2 do "Protocolo de Assistência Jurídica Mútua em Assuntos Penais - Mercosul"), consistem, em grande número, de providências que, no âmbito do direito interno, não têm natureza necessariamente jurisdicional, ou seja, podem ser produzidas sem prévia autorização do Poder Judiciário. Todavia, nos casos em que o direito interno exige tal autorização, o Estado Parte requerido fica comprometido e autorizado a requerer essa medida junto aos órgãos jurisdicionais nacionais, atuação que representa uma importante modalidade de cooperação jurídica. Pode-se dizer que, nessas circunstâncias, o Estado requerido atua em regime semelhante ao da substituição processual: requer em nome próprio para atender solicitação de outro Estado. Nesse sentido, tem significativa importância, no âmbito do direito brasileiro, o papel do Ministério Público Federal e da

---

[21] Cf. voto do Min. Teori Zavascki na Reclamação nº 2.645/SP, p. 17 do acórdão.
[22] Cf. voto do Min. Teori Zavascki na Reclamação nº 2.645/SP, p. 17-18 do acórdão.

Advocacia Geral da União, órgãos com capacidade postulatória para requerer, em nome do Estado brasileiro, perante o Judiciário, as medidas de cooperação internacional que, no âmbito interno, estão sujeitas a controle judicial (v.g.: quebra de sigilo). Foi justamente para disciplinar sua atuação que esses órgãos, juntamente com o Ministério da Justiça, editaram a Portaria Conjunta nº 1, de 27.10.2005 ("Dispõe sobre a tramitação de pedidos de cooperação jurídica internacional em matéria penal entre o Ministério da Justiça, o Ministério Público Federal e a Advocacia Geral da União").

Em seu voto, Zavascki fez ainda questão de registrar que os tratados internacionais ingressam no sistema jurídico brasileiro ao menos com o *status* de lei federal, revogando todas as normas legais em contrário. Outrossim, o saudoso ministro relembra que tais tratados internacionais gozam de presunção de constitucionalidade, somente podendo ser declarados inconstitucionais se for observada a cláusula constitucional de reserva de plenário (art. 97 da Constituição da República).[23] Demais disso, apesar de não antever nenhuma inconstitucionalidade nesses tratados, o Ministro Teori Zavascki faz questão de registrar que, nessa hipótese de não se reconhecer validade a essas normas pactuadas internacionalmente, a repercussão para o Estado brasileiro seria deveras grave; eis suas palavras:[24]

> No que concerne ao sistema de cooperação jurídica internacional, é importante que se tenha consciência da necessidade de uma posição clara a respeito: ou se adota o sistema estabelecido nos compromissos internacionais, ou, se inconstitucional, não se adota, caso em que será indispensável, além da sua formal declaração interna de inconstitucionalidade, também denunciar, no foro internacional próprio, os tratados e convenções assinados e promulgados. O não cumprimento desses compromissos, é fácil perceber, acaba afetando o funcionamento do sistema como um todo, tanto no que diz respeito aos deveres de cooperação passiva que tem o Brasil em relação à comunidade das Nações, quanto no que diz com o atendimento dos interesses nacionais, nos pedidos de cooperação ativa formulado por autoridades brasileiras.

Voltando-se ao caso concreto dos autos, arrematando seu voto como relator, o Ministro Teori Zavascki dá destaque ao fato de que, *in casu*, o ato de cooperação jurídica internacional solicitado (o compartilhamento de provas) não foi demandado por autoridade judicial, mas sim pela Procuradoria-Geral da República da Federação Russa, que requereu a medida à entidade congênere brasileira por meio da autoridade central e com respeito aos tratados internacionais. Assim, não seria o caso de aplicar o rito próprio das cartas rogatórias. Transcrevemos aqui a parte final de seu voto:[25]

> No caso concreto, conforme exposto no relatório, o que se tem é pedido de cooperação jurídica consistente em compartilhamento de prova, formulado por autoridade estrangeira no exercício de atividade investigatória, dirigido à congênere autoridade brasileira, que obteve a referida prova também no exercício de atividade investigatória extrajudicial. O compartilhamento de prova é uma das mais características medidas de cooperação jurídica internacional, iterativamente prevista nos acordos bilaterais e multilaterais que disciplinam a matéria (v.g.: Convenção de Mérida, art. 46.3; Convenção de Palermo, art. 18, 3). A

---

[23] Cf. voto do Min. Teori Zavascki na Reclamação nº 2.645/SP, p. 18-19 do acórdão.
[24] Cf. voto do Min. Teori Zavascki na Reclamação nº 2.645/SP, p. 19 do acórdão.
[25] Cf. voto do Min. Teori Zavascki na Reclamação nº 2.645/SP, p. 19-20 do acórdão.

Procuradoria Geral da República da Federação da Rússia está conduzindo, naquele país, investigações sobre possíveis ilícitos penais lá praticados pelo ora reclamante, o cidadão russo Bóris Berezovsky. Como providência investigatória, dirigiu à Procuradoria Geral da República do Brasil pedido de fornecimento de cópia hard disk do computador apreendido em poder do investigado em diligências promovida pela autoridade requerida, que também investiga a participação do mesmo cidadão em ilícitos praticados no Brasil. O pedido foi submetido à consideração do Juízo Federal ora reclamado, quando do oferecimento de denúncia para instauração de ação penal, por parte do Ministério Público Federal. Invocando os compromissos de cooperação jurídica decorrentes da "Convenção das Nações Unidas contra o Crime Organizado Transnacional" (Convenção de Palermo) e da "Convenção das Nações Unidas contra a Corrupção" (Convenção de Mérida), de que a Federação da Rússia também é signatária, o juiz deferiu o pedido. Consideradas essas circunstâncias, bem como o conteúdo e os limites próprios da competência prevista no art. 105, I, i da Constituição, antes delineados, o que se tem presente é hipótese de cooperação jurídica não sujeita a carta rogatória ou a exequatur, nem de outra forma de intermediação do Superior Tribunal de Justiça, cuja competência, portanto, não foi usurpada. Conseqüentemente, a legitimidade do ato impugnado não está sujeita a controle por via de reclamação, mas sim pelos meios recursais comuns, dos quais deverá o interessado socorrer-se, caso assim o deseje.

10. Ante o exposto, julgo improcedente a reclamação, revogando a liminar. É o voto.

Se atentarmos para o processo concreto que motivou o ajuizamento da reclamação pela defesa de Berezovsky, a rigor, poder-se-ia especular tratar-se de um caso em que, hipoteticamente, poderia ter alguma autoridade judicial russa requerido da autoridade judicial brasileira o compartilhamento de provas para seu aproveitamento em algum processo judicial daquela nação. Ocorre que não foi o que efetivamente se deu. O pedido de cooperação foi firmado pelo Ministério Público russo e não por autoridade judicial daquele país. Além disso, a prova requerida a ser compartilhada seria utilizada em investigação em curso aberta por aquele Ministério Público, não sendo mera prova a ser empregada num processo judicial (ação penal) já aberto. Essa circunstância foi essencial para que Zavascki sustentasse seu voto no sentido da desnecessidade da carta rogatória e da possibilidade de manejo da cooperação jurídica internacional via auxílio direto, mesmo que, no caso concreto, a prova a ser compartilhada tivesse sua origem em cumprimento de mandado judicial de busca e apreensão – o que demandou uma decisão judicial de compartilhamento do juízo federal brasileiro de primeiro grau, mas não uma decisão de *exequatur* do Superior Tribunal de Justiça.

6   Votos divergentes e convergentes

Após os ministros Castro Meira e Massami Uyeda acompanharem o voto do relator, a Ministra Maria Thereza de Assis Moura pediu vista e apresentou, em seguida, a primeira divergência no julgamento. A ilustre magistrada, contudo, não destoou totalmente da fundamentação jurídica do Ministro Teori Zavascki, fazendo também apontamentos distintos quanto a questões fáticas do caso.

Segundo a Ministra Maria Thereza de Assis Moura, examinando o voto do Relator Zavascki, existiriam três hipóteses admissíveis para cooperação jurídica internacional em matéria penal. São elas: (i) "cooperação para a fase investigatória e para desenvolvimento da instrução penal, alcançando aí as medidas preparatórias para a opinião ministerial e para a busca da verdade real"; (ii) "cooperação para a extradição de acusado ou de réu definitivamente condenado"; e (iii) "cooperação para a extensão de efeitos de decisão penal condenatória proferida por outro país, dentro do procedimento denominado de homologação de sentença estrangeira".[26] No caso concreto, para Zavascki, seria a cooperação enquadrável na hipótese "i" acima transcrita; porém, segundo Assis Moura, não resultaria claro que, *in casu*, a medida de cooperação solicitada realmente fosse aproveitável a um ato de investigação.

De toda forma, Assis Moura enfatiza sua concordância com Zavascki quanto à possibilidade de uma cooperação jurídica internacional mais desburocratizada quando se tratar de ato de investigação criminal. Vejamos trecho de seu voto:[27]

> Embora discordante da conclusão do entendimento preconizado pelo ilustre Relator, reconheço que Sua Excelência tocou no ponto candente da discussão, quando deixou entender que atos de investigação poderiam fomentar a cooperação jurídica internacional direta, evitando-se o labirinto da burocracia estatal. Essa questão me parece de extrema delicadeza, pois contenta o esforço atual da comunidade internacional, através da edição de várias convenções e tratados, objetivando criar mecanismos eficientes de investigação das organizações criminosas transnacionais.

Contudo, quanto ao mérito do caso concreto, a Ministra Maria Thereza Assis Moura entendeu que o compartilhamento autorizado pelo juízo de primeiro grau teria sido indevido. Defendeu, outrossim, que "a competência do Superior Tribunal Justiça não está delineada somente quando identifica o procedimento de exequatur de carta rogatória, senão também quando impede a realização de ato ofensivo à ordem legal por outro meio que não o estatuído no direito interno", o que lhe pareceu ser o caso no processo específico em questão,[28] e também que:

> pelo sistema pátrio, à Justiça Federal incumbe somente a execução das ordens emanadas do Supremo Tribunal Federal e do Superior Tribunal de Justiça, não lhe competindo a análise e o julgamento do pedido de cooperação jurídica internacional, não podendo, assim, o Juiz Federal apreciar e investigar as razões do pedido do Ministério Público Federal frente às convenções e tratados internacionais.[29]

A divergência da Ministra Assis Moura foi acompanhada pelos ministros Nilson Naves, Ari Pargendler, Fernando Gonçalves, Aldir Passarinho Junior e Hamilton Carvalhido.

Finalmente, após as divergências, seguiram ainda o voto do Relator Ministro Teori Albino Zavascki (além dos ministros Castro Meira e Massami Uyeda, já citados) e dos ministros Sidnei Beneti, Gilson Dipp, Eliana Calmon, Paulo Gallotti, Francisco Falcão, Nancy Andrighi, Laurita Vaz, Luiz Fux, João Otávio de Noronha, Denise Arruda e Arnaldo Esteves Lima.

---

[26] Cf. voto da Min. Maria Thereza de Assis Moura na Reclamação nº 2.645/SP, p. 35-36 do acórdão.
[27] Cf. voto da Min. Maria Thereza de Assis Moura na Reclamação nº 2.645/SP, p. 36 do acórdão.
[28] Cf. voto da Min. Maria Thereza de Assis Moura na Reclamação nº 2.645/SP, p. 40 do acórdão.
[29] Cf. voto da Min. Maria Thereza de Assis Moura na Reclamação nº 2.645/SP, p. 43 do acórdão.

Por todos, concluindo este capítulo, vale transcrever parte do voto proferido pelo Ministro Gilson Dipp, grande conhecedor da temática da cooperação jurídica internacional, que teceu elogios ao trabalho de Teori Albino Zavascki:[30]

> Sr. Presidente, o tema para mim é muito caro, até porque o Superior Tribunal de Justiça mudou toda a configuração do sistema processual de cooperação internacional no Brasil ao trazer para cá as cartas rogatórias e a edição da Resolução nº 9.
>
> Não obstante os brilhantes votos divergentes, quero confessar que nunca vi um trabalho mais completo sobre cooperação internacional do que o voto relatado pelo Ministro Teori Albino Zavascki. É um trabalho de pesquisa excepcional, de garimpagem de tratados internacionais, de decretos legislativos que internalizaram esses tratados no Brasil e de decretos presidenciais que o fizeram da mesma forma.
>
> A carta rogatória, evidentemente, todos sabem, não é o único meio de cooperação internacional entre judiciários. O auxílio direto que repousa na confiança entre os órgãos que compõem o Judiciário como um todo, num sentido mais amplo, é essencial para a investigação de todo e qualquer crime transnacional.
>
> Não estou falando em crime organizado, porque direcionaria, talvez, as minhas palavras para um setor mais específico. Vemos aqui um compartilhamento de informações na fase instrutória que é previsto na convenção da ONU contra o crime organizado – Convenção de Palermo, na convenção da ONU contra a corrupção, e outros tratados internacionais. Esses tratados internacionais tiveram os seus mecanismos de internacionalização no nosso sistema perfeitos e acabados, foram aprovados pelo Congresso e ratificados pelo Senhor Presidente da República por decreto presidencial.
>
> A Resolução nº 9 do STJ, que nunca atacamos nem dissemos ser ilegal ou inconstitucional, prevê que, quando houver uma carta rogatória que, apesar de rotulada como tal, trouxer um pedido de auxílio direto, o Tribunal pode e deve devolver à autoridade central do Ministério da Justiça para que a receba como auxílio direto e encaminhe ao juiz competente.
>
> O voto do Sr. Ministro Teori Albino Zavascki traz as inovações já aqui realizadas e que vieram na esteira da última jurisprudência para que se vinha encaminhando o próprio Supremo Tribunal Federal. E, dentro dessas circunstâncias, parece-me de todo inatacável sua decisão; portanto, a reclamação é impertinente, porque o pedido contido não trata, evidentemente, de carta rogatória que atraia necessariamente a competência para o Superior Tribunal de Justiça.
>
> Acompanho o voto do Sr. Ministro Relator.

7 Legado do precedente: as grandes investigações de combate à corrupção

Os votos dissidentes registrados na Reclamação nº 2.645/SP, colocando em evidência as possíveis divergências contra o entendimento defendido por Teori Albino Zavascki, terminaram por legitimar ainda mais as conclusões do saudoso ministro. Primeiramente, pelo fato de que inúmeros ministros da Corte Especial tiveram a oportunidade de cotejar os argumentos favoráveis e desfavoráveis à sua tese. Em segundo lugar, porque, após amplo debate, treze ministros integrantes da Corte Especial do STJ chegaram à mesma conclusão alcançada por Zavascki, contra apenas seis dissidências. Dessa forma, o tema foi examinado de forma bastante intensa, formando-se uma posição amplamente

---

[30] Cf. voto do Min. Gilson Dipp na Reclamação nº 2.645/SP, p. 52-53 do acórdão.

majoritária – que terminou por se estabilizar – em favor do voto do Ministro Teori Albino Zavascki, o qual, nas palavras já transcritas de Gilson Dipp, realizou "um trabalho de pesquisa excepcional" e alcançou uma decisão "de todo inatacável".

Ademais de técnicas e precisas, as palavras do Ministro Teori Zavascki, lidas hoje, parecem proféticas. Poucos anos após esse importantíssimo precedente, a cooperação jurídica internacional avançou muito no Brasil em combate à macrocriminalidade organizada. Sem essa intensificação da cooperação internacional nos moldes definidos por Zavascki, não teriam avançado as grandes "operações" que marcaram a história recente do Brasil, como, principalmente, a Operação Lava-Jato, que teve seu manancial de provas e de resultados em recuperação de ativos potencializado por centenas de bem-sucedidas cooperações jurídicas internacionais penais ativas e passivas,[31] que proporcionaram, inclusive, um "efeito dominó" que conduziu a diversas outras investigações e processos penais no Brasil e noutros países.[32]

É possível ainda observar que, após a intensificação da cooperação jurídica internacional penal por meio do auxílio direto, a carta rogatória – ao menos no Brasil – caiu em desuso em casos de investigações de crimes transnacionais, de lavagem de capitais e de criminalidade organizada. Nesse sentido, vejamos o que constatou Anna Carolina Canestraro:[33]

> De fato, segundo busca realizada junto ao sistema do Superior Tribunal de Justiça brasileiro, a partir das palavras-chave "carta rogatória" e "lavagem de dinheiro" e "cooperação internacional" verificou-se que, no espaço temporal de 01.01.2000 a 20.05.2019, apenas foi protocolada uma carta rogatória (CR nº 438/BE), autuada em 31/01/2005 e com registro de "saída para Ministério das Relações Exteriores" em 12/08/2010, ou seja, mais de 5 anos, quase 66 meses. Suprimindo o termo "lavagem de dinheiro" e mantendo-se o espaço temporal de 01.01.2000 a 20.05.2019 verifica-se a existência de mais 16 cartas rogatórias autuadas entre o mesmo período, demorando em média 34,4 meses desde a data de atuação e a remessa de saída.
>
> No entanto, de acordo com dados obtidos diretamente com o Departamento de Recuperação de Ativos e Cooperação Jurídica Internacional – DRCI, desde o ano de 2014 (lembrando que a pesquisa junto ao STJ considerou como prazo inicial o ano 2000) até o maio/2017 teriam sido tramitados 370 pedidos de Cooperação Internacional envolvendo o crime de lavagem de dinheiro – porcentagem essa que representaria 47% do total de pedidos protocolados neste período com relação às demais matérias – demorando um tempo médio de 12 meses, ou seja, quase um terço do tempo que se levaria com o pedido por carta rogatória.

Hoje, eis o maior colegado deixado por Zavascki por meio de seu papel no julgamento da Reclamação nº 2.645/SP: conferir maior segurança jurídica para que as autoridades brasileiras responsáveis pela investigação criminal pudessem fazer uso

---

[31] Nesse sentido, cf. SOUSA, Rodolpho Freitas de; ROCHA, Raphael Vieira da Fonseca. A cooperação jurídica internacional como ferramenta de combate à corrupção: a 'Operação Lava Jato' e o seu legado no direito internacional. *Revista da Faculdade de Direito da UERJ*, Rio de Janeiro, n. 37, jun. 2020. p. 62; 66-67.

[32] Cf. ARAS, Vladimir Barros. Cooperação internacional e outros catalisadores da persecução anticorrupção. *Jota*, 29 maio 2019. Disponível em: https://www.jota.info/especiais/cooperacao-internacional-e-outros-catalisadores-da-persecucao-anticorrupcao-29052019. Acesso em: 12 set. 2021.

[33] CANESTRARO, Anna Carolina. Cooperação internacional em matéria de lavagem de dinheiro: da importância do auxílio direto, dos tratados internacionais e os mecanismos de prevenção. *Revista Brasileira de Direito Processual Penal*, Porto Alegre, v. 5, n. 2, maio/ago. 2019. p. 644-645.

do mecanismo de auxílio direto em cooperação jurídica internacional, colocando em desuso, na prática, para esses grandes casos investigativos da macrocriminalidade, a arcaica figura da carta rogatória.

Conclusão

Como vimos, o precedente sob exame foi um verdadeiro ponto de virada na jurisprudência superior brasileira a respeito da possibilidade de realização de cooperação jurídica internacional penal com auxílio direto em investigações criminais, sem a necessidade de se aplicar o rito vetusto das cartas rogatórias. Outrossim, foi igualmente um *turning point* para o incremento do manejo da cooperação jurídica internacional nos grandes casos de enfrentamento à criminalidade transnacional, do colarinho branco e em contexto de organizações criminosas.

Isso não significa, evidentemente, que a carta rogatória não tenha mais qualquer utilidade em matéria penal. De fato, em casos de instrução processual em sentido estrito (por exemplo, para oitiva de testemunhas em processos criminais), ainda resta utilidade à carta rogatória. Contudo, quando se está diante de cooperação útil para a investigação criminal e a recuperação de ativos, os mecanismos de auxílio direto previstos nos tratados internacionais de assistência penal mútua ou multilateral têm hoje total prevalência jurídica e fática.

Por esta sua brilhante contribuição na temática da cooperação jurídica internacional penal, bem como por seu destacado e indispensável papel como posterior ministro do Supremo Tribunal Federal, Teori Albino Zavascki pode ser considerado um dos principais (ou mesmo o principal) precursores (ou "pais") da Operação Lava-Jato e das demais grandes operações de combate à corrupção que a sucederam no Brasil.

Referências

ABADE, Denise. Análise da coexistência entre carta rogatória e auxílio direto na assistência jurídica internacional. *In*: BRASIL. Ministério Público Federal. Secretaria de Cooperação Internacional (Ed.). *Temas de cooperação internacional*. Brasília: Secretaria de Cooperação Internacional, 2015.

ARAS, Vladimir Barros. Cooperação internacional e outros catalisadores da persecução anticorrupção. *Jota*, 29 maio 2019. Disponível em: https://www.jota.info/especiais/cooperacao-internacional-e-outros-catalisadores-da-persecucao-anticorrupcao-29052019. Acesso em: 12 set. 2021.

CANESTRARO, Anna Carolina. Cooperação internacional em matéria de lavagem de dinheiro: da importância do auxílio direto, dos tratados internacionais e os mecanismos de prevenção. *Revista Brasileira de Direito Processual Penal*, Porto Alegre, v. 5, n. 2, maio/ago. 2019.

DIPP, Gilson Langaro. Carta rogatória e cooperação internacional. *In*: BRASIL. Secretaria Nacional de Justiça. Departamento de Recuperação de Ativos e Cooperação Jurídica Internacional. *Manual de Cooperação jurídica internacional e recuperação de ativos* – Cooperação em matéria penal, organizado pelo Ministério da Justiça. 1. ed. Brasília: Ministério da Justiça, 2008.

SOUSA, Rodolpho Freitas de; ROCHA, Raphael Vieira da Fonseca. A cooperação jurídica internacional como ferramenta de combate à corrupção: a 'Operação Lava Jato' e o seu legado no direito internacional. *Revista da Faculdade de Direito da UERJ*, Rio de Janeiro, n. 37, jun. 2020.

WEBER, Patrícia Maria Núñez. Cooperação internacional penal: conceitos básicos. *In*: BRASIL. Ministério Público Federal. Secretaria de Cooperação Internacional (Ed.). *Temas de cooperação internacional*. Brasília: Secretaria de Cooperação Internacional, 2015.

Informação bibliográfica deste texto, conforme a NBR 6023:2018 da Associação Brasileira de Normas Técnicas (ABNT):

LOPES, Anselmo Henrique Cordeiro. Cooperação jurídica internacional penal no caso Boris Berezovsky: o acórdão do STJ na Reclamação nº 2.645/SP. *In*: SEEFELDER FILHO, Claudio Xavier; AZEVEDO, Daniel Coussirat de (Coord.). *Teori na prática*: uma biografia intelectual. Belo Horizonte: Fórum, 2022. p. 215-231. ISBN 978-65-5518-344-3.

O MAGISTRADO TEORI ALBINO ZAVASCKI E O DIREITO PROCESSUAL CIVIL: TUTELA ANTECIPADA, COMPETÊNCIA E LEGITIMIDADE

DANIEL COUSSIRAT DE AZEVEDO

"O direito mostra o caminho". Acaso me pedissem uma frase, ou uma máxima, que fosse capaz de retratar a atuação do Juiz Teori Albino Zavascki, esta seria a minha escolha. Confrontado, ao longo de quase 28 anos de judicatura, com inúmeras questões de grande impacto social e econômico, o saudoso magistrado sempre procurou manter-se fiel à Constituição e às leis, das quais extraía a solução para os problemas mais desafiadores.

O que, para as pessoas não versadas na ciência jurídica, pode parecer uma obviedade, representa motivo de júbilo e admiração para muitos operadores do direito. Em tempos nos quais a realização da Justiça constitui pretexto para toda sorte de voluntarismo, cumpre enaltecer quem, atuando consecutivamente em três tribunais, notabilizou-se por resolver os conflitos de interesses norteado pelo texto, pelos valores e pelos fins da norma jurídica.

Se o direito, entendido como o ordenamento jurídico, mostra o caminho, o direito processual é o caminho. Trata-se do itinerário que precisa ser percorrido, no Poder Judiciário, por quem persegue a realização de um direito, e também por aquele que recusa a responsabilidade por sua satisfação. Um processo legítimo, equânime e eficaz é sinal de avanço civilizatório, da capacidade de uma sociedade de resolver adequadamente as inevitáveis disputas existentes em qualquer grupo humano.

A mim, coube a honra de comentar precedentes do Desembargador[1] e Ministro Teori, dos quais se retiram relevantes reflexões sobre os institutos processuais da tutela antecipada, de um lado, e da competência e da legitimidade, de outro.

É verdade que a atuação no cargo de advogado do Banco Central, exercido de 14.12.1976 até a posse como juiz do Tribunal Regional Federal da 4ª Região, em 30.3.1989, propiciou intensa aproximação do Ministro Teori com o direito econômico. Não obstante,

---

[1] De sua criação, em 30.3.1989, até 29.8.2001, quando o regimento interno foi alterado, o Tribunal Regional Federal da 4ª Região era composto por "juízes federais". A partir da referida alteração regimental, seus integrantes passaram a ser chamados de "desembargadores federais" (Disponível em: https://www.trf4.jus.br/trf4/controlador.php?acao=noticia_visualizar&id_noticia=2596).

seu grande interesse pelo direito processual civil levou-o a lecionar tal disciplina na Universidade Federal do Rio Grande do Sul, desde junho de 1987.

Ao ingressar como estudante nesta centenária instituição, em 1997, logo ouvi falar do professor de nome incomum, mas de grande reputação entre os veteranos. No final de 1998, tomei posse no cargo de técnico judiciário no Tribunal Regional Federal da 4ª Região, cujos presidente e vice eram os juízes federais Ellen Gracie Northfleet e Teori Albino Zavascki.

Já no início de 1999, passei a compor o quadro de funcionários da Vice-Presidência, o que pela primeira vez me aproximou de Teori Zavascki. No segundo semestre, quarto período do curso, fui seu aluno em Direito Processual Civil III (Processo de Execução). No semestre seguinte, no ano 2000, tive-o novamente como mestre, agora de Direito Processual Civil IV (Processo Cautelar, Tutela Antecipada, Procedimentos Especiais).

Em 2002, Teori Albino Zavascki era o presidente do TRF4. Já formado, ocupei o cargo de assessor jurídico de licitações e contratos, na Direção-Geral da Corte. No final do ano, o presidente da República, Fernando Henrique Cardoso, escolheu Teori Zavascki entre os nomes da lista tríplice formada para a vaga de desembargador federal no Superior Tribunal de Justiça.

Ao ser nomeado para o cargo de ministro do STJ, em 2003, Teori Zavascki começou a formar a equipe que o acompanharia em Brasília. Fui, então, convidado para assessorá-lo no STJ.

Permaneci nessa função até a indicação de Teori Zavascki para o cargo de ministro do Supremo Tribunal Federal, tendo a honra de segui-lo no ápice de sua brilhante carreira. O ponto final desta relação, que marcou profundamente a minha vida, deu-se no fatídico dia 19.1.2017, data em que o Ministro Teori precocemente nos deixou.

I

Com raras exceções,[2] até o início dos anos 1990, a tutela de urgência de caráter satisfativo era postulada por meio da "ação cautelar inominada", com amparo nos arts. 798 e 800 do Código de Processo Civil de 1973.[3]

O uso indiscriminado das "cautelares inominadas" trazia problemas práticos, decorrentes da dissociação entre o processo de conhecimento, em que buscada a certificação do direito, e a ação proposta unicamente para obtenção antecipada de uma consequência prática do julgamento de mérito, no chamado "processo principal". Apesar da convergência das pretensões, o Poder Judiciário ocupava-se de dois processos distintos, cada qual seguindo ritos diversos, o que sobrecarregava o aparato judicial com uma profusão de intimações e de prazos a serem observados. Exigia-se dos atores processuais

---

[2] Os procedimentos que previam expressamente a decisão liminar antecipatória, como o mandado de segurança e a ação possessória (respectivamente, Lei nº 1.533/1951, art. 7º, II, e Lei nº 5.869/1973 – Código de Processo Civil, art. 928).

[3] "Art. 798. Além dos procedimentos cautelares específicos, que este Código regula no Capítulo II deste Livro, poderá o juiz determinar as medidas provisórias que julgar adequadas, quando houver fundado receio de que uma parte, antes do julgamento da lide, cause ao direito da outra lesão grave e de difícil reparação. [...] Art. 800. As medidas cautelares serão requeridas ao juiz da causa; e, quando preparatórias, ao juiz competente para conhecer da ação principal".

excessiva atenção a aspectos instrumentais, em função da relação de dependência entre as causas. A necessidade de apresentação tempestiva da ação principal, por exemplo, projetou inúmeras controvérsias,[4] não raro mais inflamadas do que a discussão em torno do próprio direito material.

Esse problema foi abordado no ano de 1995 pelo então Juiz Federal Teori Zavascki, em julgamento da 5ª Turma do Tribunal Regional Federal da 4ª Região,[5] por ele relatado:

> Tem razão o apelante quando sustenta que a presente ação cautelar tem caráter satisfativo, pois visa impedir a construção de rodovia em área integrante de reserva indígena. Aliás, não existindo outro mecanismo processual apropriado (pelo menos até o final de 1994, quando se consagrou a hipótese de antecipação de tutela, no art. 273 do CPC) tornou-se comum, no meio forense brasileiro, a utilização da ação cautelar para obter provimentos urgentes, mesmo que não tipicamente cautelares e sim satisfativos do próprio direito, como no caso dos autos. No entanto, nem por isso se pode concluir pela desnecessidade, em casos tais, da observância dos dispositivos processuais que regem o processo cautelar, inclusive o que impõe prazo para o ajuizamento da ação principal. E isso por uma razão muito simples: os provimentos jurisdicionais emitidos em ação cautelar, inclusive os de cunho satisfativo, são formados à base de juízos sumários, não exaurientes, e que, por isso mesmo, têm natureza provisória (se satisfativos) ou temporária (se tipicamente cautelares). O provimento definitivo, com força de lei é coberto pela eficácia da coisa julgada, somente pode decorrer, em nosso sistema constitucional, de processo em que se assegure às partes a garantia de todas as cláusulas do devido processo legal, mediante cognição ampla e exauriente. Portanto, tendo o apelante optado por pleitear provimento antecipatório em ação cautelar, não poderia, como agora pretende, ter deixado de ajuizar, no prazo de trinta dias da execução da liminar concedida, a ação principal cabível.

Desde o princípio de sua atuação como magistrado, a partir da posse no então denominado cargo de juiz do Tribunal Regional Federal da 4ª Região, o Ministro Teori Zavascki apontou a impropriedade de se veicularem pretensões satisfativas por meio de ações cautelares. Em julgado de 1991,[6] ele assim se pronunciou sobre o tema:

> Os prejuízos que, não raro, decorrem da lentidão do processamento dos litígios perante o judiciário não podem ser ignorados. A demora, entretanto, nem sempre decorre da omissão dos órgãos judiciários, ou de dificuldades criadas pela contraparte. A demora é fruto, quase sempre, de formalidades e prazos impostos pela lei, em garantia do devido processo legal, assegurando às partes amplo contraditório, com direito a recursos, garantias asseguradas expressamente pela Constituição Federal (art. 5º, inc. LV). Ademais, em se tratando da Fazenda Pública - como é o caso das entidades autárquicas - a execução da sentença condenatória está sujeita à expedição de precatório, não por decorrência de medidas protelatórias ao alvedrio da executada, mas por imposição de expressa norma Constitucional (CF, art. 100).

> Ora, a observância das regras asseguradoras do devido processo legal, como condição essencial de legitimidade aos provimentos do Poder Judiciário, ou a execução dos julgados mediante precatório, por mais transtornos que possam trazer à parte que se julga vencedora, é imperativo constitucional que não pode ser contornado. No caso dos autos, o que ocorreu, na verdade, foi a reprodução da mesma pretensão – aposentadoria e pagamento do benefício

---

[4] A intensa disputa em torno deste aspecto determinou a edição do Enunciado nº 482 da Súmula de Jurisprudência do Superior Tribunal de Justiça ("A falta de ajuizamento da ação principal no prazo do art. 806 do CPC acarreta a perda da eficácia da liminar deferida e a extinção do processo cautelar").
[5] TRF4. Apelação Cível nº 93.04.37683-1, 5ª Turma, j. 28.9.1995. DJ, 1º nov. 1995.
[6] TRF4. Apelação Cível nº 89.04.19746-5. Rel. Juiz Teori Zavascki, 2ª Turma, j. 19.9.1991. DJ, 20 nov. 1991.

por via de ação que propicia sentença mandamental – como é o caso das ações cautelares - de modo a abreviar os passos previstos na ação condenatória própria e contornar imposição constitucional a que se devem submeter todos os credores da Fazenda Pública em idênticas circunstâncias, inclusive os demais segurados da Previdência.

Para esta finalidade não se presta, a toda evidência, o processo cautelar. Os limites do poder geral de cautela do juiz estão circunscritos às hipóteses em que "houver fundado receio de que uma parte, antes do julgamento da lide, cause ao direito da outra lesão grave e de difícil reparação" (CPC, art. 798). Não é o caso vertente.

Nessa quadra histórica, ganhou força um movimento reformista do processo civil,[7] o qual culminou com a edição de várias leis[8] que alteraram profundamente o Código, propiciando a racionalização de procedimentos e a maior efetividade da prestação jurisdicional.

Em relação à tutela de urgência, grande contribuição trouxe a Lei nº 8.952/1994, ao permitir a concessão de provimentos antecipatórios no curso do procedimento comum ordinário. A redação então definida para o art. 273 do Código disciplinou minudentemente a matéria,[9] tornando absolutamente descabido o uso do processo cautelar para a antecipação dos efeitos da sentença de mérito.

No entanto, as décadas de prática do modelo antigo imporiam contratempos à transição. Exemplo disso se verifica em precedente da 5ª Turma do TRF4,[10] no qual assim se manifestou o então Juiz Federal Teori, na condição de relator:

> O pedido liminar, de matrícula, foi requerido em ação cautelar (após ter sido indeferida liminar em mandado de segurança com idêntica finalidade). Tal ação cautelar foi proposta em 06 de março de 1995, quando já em vigor, com sua redação atual, o art. 273 do CPC. Ora, a liminar pretendida constitui, na verdade, antecipação (provisória é certo) da própria pretensão de direito material. Sendo assim, já não poderia ser deduzida em ação cautelar, mas sim na própria ação de conhecimento, submetendo-se aos requisitos do art. 273 do CPC, que, como se sabe, são mais rigorosos que os do processo cautelar.

A adequada assimilação do novo cenário foi facilitada pela edição do primeiro livro de autoria exclusiva do Ministro Teori Zavascki. *Antecipação da tutela*,[11] publicado

---

[7] CARNEIRO, Athos Gusmão; TEIXEIRA, Sálvio de Figueiredo. A Reforma do Processo Civil: simplificação e agilização. *ADV Advocacia dinâmica: seleções jurídicas*, Rio de Janeiro, n. 2, p. 11-13, fev. 1993.

[8] Lei nº 8.455, de 24.8.1992; Lei nº 8.637, de 31.3.1993; Lei nº 8.710, de 24.9.1993; Lei nº 8.950, de 13.12.1994; Lei nº 8.951, de 13.12.1994; Lei nº 8.952, de 13.12.1994; Lei nº 8.953, de 13.12.1994; Lei nº 9.079, de 14.7.1995; Lei nº 9.096, de 19.9.1995; Lei nº 9.139, de 30.11.1995; Lei nº 9.245, de 26.12.1995; Lei nº 9.280, de 30.5.1996; Lei nº 9.415, de 23.12.1996; Lei nº 9.307, de 23.9.1996; Lei nº 9.668, de 23.6.1996.

[9] "Art. 273. O juiz poderá, a requerimento da parte, antecipar, total ou parcialmente, os efeitos da tutela pretendida no pedido inicial, desde que, existindo prova inequívoca, se convença da verossimilhança da alegação e: I - haja fundado receio de dano irreparável ou de difícil reparação; ou II - fique caracterizado o abuso de direito de defesa ou o manifesto propósito protelatório do réu. §1º Na decisão que antecipar a tutela, o juiz indicará, de modo claro e preciso, as razões do seu convencimento. §2º Não se concederá a antecipação da tutela quando houver perigo de irreversibilidade do provimento antecipado. §3º A execução da tutela antecipada observará, no que couber, o disposto nos incisos II e III do art. 588. §4º A tutela antecipada poderá ser revogada ou modificada a qualquer tempo, em decisão fundamentada. §5º Concedida ou não a antecipação da tutela, prosseguirá o processo até final julgamento".

[10] TRF4. MS nº 95.04.12300-7, 5ª Turma, j. 16.11.1995. *DJ*, 20 dez. 1995.

[11] ZAVASCKI, Teori. *Antecipação da tutela*. São Paulo: Saraiva, 1997. A obra chegou à 7ª edição, em 2009, pela mesma editora.

em 1997, destacou-se pelo primor em distinguir conceitos ainda mal compreendidos pela comunidade jurídica, em razão do apego à tradição do processo cautelar.

Ao lado de outras obras marcantes do período,[12] *Antecipação da tutela* encontrou grande aceitação nos meios acadêmico e forense, jogando luzes sobre decisivos aspectos da tutela de urgência, como:

a) a quebra dos limites rígidos que separavam as clássicas formas de tutela jurisdicional (conhecimento; execução; cautela);
b) uma nova modalidade de classificação da prestação jurisdicional, radicada na oposição entre tutela definitiva e tutela provisória;
c) a distinção entre tutela antecipada e tutela cautelar, especialmente após a Lei nº 8.952/1994;
d) os requisitos para a concessão da tutela antecipada, e seu cotejo com os vetustos pressupostos da tutela cautelar (*fumus boni iuris* e *periculum in mora*);
e) as restrições à concessão de medidas antecipatórias contra o Poder Público.

Destacando-se pela clareza e pela abordagem didática de temas sensíveis, o autor propôs-se a desfazer confusões arraigadas no senso comum jurídico (como a equivocada utilização da expressão "liminar satisfativa", para exprimir tutela irreversível), sem se esquivar de temas polêmicos (como a possibilidade de tutela antecipada em ações constitutivas e declaratórias, e a pouco lembrada advertência sobre a excepcionalidade da tutela antecipada *inaudita altera pars*).

Por ironia do destino, a primeira decisão de Teori Zavascki, na qualidade de ministro do STJ, foi proferida numa medida cautelar, proposta com o objetivo de conferir efeito suspensivo ativo a recurso especial. Em 12.5.2003, quatro dias depois da posse no cargo, o Ministro Teori não admitiu a iniciativa, em face da incompetência do STJ para sua concessão. O relator aplicou orientação do STF no sentido de que, entre a interposição do recurso especial e o juízo de admissibilidade, a tutela de urgência deveria ser requerida ao presidente do Tribunal em que proferido o acórdão recorrido.[13] Esse entendimento foi consolidado em dois enunciados da súmula de jurisprudência do Supremo Tribunal Federal alguns meses depois (Súmula nº 634: "Não compete ao Supremo Tribunal Federal conceder medida cautelar para dar efeito suspensivo a recurso extraordinário que ainda não foi objeto de juízo de admissibilidade na origem"; Súmula nº 635: "Cabe ao Presidente do Tribunal de origem decidir o pedido de medida cautelar em recurso extraordinário ainda pendente do seu juízo de admissibilidade", ambas aprovadas em 24.9.2003).

Na aurora de sua brilhante trajetória no STJ, cerca de dez anos depois da reforma que mudou profundamente o regime da tutela de urgência, já ficara no passado o uso das "cautelares inominadas" para fins da satisfação antecipada do direito. O Código de Processo Civil, então, experimentava uma segunda etapa de reformas,[14] que aperfeiçoava as bases lançadas em 1994. Inseria-se a antecipação de tutela em face

---

[12] SILVA, Ovídio A. Baptista da. *Do processo cautelar*. Rio de Janeiro: Forense, 1996; MARINONI, Luiz Guilherme. *A antecipação da tutela na Reforma do Processo Civil*. São Paulo: Malheiros, 1995.
[13] MC nº 6.453/RJ. *DJ*, 15 maio 2003.
[14] Lei nº 10.352, de 26.12.2001; Lei nº 10.358, de 27.12.2001; Lei nº 10.359, de 27.12.2001; Lei nº 10.444, de 7.5.2002.

de pedido incontroverso[15] e a possibilidade de concessão de provimentos cautelares incidentalmente, no curso da ação principal (inovação apelidada de "fungibilidade" entre medidas antecipatórias e cautelares).[16]

Em 19.1.2017, quando faleceu o Min. Teori Zavascki, a tutela de urgência iniciava uma nova fase, no então recente Código de Processo Civil de 2015.[17] Para que se chegasse a esse patamar de modernidade, com novidades como a tutela de urgência requerida em caráter antecedente; a estabilização da tutela provisória, sem a necessidade de um subsequente processo de cognição exauriente; e a reformulação da tutela da evidência, foi decisiva a contribuição do Ministro Teori, mais de 20 anos antes, para a superação do modelo calcado no velho processo cautelar dos Códigos de 1939 e 1973.

II

A destacada participação do Ministro Teori para o desenvolvimento do direito processual não se limitou à tutela de urgência. Durante sua atuação no Superior Tribunal de Justiça, ao longo de 9 anos e meio (de 8.5.2003 a 28.11.2012), ele foi relator de julgados notáveis em matéria de processo coletivo, execução e cumprimento de sentença, recursos; entre tantos temas.

Cumpre-me, agora, fazer breves comentários sobre precedentes do STJ nos quais se examinam importantes aspectos relativos à competência e à legitimidade.

O primeiro caso envolveu uma questão de grande alcance e repercussão. No início dos anos 2000, multiplicaram-se na Justiça ações coletivas, propostas por entidades de defesa do consumidor, questionando a tarifa denominada "assinatura básica mensal", imposta pelas empresas operadoras do serviço de telefonia aos consumidores. Tratava-se de uma demanda de massas, envolvendo um típico "direito individual homogêneo".[18]

De Norte a Sul do Brasil, juízes e tribunais eram instados a decidir a controvérsia – o que, naturalmente, ensejou variadas soluções. Se, no ambiente jurídico, isso era encarado com certa normalidade, no meio social – em que a internet já desempenhava papel relevante na circulação da chamada "opinião pública" –, a diversidade de respostas para uma mesma questão causava danos enormes à imagem do Poder Judiciário. "O meu juiz não me deu razão, mas o juiz do vizinho deu para ele", era uma das frases que, no linguajar direto do povo, expressava a perplexidade com uma Justiça imprevisível e contraditória.

---

[15] CPC/1973, art. 273, §6º: "A tutela antecipada também poderá ser concedida quando um ou mais dos pedidos cumulados, ou parcela deles, mostrar-se incontroverso".

[16] CPC/1973, art. 273, §7º: "Se o autor, a título de antecipação de tutela, requerer providência de natureza cautelar, poderá o juiz, quando presentes os respectivos pressupostos, deferir a medida cautelar em caráter incidental do processo ajuizado".

[17] Lei nº 13.105, de 16.3.2015, arts. 300 a 311.

[18] Na definição do próprio Teori Zavascki, em sede doutrinária: "Já os direitos individuais homogêneos são, simplesmente, direitos subjetivos individuais. A qualificação de homogêneos não altera e nem pode desvirtuar essa sua natureza. É qualificativo usado para identificar um conjunto de direitos subjetivos individuais ligados entre si por uma relação de afinidade, de semelhança, de homogeneidade, o que permite a defesa coletiva de todos eles" (ZAVASCKI, Teori. *Processo coletivo*: tutela de direitos coletivos e tutela coletiva de direitos. São Paulo: Revista dos Tribunais, 2006. p. 42-43).

No início do ano de 2005, foi distribuído conflito de competência no Superior Tribunal de Justiça, instaurado com o propósito de pôr alguma ordem na abundância de decisões conflitantes sobre o assunto. A primeira decisão do relator do CC nº 48.106, Ministro Francisco Falcão, foi o sobrestamento de centenas de ações e a designação de um único Juízo Federal para resolver as medidas urgentes.

Em julgamento concluído em 14.9.2005, a Primeira Seção do STJ, por apertada votação, acabou revogando a medida implementada pelo relator.[19]

Inicialmente, o Ministro Teori esclareceu:

[...] a competência originária dos Tribunais é para julgar de conflitos de competência. E, no que se refere ao STJ, é para julgar conflitos de competência entre tribunais ou entre tribunal e juízes a ele não vinculados ou entre juízes vinculados a tribunais diversos (CF, art. 105, I, d). Não se pode confundir conexão de causas ou incompetência de juízo com conflito de competência. A incompetência, inclusive a que porventura possa decorrer da conexão, é controlável, em cada caso, pelo próprio juiz de primeiro grau, mediante exceção, em se tratando de incompetência relativa (CPC, art. 112), ou mediante simples argüição incidental, em se tratando de incompetência absoluta (CPC, art. 113). [*A referência é ao Código de Processo Civil de 1973*].

Depois, o Ministro Teori vai exatamente ao ponto, que tanta perplexidade provoca no cidadão comum:

A simples possibilidade de sentenças divergentes sobre a mesma questão jurídica não configura, por si só, conflito de competência. Não existe, em nosso sistema, um instrumento de controle, com eficácia *erga omnes*, da legitimidade (ou da interpretação), em face da lei, de atos normativos secundários (v.g., resoluções) ou de cláusulas padronizadas de contratos de adesão. Também não existe, nem mesmo em matéria constitucional, o instrumento da avocação, que permita concentrar o julgamento de múltiplos processos a respeito da mesma questão jurídica perante um mesmo tribunal e, muito menos, perante juiz de primeiro grau. Assim, a possibilidade de decisões divergentes a respeito da interpretação de atos normativos, primários ou secundários, ou a respeito de cláusulas de contrato de adesão, embora indesejável, é evento previsível, cujos efeitos o sistema busca minimizar com os instrumentos da uniformização de jurisprudência (CPC, art. 476), dos embargos de divergência (CPC, art. 546) e da afetação do julgamento a órgão colegiado uniformizador (CPC, art. 555, §1º), dando ensejo, inclusive, à edição de súmulas (CPC, art. 479) e à fixação de precedente destinado a dar tratamento jurídico uniforme aos casos semelhantes. Mas a possibilidade de sentenças com diferente compreensão sobre a mesma tese jurídica não configura, por si só, um conflito de competência.

Em conclusão, o conflito de competência foi conhecido unicamente "em relação às ações coletivas ajuizadas no Estado da Bahia, pelo Ministério Público Federal (perante a 1ª Vara Federal de Salvador) e pelo Instituto de Ação e Estudo pela Paz com Justiça Social (perante a 2ª Vara Especializada de Defesa do Consumidor da Justiça Estadual de Salvador)", pois tais "ações têm como substituídos comuns os assinantes do serviço de telefonia de Salvador, tramitando perante juízes subordinados a tribunais diversos, o

---

[19] CC nº 48.106. Rel. Min. Francisco Falcão, Rel. p/ o Acórdão Min. Teori Albino Zavascki, Primeira Seção. *DJ*, 5 jun. 2006.

que permite, na forma acima explicitada, o reconhecimento de conflito de competência, a ser solucionado por esta Corte".

A insuficiência do conflito de competência, perante o STJ, para resolver, em âmbito nacional, a babel de decisões sobre um mesmo tema levou o legislador a ampliar os chamados instrumentos de uniformização de jurisprudência. Além dos então existentes, citados pelo Ministro Teori, sobreveio a sistemática de julgamento de recursos repetitivos[20] e, mais recentemente, no Código de Processo Civil de 2015, o incidente de resolução de demandas repetitivas.[21]

Ainda em matéria de competência, o Ministro Teori Zavascki foi relator, no STJ, de importante precedente, em mandado de segurança impetrado por empresa pública federal contra ato de juiz de direito.

No RMS nº 18.040,[22] colocava-se para exame recurso ordinário em mandado de segurança impetrado perante Tribunal de Justiça, contra decisão de juiz de direito em processo de inventário. O magistrado estadual deferiu pedido de expedição de alvará para levantamento de depósitos de FGTS (Fundo de Garantia do Tempo de Serviço). Comunicada da decisão, a Caixa Econômica Federal (CEF), entidade gestora do FGTS, considerou que não se estava diante de hipótese de levantamento dos depósitos respectivos. Na qualidade de terceira interessada, impetrou mandado de segurança, perante o Tribunal de Justiça de São Paulo (TJSP), contra a decisão do juiz estadual.

Um aspecto que desperta a atenção é que, denegada a ordem pelo Tribunal, o recurso ordinário[23] da CEF sequer tratou de competência – o que é compreensível, pois ela própria escolheu impetrar o mandado de segurança no Tribunal de Justiça.

Não obstante, o relator do recurso ordinário, Min. Teori Zavascki, examinou tal aspecto, pois, "embora tal matéria não tenha sido suscitada no processo, nada impede que, em sede de recurso ordinário, o STJ a conheça de ofício, pois se trata de competência absoluta".

Na análise da questão, o Ministro Teori pontuou que há um aparente conflito de normas constitucionais: de um lado, o art. 108, I, "c", estabelece que aos Tribunais Regionais Federais compete processar e julgar, originariamente, mandado de segurança contra ato do próprio Tribunal ou de juiz federal – o que, em princípio, excluiria dos TRFs a apreciação de mandado de segurança em face de ato de juiz estadual.

Por outro lado, o Ministro Teori lembrou a regra do inc. I do art. 109, segundo a qual:

> aos juízes federais compete processar e julgar as causas em que a União, entidade autárquica ou empresa pública federal forem interessadas na condição de autoras, rés, assistentes ou oponentes, exceto as de falência, as de acidentes de trabalho e as sujeitas à Justiça Eleitoral e à Justiça do Trabalho.

---

[20] Código de Processo Civil de 1973, art. 543-C: "Quando houver multiplicidade de recursos com fundamento em idêntica questão de direito, o recurso especial será processado nos termos deste artigo. (Incluído pela Lei nº 11.672, de 2008)".

[21] Código de Processo Civil de 2015, art. 976: "É cabível a instauração do incidente de resolução de demandas repetitivas quando houver, simultaneamente: I - efetiva repetição de processos que contenham controvérsia sobre a mesma questão unicamente de direito; II - risco de ofensa à isonomia e à segurança jurídica".

[22] STJ. RMS nº 18.040. Rel. Min. Teori Albino Zavascki, Primeira Turma. *DJ*, 28 fev. 2005.

[23] Constituição, art. 105, II, "b".

A interpretação literal dos dispositivos sugere o acerto da Caixa, ao propor o mandado de segurança perante o Tribunal de Justiça. A uma, porque não é uma demanda de competência dos juízes federais, mas sim de Tribunal de segundo grau – o que afastaria o inc. I do art. 109; a duas, porque não se trata de mandado de segurança contra ato de TRF ou de juiz federal – o que eliminaria a hipótese do art. 108, I, "c".

Entretanto, o Min. Teori Zavascki demonstrou com precisão que o julgamento deste mandado de segurança pelo TJSP implicaria submeter empresa pública federal à justiça do ente federativo estadual, fora das hipóteses autorizadas pela Constituição (as causas de falência e de acidentes de trabalho). Ter-se-ia, em tal cenário, agressão ao princípio federativo. Vejamos o raciocínio do Ministro Teori, no voto condutor do julgado:

> 4. A competência para as causas propostas por empresa pública federal é da Justiça Federal (art. 109, I, da CF), inclusive em se tratando de mandado de segurança impetrado contra ato de autoridade estadual (Sobre o tema: BOCHENEK, Antônio César. Competência Cível da Justiça Federal e dos Juizados Especiais Cíveis, SP, RT, 2004, p. 122). Aplica-se, à situação, o princípio, próprio e característico do sistema federativo, da prevalência do órgão judiciário da União sobre o do Estado-membro, por força do qual resultou a súmula 511/STF: "Compete à Justiça Federal, em ambas as instâncias, processar e julgar as causas entre autarquias federais e entidades públicas locais, inclusive mandado de segurança, ressalvada a ação fiscal, nos termos da Constituição Federal de 1967, art. 119, §3º". Tal enunciado, observou apropriadamente Roberto Rosas, "estende-se às empresas públicas federais: RE 95.074, RTJ 101/1.2095" (Direito Sumular, 12ª ed., Malheiros, p. 252).
>
> 5. Todavia, há, aqui, a peculiaridade importante de se tratar de mandado de segurança em que o ato atacado foi praticado por juiz de direito. O princípio federativo deve prevalecer, certamente, inclusive para esses casos. Entretanto, a ele há de ser agregado outro princípio constitucional, o da hierarquia, consagrado no art. 108, I, c e d da CF, que submete os atos do juiz de primeiro grau a controle direto de órgão judiciário superior, mesmo quando atacado por ação autônoma de habeas data, mandado de segurança e habeas corpus. Conseqüentemente, em se tratando de mandado de segurança contra ato de juiz de direito, cumpre, por simetria, atribuir competência originária para processá-lo e julgá-lo a órgão jurisdicional superior, que, para o caso, será o Tribunal Regional Federal da 3ª Região. É nesse sentido o precedente do STF no RE n. 176.8881-9/RS, Pleno, Min. Ilmar Galvão, DJ de 06.03.98. Solução semelhante tem sido dada para as ações rescisórias de sentenças proferidas pela Justiça dos Estados quando nelas figurar, como parte ou interveniente, um ente federal (Precedentes do STJ: CC 5.427-3, 2ª Seção, Min. Cláudio Santos, DJ de 20.02.95; REsp 94.332, 4ª Turma, Min. Sálvio de Figueiredo Teixeira, DJ de 15.03.99).
>
> 6. Ante o exposto, dou provimento ao recurso, para, de ofício, determinar a remessa dos autos ao Tribunal Regional Federal da 3ª Região, competente para conhecer da impetração, e julgá-la.

Tal posição encontrava guarida na jurisprudência do Supremo Tribunal Federal. No RE nº 266.689,[24] consta na ementa do julgado que "o art. 109, I da Constituição não faz distinção entre as várias espécies de ações e procedimentos, bastando, para a determinação da competência da Justiça Federal, a presença num dos pólos da relação processual de qualquer dos entes arrolados na citada norma".

---

[24] STF. RE nº 266.689. Rel. Min. Ellen Gracie, Segunda Turma. *DJ*, 3 set. 2004. A respeito, *vide* também o RE nº 176.881. Rel. Min. Carlos Velloso, Rel. p/ o Acórdão Min. Ilmar Galvão, Plenário. *DJ*, 6 mar. 1998.

A polêmica segue atual. Está liberado para a pauta de julgamento do Plenário do Supremo Tribunal Federal o RE nº 598.650 (relator o Ministro Marco Aurélio). Trata-se do Tema nº 775 da sistemática da repercussão geral, assim descrito: "Competência da Justiça Federal para processar e julgar ação rescisória proposta pela União, na qualidade de terceira interessada, visando rescindir decisão proferida por juiz estadual". Em linhas gerais, tem-se a mesma problemática, o conflito entre uma interpretação literal e restritiva da Constituição e uma solução extraída do princípio federativo.

Finalmente, em três julgados posteriores aos aqui abordados, o Ministro Teori Zavascki dedicou-se a estabelecer importantes balizas, para debelar um problema bastante recorrente: a influência de aspectos de mérito da causa sobre a definição do juízo competente. A exposição dos casos ilustra bem a questão.

No REsp nº 838.278,[25] havia originariamente uma ação proposta por trabalhador em face da Caixa Econômica Federal, buscando o pagamento da multa de 40%, calculada sobre os depósitos do Fundo de Garantia do Tempo de Serviço, em razão de sua despedida sem justa causa. O Tribunal Regional Federal da 1ª Região, a um só tempo, reconheceu a incompetência da Justiça Federal e a ilegitimidade passiva da CEF, pois o responsável por arcar com tal multa seria o empregador. Mesmo afirmando sua incompetência na fundamentação, o TRF1 manteve a sentença que havia extinguido o processo, em face da ilegitimidade passiva.

No CC nº 92.209,[26] o pano de fundo era mandado de segurança impetrado na Justiça Estadual em face de ato do presidente da Companhia de Desenvolvimento e Urbanização – Conurb e pelo chefe da 2ª Circunscrição Regional de Trânsito – Ciretran, autoridades estadual e municipal, respectivamente. O magistrado estadual declinou da competência, ao argumento de que ambas as autoridades exercem atividade federal delegada. O Juízo Federal, por sua vez, restituiu os autos, sustentando que não havia matéria federal envolvida. A despeito do que consta no Enunciado nº 150 da súmula de jurisprudência do STJ ("Compete à Justiça Federal decidir sobre a existência de interesse jurídico que justifique a presença, no processo, da União, suas Autarquias ou Empresas públicas"), o juiz estadual suscitou o conflito de competência.

E, no CC nº 120.175,[27] cuidava-se de execução de termo de ajustamento de conduta, celebrado entre o município de Campos dos Goytacazes/RJ, o Ministério Público do Trabalho e o Ministério Público do Estado do Rio de Janeiro, em que se estabeleceram restrições para as contratações temporárias de trabalhadores pela Administração Pública municipal. Ambos os órgãos ministeriais propuseram a execução na Justiça Estadual, que declinou da competência, ao fundamento de se tratar de matéria trabalhista. Por sua vez, o Juízo trabalhista suscitou o conflito de competência, por considerar que cabe à Justiça Comum julgar as causas em que postulados direitos trabalhistas decorrentes do desvirtuamento das contratações temporárias firmadas pelo Poder Público.

Para o Ministro Teori, na raiz da controvérsia em todos os casos, está a equivocada percepção de que a competência é determinada não pelos termos em que delineada a demanda na petição inicial, mas sim pelo modo como ela deve ser decidida. O primeiro

---

[25] STJ. REsp nº 838.278. Rel. Min. Teori Albino Zavascki, Primeira Turma. *DJ*, 28 set. 2006.
[26] STJ. CC nº 92.209. Rel. Min. Teori Albino Zavascki, Primeira Seção. *DJ*, 31 mar. 2008.
[27] STJ. CC nº 120.175. Rel. Min. Teori Albino Zavascki, Primeira Seção. *DJ*, 27 abr. 2012.

caso evidencia claramente esta distorção: o Tribunal recorrido afirmou a incompetência por considerar que a Caixa Econômica Federal não era a responsável pelo pagamento da multa de 40%. No segundo, mesmo após o juiz federal não identificar atividade afeta aos entes federais (o que poderia ser impugnado por quaisquer das partes), o juiz estadual persistiu em sua recusa a processar a causa, suscitando o conflito.

Nos três julgados, o Ministro Teori estabeleceu a seguinte diretriz:

> A definição da competência para a causa se estabelece levando em consideração os termos da demanda (e não a sua procedência ou improcedência, ou a legitimidade ou não das partes, ou qualquer outro juízo a respeito da própria demanda). O juízo sobre competência é, portanto, lógica e necessariamente, anterior a qualquer outro juízo sobre a causa. Sobre ela quem vai decidir é o juiz considerado competente (e não o Tribunal que aprecia o conflito). Não fosse assim, haveria uma indevida inversão na ordem natural das coisas: primeiro se julgaria (ou pré-julgaria) a causa e depois, dependendo desse julgamento, definir-se-ia o juiz competente (que, portanto, receberia uma causa já julgada, ou, pelo menos, pré-julgada). (CC nº 120.175)

Especificamente quanto à definição de competência entre Justiça Federal e Justiça Estadual, assim se pronunciou o Ministro Teori no REsp nº 838.278:

> Para efeito de competência, pouco importa que a parte seja legítima ou não. Essa, a da legitimidade, é uma questão logicamente posterior à da fixação da competência. A existência ou não da legitimação ativa deve ser apreciada e decidida pelo juiz considerado competente para tanto, o que significa que a questão competencial antecede à da legitimidade ativa. O que se leva em consideração, para aferição acerca da competência do Juízo, é a parte processual, que não é, necessariamente, parte legítima para a causa. Parte processual é a que efetivamente figura na relação processual, ou seja, é aquela que pede ou em face de quem se pede a tutela jurisdicional numa determinada demanda. Já a parte legítima é aquela que, segundo a lei, deve figurar como demandante ou demandada no processo. A legitimidade *ad causam*, conseqüentemente, é aferível mediante o contraste entre os figurantes da relação processual efetivamente instaurada e os que, à luz dos preceitos normativos, nela deveriam figurar. Havendo coincidência, a parte processual será também parte legítima; não havendo, o processo terá parte, mas não terá parte legítima. Em suma: proposta a demanda por ente federal ou contra ente federal, a causa será, necessariamente, de competência da Justiça Federal, pouco importando que o autor ou o réu não sejam parte legitimadas. Quem deve decidir sobre a legitimação, nesse caso, é o juiz federal.

Em essência, a lição que se colhe destes precedentes é que a competência se fixa a partir dos elementos colocados na petição inicial – por mais que deles se discorde.

III

O tema por último abordado mostra que, mesmo com o passar dos anos, ainda se encontram dúvidas e incertezas quanto a institutos básicos do direito, como competência e legitimidade. É preciso especular as razões para este fenômeno.

Não se pode deixar de ver um lado positivo na intensa disseminação do conhecimento jurídico no Brasil neste (já não tão) novo século, em parte decorrente da multiplicação das faculdades de direito e da ampliação da visibilidade das decisões do Poder Judiciário. Isto tudo cria um ambiente em que as pessoas se tornam mais conscientes de seus direitos.

Em contrapartida, as informações se propagam em número e em velocidade assombrosos, o que se indispõe com a adequada e prudente reflexão, acerca de uma quantidade enorme de questões. Do mesmo modo, os tribunais superiores veem-se cada vez mais cobrados a solucionar rapidamente os milhares de lides que lhes são submetidos, o que torna sua jurisprudência, por vezes, errática e insegura.

Disso resulta a sensação de que não é firme a fundação que subjaz ao ordenamento jurídico. Mesmo os conceitos mais básicos se tornam fluidos – aparentemente, tudo pode ser revisto, a todo momento.

Tendo vivido esta transição (que, no plano temporal, coincide com sua mudança profissional de Porto Alegre, sede do TRF4, para Brasília, em que situadas as duas cortes superiores em que atuou), o Ministro Teori Zavascki sempre procurou ter perfeita clareza sobre o que se colocava em discussão e sobre os fundamentos jurídicos em jogo. Trata-se de difícil tarefa, considerado o emaranhado de dados disponíveis, mas crucial para que se produza uma solução justa e correta para os conflitos.

Esta sua postura, fruto de notáveis honestidade intelectual e consciência do peso de seus atos, é para mim a grande marca que nos deixou o inesquecível Jurista Teori Albino Zavascki.

Informação bibliográfica deste texto, conforme a NBR 6023:2018 da Associação Brasileira de Normas Técnicas (ABNT):

AZEVEDO, Daniel Coussirat de. O Magistrado Teori Albino Zavascki e o direito processual civil: tutela antecipada, competência e legitimidade. *In*: SEEFELDER FILHO, Claudio Xavier; AZEVEDO, Daniel Coussirat de (Coord.). *Teori na prática*: uma biografia intelectual. Belo Horizonte: Fórum, 2022. p. 233-244. ISBN 978-65-5518-344-3.

AÇÕES RESCISÓRIAS E A SÚMULA Nº 343 DO SUPREMO TRIBUNAL FEDERAL: A ABORDAGEM DETERMINANTE DO MINISTRO TEORI ZAVASCKI

LANA BORGES CÂMARA

> *Teori tinha a simplicidade das pessoas profundas* [...].
> (Luís Roberto Barroso)

O Ministro Teori Zavascki é, sem qualquer dúvida, uma das personalidades mais emblemáticas do cenário jurídico brasileiro. Dono de uma inteligência incomparável, de um senso crítico diferenciado e de uma humildade no trato que se contrastavam com a genialidade de seus raciocínios lógicos e jurídicos.

Muitos procuradores e muitas procuradoras da Fazenda Nacional, assim como tantos outros advogados, tiveram a honra de conviver com ele, em audiências, eventos jurídicos e sessões de julgamento. Entre esses privilegiados e privilegiadas, eu me incluo. A admiração é a mais profunda e a saudade de tudo que não foi possível vivenciar, mas que poderia ter sido absorvido, apreendido, é descomunal. Ele, que ensinava a todo momento, ao falar e ao silenciar. "A gente na vida ensina sendo. Teori Zavascki era um bom exemplo disso" (BARROSO, 2017).

Não é possível escrever sobre as complexidades jurídicas mais relevantes, que transitaram no Supremo Tribunal Federal, no Superior Tribunal de Justiça e mesmo no Tribunal Superior Eleitoral, sem trazer os comentários e as lições do Ministro Teori Zavascki. É preciso mencionar ainda todos os ensinamentos contidos em sua trajetória no âmbito do Tribunal Regional Federal da 4ª Região por quase 15 anos.

A força e influência exercidas pelo Professor e Jurista Teori Zavascki, Mestre e Doutor em Direito Processual Civil pela Universidade Federal do Rio Grande do Sul – UFRGS, alcançam as mais diversas vertentes, inclusive, espraiam-se sobre desafios sociais vivenciados pelo Brasil no que se refere a gênero, por exemplo, além de tantos outros. Em setembro de 2020, houve divulgação, pelo Tribunal Superior Eleitoral, de inovadora parceria entre a Escola Judiciária do TSE e o Instituto Teori Zavascki pertinente à redução de desigualdades de gênero, no cenário político brasileiro.

Fora lançado curso *on-line* e gratuito para mulheres – *Direito eleitoral aplicado com ênfase em candidaturas femininas* –, com o escopo de incentivar pretensões políticas femininas referentes à participação nas eleições municipais de 2020. O curso visava a prestar esclarecimentos às mulheres candidatas e ao público em geral, às eleitoras e aos eleitores, acerca da relevância de se considerar o efetivo cumprimento da cota de gênero, tal como disposto no §3º do art. 10 da Lei nº 9.504, de 1997 (Lei das Eleições), nos termos do qual "[d]o número de vagas resultante das regras previstas neste artigo, cada partido ou coligação preencherá o mínimo de 30% (trinta por cento) e o máximo de 70% (setenta por cento) para candidaturas de cada sexo". O referido curso foi amplamente divulgado, nos mais variados canais das mídias sociais.

Sobre o perfil, profissional e pessoal, singular do Ministro Teori Zavascki, homenageando o colega e amigo, o Ministro Luís Roberto Barroso escreveu artigo, com a escolha sensível de cada uma de suas precisas palavras – *Uma trapaça da sorte* (BARROSO, 2017).

Uma a uma as expressões contidas no texto buscam dar conta do grande homem e do genial jurista que esta obra coletiva, da qual faz parte este artigo, tem por objetivo honrar e consagrar. Segue trecho do Ministro Barroso, em tudo emocionante e impactante, sobre o jurista que nasceu em Faxinal dos Guedes – Santa Catarina, para marcar de forma indelével e incomparável a sociedade brasileira:

> [...]. Admirava-o tanto pela cortesia e consideração com que tratava advogados anônimos quanto pela nossa fraterna e espirituosa convivência no Tribunal. A gente na vida ensina sendo. Teori Zavascki era um bom exemplo disso.
>
> Teori tinha a simplicidade das pessoas profundas. O senso de humor de quem é verdadeiramente sério. A desafetação intelectual de quem sabe bem do que está falando. Amigo é a pessoa com quem você pode simplesmente ficar calado, contar uma derrota ou chorar mágoas. Seguro de ouvir uma palavra de alento de um interlocutor de boa-fé. Teori era mais de prudências do que de ousadias. Mais de tradições do que de modernidades. Talvez, por isso mesmo, de uma forma dialética e afetuosa, nos completávamos.

As decisões do Ministro Teori Zavascki foram cruciais, decisivas, contendo perspectivas esclarecedoras em diversas áreas jurídicas. No direito processual civil não foi diferente. Um dos temas relacionado a processo civil mais intrigantes que dominou, e ainda domina na atualidade, as discussões sobre o cabimento e o conhecimento das ações rescisórias diz com a complexa e controvertida aplicabilidade da Súmula nº 343 do Supremo Tribunal Federal, cujo objeto são as controvérsias de natureza constitucional.

Os debates sobre o cabimento da excepcional ação, a rescisória, são inegáveis palcos para detalhadas exposições de pontos de vista e de entendimentos processuais. Todavia, neste texto, embora seja sabido quão relevantes são essas abordagens gerais sobre o tema, elas não poderão ser esmiuçadas, em razão do limite pertinente a um artigo. O ponto nevrálgico sobre o qual se pretende tratar: a adequação ou inadequação da referida súmula se dirigida a discussões jurídicas que abordam matéria de índole constitucional. A aprovação do referido verbete de súmula deu-se no final de 1963, e tem o seguinte teor:

> Súmula 343
> Aprovação: 13/12/1963

Enunciado: Não cabe ação rescisória por ofensa a literal disposição de lei, quando a decisão rescindenda se tiver baseado em texto legal de interpretação controvertida nos tribunais.

Fonte da publicação

Súmula da Jurisprudência Predominante do Supremo Tribunal Federal – Anexo ao Regimento Interno. Edição: Imprensa Nacional, 1964, p. 150.

A Súmula nº 343/STF carrega o entendimento no sentido de que os textos legais dão ensejo a mais de uma interpretação possível, não havendo interpretação uníssona. De acordo com essa máxima, somente existiria violação à literal disposição de lei, nos casos em que determinada decisão se contrapusesse à pacífica interpretação de determinado enunciado legislativo (MARINONI, 2014). Desse modo, diante da divergência de entendimento nos tribunais acerca de um preceito normativo, ensejando mais de uma interpretação razoável, descabido afirmar que a decisão que tenha se fundado em qualquer uma delas consagre ofensa manifesta ou flagrante ao preceito objeto da interpretação. Esse o teor do verbete de Súmula nº 343 do Supremo Tribunal Federal.

A admissão da formalização da rescisória para avançar sobre uma das interpretações cabíveis, embora não seja a melhor, consubstanciaria convolar a ação excepcional em recurso com o intuito de buscar a uniformização de entendimentos da jurisprudência, dentro do lapso de dois anos. Como adverte Cassio Scarpinella Bueno (2010), o enunciado da Súmula nº 343 tem por intuito agudizar que, diante da hipótese de se buscar mitigar interpretação controvertida de norma, não será possível visualizar a violação contida no inc. V do art. 966 do NCPC.

O entendimento contido no verbete – "Não cabe ação rescisória por ofensa a literal disposição de lei, quando a decisão rescindenda se tiver baseado em texto legal de interpretação controvertida nos tribunais" – não se adequava, era então inaplicável, segundo jurisprudência pacificada do Supremo Tribunal Federal, em caso de controvérsias que tivessem caráter constitucional. Ou seja, concluíam os ministros do STF, de forma uníssona, que a inviabilidade da ação rescisória, proposta nos termos do art. 485, inc. V, do CPC – hipótese de violação à literal disposição de lei, atualmente regida pelo art. 966, inc. V, da Lei nº 13.105/2015 –, dirigida contra decisão que apreciou problemática cuja interpretação era controvertida nos tribunais, não se ajustava aos casos em que a matéria fosse constitucional. A Súmula nº 343/STF não se aperfeiçoava, não se aplicava à interpretação de matéria constitucional.

Os precedentes são incontáveis, nos quais assentado que: "É que esta Corte já deixou assinalado o descabimento da incidência da Súmula nº 343 quando em jogo interpretação de matéria de cunho constitucional" (Ação Rescisória nº 1.409/SC, Tribunal Pleno, Rel. Min. Ellen Gracie, *DJ* de 15.5.2009). O mesmo posicionamento fora em diversas oportunidades reiterado: "O enunciado da Súmula 343/STF não configura a hipótese dos autos, uma vez que sua aplicação não abrange interpretação do texto constitucional, como na espécie" (AR nº 1.981 AgR, Tribunal Pleno, Rel. Min. Ricardo Lewandowski, Red. p/ o ac. Min. Dias Toffoli, *DJe* 39 de 1º.3.2018). Como delineado pelo próprio Ministro Teori Zavascki: "A iterativa jurisprudência do Supremo Tribunal Federal é no sentido de que o regime normativo da decadência da ação rescisória é de natureza exclusivamente infraconstitucional" (voto do Ministro Teori Zavascki no RE nº 590.809/RS, Rel. Min. Marco Aurélio, Tribunal Pleno, julgado em 22.10.2014).

Em 22.10.2014, no julgamento do RE nº 590.809/RS – Tema nº 136 de Repercussão Geral, de relatoria do Ministro Marco Aurélio, fora mais uma vez examinada a relevantíssima problemática que diz com o cabimento da medida processual derradeira e a interpretação de matéria constitucional. O julgamento, que acirrou as discussões sobre o tema e trouxe novos desdobramentos e conclusões acerca da questão, poucos deles uníssonos, provocou questionamentos na comunidade jurídica. E é possível afirmar: as inquietações jurídico-processuais persistem.

No recurso extraordinário específico, indagava-se acerca da constitucionalidade do creditamento de IPI – Imposto sobre Produtos Industrializados, nas hipóteses de aquisição de insumos isentos, não tributados ou cuja alíquota estivesse reduzida a 0% (zero por cento). Embora a matéria de fundo conte com relevância própria e nítida, o que se pretende analisar neste artigo limita-se aos contornos processuais discutidos e traçados no aludido julgamento.

Como resultado do julgamento, seguiu acórdão que apresenta a seguinte ementa:

> AÇÃO RESCISÓRIA VERSUS UNIFORMIZAÇÃO DA JURISPRUDÊNCIA. O Direito possui princípios, institutos, expressões e vocábulos com sentido próprio, não cabendo colar a sinonímia às expressões 'ação rescisória' e 'uniformização da jurisprudência'.
> AÇÃO RESCISÓRIA – VERBETE Nº 343 DA SÚMULA DO SUPREMO. O Verbete nº 343 da Súmula do Supremo deve de ser observado em situação jurídica na qual, inexistente controle concentrado de constitucionalidade, haja entendimentos diversos sobre o alcance da norma, mormente quando o Supremo tenha sinalizado, num primeiro passo, óptica coincidente com a revelada na decisão rescindenda. (RE nº 590.809. Rel. Min. Marco Aurélio, Tribunal Pleno, Repercussão Geral – Mérito, j. 22.10.2014. *DJe*, 21 nov. 2014)

Da leitura mais detalhada do acórdão, indo além da ementa, como é esperado que os estudiosos do tema o façam, vislumbra-se que a relevância da controvérsia estava, mais uma vez, nas demarcações instrumentais e processuais, relativas ao cabimento de ações rescisórias. Mais uma vez, eram examinadas as limitações das hipóteses de rediscussão de julgados, tendo como lentes o entendimento contido na Súmula nº 343/STF.

O que se conclui da leitura do acórdão resultante do julgamento é que o Supremo Tribunal Federal, ao redefinir os contornos da aplicação da referida súmula, o fez assentando novos limites para o cabimento das ações rescisórias. Ponderou o Plenário daquela Suprema Corte sobre a adequação da Súmula nº 343, em hipóteses específicas relativas à matéria constitucional, mas não acentuou que a observância do verbete se daria de forma generalizada, ampla.

Restou assentado que os contornos da súmula, que limitam e minimizam a formalização das rescisórias, serão observados, ainda que a matéria controvertida seja de interpretação constitucional – o que já materializaria uma mudança no repertório das decisões até então existentes. *Todavia, e aqui cabem todas as ênfases, deve haver, para tanto, julgado anterior do Supremo Tribunal Federal, no qual a decisão rescindenda possa ter se apoiado*, mesmo que sobre o objeto da discussão, posteriormente, tenha havido alteração no entendimento daquela Suprema Corte. Há uma condição inarredável para a aplicabilidade da Súmula nº 343 às discussões constitucionais, qual seja, a identificação de uma decisão do STF que tenha servido de fundamento para a decisão rescindenda.

É a legítima manifestação de reverência à coisa julgada, de reverência à força dos precedentes, que tem por finalidade última concretizar a segurança jurídica.

Trecho do voto do Ministro Marco Aurélio indica a exata compreensão da discussão que cabia naquele tema de repercussão geral:

> Diante da razão de ser do verbete, não se trata de defender o afastamento da medida instrumental – a rescisória – presente qualquer grau de divergência jurisprudencial, mas de prestigiar a coisa julgada se, quando formada, o teor da solução do litígio dividia a interpretação dos Tribunais pátrios ou, com maior razão, se contava com ótica do próprio Supremo favorável à tese adotada. (Voto do relator no RE nº 590.809. Rel. Min. Marco Aurélio, Tribunal Pleno, Repercussão Geral – Mérito, j. 22.10.2014. *DJe,* 21 nov. 2014)

As discussões ao longo das sessões de julgamento levam à conclusão de que a pertinência da Súmula nº 343/STF às questões de índole constitucional *depende* da – e igualmente *exige* – existência de pronunciamento anterior de mérito daquela Suprema Corte sobre a temática em controvérsia.

O Supremo Tribunal Federal, prestigiando, realçando, a força dos precedentes e a jurisdição constitucional, fixa não caber ação rescisória, ainda que se trate de matéria constitucional, se ao tempo da prolação da decisão rescindenda havia cognição do Supremo no qual podiam os juízes e tribunais fiarem-se, balizarem-se.

Contudo, não havendo entendimento de mérito antecedente do Supremo Tribunal Federal, sobre a questão constitucional, no mesmo sentido da decisão que se pretende rescindir, afastada estará a aplicação da Súmula nº 343 e, segundo este raciocínio, cabível será a rescisória. Inadequada, processualmente, a incidência do verbete sumular.

Salientado, desse modo, no julgamento do Tema nº 136 de repercussão geral, o seguinte: será incabível e inadequada a ação rescisória, não obstante a matéria em discussão tenha raízes em interpretações constitucionais, se, e somente se, houver sobre essa mesma polêmica jurídica entendimento dominante do Supremo Tribunal Federal sobre o qual se tenha apoiado a decisão impugnada. E, por fim, não cabe a ação rescisória mesmo que se materialize posterior alteração de entendimento pela própria Corte Suprema. Materializados então, desse modo, o princípio da força vinculante dos precedentes e o da segurança jurídica.

Como bem arrematou o ministro relator, o entendimento consagrou "a respeitabilidade das decisões do Supremo, pronunciamentos judiciais em harmonia com essas decisões não são rescindíveis". A máxima força normativa dos precedentes.

No multicitado julgamento do RE nº 590.809/RS, o Ministro Teori Zavascki proferiu voto de máxima relevância, que mudou a percepção inicial dada às repercussões do acórdão. Ele e o Ministro Gilmar Mendes restaram vencidos, como consta na certidão de julgamento.

Contudo, é a partir do voto do Ministro Teori – no qual esclarecido que as repercussões do referido momento estender-se-iam a todos os participantes da lide, Estado e particulares – que os desdobramentos processuais daquele julgamento puderam ser anunciados. O Ministro Teori, como costumava fazer, detalhou minuciosamente a discussão e fez ponderações sobre as reverberações que adviriam, inevitavelmente, das conclusões que estavam sendo assentadas.

Em sua fala, ressaltou, logo de início, que a jurisprudência maciça do Supremo Tribunal Federal firmara-se excluindo a possibilidade da aplicação da Súmula nº 343/STF às interpretações de caráter constitucional. Em seguida, referindo-se à complexidade da expressão "violar literal disposição de lei", trouxe a primeira ponderação: "Interpretando o dispositivo, a jurisprudência tradicional, inclusive do STF e do STJ, entende que não é toda e qualquer violação à lei que dá ensejo à ação rescisória". E ainda sobre a adequação da propositura de rescisória com fundamento no art. 485, inc. V, do CPC consignou o que se transcreve:

> Ora, nessa linha de entendimento, é fácil compreender o sentido lógico da Súmula 343: se há nos tribunais divergência de entendimento a respeito de um mesmo preceito normativo é porque ele comporta mais de uma interpretação, a significar que não se pode qualificar qualquer uma dessas interpretações, mesmo a que não seja a melhor, como ofensiva ao teor literal da norma interpretada. Foi esse mesmo modo de pensar, aliás, que inspirou a súmula 400/STF, posteriormente editada: *"Decisão que deu razoável interpretação à lei, ainda que não seja a melhor, não autoriza recurso extraordinário pela letra a do art. 101, III, da Constituição Federal"*. (Voto do Min. Teori Zavascki no RE nº 590.809. Rel. Min. Marco Aurélio, Tribunal Pleno, Repercussão Geral – Mérito, j. 22.10.2014. *DJe*, 21 nov. 2014)

Foi contundente, no entanto, para asseverar que, diante de temática constitucional, o não cabimento da rescisória, ainda que a matéria fosse controvertida, manter-se-ia relativizado, como há anos decidido pelo STF. Repetiu e acentuou esse ponto, em tudo crucial. O Ministro Teori fez então uma verdadeira retrospectiva histórico-jurisprudencial com o arrolamento de acórdãos publicados no período de 1997 a 2007. Todos em sentido uníssono. Todos concordes. Também essa passagem do voto é imprescindível para a compreensão da questão posta neste artigo. Ponderou da seguinte forma:

> Todavia, em se tratando de norma constitucional, o STF, antes e especialmente depois da Constituição de 1988, opôs sistemática resistência à doutrina de interpretação razoável, ainda que não a melhor. Relativamente à Súmula 400, entendeu o Tribunal que não cabia a sua aplicação quando a lei interpretada fosse a lei constitucional porque "em *matéria constitucional não há que se cogitar de interpretação razoável. A exegese de preceito inscrito na Constituição da República, muito mais do que simplesmente razoável, há de ser juridicamente correta*" (Agrag 145680/SP, 1ª Turma, Min. Celso de Mello, DJ de 30.04.93). E justamente por considerar que "*a súmula nº 343 nada mais é que a repercussão, na esfera da ação rescisória, da súmula nº 400 – que não se aplica a texto constitucional – no âmbito do recurso extraordinário*" (RE 89.108, RTJ 101/207, voto do Min. Moreira Alves), *o STF acabou afastando a doutrina da tolerância da interpretação razoável também em ações rescisórias fundadas no inciso V do 485 do CPC: não se aplica o enunciado da súmula 343/STF quando o pedido de rescisão invoca ofensa a preceito constitucional*. [...]. (Voto do Min. Teori Zavascki RE nº 590.809. Rel. Min. Marco Aurélio, Tribunal Pleno, Repercussão Geral – Mérito, j. 22.10.2014. *DJe*, 21 nov. 2014) (Grifos nossos)

Ainda trecho do voto, em tudo vinculado às considerações antes colocadas, do Ministro Teori Zavascki:

> A orientação do STF em face das súmulas 343 e 400 sustenta-se, em suma, na preocupação fundamental de preservar, em qualquer circunstância, a supremacia da Constituição e a sua aplicação uniforme a todos os destinatários e de preservar a autoridade do STF de guardião da Constituição, de órgão com legitimidade constitucional para dar a palavra definitiva

em temas relacionados com a interpretação e a aplicação da Carta Magna. *Supremacia da Constituição (e sua aplicação uniforme) e autoridade do STF são, na verdade, valores associados e que têm sentido transcendental justamente quando associados. Há, entre eles, relação de meio e fim. Em se tratando de ação rescisória em matéria constitucional, portanto, concorre decisivamente para um tratamento diferenciado do que seja literal violação a interpretação da norma na palavra do STF, guardião da Constituição*. Ela, associada ao princípio da supremacia e do tratamento isonômico, é que justifica, nas ações rescisórias, a substituição do parâmetro negativo da súmula 343 (negativo porque indica que, sendo controvertida a matéria nos tribunais, não há violação literal a preceito normativo a ensejar rescisão), por um parâmetro positivo, segundo o qual há violação à Constituição na sentença que, em matéria constitucional, é contrária a pronunciamento do STF. (Voto do Min. Teori Zavascki RE nº 590.809. Rel. Min. Marco Aurélio, Tribunal Pleno, Repercussão Geral – Mérito, j. 22.10.2014. *DJe*, 21 nov. 2014) (Grifos nossos)

Ao longo do julgamento foram várias as discussões, vários os pedidos de vista. O Ministro Teori, com a sua singular prudência e sensatez em relação às repercussões futuras atribuídas aos julgados – *cujas consequências precisam ser medidas com extrema cautela* –, expôs de modo muito claro suas preocupações, suas tão lúcidas inquietações:

Ora, essa sim é uma tese que representa notável mudança de orientação da Suprema Corte, cujas consequências precisam ser medidas com extrema cautela. Justamente em nome dos mesmos princípios que afastam a aplicação da Súmula 343/STF em matéria constitucional (notadamente o princípio da isonomia e o da supremacia da autoridade da Suprema Corte), a outorga de efeitos apenas prospectivos – que representa evidente tratamento antiisonômico para situações semelhantes – deve ser acolhido apenas como exceção. A regra há de ser o tratamento igualitário, e assim tem sido o entendimento do Tribunal, que raramente atribui modulação temporal aos seus julgados. (Voto do Min. Teori Zavascki RE nº 590.809. Rel. Min. Marco Aurélio, Tribunal Pleno, Repercussão Geral – Mérito, j. 22.10.2014. *DJe*, 21 nov. 2014) (Grifos nossos)

Disse ele, com a máxima clareza, ao se referir ao objeto de discussão do Tema nº 136 de repercussão geral: "essa sim é uma tese que representa notável mudança de orientação da Suprema Corte, cujas consequências precisam ser medidas com extrema cautela".

O profundo conhecimento do Ministro Teori sobre o tema, tal como sua predição a respeito de suas inarredáveis consequências, é muito anterior à sua chegada ao Supremo Tribunal Federal. Suas palavras traçaram um prognóstico da complexidade da discussão, e sua visão era, aliás, como sempre, prospectiva quanto à problemática. Merece destaque acórdão, oriundo da reunião das Turmas do Tribunal Regional Federal da 4ª Região, de relatoria do então Desembargador Teori Zavascki, julgado em setembro de 1994 e publicado em janeiro de 1995, no qual a mesma discussão fora abordada. A reunião das Turmas do TRF/4ª Região era composta por figuras também destacadas no cenário jurídico nacional: juízes Jardim de Camargo, Ronaldo Luiz Ponzi, Paim Falcão, Ari Pargendler, Fabio Rosa e Volkmer de Castilho, juízas Tânia Escobar, Maria Lucia Luz Leiria, Marga Barth Tessler e Ellen Gracie Northfleet.

Na Ação Rescisória nº 93.04.35769-1/R, o Ministro Teori já indicava o entendimento de máxima cautela a ser direcionado à Súmula nº 343/STF, e a necessária imposição da segurança jurídica àqueles julgados, alvos de possível rescisão, mas, que, no entanto, respaldavam-se em posicionamentos anteriores e admissíveis, ainda que o próprio STF viesse a decidir de forma diversa em ocasiões posteriores.

A ementa do referido julgado, no qual foi manifestada compreensão, décadas depois pontuada pelo Supremo Tribunal Federal, ficou assim redigida:

> *AÇÃO RESCISÓRIA. MATÉRIA CONSTITUCIONAL. ACÓRDÃO QUE JULGOU NÃO SER AUTO-APLICÁVEL DISPOSITIVO DA CONSTITUIÇÃO FEDERAL. INTERPRETAÇÃO CONTROVERTIDA NOS TRIBUNAIS. SUPERVENIÊNCIA DE DECISÃO DO STF APÓS O TRÂNSITO EM JULGADO. SUM-134 DO TFR E SUM-343 DO STF.*
>
> 1. Violação a "literal disposição de lei" (CPC-73, art-485, inc-5), inclusive da lei constitucional, e "a que envolve contrariedade estridente com o disposto, e não a interpretação razoável ou que diverge de outra interpretação, sem negar o que o legislador consentiu ou consentir no que ele negou" (STF, Pleno, AR nº 754, Rel. Min. Aliomar Baleeiro).
>
> 2. Não se pode ter por "aberrante" ou "gritante" a interpretação sobre auto-aplicabilidade ou não de dispositivo constitucional apoiada por corrente bem significativa da jurisprudência dos Tribunais. Aplicação das súmulas 343 - STF 134 - TFR.
>
> 3. *A superveniência de decisão do E. Supremo Tribunal Federal, em recursos extraordinários, adotando uma das correntes jurisprudenciais divergentes, não significa, necessariamente, que a outra corrente tenha violado literal disposição da Constituição de forma manifesta. A decisão da corte suprema, naquelas condições, não impõe, portanto, por si só, um Juízo de procedência de rescisória dos acórdãos e sentenças, com outra orientação.* Não fosse assim, estar-se-ia dando as decisões do STF, mesmo que não proferidas no âmbito do controle concentrado de constitucionalidade, eficácia vinculativa, "erga omnes" e "ex tunc", inclusive em relação a casos com transito em julgado nas instancias ordinárias.
>
> 4. Ação rescisória improcedente. (TRF/4. AR nº 93.04.35769-1. Rel. Teori Albino Zavascki, Turmas Reunidas. *DJ*, 25 jan. 1995) (Grifos nossos)

Fora por ele acentuado no referido julgamento, ocorrido em 1995 – 19 (dezenove) anos antes da apreciação do RE nº 590.809/RS, ao se referir à concepção de violação à literal disposição de lei e à eficácia dos entendimentos posteriores às decisões rescindendas, o seguinte:

> Em outras palavras, havendo dissídios jurisprudencial sobre a interpretação de certo previsto normativo, presume-se razoável a solução interpretativa amparada em uma das linhas em dissídio (desde que, evidentemente, não se trate de divergência meramente episódica e eventual). É nessa vertente de entendimento que surgiram as súmulas 343 do STF, e 134 do TRF. [...].
>
> *Finalmente, a superveniência de decisão de Corte Superior (no caso do E. STF) dirimindo a controvérsia jurisprudencial não enseja nem poderia ensejar do e. supremo tribunal federal, em recursos extraordinários, adotando uma das correntes jurisprudenciais por si só, a procedência da ação rescisória em casos como os da espécie.* Fosse assim, estar-se-ia criando espécie nova de eficácia das decisões das Cortes Extraordinárias, verdadeiro recurso, sem amparo no ordenamento jurídico, ofensivo aos valores que o instituto da coisa julgada tão zelosamente busca preservar. (TRF/4. AR nº 93.04.35769-1. Rel. Teori Albino Zavascki, Turmas Reunidas. *DJ*, 25 jan. 1995) (Grifos nossos)

Igualmente, no âmbito do Superior Tribunal de Justiça, em suas manifestações sobre a tão citada problemática, o Ministro Teori alertou novamente para a delicada utilização da Súmula nº 343 no tocante aos entendimentos de matéria constitucional.

Foram várias as considerações e as pontuações juridicamente contundentes feitas por ele. No Recuso Especial nº 512.050/DF, julgado pela 1ª Turma em quórum unânime, fora acentuado em seu voto, que rechaçava a observância à Súmula nº 343 na hipótese, o que segue:

> O exame desta orientação em face das súmulas revela duas preocupações fundamentais da Corte Suprema: a primeira, a de preservar, em qualquer circunstância, a supremacia da Constituição e a sua aplicação uniforme a todos os destinatários; segunda, a de preservar a sua autoridade de guardião da Constituição, de órgão com legitimidade constitucional para dar a palavra definitiva em temas relacionados com a interpretação e a aplicação da Carta Magna. Supremacia da norma constitucional, tratamento igualitário e autoridade do STF são valores associados, entre os quais há relação de meio e fim, dos quais deve se lançar mão para solucionar os problemas atinentes à rescisão de julgados em matéria constitucional. [...].
>
> *O que se quer afirmar, por isso mesmo, é que, em se tratando de ação rescisória em matéria constitucional, concorre decisivamente para um tratamento diferenciado do que seja "literal violação" a existência de precedente do STF, guardião da Constituição.* Ele, associado aos princípios da supremacia da Constituição e da igualdade perante a lei, é que justifica, nas ações rescisórias, a substituição do parâmetro negativo da Súmula 343 (negativo porquanto indica que, sendo controvertida a matéria nos tribunais, não há violação literal a preceito normativo a ensejar rescisão) por um parâmetro positivo, segundo o qual há violação à Constituição na sentença que, em matéria constitucional é contrária a pronunciamento do STF. (REsp nº 512.050/DF. Rel. Min. Teori Zavascki, 1ª Turma, j. 17.8.2004. *DJ*, 30 ago. 2004)

Ainda ponderando sobre a não aplicabilidade da Súmula nº 343/STF diante de inexistência de decisão da Suprema Corte sobre a discussão, o Ministro Teori Zavascki explicitava o não cabimento do verbete destacado, ainda nos órgãos julgadores do STJ, dessa feita na 1ª Seção:

> PROCESSUAL CIVIL. AÇÃO RESCISÓRIA (CPC, ART. 485, V). MATÉRIA CONSTITUCIONAL. INAPLICABILIDADE DA SÚMULA 343/STF. EXISTÊNCIA DE PRONUNCIAMENTO DO STF, EM CONTROLE DIFUSO, EM SENTIDO CONTRÁRIO AO DA SENTENÇA RESCINDENDA. [...].
>
> 3. Ocorre, porém, que a lei constitucional não é uma lei qualquer, mas a lei fundamental do sistema, na qual todas as demais assentam suas bases de validade e de legitimidade, e cuja guarda é a missão primeira do órgão máximo do Poder Judiciário, o Supremo Tribunal Federal (CF, art. 102).
>
> 4. Por essa razão, a jurisprudência do STF emprega tratamento diferenciado à violação da lei comum em relação à da norma constitucional, deixando de aplicar, relativamente a esta, o enunciado de sua Súmula 343, à consideração de que, em matéria constitucional, não há que se cogitar de interpretação apenas razoável, mas sim de interpretação juridicamente correta. (EREsp nº 608.112/RJ. Rel. Min. Teori Zavascki, 1ª Seção, j. 9.5.2007. *DJ*, 28 maio 2007)

Em outro acórdão, oriundo de julgamento realizado também pela 1ª Seção do STJ, decidido por unanimidade, mais uma vez de relatoria do Ministro Teori, no qual se traçou um paralelo entre a inexistência de interpretação constitucional pelo STF de determinada controvérsia e a ausência de apreciação de tema de legislação federal pelo STJ, restou consignado na ementa:

PROCESSUAL CIVIL. AÇÃO RESCISÓRIA. VIOLAÇÃO À LEI FEDERAL. MATÉRIA CONTROVERTIDA NOS TRIBUNAIS À ÉPOCA DA PROLAÇÃO DA DECISÃO RESCINDENDA. SÚMULA 343/STF. NÃO-APLICAÇÃO. REVISÃO DA JURISPRUDÊNCIA A RESPEITO. [...].

5. Por todas essas razões e a exemplo do que ocorreu no STF em matéria constitucional, justifica-se a mudança de orientação em relação à súmula 343/STF, para o efeito de considerar como ofensiva a literal disposição de lei federal, em ação rescisória, qualquer interpretação contrária à que lhe atribui o STJ, seu intérprete institucional. A existência de interpretações divergentes da norma federal, antes de inibir a intervenção do STJ (como recomenda a súmula), deve, na verdade, ser o móvel propulsor para o exercício do seu papel de uniformização. Se a divergência interpretativa é no âmbito de tribunais locais, não pode o STJ se furtar à oportunidade, propiciada pela ação rescisória, de dirimi-la, dando à norma a interpretação adequada e firmando o precedente a ser observado; se a divergência for no âmbito do próprio STJ, a ação rescisória será o oportuno instrumento para uniformização interna; e se a divergência for entre tribunal local e o STJ, o afastamento da súmula 343 será a via para fazer prevalecer a interpretação assentada nos precedentes da Corte Superior, reafirmando, desse modo, a sua função constitucional de guardião da lei federal.

6. Recurso especial provido. (REsp nº 1.063.310/BA. Rel. Min. Teori Zavascki, 1ª Seção, j. 7.8.2008. *DJe*, 20 ago. 2008)

As interpretações do julgamento do RE nº 590.809/RS, como dito, causam repercussões que alcançaram o entendimento acerca do cabimento das ações rescisórias no Superior Tribunal de Justiça. Transformaram-no. Fora estabelecida jurisprudência refratária ao conhecimento das rescisórias diante de discussões, mesmo que de caráter constitucional. Há decisões monocráticas dos excelentíssimos ministros da Egrégia 1ª Seção, nas quais restou consignado que na apreciação do Tema nº 136 de repercussão geral (RE nº 590.809/RS) teria o Supremo elastecido a aplicação da Súmula nº 343, no sentido de que esse verbete pudesse compreender matéria constitucional de modo mais genérico.

Consoante asseverado nas referidas decisões monocráticas, entendimento que, posteriormente, foi reiterado em decisões colegiadas no âmbito daquela Corte de Justiça, a apreciação do Tema nº 136 teria ampliado as hipóteses de não cabimento das ações rescisórias – teria amplificado o alcance da Súmula nº 343/STF e com isso limitado a formalização de ações rescisórias, ainda que as ações versassem sobre interpretações de cunho constitucional. Estruturou-se, com a máxima *venia* às conclusões contrárias, mais um episódio da jurisprudência refratária e defensiva. Episódio, de jurisprudência processualmente fechada para novas ações, desprovido de ressonância no acórdão que, pretensamente, teria lhe dado corpo.

Ainda que a Procuradoria da Fazenda Nacional (PGFN) tenha suscitado o referido debate em diversas ações rescisórias, ainda que tenha em várias ocasiões se insurgido contra a formação da referida jurisprudência defensiva e refratária no âmbito do STJ, que, com todo o respeito não encontra suporte no julgamento do RE nº 590.809/RS, a PGFN sempre realçou que este era um tema processual de interesse geral.

No âmbito do Superior Tribunal de Justiça, após o julgamento do RE nº 590.809/RE, é possível identificar a apreciação inaugural da problematização processual pela 1ª Seção – a Ação Rescisória nº 4.443/RS. Sessão da qual participei, por meio da sustentação oral feita em nome da PGFN. Na sustentação foram ressaltados diversos e relevantíssimos aspectos da compreensão da controvérsia pelo Ministro Teori – não cabimento da Súmula nº 343/STF em discussões constitucionais. Todos eles no sentido das pretensões defendidas pela União (PGFN). Pretensões que, em verdade, alcançariam no futuro, como dito, todos os participantes das relações processuais.

O Ministro Herman Benjamin, ao relatar o feito e apresentar seu voto, todavia vencido, admite ter inicialmente adotado a concepção incorreta no tocante à observância da referida súmula e trouxe esclarecimentos, da mais elevada pertinência, sobre a compreensão do STJ, por ele indicada como equivocada, da Súmula nº 343/STF, após o julgamento do RE nº 590.809/RS:

> [...]. *Numa leitura imediata, a conclusão que se extrai desse julgamento é de que o Supremo Tribunal teria passado a entender que a Súmula 343/STF só não seria aplicável na hipótese de existência de controle concentrado de constitucionalidade. Essa leitura, como procurarei mostrar a seguir, não se mostra correta, embora adotada por diversos julgados do STJ, inclusive de minha relatoria, à luz do que posteriormente esclareceu o próprio STF.*
>
> A partir do referido julgamento do RE 590.809, especialmente porque ele aconteceu sob regime de repercussão geral, surgiram no STJ julgados no sentido de que o STF teria alterado o seu entendimento tradicional e passado a considerar a Súmula 343/STF aplicável mesmo quando há questão constitucional envolvida. [...].
>
> Na mesma linha, que não estaria correta diante dos esclarecimentos do STF, cito alguns outros precedentes: AgRg no REsp 1.416.515/SC, Rel. Ministra Assusete Magalhães, Segunda Turma, DJe 4/9/2015; EDcl no AgRg no REsp 1.196.075/SE, Rel. Ministro Nefi Cordeiro, Sexta Turma, DJe 3/11/2015, Esta leitura, repito, não se mostra acertada. [...].
>
> *No caso dos autos, reitero, não se configura a situação de o Supremo Tribunal Federal ter alterado a interpretação da Constituição. Assim, se o tópico debatido envolver tema constitucional, a Súmula 343/STF não constituiria óbice para o conhecimento da Ação Rescisória.* (Grifos nossos)

A medida processual em que se consubstancia a ação rescisória deve ser reservada a situações excepcionais. Ponto esse incontroverso. Não obstante, na interpretação, com a qual se ousa discordar com respeito, teria o Supremo Tribunal Federal acentuado o não cabimento de ação rescisória, alargado o seu não cabimento. Por meio do uso dos termos da Súmula nº 343/STF, teria o STF, ainda na interpretação conferida por outros tribunais ao julgamento do Tema nº 136, limitado o cabimento e a adequação da medida rescisória, a despeito de versarem tais ações sobre matéria constitucional.

São vários os acórdãos dos órgãos colegiados do Superior Tribunal de Justiça nos quais fora fixado que o STF teria alterado seu entendimento, reconhecendo a aplicação da súmula às interpretações constitucionais. Como exemplo:

> Ação rescisória inadmissível, na espécie, por incidência da Súmula nº 343/STF cuja aplicabilidade foi recentemente ratificada, pelo STF, no julgamento do RE 590.809/RS, inclusive quando a controvérsia de entendimentos basear-se na aplicação de norma constitucional. (REsp nº 1.432.035/RS. Rel. Min. Herman Benjamin, 2ª Turma, j. 19.5.2016. *DJe*, 1º jun. 2016)

Nessa exposição de considerações, o Plenário do Supremo Tribunal Federal, com todas as vênias às conclusões contrárias, não apregoou a plena incidência da Súmula nº 343 em matéria constitucional. Não é essa a conclusão que se pode extrair da leitura do acórdão e das considerações na ocasião do julgamento, tal como também acentuado pelo Ministro Herman Benjamin. E aqui se visualiza a imprescindível e fundamental participação do Ministro Teori Zavascki para a adequada compreensão de todo o debate processual que ora se suscita.

Ainda sobre os desdobramentos da apreciação do RE nº 590.809/RS, em 22.10.2015, ao apreciar a Ação Rescisória nº 2.370/CE, o saudoso Ministro Teori Zavascki, então relator, novamente retomou a discussão relativa à aplicação da citada Súmula nº 343/STF e fixou, com precisão cirúrgica, que se aplica seu teor, observa-se o seu comando, às interpretações de matéria constitucional – ou seja, faz-se incabível a rescisória – apenas se houver decisão do Supremo prévia na mesma direção do acórdão rescindendo.

O protagonismo do Ministro Teori Zavascki nesse cenário de incertezas foi um divisor de águas. Também ao se pronunciar na análise da AR nº 2.370/CE, em palavras claríssimas, o Ministro Teori destacou que a Corte Suprema brasileira não operou uma modificação substancial de sua jurisprudência, como se denota da respectiva ementa:

> AÇÃO RESCISÓRIA. ART. 485, V, DO CÓDIGO DE PROCESSO CIVIL. MATÉRIA CONSTITUCIONAL. RESCISÃO DE ACÓRDÃO QUE APLICOU JURISPRUDÊNCIA DO STF POSTERIORMENTE MODIFICADA. NÃO CABIMENTO DA AÇÃO RESCISÓRIA COMO INSTRUMENTO DE UNIFORMIZAÇÃO DA JURISPRUDÊNCIA DO TRIBUNAL. PRECEDENTE. HONORÁRIOS ADVOCATÍCIOS EM RESCISÓRIA. FIXAÇÃO. 1. Ao julgar, em regime de repercussão geral, o RE 590.809/RS, (Min. MARCO AURÉLIO, DJe de 24/11/2014), *o Plenário não operou, propriamente, uma substancial modificação da sua jurisprudência sobre a não aplicação da Súmula 343 em ação rescisória fundada em ofensa à Constituição. O que o Tribunal decidiu, na oportunidade, foi outra questão: ante a controvérsia, enunciada como matéria de repercussão geral, a respeito do cabimento ou não da "rescisão de julgado fundamentado em corrente jurisprudencial majoritária existente à época da formalização do acórdão rescindendo, em razão de entendimento posteriormente firmado pelo Supremo", a Corte respondeu negativamente, na consideração de que a ação rescisória não é instrumento de uniformização da sua jurisprudência.* 2. Mais especificamente, o Tribunal afirmou que a superveniente modificação da sua jurisprudência (que antes reconhecia e depois veio a negar o direito a creditamento de IPI em operações com mercadorias isentas ou com alíquota zero) não autoriza, sob esse fundamento, o ajuizamento de ação rescisória para desfazer acórdão que aplicara a firme jurisprudência até então vigente no próprio STF. 3. Devidos honorários advocatícios à parte vencedora segundo os parâmetros do art. 20, §4º, do CPC. 4. Agravo regimental da União desprovido. Agravo regimental da demandada parcialmente provido. (AR nº 2.370 AgR. Rel. Min. Teori Zavascki, Tribunal Pleno, j. 22.10.2015) (Grifos nossos)

A linha de raciocínio do Ministro Teori Zavascki e o detalhamento processual estruturados no voto referente à Ação Rescisória nº 2.370/CE foram os alicerces para a alteração de entendimento do Ministro Herman Benjamin, no voto prolatado na AR nº 4.443/RS. Com esteio nas considerações proferidas pelo Ministro Teori na AR nº 2.370/CE, salientou o Ministro Herman Benjamin no voto vencido da AR nº 4.443/RS:

> Assim, em suma, no RE 590.809/RS, o STF estabeleceu que a sua Súmula 343 deve ser observada quando há oscilação da sua própria jurisprudência. Em outras palavras, se um acórdão transita em julgado adotando orientação que tinha o Supremo Tribunal Federal, na hipótese de posterior mudança no entendimento da Corte Maior, não será cabível Ação Rescisória. Caso contrário, se há questão constitucional envolvida, inaplicável a Súmula 343/STF.

No âmbito do Superior Tribunal de Justiça, é imprescindível, ainda, destacar que a 1ª Seção prolatou importante precedente, publicado em 19.12.2016, sobre a questão aqui posta em exame, dando contornos mais profundos sobre a aplicabilidade da Súmula nº 343/STF. Nos embargos de declaração na AR nº 4.640/DF, partindo do que decidido no Tema nº 136 de repercussão geral, salientou-se: "no RE 590.809, o STF estabeleceu que a sua Súmula 343 deve ser observada quando há oscilação da sua própria jurisprudência". E não diante de toda e qualquer interpretação de vertente constitucional. No mesmo sentido, há precedente da 3ª Turma também do Superior Tribunal de Justiça – REsp nº 1.439.789/MA, Relator Min. Marco Aurélio Bellizze.

Nas considerações anteriores, como se vê, no RE nº 590.809/RS, o Supremo Tribunal Federal estabeleceu que a sua Súmula nº 343 deve ser observada quando há decisões anteriores por aquela Corte prolatada, mesmo que depois haja oscilação da sua própria jurisprudência. Em outras palavras, se um acórdão transita em julgado acolhendo orientação que tinha o Supremo Tribunal Federal, na hipótese de posterior mudança no entendimento da Corte Maior, não será cabível ação rescisória. Porém, inexistindo essa decisão anterior do STF e diante de interpretação de raízes constitucionais, não haveria fundamento para que se afirme ser incabível a ação rescisória.

Por toda a linha argumentativa que parte da perspectiva jurídica delineada pelo Ministro Teori Zavascki, é categoricamente possível afirmar que a ação rescisória é cabível nas hipóteses em que a matéria envolvida na controvérsia tem índole constitucional, não se aplicando, destarte, o verbete de Súmula nº 343/STF. Não será, todavia, conhecida a rescisória, tendo em conta a incidência da referida súmula, se o julgado que se pretende desconstituir encontra-se fundamentado em precedente anterior do Supremo Tribunal Federal, ainda que esse mesmo entendimento tenha sido superado pela Suprema Corte brasileira.

É sabido que julgados posteriores do Supremo Tribunal Federal vincularam ao referido precedente uma abrangência ampla, muito maior do que a leitura do acórdão resultante do RE nº 590.809/RS comporta. Alguns desses julgados, assim como outros do Superior Tribunal de Justiça, admitiram a ampla observância da Súmula nº 343 em interpretações de matéria constitucional, com que, todavia, muitos ousaram e ousam ainda discordar, tal como, com a devida vênia, é feito neste artigo.

Não só em relação à problemática contida neste artigo, mas em tantas outras questões de máxima relevância jurídica para o Brasil, o que se pode dizer, em suma, é: a presença e a postura do Ministro Teori Zavascki nos fariam caminhar por outros caminhos.

Referências

BARROSO, Luís Roberto. *Uma trapaça da sorte*. 2017. Disponível em: http://luisrobertobarroso.com.br/wp-content/uploads/2017/01/Teori-Uma-trapac%CC%A7a-da-sorte.pdf. Acesso em: 10 abr. 2021.

BRASIL. Superior Tribunal de Justiça. Ação Rescisória 4.443/RS. Relator Min. Herman Benjamin. *DJe*, 14 jun. 2019. Disponível em: https://processo.stj.jus.br/processo/pesquisa/?tipoPesquisa=tipoPesquisaNumeroRegistro&termo=201000518262&totalRegistrosPorPagina=40&aplicacao=processos.ea. Acesso em: 7 abr. 2020.

BRASIL. Superior Tribunal de Justiça. Embargos de Declaração na Ação Rescisória 4.640/DF. Relator Min. Herman Benjamin. *DJe*, 2 fev. 2015. Disponível em: https://processo.stj.jus.br/processo/revista/documento/mediado/?componente=ATC&sequencial=66605066&num_registro=201100344023&data=20161219&tipo=5&formato=PDF. Acesso em: 10 abr. 2021.

BRASIL. Superior Tribunal de Justiça. Embargos de Divergência em REsp 608.112/RJ. Relator Min. Teori Zavascki. *DJ*, 28 maio 2007. Disponível em: https://processo.stj.jus.br/processo/revista/documento/mediado/?componente=ATC&sequencial=3109703&num_registro=200401143164&data=20070528&tipo=5&formato=PDF. Acesso em: 11 abr. 2021.

BRASIL. Superior Tribunal de Justiça. Recurso Especial 1.432.034/RS. Relator Min. Herman Benjamin. *DJe*, 1º jun. 2016. Disponível em: https://processo.stj.jus.br/processo/revista/documento/mediado/?componente=ITA&sequencial=1519665&num_registro=201400041930&data=20160622&peticao_numero=-1&formato=PDF. Acesso em: 7 abr. 2021.

BRASIL. Superior Tribunal de Justiça. Recurso Especial 1.439.789/MA. Relator Min. Marco Aurélio Bellizze. *DJe*, 22 jun. 2016. Disponível em: https://processo.stj.jus.br/processo/revista/documento/mediado/?componente=ITA&sequencial=1519665&num_registro=201400041930&data=20160622&peticao_numero=-1&formato=PDF. Acesso em: 7 abr. 2021.

BRASIL. Superior Tribunal de Justiça. REsp 1.063.310/BA. Relator Min. Teori Zavascki. *DJe*, 20 ago. 2008. Disponível em: https://www.stj.jus.br/websecstj/cgi/revista/REJ.cgi/ITA?seq=803201&tipo=0&nreg=200800684542&SeqCgrmaSessao=&CodOrgaoJgdr=&dt=20080820&formato=PDF&salvar=false. Acesso em: 11 abr. 2021.

BRASIL. Superior Tribunal de Justiça. REsp 512.050/DF. Relator Min. Teori Zavascki. *DJ*, 30 ago. 2004. Disponível em: https://processo.stj.jus.br/processo/revista/documento/mediado/?componente=ATC&sequencial=1352983&num_registro=200300444238&data=20040830&tipo=5&formato=PDF. Acesso em: 11 abr. 2021.

BRASIL. Supremo Tribunal Federal. Ação Rescisória 1.409/SC. Relatora Min. Ellen Gracie. *DJ*, 15 maio 2009. Disponível em: https://jurisprudencia.stf.jus.br/pages/search/sjur88142/false. Acesso em: 7 abr. 2021.

BRASIL. Supremo Tribunal Federal. Ação Rescisória 1.981 AgR/DF. Relator Min. Ricardo Lewandowski, redator p/ o ac. Min. Dias Toffoli. *DJe*, 1º mar. 2018. Disponível em: http://redir.stf.jus.br/paginadorpub/paginador.jsp?docTP=TP&docID=14419064. Acesso em: 7 abr. 2021.

BRASIL. Supremo Tribunal Federal. Ação Rescisória 2.370/SC. Relator Min. Teori Zavascki. *DJe*, 12 nov. 2015. Disponível em: https://jurisprudencia.stf.jus.br/pages/search/sjur328829/false. Acesso em: 7 abr. 2021.

BRASIL. Supremo Tribunal Federal. Recurso Extraordinário 590.809/RS. Relator Min. Marco Aurélio, *DJe*, 21 nov. 2014. Disponível em: http://redir.stf.jus.br/paginadorpub/paginador.jsp?docTP=TP&docID=7303880. Acesso em: 9 abr. 2021.

BRASIL. Supremo Tribunal Federal. *Súmula da Jurisprudência Predominante do Supremo Tribunal Federal* – Anexo ao Regimento Interno. Brasília: Imprensa Nacional, 1964. Disponível em: https://jurisprudencia.stf.jus.br/pages/search/seq-sumula343/false.

BRASIL. Tribunal Regional Federal da 4ª Região. Ação Rescisória 93.44.35769-1. *DJU*, 25 jan. 1995.

BRASIL. Tribunal Superior Eleitoral. *Em parceria com a Escola Judiciária do TSE, Instituto Teori Zavascki lança curso para incentivar candidaturas femininas*. 2020. Disponível em: https://www.tse.jus.br/imprensa/noticias-tse/2020/Setembro/em-parceria-com-a-escola-judiciaria-do-tse-instituto-teori-zavascki-lanca-curso-para-incentivar-candidaturas-femininas. Acesso em: 10 abr. 2021.

BUENO, Cassio Scarpinella. *Curso sistematizado de direito processual civil*: recursos. Processos e incidentes nos tribunais. Sucedâneos recursais: técnicas de controle das decisões jurisdicionais. 2. ed. São Paulo: Saraiva, 2010. v. 5.

MARINONI, Luiz Guilherme. *O STJ enquanto corte de precedentes*. 2. ed. São Paulo: Revista dos Tribunais, 2014.

Informação bibliográfica deste texto, conforme a NBR 6023:2018 da Associação Brasileira de Normas Técnicas (ABNT):

CÂMARA, Lana Borges. Ações rescisórias e a Súmula nº 343 do Supremo Tribunal Federal: a abordagem determinante do Ministro Teori Zavascki. *In*: SEEFELDER FILHO, Claudio Xavier; AZEVEDO, Daniel Coussirat de (Coord.). *Teori na prática*: uma biografia intelectual. Belo Horizonte: Fórum, 2022. p. 245-258. ISBN 978-65-5518-344-3.

A SENTENÇA MERAMENTE DECLARATÓRIA COMO TÍTULO EXECUTIVO – UMA IMPORTANTE CONTRIBUIÇÃO DE TEORI ALBINO ZAVASCKI[1]

FREDIE DIDIER JR.
PAULO MENDES

1 Considerações iniciais

O ano era 2004, quando um dos autores deste ensaio[2] entrou na sala do curso de pós-graduação em Salvador-BA, ao lado de Teori Zavascki, com uma decisão recém proferida no STJ em mãos. O outro autor deste estudo estava entre os alunos e ouviu dos professores que um significativo passo no desenvolvimento do direito processual civil brasileiro tinha sido dado há poucos dias.

Referiam-se à decisão proferida no Recurso Especial nº 588.202-PR, julgado em 10.2.2004, em que o Min. Teori propunha, como relator, o reconhecimento da qualidade de título executivo das decisões meramente declaratórias. A doutrina majoritária, até então, seguindo as lições de Calamandrei, restringia a eficácia executiva às decisões condenatórias, pois somente estas substituíam o vínculo obrigacional por um vínculo de sujeição, *constituindo*, pois, aquele estado de sujeição do indivíduo aos órgãos executivos.[3]

De fato, a decisão recém-proferida significava um importante reconhecimento jurisprudencial de posição doutrinária, desenvolvida especialmente pelo próprio Teori Zavascki, a respeito da possibilidade de as decisões meramente declaratórias poderem dar ensejo a medidas executivas, sem a necessidade de propositura de nova demanda de conhecimento com a finalidade de ser prenunciada uma condenação.

---

[1] Este artigo é também resultado do grupo de pesquisa "Transformações nas teorias sobre o processo e o direito processual", vinculado à Universidade Federal da Bahia, cadastrado no Diretório Nacional de Grupos de Pesquisa do CNPq, no endereço dgp.cnpq.br/dgp/espelhogrupo/7958378616800053. O grupo é membro-fundador da "ProcNet – Rede Internacional de Pesquisa sobre Justiça Civil e Processo Contemporâneo" (http://laprocon.ufes.br/rede-de-pesquisa).

[2] Fredie Didier era o coordenador do curso de pós-graduação *lato sensu* da Faculdade Jorge Amado em Salvador-BA.

[3] ZAVASCKI, Teori Albino. Sentenças declaratórias, sentenças condenatórias e eficácia executiva dos julgados. *In*: DIDIER JR., Fredie (Org.). *Leituras complementares de processo civil*. 8. ed. Salvador: JusPodivm, 2010. p. 453.

2 Da "sentença condenatória" à "decisão que reconhece a existência de uma obrigação"

O Código de Processo Civil de 1939 bem refletia a ideia de que apenas as sentenças condenatórias poderiam dar ensejo à execução. Dispunha o seu art. 290 que, "na ação declaratória, a sentença que passar em julgado valerá como preceito, mas a execução do que houver sido declarado somente poderá promover-se em virtude de sentença condenatória". Apesar de o CPC de 73 já prever, no seu art. 4º, que "é admissível a ação declaratória, ainda que tenha ocorrido a violação do direito", ainda manteve, em sua redação originária do rol dos títulos executivos, apenas a "sentença condenatória proferida no processo civil" (art. 584, I, CPC).

Um marco legislativo importante ocorreu com a Lei nº 11.232/2005, que alterou o rol de títulos executivos judiciais previsto no Código de Processo Civil de 1973, introduzindo o art. 475-N e revogando o antigo art. 584 do mesmo diploma. A característica comum a todos os títulos executivos ali previstos era a identificação da norma jurídica individualizada que atribuísse a um sujeito o dever de prestar (fazer, não fazer, entregar coisa ou pagar quantia).

A execução de sentença para efetivar uma prestação de fazer ou de não fazer dava-se segundo os termos do art. 461 do CPC/73; para efetivar uma prestação de entrega de coisa, de acordo com os termos do art. 461-A; para efetivar uma prestação pecuniária, de acordo com os arts. 475-J a 475-R (art. 475-I, CPC/73).[4]

A principal novidade dessa alteração foi a nova redação conferida ao inc. I do art. 475-N, segundo a qual é título executivo judicial a "sentença proferida no processo civil que reconheça a existência de obrigação de fazer, não fazer, entregar coisa ou pagar quantia". Retirou-se do texto legal a menção que havia à *sentença condenatória* (art. 584, I, CPC, então revogado), para deixar claro que qualquer sentença que reconhecesse a existência de uma obrigação exigível, o que inclui a declaratória, tinha eficácia executiva.[5][6]

---

[4] Art. 475-I do CPC/73: "O cumprimento da sentença far-se-á conforme os arts. 461 e 461-A desta Lei ou, tratando-se de obrigação por quantia certa, por execução, nos termos dos demais artigos deste Capítulo".

[5] Leonardo Greco interpretou o dispositivo de outra maneira: "Daí não se extraia a conclusão de que sejam títulos executivos as sentenças meramente declaratórias ou de que esteja revogado o parágrafo único do art. 4º do CPC, mas simplesmente que o legislador abandona a classificação trinária e se curva à classificação quinária das sentenças, para considerar títulos executivos também as sentenças mandamentais e as executivas *lato sensu*, orientação mais ao gosto dos autores da reforma" (GRECO, Leonardo. Primeiros comentários sobre a reforma da execução oriunda da Lei 11.232/05. *Revista Dialética de Direito Processual*, São Paulo, n. 36, 2006). Araken de Assis entendeu que a nova redação "não inovou substancialmente", seguindo linha parecida à de Leonardo Greco (ASSIS, Araken de. *Cumprimento da sentença*. Rio de Janeiro: Forense, 2006. p. 204).

[6] Um dos autores do texto encampou a ideia, desde então: DIDIER JR., Fredie. A sentença meramente declaratória como título executivo – aspecto importante da reforma processual civil brasileira de 2005. *In*: CIANCI, Mirna; QUARTIERI, Rita (Org.). *Temas atuais da execução civil* – Estudos em homenagem ao Professor Donaldo Armelin. São Paulo: Saraiva, 2007. p. 245-252; DIDIER JR., Fredie; CUNHA, Leonardo Carneiro da; BRAGA, Paula Sarno; OLIVEIRA, Rafael Alexandria de. *Curso de direito processual civil*: execução. 9. ed. rev., ampl. e atual. Salvador: JusPodivm, 2019. v. 5. Perceberam o ponto, apoiando a iniciativa, SANTOS, Ernane Fidélis dos. *As reformas de 2005 do Código de Processo Civil*. São Paulo: Saraiva, 2006. p. 29-30; THEODORO JR., Humberto. *As novas reformas do Código de Processo Civil*. Rio de Janeiro: Forense, 2006. p. 132-138; KNIJNIK, Danilo. A nova execução. *In*: OLIVEIRA, Carlos Alberto Alvaro de (Coord.). *A nova execução*. Rio de Janeiro: Forense, 2006. p. 170-171. Em sentido contrário, peremptoriamente, Araken de Assis, que afirma: "Quando se afirma que há execução baseada em sentença declaratória – por exemplo, o órgão judiciário 'declarou' que Pedro deve 'x' a João –, incorre-se em erro crasso, olvidando que nenhum provimento é 'puro' e, no exemplo aventado, o juiz foi além da simples declaração, emitindo pronunciamento condenatório" (ASSIS, Araken de. *Cumprimento da sentença*. Rio de Janeiro:

Seguindo a linha da redação atualizada do CPC/73, o CPC/15 previu como título executivo judicial "as decisões proferidas no processo civil que reconheçam a exigibilidade de obrigação de pagar quantia, de fazer, de não fazer ou de entregar coisa" (art. 515, I, CPC). Ou seja, o legislador não mais se referia à "sentença condenatória" como o título executivo por excelência, mantendo o leque aberto para reconhecer a eficácia executiva também das decisões declaratórias.

A possibilidade de execução de decisão meramente declaratória que reconhece a existência de um dever de prestar, mesmo na vigência do texto anterior à Lei nº 11.232/2005, é uma clara densificação do direito fundamental à efetividade processual. Acesso à justiça efetivo significa não só a certificação da situação jurídica concreta, mas também a prática de atos que concretizem no plano dos fatos o direito à prestação reconhecido judicialmente. A propósito, o art. 4º do CPC-2015 preceitua que "as partes têm o direito de obter em prazo razoável a solução integral do mérito, *incluída a atividade satisfativa*". Se a decisão declaratória já contém todos os elementos da relação jurídica substancial e o Poder Judiciário já reconheceu o direito a uma prestação, devem ser asseguradas ao jurisdicionado as medidas executivas para fazer valer o seu direito. Nas palavras de Zavascki, negar executividade a uma norma jurídica concreta integralmente identificada pelo juiz "constituiria atentado ao direito constitucional de ação, que compreende, como é sabido, também o direito ao exercício da pretensão de executar".[7]

Ademais, trata-se de uma consequência da absoluta desnecessidade e impossibilidade de instauração de nova atividade cognitiva judicial para apurar o que já está acobertado pela coisa julgada.[8] A eficácia positiva da coisa julgada decorrente da decisão meramente declaratória impede que os contornos daquela relação jurídica, já apreciada e definida, sejam novamente discutidos em nova demanda. Esse novo processo se limitaria a expedir um comando de cumprimento do julgado, tendo em vista que a própria obrigação de prestar já estaria reconhecida e acobertada pela estabilidade da coisa julgada. Exigir a propositura de uma demanda exclusivamente para este fim vai claramente de encontro ao ideal de eficiência processual, com o que não se pode concordar.

Não nos parece, inclusive, que as referidas mudanças legislativas, ratificadas pelo CPC/15, inovaram substancialmente na ordem jurídica. A tendência de emprestar executividade a qualquer decisão judicial que reconhecesse a existência de um *dever de prestar*, condenatória ou declaratória, já se visualizava em manifestações da doutrina[9]

Forense, 2006. p. 204). O autor não examina o art. 4º, parágrafo único, do CPC/73 nem faz referência às decisões do STJ comentadas no texto, citando outras, mais antigas, em sentido contrário. Também em sentido contrário, não admitindo a executividade de sentença meramente declaratória, CÂMARA, Alexandre Freitas. *A nova execução da sentença*. Rio de Janeiro: Lumen Juris, 2006. p. 92-98; WAMBIER, Luiz Rodrigues; ALMEIDA, Flávio Renato Correia; TALAMINI, Eduardo. *Curso avançado de processo civil*. 8. ed. São Paulo: RT, 2006. v. 2. p. 56-58.

[7] ZAVASCKI, Teori Albino. Sentenças declaratórias, sentenças condenatórias e eficácia executiva dos julgados. *In*: DIDIER JR., Fredie (Org.). *Leituras complementares de processo civil*. 8. ed. Salvador: JusPodivm, 2010. p. 452.

[8] "Assim, *v.g*, a sentença declaratória do dever de indenizar prescinde de processo condenatório posterior, bastante à parte liquidar o *an debeatur* [...]" (FUX, Luiz. *O novo processo de execução*. Rio de Janeiro: Forense, 2008. p. 43.)

[9] Como o fizeram WAMBIER, Luiz Rodrigues; ALMEIDA, Flávio Renato Correia; TALAMINI, Eduardo. *Curso avançado de processo civil*. 8. ed. São Paulo: RT, 2006. v. 2. p. 56-58; MEDINA, José Miguel Garcia. A sentença declaratória como título executivo. *Revista de Processo*, São Paulo, n. 136, 2006. p. 78.

¹⁰ e da jurisprudência. De fato, seria muito difícil identificar a natureza jurídica de uma sentença que reconhece um dever de prestação, quando fosse resultado de uma ação declaratória proposta em momento em que já se poderia propor uma ação de prestação (art. 20, CPC-2015).¹¹

Foi notável foi a contribuição de Teori Zavascki sobre o tema. Como ministro do Superior Tribunal de Justiça, proferiu substanciosos votos na linha de admitir força executiva às sentenças meramente declaratórias, nos casos do parágrafo único do art. 4º do CPC/73 (atual art. 20 do CPC/15), com ampla citação da sua produção doutrinária sobre o tema.¹² Pela clareza e profundidade, vale transcrever trecho de um dos julgados:¹³

> 3. A orientação desses precedentes deve prevalecer. Eles são mais um exemplo de que, no atual estágio do sistema do processo civil brasileiro, não há como insistir no dogma de que as sentenças declaratórias *jamais* têm eficácia executiva. Há sentenças, como a de que trata a espécie, em que a atividade cognitiva está completa, já que houve juízo de certeza a respeito de todos os elementos da norma jurídica individualizada. Nenhum resíduo persiste a ensejar nova ação de conhecimento. Estão definidos os sujeitos ativo e passivo, a prestação, a exigibilidade, enfim, todos os elementos próprios do título executivo. Em casos tais, não teria sentido algum – mas, ao contrário, afrontaria princípios constitucionais e processuais básicos – submeter as partes a um novo, desnecessário e inútil processo de conhecimento. É o que tivemos oportunidade de sustentar em sede doutrinária (*Comentários ao Código de Processo Civil*, vol. 8, 2ª ed., RT, 2003, p. 194-199; Título Executivo e Liquidação, RT, 1999, p. 101-106), bem como em estudo específico (*Sentenças declaratórias, sentenças condenatórias e eficácia executiva dos julgados*, Revista de Processo – Repro 109:45), cujos fundamentos principais tomamos a liberdade de reproduzir:
>
> "A tese segundo a qual apenas sentença condenatória é título executivo, verdadeiro dogma para a maioria da doutrina, é de difícil demonstração. A dificuldade reside, desde logo, na identificação da natureza dessa espécie de sentença. Para Liebman, "a sentença condenatória tem duplo conteúdo e dupla função: em primeiro lugar, declara o direito existente – e nisto ela não difere de todas as outras sentenças (função declaratória); e, em segundo lugar faz vigorar para o caso concreto as forças coativas latentes na ordem jurídica, mediante aplicação da sanção adequada ao caso examinado – e nisto reside a sua função específica, que a diferencia das outras sentenças" (Enrico Tullio Liebman, *Processo de Execução*, 3a ed., São Paulo, Saraiva, 1968, p. 16). *Fazer vigorar a força coativa da sanção* não constitui, propriamente, função da sentença condenatória, mas sim da ação executiva que a ela posteriormente segue. Pois bem, conforme observou Barbosa Moreira, "se não é de efetivar a sanção que se trata na sentença condenatória, então só uma coisa é concebível que se trate: de *declarar* a sanção a que se sujeita o vencido" (José Carlos Barbosa Moreira, *Reflexões*..., cit., p. 76). É assim, aliás, que Carnelutti via a sentença condenatória: uma sentença de dupla declaração,

---

[10] Em sentido contrário, Cândido Dinamarco: "Em nenhuma hipótese a sentença meramente declaratória, mesmo quando positiva, constitui título executivo para a execução forçada. Ainda quando a obrigação declarada haja sido ou venha a ser descumprida, quando somente a declaração houver sido pedida ao juiz só a mera declaração ele dará: a oferta de título para a execução forçada está exclusivamente nas sentenças condenatórias, pois só elas contêm esse momento lógico" (DINAMARCO, Cândido. *Instituições de direito processual civil*. São Paulo: Malheiros, 2001. v. 3. p. 219-220).

[11] Sobre as dificuldades de estabelecimento de uma distinção entre a sentença declaratória e a sentença condenatória, MOREIRA, José Carlos Barbosa. Reflexões críticas sobre uma teoria da condenação civil. *In*: MOREIRA, José Carlos Barbosa. *Temas de direito processual*. São Paulo: Saraiva, 1977. p. 72-80.

[12] Imprescindível a leitura de ZAVASCKI, Teori Albino. Sentenças declaratórias, sentenças condenatórias e eficácia executiva dos julgados. *In*: DIDIER JR., Fredie (Org.). *Leituras complementares de processo civil*. 3. ed. Salvador: Edições JusPodivm, 2005. p. 23-36.

[13] REsp nº 588.202/PR. Rel. Min. Teori Zavascki, 1ª T., j. 10.2.2004. *DJ*, 25 fev. 2004.

a declaração de certeza do que *foi* e do que *devia ser* (Francesco Carnelutti, *Derecho y Proceso*, tradução de Santiago Sentis Melendo, Buenos Aires, Ediciones Jurídicas Europa-América, 1971, vol. I, p. 66). Calamandrei, a sua vez, descreveu a sentença condenatória como a decisão "mediante la cual la autoridad judicial individualizará el concreto precepto jurídico nacido de la norma, establecerá la certeza acerca de cuál ha sido y cuál habría debido ser el comportamiento del obligado y determinará, como consecuencia, los médios prácticos aptos para restablecer en concreto la observancia del derecho violado" (Piero Calamandrei, *Instituciones de Derecho Procesal Civil*, tradução de Santiago Sentis Melendo, Buenos Aires, Ediciones Jurídicas Europa-América, 1986, vol. I, p. 142).

Todavia, conforme anotou o próprio Calamandrei, "nem todas as sentenças condenatórias pressupõem ato ilícito", assim como "nem todas as sentenças que certificam o ilícito são sentenças condenatórias" (Piero Calamandrei, "La condana", apud *Opere Giurideche*, Nápoli, Morano Editore, 1972, 5º vol., p. 486). Ratificando tal objeção, Barbosa Moreira cita como exemplo de sentença condenatória, mas "sem correspondência com atos ou comportamentos antijurídicos", a da "condenação do litigante vencido ao pagamento das custas processuais e dos honorários de advogado do vencedor, nos sistemas que prevêem como corolário do mero fato do sucumbimento" (José Carlos Barbosa Moreira, *Reflexões*..., cit., p. 74). Cita outrossim as "hipóteses em que se permite ao juiz proferir, *antes* de vencida a obrigação, sentença idônea para constituir, se o réu não a cumprir *sponte sua*, título executivo para o autor vitorioso" (José Carlos Barbosa Moreira, *Reflexões*..., cit., p. 75). Poder-se-ia referir outros exemplos, como o das sentenças homologatórias de conciliação ou de transação, que, em nosso sistema, constituem título executivo, inclusive, se for o caso, em favor do réu, e que têm por conteúdo, às vezes, direitos que sequer foram objeto da demanda. Em tais situações certamente não há juízo sobre ilícito ou sua sanção. Não é a aplicação da sanção a um ilícito, portanto, a nota característica da executividade dessa espécie de sentença.

Calamandrei busca superar tais objeções sustentando que a característica da sentença condenatória não está na aplicação ou na declaração da sanção. "Somente há condenação", diz ele, "quando, por força da sentença, o vínculo obrigacional é substituído por um vínculo de sujeição. A transformação da obrigação em sujeição, esta me parece ser verdadeiramente a função específica da condenação". E acrescenta: "pode-se dizer que a função da sentença de condenação é a de constituir aquele estado de sujeição, por força do qual o condenado é posto a mercê dos órgãos executivos e submetido a suportar passivamente a execução forçada como um mal inevitável" (Piero Calamandrei, "La condana", cit., p. 492).

Ocorre que o estado de sujeição a que se refere Calamandrei é próprio de qualquer título executivo, inclusive dos extrajudiciais, e não apenas da sentença condenatória. Ele não é, portanto, "constituído" pelo ato sentencial. É, antes, conseqüência natural da norma jurídica consubstanciada no título executivo, mais especificamente do enunciado da perinorma, que estabelece a sanção jurídica para a hipótese de descumprimento. Aliás, esta mesma objeção pode ser colocada à doutrina de Liebman, quando sustenta que a sanção à violação do direito é *constituída* pela sentença condenatória, e daí a razão de ser ela, no seu entender, pré-requisito indispensável à execução forçada. Também a sanção jurídica decorre da norma, e não da sentença. Esta, no máximo, a identifica e declara.

Com efeito, a sanção jurídica, assim considerada como a reação do direito à inobservância ou à violação das suas normas, não só está prevista no preceito normativo, como também constitui um dos seus elementos essenciais, o da perinorma (ou norma secundária), cujo destinatário é o órgão estatal encarregado de prestar jurisdição. "O que se chama de sanção", diz Bobbio, "outra coisa não é senão o comportamento que o juiz deve ter em uma determinada circunstância" (Norberto Bobbio, *Teoria General de Derecho*, tradução de Jorge Guerrero R., 2a ed., Santa Fe de Bogota, Colombia, Temis, 1992, p. 125). Atribuir ao lesado a faculdade de exigir a prestação jurisdicional é, portanto, qualidade inerente à própria norma jurídica. É justamente essa *atributividade* ou, como preferem alguns, esse *autorizamento* (Goffredo Telles Júnior, *Direito Quântico*, São Paulo, Ed. Max Limound, p. 263), a mais marcante diferença entre a norma jurídica e as outras normas de conduta: "a essência específica da norma jurídica é o autorizamento, porque o que compete a ela é autorizar ou não o uso dessa faculdade de reação do lesado. A norma jurídica autoriza que o lesado pela violação exija o seu cumprimento ou a reparação pelo mal causado" (Maria Helena Diniz, *Compêndio de Introdução à Ciência do Direito*, 8ª ed., São Paulo, Saraiva, 1995, p. 341). "A norma jurídica *permite* que o lesado pela violação dela exija o cumprimento dela", escreveu Goffredo Telles Júnior, acrescentando: "em virtude do autorizamento, o lesado pode, com fundamento jurídico, completar sua interação com quem o prejudicou. Após a *ação violadora* da norma jurídica, a própria norma violada autoriza e permite a reação competente" (Goffredo Telles Júnior, *Direito Quântico*, cit., p. 263). Esse é, aliás, o elemento distintivo por excelência entre a norma jurídica e as demais normas de conduta: a aptidão para atribuir ao lesado a faculdade de exigir o seu cumprimento forçado. Segundo a lição clássica de Luis Recasens Siches, "en el Derecho, cabalmente la posibilidad predeterminada de esa ejecución forzada, de la imposición inexorable de lo determinado en el precepto jurídico, incluso por medio de poder físico, constituye un ingrediente esencial de éste. La sanción jurídica, como ejecución forzada de la conducta mandada en el precepto [...], o como ejecución forzada de una conducta sucedánea de reparación o compensación, o como retribución de una infracción consumada ya irremediable – pena – constituye un elemento esencial de la norma jurídica" (Luis Recasens Siches, *Estudios de Filosofia del Derecho*, Barcelona, Bosch Casa Editorial, 1936, p. 128. No mesmo sentido: Maria Helena Diniz, *Compêndio*, cit., p. 341).

É equívoco, portanto, afirmar que a sentença condenatória, ou outra sentença qualquer, é *constitutiva* da sanção ou do estado de sujeição aos atos de execução forçada. Não é esta, conseqüentemente, a justificação para a força executiva dessa espécie de sentença. Sua executividade decorre, isto sim, da circunstância de se tratar de sentença que traz identificação *completa* de uma norma jurídica individualizada, que, por sua vez, tem em si, conforme se viu, a força de autorizar a pretensão à tutela jurisdicional. Se há "identificação completa" da norma individualizada é porque a fase cognitiva está integralmente atendida, de modo que a tutela jurisdicional *autorizada* para a situação é a executiva.

Teori, de forma bastante didática, sempre se referia, em sessão de julgamento, em seus votos ou em sede doutrinária, aos três momentos pelos quais se manifesta o fenômeno da atuação da norma jurídica no plano social. Primeiro, há uma formulação abstrata dos preceitos normativos, depois, o da definição da norma para o caso concreto e, por fim, o da execução da norma individualizada.[14] A partir desta premissa, ensinava que, após o legislador brasileiro reconhecer expressamente a possibilidade de a ação declaratória ser proposta mesmo após a violação do direito (art. 4º, parágrafo único, do CPC/73), restava comprometido o padrão clássico de tutela meramente declaratória, antes visto como pretensão meramente preventiva, a ser utilizada antes de violação ao direito. Sua finalidade era puramente esclarecer a existência, inexistência ou modo de ser de uma relação jurídica, a fim de sanar uma dúvida jurídica e conferir segurança aos cidadãos. Assim, diante desta mudança por que passou a tutela declaratória, concluiu que não fazia sentido negar tutela executiva a uma decisão que reconhecia não só a existência da relação jurídica, mas também a exigibilidade da prestação.[15]

---

[14] ZAVASCKI, Teori Albino. Sentenças declaratórias, sentenças condenatórias e eficácia executiva dos julgados. *In*: DIDIER JR., Fredie (Org.). *Leituras complementares de processo civil*. 8. ed. Salvador: JusPodivm, 2010. p. 450.

[15] ZAVASCKI, Teori Albino. Sentenças declaratórias, sentenças condenatórias e eficácia executiva dos julgados. *In*: DIDIER JR., Fredie (Org.). *Leituras complementares de processo civil*. 8. ed. Salvador: JusPodivm, 2010. p. 455.

Cumpre observar, ainda, que não parece adequado afirmar que a sentença meramente declaratória de procedência não proporciona qualquer tipo de coação ao réu. Ao afirmar a existência de uma obrigação/dever, a autoridade judicial define, com a força da coisa julgada, que a parte tem o dever de realizar uma prestação a outrem. Se um contrato assinado pelas partes gera a obrigação de seu cumprimento, o que dizer de uma decisão judicial com semelhante conteúdo?[16]

Assim, se uma empresa obtém em juízo uma sentença meramente declaratória que reconhece o seu direito à imunidade tributária e declara a inexistência de relação jurídica tributária, tal decisão, por si só, já constitui uma exortação à Administração Tributária no sentido de que não é devido aquele tributo e que, portanto, qualquer cobrança que contrarie aquela declaração será considerada ilegítima. Mas não só. Ao reconhecer que aquela empresa goza da imunidade, a consequência lógica de tal declaração é o direito à repetição dos tributos que foram pagos indevidamente. Conforme foi amplamente demonstrado, não é adequado exigir que o jurisdicionado movimente toda a máquina judiciária, por meio de um processo de conhecimento, a fim de se obter algo que constitui mera consequência da sentença anterior. Para tanto, bastará dar início à fase de cumprimento do julgado.

3 O direito à mera declaração

Não se nega a possibilidade, contudo, de o demandante apenas querer a mera certificação, mesmo em situação em que seria possível o pleito condenatório.[17] A questão é outra. Uma vez obtida essa certificação, poderá o vencedor, agora, em outro momento, pedir a execução da prestação? Ou teria de entrar com outra ação de conhecimento, em que o magistrado ficaria vinculado ao efeito positivo da coisa julgada, e a sua cognição ficaria limitada, inevitavelmente, às matérias constantes do art. 525, §1º do CPC (limitação horizontal da defesa no cumprimento de sentença)? Que ação seria essa segunda, em que se parte da coisa julgada, para efetivar o quanto ali decidido, e cuja cognição é limitada? Parece-nos que se trata de uma ação executiva.

Assim, diante de tal ampla certificação da relação jurídica apresentada em juízo e do reconhecimento do direito a uma prestação, abre-se à parte a possibilidade de se conformar com a mera declaração ou postular a sua efetivação por meio de medidas extrajudiciais ou atos executivos praticados pelo próprio Judiciário. Como dito, trata-se de corolário do direito fundamental de acesso à justiça.

Convém lembrar, neste momento, o caso Wladimir Herzog, assassinado nos porões da ditadura militar brasileira (1964-1985), em que a viúva foi ao Judiciário, assessorada pelo advogado e processualista Sérgio Bermudes, pedindo apenas o reconhecimento do direito à indenização, sem, porém, pedir a condenação da União ao pagamento desta

---

[16] Nesse sentido: "Igual a qualquer outra sentença, a que deriva deste tipo de pretensão é intrínseca e objetivamente coercitiva, razão pela qual em toda sentença declaratória existe uma coação potencial [...]" (RIBEIRO, Darcy Guimarães. Contributo ao estudo da sentença declaratória. *In*: ASSIS, Araken de *et al.* (Org.). *Processo coletivo e outros temas de direito processual*. Porto Alegre: Livraria do Advogado Editora, 2012. p. 149-150).

[17] Ao que parece, essa é a principal preocupação de WAMBIER, Luiz Rodrigues; ALMEIDA, Flávio Renato Correia; TALAMINI, Eduardo. *Curso avançado de processo civil*. 8. ed. São Paulo: RT, 2006. v. 2. p. 57; CÂMARA, Alexandre Freitas. *A nova execução da sentença*. Rio de Janeiro: Lumen Juris, 2006. p. 92-98.

verba. O que se queria era tornar certa a obrigação de a União indenizar. O Tribunal Federal de Recursos admitiu a ação.[18]

Além disso, permanece sendo lícito o ajuizamento de ação meramente declaratória (i) de autenticidade ou falsidade de documento, (ii) de interpretação de cláusula contratual e de (iii) existência de direito ainda inexigível, situações que não gerarão título executivo.

4 Da não interrupção da prescrição pela demanda meramente declaratória

Uma observação nos parece importante quanto à prescrição. Teria a ação meramente declaratória aptidão de interromper a prescrição do direito à prestação decorrente da relação jurídica certificada na sentença? Tal pergunta é pertinente, pois, de fato, o autor de uma ação meramente declaratória não postula a efetivação da prestação, o que parece fundamental para a interrupção da prescrição.

A ação *meramente declaratória* ajuizada quando já fosse permitido o ajuizamento da *ação condenatória* não tem aptidão de interromper a prescrição, justamente porque o demandante não demonstrou a vontade de efetivar a prestação cuja existência se busca reconhecer.[19] Eis importante diferença, pois, entre a ação meramente declaratória positiva (ajuizada posteriormente à lesão) e a ação condenatória. Vale lembrar, inclusive, que a ação meramente declaratória é imprescritível, o que não se pode afirmar da pretensão à prestação.[20]

Nesse sentido, apesar da jurisprudência do STJ de que a impetração de mandado de segurança interrompe a prescrição para a ação de repetição de indébito decorrente da concessão da segurança,[21] a mesma regra não se deve aplicar quando a pretensão veiculada no mandado de segurança seja meramente declaratória. Deve-se investigar, portanto, se o impetrante declinou no mandado de segurança a pretensão de apenas certificar o seu direito ou se, de fato, demonstrou a intenção de exortar o devedor ao pagamento de eventuais valores pretéritos à impetração.[22] Não tendo sido declinada

---

[18] TFR. Ap. Cív. nº 59.873-SP. Rel. Min. Leitão Krieger, 1ª T., j. 21.6.1983.

[19] "Note que, na ação condenatória (ação de prestação), o demandante anuncia o desejo de efetivar o seu direito após a certificação judicial; isso não acontece na ação meramente declaratória ajuizada após a lesão" (DIDIER JR., Fredie; CUNHA, Leonardo Carneiro da; BRAGA, Paula Sarno; OLIVEIRA, Rafael Alexandria de. *Curso de direito processual civil*: execução. 9. ed. rev., ampl. e atual. Salvador: JusPodivm, 2019. v. 5. p. 273).

[20] AMORIM FILHO, Agnelo. Critério científico para distinguir prescrição da decadência e para identificar as ações imprescritíveis. *Revista dos Tribunais*, v. 744, n. 11, 1997. p. 740.

[21] "A decisão segue a orientação jurisprudencial do Superior Tribunal de Justiça, já declarada em hipóteses semelhantes à dos autos, no sentido de que a impetração do Mandado de Segurança interrompe a fluência do prazo prescricional, de modo que tão somente após o trânsito em julgado da decisão nele proferida é que volta a fluir a prescrição da Ação Ordinária para cobrança das parcelas referentes ao quinquênio que antecedeu a propositura do writ. (REsp 1.896.040/SP, Rel. Min. Herman Benjamin, DJe 18.12.2020)" (AgInt no REsp nº 1.927.786/SP. Rel. Min. Herman Benjamin, Segunda Turma, j. 28.6.2021. *DJe*, 1º jul. 2021).

[22] No direito tributário, por exemplo, tal pode se dar com o pedido de compensação de valores pretéritos, o que é tranquilamente admitido pela jurisprudência: "1. A jurisprudência pacífica do STJ entende que a possibilidade de a sentença mandamental declarar o direito à compensação (ou creditamento), nos termos da Súmula 213/STJ, de créditos ainda não atingidos pela prescrição não implica concessão de efeitos patrimoniais pretéritos à impetração, de modo que, reconhecido o direito à compensação, a comprovação do indébito e efetiva compensação deverão ser pleiteadas no âmbito administrativo, respeitado o prazo prescricional quinquenal anterior ao ajuizamento do mandamus. Precedentes: AgInt nos EDcl no AREsp 1.793.224/MS, Rel. Ministra ASSUSETE MAGALHÃES, SEGUNDA TURMA, julgado em 03/05/2021, DJe 06/05/2021; AgInt no REsp 1.209.315/MG, Rel. Ministro OG FERNANDES, SEGUNDA TURMA, julgado em 20/04/2021, DJe 27/04/2021; EDcl nos EDcl no REsp 1.215.773/

tal intenção, não nos parece adequado entender pela interrupção da prescrição em tais situações.

5 Exemplos de decisões meramente declaratórias com força executiva

Há muito, a doutrina vem apresentando diversos exemplos de ações meramente declaratórias que geram decisões com força executiva, entre as quais é possível citar a consignação em pagamento, a oferta de alimentos, a desapropriação judicial etc.[23]

De fato, se uma decisão judicial reconhece a existência de um direito a uma prestação já exigível (definição completa da norma jurídica individualizada), em nada ela se distingue de uma sentença condenatória, em que isso também acontece. A sentença declaratória, proferida com base no art. 20 do CPC,[24] tem força executiva, independentemente do ajuizamento de outro processo de conhecimento, de natureza "condenatória".[25] O que importa, para que uma decisão judicial seja título executivo, é que haja o reconhecimento da existência de um dever de prestar, qualquer que seja a natureza da sentença ou da prestação.[26]

Ademais, "se nosso direito processual positivo caminha para a outorga de força de título executivo a todo e qualquer documento particular em que se retrate obrigação líquida, certa e exigível, por que não se reconhecer igual autoridade à sentença declaratória",[27] cujo conteúdo é imutável pela coisa julgada material, situação jurídica que estabiliza definitivamente a norma jurídica concreta na sentença enunciada?

A redação do inc. I do art. 515 do CPC-2015 também permite que se resolva um outro problema. A antiga referência exclusiva à *sentença condenatória* dava margem ao surgimento de dúvida sobre a exaustividade do rol legislativo dos títulos executivos

---

RS, Rel. Ministro ARNALDO ESTEVES LIMA, PRIMEIRA SEÇÃO, DJe 20/6/2014" (AgInt no REsp nº 1.911.513/RS. Rel. Min. Benedito Gonçalves, Primeira Turma, j. 16.8.2021. *DJe*, 18 ago. 2021).

[23] Sérgio Shimura considera, por exemplo, que a sentença de partilha, que é título executivo, tem natureza declaratória (SHIMURA, Sérgio. *Título executivo*. São Paulo: Saraiva, 1997. p. 252-253).

[24] Parágrafo único do art. 4º do CPC/73: "É admissível a ação declaratória, ainda que tenha ocorrido a violação do direito".

[25] Em sentido diverso, José Roberto dos Santos Bedaque, comentando o parágrafo único do art. 4º do CPC/73, antes da Lei nº 11.232/2005: "Essa tutela, todavia, não terá o condão de eliminar completamente a crise de direito material. Embora declarado existente o direito, o inadimplemento não poderá ser afastado pela tutela executiva, pois a sentença declaratória não é título. Terá o credor que postular nova tutela cognitiva, de conteúdo condenatório, para obter acesso à via executiva" (BEDAQUE, José Roberto dos Santos. *Código de Processo Civil interpretado*. 2. ed. São Paulo: Atlas, 2005. p. 49.)

[26] "Se a norma jurídica individualizada está definida, de modo completo, por sentença, não há razão alguma, lógica ou jurídica, para submetê-la, antes da execução, a um segundo juízo de certificação, até porque a nova sentença não poderia chegar a resultado diferente do da anterior, sob pena de comprometimento da garantia da coisa julgada, assegurada constitucionalmente. Instaurar a cognição sem oferecer às partes e principalmente ao juiz outra alternativa de resultado que não um já prefixado representaria atividade meramente burocrática e desnecessária, que poderia receber qualquer outro qualificativo, menos o de jurisdicional" (ZAVASCKI, Teori Albino. Sentenças declaratórias, sentenças condenatórias e eficácia executiva dos julgados. *In*: DIDIER JR., Fredie (Org.). *Leituras complementares de processo civil*. 3. ed. Salvador: JusPodivm, 2005. p. 31-32). E acrescenta Ernane Fidélis: "Evidente que haverá sentenças declaratórias e mesmo constitutivas que não ensejarão qualquer execução, como a declaração de paternidade ou a de simples anulação de negócio jurídico, sem reconhecimento de qualquer obrigação de fazer ou não fazer, de entregar ou pagar quantia, mas, ainda que o autor afirme que pretende apenas declaração, o reconhecimento da existência da obrigação fará nascer o título executivo em se for a hipótese, ensejará liquidação de sentença" (SANTOS, Ernane Fidélis dos. *As reformas de 2005 do Código de Processo Civil*. São Paulo: Saraiva, 2006. p. 29-30).

[27] THEODORO JR., Humberto. *As novas reformas do Código de Processo Civil*. Rio de Janeiro: Forense, 2006. p. 135.

judiciais. É que, indiscutivelmente, há títulos executivos judiciais que não estão previstos no art. 515:[28] a) sentença que homologa reconhecimento da procedência do pedido; b) sentença que extingue a execução provisória, e que gera o dever de indenizar (art. 520 do CPC); c) sentença que extingue o processo cautelar e gera o dever de indenizar (art. 302 do CPC); d) sentença em ação de oferta de alimentos, consignação em pagamento, prestação de contas e desapropriação, de conteúdo meramente declaratório. O texto atual não dá margem a essa controvérsia.

6 Considerações finais

A executividade das decisões meramente declaratórias é tema difícil que ainda divide a doutrina. Conforme exposto, mesmo com os avanços legislativos ocorridos no processo civil brasileiro, há vozes a sustentar que apenas a decisão condenatória teria a aptidão de dar ensejo à execução. Contudo, há fortes argumentos a infirmarem esta conclusão, de maneira que os princípios do devido processo e do acesso à justiça parecem apontar para o sentido oposto, de maneira a ser reconhecida a eficácia executiva das decisões meramente declaratórias, com as peculiaridades antes apontadas.

A contribuição de Teori Zavascki, no particular, foi de tamanha relevância que não se pode tratar consistentemente deste tema em solo nacional sem citar a sua produção doutrinária e jurisprudencial. Com base em ampla pesquisa e com argumentos bem estruturados, Teori demonstra como a executividade das sentenças meramente declaratórias é uma decorrência lógica de um provimento jurisdicional que reconhece todos os elementos da norma jurídica concreta sobre o direito a uma prestação. Elabora seus argumentos a partir de perspectiva constitucional, demonstrando a evolução pela qual passou a noção de tutela declaratória, antes entendida como medida meramente preventiva, para poder ser utilizada também quando já tenha ocorrido a violação ao direito, o que proporcionou significativa mudança nas suas consequências dogmáticas.

O ano de 2004, de fato, foi muito importante, seja por ter sido um dos pontos de contato entre os autores deste ensaio e Teori Zavascki, seja pela contribuição jurisprudencial que deu relevante passo no desenvolvimento da prestação jurisdicional brasileira ou, ainda, por termos tido a oportunidade de conviver com o homenageado e aprender com suas lições como professor e como ser humano formidável que era. Cumprimentamos os organizadores pela justa homenagem.

Referências

AMORIM FILHO, Agnelo. Critério científico para distinguir prescrição da decadência e para identificar as ações imprescritíveis. *Revista dos Tribunais*, v. 744, n. 11, 1997.

ASSIS, Araken de. *Cumprimento da sentença*. Rio de Janeiro: Forense, 2006.

BEDAQUE, José Roberto dos Santos. *Código de Processo Civil interpretado*. 2. ed. São Paulo: Atlas, 2005.

CÂMARA, Alexandre Freitas. *A nova execução da sentença*. Rio de Janeiro: Lumen Juris, 2006.

---

[28] Percebendo a não exaustividade do rol do revogado art. 584 do CPC-73, ZAVASCKI, Teori Albino. *Processo de execução* – Parte geral. 3. ed. rev., atual. e ampl. São Paulo: Revista dos Tribunais, 2004. p. 307-318.

DIDIER JR., Fredie. A sentença meramente declaratória como título executivo – aspecto importante da reforma processual civil brasileira de 2005. *In*: CIANCI, Mirna; QUARTIERI, Rita (Org.). *Temas atuais da execução civil – Estudos em homenagem ao Professor Donaldo Armelin*. São Paulo: Saraiva, 2007.

DIDIER JR., Fredie. *Curso de direito processual civil*. Salvador: JusPodivm, 2009. v. 5.

DIDIER JR., Fredie; CUNHA, Leonardo Carneiro da; BRAGA, Paula Sarno; OLIVEIRA, Rafael Alexandria de. *Curso de direito processual civil*: execução. 9. ed. rev., ampl. e atual. Salvador: JusPodivm, 2019. v. 5.

DINAMARCO, Cândido. *Instituições de direito processual civil*. São Paulo: Malheiros, 2001. v. 3.

FUX, Luiz. *O novo processo de execução*. Rio de Janeiro: Forense, 2008.

GRECO, Leonardo. Primeiros comentários sobre a reforma da execução oriunda da Lei 11.232/05. *Revista Dialética de Direito Processual*, São Paulo, n. 36, 2006.

KNIJNIK, Danilo. A nova execução. *In*: OLIVEIRA, Carlos Alberto Alvaro de (Coord.). *A nova execução*. Rio de Janeiro: Forense, 2006.

MEDINA, José Miguel Garcia. A sentença declaratória como título executivo. *Revista de Processo*, São Paulo, n. 136, 2006.

MOREIRA, José Carlos Barbosa. Reflexões críticas sobre uma teoria da condenação civil. *In*: MOREIRA, José Carlos Barbosa. *Temas de direito processual*. São Paulo: Saraiva, 1977.

RIBEIRO, Darcy Guimarães. Contributo ao estudo da sentença declaratória. *In*: ASSIS, Araken de *et al.* (Org.). *Processo coletivo e outros temas de direito processual*. Porto Alegre: Livraria do Advogado Editora, 2012.

SANTOS, Ernane Fidélis dos. *As reformas de 2005 do Código de Processo Civil*. São Paulo: Saraiva, 2006.

SHIMURA, Sérgio. *Título executivo*. São Paulo: Saraiva, 1997.

THEODORO JR., Humberto. *As novas reformas do Código de Processo Civil*. Rio de Janeiro: Forense, 2006.

WAMBIER, Luiz Rodrigues; ALMEIDA, Flávio Renato Correia; TALAMINI, Eduardo. *Curso avançado de processo civil*. 8. ed. São Paulo: RT, 2006. v. 2.

ZAVASCKI, Teori Albino. *Processo de execução* – Parte geral. 3. ed. rev., atual. e ampl. São Paulo: Revista dos Tribunais, 2004.

ZAVASCKI, Teori Albino. Sentenças declaratórias, sentenças condenatórias e eficácia executiva dos julgados. *In*: DIDIER JR., Fredie (Org.). *Leituras complementares de processo civil*. 3. ed. Salvador: Edições JusPodivm, 2005.

ZAVASCKI, Teori Albino. Sentenças declaratórias, sentenças condenatórias e eficácia executiva dos julgados. *In*: DIDIER JR., Fredie (Org.). *Leituras complementares de processo civil*. 8. ed. Salvador: JusPodivm, 2010.

Informação bibliográfica deste texto, conforme a NBR 6023:2018 da Associação Brasileira de Normas Técnicas (ABNT):

DIDIER JR., Fredie; MENDES, Paulo. A sentença meramente declaratória como título executivo – Uma importante contribuição de Teori Albino Zavascki. *In*: SEEFELDER FILHO, Claudio Xavier; AZEVEDO, Daniel Coussirat de (Coord.). *Teori na prática*: uma biografia intelectual. Belo Horizonte: Fórum, 2022. p. 259-269. ISBN 978-65-5518-344-3.

DIREITO PROCESSUAL CIVIL. DIREITO COLETIVO

JOÃO BATISTA DE FIGUEIREDO

1 Introdução

Ao receber o convite para participar desta obra coletiva em homenagem ao saudoso Ministro Teori Albino Zavascki, jurista de escol; doutrinador da mais alta qualidade, dedicado que sempre foi ao ramo do direito processual civil; e juiz de magna grandeza, senti-me extremamente honrado e agradecido por esta oportunidade ímpar.

O Ministro Teori, homem justo e probo, que exerceu, na prática, o seu vasto conhecimento produzindo doutrina jurídica e decisões judiciais sempre da maior relevância para o mundo jurídico, nasceu em 15.8.1948 e partiu precocemente, em 19.1.2017, decorrente do acidente aéreo que sofreu. Graduou-se em Direito, foi Mestre e Doutor em Direito Processual Civil pela Universidade Federal do Rio Grande do Sul (UFRGS), exerceu diversos e relevantes cargos e funções públicas ao longo de sua trajetória profissional, em relação aos quais destacamos apenas os considerados mais relevantes, deixando de mencionar outros tantos também de grande magnitude: ministro do Supremo Tribunal Federal (STF); ministro do Superior Tribunal de Justiça (STJ); juiz do Tribunal Regional Federal da 4ª Região. No exercício do magistério, foi professor na Faculdade de Direito da UNB; professor de Direito Processual Civil na Faculdade de Direito da Universidade Federal do Rio Grande do Sul e professor na disciplina de Introdução ao Estudo de Direito, na Universidade do Vale do Rio dos Sinos (Unisinos). Como doutrinador de Direito Processual Civil, sua obra jurídica é vasta e relevante: produziu 5 livros de sua autoria; 27 livros em coautoria e 38 publicações em revistas especializadas, entre outras.

É para mim um privilégio, uma honra e uma dádiva ter tido a oportunidade de conviver por diversos anos com o Ministro Teori, quando, no exercício de minha profissão de procurador da Fazenda Nacional, atuava junto ao STJ e ao STF, em defesa dos interesses fazendários em juízo. Neste período, pude conhecer um pouco do juiz, doutrinador de Processo Civil e homem, o Ministro Teori. Esta convivência foi mais que suficiente para que eu aprendesse rapidamente a admirá-lo, em primeiro, pelo juiz sábio, imparcial, cujo conhecimento jurídico, de tão rico, transbordava sobre todos que com ele convivia; em segundo, quando tomei conhecimento mais de perto de sua obra doutrinária no âmbito do processo civil e me apaixonei, definitivamente, pelo seu exuberante saber acerca do direito processual; em terceiro, quando passei a entender melhor o homem, pessoa justa, honesta, profundamente comprometida com o zelo da coisa pública, e que não hesitava em colocar todo o seu conhecimento na produção de rica jurisprudência em todos os tribunais por que passou: TRF 4ª Região, STJ e STF.

Coube-me, neste artigo em sua homenagem, comentar quatro precedentes de sua lavra sobre direito processual civil coletivo. Esta encantadora tarefa soa para mim como um presente, admirador que sou, particularmente, de sua obra sobre processo coletivo,[1] que contribuiu, e continua a contribuir, imensamente, para o desfazimento de um equívoco muito comum em nossa doutrina e jurisprudência sobre o tema, que sempre apresentou muita dificuldade em diferenciar a tutela de direitos transindividuais (indivisíveis) da tutela coletiva de direitos individuais (divisíveis).

2 Breve incursão na doutrina de Zavascki sobre processo coletivo

Antes de se adentrar, especificamente, nos comentários acerca dos precedentes jurisprudenciais selecionados, da lavra do Ministro Teori, que solucionam questões jurídicas de alta relevância e indagação atinentes ao direito processual civil coletivo e apontam o norte a ser seguido pela jurisprudência pátria sobre o tema, entendo de suma importância trazer a lume, ainda que de forma breve, os pontos mais relevantes de sua escorreita doutrina sobre a matéria, à qual me filio, não só com o fim de destacá-los, mas também com o objetivo de estabelecer um "acordo semântico" acerca dos institutos e conceitos jurídicos que serão enfrentados no decorrer do exame de tão rica jurisprudência.

A doutrina de Zavascki sobre o processo coletivo contém contribuição relevantíssima no que se refere à correta conceituação e à adequada diferenciação dos institutos jurídicos relativos aos direitos transindividuais (difusos e coletivos *stricto sensu* e indivisíveis), em contraposição aos direitos subjetivos individuais homogêneos (divisíveis e disponíveis), bem assim à necessidade de que a tutela jurídica de tais direitos se amolde à sua natureza e a suas características intrínsecas, visto que o processo é um instrumento que serve ao direito material que se visa tutelar em juízo.

Para evidenciar essa necessidade de adequação das tutelas jurídicas aos respectivos e distintos direitos materiais (transindividual e individual homogêneo), cunha, em seu livro,[2] os termos "tutela de direitos coletivos" e "tutela coletiva de direitos individuais", alertando que uma das principais causas dos equívocos "nesse novo domínio processual foi a de confundir direito coletivo com defesa coletiva de direitos",[3] que trouxe a equivocada consequência de "se imaginar possível conferir aos direitos subjetivos individuais, quando tutelados coletivamente, o mesmo tratamento que se

---

[1] ZAVASCKI, Teori Albino. *Processo coletivo*: tutela de direitos coletivos e tutela coletiva de direitos. 5. ed., rev., atual. e ampl. São Paulo: Revista dos Tribunais, 2011.
[2] ZAVASCKI, Teori Albino. *Processo coletivo*: tutela de direitos coletivos e tutela coletiva de direitos. 5. ed., rev., atual. e ampl. São Paulo: Revista dos Tribunais, 2011. p. 32.
[3] ZAVASCKI, Teori Albino. *Processo coletivo*: tutela de direitos coletivos e tutela coletiva de direitos. 5. ed., rev., atual. e ampl. São Paulo: Revista dos Tribunais, 2011.

dá aos direitos de natureza transindividual",[4] notadamente, com o advento da Lei nº 8.078/90 (Código de Proteção e Defesa do Consumidor), que introduziu, em seu art. 91,[5] a ação coletiva para defesa de interesses individuais homogêneos. De então, passou-se, equivocadamente, a considerar tal categoria de direitos, "para todos os efeitos, como espécie dos direitos coletivos e difusos, lançando-se todos eles em vala comum, como se lhes fossem comuns e idênticos os instrumentos processuais e as fontes normativas de legitimação para a sua defesa em juízo".[6]

É inegável "a importância da adequada identificação da natureza do direito material lesado ou ameaçado, que servirá de guia para a subsequente definição dos meios, modos e instrumentos de natureza processual que podem ser utilizados para sua proteção".[7]

Sem razão, portanto, a doutrina de Watanabe, segundo a qual a correta distinção entre direitos coletivos, difusos e individuais homogêneos depende do pedido e da causa de pedir formulados na demanda.[8] Essa posição é criticada por Zavascki:

> Ela produz um resultado absurdo: o de negar que o direito tenha alguma natureza antes de ser objeto de litígio em juízo. Ela retira do processo o seu caráter meramente instrumental e ancilar, de servir de meio para proteção ao direito material (o qual, portanto, preexiste ao processo, necessariamente).[9]

No mesmo sentido é a doutrina de Bedaque, para quem:

> [...] Ao contrário, é o tipo de direito que determina a espécie de tutela [...]. Aliás, se não fosse assim, chegaríamos ao absurdo de afirmar que inexistem interesses difusos, coletivos ou individuais homogêneos fora do processo... Evidentemente, não está correto o raciocínio, que parte de premissa falsa. O interesse ou direito é difuso, coletivo ou individual homogêneo, independentemente da existência de um processo. Basta que determinado acontecimento da vida o faça surgir.[10]

2.1 Direitos transindividuais (difusos e coletivos) e direitos individuais (homogêneos)

A expressão "direito coletivo" (*lato sensu*) é designação genérica para as duas modalidades de direitos transindividuais: o difuso e o coletivo (*stricto sensu*). Os direitos coletivos (*lato sensu*) são direitos cuja titularidade é múltipla e indeterminada, pois

---

[4] ZAVASCKI, Teori Albino. *Processo coletivo*: tutela de direitos coletivos e tutela coletiva de direitos. 5. ed., rev., atual. e ampl. São Paulo: Revista dos Tribunais, 2011.
[5] "Art. 91. Os legitimados de que trata o art. 82 poderão propor, em nome próprio e no interesse das vítimas ou seus sucessores, ação civil coletiva de responsabilidade pelos danos individualmente sofridos, de acordo com o disposto nos artigos seguintes".
[6] ZAVASCKI, Teori Albino. *Processo coletivo*: tutela de direitos coletivos e tutela coletiva de direitos. 5. ed., rev., atual. e ampl. São Paulo: Revista dos Tribunais, 2011. p. 33.
[7] ZAVASCKI, Teori Albino. *Processo coletivo*: tutela de direitos coletivos e tutela coletiva de direitos. 5. ed., rev., atual. e ampl. São Paulo: Revista dos Tribunais, 2011. p. 33.
[8] GRINOVER, Ada Pellegrini *et al*. *Código Brasileiro de Defesa do Consumidor*: comentado pelos autores do anteprojeto. 7. ed. Rio de Janeiro: Forense Universitária, 2001. p. 747.
[9] ZAVASCKI, Teori Albino. *Processo coletivo*: tutela de direitos coletivos e tutela coletiva de direitos. 5. ed., rev., atual. e ampl. São Paulo: Revista dos Tribunais, 2011. p. 33, nota de rodapé n. 29.
[10] BEDAQUE, José Roberto dos Santos. *Direito e processo*: influência do direito material sobre o processo. 5. ed. rev. e ampl. São Paulo: Malheiros, 2009. p. 45.

pertencem ou à sociedade em seu sentido amplo, ou a um grupo de pessoas, uma classe ou uma categoria, decorrendo daí que são direitos subjetivamente transindividuais (sem titular individualmente determinado, isto é, com indeterminação absoluta dos titulares, razão pela qual são tutelados em juízo invariavelmente pelo regime de substituição processual) e materialmente indivisíveis (são lesados ou satisfeitos necessariamente em sua globalidade, o que determina tutela jurisdicional também de forma conjunta e universalizada). Portanto, não pertencem à Administração Pública nem a indivíduos particularmente determinados. Nesse sentido, opõem-se à ideia de direitos subjetivos individuais (direitos que têm sujeitos determinados e que são materialmente divisíveis e podem ser decompostos em unidades autônomas).[11]

Por sua vez, os direitos individuais homogêneos não são uma nova espécie de direito material e sequer são fruto de uma indivisibilidade inerente ou natural (interesses ou direitos difusos) ou de uma relação jurídica-base (interesses coletivos, *stricto sensu*). Nada mais são do que uma pluralidade de direitos subjetivos individuais divisíveis e, como regra, disponíveis, com a peculiaridade de que se encontram ligados entre si por uma relação de afinidade ou semelhança, caracterizada por: (a) uma parte que é comum a todos eles (dita homogênea) e que cria um liame entre eles; e (b) outra parte que os distingue e os individualiza com relação aos sujeitos e ao objeto material (heterogênea). A pluralidade nos direitos individuais homogêneos não é somente dos sujeitos (que são indivíduos determinados), mas também do objeto material, que é divisível (podem ser lesados ou satisfeitos por unidades isoladas), pois são decomponíveis em unidades autônomas, com titularidade própria, o que propicia sua tutela jurisdicional tanto de modo coletivo (por regime de substituição processual) como individual (por regime de representação). A parte comum a todos eles (dita homogênea) é a mesma que possibilita a formação de litisconsórcio facultativo simples ativo (incs. II e IV do art. 46 do revogado CPC-73, atual inc. III do art. 113 do CPC-2015, qual seja, "direitos ou obrigações que derivam do mesmo fundamento de fato ou de direito" ou "afinidade de questões por ponto comum de fato ou de direito"). A defesa coletiva de tais direitos tem um sentido meramente instrumental, como estratégia para sua efetiva tutela em juízo, já que decorrem de uma origem comum, de fato ou de direito, e a qualificação de coletivo não é do direito material tutelado, mas sim do modo de tutelá-lo, o instrumento de sua defesa.[12]

A conceituação doutrinária assente para os direitos ou interesses coletivos *lato sensu* (difusos e coletivos *stricto sensu*) e os direitos ou interesses individuais homogêneos foi plasmada pelo legislador ordinário nos incs. I, II e III do parágrafo único do art. 81 da Lei nº 8.078/90,[13] devendo ser adotada para todos os efeitos de direito.

---

[11] ZAVASCKI, Teori Albino. *Processo coletivo*: tutela de direitos coletivos e tutela coletiva de direitos. 5. ed., rev., atual. e ampl. São Paulo: Revista dos Tribunais, 2011. p. 34.

[12] ZAVASCKI, Teori Albino. *Processo coletivo*: tutela de direitos coletivos e tutela coletiva de direitos. 5. ed., rev., atual. e ampl. São Paulo: Revista dos Tribunais, 2011. p. 34-35.

[13] "Art. 81. [...] I - interesses ou direitos difusos, assim entendidos, para efeitos deste código, os transindividuais, de natureza indivisível, de que sejam titulares pessoas indeterminadas e ligadas por circunstâncias de fato; II - interesses ou direitos coletivos, assim entendidos, para efeitos deste código, os transindividuais, de natureza indivisível de que seja titular grupo, categoria ou classe de pessoas ligadas entre si ou com a parte contrária por uma relação jurídica base; III - interesses ou direitos individuais homogêneos, assim entendidos os decorrentes de origem comum".

2.2 Os dois grandes domínios do processo coletivo

Sempre segundo Zavascki, se distintos e inconfundíveis os direitos transindividuais (difusos e coletivos) e os direitos individuais (homogêneos), devem ser também distintos os mecanismos processuais para a tutela jurisdicional de tais direitos, identificando, em nosso sistema processual, um subsistema de processo coletivo que perpassa pela Constituição de 1988 e por leis ordinárias e que delineia claramente os modos e os instrumentos de tutela de direitos transindividuais (difusos e coletivos), que são a ação civil pública, a ação popular e a ação de improbidade administrativa; e os modos e os instrumentos para tutelar coletivamente os direitos individuais (homogêneos), que são as ações civis coletivas, nelas incluído o mandado de segurança coletivo. Embora distintos os mecanismos processuais para a respectiva tutela jurisdicional, deve-se ressaltar a possibilidade de aplicação subsidiária do regramento de uns em relação aos outros, por autorização do próprio ordenamento jurídico ou pela aplicação do princípio da analogia no suprimento de lacunas da lei.[15]

2.2.1 O domínio da tutela dos direitos transindividuais, difusos e coletivos (a ação civil pública, a ação popular e a ação de improbidade administrativa)

A ação civil pública, regulada pela Lei nº 7.347/1985, é o primeiro instrumento processual de cognição completa e com múltipla aptidão, integrado por um conjunto de mecanismos destinados a instrumentar demandas preventivas, cominatórias, reparatórias e cautelares de quaisquer direitos e interesses difusos e coletivos. Portanto, é o instrumento processual de defesa, por excelência, dos direitos transindividuais:[16]

> É procedimento especial com múltipla aptidão, aparelhado de mecanismos para instrumentar demandas visando a obter, isolada ou cumulativamente, provimentos jurisdicionais da mais variada natureza: preventivos, condenatórios, constitutivos, inibitórios, executivos, mandamentais, meramente declaratórios, cautelares e antecipatórios. A legitimação ativa, invariavelmente em regime de substituição processual, é exercida por entidades e órgãos expressamente eleitos pelo legislador, entre os quais se destaca o Ministério Público, que tem nesse mister uma das suas funções institucionais. A sentença de mérito faz coisa julgada com eficácia subjetiva *erga omnes*, salvo se improcedente o pedido por insuficiência de prova. Em caso de procedência, a sentença produz, também, o efeito secundário de tornar certa a obrigação do réu de indenizar os danos individuais decorrentes do ilícito civil objeto da demanda. A execução, promovida pelos mesmos legitimados do processo cognitivo, em regime de substituição processual, segue o rito processual comum, e o eventual produto da condenação em dinheiro reverterá ao Fundo de Defesa dos Direitos Difusos, previsto na Lei 9.008, de 21.03.1995, e no Decreto 1.306, de 09.11.1994.[17]

---

[14] ZAVASCKI, Teori Albino. *Processo coletivo*: tutela de direitos coletivos e tutela coletiva de direitos. 5. ed., rev., atual. e ampl. São Paulo: Revista dos Tribunais, 2011. p. 35-36.

[15] ZAVASCKI, Teori Albino. *Processo coletivo*: tutela de direitos coletivos e tutela coletiva de direitos. 5. ed., rev., atual. e ampl. São Paulo: Revista dos Tribunais, 2011. p. 48-49 e 253-254.

[16] ZAVASCKI, Teori Albino. *Processo coletivo*: tutela de direitos coletivos e tutela coletiva de direitos. 5. ed., rev., atual. e ampl. São Paulo: Revista dos Tribunais, 2011. p. 53-75.

[17] ZAVASCKI, Teori Albino. *Processo coletivo*: tutela de direitos coletivos e tutela coletiva de direitos. 5. ed., rev., atual. e ampl. São Paulo: Revista dos Tribunais, 2011. p. 253.

Embora se destine a tutelar direitos transindividuais, há circunstâncias nas quais, de uma única situação de fato, podem vir a ocorrer lesões a direitos transindividuais e a direitos individuais homogêneos (*v.g.*: veiculação de publicidade enganosa e transporte irregular de produtos tóxicos, fatos que acarretam ameaça a pessoas indeterminadas, consumidores em geral e meio ambiente, direitos de natureza transindividual e difusa). Havendo aquisição da mercadoria objeto da publicidade enganosa ou o derramamento do produto tóxico transportado, ocorrem também danos à esfera jurídica de pessoas determinadas. Em tais situações, é perfeitamente cabível a cumulação de pedidos para a tutela de direitos transindividuais e individuais homogêneos. Com relação aos direitos transindividuais, a sentença será completa, com cognição plena. Por outro lado, relativamente aos direitos individuais homogêneos, a sentença de procedência será de natureza genérica, e haverá uma segunda fase, a de cumprimento, na qual os lesados individuais deverão promover demandas autônomas, em nome próprio, com a identificação e liquidação dos danos individualmente indenizáveis, cujo produto reverterá ao patrimônio dos lesados, e não ao Fundo de que trata o art. 13 da Lei nº 7.347/85.[18]

A ação popular, prevista no inc. LXXIII do art. 5º da Constituição de 1988 e regulada pela Lei nº 4.717/1965 e suas alterações posteriores, com legitimação ativa atribuída a "qualquer cidadão", para "pleitear a anulação ou a declaração de nulidade de atos lesivos" ao patrimônio público, ou de entidade de que o Estado participe, à moralidade administrativa, ao meio ambiente e ao patrimônio histórico e cultural, visa tutelar o direito transindividual que tem a coletividade a um governo probo e a uma administração honesta, à preservação dos bens públicos e da boa administração:[19]

> Caracteriza-se por sua legitimação ativa, reservada a qualquer cidadão, que, em nome próprio, defende interesses da comunidade, consagrando assim não apenas um importante predicado de cidadania, mas também uma inédita forma de tutela de interesses transindividuais por iniciativa particular. Guardadas as suas limitações, o objeto da ação popular se identifica, em muitos aspectos, com o da ação civil pública, nomeadamente no que se refere à proteção do patrimônio público e dos direitos e interesses difusos de natureza ecológica, histórica e cultural. Todavia, diferentemente dessa (que comporta qualquer forma de tutela jurisdicional), a ação popular tem natureza primordialmente constitutivo-negativa, embora admita também provimentos de natureza preventiva (para sustar a prática ou, se for o caso, a execução do ato lesivo) e condenatória (perdas e danos decorrentes da lesão), bem como de natureza cautelar e antecipatória, indispensáveis à adequada efetivação da tutela jurisdicional a que visa e à integral proteção dos bens e interesses tutelados. O regime da coisa julgada é, como na ação civil pública, *secundum eventum litis*: a sentença de mérito tem eficácia subjetiva universal, a não ser em caso de improcedência por insuficiência de prova. E a execução, que obedece ao rito comum do CPC, pode ser promovida pelos mesmos legitimados para o processo de conhecimento ou pelas pessoas e entidades que sofreram a lesão patrimonial e em cujo benefício imediato for proferida a sentença condenatória.[20]

---

[18] ZAVASCKI, Teori Albino. *Processo coletivo*: tutela de direitos coletivos e tutela coletiva de direitos. 5. ed., rev., atual. e ampl. São Paulo: Revista dos Tribunais, 2011. p. 61-62.

[19] ZAVASCKI, Teori Albino. *Processo coletivo*: tutela de direitos coletivos e tutela coletiva de direitos. 5. ed., rev., atual. e ampl. São Paulo: Revista dos Tribunais, 2011. p. 76-92.

[20] ZAVASCKI, Teori Albino. *Processo coletivo*: tutela de direitos coletivos e tutela coletiva de direitos. 5. ed., rev., atual. e ampl. São Paulo: Revista dos Tribunais, 2011. p. 254-255.

A ação de improbidade administrativa, prevista no art. 37, §4º, da Constituição e regulada pela Lei nº 8.429/1992, visa a tutelar o direito transindividual do cidadão à probidade da Administração Pública, isto é, de ter um governo honesto, eficiente e zeloso pelas coisas públicas:[21]

> Sob esse aspecto, guarda identidade de propósito com a ação civil pública e a ação popular. Delas se diferencia, entretanto, pela peculiaridade do seu objeto imediato: a ação não se destina propriamente a preservar ou recompor o patrimônio público ou a higidez dos atos da Administração, mas sim, fundamentalmente, a punir os responsáveis por ilícitos de improbidade. Trata-se, portanto, de ação com caráter eminentemente repressivo. São notórias, sob esse aspecto, as suas semelhanças com a ação penal, semelhanças que se acentuam pelas circunstâncias de que várias das sanções aplicáveis aos agentes de improbidade (perda do cargo público, suspensão de direitos políticos, restrição do direito de contratar com a Administração Pública, perda do produto do ato ilícito, multa pecuniária) têm conteúdo e natureza semelhantes aos da sanções penais. A identidade da função repressora, aliada à observância de princípios do direito penal, nomeadamente o da legalidade, o da tipicidade, o da responsabilidade subjetiva, o do *non bis in idem*, o da presunção de inocência e o da individualização da pena. São profundas as consequências que isso acarreta no âmbito dessa peculiar ação civil, a justificar inclusive a formatação de seu procedimento (art. 17 da Lei 8.429/92) por modo semelhante ao que rege o processo e julgamento dos crimes de responsabilidade dos funcionários públicos (arts. 513 a 518 do CPP).[22]

2.2.2 O domínio da tutela coletiva dos direitos individuais homogêneos (as ações civis coletivas e o mandado de segurança coletivo)

É comum que haja direitos subjetivos individuais, divisíveis e geralmente disponíveis, mas que são ligados por um ponto comum de fato ou de direito e que os torna homogêneos nesta parte, criando entre eles uma afinidade suficiente a permitir a tutela jurisdicional de forma conjunta (trata-se dos mesmos direitos subjetivos que possibilitam o litisconsórcio facultativo ativo simples – afinidade por um ponto comum de fato ou de direito). Neles é possível identificar estes elementos comuns (o núcleo de homogeneidade) e elementos característicos e peculiares que os distinguem e os individualizam (o núcleo de heterogeneidade). O núcleo de homogeneidade de tais direitos é formado por três elementos das normas jurídicas concretas neles subjacentes: os relacionados com (a) a existência (jurídica) da obrigação (o *an debeatur*); (b) a natureza da prestação devida (pagar, entregar coisa, fazer ou não fazer) e (c) o sujeito passivo comum (o devedor da prestação). A identidade do sujeito ativo (credor) e a sua específica vinculação com a relação jurídica, inclusive no que diz respeito ao *quantum debeatur*, sendo o caso, são os elementos peculiares que os distinguem, formando a sua margem de heterogeneidade.[23]

---

[21] ZAVASCKI, Teori Albino. *Processo coletivo*: tutela de direitos coletivos e tutela coletiva de direitos. 5. ed., rev., atual. e ampl. São Paulo: Revista dos Tribunais, 2011. p. 93-125.

[22] ZAVASCKI, Teori Albino. *Processo coletivo*: tutela de direitos coletivos e tutela coletiva de direitos. 5. ed., rev., atual. e ampl. São Paulo: Revista dos Tribunais, 2011. p. 255.

[23] ZAVASCKI, Teori Albino. *Processo coletivo*: tutela de direitos coletivos e tutela coletiva de direitos. 5. ed., rev., atual. e ampl. São Paulo: Revista dos Tribunais, 2011. p. 146-147; 255-256.

O instrumento básico da tutela de direitos individuais homogêneos é a ação civil coletiva, regulada nos arts. 91 a 100 do CDC (Lei nº 8.078/90). Trata-se de procedimento especial com quatro características fundamentais, moldadas pela própria natureza dos direitos tutelados:[24]

> *Primeira, a repartição da atividade cognitiva em duas fases:*[25] uma, a ação coletiva propriamente dita, destinada ao juízo de cognição sobre as questões fáticas e jurídicas relacionadas com o núcleo de homogeneidade dos direitos tutelados; e outra, a da ação de cumprimento, desdobrada em uma ou mais ações, promovida em caso de procedência do pedido na ação coletiva, destinada a complementar a atividade cognitiva mediante juízo específico sobre as situações individuais de cada um dos lesados (margem de heterogeneidade) e a efetivar os correspondentes atos executórios. *A segunda característica da ação coletiva é a legitimação ativa por substituição processual*: a demanda, na sua primeira fase, é promovida por órgão ou entidade autorizada por lei para, em nome próprio, defender em juízo direitos individuais homogêneos. Apenas na segunda fase (ação de cumprimento) é que a legitimação se dá pelo regime comum da representação. *A terceira característica diz respeito à natureza da sentença, que é sempre genérica*: limitando-se a demanda ao núcleo de homogeneidade dos direitos individuais, a correspondente sentença de mérito fica também restrita aos mesmos limites. Ela fará juízo apenas sobre o *an debeatur* (existência da obrigação do devedor), o *quis debeat* (a identidade do sujeito passivo da obrigação) e o *quid debeatur* (a natureza da prestação devida). Os demais elementos indispensáveis para conferir força executiva ao julgado – ou seja, o *cui debeatur* (quem é o titular do direito) e o *quantum debeatur* (qual é a prestação a que especificamente faz jus) – são objeto de outra sentença, proferida na ação de cumprimento (segunda fase). *A quarta característica da ação coletiva é a da sua autonomia em relação à ação individual, representada pela faculdade atribuída ao titular do direito subjetivo de aderir ou não ao processo coletivo*. Compreende-se nessa faculdade: (a) a liberdade de se litisconsorciar ou não ao substituto processual autor da ação coletiva, (b) a liberdade de promover ou de prosseguir a ação individual simultânea à ação coletiva e (c) a liberdade de executar ou não, em seu favor, a sentença de procedência resultante da ação coletiva.[26] (Grifos nossos)

As normas processuais e procedimentais que disciplinam a ação civil coletiva em defesa do consumidor (arts. 91 a 100 da Lei nº 8.078/90) aplicam-se, por analogia, no que couberem, às demais hipóteses de tutela coletiva de direitos individuais homogêneos, inclusive, às que decorrem de demandas promovidas por entidades associativas (art. 5º, XXI, da CF/88). Desse modo, é válido para as hipóteses de ação coletiva o seguinte:[27]

> (a) a ação coletiva não inibe nem prejudica a propositura da ação individual com o mesmo objeto, ficando o autor individual vinculado ao resultado da sua própria demanda, ainda que improcedente essa e procedente a coletiva; (b) quanto aos demais titulares individuais, a sentença da ação coletiva fará coisa julgada *erga omnes*, mas somente em caso de procedência do pedido; (c) a sentença genérica de procedência servirá de título para a propositura da

---

[24] ZAVASCKI, Teori Albino. *Processo coletivo*: tutela de direitos coletivos e tutela coletiva de direitos. 5. ed., rev., atual. e ampl. São Paulo: Revista dos Tribunais, 2011. p. 151-160.

[25] Ressalte-se que, entre as quatro características fundamentais da ação civil coletiva, destaca-se a primeira (repartição da atividade cognitiva em duas fases), pois essa característica é a que distingue do litisconsórcio ativo facultativo. Caso as atividades cognitivas não fossem realizadas em duas fases, a ação coletiva se resumiria a uma ação ordinária em regime de litisconsórcio multitudinário, nada mais que isto.

[26] ZAVASCKI, Teori Albino. *Processo coletivo*: tutela de direitos coletivos e tutela coletiva de direitos. 5. ed., rev., atual. e ampl. São Paulo: Revista dos Tribunais, 2011. p. 256.

[27] ZAVASCKI, Teori Albino. *Processo coletivo*: tutela de direitos coletivos e tutela coletiva de direitos. 5. ed., rev., atual. e ampl. São Paulo: Revista dos Tribunais, 2011. p. 177-178.

ação individual de cumprimento, pelo regime de representação, consistente de atividade cognitiva de liquidação por artigos, seguida de atividade executória, desenvolvidas pelo procedimento comum do CPC e em conformidade com a natureza da prestação devida.[28]

O outro instrumento de tutela coletiva de direitos individuais homogêneos é o mandado de segurança coletivo. O mandado de segurança individual, atualmente previsto no inc. LXIX do art. 5º da CF/88, sempre esteve presente no nosso constitucionalismo, exceção feita à Carta de 1937. Entretanto, A CF/88 inovou ao trazer no inc. LXX do seu art. 5º, a previsão também do mandado de segurança coletivo, ambos regulados atualmente pela Lei nº 12.016/2009:[29]

> Ao atribuir a certos órgãos e entidades a legitimação ativa para, em nome próprio, buscarem proteção para direitos líquidos e certos pertencentes a terceiros, a Constituição de 1988 operou uma transformação qualitativa do mandado de segurança, conferindo-lhe dupla face: sem retirar-lhe a natureza de ação constitucional sumária, que por isso mesmo deve guardar os contornos essenciais do mandado de segurança original, agregou-lhe a condição de demanda coletiva que, sob pena de comprometer sua própria natureza, não faz juízo particular e individualizado dos direitos subjetivos tutelados, e sim um juízo genérico, apenas sobre o núcleo de homogeneidade desses direitos. Por ser mandado de segurança, tem como características (a) a sumariedade do rito e (b) a tipicidadade do objeto (proteção a direito líquido e certo ameaçado ou violado por ato abusivo ou ilegal de autoridade). E, por ser ação coletiva, tem como características (a) a repartição da atividade cognitiva, (b) o regime de substituição processual, (c) a sentença genérica e (d) a liberdade de adesão ou não do titular do direito individual ao processo coletivo. Também a sentença e a coisa julgada assumem perfil amoldado à dupla face da ação: só a sentença de procedência faz coisa julgada material; a sentença tem eficácia erga omnes, beneficiando a todos os substituídos processuais, que poderão promover a respectiva efetivação em seu favor pelo regime próprio da ação de cumprimento das sentenças proferidas em ação coletiva; todavia, o interessado que tiver optado por promover ou dar seguimento a ação individual para tutelar seu direito ficará sujeito à sentença de mérito que nela for proferida, não se beneficiando nem se prejudicando com o que for decidido no mandado de segurança coletivo.[30]

3 Comentários sobre os precedentes objeto do artigo

Neste tópico do presente artigo, serão analisados e comentados precedentes jurisprudenciais selecionados, da lavra do Ministro Teori, os quais resolvem intrincadas questões de direito processual civil coletivo.

Nos comentários aos precedentes, procurar-se-á demonstrar, sempre que possível, que neles se encontra retratada a escorreita e abalizada doutrina de Zavascki sobre o processo coletivo, a qual, consoante já se disse alhures, é portadora de relevante contribuição à correta conceituação e à adequada diferenciação dos institutos jurídicos relativos aos direitos transindividuais e aos direitos individuais homogêneos, visando à

---

[28] ZAVASCKI, Teori Albino. *Processo coletivo*: tutela de direitos coletivos e tutela coletiva de direitos. 5. ed., rev., atual. e ampl. São Paulo: Revista dos Tribunais, 2011. p. 257.

[29] ZAVASCKI, Teori Albino. *Processo coletivo*: tutela de direitos coletivos e tutela coletiva de direitos. 5. ed., rev., atual. e ampl. São Paulo: Revista dos Tribunais, 2011. p. 190-208.

[30] ZAVASCKI, Teori Albino. *Processo coletivo*: tutela de direitos coletivos e tutela coletiva de direitos. 5. ed., rev., atual. e ampl. São Paulo: Revista dos Tribunais, 2011. p. 257-258.

sua adequada tutela jurídica. Esta, uma das principais razões de, antes de se passar aos comentários propriamente ditos dos precedentes jurisprudenciais selecionados, trazer a lume, no tópico 2, antecedente, um resumo dos pontos mais relevantes de sua doutrina.

Doravante, ao comentar ditos precedentes jurisprudenciais, serão feitas referências tão somente aos trechos das decisões que solucionaram questões relativas ao processo coletivo destacadas nos respectivos tópicos, abstraindo-se das demais questões jurídicas eventualmente tratadas no correspondente julgado.

Assim, para maior clareza, cada tópico será estruturado com (1) a transcrição da ementa do precedente; (2) a identificação do objeto da demanda, com destaque para o direito material em discussão (transindividual difuso ou coletivo, ou individual homogêneo) e o tema de processo coletivo sugerido para comentário; (3) um breve resumo do que restou decidido no aresto e, por fim, (4) exame do decidido, trazendo a lume a correspondente doutrina de Zavascki sobre a questão solucionada.

3.1 TRF4, AI nº 93.04.19891-7, 2ª Turma, DJ de 19.1.1994: Processo civil. Processo coletivo. Ações individuais concomitantes. Alternativas

Eis o teor da ementa do julgado:

PROCESSO CIVIL. AÇÃO COLETIVA PROPOSTA PELO MINISTÉRIO PÚBLICO. REAJUSTE DE PROVENTOS PREVIDENCIÁRIOS. SUSPENSÃO, "EX OFFICIO", DA AÇÃO INDIVIDUAL PROPOSTA PELO PRÓPRIO SEGURADO. INVIABILIDADE. 1. Os direitos a reajuste de proventos dos segurados da previdência são divisíveis, individualizáveis e com titulares certos. Por isso, não podem ser considerados direitos coletivos, nem difusos (necessariamente transindividuais e indivisíveis) e sim "individuais homogêneos", segundo a classificação prevista no art. 81, parágrafo único, da Lei n. 8.078/90. 2. A ação coletiva para defesa de direitos individuais homogêneos é a prevista no art. 91 da referida lei, e conduz, em caso de procedência, a uma sentença de caráter genérico, provimento jurisdicional intermediário entre a absoluta abstração da norma e a concretude da sentença proferida em demanda individual. 3. O Ministério Público, na condição de substituto processual, não tem legitimação para propor a ação de liquidação e execução da sentença genérica proferida na ação coletiva. 4. O titular do direito material, que tenha proposto ação individual antes do ajuizamento da ação coletiva tem a faculdade de vincular-se, ou não, aos efeitos dessa última. Caso não requeira a suspensão da ação individual no prazo de 30 dias a contar da ciência do ajuizamento da ação coletiva, deve aquela ter curso normal, não se transmitindo entre as duas qualquer efeito, qual seja, o resultado do julgamento (art. 104, da Lei n. 8.078/90). 5. Agravo provido.[31]

Verifica-se do voto do relator que a demanda gira em torno das "relações de dependência entre a ação coletiva em defesa de direitos individuais homogêneos e a ação individual proposta pelo próprio titular do direito material" [32] (concessão de reajustes de benefícios previdenciários devidos a aposentados e pensionistas). Entretanto, o precedente sob comento resolve em sua fundamentação diversas questões atinentes ao

---

[31] TRF4. AI 93.04.19891-7, 2ª Turma. *DJ*, 19 jan. 1994; *Revista do Tribunal Regional Federal da 4ª Região*, Porto Alegre, ano 4, n. 15, p. 340-344, jul./set. 1993.

[32] TRF4. AI 93.04.19891-7, 2ª Turma. *DJ*, 19 jan. 1994; *Revista do Tribunal Regional Federal da 4ª Região*, Porto Alegre, ano 4, n. 15, p. 340-344, jul./set. 1993. p. 341.

processo coletivo, resumidas na sua ementa acima transcrita, as quais, por relevantes, também serão objeto de comentário.

Em primeiro, verifica-se que o pano de fundo da demanda versa claramente sobre direitos individuais homogêneos, posto que o reajuste de benefícios previdenciários devidos a aposentados e pensionistas configura direitos individuais e divisíveis, individualizáveis e com titulares certos, não podendo ser considerados, portanto, direitos transindividuais (difusos ou coletivos), a teor das definições dispostas no art. 81, parágrafo único, da Lei nº 8.078/90.

Em segundo, firma-se o entendimento de que, tratando-se de defesa coletiva de direitos individuais homogêneos, o instrumento processual adequado é o da ação civil coletiva estabelecida no art. 91 e seguintes da referida lei, cujo provimento jurisdicional a ser proferido em caso de procedência é uma sentença de caráter genérico. Deveras, o instrumento básico de tutela dos direitos individuais homogêneos é a ação civil coletiva, procedimento de rito especial que tem entre uma de suas características a repartição da atividade cognitiva em duas fases: a da ação coletiva propriamente dita e a fase de cumprimento. Na primeira fase, a cognição é parcial no plano horizontal (limitada quanto à extensão), mas exauriente no plano vertical (quanto à profundidade), pois é exercida somente sobre o núcleo de homogeneidade dos direitos individuais tutelados (a existência jurídica da obrigação – o *an debeatur*; a natureza da prestação devida – pagar, entregar coisa, fazer ou não fazer; e o sujeito passivo comum), e a legitimação se dá necessariamente pelo regime de substituição processual, pois não faria sentido sua limitação no plano horizontal se se exigisse a presença dos substituídos:

> Exigir-se, já nessa fase, que os próprios titulares do direito figurem no polo ativo da relação processual importaria, na prática, comprometer a natureza e a característica básica da ação coletiva, transformando-a em puro e simples litisconsórcio ativo facultativo. Por isso é que, nesta primeira fase, a sentença é genérica, necessitando de uma segunda fase para complementá-la e torná-la exequível.[33]

Em terceiro, soluciona a questão da legitimação do Ministério Público, na condição de substituto processual, para propor a ação de liquidação e execução da sentença genérica proferida na ação coletiva, e conclui por sua ausência. Com efeito, levando-se em conta que a sentença proferida na ação civil coletiva, na primeira fase, é genérica, necessária uma segunda fase, para completá-la e torná-la apta à execução. Inicia-se então a fase de cumprimento (liquidação), na qual a cognição se completa em relação ao núcleo de heterogeneidade dos direitos individuais homogêneos: a identidade dos sujeitos ativos (quem é o titular do direito) e sua específica vinculação com a relação jurídica (qual é a prestação a que efetivamente faz jus). Nesta segunda fase, a legitimação se dá pelo regime comum de representação processual, pois aqui não faria sentido um regime de substituição processual: "[...] é lógico e natural que, na ação de cumprimento, da segunda fase, na qual a cognição judicial dirige seu foco aos aspectos particulares e individuais

---

[33] ZAVASCKI, Teori Albino. *Processo coletivo*: tutela de direitos coletivos e tutela coletiva de direitos. 5. ed., rev., atual. e ampl. São Paulo: Revista dos Tribunais, 2011. p. 153.

dos direitos subjetivos, sejam os próprios interessados os autores da demanda".[34] Desse modo, na forma como é concebida a tutela coletiva de direitos individuais homogêneos pelo rito especial da ação civil coletiva em duas fases: na primeira, só faz sentido uma legitimação por substituição processual; por outro lado, na fase de cumprimento, não faz sentido uma legitimação dessa espécie, mas sim por representação, pois é nesta fase que identificados os sujeitos ativos e sua vinculação específica com a relação jurídica, notadamente, a apuração do *quantum debeatur*, fazendo todo sentido que ela seja do próprio titular do direito material.

Por fim, chega-se ao objeto da questão exposta neste tópico, qual seja, a da suspensão da ação individual proposta pelo segurado em face do trâmite da respectiva ação coletiva. Trata-se, na verdade, da quarta e fundamental característica da ação coletiva, que é a liberdade que tem o titular do direito subjetivo individual de aderir ou não ao processo coletivo. Essa liberdade de adesão se encontra regulada na disciplina da ação coletiva da Lei nº 8.078/90, a saber: (a) liberdade de se litisconsorciar ou não ao substituto processual autor da ação coletiva (art. 94); (b) liberdade de promover ou de prosseguir à ação individual simultânea à ação coletiva (art. 104); liberdade de executar ou não, em seu favor, a sentença de procedência resultante da ação coletiva (arts. 97 e 98). Isto posto, e a teor do art. 104 da Lei nº 8.078/90, se o titular do direito material que tenha proposto ação individual antes do ajuizamento da ação coletiva tem a faculdade de se vincular ou não aos efeitos desta última, forçoso é concluir pela inexistência de litispendência entre uma e outra ação, bem assim pela inviabilidade da suspensão, *ex officio*, da ação individual proposta pelo substituído na ação coletiva (se tal não for requerida pelo autor individual, no prazo de trinta dias, a contar da ciência nos autos do ajuizamento da ação coletiva), pois cabe "exclusivamente ao autor da ação individual a opção de vincular-se, ou não, aos efeitos da ação coletiva".[35]

3.2 TRF4, AC nº 94.04.48727-9, 2ª Turma, DJ de 4.12.1996: Processual civil. Processo coletivo. Associação. Legitimidade. Relação jurídica tributária

O julgado ora objeto de comentário traz consigo a seguinte ementa:

PROCESSO CIVIL. AÇÃO CIVIL COLETIVA PROPOSTA POR ASSOCIAÇÃO DE DEFESA DO CONSUMIDOR, VISANDO DECLARAÇÃO DE INEXIGIBILIDADE DO FINSOCIAL E REPETIÇÃO DE INDÉBITO. ILEGITIMIDADE. 1. Em nosso sistema, as entidades associativas ganharam, consideradas as respectivas finalidades, larga margem de legitimação para atuar em juízo em defesa de direitos ou interesses transindividuais, ou seja, difusos ou coletivos (Lei 7347/85, art. 1º, inciso IV, e art. 5º). No entanto, no que se refere à defesa de direitos individuais, ainda que homogêneos, a legitimação, que está prevista na Lei 8078/90 (Código de Proteção e Defesa do Consumidor), é bem mais restrita, a saber: a) só se refere a direitos "dos consumidores" (art. 81), ou seja, decorrentes de relação jurídica de consumo; b) baseia-se na "responsabilidade por danos individualmente sofridos" (art. 91); e c) visa a obtenção de condenação [...] genérica, fixando a responsabilidade do réu pelos danos causados (art. 95). 2. As relações jurídicas de consumo, ainda que consideradas nos limites amplos definidos

---

[34] ZAVASCKI, Teori Albino. *Processo coletivo*: tutela de direitos coletivos e tutela coletiva de direitos. 5. ed., rev., atual. e ampl. São Paulo: Revista dos Tribunais, 2011. p. 153.

[35] ZAVASCKI, Teori Albino. *Processo coletivo*: tutela de direitos coletivos e tutela coletiva de direitos. 5. ed., rev., atual. e ampl. São Paulo: Revista dos Tribunais, 2011. p. 157-160.

nos art. 2º e 3º, do Código de Proteção e Defesa do Consumidor, não abarcam as de natureza fiscal, como é induvidosamente o caso dos autos. Por outro lado, o pedido declaratório formulado na inicial ("declarando-se a inexistência da relação jurídica-tributária que obrigue as empresas públicas e privadas catarinenses a recolherem, no período de 01.09.89 a 31.03.92, as majorações consideradas inconstitucionais do FINSOCIAL") equivale, na prática, a um pedido com eficácia semelhante à que decorre das decisões proferidas pelo STF em ação direta de inconstitucionalidade. Não há, na Lei 8078/90, outorga de legitimação ativa com tamanha força, nem poderia a lei ordinária conferi-la sem ofensa à CF-88.[36]

Verifica-se do acórdão que se trata de apelação interposta por associação contra sentença que julgou ser a apelante parte ilegítima *ad causam* em ação civil pública visando à declaração de inexistência de relação jurídico-tributária que obrigue as empresas públicas e privadas catarinenses a recolherem, no período de 1º.9.1989 a 31.3.1992, as majorações consideradas inconstitucionais do Finsocial.

Claro está que se trata de defesa coletiva de direitos individuais homogêneos (divisíveis, disponíveis e com titulares determinados ou determináveis) de natureza tributária, por associação, e o tema objeto de comentário neste tópico é a "legitimidade de associação para defesa de direitos individuais homogêneos de natureza tributária".

Quanto ao ponto, ao julgar a apelação, o aresto firmou o entendimento de que, embora as entidades associativas tenham, em nosso sistema, ampla margem de legitimação para a defesa em juízo de direitos ou interesses transindividuais, no que se refere à defesa dos direitos individuais homogêneos, a legitimação (que está prevista na Lei nº 8.078/90) é bem mais restrita: (i) só se refere a direitos decorrentes de relação jurídica de consumo (art. 81); (ii) baseia-se na responsabilidade por danos individualmente sofridos (art. 91); e (iii) visa à obtenção de condenação genérica, fixando a responsabilidade do réu pelos danos causados (art. 95). Além disso, (iv) as relações jurídicas de consumo, ainda que consideradas nos seus limites amplos definidos nos arts. 2º e 3º do CDC, não abarcam as de natureza fiscal, como é o caso dos autos; e (v) o pedido declaratório formulado na inicial equivale, na prática, a um pedido com eficácia semelhante ao que decorre das decisões proferidas pelo Supremo Tribunal Federal em ação direta de inconstitucionalidade, e não há, na Lei nº 8.078/90, outorga de legitimação ativa com tamanha força, nem poderia a lei ordinária conferi-la sem ofensa à Constituição.[37]

Ao que tudo indica, a fundamentação do julgado que negou provimento ao apelo e confirmou a ilegitimidade *ad causam* da associação para a defesa coletiva de direitos individuais homogêneos de natureza tributária, à luz da própria doutrina de Zavascki, merece reparos.[38]

Com efeito, a primeira fundamentação do acórdão, no sentido de que a legitimação das associações está prevista na Lei nº 8.078/90 e, por isso mesmo, é bem mais restrita e só se refere a direitos decorrentes de relação jurídica de consumo (art. 81), não merece acolhida.

---

[36] TRF4. AC 94.04.48727-9, 2ª Turma. *DJ*, 4 dez. 1996; *Revista do Tribunal Regional Federal da 4ª Região*, Porto Alegre, ano 8, n. 26, p. 109-111, jan./mar. 1997.

[37] TRF4. AI 93.04.19891-7, 2ª Turma. *DJ*, 19 jan. 1994; *Revista do Tribunal Regional Federal da 4ª Região*, Porto Alegre, ano 4, n. 15, p. 340-344, jul./set. 1993. p. 342-344.

[38] ZAVASCKI, Teori Albino. *Processo coletivo*: tutela de direitos coletivos e tutela coletiva de direitos. 5. ed., rev., atual. e ampl. São Paulo: Revista dos Tribunais, 2011. p. 162-163.

É que a legitimação ativa das entidades associativas encontra foro constitucional no art. 5º, XXI, ao estabelecer que "As entidades associativas, quando expressamente autorizadas, têm legitimidade para representar seus filiados judicial ou extrajudicialmente". Referido artigo é específico quanto à identificação dos legitimados (entidades associativas), mas não especifica os bens jurídicos (direito material) objeto de tutela, não se podendo presumir que se trata tão somente de defesa de direitos decorrentes de relações de consumo, embora haja limitações que podem ser identificadas por interpretação sistemática:

> Se a legitimação é para "representar seus filiados", um limite de atuação fica desde logo patenteado: o objeto material da demanda deve ficar circunscrito aos direitos e interesses desses filiados. Um outro limite é imposto pelo interesse de agir da instituição legitimada: sua atuação deve guardar relação com seus fins institucionais... *Um equívoco deve ser, entretanto, evitado: o de se imaginar que só cabe ação coletiva quando seu objeto for a tutela de direitos individuais homogêneos decorrentes de relação de consumo.* Essa afirmação – frequente, ainda que de forma implícita, até mesmo na jurisprudência – faz uma interpretação reducionista das variadas hipóteses legais de legitimação para demandas coletivas, restringindo-as às do art. 82 do Código de Proteção e Defesa do Consumidor..., a legitimação prevista no art. 5º XXI, da Constituição é ampla: a entidade associativa está habilitada a promover ações coletivas para a tutela de quaisquer direitos subjetivos dos seus filiados, desde que tais direitos guardem relação de pertinência material com os fins institucionais da associação... *Há que considerar, quanto ao âmbito subjetivo da substituição processual, os limites estabelecidos pelo art. 2º-A da Lei 9.494, de 10.09.1997, que dispõe: "A sentença civil prolatada em ação de caráter coletivo proposta por entidade associativa, na defesa dos interesses e direitos dos seus associados, abrangerá apenas os substituídos que tenham, na data da propositura da ação, domicílio no âmbito da competência territorial do órgão prolator".* Sendo esses os limites estabelecidos para a eficácia subjetiva da sentença, é certo que o rol dos substituídos no processo fica restrito aos domiciliados no território da competência do juiz. Aliás, em complementação àquela regra limitativa, o parágrafo único do mesmo artigo exige que, "nas ações coletivas propostas contra a União, os Estados, o Distrito Federal, os Municípios e suas autarquias e fundações, a petição inicial deverá obrigatoriamente estar instruída com a ata da assembleia da entidade associativa que a autorizou, acompanhada da relação nominal dos seus associados e indicação dos respectivos endereços".[39] (Grifos nossos)

Portanto, os bens jurídicos (direito material) objeto de tutela por entidades associativas não estão restritos tão somente a direitos decorrentes de relações de consumo.

No que se refere às segunda, terceira e quarta fundamentações do acórdão, de que (i) baseiam-se na responsabilidade por danos individualmente sofridos (art. 91); (ii) visam à obtenção de condenação genérica, fixando a responsabilidade do réu pelos danos causados (art. 95) e (iii) as relações jurídicas de consumo, ainda que consideradas nos seus limites amplos definidos nos arts. 2º e 3º do CDC, não abarcam as de natureza fiscal, como é o caso dos autos, uma vez fixada a premissa de que os bens jurídicos objeto de tutela por entidades associativas não se restringem a direitos decorrentes de relação de consumo, por via de consequência, afastadas estão também tais razões de decidir, pelo menos na forma como ali expostas.

---

[39] ZAVASCKI, Teori Albino. *Processo coletivo*: tutela de direitos coletivos e tutela coletiva de direitos. 5. ed., rev., atual. e ampl. São Paulo: Revista dos Tribunais, 2011. p. 162-163.

Entretanto, especificamente quanto à quarta fundamentação, deve-se ressaltar que há limitações quanto ao cabimento de tutela coletiva impostas pelo legislador ordinário, no parágrafo único do art. 1º da Lei nº 7.347/85, relativamente ao direito material passível de tutela: "Não será cabível ação civil pública para veicular pretensões que envolvam tributos, contribuições previdenciárias, o Fundo de Garantia do Tempo de Serviço – FGTS ou outros fundos de natureza institucional cujos beneficiários podem ser individualmente determinados":

> Embora o preceito normativo esteja inserido na lei que trata de ação civil pública para tutela de direitos transindividuais (sem titular determinado), ele, na verdade, se destina a restringir demandas coletivas para a tutela de direitos homogêneos ("cujos beneficiários podem ser individualmente determinados"). Essa espécie de restrição, por norma infraconstitucional, deve ser vista com reservas, para não comprometer a fonte constitucional de legitimação, nomeadamente a do art. 5º, XXI, da CF, que não contém limites materiais explícitos quanto ao objeto da demanda. *No caso específico do parágrafo único acima transcrito, a justificativa, ao que parece, reside na preocupação de não tornar a ação coletiva um instrumento substitutivo das ações de controle concentrado de constitucionalidade.* Com efeito, o que ali se pôs a salvo de ações coletivas são pretensões relacionadas com matérias de natureza institucional, disciplinadas por normas de caráter geral, o que significa dizer que a contestação coletiva de sua legitimidade supõe, necessariamente, a contestação da validade da própria norma que a criou. Nesses limites e sob esse aspecto, a restrição pode ser considerada compatível com a Constituição.[40] (Grifos nossos)

Em relação à quinta fundamentação, segundo a qual o pedido declaratório formulado na inicial equivale, na prática, a um pedido com eficácia semelhante ao que decorre das decisões proferidas pelo Supremo Tribunal Federal em ação direta de inconstitucionalidade, e não há, na Lei nº 8.078/90, outorga de legitimação ativa com tamanha força nem poderia a lei ordinária conferi-la sem ofensa à Constituição, também ela merece reparos.

É que a possibilidade de controle incidental de constitucionalidade em sede de ações civis públicas e ações civis coletivas, no qual o exame da constitucionalidade é efetuado como fundamento para a realização de juízo de certeza da relação jurídica e com força vinculante limitada no âmbito do próprio caso concreto (processo subjetivo), em que se verifique a existência de ameaça ou de lesão a direitos tutelados, já se encontra pacificada na doutrina e na jurisprudência pátrias. O que não se autoriza é o seu ajuizamento contra lei em tese, como pedido principal, sob pena de ser usurpada a competência do Supremo Tribunal Federal para o controle concentrado de constitucionalidade das leis, por via de ação direta, em processo objetivo.[41]

3.3 TRF4, AC nº 94.04.54999-1, 5ª Turma, DJ de 26.7.1995: Processual civil. Ação civil pública. Cabimento. Perdas do FGTS

A decisão objeto de comentário traz em sua ementa o seguinte texto:

---

[40] ZAVASCKI, Teori Albino. *Processo coletivo*: tutela de direitos coletivos e tutela coletiva de direitos. 5. ed., rev., atual. e ampl. São Paulo: Revista dos Tribunais, 2011. p. 172-173.

[41] ZAVASCKI, Teori Albino. *Processo coletivo*: tutela de direitos coletivos e tutela coletiva de direitos. 5. ed., rev., atual. e ampl. São Paulo: Revista dos Tribunais, 2011. p. 230-231.

DIREITO ECONÔMICO. AÇÃO CIVIL PÚBLICA. FGTS (FUNDO DE GARANTIA POR TEMPO DE SERVIÇO). ATUALIZAÇÃO MONETÁRIA. IPC DE JUNHO DE 1987, JANEIRO DE 1989 E MARÇO E ABRIL DE 1990. LEGITIMAÇÃO ATIVA E PASSIVA. INEXISTÊNCIA DE DIREITO ADQUIRIDO. 1. Legitima-se o Ministério Público a promover defesa coletiva de direitos subjetivos individuais quando a lesão deles, considerados em seu conjunto, possa representar comprometimento de valores comunitários privilegiados pelo ordenamento jurídico, ou seja, quando a lesão atinge interesse social. É o caso, dado que os recursos do FGTS têm, por força de lei, destinação vinculada a programas que transcendem a esfera do puro interesse individual dos titulares das contas vinculadas. [...] Recursos e reexame necessário providos. Ação julgada improcedente.[42]

Do exame do julgado conclui-se tratar de ação civil pública proposta pelo MP contra as então apelantes, União e Caixa Econômica Federal, em que se alega na inicial, naquilo que interessa à presente análise, resumidamente, que:

> os recursos do FGTS vêm minguando em virtude de sucessivos expurgos e sonegações de índices inflacionários [...], em prejuízo tanto dos titulares das contas vinculadas quanto ao próprio objetivo social do Fundo, qual seja, a aplicação em habitação prioritariamente popular e complementar saneamento e infraestrutura urbana.

Sustenta ainda que "o Estado é responsável pelos danos que com tais artifícios causou [...]" e que respondem a União e a CEF pela recomposição do patrimônio desfalcado. Conclui enunciando:

> busca-se, pois, via desta ação, o reajuste de todas as contas vinculadas e, na mesma proporção, do próprio patrimônio do FGTS, de modo a reaver as diferenças entre os índices de correção monetária (plena – como é devida), correspondentes aos meses de junho de 1987, janeiro de 1989 e março e abril de 1990 [...].[43]

Ainda, somente naquilo que interessa, "A CEF apresentou contestação sustentando a ilegitimidade do Ministério Público para a propositura da ação, cujo objeto diz com a defesa de interesses de particulares e não de interesses difusos ou coletivos e nem de direitos decorrentes de relação de consumo", e, em seu recurso de apelação, reitera sua contestação, tanto no respeitante às preliminares quanto no referente às questões de mérito.[44]

A toda evidência, trata-se de defesa coletiva de direitos individuais homogêneos (expurgos e sonegações de índices inflacionários, em prejuízo dos titulares das contas vinculadas ao FGTS) pelo Ministério Público, e a questão a ser abordada neste tópico, relativamente ao processo coletivo, é a existência de legitimação do MP para a defesa de tais direitos.

---

[42] TRF4. AC 94.04.54999-1, 5ª Turma. *DJ*, 26 jul. 1995; *Revista do Tribunal Regional Federal da 4ª Região*, Porto Alegre, ano 6, n. 21, p. 297-316, abr./jul. 1995.

[43] TRF4. AC 94.04.54999-1, 5ª Turma. *DJ*, 26 jul. 1995; *Revista do Tribunal Regional Federal da 4ª Região*, Porto Alegre, ano 6, n. 21, p. 297-316, abr./jul. 1995. p. 299.

[44] TRF4. AC 94.04.54999-1, 5ª Turma. *DJ*, 26 jul. 1995; *Revista do Tribunal Regional Federal da 4ª Região*, Porto Alegre, ano 6, n. 21, p. 297-316, abr./jul. 1995. p. 300.

Quanto ao ponto, no julgamento da apelação, decidiu-se pela legitimidade do Ministério Público para a defesa de direitos individuais homogêneos, para o caso, ao seguinte fundamento:

> No que se refere aos recursos propriamente ditos, a primeira questão a ser enfrentada é a da legitimidade ativa do Ministério Público Federal para a propositura da presente ação civil pública [...]. Por outro lado, o art. 127 dispôs ser incumbência do Ministério Público "[...] a defesa da ordem jurídica, do regime democrático e dos interesses sociais e individuais indisponíveis", o que, *a contrario sensu*, faz supor não ser compatível com as finalidades ali previstas a defesa de direitos individuais disponíveis... Em outras palavras, o que se questiona é a legitimidade constitucional da atuação do Ministério Público em defesa de direitos tipicamente individuais e disponíveis, como, por exemplo, o dos consumidores (Lei 8.078, de 1990) ou o dos investidores no mercado de valores mobiliários (Lei 7.913, de 1989) ou, como no caso, de direitos individuais, relacionados com contrato de trabalho ou dele decorrentes. Tive oportunidade de publicar estudo específico sobre o tema (*O Ministério Público e a Defesa de Direitos Individuais Homogêneos, Revista de Informação Legislativa, nº 117/173-186*), e peço licença para reproduzir as conclusões a que cheguei: "O art. 127 da CF, que atribui ao Ministério Público a incumbência de promover a defesa dos interesses sociais, é preceito de eficácia plena que confere inclusive legitimação para demandar em juízo. Os interesses sociais, assim entendidos aqueles cuja tutela é importante para preservar a organização e o funcionamento da sociedade e para atender suas necessidades de bem-estar e desenvolvimento, não se confundem com os interesses das entidades públicas e nem, simplesmente, com o conjunto de interesses de pessoas ou de grupos, mesmo quando tenham origem comum. Entretanto, há interesses individuais que, considerados em seu conjunto, passam a ter significado ampliado, de resultado maior que a simples soma das posições individuais, e cuja lesão compromete valores comunitários privilegiados pelo ordenamento jurídico. Tais interesses individuais, visualizados nesta dimensão coletiva, constituem interesses sociais para cuja defesa se legitima o Ministério Público. A identificação destes interesses sociais compete tanto ao legislador (como ocorreu, v.g., nas Leis nºs. 8.078/90, 7.913/89 e 6.024/74), como ao próprio Ministério Público, caso a caso, mediante o preenchimento valorativo do conceito, decorrente da interpretação de atos, fatos e normas jurídicas, e à luz dos valores e princípios consagrados no sistema jurídico, tudo sujeito ao crivo do Poder Judiciário, a quem caberá a palavra final sobre a adequada legitimação. A atuação do Ministério Público em juízo, em defesa dos citados interesses, dar-se-á em forma de substituição processual e será pautada pelo trato impessoal e coletivo dos direitos lesados, visando, portanto, à sentença de caráter genérico. Não é compatível com esta forma de atuação a execução específica da sentença, em representação do próprio lesado, nos moldes previstos no art. 98 do Código de Defesa do Consumidor. À falta de procedimento específico previsto em lei, a defesa dos interesses sociais há de ser feita mediante utilização de procedimento analogicamente adequado, inclusive o previsto no Título III da Lei nº 8.078/90, ou do procedimento ordinário (pág. 186)". Examino, à luz destas conclusões, o caso concreto. O que se afirma na inicial é que há um patrimônio sendo lesado, o do FGTS (Fundo de Garantia do Tempo de Serviço), patrimônio que, além de pertencer ao conjunto dos trabalhadores, é um patrimônio social, criado para alcançar "o duplo objetivo de resguardar financeiramente o trabalhador contra os azares do desemprego e resolver o crônico déficit habitacional (fl. 02)", de modo que "lado a lado, indissoluvelmente ligados, identificam-se interesses individuais homogêneos e interesses difusos (fl. 13)". Ora, a legitimação ativa há de ser definida sempre nos termos da demanda, independentemente da procedência ou não dos seus fundamentos ou do pedido, que constitui matéria de mérito, a ser enfrentada a final. E sendo assim, não tenho dúvida em afirmar a legitimidade ativa do Ministério Público no presente caso. O que se busca não é simplesmente a tutela conjunta de direitos individuais. É mais do que isso. A tutela desses direitos representa também a tutela de

interesses que transcendem à esfera individual ou particular dos seus titulares, pois que os recursos do FGTS têm, por força de lei, destinação cogentemente vinculada a programas sociais de habitação popular (no mínimo 60%), saneamento básico e infraestrutura urbana (art. 9º, §§2º e 3º, da Lei nº 8.036, de 1990).[45]

O precedente jurisdicional acima transcrito, no que soluciona a questão da legitimação do Ministério Público para a defesa de direitos individuais homogêneos disponíveis, representa, na verdade, aplicação ao caso concreto da escorreita doutrina de Zavascki sobre a questão. Como regra, a legitimação do Ministério Público, de origem constitucional, é para a defesa de interesses ou direitos transindividuais (difusos ou coletivos), conforme se conclui dos incs. III e IX do art. 129 da CF/88. Mas há situações em que a própria lei confere legitimação ao Ministério Público para defesa de direitos individuais homogêneos disponíveis, e essa possibilidade parece decorrer da dicção do art. 127 da CF/88, que lhe confere legitimação para a defesa de "interesses sociais". Além disso, ao que parece, a legitimação do MP disposta no referido art. 127 para a defesa de interesses individuais homogêneos pode ir além das hipóteses definidas em lei, sempre que a lesão a tais interesses ou direitos comprometer também interesses sociais implícitos não previstos em leis específicas, e isso ocorrerá sempre que a lesão em grande escala a direitos individuais homogêneos acarretar, em determinadas situações, consequências danosas que vão além das representadas pela simples soma do conjunto de lesões particulares, afetando bens e valores da própria sociedade (caso do precedente acima exposto). Em situações como esta, a defesa de tais direitos pelo Ministério Público se encontra autorizada pelo art. 127 da Constituição.[46]

3.4 STJ, REsp nº 605.323, Primeira Turma, DJ de 17.10.2005: Processual civil. Ação civil pública. Defesa do meio ambiente. Cumulação de pedidos

Eis a ementa do precedente objeto de comentário neste tópico:

PROCESSO CIVIL. DIREITO AMBIENTAL. AÇÃO CIVIL PÚBLICA PARA TUTELA DO MEIO AMBIENTE. OBRIGAÇÕES DE FAZER, DE NÃO FAZER E DE PAGAR QUANTIA. POSSIBILIDADE DE CUMULAÇÃO DE PEDIDOS ART. 3º DA LEI 7.347/85. INTERPRETAÇÃO SISTEMÁTICA. ART. 225, §3º, DA CF/88, ARTS. 2º E 4º DA LEI 6.938/81, ART. 25, IV, DA LEI 8.625/93 E ART. 83 DO CDC.
PRINCÍPIOS DA PREVENÇÃO, DO POLUIDOR-PAGADOR E DA REPARAÇÃO INTEGRAL. 1. O sistema jurídico de proteção ao meio ambiente, disciplinado em normas constitucionais (CF, art. 225, §3º) e infraconstitucionais (Lei 6.938/81, arts. 2º e 4º), está fundado, entre outros, nos princípios da prevenção, do poluidor-pagador e da reparação integral. Deles decorrem, para os destinatários (Estado e comunidade), deveres e obrigações de variada natureza, comportando prestações pessoais, positivas e negativas (fazer e não fazer), bem como de pagar quantia (indenização dos danos insuscetíveis de recomposição *in natura*), prestações essas que não se excluem, mas, pelo contrário, se cumulam, se for o caso. 2. A ação civil pública é o instrumento processual destinado a propiciar a tutela ao meio ambiente (CF, art. 129, III). Como todo instrumento, submete-se ao princípio da adequação,

---

[45] TRF4. AC 94.04.54999-1, 5ª Turma. *DJ*, 26 jul. 1995; *Revista do Tribunal Regional Federal da 4ª Região*, Porto Alegre, ano 6, n. 21, p. 297-316, abr./jul. 1995. p. 303-304.
[46] ZAVASCKI, Teori Albino. *Processo coletivo*: tutela de direitos coletivos e tutela coletiva de direitos. 5. ed., rev., atual. e ampl. São Paulo: Revista dos Tribunais, 2011. p. 161-162; 209-218; 258-259.

a significar que deve ter aptidão suficiente para operacionalizar, no plano jurisdicional, a devida e integral proteção do direito material. Somente assim será instrumento adequado e útil. 3. É por isso que, na interpretação do art. 3º da Lei 7.347/85 ("*A ação civil poderá ter por objeto a condenação em dinheiro ou o cumprimento de obrigação de fazer ou não fazer*"), a conjunção "ou" deve ser considerada com o sentido de adição (permitindo, com a cumulação dos pedidos, a tutela integral do meio ambiente) e não o de alternativa excludente (o que tornaria a ação civil pública instrumento inadequado a seus fins). É conclusão imposta, outrossim, por interpretação sistemática do art. 21 da mesma lei, combinado com o art. 83 do Código de Defesa do Consumidor ("*Art. 83. Para a defesa dos direitos e interesses protegidos por este código são admissíveis todas as espécies de ações capazes de propiciar sua adequada e efetiva tutela.*") e, ainda, pelo art. 25 da Lei 8.625/1993, segundo o qual incumbe ao Ministério Público "*IV - promover o inquérito civil e a ação civil pública, na forma da lei: a) para a proteção, prevenção e reparação dos danos causados ao meio ambiente [...]*". 4. Exigir, para cada espécie de prestação, uma ação civil pública autônoma, além de atentar contra os princípios da instrumentalidade e da economia processual, ensejaria a possibilidade de sentenças contraditórias para demandas semelhantes, entre as mesmas partes, com a mesma causa de pedir e com finalidade comum (medidas de tutela ambiental), cuja única variante seriam os pedidos mediatos, consistentes em prestações de natureza diversa. A proibição de cumular pedidos dessa natureza não existe no procedimento comum, e não teria sentido negar à ação civil pública, criada especialmente como alternativa para melhor viabilizar a tutela dos direitos difusos, o que se permite, pela via ordinária, para a tutela de todo e qualquer outro direito. 5. Recurso especial parcialmente conhecido e, nessa parte, desprovido."[47]

Constata-se do voto-vista vencedor do relator para o acórdão que se trata de recurso especial interposto por empresa no bojo de ação civil pública ajuizada pelo Ministério Público estadual para tutela do meio ambiente, visando à condenação da empresa poluente à obrigação de proceder às medidas adequadas para a cessação da lesão ambiental e à condenação em dinheiro pelos danos que causou.[48]

Trata-se, portanto, de ação civil pública manejada pelo Ministério Público estadual para defesa de interesses ou direitos transindividuais (difusos ou coletivos), e a questão de processo coletivo objeto de exame neste tópico é a vedação, ou não, de cumulação de pedidos no âmbito da referida ação, à luz da literalidade do disposto no art. 3º da Lei nº 7.347/85, segundo o qual "A ação civil poderá ter por objeto a condenação em dinheiro ou o cumprimento de obrigação de fazer ou não fazer", tendo presente a alegação da empresa poluente de que o conectivo "ou" constante no artigo expressa a ideia de alternatividade, de modo a impedir sua condenação cumulativa em pagamento de quantia em dinheiro "e" cumprimento de obrigação de fazer ou não fazer, devendo ser utilizada a ação civil pública apenas para priorizar aquilo que for de maior interesse ambiental, sendo certo que o relator, em seu voto-vencido, havia concluído que "não são cumulativas as ações impostas pelo referido dispositivo".[49]

---

[47] STJ. REsp 605.323, Primeira Turma. *DJ*, 17 out. 2005. Disponível em: https://processo.stj.jus.br/processo/pesquisa/?tipoPesquisa=tipoPesquisaNumeroRegistro&termo=200301950519&totalRegistrosPorPagina=40&aplicacao=processos.ea. Acesso em: 23 mar. 2021.

[48] STJ. REsp 605.323, Primeira Turma. *DJ*, 17 out. 2005. p. 9. Disponível em: https://processo.stj.jus.br/processo/pesquisa/?tipoPesquisa=tipoPesquisaNumeroRegistro&termo=200301950519&totalRegistrosPorPagina=40&aplicacao=processos.ea. Acesso em: 23 mar. 2021.

[49] STJ. REsp 605.323, Primeira Turma. *DJ*, 17 out. 2005. p. 9. Disponível em: https://processo.stj.jus.br/processo/pesquisa/?tipoPesquisa=tipoPesquisaNumeroRegistro&termo=200301950519&totalRegistrosPorPagina=40&aplicacao=processos.ea. Acesso em: 23 mar. 2021.

Ao solucionar a presente questão no seu voto-vista vencedor, o Ministro Teori plasmou o entendimento, ora resumido, de que: (a) a conclusão do voto do relator, fundada em exegese literal, traz consequências extremamente limitadoras à eficácia da ação civil pública como instrumento de tutela, em sua plenitude, dos interesses ou direitos difusos e coletivos, comprometendo sua aptidão como instrumento processual adequado à sua finalidade; (b) nem sempre a interpretação gramatical do conectivo "ou" em um texto normativo expressa a ideia de alternatividade excludente, podendo significar também ideia de exemplificação, em substituição a "ou também" e "e", sendo certo que a interpretação gramatical não é suficiente nem segura para resolver o dilema que se põe em face do dito preceito normativo, devendo-se agregar à interpretação gramatical outros métodos interpretativos, como o sistemático e o teleológico; (c) o processo é instrumento da adequada tutela do direito material e, por isso, está necessariamente submetido ao princípio da adequação, no sentido de que suas regras e ritos devem se adequar, simultaneamente, aos sujeitos, ao objeto e ao fim do processo, e as normas processuais devem ser interpretadas de acordo com a finalidade para as quais foram criadas. Assim, se a ação civil pública se destina a tutelar direitos difusos e coletivos, deve ser instrumento com aptidão suficiente para operacionalizar, no plano jurisdicional, a proteção a esse direito material da melhor forma e maior extensão possível e somente assim será instrumento adequado e útil; (d) por fim, não há dúvida de que, examinada à luz do direito material, a tutela do meio ambiente comporta deveres e obrigações de variada natureza, impondo aos seus destinatários prestações de natureza pessoal (fazer e não fazer) e de pagar quantia (ressarcimento pecuniário), prestações que não se excluem, mas se cumulam, sempre que for o caso.[50]

Escorreita, como de costume, a solução dada à intrigante questão. Com efeito, a ação civil pública é instrumento forjado para a tutela efetiva dos interesses ou direitos transindividuais (difusos ou coletivos), com múltipla aptidão, o que a torna meio eficiente para conferir integral tutela ao direito material transindividual: "tutela preventiva e reparatória, para obter prestações de natureza pecuniária (indenizações em dinheiro) ou pessoal (de cumprir obrigações de fazer ou de não fazer), o que comporta todo o leque de provimentos jurisdicionais: condenatórios, constitutivos, inibitórios, executivos, mandamentais e meramente declaratórios", a ela se aplicando, subsidiariamente, as disposições do Código de Processo Civil.[51]

Não cabe a limitação da eficácia da ação civil pública como instrumento de tutela dos interesses ou direitos difusos e coletivos, em sua plenitude, comprometendo sua aptidão como instrumento processual adequado a sua finalidade, que é a tutela do direito material. A interpretação gramatical do texto do art. 3º da Lei nº 7.347/85 não é suficiente para extrair-lhe os verdadeiros sentido e alcance, devendo-se recorrer também à interpretação sistemática e teleológica, bem assim ao princípio da adequação, pois as

---

[50] STJ. REsp 605.323, Primeira Turma. *DJ*, 17 out. 2005. p. 9. p. 10-14. Disponível em: https://processo.stj.jus.br/processo/pesquisa/?tipoPesquisa=tipoPesquisaNumeroRegistro&termo=200301950519&totalRegistrosPorPagina=40&aplicacao=processos.ea. Acesso em: 23 mar. 2021.

[51] ZAVASCKI, Teori Albino. *Processo coletivo*: tutela de direitos coletivos e tutela coletiva de direitos. 5. ed., rev., atual. e ampl. São Paulo: Revista dos Tribunais, 2011. p. 56-57.

regras e ritos processuais devem se adequar aos sujeitos, ao objeto e ao fim do processo, e as normas processuais devem ser interpretadas de acordo com a sua finalidade.[52]

4 Conclusão

Neste artigo, expôs-se previamente uma breve suma da doutrina do saudoso Ministro Teori sobre o processo coletivo, e examinaram-se também quatro precedentes jurisprudenciais de sua lavra, que solucionam questões polêmicas e relevantes sobre a tutela de direitos transindividuais e individuais homogêneos: (1) suspensão da ação individual proposta, em face do trâmite da respectiva ação coletiva de tutela de direitos individuais homogêneos; (2) legitimidade de associação para defesa de direitos individuais homogêneos de natureza tributária; (3) legitimação do MP para a defesa de direitos individuais homogêneos e as hipóteses em que é admitida, com ressalvas; e (4) vedação, ou não, de cumulação de pedidos no âmbito da ação civil pública para a tutela de direitos transindividuais, tendo em vista a literalidade do disposto no art. 3º da Lei nº 7.347/85, segundo o qual "A ação civil poderá ter por objeto a condenação em dinheiro ou o cumprimento de obrigação de fazer ou não fazer".

Tanto os precedentes jurisprudenciais quanto a abalizada doutrina de Zavascki sobre o processo coletivo apresentados ao longo deste artigo dão uma pequena amostra de sua gigante contribuição para a correta compreensão e a adequada diferenciação dos institutos jurídicos relativos aos direitos transindividuais, em contraposição aos direitos individuais homogêneos, visando à sua adequada tutela jurídica, bem assim para o desfazimento de um equívoco muito comum na doutrina e jurisprudência pátrias sobre o tema, que sempre apresentou muita dificuldade em reconhecer as distintas e inconfundíveis naturezas jurídicas dos direitos materiais em questão e a consequente necessidade de que a tutela jurídica de tais direitos se amolde à sua natureza e a suas características intrínsecas, visto que o processo é um instrumento que serve e deve se amoldar aos bens jurídicos que se visam tutelar em juízo.

Para evidenciar essa necessidade de adequação das tutelas jurídicas aos distintos e inconfundíveis direitos materiais, cunha, em seu livro, os termos "tutela de direitos coletivos" e "tutela coletiva de direitos individuais", alertando que uma das principais causas dos equívocos "nesse novo domínio processual foi a de confundir direito coletivo com defesa coletiva de direitos", que trouxe a equivocada consequência de se imaginar possível conferir aos direitos subjetivos individuais, quando tutelados coletivamente, o mesmo tratamento que se dá aos direitos de natureza transindividual. Em seguida, visualiza e identifica em nosso ordenamento jurídico um subsistema de processo coletivo que perpassa a Constituição de 1988 e leis ordinárias e que delineia claramente os modos e os instrumentos de tutela de direitos transindividuais (coletivos *lato sensu*), que são a ação civil pública, a ação popular e a ação de improbidade administrativa; e os modos e os instrumentos para tutelar coletivamente os direitos subjetivos individuais homogêneos, que são as ações civis coletivas, nelas incluído o mandado de segurança coletivo.

---

[52] ZAVASCKI, Teori Albino. *Processo coletivo*: tutela de direitos coletivos e tutela coletiva de direitos. 5. ed., rev., atual. e ampl. São Paulo: Revista dos Tribunais, 2011. p. 58-59.

Essa sua doutrina, aliada à jurisprudência que cunhou em diversos julgados que resolveram questões de processo coletivo envolvendo tanto direitos transindividuais quanto direitos individuais homogêneos, sem sombra de dúvidas, traz uma contribuição ímpar para a comunidade jurídica, considerada em sentido o mais amplo possível, pois lança a luz que faltava sobre relevante questão, afastando os equívocos até então comuns no trato da matéria.

Desse modo, é inegável a contribuição dos precedentes acima examinados, os quais, no mais das vezes, retratam a aplicação, em casos concretos, da doutrina de Zavascki sobre o processo coletivo. Espera-se que este artigo, inserido numa obra coletiva em sua homenagem, tenha tido êxito relativamente ao seu desiderato, que nada mais é que realçar à comunidade jurídica pátria, mais uma vez, a relevante contribuição do doutrinador, professor, jurista e juiz, Ministro Teori, para o correto entendimento e o necessário desenvolvimento do processo coletivo brasileiro.

Referências

BEDAQUE, José Roberto dos Santos. *Direito e processo*: influência do direito material sobre o processo. 5. ed. rev. e ampl. São Paulo: Malheiros, 2009.

BRASIL. *Constituição da República Federativa do Brasil de 1988*. (CF/1988). Brasília, DF: Presidência da República. Disponível em: http://www.planalto.gov.br/ccivil_03/constituicao/constituicao.htm. Acesso em: 23 mar. 2021.

BRASIL. *Lei nº 12.016, de 7 de agosto de 2009*. Brasília, DF: Presidência da República, 2009. Disponível em: http://www.planalto.gov.br/ccivil_03/_ato2007-2010/2009/lei/l12016.htm. Acesso em: 23 mar. 2021.

BRASIL. *Lei nº 13.105, de 16 de março de 2015*. (CPC-2015). Brasília, DF: Presidência da República, 2015. Disponível em: http://www.planalto.gov.br/ccivil_03/_ato2015-2018/2015/lei/l13105.htm. Acesso em: 23 mar. 2021.

BRASIL. *Lei nº 4.717, de 29 de junho de 1965*. Brasília, DF. Brasília, DF: Presidência da República, 1965. Disponível em: http://www.planalto.gov.br/ccivil_03/leis/l4717.htm. Acesso em: 23 mar. 2021.

BRASIL. *Lei nº 5.869, de 11 de janeiro de 1973*. (CPC-1973). (Revogada). Brasília, DF: Presidência da República, 1973. Disponível em: http://www.planalto.gov.br/ccivil_03/leis/l5869impressao.htm. Acesso em: 23 mar. 2021.

BRASIL. *Lei nº 7.347, de 24 de julho de 1985*. Brasília, DF: Presidência da República, 1985. Disponível em: http://www.planalto.gov.br/ccivil_03/leis/l7347orig.htm. Acesso em: 23 mar. 2021.

BRASIL. *Lei nº 8.078, de 11 de setembro de 1990*. Brasília, DF: Presidência da República, 1990. Disponível em: http://www.planalto.gov.br/ccivil_03/leis/l8078compilado.htm. Acesso em: 23 mar. 2021.

BRASIL. *Lei nº 8.429, de 2 de julho de 1992*. Brasília, DF: Presidência da República, 1992. Disponível em: http://www.planalto.gov.br/ccivil_03/LEIS/L8429.htm. Acesso em: 23 mar. 2021.

BRASIL. *Lei nº 9.494, de 10 de setembro de 1997*. Brasília, DF: Presidência da República, 1997. Disponível em: http://www.planalto.gov.br/ccivil_03/leis/l9494.htm. Acesso em: 23 mar. 2021.

GRINOVER, Ada Pellegrini et al. *Código Brasileiro de Defesa do Consumidor*: comentado pelos autores do anteprojeto. 7. ed. Rio de Janeiro: Forense Universitária, 2001.

STJ. REsp 605.323, Primeira Turma. *DJ*, 17 out. 2005. Disponível em: https://processo.stj.jus.br/processo/pesquisa/?tipoPesquisa=tipoPesquisaNumeroRegistro&termo=200301950519&totalRegistrosPorPagina=40&aplicacao=processos.ea. Acesso em: 23 mar. 2021.

TRF4. AC 94.04.48727-9, 2ª Turma. *DJ*, 4 dez. 1996; *Revista do Tribunal Regional Federal da 4ª Região*, Porto Alegre, ano 8, n. 26, p. 109-111, jan./mar. 1997.

TRF4. AC 94.04.54999-1, 5ª Turma. *DJ*, 26 jul. 1995; *Revista do Tribunal Regional Federal da 4ª Região*, Porto Alegre, ano 6, n. 21, p. 297-316, abr./jul. 1995.

TRF4. AI 93.04.19891-7, 2ª Turma. *DJ*, 19 jan. 1994; *Revista do Tribunal Regional Federal da 4ª Região*, Porto Alegre, ano 4, n. 15, p. 340-344, jul./set. 1993.

ZAVASCKI, Teori Albino. *Processo coletivo*: tutela de direitos coletivos e tutela coletiva de direitos. 5. ed., rev., atual. e ampl. São Paulo: Revista dos Tribunais, 2011.

Informação bibliográfica deste texto, conforme a NBR 6023:2018 da Associação Brasileira de Normas Técnicas (ABNT):

FIGUEIREDO, João Batista de. Direito processual civil. Direito coletivo. *In*: SEEFELDER FILHO, Claudio Xavier; AZEVEDO, Daniel Coussirat de (Coord.). *Teori na prática*: uma biografia intelectual. Belo Horizonte: Fórum, 2022. p. 271-293. ISBN 978-65-5518-344-3.

TEORI ALBINO ZAVASCKI: RETIDÃO E PADRÃO DE COERÊNCIA JURISPRUDENCIAL. O TEMA DA TRIBUTAÇÃO NA INDENIZAÇÃO POR DANOS MORAIS

ARNALDO SAMPAIO DE MORAES GODOY
LIZIANE PAIXÃO SILVA OLIVEIRA

> *Se o tributo é bom ou não, se é agradável ou não agradável, isso é uma questão de política legislativa, no âmbito da qual o Judiciário não pode e não deve interferir. No caso de dano moral, a tributação certamente desperta antipatia. Todavia, não cabe ao Judiciário criar isenções fundadas em simpatia ou antipatia.*
> (Ministro Teori Albino Zavascki)

1 Introdução e linhas gerais da investigação

Teori Albino Zavascki (1948-2017) deixou-nos um paradigma de coerência decisória. Ao lado da retidão de sua conduta, a coerência é seu grande legado. É o que sugere um apanhado de suas decisões, como desembargador no Tribunal Regional Federal da 4ª Região (1989-2003), como ministro no Superior Tribunal de Justiça (2003-2012) e depois no Supremo Tribunal Federal (2012-2017). Foram 28 anos de magistratura, exercidos ao longo da construção das soluções para os problemas e dilemas colocados com o texto constitucional de 1988.

Essa coerência decorria, entre outros aspectos, de personalidade, de integridade, e de concisão, da experiência como advogado do Banco Central, função que exerceu de 1971 a 1989, quando entrou para o recém-criado Tribunal Regional Federal com sede em Porto Alegre. Foi nessa cidade que o Ministro Teori construiu sólida formação acadêmica. Bacharelou-se (1972), obteve o título de mestre (2000) e doutorou-se em Direito (2005) pela Universidade Federal do Rio Grande do Sul, onde também lecionou. A UFRGS é sua *alma mater*.

Na produção de decisões judiciais, integridade e coerência exigem, às vezes, ou quase sempre, a defesa de posições incômodas à luz do senso comum, da opinião pública apressada, e da generalização e simplificação de problemas complexos. Essa é também a lição que tiramos de obra de Gustavo Zagrebelsky, juiz da Suprema Corte da Itália, que estudou o complexo assunto da influência da opinião pública as decisões judiciais, no contexto do julgamento de Jesus Cristo.[1] O Ministro Teori deixou-nos um exemplo do paradigma do magistrado que não se deixa levar pela opinião pública, ou publicada. É esse o argumento que desenvolvemos nas observações que seguem.

Tomamos como referência as posições que o Ministro Teori defendeu nas discussões relativas à incidência do imposto de renda na percepção de indenização por danos morais. Essas discussões se processaram junto ao STJ, em uma série de recursos especiais. O Ministro Teori foi voto vencido no Recurso Especial nº 963.387-RS, relatado pelo Ministro Herman Benjamin.[2] É desse processo que tratamos, com o objetivo de apontar, identificar e enfatizar a coerência do magistrado aqui estudado.

2 O Recurso Especial nº 963.387-RS, uma situação kafkiana e a decisão do Colegiado

Na origem, tem-se um caso verdadeiramente dramático. O autor (recorrido, nos autos) havia proposto ação indenizatória em face do Estado do Rio Grande do Sul, invocando danos morais. Conforme lemos no relatório desse recurso especial, o recorrido fora assaltado em janeiro de 1992. Na ocasião, os assaltantes teriam também levado documentos de identificação.

Passado um mês do fato, prossegue o relator, o recorrido tomou conhecimento de um assalto feito a uma agência de turismo. O assaltante foi preso em flagrante, e identificado com o nome do recorrido. Este prestou esclarecimentos, procurando autoridades policiais e judiciárias. Obteve ordem judicial para imediata exclusão de seu nome nos registros policiais. Apontou, inclusive, o nome real do assaltante.

A situação, no entanto, persistiu. O assaltante usava os documentos do recorrido. Fugiu do presídio. Foi expedido um mandado de prisão contra o recorrido. Desenhou-se uma "situação kafkiana", na precisa expressão do relator. Três anos após o primeiro incidente, o recorrido tomou conhecimento de que havia mandado de prisão que o ameaçava quando procurou o Detran para revalidar sua carteira de habilitação. Nesse momento, recebeu ordem de prisão. Depois de muita discussão, convenceu as autoridades de que não era o sujeito contra quem fora expedida ordem de prisão.

Mais tarde, o criminoso novamente fugiu do presídio. Sabendo do fato, e temendo situações futuras, o recorrido impetrou *habeas corpus* preventivo, que foi deferido e que lhe garantiu salvo-conduto. Com base nessa narrativa, ajuizou ação de indenização, que foi julgada procedente. A ré, Fazenda Pública do Rio Grande do Sul, foi condenada a indenizar o recorrido na ordem de R$60.000,00 (sessenta mil reais). Sobre tais valores as autoridades fazendárias federais pretendiam cobrar imposto de renda. A questão subiu ao STJ.

---

[1] ZAGREBELSKY, Gustavo. *A crucificação e a democracia*. Tradução de Monica de Sanctis Viana. São Paulo: Saraiva, 2011.

[2] No tema do estigma do voto vencido no direito comparado, e a força conceitual que o acompanha, consultar, por todos, TUSHNET, Mark (Ed.). *I dissent* – Great opposing opinions in landmark Supreme Court Cases. Boston: Beacon Press, 2008.

O Tribunal entendeu, com base no voto do relator, que não haveria incidência de imposto de renda nas indenizações por danos morais. Discutiu-se a natureza da verba, avaliou-se o acréscimo patrimonial, ponderou-se em termos de reparação integral. Conclui-se que a indenização por dano (desde que estritamente moral) não justificaria fato gerador do imposto de renda.

Compreende-se que a indenização teria por objetivo recompor o patrimônio imaterial da vítima, que fora atingido pelo ato ilícito praticado. A Corte afirmou que a situação não qualificaria isenção, que tem regras próprias, e que depende de lei específica. A indenização por danos morais não identificaria uma riqueza nova. Lê-se na ementa que mencionada indenização não é fruto do capital ou do trabalho ou da combinação de ambos, isto é, não há fato gerador de imposto de renda.

Efetivamente, no entender do STJ, não há acréscimo patrimonial em favor do recorrido, pelo que não se justifica a tributação como pretendido pela recorrente (Fazenda Nacional). A Corte julgou que a indenização por danos morais revela tão somente tentativa de recomposição do *status quo ante* do recorrido, que se realiza por meio de substituição monetária.

Enfatizou-se argumento que predica no princípio da reparação integral, que se entendeu como "um dos pilares do Direito brasileiro". De acordo com o que foi disposto na ementa "[...] a tributação, nessas circunstâncias e, especialmente, na hipótese de ofensa a direitos da personalidade, reduziria a plena eficácia material do princípio, transformando o Erário simultaneamente em sócio do infrator e beneficiário do sofrimento do contribuinte",[3] não haveria como se tributar o recorrido.

Do ponto de vista da narrativa jurídica, essa passagem final da ementa é emblemática. O relator vinculou a tributação do dano moral a uma associação nefasta entre o Fisco e a tragédia, em outras palavras, entre a malignidade do evento danoso e os cofres públicos. Leitura atenta do relatório e do voto condutor suscita compaixão e condescendência para com o recorrido, o que não identifica, necessariamente, a substância da chamada jurisprudência sentimental, centrada na metáfora (ou na realidade histórica) do "bom juiz Magnaud".[4]

Refutar aos argumentos do relator – nesse caso – revelou-se tarefa penosa, antipática, criticável à luz dos lugares-comuns da opinião jurídica mediana. O Ministro Teori, no entanto, coerente com suas concepções de direito, assim o fez. Entendemos que a situação bem exemplifica a retidão e o padrão de coerência que marcam a jurisprudência desse saudoso magistrado. É do que tratamos em seguida.

3 O Recurso Especial nº 963.387-RS, a posição do Ministro Teori e o princípio do *non olet*

O princípio de que a origem dos recursos é irrelevante para a tributação da renda é ilustrado com passagem da história romana. Conta-nos Suetônio, na *A vida dos doze Césares*, que o Imperador Vespasiano fora censurado pelo filho, Tito, porque cobrava

---

[3] STJ. REsp nº 963.387. Rel. Min. Herman Benjamin, Primeira Turma, j. 8.10.2008. *DJ*, 5 mar. 2009.
[4] O bom Juiz Magnaud judicou na França de 1889 a 1904. Trata-se de Paul Magnaud, que julgava de acordo com seu elevado espírito de justiça. Era um defensor dos fracos e dos menos afortunados.

tributos pelo uso dos urinóis em Roma, capital do Império. Irritado com a insolência do rapaz, Vespasiano lhe mostrou algumas moedas, dizendo que o dinheiro não cheirava, *pecunia non olet*.[5] Desse modo, se os urinóis não afetavam a olência das moedas, não havia porque deixar de cobrar o tributo pelo seu uso.

Esse princípio permanece atualíssimo e é aplicado em várias demandas que opõem Fisco e contribuintes. A matéria é tratada com recorrência pela doutrina, a exemplo de passagem de Ricardo Lobo Torres, para quem o princípio do *non olet*:

> Significa, modernamente, que o tributo deve incidir também sobre as atividades ilícitas ou imorais. É princípio de justiça cobrar o imposto de quem cobrar o imposto de quem tem capacidade contributiva, ainda que proveniente do jogo, do lenocínio, ou de outra atividade proibida, sob pena de se tratar preferencialmente os autores de ilícitos frente aos trabalhadores e demais contribuintes com fontes honestas de rendimentos. O princípio do *non olet* é admitido na legislação brasileira e defendido pela maior parte da doutrina, embora em alguns países haja reserva sobre a sua legitimidade, por contrastar com os princípios de direito penal.[6]

O argumento do Ministro Teori, no caso da tributação sobre os danos morais, como se demonstrará, vai muito além do princípio do *non olet*. Reiterou linha que vinha mantendo desde o REsp nº 748.868-RS, julgado em 2008. O processo originava-se também do TRF-4ª. O TRF-4ª havia decidido que a percepção de danos morais não justifica acréscimo patrimonial.

De fato, pode-se observar, do ponto de vista do realismo jurídico, "a lei é o material com o qual os juízes vestem suas decisões".[7] No caso, o Ministro Teori segue com coerência uma linha com referência ao positivismo jurídico como que radica na decisão, e não na interpretação reducionista da lei.[8] O Ministro Teori mostrou-se um juiz consciencioso, que, na expressão de Geoffrey C. Hazard Jr. e Angelo Dondi, é aquele que "procura decidir uma disputa de acordo com a avaliação mais precisa possível dos fatos e interpretação mais precisa da lei".[9]

O que se constatava, lemos no julgado, era simples "reconstituição do equilíbrio quebrado pela lesão ou redução do sofrimento moral ocasionado pelo dano". O Ministro Fux, então ainda no STJ, havia decidido contra a Fazenda Nacional, entendendo pela não incidência, porque inexistente o acréscimo patrimonial, forte no argumento de que o objetivo da indenização, na hipótese, consistia em tentativa de reparação de sofrimento e de dor.

O Ministro Teori entendia que a indenização consistia em uma "prestação em dinheiro destinada a reparar ou recompensar uma lesão causada a um bem jurídico,

---

[5] TRANQUILO, Caio Suetônio. *A vida dos doze Césares*. 4. ed. São Paulo: Atena, [s.d.].
[6] TORRES, Ricardo Lobo. *Curso de direito financeiro e tributário*. Rio de Janeiro, São Paulo e Recife: Renovar, 2006. p. 102.
[7] POSNER, Richard. *How judges think*. Cambridge: Harvard University Press, 2008. p. 9.
[8] Esse tema é explorado, entre outros, por DIAS, Gabriel Nogueira. *Positivismo jurídico e a teoria geral do direito na obra de Hans Kelsen*. São Paulo: RT, 2010.
[9] HAZARD JR., Geoffrey C.; DONDI, Angelo. Ética jurídica – Um estudo comparativo. Tradução de Luiz Gonzaga de Carvalho. São Paulo: Martins Fontes, 2001. p. 85. Tradução de Luiz Gonzaga de Carvalho Neto.

de natureza material ou imaterial".[10] Seguia uma classificação de bens jurídicos, que o julgador fracionava em bens de natureza patrimonial e bens de natureza não patrimonial. Ainda que separados do ponto de vista taxionômico, havia tutela ampla das duas esferas e expectativas, por parte do ordenamento jurídico. A violação a esses bens, se comprovada, exigia a responsabilidade aquiliana, contida nos arts. 186 e 927 do Código Civil de Miguel Reale, que de algum modo reproduzia o art. 159 do Código de Clóvis Beviláqua.

O Ministro Teori insistia na obrigatoriedade da reparação financeira do dano moral, admitindo também a cumulação com "os danos materiais decorrentes do mesmo ilícito".[11] Invocou, nesse passo, a Súmula nº 37 do STJ, que fixava entendimento no sentido de que "São cumuláveis as indenizações por dano material e dano moral oriundos do mesmo fato".[12] Em *obiter dictum*, lembrou que há indenizações que predicam apenas em atos que não seriam necessariamente ilícitos. Exemplificou com as indenizações devidas à rescisão de contratos de trabalho. Haveria, sempre, o objetivo de compensação relativa à perda de um bem.

O Ministro Teori invocava o magistério de Chiovenda, no sentido de que o Judiciário deve "garantir a quem tem direito tudo aquilo e precisamente aquilo a que tem direito". Mais do que um jogo de palavras, a passagem do autor italiano sintetiza os fundamentos da responsabilização, tanto em sua dimensão aquiliana, quanto em sua dimensão objetiva. Para o Ministro Teori, "[...] do ponto de vista da efetividade do direito, o ideal seria que, ocorrido o dano, a sua reparação fosse feita por prestação específica e in natura, isto é, mediante a exata recomposição do status quo ante".[13]

Reconhecia, em seguida, que a reparação dos danos morais não comporta, pela própria natureza, uma reparação *in natura*. Há, nesse caso, semelhança com os bens infungíveis, a usarmos uma categoria de direito privado. O Ministro Teori exemplifica com a impossibilidade de se recompor a autenticidade da Taça Jules Rimet transformada em uma barra de ouro, bem como um quadro atribuído a Di Cavalcanti, e transformado em cinzas.[14] No entanto, obtemperava que nem sempre a recomposição *in natura* seria a solução mais adequada. Registrava que o art. 633 do CPC (de 73), autorizava a solução.

Retomava o senso comum de que qualquer compreensão de indenização seria informada por efetiva indenização em dinheiro. A fungibilidade da moeda substituíra, razoavelmente, quaisquer prestações específicas. A indenização em dinheiro iria ao encontro da necessidade de reparação ou recompensa, em favor de quem sofreu dano, especialmente quando impossível ou não adequada uma forma de recomposição *in natura*. Argumentava:

> Não tem natureza indenizatória, sob esse aspecto, o pagamento, ainda quando feito por força de sentença judicial, correspondente a uma prestação que originalmente (= antes e

---

[10] Teori Albino Zavascki, em excerto de voto proferido no Recurso Especial nº 963.387-RS (STJ. REsp nº 963.387. Rel. Min. Herman Benjamin, Primeira Turma, j. 8.10.2008. *DJ*, 5 mar. 2009).
[11] Teori Albino Zavascki, em excerto de voto proferido no Recurso Especial nº 963.387-RS.
[12] Para indicações bibliográficas referentes à Súmula nº 37: ROSAS, Roberto. *Direito sumular*. São Paulo: Malheiros, 2012. p. 414.
[13] Teori Albino Zavascki, em excerto de voto proferido no Recurso Especial nº 963.387-RS.
[14] Teori Albino Zavascki, em excerto de voto proferido no Recurso Especial nº 963.387-RS.

independentemente de ocorrência de lesão) era devida em dinheiro (v.g., pagamento por horas extras trabalhadas, de adicional noturno, de gratificações, 13º salário). Em tal caso, o que há, simplesmente, é o adimplemento in natura da obrigação, ainda que fora do prazo ou mediante execução forçada.[15]

Identificada a natureza da indenização, afirmava que o pagamento não seria, *ipso facto*, excluído do campo da incidência fiscal. Apelava para o art. 43 do CTN, que dispõe que "[...] não apenas as rendas, genericamente consideradas, mas também os acréscimos patrimoniais de qualquer natureza configuram fato gerador do imposto de renda".[16] O acréscimo patrimonial,[17] deduzia, seria pressuposto fundamental da percepção de natureza indenizatória, justificando-se a hipótese de incidência. Segue citação longa, porém necessária, na medida em que traduz objetivamente o argumento que o Ministro Teori sustentava, justificando a incidência do imposto de renda nas indenizações por dano moral:

> Considerado o sentido estrito de patrimônio, o pagamento de indenização, já se percebe, pode ou não acarretar acréscimo patrimonial, dependendo da natureza do bem jurídico a que se refere. Quando se indeniza dano causado ao patrimônio material, o pagamento em dinheiro simplesmente reconstitui a perda patrimonial ocorrida. Nesses casos, evidentemente, a indenização não tipifica fato gerador de imposto de renda, já que não acarreta aumento no patrimônio. Todavia, ocorre inegavelmente acréscimo patrimonial quando a indenização por dano material se destina não apenas a recompor um prejuízo já ocorrido (= dano emergente), mas também a compensar o ganho que deixou de ser auferido (= lucro cessante). Da mesma forma, há acréscimo patrimonial quando o valor pago a título de indenização é maior do que o dos danos ocorridos (v.g., quando, além da indenização propriamente dita, há pagamento de multa). Por outro lado, quando a indenização se refere a dano causado a bem jurídico imaterial (= dano que não importou redução do patrimônio material), o pagamento (= entrega de dinheiro, bem material) acarreta, natural e necessariamente, um acréscimo ao patrimônio material e, portanto, configura fato gerador do imposto de renda. Em suma: a indenização que não acarreta acréscimo patrimonial é apenas aquela que se destina a recompor o dano material efetivamente causado pela lesão (= dano emergente ao patrimônio material). Relativamente a ela, não se configura fato gerador do imposto de renda. Todavia, acarreta acréscimo patrimonial (e, portanto, constitui fato gerador do imposto de renda) a indenização (a) por danos ao patrimônio imaterial (= moral), ou (b) referente a lucros cessantes ou (c) em valor que exceda o da redução patrimonial causada pela lesão.[18]

O Ministro Teori entendia que o recebimento de indenização por danos morais tipificava fato gerador de obrigação tributária. Decorreria, desse fato, nascimento de obrigação e concomitante crédito, em favor do Fisco. Apontava que havia legislação de regência que concentrava o amplo campo das isenções. De tal modo, acrescentamos, as isenções decorrem de juízo político e não necessariamente de indicativos emocionais e contingenciais.

---

[15] Teori Albino Zavascki, em excerto de voto proferido no Recurso Especial nº 963.387-RS.
[16] Teori Albino Zavascki, em excerto de voto proferido no Recurso Especial nº 963.387-RS.
[17] O conceito de *renda como acréscimo* foi explorado por BALEEIRO, Aliomar. *Direito tributário brasileiro*. Rio de Janeiro: Forense, 1997. p. 183.
[18] Teori Albino Zavascki, em excerto de voto proferido no Recurso Especial nº 963.387-RS.

Nos termos do CTN, a isenção, ainda quando prevista em contrato, é sempre decorrente de lei que especifique as condições e requisitos exigidos para a sua concessão, os tributos a que se aplica e, sendo caso, o prazo de sua duração. O CTN também dispõe que a isenção pode ser restrita a determinada região do território da entidade tributante, em função de condições a ela peculiares. Via de regra, as isenções se aplicam aos impostos, não se estendendo às taxas e às contribuições de melhoria. A isenção também não alcança os tributos instituídos posteriormente à sua concessão.[19]

Também de acordo com o CTN, a isenção, salvo se concedida por prazo certo e em função de determinadas condições, pode ser revogada ou modificada por lei, a qualquer tempo. A jurisprudência do STJ é firme no sentido de reconhecer que isenções podem ser modificadas ou revogadas a qualquer tempo. Não há disposição relativa à isenção de imposto de renda na hipótese do recebimento de indenização por danos morais. Além do que, insista-se, a isenção é matéria de interpretação literal.[20]

Com base no art. 39 do Regulamento do Imposto de Renda e Proventos de Qualquer Natureza, aprovado pelo Decreto nº 3.000, de 31.3.1999, o Ministro Teori explicitou que não havia previsão legal para a não incidência de imposto de renda em relação às indenizações por dano moral. Aplicando a moldura normativa ao caso concreto que julgava, acrescentou:

> [...] os valores recebidos pelo impetrante a título de reparação por dano moral, embora tenham natureza indenizatória, acarretam efetivo acréscimo patrimonial. Não há isenção prevista em lei para tal indenização, salvo se se tratasse de dano moral decorrente de acidente do trabalho [...] Assim, configurando fato gerador do imposto de renda e não estando abrangida por norma isentiva, sujeita-se a verba à incidência do tributo.[21]

Bem colocadas as linhas conceituais, o Ministro Teori passou a enfrentar os argumentos apresentados pelo Ministro Herman Benjamin. O relator entendia que a indenização de dano moral não representaria acréscimo patrimonial. O Ministro Teori, com elegância, lamentava a posição. Registrou que afirmar que "a indenização por dano moral não acarreta um acréscimo patrimonial é ir contra a natureza das coisas".[22] Acrescentou que "o acréscimo patrimonial é evidente e é apresentado pela doutrina como exemplo típico desse fenômeno fático".[23]

O Ministro Herman Benjamin também argumentou que o princípio da reparação integral impediria a tributação. Para o Ministro Teori, o argumento não se sustentava, era totalmente estranho ao direito tributário, e que fosse utilizado, com muito mais razão não se poderia tributar os salários ou vencimentos, porque potencialmente irredutíveis. Por fim, tratou do princípio do *non olet*, e justificou sua posição, firme no fato de que ao Judiciário não caberia fixar isenções com base na simpatia ou na antipatia. É o que segue, com ênfases nossas:

---

[19] Para o tema da isenção, AMARO, Luciano. *Direito tributário brasileiro*. São Paulo: Saraiva, 2019. p. 314 e ss.
[20] TORRES, Ricardo Lobo. *Normas de interpretação e integração do direito tributário*. Rio de Janeiro: Renovar, 2000. p. 236 e ss.
[21] Teori Albino Zavascki, em excerto de voto proferido no Recurso Especial nº 963.387-RS.
[22] Teori Albino Zavascki, em excerto de voto proferido no Recurso Especial nº 963.387-RS.
[23] Teori Albino Zavascki, em excerto de voto proferido no Recurso Especial nº 963.387-RS.

O terceiro argumento é que o Estado não pode ser sócio da dor. Aqui estamos derrubando um princípio que vem desde o Direito Romano. *O princípio do non olet. Aliás, é com base nesse princípio que se pode tributar acréscimo patrimonial decorrente da atividade ilícita. Seria justificável impedir essa tributação ao argumento de que o Estado não pode ser sócio do crime?* O que quero acentuar é que não podemos misturar as coisas. A tributabilidade ou não (que é um fenômeno eminentemente de base econômica), pertence a domínio jurídico autônomo em relação ao princípio da reparabilidade dos danos ou de irredutibilidade dos vencimentos, ou da licitude do acréscimo patrimonial, e assim por diante. *Se o tributo é bom ou não, se é agradável ou não agradável, isso é uma questão de política legislativa, no âmbito da qual o Judiciário não pode e não deve interferir.* No caso de dano moral, a tributação certamente desperta antipatia. Todavia, não cabe ao Judiciário criar isenções fundadas em simpatia ou antipatia. Essa é matéria que o Legislativo deve disciplinar. Voto no sentido de estabelecer a divergência com o Relator. Voto pela incidência do imposto, reafirmando o voto colocado na Turma. Dou provimento ao recurso especial.[24]

4 Considerações finais

Afirmando que política legislativa e atividade do Judiciário não se confundem, o Ministro Teori fechou posição com uma percepção minimalista e contida da atividade judicial.[25] Reconheceu a antipatia que a tributação sobre o dano moral suscitava (e suscita) em toda a gente. Porém, lembrou que não caberia ao Judiciário fixar isenções com base em empatias.

A estrita aplicação da lei, que na hipótese não previa isenção, justificava a perspectiva supostamente antipática que perfilou. Acreditamos que essa percepção negativa certamente não o incomodava. Seguro, bem preparado, coerente, objetivo e reverente para com as instituições e para com as funções do magistrado, o Ministro Teori é permanente lembrança de que o equilíbrio é a justa medida pautada pela correta distribuição da justiça.

Referências

AMARO, Luciano. *Direito tributário brasileiro*. São Paulo: Saraiva, 2019.

BALEEIRO, Aliomar. *Direito tributário brasileiro*. Rio de Janeiro: Forense, 1997.

DIAS, Gabriel Nogueira. *Positivismo jurídico e a teoria geral do direito na obra de Hans Kelsen*. São Paulo: RT, 2010.

HAZARD JR., Geoffrey C.; DONDI, Angelo. Ética jurídica – Um estudo comparativo. Tradução de Luiz Gonzaga de Carvalho. São Paulo: Martins Fontes, 2001.

POSNER, Richard. *How judges think*. Cambridge: Harvard University Press, 2008.

ROSAS, Roberto. *Direito sumular*. São Paulo: Malheiros, 2012.

SCALIA, Antonin. *A matter of interpretation* – Federal Courts and the law. New Jersey: Princeton University Press, 1997.

STJ. REsp. 963.387. Rel. Min. Herman Benjamin, Primeira Turma, julgado em 08.10.2008. *DJ*, 5 mar. 2009.

TORRES, Ricardo Lobo. *Curso de direito financeiro e tributário*. Rio de Janeiro, São Paulo e Recife: Renovar, 2006.

---

[24] Teori Albino Zavascki, em excerto de voto proferido no Recurso Especial nº 963.387-RS.

[25] No tema do minimalismo no direito comparado, por todos, SCALIA, Antonin. *A matter of interpretation* – Federal Courts and the law. New Jersey: Princeton University Press, 1997. p. 9.

TORRES, Ricardo Lobo. *Normas de interpretação e integração do direito tributário*. Rio de Janeiro: Renovar, 2000.

TUSHNET, Mark (Ed.). *I dissent* – Great opposing opinions in landmark Supreme Court Cases. Boston: Beacon Press, 2008.

ZAGREBELSKY, Gustavo. *A crucificação e a democracia*. Tradução de Monica de Sanctis Viana. São Paulo: Saraiva, 2011.

Informação bibliográfica deste texto, conforme a NBR 6023:2018 da Associação Brasileira de Normas Técnicas (ABNT):

GODOY, Arnaldo Sampaio de Moraes; OLIVEIRA, Liziane Paixão Silva. Teori Albino Zavascki: retidão e padrão de coerência jurisprudencial. O tema da tributação na indenização por danos morais. *In*: SEEFELDER FILHO, Claudio Xavier; AZEVEDO, Daniel Coussirat de (Coord.). *Teori na prática*: uma biografia intelectual. Belo Horizonte: Fórum, 2022. p. 295-303. ISBN 978-65-5518-344-3.

O JULGAMENTO DO RESP Nº 426.945 (CASO VOLVO) E O VOTO DO MINISTRO TEORI ZAVASCKI: A DESMISTIFICAÇÃO DE PROBLEMAS TRIBUTÁRIOS

ADRIANO CHIARI DA SILVA

Seja como referência na utilização de precedentes, seja como ponto de reflexão para posturas menos litigiosas por parte da Fazenda Nacional, as decisões do Ministro Teori Zavascki sempre tiveram destaque na orientação da atuação da PGFN.

A estima vem, sim, da extrema capacidade técnica com que o Ministro Teori Zavascki nos brindava em suas decisões. Mas, também pela sua coragem, da sua altivez, do compromisso com os valores democráticos, da independência, da discrição, e da maneira sempre muito reta na condução da magistratura. Uma admiração tanto do jurista quanto do humanista Teori Zavascki.

Com raciocínio arguto, claro e sempre acompanhado de robusta e aprofundada fundamentação, o Ministro Teori Zavascki conquistava (e segue a conquistar) todos aqueles que anseiam por decisões orientadas pela, e para, a racionalidade jurídica do sistema. Conseguiu, com ímpar sensibilidade (de se lembrar que "sentença" advém do latim *sententia*, derivado do verbo *sentio/sentire*), em fazer a correta e necessária discriminação de casos, a demandarem diferente resposta dos paradigmas, sem descuidar para eventuais solavancos que uma mudança de jurisprudência repentina e imprudente poderia ocasionar.

O Ministro Teori Zavascki também era considerado pelos demais ministros, tanto do STF, como do STJ, como um exemplo de homem sério, equilibrado, elegante, um jurista com sólida formação técnica e de grande experiência.

O leitor pode perceber, assim, que a dificuldade aludida no início recai exatamente na interminável lista de virtudes do nosso homenageado. É dizer, ao final, e simplesmente: saudades, Ministro Teori.

Para o ano de 1993, o art. 77 da Lei nº 8.383/91 estabeleceu a incidência do imposto de renda sobre lucros e dividendos apenas em relação àqueles rendimentos enviados ao exterior. A empresa Volvo, valendo-se de cláusula de não discriminação da Convenção Brasil-Suécia para Evitar a Dupla Tributação (Decreto Federal nº 77.053/76), pretendia a desoneração da sua controladora estrangeira, alegando quebra da isonomia.

Da forma como construída a argumentação pela empresa, o caso ganhou repercussão na doutrina tributária, pois se alegava que a incidência do imposto de renda à alíquota de 15% pelo art. 77, norma posterior, não poderia se sobrepor à previsão do tratado internacional, que proíbe o tratamento diferenciado entre nacionais dos países signatários, atraindo para o debate uma das mais polêmicas interpretativas do direito (e especialmente do direito tributário em razão do art. 98 do Código Tributário Nacional): a prevalência de tratados internacionais sobre a legislação interna.

O caso chegou às Cortes Superiores, após a tramitação na Justiça Federal da 4ª Região.

Entenderam os ministros do STJ, em apertada maioria, por afastar a aplicação da regra de tributação, sob o fundamento de que a incidência tributária redundaria em tratamento discriminatório entre brasileiros e suecos, em face da Convenção Brasil-Suécia para Evitar a Dupla Tributação. Decidiu o Tribunal que a lei tributária violaria os princípios da isonomia tributária, da supremacia hierárquica dos tratados em relação à lei interna, bem como dos demais postulados internacionais e constitucionais que previnem a dupla tributação.

O exame do caso propiciou a formação de diversas correntes, envolvendo a convivência entre a legislação interna e o direito internacional, a interpretação de regras de tributação e princípios constitucionais, como da isonomia.

Na análise do caso, os votos dos ministros refletiram essas diversas tendências, com a utilização de diversos argumentos a partir da interpretação de princípios constitucionais e tributários. O Min. Teori Zavascki, relator para o caso, foi preciso na análise e resolução da questão. Como de costume, enfrentou todas as alegações, com técnica jurídica apuradíssima, com fundamentação clara e robusta.

Seu voto identificou a problemática (e aqui, cabe ressaltar: a cortesia da clareza de suas decisões já se fazia presente) a partir de relatório conciso, objetivo, e especialmente, certeiro no elenco da pretensão da ação, da indicação de todos os diplomas legais e constitucionais invocados pelas partes, suas teses e argumentos mais relevantes e as decisões judiciais precedentes.

Após delimitar o que compunha a parcela de competência daquela jurisdição especial (o exame da matéria jurídica federal), passa a discorrer já de modo analítico sobre o intrincado enlace legislativo que teria no Decreto nº 70.053/76, que internalizou o Acordo de Bitributação entre Brasil e Suécia, segundo as alegações da empresa, a causa para a não incidência do imposto de renda incidente na remessa de lucros para o exterior. Pontuou também o argumento do contribuinte de que o regramento deve ser observado ainda que haja lei ordinária posterior em sentido contrário, sinalizando um dos pontos centrais da discussão: a interpretação do art. 98 do CTN. Registrou, ainda, a alegação final de que indevida a retenção do tributo na fonte em razão da disposição contida no art. 24 do acordo, que preconiza o tratamento tributário isonômico entre os nacionais brasileiros e suecos.

De maneira categórica, após a exposição didática do caso, esclareceu que o art. 10 da Convenção Brasil e Suécia não apenas não oferecia obstáculo à tributação da remessa de lucros aos residentes naquele país estrangeiro, como autorizava a incidência.

No exame da matéria, e utilizando-se do critério da especialidade, foi exato na análise jurídica:

> É permitido concluir, em primeiro lugar, que o regramento contido no art. 10 goza de especialidade em relação ao do art. 24, detendo primazia de aplicação. Conforme visto, a situação fática de que tratam os autos ajusta-se perfeitamente ao suporte fático hipotético daquela norma, e há nela a permissão para que o Estado contratante onde se encontra a empresa remetente dos dividendos tribute-os na forma de sua legislação, observados os limites quanto à alíquota.

Em seguida, empregando uma metodologia de argumentos lógicos, mas sem perder o didatismo (sempre bem-vindo, a propósito, nas intrincadas questões tributárias), lançou-se à análise específica dos argumentos. O primeiro, em relação à aplicação do art. 24 da convenção, que tratava da cláusula de não discriminação, e que por ventura estaria sendo descumprido:

> Resta, então, perquirir se no regramento genérico sobre "não discriminação" há alguma disposição que se sobreponha às regras do art. 10 e revele a impossibilidade de impor a indigitada exação. Sustenta a recorrente que o item 1. do art. 24 veda o tratamento diferenciado entre os sócios em função do local onde estão domiciliados. Sem razão, porém. O que todas as disposições do art. 24 buscam reprimir é a discriminação fundada na nacionalidade. O primeiro sinal inequívoco dessa orientação está na parte final do item 1. Estatui-se que um Estado contratante não pode estabelecer ao nacional do outro Estado "tributação ou obrigação correspondente, diferente ou mais onerosa" do que a estabelecida aos nacionais do primeiro Estado, desde que estejam na mesma situação. Há significativa diferença entre um nacional estar domiciliado em seu Estado de origem ou no Estado estrangeiro - tanto que a Convenção, em diversas oportunidades, estabeleceu regras específicas para disciplinar a situação do nacional residente em seu Estado de origem quanto a fatos jurídicos ocorridos no Estado estrangeiro. Veja-se a respeito o art. 7, que trata do lucro das empresas, o art. 11, cuidando de juros, o art. 12, sobre royalties, o art. 16, disciplinando as remunerações de direção, o já citado art. 10 e, principalmente, a segunda parte do item 3. do próprio art. 24, ao enfatizar que a primeira parte do mesmo item, ao vedar tratamento diferenciado ao estabelecimento permanente que um Estado contratante mantenha no outro Estado, não implica a concessão de determinados benefícios aos residentes no Estado estrangeiro. Tal regra expressa inequivocamente que não há como interpretar as normas presumindo a aplicação geral e irrestrita aos nacionais domiciliados em Estados diferentes.

Tem-se em conta que os argumentos deduzidos foram suficientes para o arremate da questão. Bastavam-se, por assim dizer. E numa demonstração, sem que se exigisse mais do ponto de vista da racionalidade na fundamentação, de deferência ao sistema judiciário como um todo, num gesto de humildade perante o direito e o ofício da magistratura, invoca a decisão de 1º grau, do Juiz Nicolau Konkel Júnior, o qual já havia com muita competência estabelecido que o critério firmado pelo legislador (residência ou domicílio do contribuinte) independia de sua nacionalidade, o que não estava a atrair qualquer violação ao art. 24 da Convenção. Em conclusão, sem deixar qualquer sombra de dúvidas, do resultado da análise, firmou:

> Enfim, a presente hipótese é regrada pelo art. 10 da Convenção, o qual em nada se indispõe com a legislação nacional posterior. O item 1. do art. 24 pressupõe perfeita identidade de

situações entre os nacionais, o que não se verifica no caso, em que se comparam sócios residentes no Brasil e na Suécia.

Os demais ministros do Superior Tribunal de Justiça percorreram caminho distinto, trazendo à colação argumentos e alegações diversas, inclusive de cunho constitucional.

Os seguintes trechos de votos, primeiro do Ministro Francisco Falcão, ilustram bem o "nó jurídico" formado naquela assentada e as diferentes "teses" envolvidas:

> Os termos do tratado em comento são claros em estabelecer regras de isonomia tributária entre os signatários. É dentro deste arcabouço que reside a inconformação do recorrente, porquanto os princípios aqui observados estariam sendo malferidos pela legislação interna. [...]
>
> A legislação encimada estabelece, para as pessoas físicas ou jurídicas residentes ou domiciliadas no pais, que o termo a quo da cobrança da exação seja iniciado em 1º de janeiro de 1994.
>
> Esta a fundamental distinção imposta pela legislação, uma vez que para as pessoas físicas ou jurídicas residentes ou domiciliadas no estrangeiro, o termo a quo para o início da retenção é 1º de janeiro de 1993.
>
> Nesse panorama, resta afirmado o benefício dirigido aos residentes no País, em detrimento daqueles residentes no exterior, determinando um tratamento não isonômico entre os sócios, com a realização de tributação mais onerosa ao residente ou domiciliado no estrangeiro.

Por fim, em caráter eventual (já que dispensável para o arremate do caso), concluiu com a análise da questão mais sensível do caso: a interpretação do art. 98 do CTN e a polêmica da prevalência dos tratados internacionais sobre a legislação interna. Em elucidativa análise sobre o tema específico, invocando precedente do Supremo Tribunal Federal:

> [...] A determinação legal de que "os tratados e as convenções internacionais revogam ou modificam a legislação tributária interna", representa, nada mais, nada menos, do que a reafirmação do princípio de que lex posterior derogat priori. Realmente, no momento em que ocorre a recepção da norma do tratado pelo direito interno, através do ato legislativo constitucionalmente previsto, opera-se fenômeno idêntico ao de edição de qualquer outra nova lei: ficam revogadas ou modificadas as disposições anteriores com ela incompatíveis. Assim, a afirmação do princípio pelo artigo 98 do CTN, antes de alçar a norma internacional a posição de prevalência em relação ao direito nacional, como entendem alguns, posiciona-a em nível igual ao da norma interna, atribuindo-lhe idênticos efeitos.
>
> Já a segunda parte do artigo 98, citado, quando dispõe que os tratados e as convenções internacionais serão observados pela legislação tributária que lhes sobrevenha, merece análise mais aprofundada, a menos que, desde logo, se opte pela sua flagrante inconstitucionalidade. Com efeito, uma apressada interpretação deste preceito poderia levar à convicção de que ele estaria vedando ao legislador a edição de normas contrárias a tratados e convenções. Tal interpretação, por isso, eivaria o dispositivo de flagrante inconstitucionalidade, pois implicaria consagrar restrições e limitações ao exercício do Poder Legislativo, inclusive do próprio poder constituinte derivado, restrições e limitações estas só cabíveis em texto constitucional, jamais em lei, ainda que lei complementar à Constituição. Assim, há que se afastar, de logo, o entendimento de que o art. 98 do CTN veda ao Poder Legislativo editar norma contrária a tratados e convenções. A parte final do citado normativo deverá ser interpretada e aplicada nos exatos limites em que o fez o Supremo Tribunal Federal, no acórdão aqui tantas vezes citado: "Nem se diga estar a irrevogabilidade dos tratados e

convenções por lei ordinária interna consagrado no direito positivo brasileiro, porque está expresso no art. 98 do Código Tributário Nacional, verbis: "os tratados e as convenções internacionais revogam ou modificam a legislação tributária interna, e serão observadas pela que lhe sobrevenham". Como se verifica, o dispositivo refere-se a tratados e convenções. Isto, porque os tratados podem ser normativos, ou contratuais. Os primeiros traçam regras sobre pontos de interesse geral, empenhando o futuro pela admissão de princípio abstrato, no dizer de Tito Fulgêncio. Contratuais são acordos entre governantes acerca de qualquer assunto. O contratual é, pois, título de direito subjetivo. Daí o art. 98 declarar que tratado ou convenção não é revogado por lei tributária interna. É que se trata de um contrato, que deve ser respeitado pelas partes. Encontra-se o mesmo princípio na órbita interna, no tocante à isenção, em que o art. 178 do Código Tributário Nacional proíbe sua revogação, quando concedida por tempo determinado. É que houve um contrato entre a entidade pública e o particular, que, transformado em direito subjetivo, deve ser respeitado naquele período". (RTJ, 83/823-4, voto do Min. Cunha Peixoto). "Argumentou-se com o art. 98 do Código Tributário Nacional, para concluir pela irrevogabilidade dos tratados por legislação tributária interna que lhes sobrevenha. Mas como bem observou o ilustre Ministro Cunha Peixoto, sob pena de inconstitucionalidade deve ser compreendido como limitado aos acordos contratuais de tarifas, durante a vigência destes". (op. cit. pág. 829, voto do Min. Cordeiro Guerra). "... essa norma do Código Tributário é aplicável aos tratados de natureza contratual, não quanto aos tratados-leis" (op. cit, pág. 838, Min. Leitão de Abreu). (RTRF-4ª Região, v. 8, p. 264, 273)

Agora, trecho do voto do Ministro José Delgado:

(1) o fenômeno da dupla tributação é vedado "por princípios que estão acima até da própria norma constitucional";

(2) os referidos princípios – implícitos no ordenamento jurídico e que legitimam o afastamento da aplicação da lei no caso vertente – são o da proibição de dupla incidência tributária, da equiparação de tratamento e da não discriminação do estrangeiro;

(3) o Brasil adota para o capital estrangeiro um regime de equiparação de tratamento, o qual é "legalmente reconhecido no art. 150, inciso II, da Constituição Federal, que, embora se dirija, de modo explícito, à ordem interna, também é dirigido às relações externas".

(4) "se adotamos, na ordem interna, o princípio da não-discriminação, com mais razão temos que adotá-lo na ordem internacional, sob pena de estarmos na contramão da história, não valorizando as chamadas relações internacionais e a melhor convivência entre os países";

(5) "no momento atual e no caso específico em discussão, a jurisprudência posta pelo Supremo Tribunal Federal, de modo genérico, de que a legislação infraconstitucional revoga as convenções internacionais e os tratados internacionais, não é aplicada à hipótese. A legislação revoga, sim, mas desde que esteja em incompatibilidade com os princípios que regem o atual sistema das relações internacionais tributárias e outros tipos de relação, pois, tanto na ordem interna quanto na externa, os princípios estão acima de tais disposições infraconstitucionais".

Por tais votos, percebe-se o envolvimento de temas constitucionais (como a bitributação e o princípio da isonomia), além da invocação da Convenção Brasil e Suécia (no caso, a cláusula de "não discriminação" prevista no art. 24) na problematização do caso. Entenderam os ministros que tais preceitos não permitiram a tributação diferenciada entre brasileiros e suecos, ainda que residentes fora do país e em relação a rendimentos recebidos por esta condição, a partir da alteração legal.

Acabaram por estender aos residentes na Suécia, por um movimento de interpretação, a isenção fiscal que a lei concedeu apenas aos residentes no Brasil.

O Ministro Teori Zavascki teve a companhia do Ministro Luiz Fux, especialmente na fundamentação adotada em seu voto, de forma complementar, quanto à prevalência da legislação interna, à luz do disposto na parte final do art. 98 do CTN.

O desfecho final coube à Ministra Denise Arruda, com o voto de desempate. Entendeu, por fim, invocando um conjunto de argumentos, pela procedência do pedido da empresa:

> Em conclusão, se o tratado deveria ser observado pela lei interna subseqüente; se o mesmo tratado conteria uma relação de especialidade; se foi desconsiderado o princípio da isonomia tributária entre os sócios; se houve igualmente discriminação entre os sócios da mesma empresa, cujo discrímen foi fundado apenas no fato residência e/ou domicílio de cada um, a meu ver, está claramente evidenciada a violação do art. 98 do CTN e do art. 24 da Convenção Brasil-Suécia.

A Fazenda Nacional apresentou recurso extraordinário da decisão.

Alegou que, diferentemente do que assentado pelo acórdão do STJ, a regra afastada (art. 77 da Lei nº 8.383/91) não criava qualquer discriminação com base na nacionalidade dos residentes. A eficácia jurídica do dispositivo seria de afetar, inclusive, os sócios brasileiros (empresas ou pessoas naturais) residentes no exterior que eventualmente venham a receber dividendos ou lucros de empreendimentos no Brasil.

Nessa linha, somente se poderia falar em violação à isonomia tributária se a situação dos residentes no exterior não justificasse tratamento distinto.

A justificativa que a política tributária apresentava era a de se buscar, com a isenção de dividendos a residentes no país, inclusive como bem registrado pelo voto do Ministro Luiz Fux, a manutenção de divisas em território nacional.

Nessa perspectiva, o critério adotado pela Lei nº 8.383, ao identificar situações distintas a partir do domicílio do beneficiário do dividendo, independentemente da nacionalidade, guardava total harmonia com o princípio da isonomia tributária.

O discrímen, dessa maneira, não contemplou qualquer tipo de gravame ao princípio da isonomia, uma vez que o tratamento tributário distinto revelava, considerado o critério "residência do beneficiário do dividendo", situações jurídicas distintas: (i) manutenção de divisas no Brasil (bem jurídico estimulado) e (ii) saída de divisas (situação que se busca evitar).

Corroborava, ainda, o erro do acórdão (como bem alertado pelo voto do Ministro Teori Zavascki), a simples leitura dos itens "1" e "4" do art. 24 da Convenção entre Brasil e Suécia, não trazendo a regra nenhuma vedação a tratamento tributário distinto a residentes.

De se registrar, ainda, que o art. 24 da Convenção, no que diz respeito às regras de discriminação tributária, não é nenhuma exclusividade sueca. Nesse sentido, o Decreto nº 70.506, de 1972, que internalizou convenção entre Brasil e França. Entre Brasil e Canadá ainda vigora o Decreto nº 92.318, de 1986, com igual solução sobre a tributação dos dividendos. Inúmeros são os casos idênticos de convenções anteriores ao art. 77 da Lei nº 8.383, em cuja eficácia não se insurgiram os remetentes de dividendos para alegar violação à isonomia ou à dupla tributação.

Pois bem, o caso chegou ao Supremo Tribunal Federal.

Após longa espera, em decisão de 5.8.2020, a Suprema Corte apresentou a conclusão do julgamento.

Entenderam os ministros Dias Toffoli (presidente e redator para o acórdão), Marco Aurélio, Ricardo Lewandowski, Cármen Lúcia e Rosa Weber que, para se ultrapassar o entendimento do STJ, seria necessário o reexame da causa à luz da legislação infraconstitucional pertinente, análise incompatível com a via do recurso extraordinário.

Já os ministros Gilmar Mendes (relator), Edson Fachin, Roberto Barroso e Celso de Mello deram provimento ao recurso extraordinário da União, para afastar a concessão da isenção de imposto de renda retido na fonte para os não residentes conferida pelo acórdão recorrido e julgavam improcedente a presente ação declaratória, tendo o Ministro Alexandre de Moraes acompanhado o relator, com ressalvas.

Por ocasião de seu voto, o Min. Alexandre de Moraes fez expressa menção ao voto do Ministro Teori Zavascki no acórdão do julgamento no STJ, precisamente, para ressalvar o voto do Min. Gilmar Mendes, quanto à interpretação do art. 98 do CTN:

> Essa distinção entre tratados (ou convenções) internacionais normativos e contratuais também foi evidenciada pelo saudoso Min. TEORI ZAVASCKI, relator do voto vencido no acórdão do STJ. Em sua manifestação, assentou que eventual antinomia entre acordo internacional e legislação interna posterior resolve-se com prevalência da última, mormente quando se trata de convenção que ostenta caráter normativo. Pela pertinência, confira-se trecho elucidativo de sua manifestação (fls. 153-157, Vol. 3): [...]
>
> Nada obstante, o Eminente Min. GILMAR MENDES, em seu voto, argumentou que o entendimento que admite a possibilidade de afastar a aplicação de normas internacionais tributárias por meio de legislação ordinária está defasado em face das exigências de cooperação, boa-fé e de estabilidade do atual cenário internacional.
>
> Pontuou, ainda, amparado em abalizada doutrina, que a classificação em tratados-contratos e tratados-leis mostra-se desatualizada, e que a Constituição Federal assegura a estabilidade dos tratados internacionais em matéria tributária, em detrimento de legislação infraconstitucional interna superveniente. Em que pese o brilhantismo de seu pronunciamento, com todas as vênias, divirjo desse entendimento, pois, como já tive oportunidade de me manifestar em estudo doutrinário, filio-me à corrente que entende pela paridade normativa entre atos internacionais e leis infraconstitucionais de direito interno [...].
>
> Aliás, essa também tem sido o entendimento desta CORTE. Confira-se o acórdão proferido pelo Plenário do SUPREMO TRIBUNAL FEDERAL, na ADI 1.480 MC (Rel. Min. CELSO DE MELLO, Tribunal Pleno, DJ de 18/5/2001), na qual se concluiu inexistir superioridade hierárquica dos tratados e convenções internacionais em relação à legislação infraconstitucional interna, e que eventual incompatibilidade entre essas normas deve ser dirimida pelos critérios temporal ou da especialidade

Em relação à alegação de discriminação apontada pela empresa, o Ministro Alexandre de Moraes volta, mais uma vez, a citar o voto do Ministro Teori Zavascki, por suas precisas e esclarecedoras razões, para concluir:

> O art. 77 da Lei 8.383/1991 previa, para o ano-base de 1993, a alíquota do imposto de renda de 15% sobre os lucros ou dividendos distribuídos em benefício de pessoa física ou jurídica residente ou domiciliada no exterior. Dessa forma, era indiferente ser a pessoa brasileira ou sueca, pois o critério diferenciador consistia no local de residência. Portanto, não vislumbro

tratamento discriminatório, uma vez que mesmo o brasileiro, se residente no exterior, também era tributado diferentemente do brasileiro residente no Brasil.

O resultado da apreciação do caso pela Suprema Corte resultou em empate, em razão de o Min. Luiz Fux estar impedido, conforme norma regimental. Em proclamação, o Tribunal entendeu que, nos termos do art. 146 do Regimento Interno do Supremo Tribunal Federal, a hipótese seria de improvimento ao recurso extraordinário da União. Sobre a aplicabilidade deste dispositivo do Regimento Interno do STF ao resultado do julgamento, apresentou a União recurso de embargos de declaração, o qual ainda não teve desfecho final.

Em que pese a relevância do resultado do julgamento, seria extremamente prematuro afirmar que a matéria está pacificada no âmbito dos tribunais em qualquer dos aspectos abordados no processo. A peculiaridade do caso Volvo e os contornos argumentativos, especialmente quando da apreciação pelo Superior Tribunal de Justiça, não autoriza conclusões a respeito do futuro da interpretação de acordos e tratados internacionais tributários.

É possível afirmar, ao contrário, que se formou respeitável posição no âmbito do Supremo Tribunal Federal pela posição de equivalência entre tratados e legislação tributária interna, a partir inclusive do art. 98 do CTN, e mais: que o art. 24, de não discriminação prevista em acordos de não tributação, em nada afasta a possibilidade de que se estabeleça, no país, tributação diferente a partir do elemento de conexão "residência".

Tal posição, inclusive com a possibilidade de a matéria ser conhecida e discutida em âmbito constitucional, atraindo a atuação da Suprema Corte, se deve em grande medida à contribuição do precioso voto do Ministro Teori Zavascki que, com irrefutável argumentação, entendeu que interpretar o art. 98 do CTN, de maneira a consagrar restrições e limitações ao exercício do Poder Legislativo, como pretendem aqueles a sustentarem a irrevogabilidade de tratados pela legislação interna superveniente, redundaria em flagrante inconstitucionalidade.

A certeza é que o caso analisado pelo Superior Tribunal de Justiça, e ainda que de forma parcial pelo Supremo Tribunal Federal, com relevantíssima participação do Ministro Teori Zavascki, contribuiu para a discussão e desenvolvimento da compreensão da relação entre legislação interna, benefícios tributários e tratados de bitributação.

Em finalização, da orientação do Ministro Teori Zavascki pode se extrair que, (i) se o sócio estrangeiro é domiciliado no Brasil, será tributado como sócio nacional, em total compatibilidade com a isonomia fiscal. Igualmente, (ii) o sócio nacional, residente no exterior, terá o lucro ou dividendo aqui tributado pela regra do art. 77 da Lei nº 8.383/91.

O Ministro Teori Zavascki, a quem saudamos nesta oportunidade final, desmistificou teses jurídicas engenhosas com elegante didática e tirocínio arrebatador, resolvendo uma questão aparentemente intrincada (como lhe era próprio) com simples, mas esclarecedora lição de direito: a competência tributária é exercida de forma plena, pois tem na Constituição sua legitimidade, e será com ela sempre compatível quando estabelecer critérios justificáveis ancorados em valores e objetivos por ela consagrados.

Informação bibliográfica deste texto, conforme a NBR 6023:2018 da Associação Brasileira de Normas Técnicas (ABNT):

SILVA, Adriano Chiari da. O julgamento do REsp nº 426.945 (caso Volvo) e o voto do Ministro Teori Zavascki: a desmistificação de problemas tributários. *In*: SEEFELDER FILHO, Claudio Xavier; AZEVEDO, Daniel Coussirat de (Coord.). *Teori na prática*: uma biografia intelectual. Belo Horizonte: Fórum, 2022. p. 305-313. ISBN 978-65-5518-344-3.

AS CONTRIBUIÇÕES DE ZAVASCKI E O FENÔMENO INFLACIONÁRIO DOS CRÉDITOS ESCRITURAIS

AMANDA DE SOUZA GERACY

1 Breves reflexões sobre o estilo julgador do Ministro Teori Zavascki

A honrosa nomeação aos quadros da Procuradoria-Geral da Fazenda Nacional (PGFN), no primeiro trimestre de 2007, me soou quase um encargo.

Na condição de servidora efetiva do Superior Tribunal de Justiça, lotada no Gabinete de S. Excelência o Ministro Teori Zavascki desde março de 2005, e já menos inserida no frenético "dia a dia dos concurseiros", por força da pretérita aprovação no certame da PGFN, passava pelo momento de maior aprendizagem profissional de que me recordo.

O legado deixado pela curta convivência diária com S. Excelência, o magistrado, então ministro do Superior Tribunal de Justiça, Teori Albino Zavascki, se tivesse de ser sumariado, poderia ser descrito por compromisso com a nação, discrição, serenidade, foco na demanda em análise e respeito incondicional à separação dos poderes, princípio que certamente influenciou sua enaltecida autocontenção enquanto julgador.

Sobre os limites que se autoimpunha como magistrado, elucidativo invocar as ponderações do próprio Teori sobre o papel de cada um dos poderes da República. Em entrevista concedida à Fundação Getúlio Vargas, em agosto de 2014, em contribuição ao projeto *História oral do STF (1988-2013)* (FONTAINHA; VIEIRA; SATO, 2016), que objetivada reunir depoimentos dos ministros do Supremo Tribunal Federal em celebração aos vinte cinco anos da Constituição Federal, o ministro enfatizou suas ressalvas ao protagonismo exacerbado do Poder Judiciário nos regimes democráticos: "A lei diz isso, eu quero que seja diferente, então vamos mudar a lei. O juiz não pode fazer isso, jamais. Esse é o excesso. O voluntarismo judicial. Aliás, eu acho que talvez seja um dos pecados mais lamentáveis do Judiciário, quando existe" (ZAVASCKI, 2014).

E S. Excelência ainda complementou:

> Nós não gostamos de ditadura, ninguém gosta. Agora, evidente que se você levar às últimas consequências, se o Judiciário começa a determinar tudo que o Legislativo tem que fazer e assumir o lugar do Legislativo, se disser tudo que o Executivo tem que fazer e o fizer no lugar do Executivo, acabaram-se os outros poderes, é a ditadura. (ZAVASCKI, 2014)

Embora integrante de Corte Superior, cujos julgados são irradiantes e balizam as concepções do "mundo jurídico", Zavascki repudiava que partissem de seu gabinete decisões massificadas e descompromissadas com a controvérsia jurídica subjacente e o contexto fático delimitado nas instâncias ordinárias.

Não obstante comentasse abertamente ser favorável à implementação de filtros à submissão de processos aos tribunais superiores e fosse atento à boa técnica, orientava de forma assertiva todos que lhe assistiam que a solução a ser dada ao processo não poderia se distanciar da demanda subjacente. Essa compreensão de S. Exa. foi externada em voto-condutor icônico por ele proferido,[1] até hoje pouco debatido e que revela muito da sua essência na condição de magistrado

Destaco as palavras de S. Excelência por ocasião do aludido julgamento:

1. Em virtude da sua natureza excepcional, decorrente das limitadas hipóteses de cabimento (Constituição, art. 105, III), o recurso especial tem efeito devolutivo restrito, subordinado à matéria efetivamente prequestionada, explícita ou implicitamente, no Tribunal de origem. Questiona-se, por isso mesmo, a existência, nessa espécie recursal, do chamado efeito translativo, consistente na possibilidade, atribuída ao órgão julgador, de conhecer de ofício as questões de ordem pública, conforme permitem o art. 267, §3º, e o art. 301, §4º, do CPC. Há respeitável corrente doutrinária e jurisprudencial que nega tal efeito aos recursos extraordinário e especial, à consideração de que ele seria incompatível com a exigência do prequestionamento, ínsita à natureza dos recursos excepcionais. Tese contrária, defendida por também importante corrente de pensamento, adverte, todavia, que, apesar de seus estreitos limites de devolutividade, o recurso especial tem por finalidade, ainda assim, julgar uma "causa" e, como tal, não está inteiramente alheio ao caso concreto ou à relação jurídica efetivamente questionada. Nessas circunstâncias, não pode a instância extraordinária simplesmente ignorar eventuais defeitos ou nulidades que impeçam a prestação da tutela jurisdicional na hipótese em julgamento, ainda quando o empecilho não tenha sido objeto de exame na origem e nem tenha sido suscitado pela parte interessada. Ilustrativa síntese da polêmica foi desenvolvida por Gleydson Kleber Lopes de Oliveira, em seu Recurso Especial (São Paulo, RT, 2002, p. 336-342).

2. *Embora destinado, fundamentalmente, a assegurar a inteireza e a uniformidade do direito federal infraconstitucional, o recurso especial não é, entretanto, uma via meramente consultiva, nem um palco de desfile de teses meramente acadêmicas. Não se pode desconhecer a sua condição de instrumento para julgar uma causa determinada.* [...] Bem se vê, portanto, que também na instância extraordinária o Tribunal está vinculado a uma causa, a uma situação em espécie. Ora, isso não pode ser ignorado quando se examina o requisito do prequestionamento. Há de se atribuir a esse requisito um adequado grau de relatividade, de modo a não representar insuperável entrave a que o recurso especial alcance a sua outra função, de julgar uma causa determinada, aplicando o direito à espécie. Assim, nos casos em que eventual nulidade ou falta de condição da ação ou de pressuposto processual impede, a toda evidência, que o recurso especial cumpra sua função de ser útil ao desfecho da causa, é de se admitir que, uma vez superado o juízo de admissibilidade (inclusive o do prequestionamento das matérias atacadas no recurso), o tribunal conheça e enfrente de ofício as relevantes matérias acima referidas, enquadráveis no art. 267, §3º e no art. 301, §4º do CPC. Nesses limites, portanto, também o efeito translativo é inerente ao recurso especial. (ZAVASCKI, 2007) (Grifos nossos)

---

[1] BRASIL. Superior Tribunal de Justiça. REsp nº 885.152/RS. 1ª Turma. Rel. Min. Teori Albino Zavascki. Brasília, DF, 6 de fevereiro de 2007. *DJe*, 22 fev. 2007. p. 171. Disponível em: https://scon.stj.jus.br/SCON/pesquisar.jsp. Acesso em: 24 jul. 2021.

A preocupação do ministro com os elementos da demanda o levava a exigir minucioso relatório previamente à tomada de cada decisão. Aliás, essa postura inegociável lhe rendeu, por vezes, a condição de coadjuvante nas estatísticas mensais de produtividade que a cada dia mais atormentam os magistrados brasileiros e não raro prejudicam a qualidade da jurisdição prestada à sociedade.

Zavascki era exigente com seus colaboradores, mas também consigo próprio. Satirizava que nos momentos dedicados à própria saúde, especialmente durante as caminhadas matinais, era surpreendido com soluções inoportunas às demandas que lhe pareciam mais complexas. As férias, por sua vez, eram vistas como oportunidade para retomada das produções acadêmicas.

Esse foi o Ministro Teori do Superior Tribunal de Justiça: atento, exigente e discreto, mas abalizado, disposto a ouvir e sobretudo a agregar. Tal como nos colegiados que integrou, os debates surgidos internamente no Gabinete do Ministro Teori Zavascki mereciam escuta atenta de S. Excelência e eram arrematados por conclusões quase que "matemáticas", tamanhos os argumentos dedutivos e a concatenação de fundamentos explicitada pelo ministro para justificar a solução proposta.

Acredito terem sido essas as características que, apesar da rápida passagem, consagraram Teori Albino Zavascki expoente não só no Superior Tribunal de Justiça, mas também no Supremo Tribunal Federal, Corte esta onde o exercício da magistratura lhe rendeu a perda do estimado anonimato, mas lhe creditou o merecido e eterno reconhecimento também por parte da sociedade.

2 A contribuição de Teori à pacificação da controvérsia em torno da correção monetária dos créditos escriturais

Foram muitos os julgamentos em que o ministro externou seu raciocínio analítico, lançou mão de silogismos e do seu poder de síntese na tentativa de pacificar temas polêmicos.

Zavascki sempre foi um típico legalista. Um "técnico", no jargão utilizado pelo senso comum. Talvez por isso tenha sido afamado de magistrado "fazendário" e, nas cortes que integrou, usualmente não era o julgador preferido pelos advogados privados para relatar grandes temas tributários. Apesar da alcunha, o ministro se sensibilizava com as agruras dos contribuintes e proferiu pronunciamentos decisivos também a favor deles.

A propósito, válido rememorar o imbróglio sobre a possibilidade ou não de correção monetária dos créditos escriturais.

2.1 Esclarecimentos necessários: do regramento aplicável aos créditos escriturais e a diferenciação com o indébito tributário

Na seara tributária, créditos escriturais decorrem da equação entre créditos de entrada e débitos de saída. Representam a materialização do princípio constitucional da não cumulatividade que rege alguns tributos, tradicionalmente o IPI e o ICMS[2] e,

---

[2] Constituição da República Federativa do Brasil de 1988: "Art. 153. Compete à União instituir impostos sobre: [...] IV - produtos industrializados. [...] §3º O imposto previsto no inciso IV: [...] II - será não-cumulativo,

mais recentemente, com a promulgação da Emenda Constitucional nº 42, de 19.12.2003[3] e a entrada em vigor das leis nºs 10.637, de 30.12.2002, e 10.833, de 29.12.2003, também a PIS e a Cofins.

A não cumulatividade visa a remediar a incidência em cascata de um mesmo tributo nas sucessivas etapas da cadeia de produção. Consiste, pois, em mecanismo de abatimentos ou compensações no valor do tributo devido (IPI e ICMS) ou na sua base de cálculo (PIS e Cofins), de modo a gravar com a exação fiscal apenas a riqueza agregada pelo sujeito passivo ao bem ou serviço (MOREIRA, 2009).

A praxe é que a tomada dos créditos escriturais se dê na própria contabilidade da empresa, com aproveitamento automático pelo contribuinte, sem interferência da Administração Tributária, por ocasião da apuração do valor a pagar. Dado esse mecanismo e ante a ausência de previsão legal, partindo da premissa de que eventual aproveitamento tardio seja imputável ao próprio contribuinte, a regra é que aos créditos escriturais não se aplica correção monetária.

Esse modo de operação é diverso do aplicável ao pagamento indevido, em que há ingresso de quantia extra para o Erário e redução patrimonial dos contribuintes, situação em que sempre foi incontestável o direito à repetição do indébito com acréscimo de juros e correção monetária relativa ao período em que o sujeito passivo foi injustamente privado do seu patrimônio. Exatamente para evitar defasagem da expressão monetária devida e enriquecimento ilegítimo e desestimular a mora, a correção e os juros são devidos também nas situações de recolhimento em atraso de tributos.

2.2 Do julgamento, pelo STJ, do Recurso Especial nº 552.015/RS e dos embargos de divergência em recursos especiais nºs 468.926/SC e 530.182/RS

Tratando-se de etapa essencial à definição do *quantum debeatur*, são comuns as dissidências entre Fisco e contribuinte sobre a amplitude de cada uma das hipóteses legais de creditamento. E foi justamente à vista de um caso concreto de resistência da Administração Tributária à tomada de crédito escritural do IPI por parte de um contribuinte, que aportou no Poder Judiciário a discussão em torno do cômputo de correção monetária sobre créditos escriturais aproveitados a destempo.

---

compensando-se o que for devido em cada operação com o montante cobrado nas anteriores; [...]. Art. 155. Compete aos Estados e ao Distrito Federal instituir impostos sobre: [...] II - operações relativas à circulação de mercadorias e sobre prestações de serviços de transporte interestadual e intermunicipal e de comunicação, ainda que as operações e as prestações se iniciem no exterior; (Redação dada pela Emenda Constitucional nº 3, de 1993) [...] §2º O imposto previsto no inciso II atenderá ao seguinte: (Redação dada pela Emenda Constitucional nº 3, de 1993) I - será não-cumulativo, compensando-se o que for devido em cada operação relativa à circulação de mercadorias ou prestação de serviços com o montante cobrado nas anteriores pelo mesmo ou outro Estado ou pelo Distrito Federal; [...]".

[3] Emenda Constitucional nº 42, de 19.12.2003: "Altera o Sistema Tributário Nacional e dá outras providências. [...] Art. 195. A seguridade social será financiada por toda a sociedade, de forma direta e indireta, nos termos da lei, mediante recursos provenientes dos orçamentos da União, dos Estados, do Distrito Federal e dos Municípios, e das seguintes contribuições sociais: (Vide Emenda Constitucional nº 20, de 1998) [...]§12. A lei definirá os setores de atividade econômica para os quais as contribuições incidentes na forma dos incisos I, b; e IV do *caput*, serão não-cumulativas".

A jurisprudência histórica do STJ[4] e do STF[5] sempre foi pela vedação da correção monetária sobre os créditos escriturais, ante a ausência de previsão legal, a proibição de que o Poder Judiciário substitua o legislador em matéria de sua estrita competência e a responsabilidade do próprio contribuinte pela tomada e aproveitamento do crédito. Vez ou outra, contudo, levantavam-se vozes minoritárias em sentido contrário, sob o argumento da vedação ao enriquecimento ilícito.

Empossado ministro do Superior Tribunal de Justiça em 8.5.2003, integrante da 1ª Turma e da 1ª Seção, órgãos fracionários incumbidos do julgamento dos processos afetos ao direito público, não demorou para Zavascki rememorar o entendimento quanto ao tema e emitir sua orientação, agregando temperamentos à discussão.

Em novembro de 2003, época em que até as vozes isoladas outrora discordantes, a exemplo do também saudoso Ministro José Delgado, já haviam se rendido à tese majoritária e à regra geral da vedação do cômputo de correção monetária sobre créditos escriturais,[6] Teori Zavascki, ministro do STJ há pouco mais de seis meses, por ocasião do julgamento do REsp nº 552.015/RS, pela 1ª Turma, abriu divergência e logrou êxito em alterar o entendimento até então reinante naquele órgão fracionário. Foi acompanhado pelos ministros Luiz Fux e Francisco Falcão. Embora também integrasse o colegiado à época, o Ministro Humberto Gomes de Barros não votou na oportunidade. O acórdão inovador foi publicado em abril de 2004.[7]

---

[4] "TRIBUTÁRIO. IPI. PRINCÍPIO DA NÃO-CUMULATIVIDADE. ARTIGO 49 DO CTN. CRÉDITOS ESCRITURAIS. NÃO INCIDÊNCIA DA CORREÇÃO MONETÁRIA. PRECEDENTES JURISPRUDENCIAIS. Inteligência das disposições constitucionais e legais que regulam a não-cumulatividade e as isenções (art. 153, §3º, II, da CF/88 e artigo 49 do CTN) do IPI. A correção monetária incide sobre o crédito tributário devidamente constituído, ou quando recolhido em atraso. Diferencia-se do crédito escritural, técnica de contabilização para a equação entre débitos e créditos, a fim de fazer valer o princípio da não-cumulatividade. Não havendo previsão, falece ao aplicador da lei autorizar, ou mesmo admitir, sejam os saldos de créditos relativos ao IPI corrigidos monetariamente, sob pena de infringir a legalidade, sobrepondo-se às suas funções, fazendo as vezes de legislador, desautorizadamente. O Supremo Tribunal Federal vem reiteradamente decidindo que a correção monetária não incide sobre os créditos escriturais. Recurso provido" (BRASIL. STJ. REsp nº 396.837/SC. Rel. Min. Luiz Fux, Primeira Turma, j. 25.6.2002. *DJ*, 19 ago. 2002. p. 144).

[5] "EMENTA: RECURSO EXTRAORDINÁRIO. TRIBUTÁRIO. ICMS. CORREÇÃO MONETÁRIA DOS DÉBITOS FISCAIS E INEXISTÊNCIA DE PREVISÃO LEGAL PARA A ATUALIZAÇÃO DO CRÉDITO TRIBUTÁRIO. ALEGAÇÃO DE OFENSA AO PRINCÍPIO DA ISONOMIA E DA NÃO-CUMULATIVIDADE. IMPROCEDÊNCIA. 1. Crédito de ICMS. Natureza meramente contábil. Operação escritural, razão por que não se pode pretender a aplicação do instituto da atualização monetária. 2. A correção monetária do crédito do ICMS, por não estar prevista na legislação estadual, não pode ser deferida pelo Judiciário sob pena de substituir-se o legislador estadual em matéria de sua estrita competência. 3. Alegação de ofensa ao princípio da isonomia e da não-cumulatividade. Improcedência. Se a legislação estadual só previa a correção monetária dos débitos tributários e vedava a atualização dos créditos, não há como falar-se em tratamento desigual a situações equivalentes. 3.1 - A correção monetária incide sobre o débito tributário devidamente constituído, ou quando recolhido em atraso. Diferencia-se do crédito escritural - técnica de contabilização para a equação entre débitos e créditos, a fim de fazer valer o princípio da não-cumulatividade. Recurso extraordinário conhecido e provido" (BRASIL. RE nº 205.453. Rel. Maurício Corrêa, Segunda Turma, j. 3.11.1997. *DJ*, 27 fev. 1998).

[6] Trecho do voto-vencido proferido por S. Excelência, o também saudoso Ministro José Delgado, por ocasião do julgamento do REsp nº 552.015/RS. Rel. Min. José Delgado, Rel. p/ Acórdão Min. Teori Albino Zavascki, Primeira Turma, j. 25.11.2003. *DJ*, 28 abr. 2004. p. 235: "Tem-se, portanto, que a natureza do 'crédito' do IPI é meramente contábil ou escritural, o que torna impossível de corrigi-lo monetariamente, visto que a operação meramente escritural não tem expressão ontologicamente monetária, razão pela qual não se pode pretender aplicar o instituto da correção ao seu creditamento. Em face da orientação seguida por esta colenda Casa Julgadora, exercendo a sua função uniformizadora, não ouso contrariar a jurisprudência que firmou. Esse é o posicionamento que passo a seguir, por entender ser o mais coerente".

[7] BRASIL. STJ. REsp nº 552.015/RS. Rel. Min. José Delgado, Rel. p/ Acórdão Min. Teori Albino Zavascki, Primeira Turma, j. 25.11.2003. *DJ*, 28 abr. 2004. p. 235

Consta do voto-vista então proferido pelo Ministro Teori, sagrado vencedor (ZAVASCKI, 2003):

> 2. No que se refere ao prazo prescricional, o voto do Min. José Delgado, relator, segue a linha de entendimento firmada no STJ e no STF, ambas em sentido contrário à pretensão recursal. Por tais razões, reportando-me aos inúmeros precedentes alinhados no citado voto, acompanho-o no particular. 3. Todavia, no que se refere à correção monetária dos créditos escriturais do IPI, é importante distinguir duas situações: a) aquela em que o aproveitamento do crédito não se deu imediatamente por opção ou por impossibilidade imputável ao próprio contribuinte; e b) aquela em que o contribuinte esteve impedido de efetuar o aproveitamento por oposição constante de ato estatal, administrativo ou normativo, considerado ilegítimo. A farta jurisprudência citada no voto do Ministro relator, no sentido do descabimento da correção monetária, refere-se às situações da primeira espécie. Todavia, em casos da segunda espécie (referentes, é certo, a créditos escriturais de ICMS, mas cuja fundamentação é perfeitamente aplicável ao IPI), a jurisprudência, tanto neste STJ quanto no STF, tem-se inclinado por orientação diferente, no sentido de reconhecer o direito do contribuinte a corrigir seus créditos escriturais, e isto não apenas em homenagem ao princípio da proibição do locupletamento sem causa (ou com base em causa ilegítima), como também por ser forma de dar integral cumprimento ao princípio da não-cumulatividade. São nesse sentido, por exemplo, os seguintes precedentes do STJ: "TRIBUTÁRIO. ICM. CRÉDITOS NÃO APROVEITADOS NA ÉPOCA PRÓPRIA À VISTA DE PROIBIÇÃO INSCRITA NA LEGISLAÇÃO ESTADUAL, RECONHECIDA ILEGAL. CORREÇÃO MONETÁRIA. Os créditos que, em razão de legislação estadual restritiva, reconhecida ilegal, não foram aproveitados na época própria pelo sujeito passivo da obrigação tributária podem ser compensados mais tarde com a respectiva correção monetária. Recurso Especial conhecido e provido" (REsp 9.411/SP, Min Ari Pargendler, 2ª Turma, DJ em 16/10/1995).
>
> "TRIBUTÁRIO E PROCESSUAL CIVIL. IPI. CRÉDITO-PRÊMIO. CORREÇÃO. MONETÁRIA. TERMO INICIAL. SÚMULA 46-TFR. JUROS MORATÓRIOS. TAXA APLICÁVEL. 12% AO ANO. RECURSO ESPECIAL. MATÉRIA CONSTITUCIONAL. NÃO CONHECIMENTO. A correção monetária incidente sobre as restituições relativas ao crédito-prêmio do IPI tem como termo inicial de contagem a data em que o creditamento se tornaria legítimo, caso não houvesse sido editada a portaria que o obstou. Aplicável, desde então, o critério fixado pela Súmula 46 do extinto TFR" (REsp 41.471/DF, Min. Demócrito Reinaldo, 1ª Turma, DJ em 15/05/1995). [...]
>
> A hipótese dos autos é assemelhada. Por força de ato normativo do Fisco (art. 4º da Instrução SRF 33/99), não foi permitido o aproveitamento do IPI decorrente da aquisição de insumos destinados à industrialização de produtos imunes, isentos ou sujeitos à alíquota zero, salvo quanto a "insumos recebidos no estabelecimento industrial ou equiparado a partir de 1º de janeiro de 1999". Ora, a legitimidade do aproveitamento, proibido pelo Fisco, somente foi reconhecida por força de provimentos judiciais. A demora decorrente desse fato, portanto, e a correspondente defasagem monetária do crédito, não podem ser carregadas como ônus do contribuinte, pena de ficar comprometido, pelo menos em parte, o princípio, que se busca preservar, da não-cumulatividade.
>
> 4. Ante o exposto, dou parcial provimento ao recurso, para reconhecer o direito à correção monetária, nos termos da fundamentação. É o voto.

Diante da alteração do entendimento da 1ª Turma, presente a divergência entre a 1ª e 2ª turmas, a controvérsia logo aportou na 1ª Seção do STJ. Assim, em abril de 2005, à unanimidade e placar de 7 x 0, quando do julgamento do EREsp nº 468.926/SC, de relatoria do Ministro Teori, prevaleceu, por unanimidade e pelos mesmos fundamentos invocados no *leading case* perante a 1ª Turma, acima transcritos, a tese pelo cabimento da correção monetária de créditos escriturais entre "(a) a data em que o crédito poderia ter sido aproveitado e não o foi por óbice estatal e (b) a data do trânsito em julgado da decisão judicial, que afasta o referido óbice" (ZAVASCKI, 2005).

No precedente da 1ª Seção, o ministro aproveitou para explicitar os índices de correção aplicáveis (ZAVASCKI, 2005): "os critérios a serem adotados são os mesmos aplicáveis à correção do indébito tributário: a UFIR, até janeiro de 1996, e, a partir de então, a Taxa SELIC. 3. Pelas considerações expostas, dou provimento aos embargos de divergência. É o voto".

Integravam o colegiado da 1ª Seção, à época do julgamento, também os ministros Castro Meira, Denise Arruda, Eliana Calmon, Francisco Falcão, Francisco Peçanha Martins, Franciulli Netto, João Otávio de Noronha, José Delgado e Luiz Fux. Não votaram, por ausência, os ministros Luiz Fux e Franciulli Netto e, por ter presidido a sessão, a Ministra Eliana Calmon.

O entendimento foi reafirmado pela 1ª Seção, também à unanimidade e com idênticas razões, logo em seguida, em fins de agosto 2005, por ocasião do julgamento do EREsp nº 530.182. Na oportunidade, seguiram o entendimento do Ministro Teori, os ministros Luiz Fux, Franciulli Netto e Eliana Calmon, que não haviam se pronunciado por ocasião do julgamento do EREsp nº 468.926/SC, meses antes. Presidiu a sessão o Ministro Francisco Falcão, e não votaram, por ausentes, os ministros José Delgado e Peçanha Martins, os quais já haviam se manifestado favoravelmente à compreensão.

No âmbito da 1ª Seção, a contabilização dos pronunciamentos, quando considerados os dois julgados, revela que a aplicação excepcional da correção monetária sobre créditos escriturais não aproveitados por ilegítima resistência do Fisco, seja mediante ato administrativo em sentido estrito, seja mediante vedação constante de ato normativo, com aplicação dos mesmos índices do indébito tributário e das hipóteses de recolhimento a destempo pelo sujeito passivo, contou com o aval explícito de todos os membros do Superior Tribunal de Justiça incumbidos de analisar o tema.

Ademais, embora os três julgados narrados versassem sobre pretendido crédito escritural de IPI, oriundos da aquisição de insumos tributados, empregados na industrialização de produtos isentos, não tributados ou sujeitos à alíquota zero, no período anterior à Lei nº 9.779/99,[8] os votos proferidos pelo Ministro Teori também agregaram à discussão no ponto em que esclareceram que igual raciocínio se aplicava a todo tipo de crédito escritural decorrente da sistemática não cumulativa:

> [...] reconhecer o direito do contribuinte a corrigir seus créditos escriturais, e isto não apenas em homenagem ao princípio da proibição do locupletamento sem causa (ou com base em causa ilegítima), como também por ser forma de dar integral cumprimento ao princípio da não-cumulatividade. (ZAVASCKI, 2005)

---

[8] A Lei nº 9.779/99, em vigor desde 20.1.1999, em seu art. 11, veio a autorizar expressamente a tomada de créditos do IPI nos casos de entradas oneradas e saídas desoneradas. Não obstante, mesmo antes do início da vigência, o Poder Judiciário, inclusive nos julgados mencionados, decidiu que o direito ao creditamento imediato, em tais situações, não dependia da autorização legal, por ser uma decorrência do princípio da não cumulatividade regente do IPI. Daí a compreensão de que a resistência do Fisco fora ilegítima e justificava a pretendida correção monetária.

Interessante que, por ocasião da submissão do entendimento à 1ª Seção, Zavascki fez questão de atribuir créditos a magistrado integrante das instâncias ordinárias, o que não é corriqueiro nos pronunciamentos dos tribunais superiores e denota a conhecida deferência que o ministro nutria pelo Tribunal Regional Federal da 4ª Região, sua Corte de origem. De acordo com o ministro:

> No que se refere especificamente ao IPI, a questão foi resolvida de modo preciso e exaustivo em voto proferido pelo Desembargador Vilson Darós, do TRF 4ª Região, ao julgar caso análogo, nos seguintes termos: "No que concerne à correção monetária, cabe estabelecer distinção entre créditos escriturais e créditos não-aproveitados em decorrência de negativa do Fisco em admitir a apropriação dos valores em debate. [...]
>
> O que o art. 153, par. 3º, inc. II, da CF/88, e o art. 49 do CTN estabelecem é que o IPI não é imposto cumulativo, devendo ser compensado o que for devido em cada operação com o montante cobrado nas anteriores, "dispondo a lei de forma que o montante devido resulte da diferença a maior, em determinado período, entre o imposto referente aos produtos saídos do estabelecimento e o pago relativamente aos produtos nele entrados" (CTN, art. 49), transferindo-se o saldo verificado para o período ou períodos seguintes. Consagram a regra da não-cumulatividade, todavia a lei não prevê que o crédito gerado seja levado a cálculo com correção monetária. A atualização monetária decorrente da inflação demanda que o legislador faça essa opção política e crie uma norma, determinando a utilização de um indexador. Entretanto, determinando a legislação de regência tão-somente o aproveitamento do que é devido pela empresa de IPI com valores anteriormente cobrados e pagos por ela, silenciando acerca da correção monetária, falece ao aplicador da lei autorizar, ou mesmo aceitar, sejam os saldos de créditos referentes ao IPI corrigidos monetariamente. [...]
>
> *Todavia,* no caso vertente, não se cuida de créditos escriturais, assim considerados aqueles lançados normalmente e na época oportuna pelo contribuinte em seus livros fiscais, porquanto é consabido que o FISCO não reconhecia (até o advento da Lei nº 9.779/99) o direito ao aproveitamento de créditos de IPI oriundos da aquisição de insumos tributados empregados na industrialização de produtos isentos, não tributados ou sujeitos à alíquota zero do IPI, circunstância que impele o contribuinte à pleitear judicialmente o direito ao aproveitamento de tais créditos, cujos valores, caso não sejam atualizados, resultam meramente nominais. Por conseguinte, o aproveitamento dessas importâncias passados anos de sua ocorrência por força da demora do trâmite normal do feito judicial merece ser atualizado, sob pena de enriquecimento sem causa do Fisco. Tal atualização vai até o trânsito em julgado da decisão, isso porque, após o trânsito, o valor total atualizado pode ser aproveitado imediatamente pela empresa. Vale dizer, a correção é aplicada da data em que o aproveitamento poderia ter sido feito até o trânsito em julgado da ação, após o que cessa qualquer atualização sobre os respectivos valores, os quais serão aproveitados pela empresa nos termos da legislação própria. (ZAVASCKI, 2005)

Embora não dotados de efeito vinculante, mecanismo então inexistente, os precedentes invocados devem ser considerados um marco na jurisprudência. Serviram como pá de cal no encerramento da discussão e firmaram as balizas necessárias à correta aplicação do entendimento firmado.

Demonstram, pois, o julgar do Ministro Teori Zavascki: levantamento prévio da jurisprudência à sua aplicação com foco nas peculiaridades do caso concreto.

3 Da evolução da discussão: termo inicial da correção monetária excepcionalmente devida

Após os *leading cases* referidos e sucessivos julgamentos reafirmando o entendimento, a compreensão firmada foi consagrada em julgado submetido à sistemática dos representativos da controvérsia: Tema nº 164, REsp nº 1.035.847/RS, Rel. Min. Luiz Fux, Primeira Seção, j. 24.6.2009: "É devida a correção monetária sobre o valor referente a créditos de IPI admitidos extemporaneamente pelo Fisco".

Em seguida, na mesma linha, em novembro de 2009, foi publicado o enunciado da Súmula nº 411/STJ: "É devida a correção monetária ao creditamento do IPI quando há oposição ao seu aproveitamento decorrente de resistência ilegítima do Fisco".

O tema ainda passou por desdobramentos em decorrência do que foi resolvido posteriormente em demandas correlatas.

A propósito, nos temas repetitivos nºs 269/270, REsp nº 1.138.206/RS, Rel. Ministro Luiz Fux, Primeira Seção, j. 9.8.2010, o STJ definiu que à Administração Pública se impõe a apreciação dos pedidos administrativos dos contribuintes em tempo razoável, devendo ser observado o prazo-limite de 360 dias estabelecido pelo art. 24 da Lei nº 11.457/2007[9] (temas repetitivos nºs 269/270,[10] REsp nº 1.138.206/RS, Rel. Ministro Luiz Fux, Primeira Seção, j. 9.8.2010, *DJe* de 1º.9.2010).

Esse julgado importa ao desenrolar do entendimento quanto à correção monetária de créditos escriturais porque o lapso temporal definido também é aplicável aos pedidos de ressarcimento de créditos decorrentes da sistemática da não cumulatividade. Assim, o transcurso superior a 360 dias passou a ser considerado resistência ilegítima, independentemente de o requerimento ser anterior ou posterior à Lei nº 11.457. Surgiu, pois, outra hipótese de correção monetária excepcional dos créditos, ainda que inexistente demanda judicial.

Em seguida, a controvérsia evoluiu para a definição do termo inicial da correção nos casos de escoamento do aludido prazo legal de 360 dias: a Selic, índice de atualização monetária relativo a tributos federais desde 1996, incidiria a partir da data do protocolo do pedido de ressarcimento do crédito escritural, ou a partir do dia seguinte ao escoamento do termo final?

Passada mais de uma década da pacificação da jurisprudência sobre a correção monetária dos créditos aproveitados a destempo em decorrência de resistência ilegítima da Administração, apenas em fevereiro de 2020, também sob a sistemática dos repetitivos, foi finalizado o julgamento do Tema nº 1.003 pelo STJ (REsp nºs 1.767.945/PR, 1.768.060/RS e 1.768.415/SC, Rel. Min. Sérgio Kukina, Primeira Seção, j. 12.2.2020,

---

[9] "Lei 11.457, de 16 de março de 2007 - Dispõe sobre a Administração Tributária Federal; altera as Leis nºs 10.593, de 6 de dezembro de 2002, 10.683, de 28 de maio de 2003, 8.212, de 24 de julho de 1991, 10.910, de 15 de julho de 2004, o Decreto-Lei nº 5.452, de 1º de maio de 1943, e o Decreto nº 70.235, de 6 de março de 1972; revoga dispositivos das Leis nºs 8.212, de 24 de julho de 1991, 10.593, de 6 de dezembro de 2002, 10.910, de 15 de julho de 2004, 11.098, de 13 de janeiro de 2005, e 9.317, de 5 de dezembro de 1996; e dá outras providências. [...] Art. 24. É obrigatório que seja proferida decisão administrativa no prazo máximo de 360 (trezentos e sessenta) dias a contar do protocolo de petições, defesas ou recursos administrativos do contribuinte".

[10] "Tanto para os requerimentos efetuados anteriormente à vigência da Lei n. 11.457/2007, quanto aos pedidos protocolados após o advento do referido diploma legislativo, o prazo aplicável é de 360 dias a partir do protocolo dos pedidos (art. 24 da Lei n. 11.457/2007)".

DJe de 6.5.2020), definindo-se que, no caso de pedido de tomada de crédito formulado administrativamente, o termo inicial da correção é o dia seguinte ao da ultimação do prazo de 360 dias previsto pelo art. 24 da Lei nº 11.457/2007.

A conclusão chegou a ser submetida ao Supremo Tribunal Federal que, nos autos do processo de que decorreu o Tema nº 1.106[11] (RE nº 1.283.640/RS, Rel. Min. Luiz Fux, Pleno, j. 23.10.2020, *DJe* de 27.11.2020), negou a repercussão geral, dada a natureza infraconstitucional da discussão.

4 Considerações finais

Por tudo o que exposto, após uma década e meia, é inconteste que os créditos decorrentes da não cumulatividade reconhecidos judicialmente ou objeto de reconhecimento pela Administração após mais de 360 dias do requerimento dos contribuintes devem sofrer a correção monetária, aplicando-se a Selic a partir de janeiro de 1996.

Nas demandas judiciais, a recomposição do valor monetário será devida entre o ato de resistência e o trânsito em julgado da demanda e, no contencioso administrativo, o cômputo terá início no dia seguinte ao fim do prazo de que trata a Lei nº 11.457/2007.

Forçoso o reconhecimento da imensa contribuição dada pelo Ministro Teori Zavascki, recém-empossado ministro do Superior Tribunal de Justiça, à consolidação do entendimento.

A discussão já era antiga e evoluiu bastante após os julgados conduzidos por Sua Excelência analisados neste ensaio, mas o perfil analítico do Ministro Teori, bem como seu estilo ímpar de julgar com sopesamentos, rememorando e adequando a fundamentação jurídica conhecida sobre o tema às peculiaridades de cada caso concreto, possibilitou, finalmente, a pacificação do tema.

A solução dada ao assunto ainda evidencia que Zavascki, embora alcunhado "fazendário", agregou à jurisprudência em matéria tributária também sob ótica favorável ao contribuinte.

Em resumo, apenas três julgados, desprovidos de efeito vinculante, sistemática inexistente à época, mas que evidenciam legado dos mais relevantes. A importância é revelada pelos sucessivos repetitivos, incluindo enunciado de súmula e negativa de repercussão geral pelo STF, o que tornou derradeiro o entendimento do STJ. Há que ser considerada, também, a enorme repercussão fiscal do que decidido, seja em razão da ampliação dos tributos submetidos à não cumulatividade, com aumento da litigiosidade sobre as situações que dão ou não margem a créditos escriturais, seja por conta da recente escalada da taxa Selic, definida como indexador.

Referências

BRASIL. Código Tributário Nacional Lei n. 5.172, de 24 de outubro de 1966. Dispõe sobre o Sistema Tributário Nacional e institui normas gerais de direito tributário aplicáveis à União, Estados e Municípios. *Diário Oficial*

---

[11] "Definição do termo inicial da incidência de correção monetária referente ao ressarcimento de créditos tributários escriturais excedentes de tributo sujeito ao regime não-cumulativo, quando excedido o prazo a que alude o artigo 24 da Lei 11.457/2007".

da União, Brasília, DF, 27 out. 1966. Disponível em: http://www.planalto.gov.br/ccivil_03/leis/l5172compilado.htm. Acesso em: 15 jan. 2022.

BRASIL. *Constituição da República Federativa do Brasil de 1988*. Brasília, DF. Senado Federal, 1988. Disponível em: http://www.planalto.gov.br/ccivil_03/Constituicao/ConstituicaoCompilado.htm. Acesso em: 15 jan. 2022.

BRASIL. Lei n. 10.637, de 29 de dezembro de 2002. Dispõe sobre a não-cumulatividade na cobrança da contribuição para os Programas de Integração Social (PIS) e de Formação do Patrimônio do Servidor Público (Pasep), nos casos que especifica; sobre o pagamento e o parcelamento de débitos tributários federais, a compensação de créditos fiscais, a declaração de inaptidão de inscrição de pessoas jurídicas, a legislação aduaneira, e dá outras providências. *Diário Oficial da União*, Brasília, 31 dez. 2002. Disponível em: http://www.planalto.gov.br/ccivil_03/leis/2002/l10637.htm. Acesso em: 13 jan. 2022.

BRASIL. Lei n. 10.833, de 28 de dezembro de 2003. Altera a Legislação Tributária Federal e dá outras providências. *Diário Oficial da União*, Brasília, 30 dez. 2003. Disponível em: http://www.planalto.gov.br/ccivil_03/leis/2003/l10.833.htm. Acesso em: 13 jan. 2022.

BRASIL. Lei n. 11.457, de 15 de março de 2007. Dispõe sobre a Administração Tributária Federal; altera as Leis nºs 10.593, de 6 de dezembro de 2002, 10.683, de 28 de maio de 2003, 8.212, de 24 de julho de 1991, 10.910, de 15 de julho de 2004, o Decreto-Lei nº 5.452, de 1o de maio de 1943, e o Decreto nº 70.235, de 6 de março de 1972; revoga dispositivos das Leis nºs 8.212, de 24 de julho de 1991, 10.593, de 6 de dezembro de 2002, 10.910, de 15 de julho de 2004, 11.098, de 13 de janeiro de 2005, e 9.317, de 5 de dezembro de 1996; e dá outras providências. *Diário Oficial da União*, Brasília, 19 mar. 2007. Disponível em: http://www.planalto.gov.br/ccivil_03/_ato2007-2010/2007/lei/l11457.htm. Acesso em: 15 jan. 2022.

BRASIL. Lei n. 9.779, de 18 de janeiro de 1999. Altera a legislação do Imposto sobre a Renda, relativamente à tributação dos Fundos de Investimento Imobiliário e dos rendimentos auferidos em aplicação ou operação financeira de renda fixa ou variável, ao Sistema Integrado de Pagamento de Impostos e Contribuições das Microempresas e das Empresas de Pequeno Porte - SIMPLES, à incidência sobre rendimentos de beneficiários no exterior, bem assim a legislação do Imposto sobre Produtos Industrializados - IPI, relativamente ao aproveitamento de créditos e à equiparação de atacadista a estabelecimento industrial, do Imposto sobre Operações de Crédito, Câmbio e Seguros ou Relativas a Títulos e Valores Mobiliários - IOF, relativamente às operações de mútuo, e da Contribuição Social sobre o Lucro Líquido, relativamente às despesas financeiras, e dá outras providências. *Diário Oficial da União*, Brasília, 20 jan. 1999. Disponível em: http://ww.planalto.gov.br/ccivil_03/leis/l9779.htm. Acesso em: 15 jan. 2022.

BRASIL. Mesas da Câmara dos Deputados e do Senado Federal. Emenda Constitucional n. 42, de 18 de dezembro de 2003. Altera o Sistema Tributário Nacional e dá outras providências. *Diário Oficial da União*, Brasília, 31 dez. 2003. Disponível em: http://www.planalto.gov.br/ccivil_03/constituicao/Emendas/Emc/emc42.htm#art1. Acesso em: 13 jan. 2022.

BRASIL. STF. 2ª Turma. RE n. 205453. Relator: Min. Maurício Corrêa. Julgamento em 03 de novembro de 1997. *Diário Oficial da União*, Brasília, 27 fev. 1998. Disponível em: https://jurisprudencia.stf.jus.br/pages/search?classeNumeroIncidente=%22RE%20223521%22&base=acordaos&sinonimo=true&plural=true&page=1&pageSize=10&sort=_score&sortBy=desc&isAdvanced=true. Acesso em: 14 jan. 2022.

BRASIL. STF. Tribunal Pleno. Tema 1106/STF – Definição do termo inicial da incidência de correção monetária referente ao ressarcimento de créditos tributários escriturais excedentes de tributo sujeito ao regime não-cumulativo, quando excedido o prazo a que alude o artigo 24 da Lei 11.457/2007. Decisão: O Tribunal, por unanimidade, reconheceu a inexistência de repercussão geral da questão, por não se tratar de matéria constitucional. RE n. 1.283.640RG. Relator: Ministro Presidente. Julgamento em 22 de outubro de 2020. *Diário Judicial Eletrônico*, Brasília, 27 nov. 2020. Disponível em: https://jurisprudencia.stf.jus.br/pages/search?classeNumeroIncidente=%22RE%201283640%22&base=acordaos&sinonimo=true&plural=true&page=1&pageSize=10&sort=_score&sortBy=desc&isAdvanced=true. Acesso em: 15 jan. 2022.

BRASIL. STJ. 1ª Seção. É devida a correção monetária ao creditamento do IPI quando há oposição ao seu aproveitamento decorrente de resistência ilegítima do Fisco. Súmula n. 411. Julgamento em 25 de novembro de 2009. *Diário Judicial Eletrônico*, Brasília, 16 dez. 2009. Disponível em: https://scon.stj.jus.br/SCON/sumstj/toc.jsp?livre=%28%40NUM+%3E%3D+%22401%22+E+%40NUM+%3C%3D+%22500%22%29+OU+%28%40SUB+%3E%3D+%22401%22+E+%40SUB+%3C%3D+%22500%22%29&tipo=%28SUMULA+OU+SU%29&l=100&ordenacao=%40NUM. Acesso em: 15 jan. 2022.

BRASIL. STJ. 1ª Seção. EREsp n. 530.182/RS. Relator: Teori Albino Zavascki. Julgamento em 09 de novembro de 2005. *Diário Oficial da União*, Brasília, 28 nov. 2005. Disponível em: https://processo.stj.jus.br/processo/

pesquisa/?tipoPesquisa=tipoPesquisaNumeroRegistro&termo=200401331328&totalRegistrosPorPagina=40&aplicacao=processos.ea. Acesso em: 15 jan. 2022.

BRASIL. STJ. 1ª Seção. Tema Repetitivo 1003 – Questão submetida a julgamento: Definição do termo inicial da incidência de correção monetária no ressarcimento de créditos tributários escriturais: a data do protocolo do requerimento administrativo do contribuinte ou o dia seguinte ao escoamento do prazo de 360 dias previsto no art. 24 da Lei n. 11.457/2007. Tese Firmada: O termo inicial da correção monetária de ressarcimento de crédito escritural excedente de tributo sujeito ao regime não cumulativo ocorre somente após escoado o prazo de 360 dias para a análise do pedido administrativo pelo Fisco (art. 24 da Lei n. 11.457/2007). RESPS n. 1.767.945/PR 1.768.060/RS 1.768.415/SC. Relator: Sérgio Kukina. Julgamento em 12 de fevereiro de 2020. *Diário Judicial Eletrônico*, Brasília, 6 maio 2020. Disponível em: https://processo.stj.jus.br/repetitivos/temas_repetitivos/pesquisa.jsp. Acesso em: 15 jan. 2022.

BRASIL. STJ. 1ª Seção. Tema Repetitivo nº 164: Questão referente à possibilidade de correção monetária de créditos escriturais de IPI referentes à operações de matérias-primas e insumos empregados na fabricação de produto isento ou beneficiado com alíquota zero. Tese firmada: É devida a correção monetária sobre o valor referente a créditos de IPI admitidos extemporaneamente pelo Fisco. RESP n. 1035847/RS. Relator: Luiz Fux. Julgamento em 24 de junho de 2009. *Diário Judicial Eletrônico*, Brasília, 3 ago. 2009. Disponível em: https://processo.stj.jus.br/processo/pesquisa/?tipoPesquisa=tipoPesquisaNumeroRegistro&termo=200800448972&totalRegistrosPorPagina=40&aplicacao=processos.ea. Acesso em: 15 jan. 2022.

BRASIL. STJ. 1ª Seção. Temas Repetitivos: 269/270 - Questão referente à fixação, pelo Poder Judiciário, de prazo razoável para a conclusão de processo administrativo fiscal. Tese Firmada: Tanto para os requerimentos efetuados anteriormente à vigência da Lei 11.457/07, quanto aos pedidos protocolados após o advento do referido diploma legislativo, o prazo aplicável é de 360 dias a partir do protocolo dos pedidos (art. 24 da Lei 11.457/07). RESP n. 1138206/RS. Relator: Luiz Fux. Julgamento em 09 de agosto de 2010. *Diário Judicial Eletrônico*, Brasília, 1º set. 2010. Disponível em: https://processo.stj.jus.br/processo/pesquisa/?tipoPesquisa=tipoPesquisaNumeroRegistro&termo=200900847330&totalRegistrosPorPagina=40&aplicacao=processos.ea. Acesso em: 15 jan. 2022.

BRASIL. STJ. 1ª Turma. REsp n. 396.837/SC. Relator: Luiz Fux. Julgamento em 25 de junho de 2002. *Diário Judicial Eletrônico*, Brasília, 19 ago. 2002. Disponível em: https://processo.stj.jus.br/processo/pesquisa/?tipoPesquisa=tipoPesquisaNumeroRegistro&termo=200101850426&totalRegistrosPorPagina=40&aplicacao=processos.ea. Acesso em: 14 jan. 2022.

BRASIL. STJ. Primeira Seção. EREsp n. 468.926/SC. Relator: Teori Albino Zavascki. Julgamento em 13 de abril de 2005. *Diário Judicial Eletrônico*, Brasília, 2 maio 2005. Disponível em: https://processo.stj.jus.br/processo/pesquisa/?tipoPesquisa=tipoPesquisaNumeroRegistro&termo=200401331328&totalRegistrosPorPagina=40&aplicacao=processos.ea. Acesso em: 15 jan. 2022.

BRASIL. STJ. Primeira Turma. REsp n. 552.015/RS. Relator: Min. José Delgado, relator para acórdão Min. Teori Albino Zavascki. Julgamento em 25 de novembro de 2003. *Diário Judicial Eletrônico*, Brasília, 28 abr. 2004. Disponível em: https://processo.stj.jus.br/processo/pesquisa/?tipoPesquisa=tipoPesquisaNumeroRegistro&termo=200301158978&totalRegistrosPorPagina=40&aplicacao=processos.ea. Acesso em: 14 jan. 2022.

FONTAINHA, Fernando de Castro; VIEIRA, Oscar Vilhena; SATO, Leonardo Seiichi Sasada. *História oral do Supremo (1998-2013)*: Teori Zavascki. 1. ed. Rio de Janeiro: FGV Direito, 2016. Disponível em: https://historiaoraldosupremo.fgv.br/entrevistas/teori-zavascki-1-de-3. Acesso em: 26 jul. 2021.

MOREIRA, André. Não-cumulatividade tributária no Brasil e no mundo: origens, conceito e pressupostos. *In*: CARVALHO, Paulo de Barros; SOUZA, Priscila de. *Sistema tributário brasileiro e a crise atual* – VI Congresso Nacional de Estudos Tributários. São Paulo: Noeses/IBET, 2009. Disponível em: https://sachacalmon.com.br/publicacoes/artigos/nao-cumulatividade-tributaria-no-brasil-e-no-mundo/. Acesso em: 13 jan. 2022.

Informação bibliográfica deste texto, conforme a NBR 6023:2018 da Associação Brasileira de Normas Técnicas (ABNT):

GERACY, Amanda de Souza. As contribuições de Zavascki e o fenômeno inflacionário dos créditos escriturais. *In*: SEEFELDER FILHO, Claudio Xavier; AZEVEDO, Daniel Coussirat de (Coord.). *Teori na prática*: uma biografia intelectual. Belo Horizonte: Fórum, 2022. p. 315-326. ISBN 978-65-5518-344-3.

COMENTÁRIOS AO ACÓRDÃO DO STF NO RECURSO EXTRAORDINÁRIO Nº 541.090/SC

PAULO ROBERTO RISCADO JUNIOR
MOISÉS DE SOUSA CARVALHO PEREIRA

1 Breves palavras sobre o Ministro Teori Zavascki

Este é um artigo em homenagem ao Ministro Teori Zavascki, do Supremo Tribunal Federal (STF).

O Ministro Teori Zavascki morreu prematuramente, em 19.1.2017. Fez carreira como advogado do Banco Central, juiz no Tribunal Regional Federal da Quarta Região, ministro do Superior Tribunal de Justiça e ministro do Supremo Tribunal Federal. Processualista, escreveu clássicos da literatura jurídica brasileira, como os livros *Antecipação da tutela*, *Eficácia das sentenças na jurisdição constitucional*, e *Processo coletivo. Tutela de direitos coletivos e tutela coletiva de direitos*. Jurista, também se destacou na apreciação detida e profunda de temas de direito tributário.

O Ministro Teori Zavascki possui votos em diversos temas importantes para o estudioso em direito tributário (votos esses, aliás, objeto de artigos neste livro). O presente artigo pretende abordar o voto condutor do Ministro Teori Zavascki no RE nº 541.090, que tratou da apreciação de arguição de inconstitucionalidade do art. 74 da MP nº 2.158-35/2001.

2 Introdução

O Supremo Tribunal Federal apreciou, no RE nº 541.090, a alegação de inconstitucionalidade do art. 74 da MP nº 2.158-35/2001, que estabeleceu regra de tributação do imposto de renda sobre os lucros auferidos pelas pessoas jurídicas no Brasil, provenientes de filiais, sucursais, coligadas e controladas no exterior.

O acórdão do STF no RE nº 541.090 possui grande relevância. O STF julgou, na mesma sessão, a ADI nº 2.588, o RE nº 611.586 e o RE nº 541.090, que tratavam da constitucionalidade do art. 74 da MP nº 2.158-35/2001. Na ADI nº 2.588 e no RE nº 611.586 (com repercussão geral), o STF definiu que o art. 74 da MP nº 2.158-35/2001 era inconstitucional para os lucros provenientes de coligadas fora de paraíso fiscal, e constitucional para lucros originados de controlada em paraíso fiscal.

Já no RE nº 541.090, o STF julgou (sem eficácia *erga omnes* e sem efeitos vinculantes) que o art. 74 da MP nº 2.158-35/2001 era constitucional para os lucros provenientes de controlada fora de paraíso fiscal. A ementa do acórdão é a seguinte:

> EMENTA: CONSTITUCIONAL. TRIBUTÁRIO. IMPOSTO DE RENDA. LUCROS PROVENIENTES DE INVESTIMENTOS EM EMPRESAS COLIGADAS E CONTROLADAS SEDIADAS NO EXTERIOR. ART. 74 DA MEDIDA PROVISÓRIA 2.158-35/2001.
>
> 1. No julgamento da ADI 2.588/DF, o STF reconheceu, de modo definitivo, (a) que é legítima a aplicação do art. 74 da Medida Provisória nº 2.158-35/2001 relativamente a lucros auferidos por empresas controladas localizadas em países com tributação favorecida (= países considerados "paraísos fiscais"); e (b) que não é legítima a sua aplicação relativamente a lucros auferidos por empresas coligadas sediadas em países sem tributação favorecida (= não considerados "paraísos fiscais"). Quanto às demais situações (lucros auferidos por empresas controladas sediadas fora de paraísos fiscais e por empresas coligadas sediadas em paraísos fiscais), não tendo sido obtida maioria absoluta dos votos, o Tribunal considerou constitucional a norma questionada, sem, todavia, conferir eficácia erga omnes e efeitos vinculantes a essa deliberação.
>
> 2. Confirma-se, no presente caso, a constitucionalidade da aplicação do caput do art. 74 da referida Medida Provisória relativamente a lucros auferidos por empresa controlada sediada em país que não tem tratamento fiscal favorecido. Todavia, por ofensa aos princípios constitucionais da anterioridade e da irretroatividade, afirma-se a inconstitucionalidade do seu parágrafo único, que trata dos lucros apurados por controlada ou coligada no exterior até 31 de dezembro de 2002.

A finalidade do presente artigo é comentar o voto condutor no RE nº 541.090, da lavra do Ministro Teori Zavascki. Contudo, de modo a esclarecer as diferentes interpretações do art. 74 da MP nº 2.158-35/2001, será examinado também o voto do Ministro Joaquim Barbosa, como representante da corrente divergente.

Tendo em vista que a matéria guarda certa complexidade, faz-se necessário, antes de abordar os votos proferidos no RE nº 541.090, fazer uma breve explicação do art. 74 da MP nº 2.158-35/2001.

A Lei nº 9.249/95, em seu art. 25, estabeleceu como hipótese de incidência do imposto de renda sobre as pessoas jurídicas domiciliadas no Brasil os lucros, rendimentos e ganhos de capital auferidos no exterior, incluindo os lucros auferidos por filiais, sucursais e controladas. A MP nº 2.158-35/2001, em seu art. 74, fixou, como aspecto temporal da hipótese de incidência do imposto de renda, "a data do balanço no qual tiverem sido apurados", na forma do regulamento.

Portanto, de acordo com o texto legal, o imposto incidirá na data em que a pessoa jurídica controladora, domiciliada no Brasil, registrar, no seu balanço, o lucro auferido pela filial, sucursal ou pela controlada, domiciliada no exterior.

Passemos a examinar especificamente a incidência do imposto sobre os lucros provenientes da controlada.

Como se sabe, as sociedades controladora e controlada, ainda que participem de um mesmo grupo econômico, possuem personalidade jurídica autônoma e seus patrimônios não se confundem. Ocorre que a Lei nº 6.404/76 estabeleceu, em seu art. 248, que os investimentos da sociedade controladora em sociedade coligada ou controlada serão avaliados pelo "método da equivalência patrimonial", e que essa avaliação será, desde que cumpridas determinadas condições, registrada como "resultado do exercício" (art. 248, III, da Lei nº 6.404/76) da controladora.

Qual a razão para a Lei nº 6.404/76 ter estabelecido tal regra?

O grande jurista brasileiro José Luiz Bulhões Pedreira foi o autor, juntamente com Alfredo Lamy, do texto que viria a se transformar na Lei nº 6.404/76.[1] Assim, é importante transcrever trecho do seu clássico livro *Finanças e demonstrações financeiras da companhia: conceitos fundamentai)*, na parte que apresenta a justificativa do texto legal:

> A avaliação das participações societárias está sujeita à regra geral do critério do custo de aquisição [...], mas a lei de sociedades por ações prescreve (no art. 248) que os investimentos relevantes em sociedades controladas ou coligadas sejam avaliados pelo método do patrimônio líquido. [...]
>
> A) CARACTERÍSTICAS DA PARTICIPAÇÃO SOCIETÁRIA – A posição de sócio, própria do sistema jurídico de participação [...] compreende, entre outros, dois direitos que fundamentam seu valor econômico: o de participar nos lucros e (em caso de liquidação) no acervo líquido da sociedade. Além disso, o sócio em regra tem direito de dispor da participação societária mediante troca no mercado.
>
> Os direitos de participação têm por objeto uma quota-parte ideal da renda e do patrimônio líquido da sociedade, mas como o patrimônio é sistema dinâmico, sujeito a constantes modificações, o valor da participação societária varia em grau muito maior do que o dos objetos dos direitos de crédito e de uso exclusivo de recursos.
>
> B) CRITÉRIOS DE AVALIAÇÃO DA PARTICIPAÇÃO SOCIETÁRIA – O valor financeiro da participação societária varia com o direito que serve de base para determiná-lo: o de participar nos lucros da sociedade fundamenta o valor de renda; o de participar no acervo líquido, o valor de extinção, e o de dispor da participação, o valor de troca.
>
> O valor financeiro da participação societária não se confunde com o valor nominal das ações ou quotas, que significa a contribuição para o capital social na criação de direitos de participação.
>
> O valor de renda é função do fluxo prospectivo de renda da sociedade e da quota-parte desse fluxo que cabe ao sócio, ainda que não seja distribuído: o lucro que não é distribuído como dividendo, mas retido no patrimônio da sociedade, caberá ao sócio quando for distribuído e em regra aumenta o fluxo de renda futuro da sociedade e, consequentemente, o valor de renda da participação. [...]
>
> C) CAPITAL E RENDA DA SOCIEDADE E DO SÓCIO – O capital e a renda do patrimônio da sociedade não se confundem com o capital aplicado pelo sócio na aquisição da participação societária e a renda que aufere do seu investimento.
>
> Cada patrimônio delimita determinada quantidade de capital financeiro, que está sujeita a frequentes modificações em razão de renda financeira auferida, de transferências de capital próprio recebidas de outros patrimônios, de transferência de renda ou capital para outros patrimônios, [...] Cada patrimônio é unidade de capitalização distinta, com história diferente, e para cada sócio o que é capital aplicado na participação societária e o que é renda derivada dessa participação depende também da história do seu patrimônio, e não apenas da do patrimônio da sociedade objeto do investimento. [...]

---

[1] LEI das Sociedades por Ações. *Wikipédia*, 2021. Disponível em: https://pt.wikipedia.org/wiki/Lei_das_Sociedades_por_A%C3%A7%C3%B5es. Acesso em: 23 jan. 2022.

D) OBJETIVOS – Na escrituração da participação societária pelo custo de aquisição, a sociedade investidora somente reconhece como rendimentos os dividendos distribuídos, e o principal objetivo do método do patrimônio líquido é reconhecer a participação da investidora nos resultados da controlada ou coligada segundo os princípios do regime de competência – em função do período em que esse resultado é ganho, e não da sua distribuição como dividendos. [...]

A adoção do método do patrimônio líquido somente se justifica quando existe ligação entre as duas sociedades que permita considerar a que é objeto do investimento como segmento da organização da investidora. *Essa ligação é o fundamento para que a investidora reconheça, como virtualmente adquirida, independentemente da distribuição de dividendos, a quota-parte que lhe cabe nos lucros da controlada ou coligada.*

A integração de duas sociedades como segmentos da mesma organização pressupõe que uma exerça poder sobre a outra, o que somente existe, de modo inquestionável, na relação de controle. A rigor, o método do patrimônio líquido – tal como a consolidação – somente deveria ter aplicação às sociedades controladoras, mas o fenômeno moderno da associação de pessoas jurídicas para criar e explorar em comum empreendimentos econômicos levou a contabilidade a estender sua aplicação a casos em que a investidora, embora sem exercer o controle da coligada, tem poder de influir sobre sua administração, especialmente nos aspectos operacionais e financeiros. Em qualquer caso, a escrituração de participação societária pelo método do patrimônio líquido somente se justifica quando esse investimento não é mera aplicação financeira de um sócio passivo ou "silencioso", mas confere poder de comandar outra sociedade, ou ao menos de influir sobre sua administração.[2]

A longa transcrição acima permite entender os objetivos do método da equivalência patrimonial.

Com efeito, em decorrência da relação de controle, a controladora poderá, por intermédio dos órgãos societários da controlada, definir a distribuição dos lucros da investida aos seus acionistas. Por essa razão, a avaliação do investimento na controlada pelo método da equivalência patrimonial é, nas palavras de José Luiz Bulhões Pedreira, "função do fluxo prospectivo de renda da sociedade e da quota-parte desse fluxo que cabe ao sócio, ainda que não seja distribuído".

Assim, o método de equivalência patrimonial visa registrar, em verdade, o direito da controladora de determinar a distribuição dos lucros da controlada. Pelo regime de competência, o registro contábil desse direito deve ocorrer no momento do seu nascimento, qual seja, na data em que a controlada registra, no seu balanço, os lucros auferidos. O direito de determinar a distribuição dos lucros da controlada é considerado, pela Lei nº 6.404/76, acréscimo patrimonial da controladora, e deve ser adicionado ao seu resultado.

Para esclarecer, note-se que os investimentos de uma pessoa jurídica em uma sociedade não controlada devem ser registrados por outro método, denominado "custo de aquisição". Nesse caso, uma vez que a investidora não possui o direito de determinar a distribuição dos lucros da investida, os lucros da sociedade não controlada não se refletirão no patrimônio da pessoa jurídica investidora enquanto não distribuídos como dividendos.

---

[2] PEDREIRA, José Luiz Bulhões. *Finanças e demonstrações financeiras da companhia*: conceitos fundamentais. Rio de Janeiro: Forense, 1989. p. 686-692. Grifos nossos.

Por outro lado, ao dispor que a controladora deverá adicionar o lucro da controlada ao resultado, a Lei nº 6.404/76 possibilita até mesmo a sua distribuição aos seus acionistas, mediante pagamento de dividendos. Sobre esse ponto, é interessante transcrever doutrina do Auditor Fiscal da Receita Federal do Brasil Alberto Pinto Souza Júnior:

> 15. Além disso, os lucros das investidas avaliadas pelo MEP, antes mesmo de serem efetivamente recebidos, podem ser distribuídos pela investidora aos seus acionistas (ou sócios), já que a maneira de evitar tal distribuição – que seria pela constituição de uma reserva de lucros a realizar – é uma mera faculdade da empresa, se não vejamos como dispõe o art. 197 da Lei nº 6.404, de 1976, com a redação que lhe foi dada pela Lei nº 10.303, de 31 de outubro de 2001:
>
> Art. 197. No exercício em que o montante do dividendo obrigatório, calculado nos termos do estatuto ou do art. 202, ultrapassar a parcela realizada do lucro líquido do exercício, a assembléia-geral *poderá*, por proposta dos órgãos de administração, destinar o excesso à constituição de reserva de lucros a realizar.
>
> §1º Para os efeitos deste artigo, considera-se realizada a parcela do lucro líquido do exercício que exceder da soma dos seguintes valores:
>
> *I - o resultado líquido positivo da equivalência patrimonial (artigo 248);*
>
> II - o lucro, ganho ou rendimento em operações cujo prazo de realização financeira ocorra após o término do exercício social seguinte.
>
> §2º [...]
>
> 16. Dessa forma, caso a investidora não constitua reserva de lucros a realizar (o que poderá fazer, já que a formação de tal reserva é uma mera faculdade e, não, uma obrigação), o percentual de dividendos distribuídos poderá incidir sobre a parcela do seu resultado gerada por lucros ainda não distribuídos de investidas avaliadas pela equivalência patrimonial. Isso se deve ao fato de que a Lei das S/A adota o regime de competência, de tal sorte que, mesmo não tendo sido recebido os lucros das investidas (ou seja, de não ter sido financeiramente realizado), eles compõem o resultado da investidora, passível de distribuição aos acionistas (ou sócios).[3]

Veja-se, por importante, que tudo isso acontece sem que se possa falar em desconsideração da personalidade jurídica da controlada.

Essa ideia (a controladora deve adicionar, ao seu lucro, as quantias contabilizadas como lucro da controlada, ainda não distribuído como dividendos) tem por objetivo compatibilizar a noção "econômica" e "jurídica" de um grupo de sociedades.

As pessoas jurídicas, vistas "economicamente", são apenas veículos de investimento do acionista, de modo que, em um grupo de sociedades, os rendimentos do acionista são provenientes de todas as pessoas jurídicas que fazem parte daquele grupo. Assim, os lucros das sociedades do grupo são registrados na controladora, pelo método da equivalência patrimonial, possibilitando ao acionista uma visão global e unificada do retorno dos seus investimentos. Porém, isso não significa que há confusão entre as sociedades ou comunicação do patrimônio da controlada à controladora, que continuam a ser entes jurídicos independentes.

---

[3] SOUZA JÚNIOR, Alberto Pinto. A disponibilidade de lucros oriundos do exterior. *Revista Fórum de Direito Tributário*, Belo Horizonte, n. 2, p. 49-74, mar./abr. 2003.

Ou seja, em decorrência da relação de controle, o registro contábil do lucro da controlada é, por si só, considerado acréscimo patrimonial da controladora, sendo desnecessário o pagamento ou transferência de ativos da controlada para a controladora.

Desse modo, temos que:

(i) a participação societária de uma empresa controladora na sociedade controlada será avaliada pelo método da equivalência patrimonial;
(ii) em decorrência desse método de avaliação, a controladora deverá registrar, na sua contabilidade, o lucro da controlada;
(iii) o registro contábil reflete o direito, da controladora, de determinar a distribuição dos lucros da controlada. Pelo regime de competência, o direito deve ser registrado no momento do seu nascimento, qual seja, na data do registro dos lucros no balanço da controlada;
(iv) o direito de determinar a distribuição dos lucros da controlada é considerado, por lei, acréscimo patrimonial da controladora, e esse acréscimo poderá ser transferido aos acionistas mediante distribuição de dividendos;
(v) o registro do lucro da controlada pela controladora, pelo método da equivalência patrimonial, não significa desconsideração da personalidade jurídica nem confusão de patrimônios entre as duas sociedades.

O estudo do art. 248 da Lei das S/A, bem como do "método de equivalência patrimonial", é importante para fins de exame do art. 74 da MP nº 2.158-35/2001, pois a lei tributária se valeu do instituto encontrado na lei societária para dar as linhas gerais da hipótese de incidência do IRPJ sobre os lucros auferidos por residente no Brasil, proveniente de controladas no exterior.

Na perspectiva do direito tributário, no caso de investimentos em controladas sediadas no Brasil, o resultado de equivalência patrimonial não é tributado pelo IRPJ (art. 23 do Decreto-Lei nº 1.598/77).[4] A justificativa desse tratamento encontra-se no fato de que os lucros apurados pelas investidas nacionais já são objeto de tributação pelo IRPJ (e CSLL).

Entretanto, em relação aos investimentos em sociedades estrangeiras, o §6º do art. 25 da Lei nº 9.249/95 determina que "os resultados da avaliação dos investimentos no exterior, pelo método da equivalência patrimonial, continuarão a ter o tratamento previsto na legislação vigente, *sem prejuízo do disposto nos §§1º, 2º e 3º*". Note-se que o resultado de equivalência patrimonial em controladas no exterior não retrata somente lucro, mas outras quantias, como a variação cambial. De acordo com o §6º do art. 25 da Lei nº 9.249/95, com exceção do lucro da controlada, os demais valores que eventualmente

---

[4] "Art. 23. A contrapartida do ajuste de que trata o artigo 22, por aumento ou redução no valor de patrimônio líquido do investimento, não será computada na determinação do lucro real. (Redação dada pelo Decreto-lei nº 1.648, de 1978)".

sejam provenientes da equivalência patrimonial decorrente de investimentos em sociedades estrangeiras não serão tributados pelo IRPJ.[5][6]

Vale recordar, apenas a título informativo, que o registro do lucro da controlada no exterior, pela controladora, com base no MEP, implica o aumento do valor do investimento registrado na contabilidade da controladora. Por essa razão, o resultado positivo do MEP em sociedades estrangeiras acarreta reflexos tributários – i.e., a majoração do valor do investimento e a consequente redução do ganho de capital na eventual alienação do investimento pela controladora – independentemente da distribuição dos lucros apurados no exterior. Isso evidencia a inconsistência da tese de que o resultado de equivalência patrimonial em controladas estrangeiras seria completamente "neutro" para fins tributários.

Feita essa introdução, passa-se, agora, a resumir os votos dos ministros Joaquim Barbosa e Teori Zavascki no RE nº 541.090.

3 Resumo dos votos dos ministros Joaquim Barbosa e Teori Zavascki no RE nº 541.090/SC

O Ministro Joaquim Barbosa proferiu voto vencido, baseado nas seguintes razões.

Para o ministro, o art. 74 da MP nº 2.158-35/2001 seria inconstitucional, pois, no seu entender, somente haveria disponibilidade do lucro da controlada, para a controladora, após a deliberação societária para sua distribuição. Ou seja, o mero registro em balanço, pela controladora, dos lucros da controlada, não poderia representar fato gerador de IRPJ para a controladora.

Para o ministro, o art. 74 da MP nº 2.158-35/2001 seria uma norma antielisiva, justificada pelo fato de que os controladores, sediados no Brasil, estariam diferindo de forma irrazoável a deliberação sobre a distribuição dos lucros das controladas. Ocorre que, ao estabelecer a tributação em decorrência do registro no balanço da controladora, a MP criou uma ficção ou presunção imoderada, desproporcional, de que todo o diferimento na tributação dos lucros no exterior decorreria de um planejamento tributário abusivo.

Acerca da utilização do método da equivalência patrimonial, o Ministro Joaquim Barbosa argumentou que o método é útil para mensurar uma expectativa de aumento patrimonial da controladora, mas cuja confirmação depende da distribuição dos lucros. Ou seja, a disponibilidade jurídica da renda não ocorre com o registro dos lucros pelo MEP, mas somente com a deliberação pela distribuição dos lucros.

---

[5] Na prática, o resultado positivo de equivalência patrimonial em investidas estrangeiras deve ser excluído integralmente na determinação do lucro real, em contrapartida à adição dos lucros apurados no exterior. Note-se que esses lucros já integram o lucro líquido da controladora no Brasil, por força do MEP. O tratamento conferido pela legislação tributária – exclusão integral do resultado positivo de equivalência patrimonial seguida da adição dos lucros – tem a finalidade de viabilizar a tributação exclusiva dos lucros que compõem o resultado positivo de equivalência, com exclusão de outras parcelas que também impactam a avaliação do investimento pelo MEP. Isso não significa, contudo, que os lucros apurados pelas controladas no exterior seriam o "objeto da tributação", em decorrência da sua adição na determinação do lucro real. A legislação brasileira de tributação em bases universais atinge tão somente o lucro da controladora no Brasil, na medida do acréscimo patrimonial promovido pelo reconhecimento dos lucros apurados no exterior na contabilidade da controladora.

[6] Sobre a tributação de outros valores que não os decorrentes de lucro da controlada sediada no exterior, conferir o julgamento do Superior Tribunal de Justiça no AgInt nos Embargos de Divergência em REsp nº 1.554.106/BA, julgado em 18.5.2021.

Por outro lado, o Ministro Joaquim Barbosa afirmou que, no âmbito internacional, as normas análogas ao art. 74 da MP nº 2.158-35/2001 (denominadas normas "CFC", ou regras que estabelecem a "transparência fiscal" das controladas ou coligadas) são aplicáveis somente em casos de planejamento tributário abusivo (por exemplo, quando ficar provado que a empresa controlada não passa de um artifício para evitar a tributação nacional). Dessa forma, no entender do Ministro Joaquim Barbosa:

> Se a empresa estrangeira não estiver sediada em um "paraíso fiscal", a autoridade tributária deve argumentar e provar a evasão fiscal, isto é, a ocultação do fato jurídico tributário ou da obrigação tributária. Essa argumentação e essa prova fazem parte da motivação do ato de constituição do crédito tributário, que deve ser plenamente vinculado.[7]

O Ministro Teori Zavascki, por seu turno, fez o seguinte raciocínio:

> Primeiramente, afirmou que o art. 74 da MP nº 2.158-35/2001 apenas alterou o "sistema de aferição do momento em que os lucros auferidos por controlada ou coligada no exterior serão considerados disponibilizados, até então era pelo regime de caixa (= disponibilidade financeira); daí em diante, passou a ser pelo regime de competência (na data do balanço no qual tiverem sido aprovados)".

O ministro argumentou:

> *mutatis mutandis*, trata-se da aplicação do mesmo método (Método de Equivalência Patrimonial – MEP) implantado, como já se disse, pela Lei nº 6.404/76 (Lei das S/A), instrumento reconhecidamente eficaz para dar transparência e objetividade às demonstrações financeiras e aos resultados econômicos dessas companhias.

O ministro concluiu dizendo:

> não há, portanto, qualquer incompatibilidade entre o art. 43 do CTN e o regime de competência, estabelecido na Lei nº 6.404/1976 e agora também pelo art. 74 da MP nº 2.158-35/2001, para os efeitos fiscais referidos. [...]. É por isso que se manifesta evidente, já por ocasião do balanço, a disponibilidade econômica dos ganhos dos investidores (empresa controladora ou coligada), na proporção de sua participação, o que atende ao disposto no art. 43 do CTN.

---

[7] Em 2015, a Organização para a Cooperação e Desenvolvimento Econômico (OCDE) publicou o Relatório Final da Ação 3 do Projeto BEPS (*Base Erosion and Profit Shifting Project*). A OCDE afastou o requisito do abuso como teste único para a aplicação das regras CFC, nos termos do subitem 3.2.2 do capítulo 3 do relatório ("Exceções e Limites para a Aplicação de Regras CFC"): "3.2.2 Anti-Avoidance requirement 60. An anti-avoidance threshold requirement would only subject transactions and structures that were the result of tax avoidance to CFC rule. This could narrow the effectiveness of CFC rules as preventative measures, and it could also increase the administrative and compliance burdens of CFC rules if it were administrated as an up-front role. Additionally, an anti-avoidance rule should not be necessary if the rules defining the income within the scope of a CFC regime are properly targeted. An anti-avoidance requirement is therefore not considered further in this report, but this is not intended to imply that an anti-avoidance requirement can never play a role in CFC rules that tackle base erosion and profit shifiting". A OCDE ressalvou que os países integrantes da União Europeia (UE) devem observar a jurisprudência da Corte de Justiça da UE acerca da relação entre as regras CFC e as liberdades fundamentais do direito comunitário.

4 Comentários aos votos dos ministros Joaquim Barbosa e Teori Zavascki no RE nº 541.090/SC

O STF, no RE nº 541.090, debruçou-se sobre o conceito de renda, previsto no art. 153, III, da Constituição Federal.

Ocorre que a corrente vencida, representada acima no voto do Ministro Joaquim Barbosa, parte de um raciocínio que é em verdade fundamentado no conceito de pessoa jurídica, oriundo do direito privado, para então obter a interpretação do termo "renda" no caso concreto.

Com efeito, para o Ministro Joaquim Barbosa, o conceito de pessoa jurídica implica dizer que controladora e controlada são entes autônomos e com patrimônios independentes. Assim, para o ministro, só poderia haver disponibilidade de renda para a controladora quando a controlada decidisse entregar os lucros à controladora. *A contrario sensu*, o mero registro dos lucros no balanço da controladora não poderia representar disponibilidade jurídica ou econômica de renda.

Veja-se que o voto do Ministro Joaquim Barbosa não apontou que os lucros da controlada não poderiam ser conceituados como renda, mas sim que, devido ao conceito de pessoa jurídica, que implica separação de patrimônios entre as sociedades, a controladora só poderia ser tributada quando a controlada deliberasse a distribuição dos lucros. A distribuição significaria dizer que o patrimônio da controlada foi reduzido, em contrapartida do aumento do patrimônio da controladora, evidenciando, assim, a disponibilidade de renda. Por outro lado, e de forma coerente com a premissa adotada, o Ministro Joaquim Barbosa aduziu que, se restar provado que a controlada foi utilizada de maneira abusiva (ou seja, se restar caracterizada hipótese de desconsideração da personalidade jurídica), então caberia tributar os lucros não registrados no balanço da controladora.

Ou seja, o Ministro Joaquim Barbosa concluiu que o art. 74 da MP nº 2.158-35/2001 somente seria válido quando a autoridade tributária demonstrasse a utilização abusiva de pessoa jurídica, a exemplo dos lucros auferidos por sociedades sediadas em paraíso fiscal. E reforçou o seu argumento mediante referência à prática internacional, pois os demais países somente utilizariam a norma "CFC" para casos de planejamento tributário abusivo.

Esse argumento, com algumas alterações, retornou no voto do Ministro Marco Aurélio no RE nº 541.090, em que, após citar o art. 110 do Código Tributário Nacional, afirmou:

> empresa possuidora de personalidade jurídica não se confunde com outra, pouco importando se tenha a coligação ou o controle, espécies societárias que não levam à simbiose a ponto de, em promiscuidade ímpar, confundir as personalidades no que são próprias. [...] A despersonalização pressupõe caso concreto de extravagância, quanto aos vícios de consentimento, considerada a ordem jurídica, não podendo vir a ser placitada de maneira genérica, linear, invertendo-se valores, para este ou aquele fim, por mais querido ou nobre que o seja, considerada a presunção, simples presunção, de evasão ou sonegação cuja revelação deve ser real.

A jurisprudência do STF em matéria tributária tem se notabilizado por decisões que, baseadas no art. 110 do Código Tributário Nacional, utilizam conceitos de direito privado para interpretar as regras constitucionais que delimitam as competências tributárias. São conhecidos diversos acórdãos em que o STF, para apreciar a compatibilidade de uma legislação ordinária à Constituição Federal, equiparou os termos utilizados nas regras constitucionais de atribuição de competência ("folha de salários", "serviços", "faturamento" etc.) aos conceitos encontrados em direito privado.[8]

Essa jurisprudência tradicional do Supremo Tribunal Federal vem sofrendo o influxo de novos posicionamentos, como se vê no voto do Ministro Luiz Fux no RE nº 651.703 (incidência de ISS sobre atividades de operadoras de planos privados de assistência à saúde). Naquele RE, o Ministro Luiz Fux aduziu que a Constituição Federal, ao atribuir competências aos entes federados para instituição de tributos, utilizou-se de tipos, não de conceitos, de modo que "os conceitos constitucionais tributários não são fechados e unívocos, devendo-se recorrer também aos aportes de ciências afins para a sua exegese, como a Ciência das Finanças, a Economia e a Contabilidade".

Veja-se que o fechamento conceitual e formalista dos dispositivos constitucionais pode eventualmente limitar evoluções legislativas que são necessárias em vista dos diversos problemas que surgem no âmbito tributário, decorrentes das inovações econômicas e sociais (por exemplo, erosão das bases de cálculo, internacionalização e mobilidade das pessoas jurídicas e físicas, novas tecnologias que alteram formas de transacionar bens e serviços etc.).

Fechado o parêntese e retornando ao art. 74 da MP nº 2.158-35/2001, tem-se, nesse caso, entretanto, uma situação de certa forma curiosa, pois o art. 74 da MP nº 2.158-35/2001 possui como fundamento o conceito de avaliação de investimentos pelo método da equivalência patrimonial, que foi instituído por uma lei ordinária de direito privado, em vigor há mais de quarenta anos, a Lei nº 6.404/76.

Ou seja, mesmo para aqueles que professam o entendimento de que o exercício da competência tributária não poderia resultar em alteração de institutos de direito privado, o argumento afigura-se, a princípio, incoerente com o art. 74 da MP nº 2.158-35/2001, uma vez que o método da equivalência patrimonial foi adaptado ao direito tributário a partir dos mandamentos contidos em uma lei ordinária, a Lei nº 6.404/76, classificada, obviamente, no ramo do direito privado.

Essa conclusão fica muito clara com a leitura do voto do Ministro Teori Zavascki. Confira-se:

> Como se percebe, esse preceito normativo [O art. 74 da MP 2.158-35/2001] nada mais fez do que estender, para as controladas e coligadas, o mesmo tratamento até então conferido (já desde 1995) às filiais e sucursais no exterior e, mais ainda, já aplicável, desde 1976, às companhias sujeitas ao método de equivalência patrimonial prevista na Lei 6.404/1976 (Lei das S/A): o regime de competência, para efeito de definição do momento da disponibilização dos lucros. [...]
>
> Não há, portanto, qualquer incompatibilidade entre o art. 43 do CTN e o regime de competência, estabelecido na Lei 6.404/1976 e agora também pelo art. 74 da MP 2.258-

---

[8] Sobre o tema, confira-se SCHOUERI, Luís Eduardo. *Direito tributário*. 9. ed. São Paulo: Saraiva Educação, 2019. p. 803-828.

35/2001, para os efeitos fiscais referidos. Pelo contrário. É que o balanço da pessoa jurídica, ao apurar o resultado do exercício, simplesmente confirma e registra um fenômeno já ocorrido no plano da realidade. O lucro (ou o prejuízo) que registra não, ademais, um fenômeno instantâneo, mas paulatino, cuja formação se deu ao longo do período iniciado no balanço anterior. O balanço, portanto, apura e registra o resultado de um fenômeno já passado. Sendo decorrente de fatos já ocorridos, é fenômeno irreversível no plano da realidade. Os resultados econômicos positivos dele decorrentes operam-se, portanto, independentemente da sua realização financeira ou da definição da forma como essa realização venha a ser promovida (se mediante distribuição em dinheiro, ou em participação societária, ou por qualquer outra forma). É por isso que se manifesta evidente, já por ocasião do balanço, a disponibilidade econômica dos ganhos dos investidores (empresa controladora ou coligada), na proporção de sua participação, o que atende ao disposto no art. 43 do CTN.

O voto, em suma, é no sentido de reconhecer a constitucionalidade do caput do artigo 74 da Medida Provisória 2.158-35/2001. Não é o caso, sequer, de lançar ressalvas quanto a empresas não sujeitas ao Método de Equivalência Patrimonial – MEP –, de que trata a Lei 6.404/1976. É que o art. 74, aqui questionado, tem status hierárquico semelhante ao da referida lei ordinária, razão pela qual nada o impedia de, como o fez, criar, para os estritos efeitos de imposto de renda nele referidos, um método de apuração de resultados pelo regime de competência (semelhante ao das sociedades por ações) a todas as empresas com filiais, sucursais, controladas e coligadas no exterior. Aliás, o legislador ordinário já havia estendido "às sociedades de grande porte, ainda que não constituídas sob a forma de sociedades por ações, as disposições da Lei nº 6.404, de 15 de dezembro de 1976, sobre escrituração e elaboração de demonstrações financeiras e a obrigatoriedade de auditoria independente por auditor registrado na Comissão de Valores Mobiliários" (art. 3º da Lei 11.638/2007).

O Ministro Dias Toffoli, no RE nº 541.090, adicionou o argumento de que, em decorrência do art. 197 da Lei nº 6.404/76, os valores correspondentes ao lucro da controlada, reconhecidos no balanço da controladora, são considerados disponíveis à controladora, uma vez que, com base nesse registro contábil, é possível distribuir dividendos aos acionistas. Confira-se:

> Essa avaliação dos investimentos relevantes se dá pelo chamado Método de Equivalência Patrimonial (MEP), por força do art. 248 da Lei das Sociedades Anônimas. Para fins societários, a partir do MEP, o lucro auferido pela coligada/controlada estrangeira é automaticamente registrado no balanço societário da coligada/controlada brasileira. *A eventual distribuição desses lucros é irrelevante para se verificar o real crescimento do lucro líquido da brasileira, considerado o regime de competência.*
>
> Dessa forma, inegável que o acréscimo patrimonial obtido a partir do ajuste do valor do investimento permanente é renda da empresa brasileira, tanto assim que pode ser verificado a partir do método da equivalência patrimonial positiva, com consequências comerciais no balanço da empresa brasileira, pois:
>
> "(a) *reflete no valor de suas ações comerciáveis em bolsa;*
>
> (b) *é considerado na apuração do próprio valor da BRASILEIRA no caso de opção pela venda de seus ativos*"
>
> (ADI nº 2.588/DF, Ministro Nelson *Jobim*).
>
> Beneficia-se, desse modo, a empresa brasileira dessa renda, uma vez que há repercussão no mercado financeiro, na proporção do investimento realizado.

Observe-se, ademais, que, por expressa disposição do art. 197 da Lei das Sociedades Anônimas, há a *possibilidade de distribuição de dividendos aos acionistas de receita advinda da equivalência patrimonial positiva, ainda que não tenha havido a disponibilidade financeira.*

O mesmo argumento acima, referido no voto do Ministro Dias Toffoli, é mencionado no voto do Ministro Gilmar Mendes no RE nº 541.090:

> Em se tratando de investimento em empresas controladas e coligadas, situadas no exterior, a disponibilidade da renda em favor da investidora, na proporção de sua participação na investida, é de se reconhecer, independentemente da efetiva distribuição financeira de lucros, porque, na espécie, o acréscimo patrimonial da coligada ou controlada brasileira ocorre de modo imediato, independentemente dessa providência.
>
> Dois fatos corroboram esse argumento. O primeiro é que, desde o balanço da investida – controlada ou coligada –, já se opera o incremento de valor de mercado da empresa investidora. O segundo é a autorização, prevista no inciso I, do art. 197 da Lei das Sociedades Anônimas, modificado pela Lei 10.303, de 2001, de que o valor correspondente ao lucro das coligadas e controladas seja distribuído pela investidora, na proporção de sua participação, a seus sócios, antes mesmo da distribuição financeira dos lucros da investida.

Portanto, como se extrai do voto do Ministro Teori Zavascki, os valores registrados no balanço da controladora representam resultados econômicos positivos, que ocorrem independentemente da realização financeira ou do modo como a realização será efetuada (distribuição em direitos ou ativos). Consoante o Ministro Teori Zavascki, "manifesta evidente, já por ocasião do balanço, a disponibilidade econômica dos ganhos dos investidores (empresa controladora ou coligada), na proporção de sua participação, o que atende ao disposto no art. 43 do CTN".

Ou seja, em decorrência da relação de controle, a controladora possui o direito de determinar a distribuição dos lucros da controlada. Esse direito representa acréscimo patrimonial da controladora. Por essa razão, deve ser reconhecido no balanço no momento do seu surgimento (quando a controlada aufere lucros), e adicionado ao resultado.

Seria possível, ainda, agregar ao argumento do Ministro Teori Zavascki a noção de que o art. 74 da MP nº 2.158-35/2001 também possui uma função de política econômica (e não meramente de arrecadação).

É que, em matéria de tributação internacional, há o conceito de "neutralidade de exportação de capital", que significa evitar que o investimento no exterior possua custo tributário menor do que o investimento no Brasil. Consoante Rodrigo Maitto da Silveira:

> [...] o objetivo do princípio da neutralidade na exportação é ter um sistema tributário que não influencie as decisões dos investidores em relação a onde investir, permitindo que esses investidores estejam diante do mesmo percentual de tributação da renda em relação ao mesmo investimento, seja ele realizado internamente ou no exterior.[9]

Ocorre que o art. 74 da MP nº **2.158-35/2001** também promove a neutralidade de exportação de capital, uma vez que equaliza, tanto para lucros provenientes de investimentos no Brasil como no exterior, o momento em que os rendimentos devem ser considerados auferidos e tributáveis pelo IRPJ. Essa neutralidade é explicada no voto

---

[9] SILVEIRA, Rodrigo Maitto da. *Tributação e concorrência*. São Paulo: Quartier Latin, 2011. p. 326.

condutor em Acórdão nº 9101-002.751, proferido pela Câmara Superior de Recursos Fiscais do Carf, do qual se transcreve o seguinte trecho:

> Fato é que, tanto para investimentos de controladas/coligadas no Brasil, quanto no exterior, os lucros auferidos pelas investidas são refletidas na contabilidade da investidora por meio do Método de Equivalência Patrimonial.
>
> Para investimentos no Brasil, a investidora contabiliza o resultado positivo da investida, proporcional à sua participação, e exclui o resultado na apuração do lucro real. Nesse caso, viabiliza-se a neutralidade porque, como o lucro auferido pela investida já foi tributado no Brasil, não cabe sua tributação no resultado da investidora. E principalmente porque a investida encontra-se no Brasil, ou seja, os lucros auferidos pela investida são necessariamente oferecidos à tributação.
>
> Situação diferente ocorre quando o investimento tem sede no exterior.
>
> Nesse caso, a legislação brasileira previu, inicialmente, o mesmo tratamento em relação à contabilização do resultado positivo da investida: o lucro proporcional à sua participação é incluído no resultado da empresa brasileira, e excluído na apuração do lucro real. Contudo, dispôs uma etapa complementar: se os lucros forem auferidos de controladas e coligadas, cabe a adição no resultado tributável, na proporção de participação da investidora brasileira sobre o investimento, ao final de cada ano-calendário.
>
> Parte-se da premissa de que os lucros são da investidora brasileira, e, por isso, a sua tributação não deve estar subordinada à política tributária adotada pelo país onde se encontra o investimento.
>
> Isso porque o país onde se encontra o investimento pode optar por tributar o lucro em bases tributáveis menores, e a controladora brasileira, que detêm poder de decisão sobre a investida, pode optar em não receber os lucros auferidos. Trata-se de situação em que a neutralidade que ocorre quando investidora e investida estão no Brasil é desvirtuada.
>
> Porque quando ambas estão no Brasil, a mesma alíquota é aplicada sobre o lucro da investida e o da investidora. Tributa-se o lucro de investida, e tal valor não é tributado pela investidora. Não há prejuízo no sistema.
>
> Por outro lado, se investida está em país de tributação menor, não há que se falar em neutralidade. Na realidade, operacionaliza-se um diferimento em tempo indeterminado da tributação.
>
> E, precisamente para se evitar tal diferimento, o art. 74 da norma em debate dispôs expressamente sobre aspecto temporal: o lucro presume-se distribuído para a empresa brasileira (na condição de detentora das ações/quotas da investida), na proporção de sua participação, ao final do ano-calendário.
>
> E a neutralidade, que se operacionaliza quando tanto investida quanto investidora estão no Brasil, também é tutelada ao se dispor quando a investida está no exterior.

Como se vê, a tributação dos lucros auferidos no exterior, por intermédio do método da equivalência patrimonial, possibilita obter a neutralidade do ponto de vista de incentivos econômicos para o investimento no Brasil ou no exterior. Em ambos os casos, os lucros da controlada serão tributados no mesmo ano-calendário, ou no balanço da controlada (quando sediada no Brasil, sendo que esses lucros não serão tributados pela controladora), ou no balanço da controladora (quando a controlada é sediada no exterior, e o país de residência da controladora tributa seus lucros a uma alíquota menor do que a alíquota definida pela legislação brasileira).

Essa neutralidade visa, também, privilegiar um valor constitucional, de isonomia perante os contribuintes residentes no Brasil. Com efeito, diante do disposto no art. 74 da MP nº 2.158-35/2001, tanto uma pessoa jurídica com controladas no país quanto aquela com controladas no exterior deverão ser tributadas pelo IRPJ de modo mais idêntico possível. Nesse sentido, vale lembrar que os tributos incidentes sobre o lucro das controladas pagos no exterior sempre foram compensáveis no Brasil (desde o art. 26 da Lei nº 9.249/95), o que elimina a dupla tributação econômica e promove a equalização da carga tributária que repercute sobre os lucros auferidos em território nacional ou em outras jurisdições.

A análise de questões como a neutralidade na exportação de capital e o propósito antidiferimento do art. 74 da MP nº 2.158-35/2001 implicaria avançar em temas de planejamento tributário internacional, bem como a compatibilidade do art. 74 com tratados para evitar a dupla tributação. Haveria muito a dizer sobre esses temas, mas estes excedem o limite do presente artigo.

5 Conclusão

Como visto neste artigo, o método da equivalência patrimonial é uma técnica jurídica que visa atender a uma necessidade do acionista. Em decorrência da relação de controle entre duas sociedades, a lei atribui à controladora o direito de determinar a distribuição dos lucros da controlada. Esse direito, considerado acréscimo patrimonial da controladora, é registrado pelo método da equivalência patrimonial.

O art. 74 da MP nº 2.158-35/2001 representa uma adaptação dessa técnica de avaliação de investimentos às finalidades tributárias. Como afirmado pelo Ministro Teori Zavascki, no seu voto condutor, "a tributação não está prevista para incidir sobre lucro obtido por empresa situada no exterior, mas, sim, sobre os lucros obtidos por empresa sediada no Brasil, provenientes de fonte situada no exterior. Com isso, afasta-se a dupla tributação".

O STF, no RE nº 541.090, ao declarar a constitucionalidade do art. 74 da MP nº 2.158-35/2001, para lucros decorrentes de controladas no exterior, definiu interpretação do dispositivo legal que deverá ser observada no julgamento de temas da mais alta importância, que ainda não foram apreciados pelo STF, a exemplo da compatibilidade do art. 74 da MP nº 2.158-35/2001 com os tratados para evitar a dupla tributação.

Referências

PEDREIRA, José Luiz Bulhões. *Finanças e demonstrações financeiras da companhia*: conceitos fundamentais. Rio de Janeiro: Forense, 1989.

SCHOUERI, Luís Eduardo. *Direito tributário*. 9. ed. São Paulo: Saraiva Educação, 2019.

SILVEIRA, Rodrigo Maitto da. *Tributação e concorrência*. São Paulo: Quartier Latin, 2011.

SOUZA JÚNIOR, Alberto Pinto. A disponibilidade de lucros oriundos do exterior. *Revista Fórum de Direito Tributário*, Belo Horizonte, n. 2, p. 49-74, mar./abr. 2003.

Informação bibliográfica deste texto, conforme a NBR 6023:2018 da Associação Brasileira de Normas Técnicas (ABNT):

RISCADO JUNIOR, Paulo Roberto; PEREIRA, Moisés de Sousa Carvalho. Comentários ao acórdão do STF no Recurso Extraordinário nº 541.090/SC. *In*: SEEFELDER FILHO, Claudio Xavier; AZEVEDO, Daniel Coussirat de (Coord.). *Teori na prática*: uma biografia intelectual. Belo Horizonte: Fórum, 2022. p. 327-341. ISBN 978-65-5518-344-3.

PRECEDENTES RELEVANTES EM DIREITO TRIBUTÁRIO: HIPÓTESE DE INCIDÊNCIA TRIBUTÁRIA, ISENÇÕES E IMUNIDADES

ALEXANDRA MARIA CARVALHO CARNEIRO

I Introdução

O saudoso Ministro Teori Albino Zavascki foi autor de inúmeras teses, decisões, votos, súmulas, artigos, livros, aulas, palestras e de um sem-número de manifestações na imprensa falada, escrita e televisionada. Mas, de todos os ensinamentos jurídicos por ele proferidos, o que mais me impactou como profissional, por ter sido dirigido diretamente a mim, em um dos primeiros contatos que tivemos, que revelava sua natureza pragmática, objetiva e perspicaz, foi o seguinte: "Isso não é questão de fato, doutora".

Nos idos de 2007, quando iniciava minha atuação como Procuradora da Fazenda Nacional perante o Superior Tribunal de Justiça, presenciei inúmeras sessões de julgamento em que o grande jurista participou, especialmente como presidente da Primeira Turma. Tamanha foi minha emoção ao ver de tão perto o meu ídolo da época da faculdade, cujos julgados eram tão comentados nas cátedras da Casa de Tobias.[1]

Entretanto, não me contentando em apenas assistir aos julgamentos, comecei a deles participar, fosse proferindo sustentações orais ou realizando "intervenções de fato", como eram conhecidas na praxe do Tribunal. Minha inexperiência e ousadia, além da ânsia por defender o interesse da Fazenda Nacional, levavam-me, vez ou outra, a interferir nos julgamentos, correndo (literalmente) avidamente até a tribuna para levantar pontos relevantes que, a meu ver, não estariam sendo considerados nas discussões. Todos, obviamente, questões de fato – no meu inexperiente juízo, únicas

---

[1] Apelido dado à Faculdade de Direito do Recife, da Universidade Federal de Pernambuco, situada em prédio histórico do centro da cidade do Recife, em Pernambuco. Tobias Barreto (1839-1889) foi filósofo, escritor e jurista brasileiro. Foi o líder do movimento intelectual, poético, crítico, filosófico e jurídico, conhecido como Escola do Recife, que agitou a Faculdade de Direito do Recife, da qual foi aluno e posteriormente professor. Patrono da cadeira nº 38 da Academia Brasileira de Letras. Concluí o Bacharelado em Direito na mesma faculdade, no ano de 2002.

interrupções permitidas pela Corte, na qualidade de "intervenção de fato", por parte dos advogados durante os julgamentos.

Qual não foi a minha decepção quando, na primeira vez em que intervi, para levantar, de forma muito aguerrida, com todas as vênias requeridas, uma questão de fato que considerava indispensável ao caso, meu ilustre ídolo se dirigiu a mim, de forma muito calma e formal, para proferir a frase que me marcou e da qual recordo com toda nitidez: "Isso não é questão de fato, doutora. Deve ser levantada em sede de embargos de declaração". E deu prosseguimento à sessão.

Paralisei, calei-me e recolhi-me à minha poltrona de mera expectadora dos julgamentos. Confesso ter ficado um pouco ressentida com o fato e, durante dias, engoli a seco a manifestação do querido ministro, pois discordei veementemente de sua ilustre opinião. Mas não me resignei. Nas sessões seguintes, sempre que entendia pertinente, voltava a correr para a tribuna, colocando a veste formal enquanto descia os degraus, para fazer mais uma intervenção "de fato" e receber de volta a mesma frase que ouvira da primeira vez: "Isso não é questão de fato, doutora".

Imaginava que o Ministro Teori já devia estar impaciente com a minha suposta impertinência, mas, mesmo sendo "repreendida" nas sessões, quando com ele conversava nas muitas audiências que tivemos pela Procuradoria, sempre foi muito atencioso e cordato. Escutava com muita paciência nossos argumentos e não houve uma única oportunidade em que não nos fez indagações ou travou um diálogo inteligente, sempre preocupado com a utilidade prática e a eficácia dos julgados para promoção da verdadeira justiça na sociedade.

Após um tempo, à medida que minha experiência se consolidava, compreendi perfeitamente a atitude do ministro (desde a primeira intervenção) e passei a concordar e admirá-lo ainda mais. Quanta precisão e conhecimento são necessários para manter a ordem dos julgamentos e classificar uma manifestação de um causídico como pertinente, ou não, naquele exato momento processual, sobre um tema específico, numa ação determinada. Apenas demonstrava o quanto o ministro era sério, perspicaz, preparado para os julgamentos e observador das leis. Conhecia profundamente o assunto discutido nos autos, tanto a legislação quanto as questões fáticas a ele concernentes.

Não posso deixar de mencionar a satisfação que passei a ter quando o ministro repetia a mesma frase, mas para o advogado da parte adversa. Não deixei de ouvi-la na minha mente, sempre que pensava em subir novamente à tribuna.

Aliás, o Ministro Teori não foi o único a proferi-la. Mas nenhuma me causou tanto impacto quanto a primeira vez em que a escutei. Escuto até hoje, de forma muito saudosa, sua voz firme na minha memória. Uma grande e irreversível lástima, que jamais alguém ouvirá novamente essa frase, dita por ele. Essa e tantas outras que fizeram do Ministro Teori Zavascki um dos maiores juristas de nossa época e um dos grandes ministros que os tribunais superiores já abrigaram.

Hoje posso afirmar, com toda convicção, a seguinte questão de fato: que grande falta nos faz, Vossa Excelência! Quem há de discordar?

II Comentários sobre precedentes

Os julgados analisados a seguir demonstram esse espírito prático, objetivo, mas ao mesmo tempo aprofundado, do raciocínio do Ministro Teori Zavascki. No campo do direito tributário, o ministro proferiu precedentes de grande relevância, que até o momento presente são largamente reproduzidos e discutidos, pela transformação que ocasionaram na jurisprudência da época, inaugurando um novo ponto de vista sobre o assunto e indo de encontro ao âmago da questão, de forma muito simples e direta, mas sempre com o devido respeito à lei e ao texto constitucional.

Examinaremos três precedentes, um de cada Tribunal de que fez parte, mas que estão permeados sempre pela mesma forma de pensar e aplicar o direito, característica do Ministro Teori Albino Zavascki.

II.1 Impossibilidade de estender revogação de isenção por ato infralegal

Enquanto ainda pertencia aos quadros do vanguardista Tribunal Regional Federal da 4ª Região, o Ministro Teori Zavascki foi relator da Apelação em Mandado de Segurança nº 93.04.16949-6. Naqueles autos, discutia-se se seria inconstitucional o Ato Declaratório Normativo CST nº 24, de 1989,[2] editado pela Secretaria da Receita Federal do Brasil, que considerou as atividades de corretagem e de representação comercial como semelhantes, com a finalidade de afastar a isenção de pagamento do imposto de renda prevista para o representante comercial.

Melhor explicando, a Lei nº 7.256/1984, em seu art. 11,[3] previu que a microempresa estava isenta do imposto sobre a renda e proventos de qualquer natureza, independentemente do seu objeto social. Posteriormente, no entanto, a Lei nº 7.713/1989, em seu art. 51,[4] revogou referida isenção, mas apenas em relação a algumas atividades praticadas pelas microempresas, entre elas, a do profissional corretor.

Entendeu a Secretaria da Receita Federal, em seguida, que a atividade de corretor se equiparava a de representante comercial (que não havia sido elencada expressamente

---

[2] O texto integral pode ser encontrado no seguinte endereço eletrônico: ATO Declaratório Normativo CST nº 24, de 1989. *Ministério da Economia*. Disponível em: http://normas.receita.fazenda.gov.br/sijut2consulta/link.action?visao=anotado&idAto=5994. *In verbis*: "O COORDENADOR DO SISTEMA DE TRIBUTAÇÃO, no uso das atribuições que lhe confere o item II da Instrução Normativa do SRF nº 34, de 18 de setembro de 1974, e tendo em vista o disposto no artigo 51 da Lei nº 7.713, de 22 de dezembro de 1988, DECLARA, em caráter normativo às Superintendências Regionais da Receita Federal e demais interessados, que a atividade de representação comercial, na intermediação de operações por conta de terceiros, por ser assemelhada à de corretagem, exclui a sociedade que a exerce dos benefícios concedidos à microempresa".

[3] A Lei nº 7.256/1984 foi revogada pela Lei nº 9.841/1999 e, antes disso, alguns de seus dispositivos foram revogados pela Lei nº 9.317, de 5.12.1996. Todavia, a redação original do art. 11 consistia no seguinte (ainda em vigor à época do julgamento): "A microempresa fica isenta dos seguintes tributos: I - Imposto sobre a Renda e Proventos de qualquer Natureza; II - Imposto sobre Operações de Crédito, Câmbio e Seguro e sobre Operações Relativas a Títulos e Valores Mobiliários; III - Imposto sobre Serviços de Transporte e Comunicações; IV - Imposto sobre a Extração, a Circulação, a Distribuição ou Consumo de Minerais do País; V - (Vetado)".

[4] Lei nº 7.713/1989, art. 51: "A isenção do imposto de renda de que trata o art. 11, item I, da Lei nº 7.256, de 27 de novembro de 1984, não se aplica à empresa que se encontre nas situações previstas no art. 3º, itens I a V, da referida Lei, nem às empresas que prestem serviços profissionais de corretor, despachante, ator, empresário e produtor de espetáculos públicos, cantor, músico, médico, dentista, enfermeiro, engenheiro, físico, químico, economista, contador, auditor, estatístico, administrador, programador, analista de sistema, advogado, psicólogo, professor, jornalista, publicitário, ou assemelhados, e qualquer outra profissão cujo exercício dependa de habilitação profissional legalmente exigida".

no citado art. 51), razão pela qual editou o Ato Declaratório Normativo CST nº 24, de 1989, objeto de discussão nos autos, que retirou do representante comercial o benefício da isenção.

O acórdão inicialmente proferido naqueles autos entendeu que a atividade de corretagem seria substancialmente diversa da representação comercial, pois enquanto aquela seria de natureza transitória, nesta haveria entre os contratantes um vínculo de natureza continuada. Assim, entendeu ilegítima a previsão normativa que excluiu do representante comercial a isenção ao pagamento do imposto de renda a que fazia jus, prevista no art. 11 da Lei nº 7.256/1984, pois não seria possível equiparar as duas situações. Ademais, a revogação da isenção expressamente prevista para a corretagem não poderia ser analogamente estendida, por uma norma de estatura inferior, para a representação comercial.

Após oposição de embargos de declaração pela Fazenda Nacional, o Ministro Teori Zavascki prolatou voto[5] bastante esclarecedor, acolhido por unanimidade pela Segunda Turma do Tribunal Regional Federal, envolvendo o contorno constitucional da discussão, qual seja, a regra de isenção que discrimina pessoas, coisas ou situações seria inconstitucional por ofender o princípio da igualdade?

Quem atua na seara fiscal está ciente de que o princípio da igualdade é um dos mais invocados, tanto por contribuintes, quanto pelo Fisco, quando se discute a incidência da norma tributária. De fato, o princípio da isonomia tributária é um dos pilares de nosso sistema, constituindo uma relevante limitação ao poder de tributar, prevista no art. 150, II,[6] do texto constitucional.

Ao mesmo tempo em que o princípio da generalidade orienta que todos que realizam a hipótese de incidência tributária devem arcar com o pagamento do tributo, independentemente, inclusive, da licitude do ato praticado,[7] a isonomia impõe que não se pode exigir a mesma exação de pessoas que se encontram em situação distinta. A previsão busca evitar favoritismos ou perseguições. Dentro desse raciocínio, as hipóteses de exclusão do tributo, como a isenção, são aplicadas para sujeitos que se encontram em situação diversa e que, por algum motivo justificado, merecem tratamento diferenciado.

Foi exatamente esse ponto, isto é, quais motivos justificariam a criação de isenções, que foi muito bem analisado pelo Ministro Teori Zavascki em voto proferido na Arguição de Inconstitucionalidade na REO nº 89.04.00194-3, julgada pelo mesmo Tribunal, que foi reproduzido no julgado ora sob análise. Deixando muito claro que a isenção, por sua própria natureza, representa um fator de desigualação e discriminação entre pessoas, coisas e situações, o ministro alertou para o fato de que essa desigualdade visa ao atendimento de conveniências ou interesses públicos e, sendo assim, não estaria inquinada de inconstitucionalidade. Nesse aspecto, confira-se relevante trecho de seu voto:

---

[5] TRF4. ED no AMS nº 93.04.16949-6, 2ª Turma. *DJ*, 11 jan. 1995.

[6] Constituição Federal, art. 150: "Sem prejuízo de outras garantias asseguradas ao contribuinte, é vedado à União, aos Estados, ao Distrito Federal e aos Municípios: [...] II - instituir tratamento desigual entre contribuintes que se encontrem em situação equivalente, proibida qualquer distinção em razão de ocupação profissional ou função por eles exercida, independentemente da denominação jurídica dos rendimentos, títulos ou direitos; [...]".

[7] Princípio do *non olet*, segundo o qual qualquer circunstância de fato que realize a hipótese de incidência do tributo deve ser tributada, ainda que configure ou decorra de uma atividade ilícita. Por exemplo: a renda auferida pela venda de drogas ou decorrente de corrupção deve ser objeto de incidência do imposto sobre a renda.

De um modo geral, a conveniência ou interesse público nelas subjacente consiste na necessidade de atendimento de capacidade contributiva ou de incrementar ou incentivar determinadas atividades. É de lembrar, mais uma vez, a lição de Aliomar Baleeiro, de que a isenção "não é privilégio de classe ou de pessoas, mas uma política de aplicação da regra da capacidade contributiva ou de incentivos de determinadas atividades, que o Estado visa a incrementar pela conveniência pública". (Direito Tributário Brasileiro, Forense, 10ª edição, pág. 587). Este "favorecimento tributário" encontra, pois, sua fonte de justificação no interesse maior da coletividade em razão de que o Estado "... não encontra na pessoa do sujeito passivo, no negócio, ou na coisa tributada, condições de contribuição, ou porque acha que embora existentes tais condições, em vez da contribuição se sobrepõe o interesse maior da dispensa dela, visando estimular operações normalmente tributadas... " (Fábio Fanucchi, Curso de Direito Tributário Brasileiro, Resenha Tributária, 4ª. edição, vol. I, pág. 370). A constitucionalidade do fator de discriminação, no caso, decorre não da comparação entre situações, pessoas ou coisas isentas e não isentas, mas sim da relação daquelas frente ao interesse público que deu suporte ao ato isencional.

A isenção se justifica, portanto, quando o fator de discriminação se funda no interesse público; quando a capacidade contributiva do agente é levada em consideração juntamente com a necessidade de se incentivar a prática de determinadas atividades consideradas relevantes para a sociedade como um todo. E foi exatamente o que aconteceu com a isenção do caso concreto.

Com efeito, a Lei nº 7.256/84 estabeleceu que as microempresas estariam isentas do pagamento do imposto sobre a renda, criando uma discriminação em relação à norma geral que impõe a todas as pessoas físicas e jurídicas o pagamento daquele tributo na hipótese de auferirem renda ou lucro. Justifica-se a exclusão tributária em razão de um elemento diferenciador abstrato, qual seja, "empresas com menor faturamento têm menos robustez financeira e econômica, o que justificaria o benefício tributário; além de encontrar-se essa lógica de acordo com a CF/88, art. 179".[8]

A capacidade contributiva das microempresas, associada ao interesse do Estado em incentivar a disseminação de empresas desse porte na economia, pelos benefícios (de diversas ordens: trabalhista, social, financeiro) que produzem para a sociedade, representa a conjunção de fatores que torna constitucional a norma isentiva que desonera operações que seriam ordinariamente tributadas. A constitucionalidade do tratamento diferenciado às microempresas e empresas de pequeno porte, ressalte-se, já foi reconhecida há quase duas décadas no bojo da ADI nº 1.643, de relatoria do Ministro Maurício Corrêa.[9]

Dessa forma, conforme consta da própria ementa do julgado de autoria do Ministro Teori, "inconstitucionalidade haverá se, em determinada situação, ficar demonstrado que a desigualdade criada não teve em mira o interesse ou a conveniência pública na aplicação da regra da capacidade contributiva ou no incentivo de determinada atividade de interesse do Estado".

Todavia, a Lei nº 7.713/89 previu, por sua vez, que a isenção mencionada não poderia ser aplicada a determinados tipos de pessoas jurídicas e àquelas que prestassem

---

[8] PORTO, Marcus V. A. Comentário ao art. 150, II da Constituição Federal. *In*: SEEFELDER, Claudio; CAMPOS, Rogério (Coord.). *Constituição e Código Tributário comentados*: sob a ótica da Fazenda Nacional. São Paulo: Thomson Reuters Brasil, 2020. p. 221.

[9] ADI nº 1.643. Rel. Min. Maurício Corrêa, Tribunal Pleno, j. 5.12.2002. *DJ*, 14 mar. 2003.

determinadas espécies de serviços, como exemplo, os de corretor, ator, cantor, médico, dentista, economista, advogado, professor, entre outros assemelhados, ou qualquer outra profissão cujo exercício dependesse de habilitação profissional legalmente exigida. Entendeu o legislador, ao revogar a isenção, que tais atividades profissionais não mereciam ter o mesmo tratamento fiscal aplicável à microempresa, para não "desvirtuar os objetivos que fundamentaram a edição da Lei 7.256/84".[10]

Em seguida, o Ato Declaratório Normativo CST nº 24, de 1989, editado pela Secretaria da Receita Federal do Brasil, considerou que a atividade de representação comercial, na intermediação de operações por conta de terceiros, se assemelhava à de corretor, afastando, assim, a norma isencional, para fins de autorizar a cobrança do imposto de renda de quem prestasse aquele tipo de serviço.

Na ação objeto de julgamento pelo Tribunal Regional Federal da 4ª Região, pretendia um representante comercial demonstrar que não se enquadrava na norma de exceção à isenção porque sua atividade não poderia ser equiparada à de corretor.

Conforme asseverado pelo próprio Ministro Teori na primeira decisão proferida nos autos, "a atividade de corretagem é substancialmente diversa da representação comercial: aquela é de natureza transitória, enquanto nessa há entre os contratantes vínculo de natureza continuada". Em razão disso, não seria constitucional, por violar o princípio da isonomia, estender a revogação da isenção prevista para o corretor ao representante comercial. Não houve tratamento desigual entre iguais, mas sim a consideração de cada atividade, na medida de suas desigualdades.

Importante mencionar que o tema foi, posteriormente, analisado pelo Superior Tribunal de Justiça, que confirmou o entendimento inaugurado pelo Ministro Teori, culminando na edição da Súmula nº 184,[11] que assim dispõe: "a microempresa de representação comercial é isenta de imposto de Renda".

II.2 Incidência de imposto de renda sobre verba indenizatória

Quando já ocupava uma das cadeiras do Superior Tribunal de Justiça, o Ministro Teori Zavascki foi relator de um julgado que instituiu no âmbito do direito tributário o precedente mais relevante em termos de incidência de imposto sobre a renda e proventos de qualquer natureza. Trata-se do REsp nº 637.623,[12] no qual se discutiu acerca do imposto de renda incidente sobre o pagamento de uma verba de gratificação por ocasião da rescisão do contrato de trabalho, recebida como uma espécie de recompensa pelos serviços prestados ao empregador.

O Tribunal Regional Federal da 4ª Região havia entendido, no caso, que a parcela em questão teria natureza indenizatória e, por não ensejar acréscimo patrimonial, não estaria sujeita à incidência do imposto de renda. E esse era, de fato, o entendimento que

---

[10] Conforme consta da exposição de motivos do projeto de lei correspondente, que pode ser encontrada no seguinte endereço eletrônico: https://www2.camara.leg.br/legin/fed/lei/1988/lei-7713-22-dezembro-1988-372153-exposicaodemotivos-149532-pl.html.

[11] Súmula nº 184, Primeira Seção, j. 12.3.1997. *DJ*, 31 mar. 1997 (Disponível em: https://scon.stj.jus.br/SCON/sumstj/toc.jsp?livre=%28%40NUM+%3E%3D+%22101%22+E+%40NUM+%3C%3D+%22200%22%29+OU+%28%40SUB+%3E%3D+%22101%22+E+%40SUB+%3C%3D+%22200%22%29&tipo=%28SUMULA+OU+SU%29&l=100&ordenacao=%40NUM).

[12] STJ. REsp nº 637.623, Primeira Turma. *DJ*, 6 jun. 2005.

se encontrava consolidado na jurisprudência do próprio Superior Tribunal de Justiça à época: o recebimento de verbas de natureza indenizatória não configurava acréscimo patrimonial de qualquer natureza ou renda, o que afastava a incidência do imposto.[13]

Havia, portanto, consenso entre os componentes do Tribunal da Cidadania, no sentido de que o simples caráter indenizatório de uma verba seria suficiente para afastar a tributação, pois se partia do pressuposto inquestionável de que uma indenização não gerava renda nem acréscimo patrimonial. A questão era simples: sobre indenizações não incidia imposto de renda.

Todavia, é nesse julgado que ora se analisa que a genialidade vanguardista do Ministro Teori surge como um verdadeiro divisor de águas em relação à interpretação do fato gerador do imposto sobre a renda e proventos de qualquer natureza previsto na norma tributária, desconstruindo o pensamento que até então vigorava na jurisprudência.

Preocupado com a generalização do entendimento até então vigente, que afastava a tributação para todo e qualquer tipo de indenização, o jurista propõe uma nova reflexão, no sentido de que os valores pagos a tal título podem vir a configurar fato gerador do imposto de renda, a depender do caso.

O voto por ele proferido no processo em questão inicia por demonstrar, como premissa básica e primordial para o entendimento da questão, que o imposto sobre a renda, previsto no art. 153, III da Constituição Federal,[14] com fato gerador definido no art. 43[15] do Código Tributário Nacional, incide não apenas sobre a renda genericamente considerada, mas também sobre os acréscimos patrimoniais de qualquer natureza.

Com efeito, a regra de incidência do imposto de renda determina a ocorrência do fato gerador do imposto pela aquisição de renda e proventos de qualquer natureza, sem fazer qualquer distinção entre verbas remuneratórias ou indenizatórias. Isso porque, o que importa para fins dessa tributação é que tenha havido enriquecimento do patrimônio individual. O que o legislador ordinário quis tributar foi um incremento nos haveres do contribuinte, ainda que esse aumento não decorra do trabalho, do capital ou da combinação de ambos.

A tributação desconsidera, portanto, a natureza da verba que deu origem ao acréscimo, podendo ser indenizatória ou remuneratória. Isto é, o texto legal não qualificou qual tipo de verba sofreria a incidência do imposto, pois exigiu, apenas, que aquela importância gerasse acréscimo patrimonial.

Justifica-se essa premissa pelo fato de que a tributação, em regra, incide sobre fatos econômicos, que revelam riqueza e capacidade contributiva. Nas palavras de Paulo de Barros Carvalho:

---

[13] AG nº 398.091/DF. Min. Franciulli Netto, 2ª T. *DJ*, 24 jun. 2002; AG nº 431.286/DF. Min. José Delgado, 1ª T. *DJ*, 20 maio 2002; REsp nº 341.321/AL. Min. Garcia Vieira, 1ª T. *DJ*, 11 mar. 2002; REsp nº 261.989/AL. Min. Eliana Calmon, 2ª T. *DJ*, 13 nov. 2000.

[14] "Art. 153. Compete à União instituir impostos sobre: [...] III - renda e proventos de qualquer natureza; [...]".

[15] "Art. 43. O imposto, de competência da União, sobre a renda e proventos de qualquer natureza tem como fato gerador a aquisição da disponibilidade econômica ou jurídica: I - de renda, assim entendido o produto do capital, do trabalho ou da combinação de ambos; II - de proventos de qualquer natureza, assim entendidos os acréscimos patrimoniais não compreendidos no inciso anterior. §1º A incidência do imposto independe da denominação da receita ou do rendimento, da localização, condição jurídica ou nacionalidade da fonte, da origem e da forma de percepção. §2º Na hipótese de receita ou de rendimento oriundos do exterior, a lei estabelecerá as condições e o momento em que se dará sua disponibilidade, para fins de incidência do imposto referido neste artigo".

Ao recordar, no plano da realidade social, daqueles fatos que julga de porte adequado para fazer nascer a obrigação tributária, o político sai à procura de acontecimentos que sabe haverão de ser medidos segundo parâmetros econômicos, uma vez que o vínculo jurídico a eles atrelado deve ter como objeto uma prestação pecuniária. Há necessidade premente de ater-se o legislador à procura de fatos que demonstrem signos de riqueza, pois somente assim poderá distribuir a carga tributária de modo uniforme e com satisfatória atinência ao princípio da igualdade. Tenho presente que, de uma ocorrência insusceptível de avaliação patrimonial, jamais se conseguirá extrair cifras monetárias que traduzam, de alguma forma, valor em dinheiro. Colhe a substância apropriada para satisfazer os anseios do Estado, que consiste na captação de parcelas do patrimônio de seus súditos, sempre que estes participarem de fatos daquela natureza.[16]

Esse é o entendimento que sempre foi defendido por Hugo de Brito Machado, segundo o qual "não há renda, nem provento, sem que haja acréscimo patrimonial, pois o CTN adotou expressamente o conceito de renda como acréscimo".[17] Da mesma forma, para Roque Antonio Carrazza:[18] "de acordo com a Constituição, renda e proventos de qualquer natureza devem representar ganhos ou riquezas novas. Do contrário, não será atendido o princípio da capacidade contributiva".

O Supremo Tribunal Federal, inclusive, acolhe essa interpretação, desde 1978, conforme se absorve do julgamento do RE nº 89.791/RJ, de relatoria do Ministro Cunha Peixoto: "na verdade, por mais variado que seja o conceito de renda, todos os economistas, financistas e juristas se unem em um ponto: renda é sempre um ganho ou acréscimo patrimonial".[19]

Importante mencionar que o raciocínio da Suprema Corte permanece o mesmo até os dias atuais, conforme se observa do julgamento recente do RE nº 855.091,[20] com repercussão geral reconhecida, de relatoria do Ministro Dias Toffoli, no qual restou consignado no voto condutor o seguinte excerto:

> Nos termos do art. 153, III, da Constituição compete à União instituir imposto sobre renda e proventos de qualquer natureza (IR). A doutrina especializada e a jurisprudência da Corte, no que tange à interpretação do dispositivo, têm firme orientação de que a materialidade do tributo está relacionada à existência de acréscimo patrimonial, aspecto ligado às ideias de renda e de proventos de qualquer natureza, bem como ao princípio da capacidade contributiva.

Foi partindo desse mesmo pressuposto, então, que o Ministro Teori Zavascki afirmou que "quando se trata de valores de natureza indenizatória, a configuração ou não de hipótese de incidência tributária tem como pressuposto fundamental o da existência ou não de acréscimo patrimonial".

---

[16] CARVALHO, Paulo de Barros. *Curso de direito tributário*. 19. ed. São Paulo: Saraiva, [s.d.]. p. 181-182.
[17] MACHADO, Hugo de Brito. *Curso de direito constitucional tributário*. 2. ed. São Paulo: Malheiros, 2015. p. 611.
[18] CARRAZZA, Roque Antonio. *Imposto sobre a renda*: perfil constitucional e temas específicos. 3. ed. São Paulo: Malheiros, 2009. p. 57.
[19] OSÓRIO, Patrícia Grassi. Comentário ao art. 153, III da Constituição Federal. *In*: SEEFELDER, Claudio; CAMPOS, Rogério (Coord.). *Constituição e Código Tributário comentados*: sob a ótica da Fazenda Nacional. São Paulo: Thomson Reuters Brasil, 2020. p. 314.
[20] RE nº 855.091. Min. Dias Toffoli, Plenário, j. 15.3.2021. *DJ*, 8 abr. 2021.

Ou seja, se a verba indenizatória promove um acréscimo no patrimônio do indivíduo, a hipótese de incidência do tributo se perfaz, gerando a obrigação tributária, salvo se a norma estipular alguma situação específica de isenção. Por outro lado, se o acréscimo não se verificar, não haverá exação.

Mas, em quais hipóteses é possível afirmar que a indenização ocasionou um incremento no patrimônio? Para responder a esse questionamento, o ministro passa a analisar de forma mais aprofundada (como lhe era característico) em que consiste uma indenização e quais as suas espécies.

Segundo apontou o Ministro Teori no voto em análise, a indenização configura uma prestação em dinheiro destinada a reparar ou recompensar uma lesão causada a um bem jurídico, de natureza material (danos materiais) ou imaterial (danos morais). Entretanto, ressalta que nem toda indenização consegue reparar o dano mediante a exata recomposição do *status quo ante*, por meio de uma prestação específica e *in natura*. Exemplifica com a situação dos danos morais (que, por natureza, não comportam reparação específica) e de alguns danos materiais que são impossíveis de ser restituídos (como um quadro de um pintor famoso transformado em cinzas), hipóteses nas quais a lei permite a conversão em pecúnia.

Interessante notar que o ministro aproveitou, ainda, para esclarecer, nesse ponto, o que não se considera indenização, de modo a extirpar quaisquer dúvidas que poderiam surgir sobre a natureza de alguns valores recebidos pelo indivíduo e que poderiam, a uma primeira vista, ser tomados como verba indenizatória com o pretexto de afastar a incidência do imposto de renda.

É o que ocorre com os pagamentos que não correspondem a uma retribuição ou reparação de um dano causado ao patrimônio material ou imaterial, a exemplo do pagamento realizado de forma espontânea pelo empregador, a título de gratificação para o empregado. O mesmo se verifica com o adimplemento *in natura* de uma obrigação que originalmente era devida em pecúnia, ainda que feito a destempo e por determinação judicial, como o pagamento de horas extras trabalhadas ou de 13º salário. Em todas essas hipóteses, o fato gerador do imposto de renda se perfaz, pois os valores recebidos se acrescem ao patrimônio preexistente do contribuinte, sem promover uma recomposição de algo que nele já se identificava.

Dando seguimento à análise do que é indenização, conclui o ministro que o seu pagamento pode ou não acarretar acréscimo patrimonial, dependendo da natureza do bem jurídico a que se refere. Isto é, quando a indenização diz respeito a um dano efetivo causado ao patrimônio material do cidadão, o pagamento apenas reconstitui a perda, recompõe o prejuízo ocorrido (o chamado dano emergente) e, dessa forma, **não gera aumento patrimonial, não tipificando fato gerador de imposto de renda**. Nesse caso, haveria apenas a restituição do patrimônio do indivíduo ao *status quo ante*.

Entretanto, reconhece o jurista que ocorre inegável acréscimo quando: i) a indenização se destina a compensar o ganho que deixou de ser auferido (o denominado lucro cessante), porque nunca fez parte do patrimônio do contribuinte até a ocorrência do dano; ii) o valor pago é superior ao dos danos efetivos (quando há pagamento de multa, por exemplo) e iii) se refere a dano de bem jurídico imaterial (como o dano moral),[21] já que, nesse caso, o bem lesionado não possuía uma quantificação monetária concretizada no seu patrimônio material. Nesse último caso, inclusive, de lesão ao patrimônio imaterial,[22] afirmou o Ministro Teori, com maestria:

> Lesados tais direitos e não sendo possível, material ou juridicamente, a sua restauração específica e *in natura*, dá-se a reparação mediante indenização pecuniária, com o que o bem lesado, originalmente integrante do patrimônio imaterial, é substituído por prestação em dinheiro, que vai agregar-se ao patrimônio material, acarretando-lhe, como demonstrado, um natural e necessário acréscimo.

Em todas essas hipóteses, portanto, a indenização gera um inegável acréscimo ao patrimônio do contribuinte e tipifica, assim, o fato gerador do imposto de renda. Por outro lado, alertou o eminente jurista que a concretização da hipótese de incidência tributária nem sempre enseja o surgimento da obrigação e do crédito tributários, pois, em alguns casos, motivado essencialmente por questões extrafiscais, o legislador pode estabelecer normas que autorizam a exclusão do crédito tributário, por meio das chamadas isenções.

Como exemplo, cita o art. 39 do Decreto nº 3.000/99, o Regulamento do Imposto de Renda, que elenca várias indenizações que, apesar de gerarem acréscimo patrimonial, foram agraciadas pelo instituto da isenção, como a indenização por acidente do trabalho e a indenização recebida por adesão a programas de desligamento voluntário. Nesses casos, apesar de acrescidas ao patrimônio do contribuinte, autorizou a lei, por motivos de ordem política, que não nos cabe analisar, no momento, que os valores de tais indenizações fossem excluídos da incidência do imposto de renda.

Destarte, toda essa construção levou o Ministro Teori Zavascki a concluir que, no que tange à tributação das indenizações, o cenário não é tão simples como fora delineado inicialmente pela jurisprudência do Superior Tribunal de Justiça e que era replicada pelos tribunais regionais federais. Segundo ele, o regime tributário permite a existência de várias situações possíveis: i) situação de não configuração do fato gerador, ante a ausência de acréscimo patrimonial e ii) situação de configuração do fato gerador diante do aumento efetivo do patrimônio, sendo que nesta última há que se reconhecer a presença de ii.1) situações isentas, previstas expressamente pelo legislador e ii.2) situações não isentas, nas quais o imposto será legitimamente devido pelo contribuinte.

Restou afastado, de uma vez por todas, o "dogma", conforme afirmado pelo próprio ministro em seu voto, de que sobre qualquer indenização não poderia incidir o imposto de renda.

Importante mencionar que, naquele caso concreto, ao final, o voto conclui que a verba percebida pelo contribuinte, a título de gratificação, nem de indenização se

---

[21] Importante mencionar que, apesar de ter sido reconhecido o acréscimo patrimonial em relação ao pagamento de danos morais neste julgado, posteriormente, no julgamento do Recurso Especial Repetitivo nº 1.152.764/CE, julgado em 23.6.2010, a Primeira Seção do Superior Tribunal de Justiça, por unanimidade, definiu entendimento em sentido contrário.

[22] Ressaltou o Ministro Teori que "Compõem o patrimônio imaterial não apenas os bens e valores de natureza estritamente moral (= os relacionados à dignidade humana), mas todos os bens e direitos cuja satisfação *in natura* é realizada mediante prestação não-patrimonial. São dessa natureza, entre outros, os direitos do patrimônio físico e intelectual, os de imagem, e, em geral, todos os direitos do patrimônio profissional cuja satisfação é representada por prestações não pecuniárias (direito a férias, a licença-prêmio, a descanso, a estabilidade)".

tratava, pois não tinha relação com nenhum ato ilícito que tivesse ocasionado lesão ao seu patrimônio material ou imaterial. E, aliás, ainda que se tratasse de indenização, atrairia a incidência do imposto de renda por ter importado em acréscimo patrimonial, não beneficiado por hipótese de isenção legal expressa.

O entendimento inaugurado pelo Ministro Teori Zavascki, nesse caso, além de ter quebrado com o paradigma até então existente, lançou novos pressupostos para se analisar a incidência do imposto de renda sobre qualquer tipo de verba, não apenas em relação àquelas discutidas nesse processo específico.

Foi assim que o precedente formado no processo ora analisado passou a ser utilizado pelo Superior Tribunal de Justiça em todos os casos em que se discutia a incidência do imposto de renda sobre diversos tipos de valores recebidos pela pessoa física.

Como exemplo, temos o REsp nº 638.389,[23] no qual se discutia acerca da incidência de imposto de renda sobre diversas parcelas de férias (indenizadas vencidas simples e não gozadas; indenizadas proporcionais e seus respectivos adicionais; saldo de férias vencidas e não gozadas) recebidas em virtude de rescisão de contrato de trabalho por pedido de demissão.

Alegava o autor que o valor recebido a título de férias, quando da rescisão do contrato de trabalho, possuía natureza indenizatória, não estando sujeito, portanto, à incidência do aludido imposto.

Em decisão monocrática inicial, o Ministro Teori Zavascki invocou precedentes da Primeira Seção do Superior Tribunal de Justiça, que refletiam o entendimento consolidado à época. Após interposição de recurso de agravo regimental pela Fazenda Nacional, o ministro reconsiderou seu entendimento anterior para adequá-lo ao precedente formado no REsp nº 637.623, reiterando todos os argumentos acima expostos em relação à tributação das indenizações.

Entretanto, nesse caso, para a infelicidade da União, não foi reconhecida a incidência do imposto de renda sobre as verbas discutidas nos autos.

Em primeiro lugar, entendeu o ministro que a verba relativa ao adicional de um terço de férias estaria, com efeito, sujeita à incidência do tributo[24] por não apresentar caráter indenizatório, mas sim de salário, conforme reconhecido expressamente pelo próprio texto constitucional, que em seu art. 7º, inc. XVII, afirma que as férias são "remuneradas" com pelo menos um terço a mais do que o salário normal.

Todavia, afirmou que, quando o adicional de um terço integra o valor pago a título de conversão em pecúnia de férias não gozadas, ou de férias proporcionais, devido à rescisão do contrato de trabalho, assume a mesma natureza do pagamento principal, de caráter indenizatório, porque substitui o direito ao descanso do trabalhador. E, nesse caso, ainda que se pudesse argumentar que a indenização conduzia a um acréscimo patrimonial, entendeu o ministro que haveria regra isentiva, consubstanciada no art. 6º, V, da Lei nº 7.713/88, segundo o qual a indenização paga por despedida ou rescisão

---

[23] STJ. AGRG no REsp nº 638.389. Primeira Turma. *DJ*, 1º ago. 2005.

[24] O que de fato foi reconhecido em sede de julgamento de recurso repetitivo, no bojo do REsp nº 1.459.779. Min. Mauro Campbell, Primeira Seção, j. 22.4.2015. *DJ*, 18 nov. 2015.

de contrato de trabalho, até o limite garantido por lei, estaria excluída da incidência do imposto de renda.[25]

II.3 Imunidade das entidades beneficentes de assistência social

Encerrando a análise dos precedentes proferidos pelo Ministro Teori Zavascki perante a tríade de tribunais que integrou, passamos ao exame do voto proferido na ADI nº 2.028[26] como ministro do Supremo Tribunal Federal, que também representa um grande avanço em relação ao entendimento até então dominante na jurisprudência da Suprema Corte sobre a imunidade tributária das entidades beneficentes de assistência social em relação ao pagamento de contribuições para a seguridade social.

Discutia-se naqueles autos se o art. 55, III e §§3º, 4º e 5º da Lei nº 8.212/1991,[27] com a redação conferida pela Lei nº 9.732/98,[28] e os arts. 4º, 5º e 7º, desta última lei,[29] afrontavam o art. 146, II da CF/88, que exige a edição de lei complementar para regular as limitações constitucionais ao poder de tributar, por restringirem, supostamente, o conceito de entidade beneficente de assistência social, para fins de aplicação da imunidade tributária prevista no art. 195, §7º[30] do texto constitucional.

Em resumo, o mencionado art. 195, §7º da CF/88 previu que as entidades beneficentes de assistência social estariam isentas (entenda-se imunes)[31] do pagamento das

---

[25] O ministro citou, ainda, o Verbete Sumular nº 125 do Superior Tribunal de Justiça, vigente até os dias atuais, que se aplicaria ao caso dos autos: "O pagamento de férias não gozadas por necessidade do serviço não está sujeito à incidência do imposto de renda". Sobre o mesmo assunto, citamos também a Súmula nº 386 do Superior Tribunal de Justiça, segundo a qual: "São isentas de imposto de renda as indenizações de férias proporcionais e o respectivo adicional". Importante mencionar, ainda, que o tema foi julgado também em sede de recurso representativo da controvérsia, no bojo do REsp nº 1.111.223. Min. Castro Meira, Primeira Seção, j. 22.4.2009. DJ, 4 maio 2009.

[26] ADI nº 2.028. Rel. Min. Joaquim Barbosa, redatora para acórdão Min. Rosa Weber, j. 2.3.2017. DJ, 8 maio 2017. Importante mencionar que na mesma oportunidade foram julgadas em conjunto as ADIs nºs 2.036, 2.228 e 2.621, de mesma relatoria, assim como o RE nº 566.622, com repercussão geral reconhecida (Tema nº 32), de relatoria do Ministro Marco Aurélio.

[27] "Art. 55. Fica isenta das contribuições de que tratam os arts. 22 e 23 desta Lei a entidade beneficente de assistência social que atenda aos seguintes requisitos cumulativamente: [...] III - promova, gratuitamente e em caráter exclusivo, a assistência social beneficente a pessoas carentes, em especial a crianças, adolescentes, idosos e portadores de deficiência; [...] §3º Para os fins deste artigo, entende-se por assistência social beneficente a prestação gratuita de benefícios e serviços a quem dela necessitar. §4º O Instituto Nacional do Seguro Social - INSS cancelará a isenção se verificado o descumprimento do disposto neste artigo. §5º Considera-se também de assistência social beneficente, para os fins deste artigo, a oferta e a efetiva prestação de serviços de pelo menos sessenta por cento ao Sistema Único de Saúde, nos termos do regulamento".

[28] Importante salientar que todo o art. 55 da Lei nº 8.212/91 foi revogado pela Lei nº 12.101/2009.

[29] "Art. 4º As entidades sem fins lucrativos educacionais e as que atendam ao Sistema Único de Saúde, mas não pratiquem de forma exclusiva e gratuita atendimento a pessoas carentes, gozarão da isenção das contribuições de que tratam os arts. 22 e 23 da Lei n o 8.212, de 1991, na proporção do valor das vagas cedidas, integral e gratuitamente, a carentes e do valor do atendimento à saúde de caráter assistencial, desde que satisfaçam os requisitos referidos nos incisos I, II, IV e V do art. 55 da citada Lei, na forma do regulamento. Art. 5º O disposto no art. 55 da Lei n o 8.212, de 1991, na sua nova redação, e no art. 4º desta Lei terá aplicação a partir da competência abril de 1999. [...] Art. 7º Fica cancelada, a partir de 1º de abril de 1999, toda e qualquer isenção concedida, em caráter geral ou especial, de contribuição para a Seguridade Social em desconformidade com o art. 55 da Lei nº 8.212, de 1991, na sua nova redação, ou com o art. 4º desta Lei".

[30] "Art. 195. A seguridade social será financiada por toda a sociedade, de forma direta e indireta, nos termos da lei, mediante recursos provenientes dos orçamentos da União, dos Estados, do Distrito Federal e dos Municípios, e das seguintes contribuições sociais: [...] §7º São isentas de contribuição para a seguridade social as entidades beneficentes de assistência social que atendam às exigências estabelecidas em lei".

[31] Segundo entendimento pacífico do próprio Supremo Tribunal Federal, essa dita isenção se trata, na verdade, de uma imunidade – v.g. RMS nº 22.192, Primeira Turma.

contribuições sociais, desde que atendessem a determinadas exigências que seriam estabelecidas em lei. No intuito de regulamentar tal dispositivo, o art. 55 da Lei nº 8.212/91 estipulou uma série de requisitos que deveriam ser observados pelas pessoas jurídicas para que pudessem usufruir da referida imunidade.

Justifica-se tal nível de exigência para fruição da imunidade porque "o fundamento do direito previsto no §7º do art. 195 da CF não é desobrigar contribuintes do dever de serem solidários" com a seguridade social, "mas substituir a solidariedade contributiva pela solidariedade na prestação de serviços sociais. Trata-se de estímulo para que a iniciativa privada, facultada à prestação desses serviços, preste-os, em cooperação com o Estado".[32]

Fez-se necessário, portanto, que a lei regulamentadora traçasse os procedimentos e os requisitos que deveriam ser cumpridos por estas entidades para garantir que cumprissem efetivamente a finalidade constitucionalmente prevista, qual seja, a de prestar assistência social de forma beneficente. Inclusive, coube à norma inferior definir o próprio conceito de beneficência, que não se encontra delimitado pela Carta Magna.

No entanto, os autores da ação direta de inconstitucionalidade entenderam que algumas exigências contidas na lei regulamentadora seriam desproporcionais e limitariam o gozo da imunidade por diversas entidades de saúde e de educação que, apesar de seu caráter beneficente, não se enquadravam nos requisitos legais por não prestarem assistência social exclusivamente em caráter gratuito, ou por não dedicarem 60% de sua capacidade de atendimento ao Sistema Único de Saúde (SUS), entre outras condições constantes da lei. Dessa forma, entendiam que tais limitações somente poderiam estar previstas em sede de lei complementar e não em lei ordinária, ou seja, apontaram a inconstitucionalidade formal dos dispositivos indicados na ação.

Inicialmente, foi concedida medida liminar pela Vice-Presidência da Suprema Corte, que foi referendada pelo Plenário,[33] determinando a suspensão da eficácia dos dispositivos legais impugnados.

Iniciado o julgamento do mérito da ação, em 4.6.2014, o Ministro Relator Joaquim Barbosa proferiu voto no qual entendeu, em suma, que, apesar do texto constitucional não ter exigido expressamente a edição de lei complementar para regulamentação do §7º do art. 195:

> vinculações mais restritivas à livre disposição do indivíduo para agir nos campos da benemerência ou da filantropia exigem o rigor da lei complementar, na forma do art. 146, II da Constituição [...] cujo processo legislativo, por ser mais rigoroso, melhora a margem de reflexão que os representantes dos cidadãos exercerão sobre a matéria.

Afirmou, ademais, que "definir que a imunidade somente é aplicável se um determinado percentual da receita bruta for destinado à prestação gratuita de serviços afeta o reconhecimento da própria salvaguarda constitucional, ao separar as entidades imunes daquelas que podem ser tributadas" e, para isso, a Constituição exigiria a lei complementar.

---

[32] Parecer PGFN/CAT nº 979/2012.
[33] Em 11.11.1999.

O voto do Ministro Joaquim rompeu, contudo, com a jurisprudência pacífica da Excelsa Corte que, até então, entendia suficiente a edição de lei ordinária para regulamentar o disposto no art. 195, §7º. Os precedentes até então proferidos baseavam-se no raciocínio de que quando o texto constitucional exige disciplina por lei complementar, o faz de forma expressa, de modo que, quando se refere apenas à lei, está aludindo à lei ordinária. No entanto, após pedido de vista, o Ministro Teori, com sua percuciência de sempre, apresentou voto divergente do relator.

Inicialmente, em exame preliminar, entendeu que as ações diretas em julgamento deveriam ser conhecidas como ações de descumprimento de preceito fundamental, já que o texto legal impugnado havia sido revogado pela Lei nº 12.101/2009 e a jurisprudência pacífica da Corte declara, nesses casos, o prejuízo das ações diretas de inconstitucionalidade.

Mas, foi em relação à análise do mérito da ação, que, mais uma vez, o Ministro Teori inaugurou um entendimento inédito nos tribunais e que terminou sendo acolhido, ao final, pela maioria do Plenário.[34]

Entendeu o Ministro Teori, desenvolvendo um raciocínio bastante denso e apreensivo com o "desestímulo à adesão de novos agentes privados ao projeto de solidariedade social pactuado no texto da Constituição Federal" e, ao mesmo tempo, com o risco de que o benefício fosse "sorvido por entidades beneficentes de fachada", que a solução para o caso perpassava dois caminhos e que, em função disso, seria possível admitir tanto o uso da lei ordinária quanto o da lei complementar para regulamentar a imunidade, a depender do tipo de requisito exigido. Senão vejamos.

Preocupava o Ministro Teori o fato de que os julgados que já haviam sido pronunciados[35] sobre o tema não firmavam uma orientação que pudesse ser reproduzida com segurança em qualquer hipótese, de modo que tentou buscar um "parâmetro mais assertivo a respeito da espécie legislativa adequada ao tratamento infraconstitucional da imunidade de contribuições previdenciárias", com a finalidade de extirpar o contencioso judicial que continuava se formando em relação ao assunto.

Dessa forma, passa a analisar quais as situações que mereceriam ser abordadas na regulamentação para que a imunidade venha a alcançar os "elevados propósitos que lhe foram assinalados" pelo legislador constituinte, que não são apenas fiscais, mas servem "à consecução de alguns dos objetivos que são fundamentais para a República, como a construção de uma sociedade solidária e voltada para a erradicação da pobreza". Nas exatas palavras do ministro:

> Tendo em vista, portanto, a relevância maior das imunidades de contribuições sociais para a concretização de uma política de Estado voltada à promoção do mínimo existencial e a necessidade de evitar que sejam as entidades compromissadas com esse fim surpreendidas com bruscas alterações legislativas desfavoráveis à continuidade de seus trabalhos, deve incidir, no particular, a reserva legal qualificada prevista no art. 146, II, da Constituição Federal. É essencial frisar, todavia, que essa proposição não produz uma contundente

---

[34] Infelizmente o Ministro Teori já não estava mais presente na conclusão do julgamento, de modo que a Ministra Rosa Weber, primeira a seguir o seu entendimento, foi eleita a redatora do acórdão, tendo se referido na ementa do julgado, com as devidas honras, aos fundamentos do Ministro Teori Zavascki.
[35] A exemplo da ADI nº 1.802. Rel. Min. Sepúlveda Pertence; do RE nº 428.815. Rel. Min. Sepúlveda Pertence, 1ª Turma; da ADI nº 2.545 MC. Rel. Min. Ellen Gracie e da ADI nº 3.330. Rel. Min. Ayres Britto.

reviravolta na jurisprudência da Corte a respeito da matéria, mas apenas um reajuste pontual. Aspectos meramente procedimentais referentes à certificação, fiscalização e controle administrativo continuam passíveis de definição em lei ordinária. A lei complementar é forma somente exigível para a definição do modo beneficente de atuação das entidades de assistência social contempladas pelo art. 195, §7º, da CF, especialmente no que se refere à instituição de contrapartidas a serem observadas por elas.

Em outras palavras, entendeu o ministro que intervenções mais bruscas na maneira de atuação das entidades em relação à prestação do serviço social, que lhe imponham compensações ou restrições, enquadram-se nas limitações ao poder de tributar do Estado e, nesse caso, atraem a normatização pela via da lei complementar. Já a instituição de normas procedimentais relacionadas às qualidades subjetivas da entidade e a fiscalização de suas atividades encontram validade na regulamentação por meio de mera lei ordinária.

No primeiro caso, os requisitos se referem ao "modo beneficente de atuação" da entidade e tem como exemplo: a reserva de um percentual de leitos gratuitos em hospital; a concessão de um percentual de bolsa de estudos integral em entidades de ensino etc. Todas configuram contrapartidas que somente podem ser exigidas por lei complementar.

Já na segunda hipótese, as exigências dizem respeito ao "modo de ser entidade beneficente", como: exigir o certificado de entidade beneficente de assistência social (Cebas); estabelecer o registro da entidade perante o Conselho Nacional de Assistência Social (CNAS); fixar normas de constituição e funcionamento das entidades etc. Para esses casos, a lei ordinária se revela suficiente, como sempre afirmou, inclusive, o Supremo Tribunal Federal em seus precedentes sobre o assunto.

O voto do Ministro Teori Zavascki se destacou, portanto, na tradição jurisprudencial da Corte, por ter visualizado uma saída mais prática e objetiva para o litígio, hábil a pôr um fim às eternas discussões sobre o assunto, acrescentando elementos novos na equação, que não haviam sido considerados anteriormente, mas que tornam a tese genérica e passível de ser aplicada a qualquer tipo de exigência que o legislador imponha às entidades para que possam usufruir da imunidade: se a restrição diz respeito ao modo beneficente de atuação, tem que ser veiculada por lei complementar, mas se está relacionada ao modo de ser beneficente, pode ser prevista em lei ordinária. Tudo em perfeita consonância com os arts. 195, §7º e 146, II do texto constitucional.

Entretanto, o brilhantismo do magistrado não se encerra por aí.

Percebendo que a votação final poderia ser divergente do que propunha e, nesse caso, seriam reconhecidas inconstitucionais normas procedimentais (relacionadas ao modo de ser beneficente) previstas em lei ordinária, promovendo, assim, uma alteração do entendimento jurisprudencial do STF, que historicamente admitia a lei ordinária nesses casos, propôs o ministro, ainda, em seu voto, que houvesse modulação dos efeitos da decisão, caso seu raciocínio não prevalecesse. Confira-se, a seguir, o trecho correspondente no *decisum*:

> [...] é pertinente sugerir que, na eventualidade de ser acolhida a tese de inconstitucionalidade formal também quanto às normas de procedimento, considere o Plenário a possibilidade de proclamar uma decisão sensível a esse cenário. Uma das técnicas de decisão que tem

sido empregada pela Corte em hipóteses como a que se apresenta aqui é a da declaração de inconstitucionalidade sem pronúncia de nulidade, em que o Tribunal consente com uma eficácia excepcional do ato normativo censurado, enquanto concita o legislador a exercer sua competência de acordo com a diretriz anunciada. A aplicação de providência nesse sentido seria de todo salutar à promoção do diálogo institucional entre os poderes, sobretudo quando é inegável que o Tribunal tem alguma responsabilidade pelo instrumento adotado pelo Congresso Nacional para a regulamentação da referida imunidade. Quer dizer que, de alguma forma, o Congresso Nacional sempre se comportou nesse campo de acordo com a jurisprudência do Supremo, que vem desde a ordem constitucional anterior. Uma solução que tal, conferindo ao parlamento prazo razoável para deliberar com o quórum exigido pela legislação complementar, seria certamente mais prudente do que a mera declaração de inconstitucionalidade dos dispositivos sob invectiva.

Demonstrou o ministro uma singular sensibilidade em relação à confiança que o legislador depositou nos precedentes da Suprema Corte e que, com base neles, editou diversas leis ordinárias sobre o assunto. Esse trecho do julgado revela, ainda, a eterna preocupação do ministro na consequência de seus julgados para a sociedade.

Assim, dentro desse raciocínio, entendeu que seria razoável conceder um prazo de 24 meses ao Congresso Nacional para que aprovasse uma nova legislação sobre o tema, desta feita, por meio de lei complementar, caso, repita-se, seu posicionamento restasse vencido. Entretanto, não foi necessário promover a modulação sugerida, pois o voto do Ministro Teori foi acompanhado pela maioria dos ministros componentes da Suprema Corte, representando um dos últimos julgados por ele capitaneado, que causou enorme repercussão no mundo jurídico.

III Conclusão

Seja no direito tributário, em relação pelo qual sabemos que o Ministro Teori Zavascki possuía um especial apreço, seja em qualquer outro ramo do direito, as lições desse grande jurista ainda permanecem vivas. O teor de seus julgados, analisados ao longo dessa importante obra, demonstra o quanto o ministro se dedicava ao aprofundamento do tema, a sempre buscar uma solução prática e definitiva para a lide, mas sem descurar do conteúdo das leis e do texto constitucional. E, mesmo atuando em respeito à norma, sempre encontrava uma forma inovadora e moderna de pensar o direito.

Preocupava-se com a repercussão das decisões judiciais, para além do caso concreto. Consciente da responsabilidade que lhe recaía, de tentar, acima de tudo, promover a Justiça, abraçou com muita tranquilidade e solidez essa missão. Capaz de trazer sempre um novo olhar ao que já estava consolidado, não teve receio de expor suas opiniões, o que fazia com bastante desenvoltura e profundidade.

Quem o observava durante os julgamentos conseguia enxergar não só um jurista de postura séria e nobre, mas aquele julgador sempre alerta e atento aos detalhes, que juntava todas as pontas soltas da discussão e, com muita destreza, apontava não só o ponto nevrálgico do debate, mas também a melhor solução para o impasse.

Após percorrer todos os artigos que compõem a presente obra, o leitor decerto concordará com a questão de fato suscitada no início deste artigo, que reitero com toda convicção e grande saudosismo: que grande falta nos faz, Vossa Excelência, Ministro Teori Albino Zavascki!

Referências

CARRAZZA, Roque Antonio. *Imposto sobre a renda*: perfil constitucional e temas específicos. 3. ed. São Paulo: Malheiros, 2009.

CARVALHO, Paulo de Barros. *Curso de direito tributário*. 19. ed. São Paulo: Saraiva, [s.d.].

MACHADO, Hugo de Brito. *Curso de direito constitucional tributário*. 2. ed. São Paulo: Malheiros, 2015.

OSÓRIO, Patrícia Grassi. Comentário ao art. 153, III da Constituição Federal. *In*: SEEFELDER, Claudio; CAMPOS, Rogério (Coord.). *Constituição e Código Tributário comentados*: sob a ótica da Fazenda Nacional. São Paulo: Thomson Reuters Brasil, 2020.

PORTO, Marcus V. A. Comentário ao art. 150, II da Constituição Federal. *In*: SEEFELDER, Claudio; CAMPOS, Rogério (Coord.). *Constituição e Código Tributário comentados*: sob a ótica da Fazenda Nacional. São Paulo: Thomson Reuters Brasil, 2020.

SEEFELDER, Claudio; CAMPOS, Rogério (Coord.). *Constituição e Código Tributário comentados*: sob a ótica da Fazenda Nacional. São Paulo: Thomson Reuters Brasil, 2020.

Informação bibliográfica deste texto, conforme a NBR 6023:2018 da Associação Brasileira de Normas Técnicas (ABNT):

CARNEIRO, Alexandra Maria Carvalho. Precedentes relevantes em direito tributário: hipótese de incidência tributária, isenções e imunidades. *In*: SEEFELDER FILHO, Claudio Xavier; AZEVEDO, Daniel Coussirat de (Coord.). *Teori na prática*: uma biografia intelectual. Belo Horizonte: Fórum, 2022. p. 343-359. ISBN 978-65-5518-344-3.

SOB O SIGNO DE TEORI: JULGAMENTOS SOBRE A EXTINÇÃO DO CRÉDITO PÚBLICO

JOSÉ PÉRICLES PEREIRA DE SOUSA

Em todas as épocas, desde Roma, o direito – enquanto arte, práxis ou ciência – exibiu ícones. Pessoas que, por sua vocação, por sua inteligência e por seu exemplo, sintetizaram o esforço de determinado período em avançar nos institutos jurídicos.

Sem a menor dúvida, as últimas décadas do século XX e estas primeiras do século XXI, no direito brasileiro, estiveram (e ainda estão) *sob o signo de Teori Albino Zavascki*.

Teori é o jurisconsulto que melhor resume a tentativa do nosso direito contemporâneo, em especial do direito público, de garantir uma mínima qualidade de vida à população e um funcionamento de razoável eficiência ao Estado.

Aliás, se o Estado é uma mola propulsora em qualquer país, a sua eficácia sempre teve uma outra urgência, no Brasil. Aquela ditada pela necessidade, tendo em conta o risco de miséria social, que nunca saiu de nossas estatísticas. O cidadão Teori Zavascki sabia disso. E o juiz Teori Zavascki sabia mais ainda.

As interpretações de Sua Excelência, marcadas pela técnica, pela lógica e pela coerência, participaram da jurisprudência do Tribunal Regional Federal da 4ª Região (TRF/4), do Superior Tribunal de Justiça (STJ) e do Supremo Tribunal Federal (STF), que são, reconhecidamente, três entre os mais inovadores tribunais brasileiros (inclusive na gestão administrativa)[1] e três entre os mais preocupados com o incremento da cidadania, a partir de seus acórdãos.

Teori percebera cedo, na função de julgador, aquilo que pôde vislumbrar, mesmo antes, na função de procurador do Banco Central: não é preciso escolher ser "fazendário" ou "antifazendário". Não existem vitórias ou derrotas do Estado. Somente o justo e o injusto, o legítimo e o ilegítimo, o legal e o ilegal. Aquilo que o Estado faz de justo, legítimo e legal é revertido em nome de toda a sociedade. Aquilo que o Estado (ou

---

[1] Teori fora diretor da Revista do TRF/4, de 30.6.1989 a 20.6.1991; vice-presidente daquela Corte de 20.6.1997 até 20.6.1999 e presidente, de 21.6.2001 a 7.5.2003; membro do Conselho da Justiça Federal (2001-2003); membro efetivo do Conselho da Justiça Federal (27.6.2011 a 29.11.2012); membro do Conselho de Administração do STJ; membro da Comissão de Documentação; presidente da Primeira Turma (STJ, no biênio 2004-2006) e presidente da Primeira Seção (STJ, no biênio 2009-2011).

algum agente seu) faz de injusto, ilegítimo ou ilegal tem de ser coibido em nome de toda a sociedade.[2]

Por isso, quando uma política pública era votada, o Desembargador e, depois, o Ministro Teori compreendia – de uma maneira singular – as várias dimensões envolvidas. E lembrava seus colegas o quanto uma microjustiça poderia, por vezes, gerar uma macroinjustiça.

Esta obra, de modo bastante oportuno, relembra o quanto as luzes daquele magistrado foram essenciais em diversos julgamentos marcantes. Seus organizadores, suas autoras e seus autores tiveram o privilégio de conviver – e aprender – com Teori o quanto o direito se faz com estudo e dedicação, para além da inspiração.

Na sua última tarefa em prol da República, o ministro estivera como relator dos recursos ao STF da famosa Operação Lava-Jato (2014-2021) e, nessa condição, honrou a toga e a sua própria reputação de homem soberanamente íntegro. Contribuiu para o desvelamento e a punição de esquemas corruptos. Fora temido por figurões da política e da economia. E, principalmente, fora admirado pelo povo brasileiro.

O seu estilo discreto, austero, sereno, zeloso e diligente, combinado ao seu talento extraordinário para a síntese do que há de mais complicado na vida humana – que é julgar outras vidas – fizeram de Teori Zavascki uma ideia (não apenas um nome) de excelência no servir ao público.[3]

Nós precisamos compreender bem seu exemplo e aplicá-lo dignamente.

Obrigado, ministro!

Julgamentos sobre a extinção do crédito público

Evidenciamos, há pouco, o quanto o Ministro Teori se preocupava com a legalidade e com a garantia de uma Administração Pública que respeitasse os seus cidadãos. Por isso, em determinados momentos, seus votos caminharam, quase que numa pedagogia ou num diálogo interinstitucionais, para a extinção de créditos públicos. Seriam instantes em que o Estado precisaria notar seus limites.

Separamos quatro julgamentos marcantes nesse sentido.

Tese dos 5 + 5

O primeiro deles fora examinado pela Corte Especial do STJ, em incidente de inconstitucionalidade, e pela Primeira Seção, a partir de embargos de divergência. Dizia respeito à famosa (no direito tributário) tese dos "5 + 5" (cinco mais cinco).

---

[2] Daniel Mitidiero assinala, ao escrever o volume sobre Teori, na *Memória jurisprudencial do STF*: "Do financiamento de campanhas políticas à execução imediata da pena, do Mensalão à Lava Jato, seus votos e suas decisões em nossa Suprema Corte de Direito Constitucional procuraram conduzir o Brasil a um novo patamar moral a partir do direito" (MITIDIERO, Daniel. *Memória jurisprudencial do Supremo Tribunal Federal*: Ministro Teori Zavascki. Brasília: STF, Secretaria de Documentação, 2020. p. 23. Disponível em: www.stf.jus.br/arquivo/cms/publicacaoPublicacaoInstitucionalMemoriaJurisprud/anexo/TeoriZavascki.pdf).

[3] Na abertura do ano judiciário de 2017, o Ministro Celso de Mello, então decano do Supremo Tribunal, destacou: "Teori representará referência indissociável para aqueles que desejam servir ao nosso País com decência, com dignidade, com probidade e com elevado espírito público. Esse, na realidade, é o grande e inestimável legado que nos deixa o saudoso e eminente Ministro Teori Zavascki".

Era o Recurso Especial (REsp) nº 644.736/PE, que começara por uma ação de repetição de indébito. Um debate de milhares de processos naquele tempo (entre o final dos anos 1990 e o início dos anos 2000), envolvendo os tributos sujeitos a *lançamento por homologação* (aqueles que precisam aguardar o veredito – ou o silêncio – do Fisco sobre o pagamento antecipado pelo contribuinte).

A grande controvérsia morava no prazo em que se operaria a prescrição. Quando o contribuinte perde o direito de restituir eventuais valores indevidos?

A Lei Complementar nº 118/2005 estava recém-publicada, autointitulando-se "interpretativa". Seu art. 3º, de modo singelo, dizia:

> para efeito de *interpretação* do inciso I do art. 168 da Lei n. 5.172, de 25 de outubro de 1966 – Código Tributário Nacional, a extinção do crédito tributário ocorre, no caso de tributo sujeito a lançamento por homologação, *no momento do pagamento antecipado* de que trata o §1º do art. 150 da referida Lei.

E, para completar o quadro, seu art. 4º determinava uma "aplicação a ato ou fato pretérito", nos termos do art. 106, inc. I, do CTN. Em outras palavras: os contribuintes deveriam perder todas as ações, porque o prazo adequado para a prescrição seria o de cinco anos – e não de dez, como a Primeira Seção e suas turmas repetiam desde 1997, pelo menos.[4]

Naquele REsp nº 644.736/PE, a Segunda Turma simplesmente carimbou a jurisprudência pacífica. Opostos embargos de divergência, pela Fazenda, a Primeira Seção lhes negou provimento, em acórdão relatado pelo Ministro Teori, sob dois fundamentos centrais: (i) o prazo prescricional para pleitear a restituição de tributos sujeitos a lançamento por homologação é de cinco anos, contados da data da homologação do lançamento, que, se for tácita, ocorre após cinco anos da realização do fato gerador, sendo irrelevante, para fins de cômputo do prazo prescricional, a causa do indébito; e (ii) o art. 4º, *segunda parte*, da LC nº 118/2005, que determina a aplicação retroativa do seu art. 3º, para alcançar inclusive fatos passados, ofende o *princípio constitucional da autonomia e independência dos poderes* (art. 2º, CF) e o da *garantia do direito adquirido, do ato jurídico perfeito e da coisa julgada* (art. 5º, XXXVI, CF).

Houve embargos de declaração fazendários, visando à manifestação sobre a indispensabilidade da instauração do incidente previsto no art. 97 da Carta Constitucional, argumentando que a seção não poderia deixar de aplicar o art. 4º, *segunda parte*, do diploma normativo sem que a sua inconstitucionalidade tivesse sido previamente declarada pela Corte Especial. Os embargos foram rejeitados.

A Fazenda interpôs recurso extraordinário, alegando ofensa ao *princípio da reserva de plenário*, e o STF deu provimento ao recurso. Cumprindo a decisão magna, a Corte Especial, em sessão realizada em 6.6.2007, julgou procedente a arguição de inconstitucionalidade, cimentando que o art. 4º, *segunda parte*, daquela lei complementar não poderia conferir retroação da norma do art. 3º, supostamente interpretativa.

---

[4] REsp nº 121.317/PR. Rel. Min. José Delgado, Primeira Turma, j. 6.10.1997. *DJ*, 17 nov. 1997, p. 59437; EREsp nº 435.835/SC. Rel. Min. Francisco Peçanha Martins, Rel. p/ Acórdão Min. José Delgado, Primeira Seção, j. 24.3.2004. *DJ*, 4 jun. 2007, p. 287; REsp nº 605.414/DF. Rel. Min. João Otávio de Noronha, Segunda Turma, j. 6.5.2004. *DJ*, 7 jun. 2004, p. 212.

O relatório do voto do Ministro Teori lembrara a argumentação da Fazenda: "vê-se, portanto, que, com o advento do art. 3° da Lei Complementar n. 118, cujo caráter é de lei interpretativa, findou-se a controvérsia jurisprudencial e doutrinária que girava em torno da questão do termo inicial a partir do qual deve ser contado o prazo prescricional de cinco anos para pleitear a repetição do indébito" e, em arremate, "o legislador, através de interpretação autêntica, tratou de dissipar as dúvidas e apaziguar a questão".

O Ministério Público Federal havia opinado pela declaração de inconstitucionalidade.

Na fundamentação, o ministro dividira o voto em três partes. Na primeira, que apelidou de "Lei interpretativa no sistema constitucional brasileiro", explanara sobre as funções legislativa e jurisdicional, concluindo que "Lei interpretativa retroativa só pode ser considerada legítima quando se limite a simplesmente reproduzir (= produzir de novo), ainda que com outro enunciado, o conteúdo normativo interpretado, sem modificar ou limitar o seu sentido ou o seu alcance". O que, antecipara Sua Excelência, seria praticamente impossível de acontecer. Porque: ou a lei seria supérflua, mera reprise de norma anterior, com outro texto, ou a lei seria inovadora na ordem jurídica e, portanto, não apenas interpretativa.

O ministro fora enfático, ao afirmar que "o conteúdo da norma é aquele, e tão somente aquele, que o Poder Judiciário diz que é", considerando que "a atividade de interpretar os enunciados normativos, produzidos pelo legislador, está cometida constitucionalmente ao Poder Judiciário, seu intérprete oficial".

Na segunda parte dos fundamentos, sob o tópico "Natureza modificativa (e não simplesmente interpretativa) do art. 3º da LC 118/05", Sua Excelência indicara que "evidencia-se como hipótese paradigmática de lei inovadora (e não simplesmente interpretativa) aquela que, *a pretexto de interpretar*, confere à norma interpretada um conteúdo ou um sentido diferente daquele que lhe foi atribuído pelo Judiciário ou que limita o seu alcance ou lhe retira um dos seus sentidos possíveis", antecipando, desde o primeiro parágrafo suas ressalvas quanto à LC nº 118/05.

O interessante, contudo, e o que dá a noção da largueza de espírito do ministro, vem na referência de que nunca concordou com a jurisprudência cimentada pela Primeira Seção. Sublinhara o seu voto-vista no EREsp nº 423.994/SP (julgado em outubro de 2003, com a relatoria do Ministro Peçanha Martins):

> apontei sua fragilidade por desconsiderar inteiramente um princípio universal em matéria de prescrição: o princípio da *actio nata*, segundo o qual a prescrição se inicia com o nascimento da pretensão ou da ação (Pontes de Miranda, Tratado de Direito Privado, Bookseller Editora, 2.000, p. 332). "Realmente", sustentei, "ocorrendo o pagamento indevido, nasce desde logo o direito a haver a repetição do respectivo valor, e, se for o caso, a pretensão e a correspondente ação para a sua tutela jurisdicional. Direito, pretensão e ação são incondicionados, não estando subordinados a qualquer ato do Fisco ou a decurso de tempo. Mesmo em se tratando de tributo sujeito a lançamento por homologação, o direito, a pretensão e a ação nascem tão pronto ocorra o fato objetivo do pagamento indevido. Sob este aspecto, pareceria mais adequado ao princípio da *actio nata* aplicar, inclusive em se tratando de tributo sujeito a lançamento por homologação, o disposto art. 168, I, combinado com o art. 156, I, do CTN, ou seja: o prazo prescricional (ou decadencial) para a repetição do indébito conta-se da extinção do crédito (art. 168, I), que, por sua vez, ocorre com o pagamento (art. 156, I). Observe-se que, mesmo em se tratando de tributo sujeito a lançamento por homologação, o pagamento antecipado também extingue o crédito, ainda que sob condição resolutória (CTN, 150, §1º).

Sendo discreto e zeloso:

> todavia, inobstante as reservas e críticas que possa merecer, o certo é que a jurisprudência do STJ, em inúmeros precedentes, definiu o conteúdo dos enunciados normativos em determinado sentido, e, bem ou mal, a interpretação que lhes conferiu o STJ é a interpretação legítima, porque emanada do órgão constitucionalmente competente para fazê-lo.

E, nessa linha, complementa:

> ainda que defensável a "interpretação" dada, não há como negar que a lei inovou no plano normativo, pois retirou das disposições normativas interpretadas um dos seus sentidos possíveis, justamente aquele tido como correto pelo STJ, intérprete e guardião da legislação federal. Se, como se disse, a norma é aquilo que o Judiciário, como seu intérprete, diz que é, não pode ser considerada simplesmente interpretativa a lei que atribui a ela outro significado.

No último trecho do voto (inconstitucionalidade do art. 4º, segunda parte, da LC nº 118/05), o ministro aponta não negar ao Legislativo o poder de alterar as normas (e, se for o caso, também a interpretação formada em relação a ela), no entanto, que o faça com efeitos prospectivos, a fim de que não se confunda com o trabalho judicial (na veste de legislador negativo, o juiz legisla para trás, quanto a algo já ocorrido) nem ofenda o direito adquirido, o ato jurídico perfeito e a coisa julgada (figuras protegidas constitucionalmente).

Assim, por ser inovadora, a disposição da LC nº 118/2005 somente poderia ser aplicada legitimamente a situações que viessem a ocorrer a partir da sua vigência (120 dias após a sua publicação, na esteira do art. 4º), isto é, no dia 9.6.2005.

Finalizou o ministro, sempre técnico e preocupado com a melhor jurisdição, informando uma regra de direito intertemporal:

> Na hipótese em exame, com o advento da LC 118/05, a prescrição, do ponto de vista prático, deve ser contada da seguinte forma: relativamente aos *pagamentos* efetuados a partir da sua vigência (que ocorreu em 09.06.05), o prazo para a ação de repetição do indébito é de cinco a contar da data do pagamento; e relativamente aos pagamentos anteriores, a prescrição obedece ao regime previsto no sistema anterior, limitada, porém, ao prazo máximo de cinco anos a contar da vigência da lei nova.

Os ministros Nilson Naves, Francisco Peçanha Martins, Humberto Gomes de Barros, Cesar Asfor Rocha, Ari Pargendler, José Delgado, Fernando Gonçalves, Carlos Alberto Menezes Direito, Felix Fischer, Aldir Passarinho Junior, Hamilton Carvalhido, Eliana Calmon, Paulo Gallotti, Francisco Falcão, Castro Filho (em substituição eventual à Ministra Nancy Andrighi), Laurita Vaz e João Otávio de Noronha votaram com o Ministro Teori.

Ausentes, justificadamente, os ministros Nancy Andrighi e Luiz Fux e, ocasionalmente, os ministros Antônio de Pádua Ribeiro e Gilson Dipp. Sustentou oralmente, pela Fazenda Nacional, o Dr. Claudio Xavier Seefelder Filho, nosso ilustre coordenador, nesta obra.

Como se sabe, em agosto de 2011, no RE nº 566.621/RS (Tema nº 4 de *repercussão geral*), o STF, sob a batuta da Ministra Ellen Gracie Northfleet, adotou posição semelhante quanto ao mérito – a inconstitucionalidade – embora sutilmente distinta quanto à regra intertemporal.

A ementa do Supremo asseverou:

> a aplicação retroativa de novo e reduzido prazo para a repetição ou compensação de indébito tributário estipulado por lei nova, fulminando, de imediato, pretensões deduzidas tempestivamente à luz do prazo então aplicável, bem como a aplicação imediata às pretensões pendentes de ajuizamento quando da publicação da lei, sem resguardo de nenhuma regra de transição, implicam ofensa ao princípio da segurança jurídica em seus conteúdos de proteção da confiança e de garantia do acesso à Justiça.

E, sem aplicar o art. 2.028 do Código de Processo Civil da altura, considerou "válida a aplicação do novo prazo de 5 anos tão-somente às *ações ajuizadas* [e não a partir dos pagamentos realizados] após o decurso da *vacatio legis* de 120 dias, ou seja, a partir de 9 de junho de 2005". Disse a Ministra Ellen, seguida por seus pares: "o prazo de *vacatio legis* de 120 dias permitiu aos contribuintes não apenas que tomassem ciência do novo prazo, mas também que ajuizassem as ações necessárias à tutela dos seus direitos".

O Ministro Teori, além da justiça para com aqueles que confiaram na jurisprudência, mostrou, nesse caso concreto, afinação com os futuros colegas de Supremo Tribunal, manejando o instrumento do controle incidental de constitucionalidade no STJ.

Inconstitucionalidade do art. 45 da Lei nº 8.212/91

A propósito, um outro julgamento significativo de relatoria do ministro, na Corte Especial, em arguição de inconstitucionalidade, é aquele sobre:

> o direito da Seguridade Social em apurar e em constituir seus créditos até 10 (dez) anos contados do primeiro dia do exercício seguinte àquele em que o crédito poderia ter sido constituído ou da data em que se tornar definitiva a decisão que houver anulado, por vício formal, a constituição de crédito anteriormente efetuada.

Em síntese, debatia-se a constitucionalidade do art. 45, incs. I e II, da Lei nº 8.212/91.

Tudo começa quando uma empresa ajuíza ação ordinária de repetição de indébito tributário, fundada na ilegitimidade da cobrança de contribuição social incidente sobre a folha de salários (parte do empregador), com base na Lei nº 7.787/89, relativamente aos meses de julho a setembro de 1989. O Tribunal Regional Federal da 1ª Região (TRF/1), considerando que a demanda fora proposta em novembro de 2000, nega provimento à apelação da autora, confirmando a sentença que reconhecera a ocorrência da prescrição.

A sentença havia interpretado como a "tese dos 5 + 5":

> em se tratando de tributo sujeito a homologação, o prazo prescricional para pleitear a compensação da contribuição incidente sobre a remuneração de autônomos, avulsos e administradores ocorrerá após cinco anos, contados da ocorrência do fato gerador, acrescidos de mais cinco, a partir da homologação tácita.

Houve negativa de seguimento ao recurso especial, em decisão monocrática do Ministro Teori, que, a propósito, ressalvara seu ponto de vista pessoal, expressado nos

EREsp nº 423.994/SC, sob relatoria do Ministro Peçanha Martins, na Primeira Seção de 8.10.2003, como vimos.

A empresa protocolou agravo regimental, a sustentar: "a ação declaratória é imprescritível" e, "ainda que assim não fosse, no caso, o prazo prescricional não teria decorrido porque, em se tratando de contribuição previdenciária, o prazo para a constituição do crédito tributário não é o do CTN (cinco anos), como entendeu a decisão recorrida, mas sim o previsto no art. 45 da Lei 8.212/91, que é de dez anos".

Na sessão do dia 14.12.2004, a Primeira Turma decide suscitar incidente de inconstitucionalidade à Corte Especial, tendo em conta que o julgamento do recurso dependia, agora, necessariamente, do exame a respeito da legitimidade constitucional do art. 45 da Lei nº 8.212/91.

O Ministério Público Federal opinou pela declaração de inconstitucionalidade formal da norma.

Na Corte Especial, em 15.8.2007, o Ministro Teori praticamente reproduz todo o seu voto na Primeira Turma, afirmando que "no regime da Constituição de 1988, as contribuições sociais, entre as quais as destinadas a financiar a seguridade social (CF, art. 195), têm *natureza tributária*", algo que a doutrina em peso e a jurisprudência do STF já apontariam.[5]

Por ser emblemático, enquanto julgamento do Pleno do STF e relatado pelo Ministro Moreira Alves, o Ministro Teori cita, com detalhe, o RE nº 146.733-6/SP, em que o ilustre relator expressou:

> sendo, pois, a contribuição instituída pela Lei 7.689/88 verdadeiramente contribuição social destinada ao financiamento da seguridade social, com base no inc. I do art. 195 da Carta Magna, segue-se a questão de saber se essa contribuição tem, ou não, natureza tributária em face dos textos constitucionais em vigor. Perante a Constituição de 1988, *não tenho dúvida em manifestar-me afirmativamente*.

No desenrolar do voto, o Ministro Teori traz à baila o art. 146, III, "b", da Constituição, eis que ficara inquestionável a natureza tributária daquela contribuição social. Caberia, dessa forma, unicamente à lei complementar estabelecer normas sobre a sua prescrição e a sua decadência.

E completa: "não há dúvida, portanto, que a matéria disciplinada no art. 45 da Lei 8.212/91 (bem como no seu art. 46, que aqui não está em causa) somente poderia ser tratada por lei complementar, e não por lei ordinária, como o foi".

Dado o seu gosto pelo debate, o ministro ainda colhe a ponderação contrária de Roque Antônio Carrazza:

> a lei complementar, ao regular a prescrição e a decadência tributárias, deverá limitar-se a apontar diretrizes e regras gerais. Não poderá, por um lado, abolir os institutos em tela (que foram expressamente mencionados na Carta Suprema) nem, por outro, descer a detalhes, atropelando a autonomia das pessoas políticas tributantes [...]. Não é dado, porém, a esta mesma lei complementar entrar na chamada "economia interna", vale dizer, nos assuntos

---

[5] Sua Excelência faz menção ao RE nº 146.733-6/SP, Tribunal Pleno, Min. Moreira Alves. *DJ*, 6 nov. 1992, ao RE nº 141.715-3/PE, Primeira Turma, Min. Moreira Alves. *DJ*, 25 ago. 1995 e ao AI nº 174.540 AgR/AP, Segunda Turma, Min. Maurício Corrêa. *DJ*, 26 abr. 1996.

de peculiar interesse das pessoas políticas [...]. Eis por que, segundo pensamos, a fixação dos prazos prescricionais e decadenciais dependem de lei da própria entidade tributante. Não de lei complementar. Nesse sentido, os arts. 173 e 174 do Código Tributário Nacional, enquanto fixam prazos decadenciais e prescricionais, tratam de matéria reservada à lei ordinária de cada pessoa política. Portanto, nada impede que uma lei ordinária federal fixe novos prazos prescricionais e decadenciais para um tipo de tributo federal. No caso, para as contribuições previdenciárias.[6]

Teori responde ao doutrinador com segurança e com a síntese que lhe era típica:

acolher esse argumento, todavia, importa, na prática, retirar a própria substância do preceito constitucional. É que estabelecer "normas gerais [...] sobre [...] prescrição e decadência" significa, necessariamente, dispor sobre prazos, nada mais. Se, conforme se reconhece, a abolição desses institutos não é viável nem mesmo por lei complementar, outra matéria não poderia estar contida nessa cláusula constitucional que não a relativa a prazos (seu período e suas causas suspensivas e interruptivas).

E, por fim, propõe a inconstitucionalidade formal da norma:

tem-se presente, portanto, no art. 45 da Lei 8.212, de 1991, inconstitucionalidade formal por ofensa ao art. 146, III, b, da Carta Magna. Sendo inconstitucional, o dispositivo não operou a revogação da legislação anterior, nomeadamente os arts. 150, §4º e 173 do Código Tributário Nacional, que fixam em cinco anos o prazo de decadência para o lançamento de tributos.

Com isso, a Corte Especial do STJ decidiu, por maioria, conhecer da arguição de inconstitucionalidade, vencido o Ministro José Delgado, e, no mérito, por unanimidade, após o voto-vista do Ministro José Delgado e os votos dos ministros Fernando Gonçalves, Felix Fischer, Antônio de Pádua Ribeiro, Peçanha Martins, Humberto Gomes de Barros, Cesar Asfor Rocha, Aldir Passarinho Junior, Gilson Dipp, Eliana Calmon, Paulo Gallotti, Francisco Falcão e Luiz Fux (todos a acompanhar o voto do Ministro Teori), declarar a inconstitucionalidade do art. 45 da Lei nº 8.212, de 1991.

Não participaram do julgamento os ministros Nilson Naves, Barros Monteiro, Hamilton Carvalhido, João Otávio de Noronha e Arnaldo Esteves Lima. Ausente, justificadamente, a Ministra Laurita Vaz e, ocasionalmente, o Ministro Carlos Alberto Menezes Direito. O Ministro Ari Pargendler a presidir.

No Supremo Tribunal, essa discussão se tornou o Tema nº 3 de *repercussão geral*, no RE nº 559.943/RS, relatado pela Ministra Cármen Lúcia. A sustentação oral da Fazenda ficara sob os cuidados do Dr. Fabrício Da Soller.

Conquanto o Pleno tenha assentado a inconstitucionalidade dos arts. 45 e 46 da Lei nº 8.212/91 e do parágrafo único do art. 5º do Decreto-Lei nº 1.569/1977, houve modulação dos efeitos – o Tribunal conferiu efeitos *ex nunc* à decisão, esclarecendo que a modulação se aplicava somente em relação a eventuais repetições de indébitos ajuizadas após a sessão do dia 11.6.2008, não abrangendo os questionamentos e os processos em curso.

Desse julgado, originou-se a Súmula Vinculante nº 8.

O Ministro Teori, uma vez mais, teve sua decisão corroborada pela Casa de Justiça que integraria anos mais tarde.

---

[6] CARRAZZA, Roque Antônio. *Curso de direito constitucional tributário*. 19. ed. São Paulo: Malheiros, 2003. p. 816-817.

Prescrição para repetir, quando há declaração de inconstitucionalidade pelo STF

Este nosso terceiro caso é interessante, porque o Ministro Teori ficara vencido e com uma posição isolada na Primeira Turma. Vê-se, aqui, um julgador de convicção firme – e que compreende a Turma como um lugar de possível arejamento da jurisprudência, dada a sua posição na hierarquia dos colegiados. Algo que dificilmente fazia no âmbito da Primeira Seção ou da Corte Especial, na sua passagem pelo STJ.

Pois bem. Tratava-se de demanda de empresa, visando à restituição de indébito tributário, em face da inconstitucionalidade do art. 9º da Lei nº 7.689/1988, pela Ação Direta de Inconstitucionalidade nº 15.[7] Um caso sobre a velha *contribuição social sobre o lucro das pessoas jurídicas, destinada ao financiamento da seguridade social* ou Finsocial.

Os valores foram recolhidos pela contribuinte no período de setembro de 1989 a março de 1992, no entanto, a repetição judicial do indébito foi protocolada somente em 7.1.2000. Daí o questionamento sobre a ocorrência ou não da prescrição.

A empresa dizia que não se verificou, posto que o prazo teve início com a extinção do crédito tributário. Cuidando-se de tributo sujeito a lançamento por homologação, essa extinção ocorrera com a homologação do lançamento, tácita ou expressamente. Naqueles autos, em particular, não houve homologação expressa. Portanto, contar-se-iam 10 (dez) anos desde o último recolhimento (desde o fato gerador).

A Fazenda Nacional argumentava que a prescrição se consumou, já que o prazo de cinco anos deveria ser contado da data em que a exação fora considerada inconstitucional pelo STF, em decisão plenária (neste contexto, no julgamento do RE nº 150.764, relatado pelo Ministro Marco Aurélio e com acórdão publicado em 2.4.1993). Julgamento, aliás, a que se reporta a ADI nº 15.

Para complicar, ambas as partes trouxeram diversos precedentes do STJ. Havia, mesmo, jurisprudência de um lado e de outro.

O Ministro Humberto Gomes de Barros, na relatoria, decidira, por monocrática, no sentido esgrimido pela empresa. A Fazenda agravou. E, na primeira assentada de julgamento do agravo regimental (15.5.2003), Sua Excelência votara a favor do recurso interno – mudara seu posicionamento. O Ministro Teori pediu vista, antecipadamente (i.e., fora da ordem de antiguidade na turma).

Em 3.6.2003, nosso homenageado traz o voto-vista. Como não raro acontecia, o relator precisou pedir vista novamente, depois de ouvir o Ministro Teori. O que teria dito?

Para começo, manifestou que ambas as teses eram frágeis:

> o caso dos autos é paradigmático, porque põe em confronto duas orientações do STJ, adotadas há muito tempo, mas que, em se tratando de tributo sujeito a lançamento por homologação, se mostram incompatíveis, *expondo a fragilidade dos fundamentos que as sustentam*. Tal fragilidade reside, segundo penso, na circunstância de terem, ambas, se assentado sobre bases que desconsideram inteiramente um princípio universal em matéria de prescrição: o princípio

---

[7] Da ementa se extrai: "procedência da arguição de inconstitucionalidade do artigo 9º, por incompatibilidade com os artigos 195 da Constituição e 56, do ADCT/88, que, não obstante já declarada pelo Supremo Tribunal Federal no julgamento do RE 150.764, 16.12.92, M. Aurélio (DJ 2.4.93), teve o processo de suspensão do dispositivo arquivado, no Senado Federal, que, assim, se negou a emprestar efeitos erga omnes à decisão proferida na via difusa do controle de normas" (ADI nº 15. Rel. Min. Sepúlveda Pertence. *DJ*, 31 ago. 2007).

da *actio nata*, segundo o qual a prescrição se inicia com o nascimento da pretensão ou da ação (Pontes de Miranda, Tratado de Direito Privado, Bookseller Editora, 2.000, p. 332).

Vimos que, desde os EREsp nº 423.994/SP, em 2003, nosso herói buscava companhia para a sua tese da *actio nata*, robustecida com Pontes de Miranda.

De modo que criticou "a primeira posição", a do contribuinte, pois "mesmo em se tratando de tributo sujeito a lançamento por homologação, o direito, a pretensão e a ação nascem tão pronto ocorra o fato objetivo do pagamento indevido". Inclusive porque o pagamento antecipado extingue o crédito, ainda que sob condição resolutória.

No desenrolar do voto, criticou "a segunda posição", a da Fazenda, que considerava "como termo *a quo* do prazo quinquenal da prescrição para a repetição do indébito o da data da publicação da decisão do STF que declara a inconstitucionalidade da exação". Passeou, nesse aspecto, pela doutrina e jurisprudência constitucionais:

> é orientação pacificada em nossa jurisprudência constitucional e na doutrina brasileira a de que, em face do princípio da soberania da Constituição, *as disposições normativas com ela incompatíveis são nulas de pleno direito* e, como tais, ineficazes desde a sua origem. Jamais entraram no mundo jurídico.

Para ilustrar, Teori se vale de imagem desenhada pelo Ministro Paulo Brossard (no voto proferido na ADI nº 2, *RTJ*, 169, p. 780). "A Corte", explicou o Ministro Brossard:

> verifica e anuncia a nulidade como o joalheiro pode afirmar, depois de examiná-lo, que aquilo que se supunha ser um diamante, não é diamante, mas um produto sintético. O joalheiro não fez a pasta sintética, apenas verificou que o era. Também a decisão judicial não muda a natureza da lei, como o joalheiro não muda a natureza do diamante. Ela nunca foi lei, ele nunca foi diamante. Aquilo que se supunha ser um diamante e que o perito verificou ser um produto sintético, não deixou de ser diamante a partir da verificação do joalheiro, mas *ab initio* não passava de produto sintético. Também a lei inconstitucional. O Judiciário não a fez inconstitucional, apenas verificou e declarou que o era. Por isso seu efeito é *ex tunc*.

Parágrafos à frente, Sua Excelência desfecha:

> por tais razões, não se pode justificar, do ponto de vista constitucional, a orientação segundo a qual, relativamente à repetição de tributos inconstitucionais, o prazo prescricional somente corre a partir da data da decisão do STF que declara a sua inconstitucionalidade. Isso significaria, conforme já se disse, atribuir eficácia constitutiva àquela declaração. Significaria, também, atrelar o início do prazo prescricional não a um termo (= fato futuro e *certo*), mas a uma condição (= fato futuro e *incerto*). Não haveria termo *a quo* do prazo, e sim condição suspensiva. [...] O prazo prescricional será incerto, aleatório e eventual, já que, se ninguém tomar a iniciativa de provocar jurisdicionalmente a declaração de inconstitucionalidade, não estará em curso prazo prescricional algum, mesmo que o recolhimento do tributo indevido tenha ocorrido há cinco, dez ou vinte anos.

A par dessas duas críticas, o ministro reafirma a sua posição:

> reafirmo meu convencimento de que a melhor orientação ainda é aquela que subordina o termo *a quo* do prazo prescricional de cinco anos ao universal princípio da *actio nata*: ele se desencadeia a partir do dia em que nascem para o contribuinte a pretensão e a ação para haver a repetição, ou seja, a partir do dia do recolhimento indevido, independentemente de

se tratar de tributo sujeito a lançamento por homologação e independentemente de haver ou não decisão do STF declarando a inconstitucionalidade.

Sabia, porém, que teria de eleger uma das correntes, porque estava sozinho – ou, melhor, acompanhado do gigante Pontes de Miranda, mas nenhum de seus colegas julgadores – na defesa da *actio nata*. Logo, "tendo que optar entre uma das duas orientações firmadas no STJ, que, no caso concreto, se mostram inconciliáveis, opto pela *primeira*, ou seja, a que considera que o prazo prescricional é de cinco anos a contar da data da homologação, expressa ou tácita, do lançamento". Teori negava, assim, provimento ao agravo da Fazenda Pública.

O acórdão definiu, pelo voto dos ministros Humberto Gomes de Barros, José Delgado, Francisco Falcão e Luiz Fux, vencido o Ministro Zavascki, que "o termo inicial da prescrição é a data da declaração de inconstitucionalidade, pelo Supremo Tribunal Federal, da lei em que se fundou a exação (RE 150.764-1, publicado no DJU 02/04/93). Ação proposta em 07/01/2000, ocorrência da prescrição".

Recurso repetitivo sobre prova de recolhimentos em mandados de segurança

O último caso que separamos, nesta memória, é *repetitivo*. O Tema nº 118 dessa sistemática, no STJ, decantado no REsp nº 1.111.164/BA. O Ministro Teori era o relator. A propósito, Sua Excelência relatara 44 *representativos de controvérsia*, afetando-os a esse rito, principalmente, nos anos de 2009 e 2010.

Neste, o recurso especial se lançara contra acórdão do TRF/1 que, em mandado de segurança visando à compensação de créditos provenientes do pagamento indevido de contribuição ao PIS e ao Finsocial, decidiu: (a) afastar em parte a prescrição, ao fundamento de que, tratando-se de tributos sujeitos a lançamento por homologação, o prazo prescricional para a ação objetivando a repetição do indébito (e, consequentemente, o direito de compensar) é de cinco anos contados da ocorrência do fato gerador, acrescidos de cinco anos contados da homologação tácita; (b) declarar a inconstitucionalidade e a consequente inexigibilidade das exações (PIS e Finsocial), reconhecendo o direito de compensar os valores recolhidos, com acréscimos de juros e correção monetária; (c) considerar dispensável, para esse efeito, a juntada dos comprovantes de recolhimento, à consideração de que a "certeza e liquidez deverá ser averiguada pela Administração Pública, no momento do encontro de contas".

A Fazenda Nacional recorrera, com mais intensidade, do item (c). Dizia que "a comprovação efetiva dos recolhimentos indevidos era pré-requisito do direito à compensação do indébito", sob pena de o Judiciário se perder numa atuação consultiva e de o mandado de segurança se tornar inviável (por exigir direito líquido e certo).

O Ministério Público Federal opinou pelo não conhecimento do recurso fazendário.

Num estilo que adotara por décadas, o Ministro Teori fizera da parte inicial de seu voto uma lição abrangente. Advertia: "duas premissas são importantes para a apreciação do tema".

E seguiu:

> Primeira: a função jurisdicional não se destina a resolver questões fundadas sobre hipóteses teóricas, ou sobre preceitos normativos em tese. Ela se desenvolve sobre situações concretas. É por isso que a norma processual exige como requisito de toda e qualquer petição inicial a indicação dos fatos da causa (CPC, art. 282, III), bem como ela venha acompanhada dos correspondentes *documentos indispensáveis* (CPC, art. 283).

Nos parágrafos subsequentes, desenvolveu os fundamentos teóricos dessa exigência (de uma causa concreta levada a juízo e não uma indagação cosmética). Pela preciosidade, leiamos na íntegra a passagem, que reúne Carnelutti e Pontes de Miranda:

> Em toda sentença de mérito, há um componente essencial: a declaração de certeza a respeito da existência ou da inexistência ou, ainda, do modo de ser de uma relação jurídica. Nela haverá, portanto, um juízo que contém "declaração imperativa de que ocorreu um fato ao qual a norma vincula um efeito jurídico" (CARNELUTTI, Francesco. *Instituciones del Proceso Civil*. Tradução de Santiago Sentis Melendo. Buenos Aires: Ediciones Jurídicas Europa-América, s./d, vol. I, p. 69). Realmente, as relações jurídicas têm sua existência condicionada à ocorrência de uma situação de fato (suporte fático) que atrai e faz incidir a norma jurídica. Esse fenômeno de incidência produz efeitos de concretização do direito, formando normas jurídicas individualizadas, contendo as relações jurídicas e seus elementos formativos: os sujeitos, a prestação, o vínculo obrigacional. Por isso que se diz que, para chegar ao resultado almejado no processo de conhecimento (ou seja, ao juízo de certeza sobre a relação jurídica), é indispensável efetuar o exame "dos preceitos e dos fatos dos quais depende sua existência ou inexistência", e, "segundo os resultados desta verificação, o juiz declara que a situação existe ou que não existe" (CARNELUTTI, Francesco. *Instituciones*, op. cit., vol. I, p. 68). Trabalhar sobre as normas, os fatos e as relações jurídicas correspondentes é trabalhar sobre o fenômeno jurídico da incidência, e daí a acertada conclusão de Pontes de Miranda: "nas ações de cognição [...] há enunciados sobre incidência (toda a *aplicação* da lei é enunciado sobre *incidência*)" (MIRANDA, Pontes de. *Comentários ao Código de Processo Civil*, 1976, Rio de Janeiro, Forense, tomo IX, p. 27). Não é por outra razão que a petição inicial deve indicar, necessariamente, "o fato e os fundamentos jurídicos do pedido" (CPC, art. 282, III).

Agora, como toque seu, o Ministro Teori conclui:

> Daí, pois, a razão de se afirmar que a função jurisdicional cognitiva consiste em atividades destinadas a formular juízo a respeito da incidência ou não de norma abstrata sobre determinado suporte fático, cuja essência é resumida em: (a) coletar e examinar provas sobre o ato ou o fato em que possa ter havido incidência; (b) verificar, no ordenamento jurídico, a norma ajustável àquele suporte fático; e (c) finalmente, declarar as conseqüências jurídicas decorrentes da incidência, enunciando a norma concreta; ou, se for o caso, declarar que não ocorreu a incidência, ou que não foi aquele o preceito normativo que incidiu em relação ao fato ou ato, e que, portanto, inexistiu a relação jurídica afirmada pelo demandante; ou, então, que não ocorreu pelo modo ou na extensão ou com as conseqüências pretendidas. Resulta, desse conjunto operativo, uma sentença identificando a existência ou o conteúdo da norma jurídica concreta, que, transitada em julgado, se torna imutável e passa a ter força de lei entre as partes (CPC, art. 468).

A segunda premissa de que falava o ministro se referia ao mandado de segurança, em particular. O remédio constitucional que estava sob lupa naquele *repetitivo*. No *mandamus* "há um requisito adicional", fechava o circuito de raciocínio do voto, "considerando que sua finalidade é fazer juízo sobre direito líquido e certo, exige-se que os fatos, dos quais decorre o direito afirmado pelo impetrante, sejam incontroversos e demonstrados de plano, mediante prova pré-constituída. É o que determina o art. 1º da Lei 1.533/51".

Traçado esse panorama, o ministro avança para o cerne da controvérsia, tanto que os próximos parágrafos do voto ficaram gravados na ementa do acórdão. Resume o grande professor as duas hipóteses em jogo (ou seria um *mandamus* para declarar o direito de compensar ou seria um *mandamus* para convalidar compensação já realizada ou, de modo equivalente, declarar créditos como líquidos e certos):

> no que se refere a mandado de segurança sobre compensação tributária, a extensão do âmbito probatório está intimamente relacionada com os limites do pedido, ou seja, com os limites do direito tido como violado ou ameaçado de violação pela autoridade impetrada. Nesse aspecto, a jurisprudência do STJ distingue claramente duas situações: a primeira, em que a impetração se limita a ver reconhecido o direito de compensar (que tem como pressuposto um ato da autoridade de negar a compensabilidade), mas sem fazer juízo específico sobre os elementos concretos da própria compensação; a outra situação é a da impetração que, à declaração de compensabilidade, agrega (a) pedido de juízo específico sobre os elementos da própria compensação (*v.g.*: reconhecimento do indébito tributário que serve de base para a operação de compensação, acréscimos de juros e correção monetária sobre ele incidente, inexistência de prescrição do direito de compensar), ou (b) pedido de outra medida executiva que tem como pressuposto a efetiva realização da compensação (*v.g.*: expedição de certidão negativa, suspensão da exigibilidade dos créditos tributários contra os quais se opera a compensação).

O ministro explica com mais detalhe. Na primeira situação, que tem amparo na Súmula nº 213/STJ ("O Mandado de Segurança constitui ação adequada para a declaração do direito à compensação tributária"), a jurisprudência do STJ não exige que o impetrante traga prova pré-constituída dos elementos concretos da operação de compensação (*v.g.*: prova do valor do crédito que dá suporte à operação de compensação contra o Fisco), até porque o objeto da impetração não abrange juízo específico a respeito. Nos precedentes que serviram de base à edição da súmula, o Tribunal afirmou a viabilidade de, na via mandamental, ser reconhecido o direito à compensação, ficando a averiguação da liquidez e da certeza da própria compensação (que, portanto, seria realizada no futuro) sujeita à fiscalização da autoridade fazendária. O que se exigia da impetrante, nesses casos, era apenas prova da "condição de credora tributária" (EREsp nº 116.183/SP, Primeira Seção, Min. Adhemar Maciel, *DJ* de 27.4.1998).

Todavia, para a segunda situação – em que a concessão da ordem envolve juízo específico sobre as parcelas a serem compensadas, ou em que os efeitos da sentença supõem a efetiva realização da compensação – o reconhecimento da liquidez e certeza do direito depende, necessariamente, da comprovação dos elementos concretos da operação realizada ou que o impetrante pretende realizar (EREsp nº 903.367/SP, Min. Denise Arruda, *DJe* de 22.9.2008). Sua Excelência, citando o voto da Ministra Denise Arruda, naqueles embargos de divergência, fez constar os vários precedentes da Primeira e da Segunda Turmas na temática, além de comentário de Hely Lopes Meirelles,[8] no

---

[8] MEIRELLES, Hely Lopes. *Mandado de segurança*. 27. ed. São Paulo: Malheiros, 2004. p. 36-37.

sentido de que "direito líquido e certo é o que se apresenta manifesto na sua existência, delimitado na sua extensão e apto a ser exercitado no momento da impetração".

Essas as teses fixadas, para efeito de multiplicação noutros processos semelhantes. "A extensão do âmbito probatório está intimamente relacionada com os limites da pretensão nele deduzida". Se um *mandamus* limitado ao "direito de compensar", a prova é a de (ser) credor. Se um *mandamus* que avança a pedidos sobre a compensação ou medidas que pressuponham a compensação, a prova é a pré-constituída, de elementos concretos quanto aos créditos.

No caso-líder, o recurso fazendário fora provido, visto que, de acordo com o nobre relator:

> foram deduzidas pretensões que supõem a efetiva realização da compensação (suspensão da exigibilidade dos créditos tributários abrangidos pela compensação, até o limite do crédito da impetrante e expedição de certidões negativas), o que torna imprescindível, para o reconhecimento da liquidez e certeza do direito afirmado, a pré-constituição da prova dos recolhimentos indevidos.

Os ministros Castro Meira, Denise Arruda, Humberto Martins, Herman Benjamin, Mauro Campbell Marques, Benedito Gonçalves, Eliana Calmon e Francisco Falcão votaram com o relator. O acórdão fora publicado em 25.5.2009.

Interessa frisar que o Ministro Napoleão Nunes Maia Filho, em 18.5.2018, afetara os recursos especiais nº 1.715.256/SP, nº 1.715.294/SP e nº 1.365.095/SP, a pedido do TRF/3, para uma maior explicitação do tema. As duas teses fixadas – ou revalidadas – são extremamente parecidas, na essência, com aquelas deixadas pelo Ministro Teori:

> (a) tratando-se de Mandado de Segurança impetrado com vistas a declarar o direito à compensação tributária, em virtude do reconhecimento da ilegalidade ou inconstitucionalidade da anterior exigência da exação, independentemente da apuração dos respectivos valores, é suficiente, para esse efeito, a comprovação cabal de que o impetrante ocupa a posição de credor tributário, visto que os comprovantes de recolhimento indevido serão exigidos posteriormente, na esfera administrativa, quando o procedimento de compensação for submetido à verificação pelo Fisco; e
>
> (b) tratando-se de Mandado de Segurança com vistas a obter juízo específico sobre as parcelas a serem compensadas, com efetiva alegação da liquidez e certeza dos créditos, ou, ainda, na hipótese em que os efeitos da sentença supõem a efetiva homologação da compensação a ser realizada, o crédito do Contribuinte depende de quantificação, de modo que a inexistência de comprovação suficiente dos valores indevidamente recolhidos representa a ausência de prova pré-constituída indispensável à propositura da ação mandamental.

O que era de se esperar. A técnica apurada, que, em boa verdade, marca qualquer julgamento com a sua impressão, torna dificílima a tarefa de revisitar alguma faceta do que definido.

Conclusão

O ministro continuará um farol para o direito brasileiro, especialmente em tempos complicados (como estes). A sua integridade, pessoal e profissional, é a mesma que buscava e que fazia saltar por entre as normas. E é a mesma que precisamos, sempre, honrar, através do seu legado.

A agudeza de pensamento e a extrema habilidade de Sua Excelência, em argumentar de modo claro, sucinto e denso, ao mesmo tempo, fazia com que seus votos (e os acórdãos que conduziram), eventualmente em sentido contrário à tese fazendária, como nas extinções de créditos públicos, fossem verdadeiras missões (quase) impossíveis, na hora de recorrer.

De qualquer modo, eram, e continuam sendo, como notamos neste capítulo, acórdãos importantíssimos, que delimitaram o perímetro de legalidade e de legitimidade da atuação estatal. Protegeram a confiança dos contribuintes, a segurança jurídica, o direito adquirido, o direito de ação, de repetição de indébitos, de compensação. Protegeram, mais que tudo, o equilíbrio do relacionamento *cidadão e Poder Público*, ensinando um pouco, a cada uma das partes, que existe a chance de um diálogo instrutivo.

E uma das pontes desse diálogo foi – e continua sendo – o Ministro Teori.

Informação bibliográfica deste texto, conforme a NBR 6023:2018 da Associação Brasileira de Normas Técnicas (ABNT):

SOUSA, José Péricles Pereira de. Sob o signo de Teori: julgamentos sobre a extinção do crédito público. *In*: SEEFELDER FILHO, Claudio Xavier; AZEVEDO, Daniel Coussirat de (Coord.). *Teori na prática*: uma biografia intelectual. Belo Horizonte: Fórum, 2022. p. 361-375. ISBN 978-65-5518-344-3.

MOLDURA JURISPRUDENCIAL DO INSTITUTO DA RESPONSABILIDADE TRIBUTÁRIA: LEGADO DO MIN. TEORI

FLÁVIA PALMEIRA DE MOURA COELHO
ROGERIO CAMPOS

1 Introdução

O Ministro Teori Zavascki, ao longo de sua carreira, seja atuando no Tribunal Regional Federal da 4ª Região, seja atuando como Ministro no Superior Tribunal de Justiça ou no Supremo Tribunal Federal, proferiu decisões emblemáticas em diversas matérias, como vem sendo abordado nos variados artigos do presente livro. Podem-se destacar, inclusive, muitas decisões na seara tributária, as quais foram paradigmáticas para as controvérsias submetidas.

É pertinente destacar que as questões de responsabilidade tributária são objeto de muitas controvérsias judiciais até hoje. Em alguns temas, o posicionamento capitaneado pelo Ministro Teori Zavascki foi fundamental para a sedimentação da jurisprudência em tal campo do direito tributário.

Nesse diapasão, é relevante salientar que os entendimentos do Ministro Teori Zavascki, inclusive, ainda quando integrava o Tribunal Regional Federal da 4ª Região, foram essenciais para a consolidação de algumas questões envolvendo responsabilidade tributária. No entanto, enquanto atuou como ministro dos principais tribunais superiores, o Ministro Teori Zavascki foi ainda mais influente ao trazer importantes votos, que sanaram controvérsias de longa data.

O presente artigo tem o objetivo de analisar algumas dessas contribuições, à luz de importantes julgados, da lavra do Ministro Teori Zavascki, sobre determinadas questões de responsabilidade tributária. É importante aqui destacar que algumas dessas questões, quando vistas sob o olhar atual, podem parecer simples, na medida em que não são mais objeto dos questionamentos de outrora. Na verdade, evidencia-se a profundidade da colaboração do Ministro Teori Zavascki dentro da matéria, eis que seus posicionamentos são tão claros e bem engendrados que dificilmente pairam dúvidas ou questionamentos sobre eles.

2 Impossibilidade de expedição de certidão de regularidade fiscal em face da existência de tributo declarado pelo contribuinte e não pago

Uma das grandes contribuições do Ministro Teori Zavascki diz respeito à consagração do entendimento de impossibilidade de expedição de certidão de regularidade fiscal na hipótese em que o contribuinte declara a existência de um tributo, por meio de Declaração de Contribuições e Tributos Federais (DCTF), mas não o paga. Isso porque, em tal situação, tendo em vista que há crédito tributário devidamente lançado e exigível, o contribuinte não faz jus à expedição de certificado de regularidade fiscal.

Dizendo-se dessa forma, parece ser algo simples. No entanto, trata-se de matéria que foi objeto de intenso debate pelos tribunais pátrios, e o Ministro Teori Zavascki teve oportunidade de conduzir à pacificação desse entendimento, inicialmente, em 1996, no âmbito do Tribunal Regional Federal da 4ª Região, ainda antes de tal entendimento ter sido pacificado no Superior Tribunal de Justiça.

Foi no Agravo de Instrumento nº 96.04.40278-1[1] que se entendeu, na Corte Regional, pela impossibilidade de concessão de certidão de regularidade fiscal nos casos em que há a constituição do crédito por meio da entrega de declaração de contribuições e tributos federais (DCTF), sem o pagamento do tributo.

O posicionamento no julgado partiu do entendimento, já consagrado, naquela oportunidade, nos tribunais superiores, de que, nas hipóteses de autolançamento, o contribuinte comunica a existência de crédito tributário e tal comunicação configura confissão de dívida, sendo, assim, instrumento suficiente para a exigência do referido crédito. Dessa forma, quando não houvesse pagamento dentro do prazo estabelecido, seriam possíveis a inscrição em dívida ativa e a cobrança por meio da execução fiscal.

Desse modo, havendo um crédito líquido, certo e exigível, não seria possível expedir certidão de regularidade fiscal, sobretudo ante a necessidade de proteção de terceiros de boa-fé. Destacou-se, no julgado do Tribunal Regional Federal da 4ª Região, o risco

---

[1] "EMENTA: TRIBUTÁRIO. CERTIDÃO NEGATIVA DE DÉBITOS – CND. CRÉDITOS DECLARADOS PELO CONTRIBUINTE (DEL-2184/84, DE 13.06.84) E NÃO PAGOS NO VENCIMENTO. LEGITIMIDADE DO ATO QUE INDEFERIU A CERTIDÃO NEGATIVA. 1. A expedição de certidão negativa de débitos fiscais tem caráter satisfativo e pode criar situações irreversíveis, que comprometem, mais que os interesses do Fisco, os de terceiros. Os créditos fiscais, com efeito, não terão comprometida sua higidez nem diminuídos os seus privilégios em caso de indevida expedição de certidão. Todavia, os terceiros que assumiram compromissos confiando na fé pública do documento, terão fraudada sua confiança se for atestado como verdadeiro o fato não verdadeiro da inexistência de créditos fiscais exigíveis. Quando isso ocorre, seus créditos ficarão em situação desvantajosa em face dos privilégios dos créditos fiscais que supunham inexistentes. 2. Em relação aos tributos sujeitos a lançamento por homologação, é ilegítimo o indeferimento de certidão negativa quando, não tendo havido autolançamento pelo contribuinte, o Fisco também não efetua o lançamento de ofício. 3. Todavia, é outra a situação quando o próprio contribuinte, atendendo ao que determina a lei (DEL-2124/84, de 13.06.84) declara a existência do débito, identificando-o e quantificando-o minudentemente perante o Fisco. Nesses casos, de típicas e genuínas hipóteses de autolançamento, o contribuinte, no dizer da lei, comunica 'a existência de crédito tributário', comunicação essa que 'constituirá confissão de dívida e instrumento suficiente para a exigência do referido crédito (ART-5, PAR-1), e, em caso de não pagamento no prazo', poderá ser imediatamente inscrito em dívida ativa, para efeito de cobrança executiva (PAR-2). Feita a declaração (conhecida como DCTF - Declaração de Contribuições e Tributos Federais, cujas normas para preenchimento e apresentação estão detalhadas nas INT-129/86, de 19.11.86, e INT-073/94, de 19.09.94, ambas da Secretaria da Receita Federal) haverá um débito formalizado e, portanto, certificável. Não pago no vencimento, torna-se imediatamente exigível, independentemente de qualquer procedimento administrativo ou de notificação ao contribuinte, conforme iterativa jurisprudência do STF e do STJ. Assim, existindo débito fiscal exigível, é indevida a expedição de certidão negativa de sua existência" (TRF4. AG nº 96.04.40278-1. Rel. Min. Teori Albino Zavascki, Segunda Turma. DJ, 11 dez. 1996).

de terceiros firmarem compromissos confiando na fé pública do documento, porém, esse documento não expressaria, verdadeiramente, a inexistência de débitos em nome daquele contribuinte.

Assim, esses terceiros poderiam ter sua confiança fraudada, se fosse permitida a concessão de certidão negativa de débito na hipótese em que há entrega de declaração do contribuinte sem o correspondente pagamento no prazo. Do contrário, estar-se-ia atestando como se verdadeira fosse a inexistência de créditos fiscais exigíveis.

Vale dizer que apenas posteriormente o Superior Tribunal de Justiça chancelou tal entendimento. No REsp nº 1.123.557/RS, discutiu-se a legitimidade da recusa do fornecimento, por parte do Fisco, de certidão de regularidade fiscal diante da diferença entre os valores declarados na guia de recolhimento do FGTS e informações à previdência social (GFIP) e os valores efetivamente recolhidos, mesmo sem o lançamento de ofício da suposta diferença constatada.[2]

Fixou-se o entendimento de que a exigibilidade do crédito tributário se perfectibiliza com a declaração efetuada pela contribuinte. Dessa forma, a ausência de pagamento ou pagamento parcial do tributo declarado configuram a possibilidade legítima de recusa de expedição de certidão de regularidade fiscal. Assim, como consequência, a certidão negativa de débito somente pode ser expedida quando não constarem quaisquer débitos em nome do contribuinte ou, na hipótese de sua existência, que estejam com sua exigibilidade suspensa, por alguma das hipóteses previstas no art. 151 do CTN.

Vale dizer que o Superior Tribunal de Justiça entendeu também que, mesmo tendo o contribuinte declarado o tributo via DCTF, se ele – contribuinte – realizou a compensação nesse mesmo documento, o Fisco não poderia desconsiderar esse procedimento adotado e, sem qualquer notificação de indeferimento da compensação do contribuinte, proceder à inscrição do débito em dívida ativa, negando-lhe certidão negativa de débito.[3]

Cumpre também destacar que nos Embargos de Divergência nº 576.661/RS, da relatoria do Ministro Teori Zavascki, pacificou-se, no STJ, o entendimento de que, diante da extinção do crédito tributário a partir da compensação, é indispensável que o contribuinte informe o Fisco sobre a realização da compensação. Somente dessa forma a administração tributária pode averiguar a regularidade do procedimento, para, então, ou proceder ao lançamento de eventual débito remanescente – a partir de quando fica interditado o fornecimento de certidão de regularidade fiscal – ou homologar, mesmo que tacitamente, a compensação efetuada, não podendo, nesse caso, recusar a expedição de certidão negativa de débito desde a realização da compensação.

---

[2] No Tema nº 402 dos recursos repetitivos, firmou-se a seguinte tese: "revela-se legítima a recusa da autoridade impetrada em expedir certidão negativa de débito (CND) ou de certidão positiva com efeitos de negativa (CPEN) quando a autoridade tributária verifica a ocorrência de pagamento a menor, em virtude da existência de divergências entre os valores declarados na Guia de Recolhimento do FGTS e Informações à Previdência Social (GFIP) e os valores efetivamente recolhidos mediante guia de pagamento (GP)".

[3] AgRg no REsp nº 1.228.660/RS. Rel. Min. Castro Meira, Segunda Turma, j. 15.9.2011. *DJe*, 27 set. 2011.

3 Denúncia espontânea

O Código Tributário Nacional (CTN), no art. 138, prevê a possibilidade de exclusão da responsabilidade pela denúncia espontânea da infração e, se for o caso, o pagamento do tributo ou o depósito da importância arbitrada pela autoridade administrativa.[4] Trata-se, na verdade, da possibilidade de o responsável por uma infração tributária, por confessar essa infração, se eximir das penalidades aplicáveis, que normalmente são multas,[5] em razão de tal infração.

É um benefício que premia o contribuinte que se antecipa à atuação do fisco e confessa a infração, o que é, ao mesmo tempo, vantajoso também para administração tributária, já que reduz os custos com a fiscalização. Na realidade, o afastamento das sanções previstas, muito mais do que representar um favor fiscal ao contribuinte, minimiza "com o estímulo ao adimplemento espontâneo daqueles débitos ignorados pelo Fisco, os prejuízos decorrentes da impossibilidade real de que todas as situações de irregularidade sejam alcançadas pela fiscalização tributária".[6] Critica-se, inclusive, a nomenclatura adotada para o instituto, já que, rigorosamente, há uma confissão dos ilícitos cometidos e não propriamente uma denúncia.

Diversas controvérsias pairaram acerca do instituto da denúncia espontânea, e o Ministro Teori Zavascki foi importantíssimo para dirimir algumas dessas controvérsias para aplicação da medida. Por isso, aqui é importante destacar algumas das importantes decisões do ministro dentro do tema. É relevante mencionar que, no Superior Tribunal de Justiça, antes mesmo do ingresso do Ministro Teori Zavascki naquela Corte Superior, em 8.5.2003, já havia julgados das duas turmas da Primeira Seção no sentido de que, na hipótese de tributo sujeito ao lançamento por homologação previamente declarado pelo próprio contribuinte, porém não honrado na data correta, ele não se subsome na previsão do art. 138 do CTN.

Essa orientação foi refletida como entendimento da Primeira Seção nos Embargos de Divergência nº 531.249/RS, da relatoria do Ministro Castro Meira, em que se pacificou que não se caracterizam, como a denúncia espontânea, os casos de tributos declarados, porém pagos a destempo pelo contribuinte, ainda que o pagamento fosse integral. Isso porque o benefício previsto no dispositivo em comento apenas se configura quando, uma vez confessado débito, o contribuinte efetiva, de imediato, o seu pagamento, de modo que não é possível confundir o instituto da denúncia espontânea com o pagamento atrasado.

Assim, o STJ firmou o entendimento a respeito da inaplicabilidade da denúncia espontânea relativamente aos tributos que são lançados por homologação e que, tendo sido regularmente declarados, não foram pagos oportunamente. Tal entendimento da Corte Superior lastreou-se na compreensão de que a denúncia espontânea pressupõe

---

[4] "Art. 138. A responsabilidade é excluída pela denúncia espontânea da infração, acompanhada, se for o caso, do pagamento do tributo devido e dos juros de mora, ou do depósito da importância arbitrada pela autoridade administrativa, quando o montante do tributo dependa de apuração. Parágrafo único. Não se considera espontânea a denúncia apresentada após o início de qualquer procedimento administrativo ou medida de fiscalização, relacionados com a infração".

[5] De acordo com o STF e o STJ, podem ser excluídas tanto as multas de ofício, como as multas de mora.

[6] Excerto do voto do Ministro Teori Zavascki no acórdão do REsp nº 768.263/PR.

tanto a inocorrência do lançamento, como também que o Fisco não tenha conhecimento da infração, o que não ocorre nessa situação.

No julgamento do Agravo Regimental nos Embargos de Divergência nº 638.069/SC, da relatoria do Ministro Teori Zavascki,[7] relevantes considerações foram expendidas sobre o tema. Na ocasião, ressaltou-se justamente esse aspecto de que a denúncia espontânea é instituto cuja aplicação pressupõe um total desconhecimento do Fisco quanto à existência do tributo a ser objeto da denúncia.

Sendo assim, se houver qualquer iniciativa fiscal de procedimento investigativo para apurar a existência do tributo, não há, por consequência, a espontaneidade para ensejar o benefício. Asseverou-se, na oportunidade, que, do mesmo modo, não seria possível logicamente haver denúncia espontânea de créditos tributários já constituídos. Nos créditos já constituídos, a existência já foi formalizada, e eles são certos e exigíveis, de forma que o recolhimento em atraso não configura denúncia espontânea.

Além disso, uma importante contribuição desse mesmo julgado (Agravo Regimental nos Embargos de Divergência nº 638.069/SC) foi esclarecer que o lançamento não é a única forma de se constituir o crédito tributário. Ainda que somente o Fisco possa promover o lançamento, isso não significa que se atribui ao Fisco a exclusividade de constituir o crédito ou de identificar no lançamento o único modo para constituí-lo.

Assim, na linha da jurisprudência já existente no STJ, tem-se a constituição do crédito tributário, nos casos em que são apresentadas declarações pelo contribuinte, o que implica a possibilidade de sua inscrição em dívida ativa; o início do prazo prescricional e a impossibilidade de expedição de certidão de regularidade fiscal quanto ao débito. Além disso, qualquer iniciativa do contribuinte de recolher aquele tributo não é denúncia espontânea, mas pagamento em atraso.

Esse entendimento, posteriormente, foi consagrado na Súmula nº 360/STJ[8] e também pacificado dentro da sistemática de recursos repetitivos.[9] Nesse diapasão, é pertinente

---

[7] "TRIBUTÁRIO. TRIBUTOS DECLARADOS PELO CONTRIBUINTE E RECOLHIDOS FORA DE PRAZO. DENÚNCIA ESPONTÂNEA (CTN, ART. 138). NÃO-CARACTERIZAÇÃO. 1. O art. 138 do CTN, que trata da denúncia espontânea, não eliminou a figura da multa de mora, a que o Código também faz referência (art. 134, par. único). É pressuposto essencial da denúncia espontânea o total desconhecimento do Fisco quanto à existência do tributo denunciado (CTN, art. 138, par. único). Conseqüentemente, não há possibilidade lógica de haver denúncia espontânea de créditos tributários já constituídos e, portanto, líquidos, certos e exigíveis. 2. Segundo jurisprudência pacífica do STJ, a apresentação, pelo contribuinte, de Declaração de Débitos e Créditos Tributários Federais - DCTF (instituída pela IN-SRF 129/86, atualmente regulada pela IN8 SRF 395/2004, editada com base no art. 5º do DL 2.124/84 e art. 16 da Lei 9.779/99) ou de Guia de Informação e Apuração do ICMS- GIA, ou de outra declaração dessa natureza, prevista em lei, é modo de formalizar a existência (= constituir) do crédito tributário, dispensada, para esse efeito, qualquer outra providência por parte do Fisco. 3. A falta de recolhimento, no devido prazo, do valor correspondente ao crédito tributário assim regularmente constituído acarreta, entre outras conseqüências, as de (a) autorizar a sua inscrição em dívida ativa, (b) fixar o termo a quo do prazo de prescrição para a sua cobrança, (c) inibir a expedição de certidão negativa do débito e (d) afastar a possibilidade de denúncia espontânea. 4. Nesse entendimento, a 1ª Seção firmou jurisprudência no sentido de que o recolhimento a destempo, ainda que pelo valor integral, de tributo anteriormente declarado pelo contribuinte, não caracteriza denúncia espontânea para os fins do art. 138 do CTN. 5. Agravo regimental a que se nega provimento" (AgRg nos EREsp nºs 638.069/SC. Rel. Min. Teori Albino Zavascki, Primeira Seção, j. 25.5.2005. DJ, 13 jun. 2005, p. 163).

[8] "O benefício da denúncia espontânea não se aplica aos tributos sujeitos a lançamento por homologação regularmente declarados, mas pagos a destempo".

[9] O STJ, dentro da sistemática de recursos repetitivos (Tema nº 61), firmou a tese de que "não resta caracterizada a denúncia espontânea, com a consequente exclusão da multa moratória, nos casos de tributos declarados, porém pagos a destempo pelo contribuinte, ainda que o pagamento seja integral". Nos recursos especiais submetidos ao crivo do STJ, discutia-se se configuraria ou não de denúncia espontânea relativamente a tributo estadual sujeito

mencionar que o Ministro Teori Zavascki foi relator dos recursos especiais submetidos ao regime de precedentes (REsp nº 962.379/RS e REsp nº 886462/RS).[10]

Na oportunidade do julgamento dos recursos paradigmas do tema, além da própria tese fixada, também foram relevantes as contribuições do Ministro Teori Zavascki. Primeiramente, no voto, remeteu-se à jurisprudência já aludida que se sedimentara na Primeira Seção no sentido de que a apresentação de declaração de natureza semelhante à DCTS e à GIA, prevista em lei, é modo de constituição do crédito tributário, que dispensa, para isso, qualquer outra providência por parte do Fisco e afastando-se a aplicação da denúncia espontânea quando o recolhimento do tributo se dá fora do prazo estabelecido.

Registrou-se também que tal entendimento não impossibilita, de modo absoluto, que haja denúncia espontânea nos casos de tributos sujeitos a lançamento por homologação, mas apenas que não há denúncia espontânea quando há a declaração prévia. Não havendo essa declaração, é possível a aplicação do instituto.

Além disso, embora o precedente não tenha detalhado tal circunstância, se o contribuinte declara valor a menor, nos tributos sujeitos ao lançamento por homologação, e antes de qualquer atuação da administração fazendária, declara o montante devido e faz o recolhimento dos tributos em relação a esse montante, faz jus ao benefício da denúncia espontânea. Admite-se, assim, que a parcela não declarada, nos tributos sujeitos a lançamento por homologação, seja objeto da denúncia espontânea.

É importante ainda destacar que, em precedente da lavra do Ministro Teori Zavascki anterior aos recursos repetitivos mencionados, no Recurso Especial nº 798.263/PR,[11] ele

---

a lançamento por homologação (ICMS), declarado pelo contribuinte (em Guia de Informação e Apuração – GIA), mas pago no devido prazo.

[10] "TRIBUTÁRIO. TRIBUTO DECLARADO PELO CONTRIBUINTE E PAGO COM ATRASO. DENÚNCIA ESPONTÂNEA. NÃO CARACTERIZAÇÃO. SÚMULA 360/STJ. 1. Nos termos da Súmula 360/STJ, 'O benefício da denúncia espontânea não se aplica aos tributos sujeitos a lançamento por homologação regularmente declarados, mas pagos a destempo'. É que a apresentação de Declaração de Débitos e Créditos Tributários Federais – DCTF, de Guia de Informação e Apuração do ICMS -GIA, ou de outra declaração dessa natureza, prevista em lei, é modo de constituição do crédito tributário, dispensando, para isso, qualquer outra providência por parte do Fisco. Se o crédito foi assim previamente declarado e constituído pelo contribuinte, não se configura denúncia espontânea (art. 138 do CTN) o seu posterior recolhimento fora do prazo estabelecido. 2. Recurso especial desprovido. Recurso sujeito ao regime do art. 543-C do CPC e da Resolução STJ 08/08" (REsp nº 962.379/RS. Rel. Min. Teori Albino Zavascki, Primeira Seção, j. 22.10.2008. DJe, 28 out. 2008); "TRIBUTÁRIO. ICMS. EMBARGOS À EXECUÇÃO FISCAL. TRIBUTO DECLARADO PELO CONTRIBUINTE E NÃO PAGO NO PRAZO. DENÚNCIA ESPONTÂNEA. NÃO CARACTERIZAÇÃO. SÚMULA 360/STJ. 1 Nos termos da Súmula 360/STJ, 'O benefício da denúncia espontânea não se aplica aos tributos sujeitos a lançamento por homologação regularmente declarados, mas pagos a destempo'. É que a apresentação de Guia de Informação e Apuração do ICMS - GIA, de Declaração de Débitos e Créditos Tributários Federais - DCTF, ou de outra declaração dessa natureza, prevista em lei, é modo de constituição do crédito tributário, dispensando, para isso, qualquer outra providência por parte do Fisco. Se o crédito foi assim previamente declarado e constituído pelo contribuinte, não se configura denúncia espontânea (art. 138 do CTN) o seu posterior recolhimento fora do prazo estabelecido. 2. Recurso especial parcialmente conhecido e, no ponto, improvido. Recurso sujeito ao regime do art. 543-C do CPC e da Resolução STJ 08/08" (REsp nº 886.462/RS. Rel. Min. Teori Albino Zavascki, Primeira Seção, j. 22.10.2008. DJe, 28 out. 2008).

[11] "TRIBUTÁRIO. TRIBUTOS SUJEITOS A LANÇAMENTO POR HOMOLOGAÇÃO. DENÚNCIA ESPONTÂNEA (CTN, ART. 138). TRIBUTO NÃO DECLARADO. CARACTERIZAÇÃO. MULTA MORATÓRIA. COMPENSAÇÃO. POSSIBILIDADE. 1. A jurisprudência assentada no STJ considera inexistir denúncia espontânea quando o pagamento se referir a tributo constante de prévia Declaração de Débitos e Créditos Tributários Federais - DCTF ou de Guia de Informação e Apuração do ICMS - GIA, ou de outra declaração dessa natureza, prevista em lei. Considera-se que, nessas hipóteses, a declaração formaliza a existência (= constitui) do crédito tributário, e, constituído o crédito tributário, o seu recolhimento a destempo, ainda que pelo valor integral, não enseja o benefício do art. 138 do CTN (Precedentes da 1ª Seção: AGERESP 638069/SC, Min. Teori Albino Zavascki, DJ

ainda teve oportunidade de entender pela possibilidade de que o contribuinte utilizasse, para fins de compensação, os créditos decorrentes do pagamento indevido de multa.

Na ocasião, portanto, além de asseverar a peculiaridade de que, à semelhança do lançamento operado pela autoridade fiscal, a declaração do contribuinte também teria o condão de constituir o crédito tributário independentemente de qualquer outro procedimento, o que afasta a possibilidade de denúncia espontânea, tratou da questão da compensação da multa.

Isso porque, no caso decidido, o tribunal de origem, ao entender como configurada a denúncia espontânea, tinha admitido a compensação dos valores recolhidos a título de multa moratória com futuros pagamentos de tributos.[12] Assim, conquanto a jurisprudência do STJ tenha se firmado contrariamente à possibilidade de compensação de valores colhidos como multa moratória com os valores devidos como tributos, passou-se, a partir da compreensão do Ministro Teori Zavascki naquele julgado, a entender que os fundamentos até então adotados não seriam compatíveis com regime de compensação (em relação aos tributos federais) a partir do que dispôs o art. 74 da Lei nº 9.430/1996, com a redação dada pela Lei nº 10.637/2002.[13]

É que, interpretando-se o referido dispositivo legal, entendeu-se que a adoção de uma acepção mais ampla da expressão "crédito relativo a tributo ou contribuição" abrangeria qualquer pagamento feito indevidamente pelo contribuinte a título de crédito tributário. Sendo assim, o crédito tributário não abrangeria apenas o tributo em sentido estrito, mas também as penalidades sobre ele incidentes.

Asseverou-se, assim, seja por conta da natureza da multa (que é crédito tributário), seja em razão do regime de virtual universalidade conferido pela atual legislação à compensação dos créditos tributários administrados pela Secretaria da Receita Federal, que não fazia sentido impedir que o contribuinte utilizasse, para fins de compensação, os créditos decorrentes de indevido pagamento de multas, alterando-se, portanto, a jurisprudência da Corte sobre o tema.

---

de 13.06.2005; AgRg nos EREsp 332.322/SC, 1ª Seção, Min. Teori Zavascki, DJ de 21/11/2005). 2. Entretanto, não tendo havido prévia declaração pelo contribuinte, configura denúncia espontânea, mesmo em se tratando de tributo sujeito a lançamento por homologação, a confissão da dívida acompanhada de seu pagamento integral, anteriormente a qualquer ação fiscalizatória ou processo administrativo (Precedente: AgRg no Ag 600.847/PR, 1ª Turma, Min. Luiz Fux, DJ de 05/09/2005). 3. A compensação de tributos administrados pela Secretaria da Receita Federal, originariamente admitida apenas em hipóteses estritas, submete-se, atualmente, a um regime de virtual universalidade. O art. 74 da Lei 9.430/1996, com a redação dada pela Lei 10.637/2002, autoriza o aproveitamento de quaisquer "créditos relativos a tributos ou contribuições" que sejam passíveis de restituição, para fins de compensação com "débitos próprios relativos a quaisquer tributos e contribuições administrados por aquele Órgão". Ora, o conceito de crédito tributário abrange também a multa (CTN, art. 113, §§1º e 3º e art. 139; Lei 9.430/96, art. 43), razão pela qual, no atual estágio da legislação, já não se pode negar a viabilidade de utilizar os valores indevidamente pagos a título de crédito tributário de multa para fins de compensação com tributos administrados pela Secretaria da Receita Federal. Tal possibilidade é reconhecida, inclusive, pelas autoridades fazendárias (arts. 2º, §1º, 26, 28, §§1º e 2º, 35, pár. único e 51, §8º, da Instrução Normativa-SRF nº 460, de 18 de outubro de 2004). 4. Recurso especial desprovido" (REsp nº 798.263/PR. Rel. Min. Teori Albino Zavascki, Primeira Turma, j. 15.12.2005. DJ, 13 fev. 2006. p. 717).

[12] Vale aqui esclarecer que o Ministro Teori Zavascki, inclusive, destacou que a Corte Superior tinha o entendimento de que o instituto da denúncia espontânea é aplicável tanto para a multa moratória como para a multa punitiva, na medida em que o dispositivo não faz tal distinção com o intuito de excluir apenas uma delas (a punitiva).

[13] "Art. 74. O sujeito passivo que apurar crédito, inclusive os judiciais com trânsito em julgado, relativo a tributo ou contribuição administrado pela Secretaria da Receita Federal, passível de restituição ou de ressarcimento, poderá utilizá-lo na compensação de débitos próprios relativos a quaisquer tributos e contribuições administrados por aquele Órgão".

4 Responsabilidade do sócio-gerente

Uma das maiores controvérsias dentro da temática da responsabilidade tributária envolve a responsabilidade do sócio-gerente, que é um dos casos de responsabilidade de terceiros. Acerca da responsabilidade tributária de terceiros, o inc. III do art. 135 do CTN[14] enuncia que os diretores, gerentes ou representantes de pessoas jurídicas de direito privado são pessoalmente responsáveis pelos créditos correspondentes a obrigações tributárias resultantes de atos praticados com excesso de poderes ou infração de lei, contrato social ou estatutos.

Trata-se de uma espécie de responsabilidade adquirida por transferência, após a prática de ato ilícito, desvinculado do fato gerador tributário. Sobre essa modalidade de responsabilidade pairam ainda hoje grandes controvérsias, mas uma das grandes controvérsias envolveu a inclusão do nome do responsável na inscrição de dívida ativa.

Nos casos em que há responsabilidade por transferência, a obrigação tributária, que surgiu com a prática do fato gerador pelo contribuinte, é adquirida pelo terceiro em decorrência de fato posterior, o qual concorre para o inadimplemento dos créditos tributários. Acerca do tema, o Superior Tribunal de Justiça, no REsp nº 1.104.900/ES,[15] submetido à sistemática dos recursos repetitivos, consolidou o entendimento pacificado na Corte de que há inversão do ônus da prova, nas hipóteses em que o nome do sócio ou administrador é incluído na certidão de dívida ativa (CDA). É importante destacar que a inclusão do nome do administrador na CDA não implica alteração ou revisão no lançamento.

Entretanto, bem antes de o entendimento ter sido firmado em sede de recurso repetitivo, algumas decisões foram bastante emblemáticas para que tal posicionamento fosse pacificado. O Ministro Teori Zavascki foi relator de precedente da Primeira Turma do STJ, julgado em 24.8.2004 – o REsp nº 545.080/MG – em que se definiu a impossibilidade de se confundir a relação processual com a relação de direito material objeto da ação executiva.

A argumentação frequente entre os contribuintes e que, em grande parte dos casos era acolhida pelos tribunais pátrios, era no sentido de que, não obstante a presunção de liquidez e certeza da CDA, o fato de o título trazer o nome dos sócios não seria suficiente para ensejar o redirecionamento. Defendia-se que a certidão de dívida ativa gozava de presunção e certeza com relação à pessoa jurídica, mas não com relação a seus sócios.

Nesse sentido, argumentava-se que a liquidez e certeza do título executivo pressupõe a ampla defesa do executado na esfera administrativa, o que somente ocorreria em

---

[14] "Art. 135. São pessoalmente responsáveis pelos créditos correspondentes a obrigações tributárias resultantes de atos praticados com excesso de poderes ou infração de lei, contrato social ou estatutos: I - as pessoas referidas no artigo anterior; II - os mandatários, prepostos e empregados; III - os diretores, gerentes ou representantes de pessoas jurídicas de direito privado".

[15] Tema nº 103 da sistemática de recursos repetitivos, no qual a discussão dizia respeito à responsabilidade do sócio-gerente, cujo nome consta da CDA, para responder por débitos da pessoa jurídica, precedente em que se fixou a tese de que "se a execução foi ajuizada apenas contra a pessoa jurídica, mas o nome do sócio consta da CDA, a ele incumbe o ônus da prova de que não ficou caracterizada nenhuma das circunstâncias previstas no art. 135 do CTN, ou seja, não houve a prática de atos com excesso de poderes ou infração de lei, contrato social ou estatutos".

relação ao devedor principal, a pessoa jurídica titular do débito, já que tal contraditório teria ocorrido no lançamento, diferentemente do que ocorreria com os sócios.

Destacou-se, quando do julgamento do REsp nº 545.080/MG, no voto do Ministro Teori Zavascki, que os requisitos para instalar a relação processual executiva são diversos dos requisitos para configurar a responsabilidade tributária. Os primeiros seriam aqueles previstos na lei processual (inadimplemento e o título executivo); já os pressupostos para configuração da responsabilidade tributária seriam aqueles estabelecidos pelo direito material, o que, no caso julgado, seria o art. 135, do CTN.

Assim, entendeu-se que a circunstância de o devedor figurar no título executivo seria condição suficiente para que fosse estabelecida a legitimação passiva. Desse modo, era plenamente possível a propositura de execução fiscal em face do sócio cujo nome constava no título executivo.

Com base no que dispõe o art. 2º §5º da Lei nº 6830/1980 e no art. 202, I, do CTN, reputou-se que a indicação, na certidão de dívida ativa, do nome do responsável ou do corresponsável significava que ao indicado seria conferida a condição de legitimado passivo para a relação processual executiva, de maneira que seria autorizada a propositura de execução fiscal diretamente ou que fosse pedido o redirecionamento em face dele.

Por outro lado, esclareceu-se, naquela mesma oportunidade, que a indicação do corresponsável não significa uma certeza quanto à existência da responsabilidade tributária. É, portanto, hipótese de presunção relativa, nos termos do art. 204 do CTN. Dessa forma, nas vias cognitivas próprias, notadamente os embargos à execução fiscal, é que se deveria discutir a incidência da hipótese de responsabilidade.

O entendimento foi posteriormente verberado em outros precedentes da Primeira Turma, também da relatoria do Ministro Teori Zavascki, como AgRg no REsp nº 643.918/PR e o REsp nº 835.443/PE.[16]

---

[16] "PROCESSUAL CIVIL. AGRAVO DE INSTRUMENTO. TRIBUTÁRIO. EXECUÇÃO FISCAL. REDIRECIONAMENTO. SÓCIO-GERENTE. ART. 135, III, DO CTN. DISTINÇÃO ENTRE A RELAÇÃO DE DIREITO PROCESSUAL (PRESSUPOSTO PARA AJUIZAR A EXECUÇÃO) E A RELAÇÃO DE DIREITO MATERIAL (PRESSUPOSTO PARA A CONFIGURAÇÃO DA RESPONSABILIDADE TRIBUTÁRIA). DISSOLUÇÃO IRREGULAR. POSSIBILIDADE. 1. Não se pode confundir a relação processual com a relação de direito material objeto da ação executiva. Os requisitos para instalar a relação processual executiva são os previstos na lei processual, a saber, o inadimplemento e o título executivo (CPC, artigos 580 e 583). Os pressupostos para configuração da responsabilidade tributária são os estabelecidos pelo direito material, nomeadamente pelo art. 135 do CTN. 2. A indicação, na Certidão de Dívida Ativa, do nome do responsável ou do co-responsável (Lei 6.830/80, art. 2º, §5º, I; CTN, art. 202, I), confere ao indicado a condição de legitimado passivo para a relação processual executiva (CPC, art. 568, I), mas não confirma, a não ser por presunção relativa (CTN, art. 204), a existência da responsabilidade tributária, matéria que, se for o caso, será decidida pelas vias cognitivas próprias, especialmente a dos embargos à execução. 3. É diferente a situação quando o nome do responsável tributário não figura na certidão de dívida ativa. Nesses casos, embora configurada a legitimidade passiva (CPC, art. 568, V), caberá à Fazenda exeqüente, ao promover a ação ou ao requerer o seu redirecionamento, indicar a causa do pedido, que há de ser uma das situações, previstas no direito material, como configuradoras da responsabilidade subsidiária. 4. Havendo indícios de que a empresa encerrou irregularmente suas atividades, é possível redirecionar a execução ao sócio. 5. Agravo regimental a que se nega provimento" (AgRg no REsp nº 643.918/PR. Rel. Min. Teori Albino Zavascki, Primeira Turma, j. 3.5.2005. DJ, 16 maio 2005. p. 248); "TRIBUTÁRIO. PROCESSUAL CIVIL. EXECUÇÃO FISCAL. REDIRECIONAMENTO CONTRA SÓCIO-GERENTE QUE FIGURA NA CERTIDÃO DE DÍVIDA ATIVA COMO CO-RESPONSÁVEL. POSSIBILIDADE. DISTINÇÃO ENTRE A RELAÇÃO DE DIREITO PROCESSUAL (PRESSUPOSTO PARA AJUIZAR A EXECUÇÃO) E A RELAÇÃO DE DIREITO MATERIAL (PRESSUPOSTO PARA A CONFIGURAÇÃO DA RESPONSABILIDADE TRIBUTÁRIA). 1. Não se pode confundir a relação processual com a relação de direito material objeto da ação executiva. Os requisitos para instalar a relação processual executiva são os previstos na lei processual, a saber, o inadimplemento e o título executivo (CPC, artigos 580 e 583). Os pressupostos para configuração da responsabilidade tributária são os estabelecidos pelo direito material, nomeadamente pelo art.

Posteriormente, no REsp nº 1.096.444/SP, o Ministro Teori Zavascki, em mais um caso de sua relatoria, retomou o posicionamento ora tratado de que é possível a propositura de execução fiscal em face do sócio-gerente que constava na certidão de dívida ativa. Com efeito, resgatando a distinção que já havia sido feita no REsp nº 545.080/MG, ressaltou-se a importância de distinguir adequadamente as questões de ordem processual, como a presença dos requisitos para promover ou redirecionar a execução fiscal em face do sócio, das questões de direito material.

Aludiu-se ao entendimento do STJ em precedentes do próprio Ministro Teori Zavascki (REsp nº 900.371 e REsp nº 835.443/PE), que consagraram a possibilidade de propositura de execução fiscal diretamente em relação ao sócio ou o pedido de redirecionamento em face dele quando seu nome constasse na certidão de dívida ativa, já que tal circunstância seria suficiente para que fosse legitimado para integrar a relação processual executiva. Ademais, também se reportou à firme jurisprudência da Corte Superior no sentido de que a dissolução irregular da empresa acarreta a responsabilidade tributária e também, quanto à prova da dissolução irregular de sociedade, ao entendimento consolidado da Primeira Seção de que a não localização da empresa no endereço fornecido como domicílio fiscal gera presunção *juris tantum* de dissolução irregular.

Todavia, naquele julgado, discutiram-se também questões atinentes ao ônus probatório, salientando-se que, quando o nome do sócio-gerente constar na certidão de dívida ativa, a ele incumbe o ônus de provar a ausência dos requisitos do art. 135 do CTN, na linha do que foi assentado no EREsp nº 702.232/RS (da relatoria do Ministro Castro Meira), o qual, por seu turno, refletira o entendimento do Ministro Teori Zavascki nos precedentes já abordados sobre a questão da presunção de liquidez e certeza da certidão de dívida ativa.[17]

---

135 do CTN. 2. A indicação, na Certidão de Dívida Ativa, do nome do responsável ou do co-responsável (Lei 6.830/80, art. 2º, §5º, I; CTN, art. 202, I), confere ao indicado a condição de legitimado passivo para a relação processual executiva (CPC, art. 568, I), mas não confirma, a não ser por presunção relativa (CTN, art. 204), a existência da responsabilidade tributária, matéria que, se for o caso, será decidida pelas vias cognitivas próprias, especialmente a dos embargos à execução. 3. É diferente a situação quando o nome do responsável tributário não figura na certidão de dívida ativa. Nesses casos, embora configurada a legitimidade passiva (CPC, art. 568, V), caberá à Fazenda exeqüente, ao promover a ação ou ao requerer o seu redirecionamento, indicar a causa do pedido, que há de ser uma das situações, previstas no direito material, como configuradoras da responsabilidade subsidiária. 4. No caso, havendo indicação dos co-devedores no título executivo (Certidão de Dívida Ativa), é viável, contra os sócios, o redirecionamento da execução. Precedente: EREsp 702.232-RS, 1ª Seção, Min. Castro Meira, DJ de 16.09.2005. 5. Recurso especial a que se dá provimento" (REsp nº 835.443/PE. Rel. Min. Teori Albino Zavascki, Primeira Turma, j. 20.6.2006. *DJ*, 30 jun. 2006. p. 205).

[17] Aqui cabe um parêntese para esclarecer que, nos referidos embargos de divergência, a Primeira Seção do STJ entendeu como conciliáveis os entendimentos da Primeira e da Segunda Turma. Decidiu-se que, na hipótese em que a certidão de dívida ativa já indica a figura do sócio-gerente como corresponsável tributário, havendo sido a execução fiscal ajuizada somente contra a pessoa jurídica ou também contra o sócio, há presunção relativa de liquidez e certeza do título que lastreia a execução, cabendo o ônus da prova ao sócio. Considerou-se que, se iniciada a execução contra a pessoa jurídica e, posteriormente, redirecionada contra o sócio-gerente (que não constava da CDA), ao fisco incumbiria a demonstração da presença de um dos requisitos do art. 135 do CTN; se a execução havia sido proposta contra a pessoa jurídica (devedor) e contra o sócio-gerente (corresponsável), diante da presunção relativa de liquidez e certeza do título, o responsável tem o ônus probatório de demonstrar que não incidiu na hipótese de responsabilidade, tendo a certidão o efeito de prova pré-constituída; e, se ajuizada a execução fiscal apenas contra a pessoa jurídica, mas também contando o nome do sócio-gerente como corresponsável, ônus da prova de que não se está diante das hipóteses autorizativas do art. 135 do CTN compete igualmente ao sócio, diante da presunção de higidez do título. "TRIBUTÁRIO. EMBARGOS DE DIVERGÊNCIA. ART. 135 DO CTN. RESPONSABILIDADE DO SÓCIO-GERENTE. EXECUÇÃO FUNDADA EM CDA QUE INDICA

Destacou-se, no REsp nº 1.096.444/SP, que, mesmo nas hipóteses de inclusão do nome do sócio na certidão de dívida ativa, como também nos casos de pedido de redirecionamento (em que a Fazenda teria o ônus de indicar uma das situações de responsabilidade do sócio, acompanhado de prova indiciária correspondente), a prova real da existência do fato gerador da responsabilidade somente será promovida na fase dos embargos à execução fiscal.

Assim, diante da jurisprudência do STJ, capitaneada pelo entendimento do Ministro Teori Zavascki e que depois, inclusive, foi refletida tanto em sede de recurso repetitivo[18] como em enunciado de súmula do STJ,[19] é possível afirmar, com tranquilidade, que a inclusão do nome do responsável tributário no título executivo, por ilícito praticado após o fato gerador, em nada atingirá a certeza e a liquidez do título, cabendo ao sócio demonstrar a inocorrência de hipótese ensejadora da responsabilidade em sede de embargos.

Há, em tal hipótese, a possibilidade de formação de litisconsórcio passivo inicial, voltando-se a cobrança do crédito fiscal para o devedor e para o responsável, podendo-se praticar atos de expropriação. O responsável tributário é um sujeito que incorreu em um evento reputado como relevante pelo CTN (fato gerador da responsabilidade), de forma tal que a mesma obrigação tributária do devedor é a ele direcionada.

Veja-se que a inclusão de sócio no título executivo como responsável após a constituição do crédito, ao lado do devedor originário, não configura vício do lançamento, não se confundindo com uma falha na identificação do sujeito passivo. Essa inclusão é, tampouco, erro material que enseja a alteração ou substituição do título. Havendo uma inclusão do corresponsável na certidão de dívida ativa, há uma cumulação subjetiva que permite a formação de um litisconsórcio passivo.

Perceba-se, portanto, que as ideias estabelecidas nos precedentes do Ministro Teori Zavascki também servem como esteio para a compreensão de que é possível, inclusive, que esse litisconsórcio passivo seja ulterior ao ajuizamento da execução fiscal, desde que haja a inclusão do codevedor no título executivo. Assim, diante de uma execução

---

O NOME DO SÓCIO. REDIRECIONAMENTO. DISTINÇÃO. 1. Iniciada a execução contra a pessoa jurídica e, posteriormente, redirecionada contra o sócio-gerente, que não constava da CDA, cabe ao Fisco demonstrar a presença de um dos requisitos do art. 135 do CTN. Se a Fazenda Pública, ao propor a ação, não visualizava qualquer fato capaz de estender a responsabilidade ao sócio-gerente e, posteriormente, pretende voltar-se também contra o seu patrimônio, deverá demonstrar infração à lei, ao contrato social ou aos estatutos ou, ainda, dissolução irregular da sociedade. 2. Se a execução foi proposta contra a pessoa jurídica e contra o sócio-gerente, a este compete o ônus da prova, já que a CDA goza de presunção relativa de liquidez e certeza, nos termos do art. 204 do CTN c/c o art. 3º da Lei n.º 6.830/80. 3. Caso a execução tenha sido proposta somente contra a pessoa jurídica e havendo indicação do nome do sócio-gerente na CDA como co-responsável tributário, não se trata de típico redirecionamento. Neste caso, o ônus da prova compete igualmente ao sócio, tendo em vista a presunção relativa de liquidez e certeza que milita em favor da Certidão de Dívida Ativa. 4. Na hipótese, a execução foi proposta com base em CDA da qual constava o nome do sócio-gerente como co-responsável tributário, do que se conclui caber a ele o ônus de provar a ausência dos requisitos do art. 135 do CTN. 5. Embargos de divergência providos" (EREsp nº 702.232/RS. Rel. Min. Castro Meira, Primeira Seção, j. 14.9.2005. DJ, 26 set. 2005. p. 169).

[18] No recurso repetitivo já mencionado (REsp nº 1.104.900/ES), no Tema nº 104, discutia-se a responsabilidade do sócio-gerente, cujo nome consta da CDA, para responder por débitos da pessoa jurídica, assentando-se que o exame da responsabilidade de codevedores requer dilação probatória, de tal modo que a referida matéria de defesa deve ser aduzida nos embargos à execução, que é a via própria de defesa na execução fiscal, fixando-se a tese de que "a exceção de pré-executividade é admissível na execução fiscal relativamente às matérias conhecíveis de ofício que não demandem dilação probatória".

[19] Súmula nº 393/STJ: "a exceção de pré-executividade é admissível na execução fiscal relativamente às matérias conhecíveis de ofício que não demandem dilação probatória".

fiscal em curso, há essa cumulação ulterior, com o redirecionamento feito, ampliando-se subjetivamente a demanda.

Cumpre destacar, inclusive, que o art. 20-D da Lei nº 10.522/2002, incluído pela Lei nº 13.606/2018, deixa clara a possibilidade de inclusão administrativa de codevedores por parte da Fazenda Nacional, por meio de procedimento administrativo de apuração de responsabilidade do débito inscrito em dívida ativa, esteja em curso ou não a execução fiscal.[20]

5 Conclusões

É indubitável a relevância das contribuições do Ministro Teori Zavascki para algumas das discussões mais relevantes dentro da temática de responsabilidade tributária. Especialmente durante o período em que esteve no Superior Tribunal de Justiça, foi essencial para sacramentar alguns posicionamentos que pacificaram questões as quais foram objeto de intensa controvérsia ao longo dos anos dentro da matéria.

Na atualidade, quando se discutem questões mais recentes relacionadas à responsabilidade tributária, como exemplo, inclusão administrativa de codevedor ou inaplicabilidade do incidente de desconsideração da personalidade jurídica em execução fiscal quando se trata de reconhecimento de responsabilidade, muitos dos pressupostos adotados partem da interpretação dos dispositivos legais e dos institutos a partir da jurisprudência da Corte Superior, em especial, dos julgados com a forte participação do Ministro Teori Zavascki. Essa constatação só reforça a compreensão de que a influência do ministro vai além da pacificação das próprias controvérsias enfrentadas no seu tempo – ela perdura até os dias de hoje.

Conforme já mencionado no início do presente artigo, atualmente, alguns entendimentos são tão inquestionáveis que é até difícil imaginar que suscitaram tantos debates ao longo de muitos anos. Só que, na realidade, o que se percebe é a relevância da contribuição do Ministro Teori Zavascki para o deslinde de tais questões, fazendo-as parecerem simples diante da clareza de suas manifestações.

Referências

ALEXANDRE, Ricardo. *Direito tributário esquematizado*. 10. ed. rev., atual. e ampl. São Paulo: Método, 2016.

COELHO, Flávia Palmeira de Moura; PEDROSA, Pablo Galas; CAMPOS, Rogério (Coord.). *Microssistema de cobrança do crédito fiscal*: comentários às Leis de Execução Fiscal e Medida Cautelar. São Paulo: Thomson Reuters Brasil, 2019.

---

[20] "Art. 20-D. Sem prejuízo da utilização das medidas judicias para recuperação e acautelamento dos créditos inscritos, se houver indícios da prática de ato ilícito previsto na legislação tributária, civil e empresarial como causa de responsabilidade de terceiros por parte do contribuinte, sócios, administradores, pessoas relacionadas e demais responsáveis, a Procuradoria-Geral da Fazenda Nacional poderá, a critério exclusivo da autoridade fazendária: (Incluído pela Lei nº 13.606, de 2018) I - notificar as pessoas de que trata o caput deste artigo ou terceiros para prestar depoimentos ou esclarecimentos; (Incluído pela Lei nº 13.606, de 2018) II - requisitar informações, exames periciais e documentos de autoridades federais, estaduais e municipais, bem como dos órgãos e entidades da Administração Pública direta, indireta ou fundacional, de qualquer dos Poderes da União, dos Estados, do Distrito Federal e dos Municípios; (Incluído pela Lei nº 13.606, de 2018) III - instaurar procedimento administrativo para apuração de responsabilidade por débito inscrito em dívida ativa da União, ajuizado ou não, observadas, no que couber, as disposições da Lei no 9.784, de 29 de janeiro de 1999. (Incluído pela Lei nº 13.606, de 2018)".

MELO FILHO, João Aurino de (Coord.). *Execução fiscal aplicada*: análise pragmática do processo de execução fiscal. 7. ed. rev., ampl. e atual. Salvador: JusPodivm, 2018.

MOURA, Arthur. *Lei de Execução Fiscal* – Comentada e anotada. 2. ed. rev., atual e ampl. Salvador: JusPodivm, 2017.

PAULSEN, Leandro. *Curso de direito tributário*: completo. 6. ed. rev., atual e ampl. Porto Alegre: Livraria do Advogado Editora, 2014.

SEEFELDER, Claudio; CAMPOS, Rogério *et al*. *Constituição e Código Tributário comentados*: sob a ótica da Fazenda Nacional. São Paulo: Thomson Reuters, 2020.

Informação bibliográfica deste texto, conforme a NBR 6023:2018 da Associação Brasileira de Normas Técnicas (ABNT):

COELHO, Flávia Palmeira de Moura; CAMPOS, Rogerio. Moldura jurisprudencial do instituto da responsabilidade tributária: legado do Min. Teori. *In*: SEEFELDER FILHO, Claudio Xavier; AZEVEDO, Daniel Coussirat de (Coord.). *Teori na prática*: uma biografia intelectual. Belo Horizonte: Fórum, 2022. p. 377-389. ISBN 978-65-5518-344-3.

REFLEXÕES E LEGADOS DE TEORI SOBRE O TEMA DO SIGILO BANCÁRIO

LUCIANA MIRANDA MOREIRA

Julgados

- STJ, REsp nº 701.996, Primeira Turma, *DJ* de 6.3.2006.
- STJ, EREsp nº 608.053, Primeira Seção, *DJ* de 4.9.2006.
- Tributário. Sigilo bancário. LC nº 105/2001 e Lei nº 10.174/2001. Uso de dados de movimentações financeiras pelas autoridades fazendárias.
- STF, RE nº 601.314, Plenário, *DJ* de 16.9.2016, Tema nº 225 da Repercussão Geral, voto vogal.
- Sigilo bancário. Dever de pagar impostos. Requisição de informação da Receita Federal às instituições financeiras. Art. 6º da Lei Complementar nº 105/01.

Introdução

Não é difícil discorrer sobre a grandeza, a importância e a abrangência do legado de Teori Zavascki, mas é tarefa árdua fazê-lo sem recorrer a adjetivos que pareçam lugar comum: um juiz extraordinário, dedicado e comprometido com sua função judicante; um julgador minucioso e detalhista, atento aos fatos, às teses, e também às suas repercussões. Um visionário.

Certo é que, muito além de elogios, tudo isso é verdadeiro, tudo isso reflete a realidade do que foi o Juiz Teori Zavascki. Sua experiência como advogado público e sua participação no Tribunal Regional Federal da 4ª Região, no Superior Tribunal de Justiça e finalmente no Supremo Tribunal Federal moldaram-no como um julgador completo, detentor de pontos de vista múltiplos e complementares, de uma visão ampla e globalizante.

Seu desaparecimento súbito e precoce deixou a todos não apenas consternados, tristes e chocados, mas também profundamente frustrados como jurisdicionados. Muito havia ainda a ser dito, a ser refletido, a ser debatido.

De toda sorte, é certo que a sua contribuição para o direito é concreta, real e efetiva. Não se perderá.

Comentários

Na condição de relator do REsp nº 701.996, julgado em fevereiro de 2006, Teori Zavascki reafirmou perante a Primeira Turma do Superior Tribunal de Justiça posicionamento inaugurado com o REsp nº 597.431 e com o REsp nº 671.414 na discussão de um tema que viria a consubstanciar um marco histórico não apenas no âmbito do direito tributário, mas também na seara da cooperação internacional no combate à corrupção e à lavagem de dinheiro: a questão da legalidade da transferência de dados das instituições financeiras às autoridades tributárias, nos termos das previsões contidas na LC nº 105/2001 e na Lei nº 10.174/01.

Isto se deu, registre-se, em momento muito anterior ao reconhecimento da própria constitucionalidade da referida legislação pelo Supremo Tribunal Federal, o que somente ocorreria uma década depois, em fevereiro de 2016, em assentada de julgamento que contou também com a participação de Teori (RE nº 601.314, Tema nº 225 de Repercussão Geral, julgado em 24.2.2016 em conjunto com as ADIs nºs 2.386, 2.390, 2.397 e 2.859).

Havia, àquela altura da apreciação do REsp, em 2006, precedentes pontuais do Superior Tribunal de Justiça acerca da autoaplicabilidade da nova legislação, por se tratar de norma instrumental, a alcançar fatos geradores pretéritos não atingidos pela decadência (entendimento inaugurado no REsp nº 685.708, Rel. Min. Luiz Fux). Mas a legalidade da própria transferência dos dados somente foi reconhecida de forma explícita a partir dos referidos REsps da lavra de Teori Zavascki.

A tese do contribuinte, nesse particular, repousava em duas premissas: i) a de que haveria ofensa ao Texto Constitucional pela previsão da inviolabilidade do direito ao sigilo bancário e ii) a de que teria sido contrariado o disposto na Lei nº 9.311/96 que somente autorizava a remessa de dados bancários de contribuintes ao Fisco para a apuração fiscal estritamente vinculada à CPMF.

A argumentação em torno da temática constitucional não foi apreciada porque traduzia matéria de competência judicante do Supremo Tribunal Federal, mas sob o ponto de vista infraconstitucional o voto líder da lavra de Teori afastou categoricamente a suposta contrariedade à Lei nº 9.311/96 e assentou a legitimidade legal para a transferência dos dados à autoridade tributária federal, a partir do exame minucioso das sucessivas leis no tempo que disciplinaram o tema. Confira-se excerto conclusivo do pronunciamento condutor do REsp nº 701.996, que ilustra o que se diz:

> Conclui-se, dessa forma que, no plano infraconstitucional, há autorização legal para que o Fisco, sob certas condições, tenha acesso a informações relativas a operações financeiras dos contribuintes, podendo utilizá-las, no âmbito de procedimento administrativo, para fins de constituição do crédito tributário.

Esse entendimento seria reafirmado no julgamento do EREsp nº 608.053, levado a efeito em agosto de 2006, julgado precursor que inaugurou a uniformização, no Superior Tribunal de Justiça, do entendimento acerca da legalidade e aplicabilidade imediata da transferência de dados autorizada pela Lei nº 10.174/01 e pela Lei Complementar nº 105/01. Conquanto naquele processo a divergência apontada pela Fazenda Nacional dissesse respeito apenas ao alcance a fatos geradores anteriores à novel legislação, o voto condutor de Teori Zavascki reiterou a orientação que asseverara peremptoriamente o suporte legal da medida.

Foi percebido pelo julgador que a validade legal da transferência dos dados era questão prévia e necessária ao deslinde do próprio tema posto nos embargos de divergência, em torno da aplicação das leis aos fatos geradores anteriores. Se não houvesse base legal a autorizar a transferência dos dados, cairia por terra toda a discussão do alcance a operações financeiras prévias à vigência dos diplomas.

A partir dessa compreensão, Teori afastou quaisquer dúvidas acerca da validade infraconstitucional da transferência dos dados bancários considerado o suporte conferido pela legislação em discussão (Lei nº 10.174/01 e Lei Complementar nº 105/01). Bem assentado o alicerce legal a autorizar a remessa dos dados, cuidou do exame do alcance aos fatos geradores anteriores a essas leis.

O exame desses dois arestos do STJ deixa entrever uma das características mais marcantes dos julgados da lavra de Teori Zavascki: o apreço pela clareza e pela efetiva solução das controvérsias, de forma minuciosa, detalhada e sobretudo didática. Nesse sentido, chama a atenção o escorço histórico de toda a legislação que regeu o sigilo dos dados bancários, desde a Lei nº 4.595/64, recepcionada como lei complementar nos termos do art. 192 da Carta de 1988, até o advento da Lei Complementar nº 105/2001, tudo de molde a espancar quaisquer dúvidas em torno da regência infraconstitucional do tema.

Uma vez devidamente assentada a legalidade da transferência dos dados bancários, ambos os julgados – em julgamentos unânimes – reiteraram a orientação já àquela altura consolidada no STJ, no sentido da aplicação imediata da legislação instrumental, inclusive no que é pertinente a fatos e operações anteriores à sua vigência, excluídos aqueles já alcançados pela decadência.

Essa orientação, inicialmente proclamada no REsp nº 685.708, Rel. Min. Luiz Fux, buscou apoio na inteligência do art. 144, §1º do CTN para deixar claro que não há falar-se retroatividade da lei, mas na sua aplicação imediata a fim de instruir e implementar procedimentos e investigações futuras, sem que se tenha por atingido, em nenhuma medida, o fato gerador do tributo, já ocorrido anteriormente.

O entendimento verberado no EREsp nº 608.053 restou posteriormente consagrado no Superior Tribunal de Justiça em sede de julgamento repetitivo, no REsp nº 1.134.665/SP (Tema Repetitivo nº 275, de relatoria do Ministro Luiz Fux, *DJe* 18.12.2009), tanto no ponto relacionado à legalidade da transferência dos dados como no que é pertinente ao alcance a fatos geradores prévios.

A mesma temática em torno da Lei Complementar nº 105/01 e da Lei nº 10.174/01 viria a ser apreciada novamente por Teori, agora numa análise de cunho estritamente constitucional. Em fevereiro de 2016, o Supremo Tribunal Federal julgou o RE nº 601.314 em conjunto com as ADIs nºs 2.386, 2.390, 2.397 e 2.859 e afastou todas as alegações de inconstitucionalidade da transferência de dados das instituições financeiras para a Receita Federal do Brasil.

A participação de Teori no referido julgamento, de relatoria dos ministros Edson Fachin e Dias Toffoli, foi de extrema agudeza e percuciência, e trouxe expressivas contribuições para aquele debate.

O ponto central das discussões dizia respeito à suposta contrariedade, pela autorização de transferência de sigilo dos dados bancários à autoridade tributária, aos princípios constitucionais da proteção à intimidade e ao sigilo de dados. Propugnava-se também pelo reconhecimento da necessidade de autorização judicial prévia, bem como pela impossibilidade de transferência de dados relacionados a fatos geradores já ocorridos.

Na ocasião, o Tribunal pacificou o entendimento segundo o qual não há quebra do sigilo bancário pela transferência dos dados ao Fisco, mas mero traslado do dever de sigilo, tudo em prol da busca do melhor atendimento ao princípio da capacidade contributiva e, em última análise, do postulado da isonomia. Restou também confirmada a orientação segundo a qual a referida transferência de dados é de natureza instrumental, e, portanto, deve ser aplicada imediatamente, não havendo falar-se em irretroatividade. As teses de repercussão geral do Tema nº 225 restaram ao final assim lavradas, subdivididas em itens "a" e "b":

> Item "a": O art. 6º da Lei Complementar 105/01 não ofende o direito ao sigilo bancário, pois realiza a igualdade em relação aos cidadãos, por meio do princípio da capacidade contributiva, bem como estabelece requisitos objetivos e o translado do dever de sigilo da esfera bancária para a fiscal.
>
> Item "b": A Lei 10.174/01 não atrai a aplicação do princípio da irretroatividade das leis tributárias, tendo em vista o caráter instrumental da norma, nos termos do artigo 144, §1º, do CTN.

No voto proferido na assentada de julgamento, Teori resumiu a controvérsia de forma didática e expôs de forma direta e concisa os três pontos fulcrais a serem objeto de deliberação: i) se há violação ao direito à intimidade ou privacidade; ii) se há como garantir a preservação da segurança das informações; iii) se há necessidade de controle jurisdicional prévio a autorizar a remessa dos dados.

O voto proferido por Teori acompanhou os relatores do recurso extraordinário e das ações diretas, mas trouxe provocações pontuais que merecem registro.

O primeiro questionamento levantado por Teori diz respeito à incongruência do argumento da defesa do direito à intimidade no que consideradas pessoas jurídicas – que já são obrigadas à divulgação de informações às autoridades regulatórias em geral e aos seus acionistas.

Com efeito, se para as pessoas físicas o sigilo bancário pode envolver a intimidade e a preservação da vida privada, há que se considerar que para as pessoas jurídicas a regra geral é a transparência. Empresas são obrigadas pela legislação comercial e tributária à manutenção de livros detalhados e, no caso de sociedades anônimas, ao periódico encaminhamento de informações e até mesmo à divulgação de qualquer informação que possa ser tida como relevante, mesmo que tais informações não sejam senão intenções negociais (arts. 157 e 176 da Lei nº 6.404/76, Instrução CVM nº 358/02).

Nessa perspectiva, se já parece forçado alinhar o sigilo bancário das pessoas físicas como óbice ao encaminhamento de informações bancárias à autoridade tributária – quando se sabe que tais informações devem ser prestadas anualmente ao Fisco por todas as pessoas, por obrigação legal – o que dizer das pessoas jurídicas, naturalmente mais expostas do que as pessoas naturais. Há doutrina nesse mesmo sentido:

> Em outras palavras, se já é sobremodo difícil estabelecer uma constante vinculação entre qualquer movimentação bancária promovida pelos indivíduos com a noção de dignidade da pessoa humana, não parece sequer razoável tentar estabelecer esta correspondência quando se tratar de pessoa jurídica. Será crível justificar o resguardo das ordinárias transações financeiras promovidas por uma pessoa jurídica com base na dignidade da pessoa humana? Será mesmo minimamente razoável reputar como expressão da dignidade humana toda e qualquer transferência de ativos financeiros encetada por uma pessoa jurídica em função da aquisição diuturna de mercadorias e serviços no exercício de sua atividade social? (BARBEITAS, 2003)

A esse respeito, não houve deliberação do Tribunal. Apenas a Ministra Cármen Lúcia trouxe manifestação e defendeu não o direito à intimidade – que reputou exclusivo da pessoa natural – mas o direito à privacidade também para as pessoas jurídicas, por considerar que também estas têm direito a não terem seus dados expostos.

Infelizmente, não houve efetivo debate sobre a ponderação de Teori – em que pese cuidar-se de controvérsia doutrinária relevante e ainda não enfrentada pelo Supremo Tribunal Federal, a distinção entre direito à intimidade e direito à privacidade. Confira-se a explanação de Tércio Sampaio Ferraz sobre o tema:

> A intimidade é o âmbito exclusivo que alguém reserva para si, sem nenhuma repercussão social, nem mesmo ao alcance da sua vida privada que, por mais isolada que seja, é sempre um viver entre os outros (na família, no trabalho, no lazer comum). Não há um conceito absoluto de intimidade. Mas é possível exemplificá-lo: o diário íntimo, o segredo sob juramento, as próprias convicções, as situações indevassáveis de pudor pessoal, o segredo íntimo cuja mínima publicidade constrange. Já a vida privada envolve a proteção de formas exclusivas de convivência. Trata-se de situações em que a comunicação é inevitável (em termos de relação de alguém com alguém que, entre si, trocam mensagens), das quais, em princípio são excluídos terceiros. Terceiro é, por definição, o que não participa, o que não troca mensagens, que está interessado em outras coisas. Numa forma abstrata, o terceiro compõe a sociedade, dentro da qual a vida privada se desenvolve, mas que com esta não se confunde. A vida privada pode envolver, pois, situações de opção pessoal (como a escolha do regime de bens no casamento) mas que, em certos momentos, podem requerer a comunicação de terceiros (na aquisição, por exemplo, de um bem imóvel). Por aí ela difere da intimidade, que não experimenta esta forma de repercussão. (FERRAZ JÚNIOR, 1993)

Noutra perspectiva, Teori trouxe relevantes considerações de ordem pragmática em torno do argumento da parte contribuinte no sentido da necessidade de autorização judicial prévia à transferência dos dados sigilosos – o que Teori chamou de "prévia reserva de jurisdição". Asseverou que o controle judicial jamais será afastado, ante a garantia do inc. XXXV do art. 5º do Texto Constitucional, e alinhou uma série de percalços concretos e contrassensos a sugerirem o descabimento da submissão antecipada ao crivo judicial de cada transferência de dados requisitada pela Receita Federal.

Dessa explanação fica evidenciada toda a experiência do julgador no exercício da jurisdição, a bagagem adquirida no desempenho das suas atribuições perante o TRF4, o STJ e finalmente o STF. Porque a submissão da transferência ao crivo judicial prévio fora alinhada pela parte contribuinte sem maiores considerações de ordem objetiva que foram afinal abordadas pelo voto de Teori: como seria esse procedimento, qual o rito, como garantir o sigilo no ambiente judicial.

Teori foi o único a se manifestar sobre tais obstáculos de ordem prática. Suas considerações nesse particular também restaram sem resposta – também pelo fato de que a maioria reputou que não havia quebra de sigilo, mas mera transferência, donde a desnecessidade de tutela judicial prévia.

Na parte final do voto proferido em sessão, Teori afirma vislumbrar – novamente em abordagem direta e objetiva – o que chama de "culto fetichista aos dados bancários". Apontou a invocação da tutela do sigilo como meio a obstaculizar a atuação efetiva do Estado na fiscalização de informações que já são anualmente prestadas.

Esse aspecto já fora mencionado por outros julgadores[1] desde o controvertido julgamento do RE nº 389.808, julgado isolado de 2010, e também apreciado pela doutrina, que apontara o descompasso da ideia de quebra de sigilo com a própria literalidade da lei. Confira-se:

> Verificamos, na argumentação que pretende defender o "sigilo bancário", uma espécie de sacralização litúrgica dessa ideia que, conforme sucede nos dogmas religiosos, pretende se autoimpor como verdade absoluta que não se justifica, mas ao mesmo tempo em que deixa vazar claramente suas incoerências, proíbe e pune como pecado inadmissível qualquer desalinhamento ideológico de suas infundadas e obtusas conclusões: parece mesmo coisa de religião!
>
> A expressão "quebra do sigilo bancário" retrata perfeitamente o que Tércio Sampaio Ferraz Júnior, denomina "Poder de violência simbólica": trata-se de impor significações como legítimas, dissimulando as relações de força que estão no fundamento da própria força que move o interesse que a justifica.
>
> Ocorre que a expressão "quebra do sigilo", reiteradamente citada, além de passar, retoricamente, uma noção muito mais ampla e socialmente negativa dos termos da LC 105, é completamente estranha à atividade delegada a Administração nos artigos 5º e 6º. O artigo 5º trata do dever das instituições financeiras de "informar" as operações financeiras efetuadas pelos correntistas. O artigo 6º trata da faculdade de a Administração "examinar" documentos livros e registros de instituições financeiras quando houver processo ou procedimento administrativo e tais "exames" sejam considerados indispensáveis pela autoridade administrativa. (DE SANTIS, 2012)

Cabe destacar também o magistério de André Terrigno Barbeitas:

> Também o sistema de proteção ao crédito – consubstanciado na estruturação de informações cadastrais, dentre os quais exercem importância capital os dados de cunho financeiro – sofreria o risco de inviabilização se, a cada consulta, tivesse o estabelecimento comercial ou financeiro interessado que obter prévia autorização judicial. É interessante notar que os mesmos autores, adeptos fervorosos da intangibilidade do sigilo bancário em face do Fisco – chegando, até mesmo, a buscar restringir a atualização fiscalizadora do Banco Central – assinalam, candidamente, que "sempre houve troca de informações entre os bancos" e que "a criação de centrais de informações e a adoção de outras medidas, como a elaboração de "listas negras" [...] são iniciativas que passaram a ser vistas como procedimentos naturais e

---

[1] Consta do voto do Min. Dias Toffoli: "Qual o conjunto maior de patrimônio que temos, todos os cidadãos? Nossos bens, os quais nós somos compelidos a declarar ao Estado brasileiro, à Secretaria da Receita Federal do Brasil, por obrigação legal; não por ordem judicial".

de interesse geral". Ademais, "as centrais de risco reforçam os controles das autoridades de supervisão bancária e são, também por isso, benéficas ao sistema financeiro e aos próprios investidores e poupadores". [...] Não se questiona o papel relevante desempenhado pelas centrais de risco na preservação da saúde do sistema financeiro, mas a existência das mesmas colidiria, frontalmente, com o arquétipo delineado pelo Supremo Tribunal Federal em relação ao sigilo bancário. A não ser que, por absurdo, defenda-se a concepção de que o sigilo bancário possa ser oposto ao Fisco, ao Banco Central, ao Ministério Público, à Comissão de Valores Mobiliários, ao órgão colegiado incumbido da identificação dos recursos oriundos de atividades criminosas e não ao conjunto das próprias instituições financeiras privadas reunidas em centrais de risco em nome da preservação imediata dos seus próprios interesses. Seria, sem dúvida, a total inversão de valores que, não obstante, certamente convém, e muito, à elite financeira nacional. (BARBEITAS, 2003)

E a lição de Alexandre de Moraes:

Os direitos humanos fundamentais, dentre eles os direitos e garantias individuais e coletivos consagrados no art. 5º da Constituição Federal, não podem ser utilizados como um verdadeiro escudo protetivo da prática de atividades ilícitas, nem tampouco como argumento para afastamento ou diminuição da responsabilidade civil ou penal dos atos criminosos, sob pena de total consagração ao desrespeito a um verdadeiro Estado de Direito. (MORAES, 2016)

O voto proferido por Teori integrou a maioria vencedora, e a constitucionalidade da Lei Complementar nº 105/01 foi consagrada com o placar de 9 x 2. Não obstante, é interessante observar que, em linhas gerais, Teori se concentrou particularmente em abordar temas complementares ou subsidiários aos que haviam sido explorados pelos demais pares, como os óbices concretos à reserva prévia de jurisdição e o descabimento da invocação do direito à intimidade das pessoas jurídicas.

Ainda que tais questões não tenham sido afinal efetivamente debatidas pelo Tribunal naquela ocasião – porque prejudicadas por argumentos logicamente prévios – suas ideias foram lançadas e certamente serão enfrentadas, oportunamente.

Conclusões

Teori foi um julgador visionário desvestido de vaidades. Não disputava espaço ou voz, não interrompia os colegas de bancada. Era gentil e cortês, mas direto e objetivo. Alinhava ideias, apontava problemas e engendrava soluções. E, sobretudo, estava constantemente atento a tudo: às teses, aos fatos, e de modo especial, aos desdobramentos e às repercussões concretas das teses e dos fatos.

Sempre preocupado com o didatismo dos pronunciamentos, era recorrente a sua intervenção pontual para aclarar as conclusões e espancar dúvidas ou incongruências.

Especialmente no tema do sigilo bancário, sua participação foi definitiva na solução das controvérsias, tanto no Superior Tribunal de Justiça, na condição de precursor da definição do posicionamento daquela Corte em sede de embargos de divergência, quanto no Supremo Tribunal Federal, ao alinhar-se à corrente vencedora e acrescentar ao debate outros argumentos, ideias e soluções.

Sua vivência com a passagem por vários Tribunais municiou-o de uma evidente expansão da compreensão analítica. Especialmente na árida seara tributária, Teori sempre enxergava com muita clareza o ponto nodal das controvérsias. Seus pronunciamentos eram, via de regra, diretos e incisivos. Possuía entendimento amplificado dos temas, sob vários aspectos, constitucionais e infraconstitucionais. Sua particular trajetória permitiu, em mais de uma ocasião, o conhecimento aprofundado e antecipado dos temas a serem enfrentados no STF, como decorrência da sua experiência no STJ. O sigilo bancário é um desses exemplos, de grande importância no cenário internacional e no combate à corrupção.

Com efeito, consoante ficou reconhecido no corpo do acórdão do Tema nº 225, a transferência do sigilo bancário às autoridades tributárias consubstancia ação que implementa o aprimoramento da transparência fiscal e se revela inserida num contexto internacional relevante e indeclinável, de combate a crimes de lavagem de dinheiro e evasão de divisas, e fraudes fiscais internacionais.

É essencial que o Estado brasileiro conheça e tenha condições de coletar dados e mapear informações que poderão vir a ser objeto de intercâmbio e compartilhamento com outros Estados soberanos no âmbito dos diversos acordos de cooperação internacional dos quais o Brasil é signatário.

Por outro lado, a transferência de dados à autoridade fazendária revela-se essencial para garantir uma tributação justa e consentânea com o princípio da capacidade contributiva, e, nessa perspectiva, isonômica.

O comprometimento de Teori Zavascki com a sua função judicante o impelia constantemente a buscar aspectos que enriquecessem o debate. No caso específico do sigilo bancário, sua agudeza de raciocínio aprofundou a discussão e garantiu a solidez de um pronunciamento de extrema relevância para o Estado brasileiro.

Referências

BARBEITAS, André Terrigno. *O sigilo bancário e a necessidade da ponderação dos interesses*. São Paulo: Malheiros, 2003.

DE SANTI, Eurico Barros Diniz. Em defesa à LC 105, à transparência, à legalidade e à livre concorrência: a transferência do sigilo bancário para administração tributária e o direito à prova inerente à aplicação da legislação tributária. *Thomson Reuters Checkpoint*, 2012. Disponível em: http://artigoscheckpoint.thomsonreuters.com.br/a/5txf/em-defesa-a-lc-105-a-transparencia-a-legalidade-e-a-livre-concorrencia-a-transferencia-do-sigilo-bancario-para-administracao-tributaria-e-o-direito-a-prova-inerente-a-aplicacao-da-legislacao-tribut.

FERRAZ JÚNIOR, Tércio Sampaio. Sigilo de dados: o direito à privacidade e os limites a função fiscalizadora do Estado. *Revista da Faculdade de Direito, Universidade de São Paulo*, v. 88, 1993. Disponível em: https://www.revistas.usp.br/rfdusp/article/view/67231.

MORAES, Alexandre. *Direito constitucional*. 32. ed. São Paulo: Atlas, 2016. E-book.

Informação bibliográfica deste texto, conforme a NBR 6023:2018 da Associação Brasileira de Normas Técnicas (ABNT):

MOREIRA, Luciana Miranda. Reflexões e legados de Teori sobre o tema do sigilo bancário. In: SEEFELDER FILHO, Claudio Xavier; AZEVEDO, Daniel Coussirat de (Coord.). *Teori na prática*: uma biografia intelectual. Belo Horizonte: Fórum, 2022. p. 391-398. ISBN 978-65-5518-344-3.

A CONTRIBUIÇÃO DO MINISTRO TEORI ZAVASCKI NA DISCUSSÃO DO CRÉDITO-PRÊMIO DO IPI

FABRÍCIO DA SOLLER

Introdução

O Ministro Teori Albino Zavascki nasceu no interior, na catarinense Faxinal dos Guedes, cidade próxima a Chapecó, no oeste do estado, atualmente com uma população aproximada de 10 mil habitantes e um índice de desenvolvimento humano semelhante ao de Portugal. Pois este catarinense teve sua formação jurídica na capital gaúcha, a saber, na Faculdade de Direito da Universidade Federal do Rio Grande do Sul, onde se graduou em 1971, e da qual viria a ser professor. Antes de ingressar no Tribunal Regional Federal da 4ª Região, pelo quinto constitucional reservado aos advogados, foi advogado público, da carreira de procurador do Banco Central. Chegou a ministro do Superior Tribunal de Justiça numa situação incomum, a demonstrar que já usufruímos de certo patamar de civilidade na relação entre grupos políticos que não comungam da mesma visão de mundo. Indicado ao cargo de ministro pelo Presidente Fernando Henrique Cardoso no último mês do seu segundo mandato, dezembro de 2002, foi nomeado pelo Presidente Luiz Inácio Lula da Silva em 2003, após aprovação pelo Senado Federal.

Conheci o Ministro Teori nessa posição, a de ministro do Superior Tribunal de Justiça, componente da Primeira Turma e, portanto, da Primeira Seção daquele Tribunal. Era o ano de 2003 e eu aceitara a nomeação ao cargo de coordenador-geral de Representação Judicial da Fazenda Nacional, que na época era o setor da Procuradoria-Geral da Fazenda Nacional responsável por atuar perante o Superior Tribunal de Justiça e o Supremo Tribunal Federal, entre outras atribuições. Algumas coincidências pessoais aproximavam-nos: o fato de eu também ser catarinense nascido no interior do estado de Santa Catarina (no meu caso, em Criciúma), ter me graduado na mesma Faculdade de Direito da Universidade Federal do Rio Grande do Sul, em época em que ele já era professor, apesar de lamentavelmente não ter sido seu aluno, e, finalmente, ser advogado público federal (no meu caso, procurador da Fazenda Nacional), como ele fora por mais de uma década.

Numa época em que ele estava iniciando a sua atuação no Superior Tribunal de Justiça, eu iniciava a minha perante os tribunais superiores, após cinco anos atuando na representação da União nas matérias tributárias perante o Tribunal Regional Federal da 1ª Região. De pronto, chamava-me muito a atenção a forma com que o Ministro Teori nos recebia nas audiências e, principalmente, a qualidade dos seus votos e suas intervenções. O ministro tinha, na aparência, uma postura que poderia enganar o interlocutor. Parecia sempre sério, mas não foram poucas as vezes que no meio da conversa deixava no ar um comentário irônico, um leve sorriso que denunciava uma provocação. Como não poderia deixar de ser, por trás da *persona* do ministro, havia uma pessoa com interesses diversos, de humor fino e que sabia levar com muita responsabilidade a função de julgador que assumira ainda em Porto Alegre. Sabedor que o ministro era torcedor do Grêmio Foot-Ball Porto Alegrense, certa feita lhe provoquei perguntando se ele não torcia para a Associação Chapecoense de Futebol, já que nascera próximo a Chapecó. Ele sorriu e disse que sim, não só torcia para a Chapecoense, como havia jogado futebol em Chapecó, como amador. Deveria eu ter explorado mais o assunto, mas imagino que tenha sido na época em que ele estudara em um seminário naquela cidade.

Como continuei a atuar na representação judicial da Fazenda Nacional perante os tribunais superiores nos anos que se seguiram, tive o privilégio de continuar a conviver com o Ministro Teori após a sua nomeação para o cargo de ministro do Supremo Tribunal Federal, em novembro de 2012, mas sem dúvida é de sua época no Superior Tribunal de Justiça que guardo as lembranças mais vívidas, seguramente porque minha atuação naquele Tribunal era mais frequente e a interação com o ministro, algo constante. Daí a razão da minha alegria ao receber o convite dos organizadores desta obra para comentar um dos mais relevantes temas já julgados pela Primeira Turma e pela Primeira Seção do Superior Tribunal de Justiça, tema este que teve a participação decisiva do Ministro Teori, o que não era incomum de ocorrer. Trata-se do termo final de vigência do incentivo fiscal chamado "crédito-prêmio do IPI", cujos julgamentos estenderam-se pelos anos de 2004 a 2007.

O termo final de vigência do crédito-prêmio do IPI

Convém iniciar este tópico esclarecendo no que consistia o crédito-prêmio do IPI e qual o ponto de divergência sobre o seu prazo final de vigência. Era ele um incentivo fiscal às exportações de produtos manufaturados, instituído em 1969 pela União, mediante a edição do Decreto-Lei nº 491. Justificava-se a sua instituição como um instrumento de fomento do desenvolvimento econômico nacional, mais especificamente da indústria brasileira. Ocorre que já então o Brasil enfrentou pressões no âmbito do General Agreement on Tariffs and Trade – GATT, antecessor da Organização Mundial do Comércio – OMC, e viu-se obrigado a iniciar a sua gradual extinção. Isso começou a se efetivar com a edição, em 1979, do Decreto-Lei nº 1.658, que prevê "sua total extinção em 30 de junho de 1983". Posteriormente, o Decreto-Lei nº 1.722, de 1979, confirmou aquela data. Veio então o Decreto-Lei nº 1.724, de 1979, que nos seus dois únicos artigos tratou apenas de delegar ao ministro de Estado da Fazenda a competência de reduzir, aumentar ou extinguir o crédito-prêmio do IPI. Nada disse acerca do prazo final de vigência do benefício. Finalmente, em 16.12.1981, foi editado o Decreto-Lei nº 1.894, que, repetindo a delegação contida no Decreto-Lei nº 1.724, de 1979, estendeu o crédito-prêmio do IPI às empresas exclusivamente exportadoras, tendo em vista que, de acordo com o Decreto-Lei nº 491, de 1969, somente as empresas que fabricassem e exportassem produtos manufaturados teriam direito ao benefício. Também nada disse sobre o seu termo final de vigência. Outra informação relevante nesse contexto é que o Supremo Tribunal Federal no julgamento do RE nº 186.623/RS, realizado em 2001, considerou que a delegação de poderes ao ministro de Estado da Fazenda para extinguir o crédito-prêmio do IPI contrariava a Constituição de 1967 (EC nº 1/69). Dessa forma, seriam inconstitucionais as portarias do Ministério da Fazenda que, com base na delegação tida por inconstitucional, estabeleceram como termo final do crédito-prêmio do IPI a data de 1º.5.1985.

Restava assim definir qual seria a data de extinção do incentivo, e três teses foram desenvolvidas. A primeira delas era defendida inicialmente pelos próprios exportadores e fixava o termo final em 5.10.1990, em face do disposto no §1º do art. 41 do Ato das Disposições Constitucionais Transitórias – ADCT, dispositivo esse que merece ser transcrito, dada a sua relevância para a compreensão do debate:

> Art. 41. Os Poderes Executivos da União, dos Estados, do Distrito Federal e dos Municípios reavaliarão todos os incentivos fiscais de natureza setorial ora em vigor, propondo aos Poderes Legislativos respectivos as medidas cabíveis.
> §1º Considerar-se-ão revogados após dois anos, a partir da data da promulgação da Constituição, os incentivos que não forem confirmados por lei.

Propugnavam os exportadores, nesse primeiro momento, que, como o crédito--prêmio não fora extinto por nenhum ato normativo anteriormente à Constituição de 1988 e tampouco fora confirmado nos dois anos que se seguiram à promulgação desta, fora ele extinto em 5.10.1990.

A Fazenda Nacional, a seu turno, defendia que, com a declaração de inconstitucionalidade pelo Supremo Tribunal Federal da delegação para o ministro da Fazenda editar portarias sobre o prazo de extinção, restava à Administração aplicar o prazo contido nos decretos-leis anteriores, isto é, 30.6.1983. Tal tese era rebatida pelos exportadores ao argumento de que o Decreto-Lei nº 1.894, de 1981, ao referir-se ao Decreto-Lei nº 491, de 1969, teria deliberadamente deixado o crédito-prêmio do IPI sem definição de prazo. Seria um caso de revogação tácita do termo final em 30.6.1983, previsto nos decretos-leis nºs 1.658 e 1.722, ambos de 1979.

Posteriormente, uma terceira tese foi desenvolvida por parte dos exportadores. Eles perceberam que poderiam discutir o conceito de "incentivo fiscal de natureza setorial" contido no já aludido art. 41 do ADCT, a fim de dele excluir o crédito-prêmio do IPI. Dessa forma, tais exportadores passaram a defender a tese de que o benefício não só não fora extinto em 1983, como também não o fora em 1990, estando em vigor de forma indefinida. Entendiam que, como era destinado a todos os exportadores, e que inexistia conceitualmente um setor exportador, não haveria que se falar em incentivo setorial no caso do crédito-prêmio, daí a não aplicação da limitação temporal do art. 41 do ADCT ao caso.

Após inúmeras decisões de primeira instância e dos tribunais regionais federais, a questão foi pela primeira vez objeto de deliberação pelo Superior Tribunal de Justiça em 1999, pela Primeira Turma (AgRg no Ag nº 250.914), e em 2000, pela Segunda Turma (REsp nº 239.716). Em ambas as decisões, a tese prevalecente foi pela extinção em 5.10.1990, como defendiam os exportadores. Não se analisava então a possível vigência para além de 1990, até porque os pedidos deduzidos nas ações judiciais de então não eram nesse sentido.

Outras decisões se sucederam, sempre favoráveis aos exportadores, até que se chegou ao julgamento, pela Primeira Turma do Superior Tribunal de Justiça, do REsp nº 591.708/RS, cujo relator foi o Ministro Teori Zavascki, à época também presidente daquele Colegiado. Em maio de 2004, o Ministro Teori proferiu o seu voto, tendo sido acompanhado pela Ministra Denise Arruda e pelo Ministro Francisco Falcão. Restou vencido o Ministro José Delgado. Esse julgamento é emblemático para o tema, eis que, pela primeira vez, uma turma do Superior Tribunal de Justiça manifestava o entendimento de que o crédito-prêmio do IPI havia sido extinto em 30.6.1983. Passa-se, na sequência, a expor os fundamentos do voto do relator para assim concluir.

No seu voto, o Ministro Teori discorda das teses jurídicas dos contribuintes e da Fazenda Nacional, a primeira no sentido de que os dispositivos que fixavam o prazo final em 30.6.1983 foram revogados e jamais restaurados, e a segunda no sentido de que nenhum normativo superveniente ao Decreto-Lei nº 491, de 1969, havia revogado aquele prazo. Ao ver do Ministro Teori e da maioria da Primeira Turma que o acompanhou, o prazo fatal de 30.6.1983 fora sim revogado pelo Decreto-Lei nº 1.724, de 1979 e pelo Decreto-Lei nº 1.894, de 1981, um caso de "revogação implícita, por incompatibilidade", nos termos do §1º do art. 2º do Decreto-Lei nº 4.657, de 1942, a Lei de Introdução às normas do Direito Brasileiro, então ainda denominada Lei de Introdução ao Código Civil. Isso porque as normas que delegaram ao ministro da Fazenda a fixação do termo final de vigência do benefício eram implicitamente incompatíveis com a data de 30.6.1983, já que o ministro da Fazenda poderia fixar prazo maior ou menor do que aquela data.

Todavia, estabelecido o entendimento de que teria sim havido a revogação implícita daquele termo final de vigência pelas normas que veicularam a delegação ao Ministro da Fazenda (Decreto-Lei nº 1.724, de 1979 e Decreto-Lei nº 1.894, de 1981), com a declaração de inconstitucionalidade dessa delegação pelo Supremo Tribunal Federal, ocorreu o que o Ministro Teori chamou de "efeito repristinatório" das normas revogadas, ou seja, o "revigoramento de lei apenas aparentemente revogada por norma posteriormente declarada inconstitucional". E concluiu o Ministro Teori no seu voto:

> Declarada a inconstitucionalidade do art. 1º do DL 1.724/79 e do art. 3º do DL 1.894/81, é imperioso reconhecer que deles não surgiu qualquer efeito jurídico legítimo, muito menos aquele, antes referido, de produzir a revogação implícita do prazo de vigência do benefício fiscal até 30 de junho de 1983. Com a inconstitucionalidade da norma revogadora (ainda mais em se tratando de revogação implícita, por incompatibilidade, como é o caso) ficou inteiramente mantido, *ex tunc*, o preceito normativo que se tinha por revogado. A consequência necessária é a da restauração, da repristinação ou, melhor dizendo, da *manutenção*, plena e intocada, da norma que estabeleceu como sendo em 30 de junho de 1983 o prazo fatal de vigência do incentivo previsto no art. 1º do DL 491/69.

E ainda reforçou a sua conclusão com outro argumento, o de que o Judiciário somente atua como legislador negativo, ou seja, ao declarar a inconstitucionalidade parcial de uma norma, o Poder Judiciário não pode inovar no plano do direito positivo, fazendo surgir nova norma, não prevista nem desejada pelo legislador. Sustenta que é isso que ocorreria caso se acolhesse a tese dos contribuintes:

> [...] é certo que a decisão do Judiciário não poderia acarretar a consequência de produzir uma norma nova, conferindo ao benefício fiscal uma vigência indeterminada, não prevista e não querida pelo legislador, e não estabelecida nem mesmo pelo Ministro da Fazenda, no uso de sua *inconstitucional* competência delegada.

Por fim, o Ministro Teori ainda adentrou na outra tese dos contribuintes, a da inaplicabilidade do art. 41 do ADCT, eis que, ao ver deles, o benefício não tinha natureza setorial, e, portanto, também não fora extinto em 5.10.1990. Ao citar essa tese, o ministro afirma que o crédito-prêmio do IPI "era um típico incentivo fiscal setorial, direcionado que estava ao chamado 'setor exportador'", e como não fora confirmado por nenhuma lei no interregno de dois anos após a promulgação da Constituição de 1988, estaria inegavelmente extinto. Assim, concluiu que, ainda que se discordasse da sua posição de que teria havido o efeito repristinatório, o qual fez retornar o termo final de vigência em 30.6.1983, o incentivo fiscal estaria extinto desde 5.10.1990 por força do §1º do art. 41 do ADCT.

Além de esse julgamento ser emblemático pelo fato de, pela primeira vez, um colegiado do Superior Tribunal de Justiça ter acolhido a tese de extinção do crédito-prêmio do IPI em 30.6.1983, ele também foi notável por ter sido o primeiro a se debruçar sobre a tese subsidiária da extinção do incentivo em 5.10.1990, caso a primeira tese não fosse aceita. E ao se debruçar sobre ela, acolheu-a, isto é, entendeu aplicável ao art. 41 do ADCT.

De se notar que esse entendimento do Ministro Teori, sufragado pela maioria da Primeira Turma, viria num primeiro momento a ser confirmado pela Primeira Seção do Superior Tribunal de Justiça. Foi o julgamento do REsp nº 541.239/DF, da relatoria do então Ministro do Superior Tribunal de Justiça Luiz Fux. Iniciado em setembro de 2004, a Primeira Seção concluiu o julgamento somente em novembro de 2005. Como esperado, o Ministro Teori Zavascki compôs a maioria ao lado do relator, Ministro Luiz Fux, e dos ministros Denise Arruda, Francisco Peçanha Martins e Francisco Falcão. Ficaram vencidos os ministros João Otávio de Noronha, Castro Meira e José Delgado.

Passados apenas quatro meses da conclusão desse julgamento pela Primeira Seção, esse mesmo colegiado voltou a apreciar a questão em março de 2006 nos Embargos de Divergência no REsp nº 396.836/RS, tendo agora o Ministro Teori Zavascki na relatoria. Após transcrever como fundamentação do seu voto aquele por ele proferido no REsp nº 541.239/DF, o ministro se debruça sobre um elemento novo, introduzido no debate pelo Senado Federal em 20.12.2005, a saber, a edição da Resolução nº 71, a qual suspendeu as expressões declaradas inconstitucionais pelo Supremo Tribunal Federal no Decreto-Lei nº 1.724, de 1979, e no Decreto-Lei nº 1.894, de 1981. Ao fazê-lo, porém, foi um pouco além:

> Art. 1º É suspensa a execução, no art. 1º do Decreto-Lei nº 1.724, de 7 de dezembro de 1979, da expressão "ou reduzir temporária ou definitivamente, ou extinguir", e, no inciso I do art. 3º do Decreto-Lei nº 1.894, de 16 de dezembro de 1981, das expressões "reduzi-los" e

"supendê-los ou extingui-los", *preservada a vigência do que remanesce do art. 1º do Decreto-Lei nº 491, de 5 de março de 1969.* (Grifos nossos)

Verifica-se que o Senado Federal na parte acima destacada, para além de se utilizar da faculdade prevista no inc. X do art. 52 da Constituição, ou seja, suspender as expressões declaradas inconstitucionais pelo Supremo Tribunal Federal, tentou imiscuir-se no debate judicial acerca do termo final de vigência do crédito-prêmio do IPI para dizer, de forma nem tão dissimulada, que o incentivo fiscal estaria em vigor. E note-se: àquela altura o debate estava com sua temperatura elevada, tendo os contribuintes colhido um revés significativo na Primeira Seção apenas um mês antes da edição da indigitada resolução.

Contudo, a tentativa foi desconsiderada de forma firme e elegante pelo Ministro Teori.

Ao fazê-lo, ensinou-nos a finalidade e os limites da atribuição cometida ao Senado Federal pelo constituinte no citado art. 52, inc. X:

> E se o Senado, indo além da atribuição prevista no art. 52, X, da CF e da própria decisão do STF, emite juízo sobre a vigência ou não de outros dispositivos legais não alcançados pela inconstitucionalidade, é certo que a Resolução, no particular, não compromete e nem limita o âmbito da atividade jurisdicional. É o que decorre do princípio da autonomia e independência dos Poderes. [...]
>
> O importante é que, seja qual seja a interpretação que se possa dar à Resolução 71/2005, é certo que ela não tem eficácia vinculativa ao Judiciário e muito menos o efeito revogatório de decisões judiciais. Não se pode supor, em face do disposto na parte final do seu art. 1º – porque aí a sua inconstitucionalidade atingiria patamares assustadores – que a sua edição tenha tido o propósito de se contrapor ou de alterar as decisões do STJ relativas ao incentivo fiscal em questão, como se o Senado Federal fosse uma espécie de instância superior de controle da atividade jurisdicional. Não foi esse, certamente, o objetivo do Senado e o STJ não se sujeitaria a tão flagrante violação da sua independência.

O Ministro Teori deixa claro que o exercício da competência prevista no inc. X do art. 52 da Constituição constitui-se em juízo político e é, portanto, uma faculdade que poderá ser exercida ou não pelo Senado Federal. Não vincula o Poder Judiciário e não pode ir além da mera suspensão das expressões declaradas inconstitucionais. Se o for, a sua atuação será inócua.

Mas a edição da Resolução nº 71 não foi em vão. Após o voto do Ministro Teori, votou o Ministro Castro Meira, que de forma franca admitiu que a citada resolução ensejou a rediscussão da matéria na Primeira Seção:

> Em novembro passado, no julgamento do REsp nº 541.239/DF, a Seção reviu seu posicionamento, para entender extinto o benefício em 30.06.83. A partir de então, obediente à jurisprudência da Casa, curvei-me à nova orientação nos processos ainda pendentes de apreciação. A divergência estaria superada não fosse a Resolução nº 71/2005 do Senado Federal, da relatoria do Senador Amir Lando, que, ao suspender a eficácia dos dispositivos declarados inconstitucionais pela Suprema Corte, fez constar no parecer anexo à Resolução a subsistência, nos dias atuais e por prazo indeterminado, do crédito-prêmio de IPI. A norma Senatorial foi o mote, de que se valeram os contribuintes, para reabrir a discussão em torno da vigência do crédito-prêmio.

No seu voto, o Ministro Castro Meira expõe a sua compreensão de que se deveria preservar a segurança jurídica, confirmando-se o entendimento das Primeira e Segunda Turmas do Superior Tribunal de Justiça, ou seja, de que o crédito-prêmio não fora extinto em 30.6.1983, já que tal termo final fora revogado pelo Decreto-Lei nº 1.724, de 1979, e pelo Decreto-Lei nº 1.894, de 1981. Além disso, e, ao contrário do que entendia o Ministro Teori, para o Ministro Castro Meira não houvera o efeito repristinatório de tal prazo após a declaração de inconstitucionalidade da delegação ao ministro da Fazenda, levada a efeito pelo Supremo Tribunal Federal. Assim, o Ministro Castro Meira abriu a divergência, mas limitou a fruição do benefício tendo em conta o prazo estabelecido no §1º do art. 41 do ADCT, 5.10.1990, até mesmo porque o pedido contido na inicial não ia além dessa data. Ao Ministro Castro Meira se juntaram os ministros José Delgado, Eliana Calmon, João Otávio de Noronha e Francisco Falcão, este último presidente e com o voto de desempate. Com o Ministro Teori ficaram vencidos os ministros Francisco Peçanha Martins, Luiz Fux e Denise Arruda. Com esse resultado, retornou-se ao entendimento pretérito do Tribunal, ou seja, o de que o crédito-prêmio do IPI não fora extinto em 30.6.1983.

Posteriormente, a Primeira Seção voltou ao tema do termo de vigência do crédito-prêmio do IPI, agora no julgamento do EResp nº 765.134/SC. Tendo se iniciado em setembro de 2006, o julgamento foi concluído em junho de 2007, sendo que o Ministro Teori Zavascki conduziu a divergência que formou a maioria. Superada que havia sido a tese de extinção em 30.6.1983, em favor dos contribuintes, a Primeira Seção reafirmou que o crédito-prêmio era um incentivo setorial, destinado ao setor exportador, tendo sido extinto em 30.10.1990, por força do §1º do art. 41 do ADCT. Ocorre que nesse julgamento o Ministro Herman Benjamin propôs uma surpreendente modulação de efeitos, a fim de beneficiar os contribuintes que tivessem se utilizado do benefício do crédito-prêmio até 9.8.2004 (data da publicação do acórdão do REsp nº 591.708/RS, aquele relatado pelo Ministro Teori na Primeira Turma e que foi analisado acima). O Ministro Herman Benjamin propunha tal modulação em nome de uma segurança jurídica que claramente não se poderia cogitar no caso, já que baseada numa premissa inexistente, qual seja, a de que, anteriormente a agosto de 2004, a jurisprudência do Superior Tribunal de Justiça era no sentido da vigência do benefício para além de outubro de 1990, ou seja, indefinidamente. Como já se demonstrou, anteriormente a esse julgamento de 2004 referenciado pelo Ministro Herman Benjamin, o Superior Tribunal de Justiça nunca havia se pronunciado sobre a aplicação ou não do disposto no art. 41 do ADCT, já que os processos até então julgados por aquela Corte não avançavam para além de 5.10.1990. Vale dizer, os seus pedidos se limitavam até aquela data. E quando se pronunciou pela primeira vez, no julgamento da Primeira Turma de agosto de 2004, foi para firmar o entendimento de que, se o crédito-prêmio não fora extinto em 1983, fora extinto em 5.10.1990. Dessa forma, não havia que se falar em preservar uma suposta segurança jurídica, inequivocamente inexistente.

Coube novamente ao Ministro Teori demonstrar em seu voto-vista o desacerto da proposta de modulação. Em primeiro lugar, o Ministro Teori destacou o quanto se expôs acima, isto é, anteriormente a 2004, o Tribunal nunca havia se manifestado sobre a revogação ou não do benefício em outubro de 1990, em face da aplicação do §1º do art. 41 do ADCT. Em segundo lugar, ressaltou que a proposta de modulação formulada, se aceita, implicaria prorrogar a vigência de preceitos normativos revogados, o que se afastaria em muito da permissão dada pelo legislador ao Supremo Tribunal Federal de modulação dos efeitos de decisões que declaram a inconstitucionalidade de preceitos normativos. Seria o Judiciário assumir o papel de legislador positivo, alertou uma vez mais o Ministro Teori Zavascki. Termina o Ministro Teori por destacar o perigo de um poder imiscuir-se na competência de outro poder, que é o que ocorreria, ao seu ver, se a proposta de modulação fosse acolhida:

> Inobstante, peço licença para enfatizar o que já afirmei em outras oportunidades, no curso do julgamento dessa matéria: a nós, juízes, cabe exercer o papel que nos cabe, de juízes, julgando a causa segundo a Constituição e o direito vigente. É nosso dever zelar por essa competência constitucional de julgar, repelindo indevidas tentativas de interferências externas em nosso ofício. Todavia, com a mesma veemência com que defendemos essas prerrogativas de juízes, devemos igualmente resistir à tentação de assumir o papel dos demais Poderes, os quais, no exercício da competência que lhes é atribuída pela Constituição, certamente saberão definir e promover todas as medidas administrativas ou legislativas necessárias para preservar os interesses maiores da Nação, inclusive no que se refere ao tratamento fiscal do setor exportador.

Com exceção do Ministro Herman Benjamin, que havia proposto a modulação, e do Ministro João Otávio de Noronha, todos os demais ministros da Primeira Seção acompanharam o Ministro Teori na rejeição a tal ponto.

Registre-se, adicionalmente, que a compreensão de que o crédito-prêmio do IPI era um incentivo setorial e, como tal, fora extinto em 30.10.1990, à luz do disposto no §1º do art. 41 do ADCT, foi confirmada pelo Plenário do Supremo Tribunal Federal no julgamento dos RE nºs 561.485 e 577.348, com repercussão geral reconhecida na própria sessão, ocorrida em 13.8.2009. A decisão foi unânime. Também se fixou, nesse julgamento, o prazo prescricional para a propositura das ações judiciais em cinco anos, no mesmo sentido da posição do Superior Tribunal de Justiça. Por fim, em outubro de 2014, o Plenário do Supremo Tribunal Federal rejeitou a Proposta de Súmula Vinculante nº 47, sobre o prazo de vigência do crédito-prêmio do IPI, ao entendimento de que o tema já não era mais controvertido e os processos seriam residuais. Tal rejeição contou com o voto do Ministro Teori Zavascki, naquela ocasião já ministro do Supremo Tribunal Federal desde o final de 2012.

Conclusão

O tema do crédito-prêmio do IPI significou uma discussão judicial bilionária (em valores de 2009, segundo cálculos da Secretaria da Receita Federal do Brasil, 288 bilhões de reais) e, como se demonstrou, determinado entendimento estava se consolidando no âmbito das Primeira e Segunda Turmas do Superior Tribunal de Justiça em decisões monocráticas, as quais, uma vez objeto de agravos interpostos pela Fazenda Nacional, eram confirmadas pelos respectivos colegiados sem uma efetiva e aprofundada análise por parte dos ministros que os compunham. É devido o reconhecimento ao Ministro Teori Zavascki por ter percebido esse estado de coisas e, independentemente de sua posição principal não ter prevalecido – a extinção do crédito-prêmio em 30.6.1983 –, de ter proporcionado a ambos os lados dessa discussão, a Fazenda Nacional e os exportadores, um debate digno da relevância econômica e jurídica envolvidas nesse assunto.

O fato de ter prevalecido no Superior Tribunal de Justiça e depois no Supremo Tribunal Federal a tese da extinção do incentivo fiscal em 5.10.1990, tese que o Ministro Teori tinha como subsidiária, em nada diminui o seu protagonismo, bem como o brilhantismo, elegância e firmeza com que defendeu suas posições na Primeira Turma e na Primeira Seção do Superior Tribunal de Justiça. Note-se que se somaram a uma discussão jurídica nada trivial, uma inusitada resolução do Senado Federal, que buscou influenciar no resultado do julgamento, e uma surpreendente proposta de modulação de efeitos. Ambas situações permitiram ao Ministro Teori acrescentar à já densa discussão do termo final do crédito-prêmio do IPI outras duas: os limites do Senado Federal no exercício da atribuição lhe cometida pela Constituição de 1988 no inc. X do seu art. 52, e uma reflexão interessantíssima sobre a utilização pelo Poder Judiciário, não só pelo Supremo Tribunal Federal, da possibilidade de modulação de efeitos de decisões judiciais.

Esse caso demonstra a importância do perfil do Ministro Teori Zavascki na composição de qualquer tribunal. Após ter provocado a efetiva discussão do tema no Superior Tribunal de Justiça, conformou-se a uma posição que ele tinha como subsidiária, já que ele havia ficado vencido na sua posição principal, quando do julgamento na Primeira Seção. Portanto, é inequívoco o seu respeito à jurisprudência do Tribunal em que era membro. Mas não admitia se submeter passivamente a precedentes monocráticos confirmados pelos colegiados em julgamentos de listas, sobejamente quando se estava diante de uma discussão cuja relevância era indubitável. Sabedor dessa dimensão, não se conteve com uma posição cômoda de apenas citar precedentes como fundamentação dos seus votos, abdicando do dever de refletir sobre o que julgava e levar essa reflexão ao escrutínio do colegiado.

O fato de a posição do Ministro Teori ser coincidente com a defendida pelo autor destas linhas, um procurador da Fazenda Nacional, não aumenta ou diminui a admiração pela sua postura de juiz. Em tantos outros casos ele tinha entendimentos contrários à Fazenda Nacional (como no importante caso da legalidade da correção monetária do crédito escritural do IPI, quando verificada resistência do Fisco ao direito ao creditamento). O traço relevante era a consistência das suas posições e, uma vez vencido, tinha respeito à posição vencedora.

Informação bibliográfica deste texto, conforme a NBR 6023:2018 da Associação Brasileira de Normas Técnicas (ABNT):

SOLLER, Fabrício Da. A contribuição do Ministro Teori Zavascki na discussão do crédito-prêmio do IPI. *In*: SEEFELDER FILHO, Claudio Xavier; AZEVEDO, Daniel Coussirat de (Coord.). *Teori na prática*: uma biografia intelectual. Belo Horizonte: Fórum, 2022. p. 399-407. ISBN 978-65-5518-344-3.

DIREITO PREVIDENCIÁRIO: DO MAGISTÉRIO À MAGISTRATURA, DO TRIBUNAL REGIONAL FEDERAL DA 4ª REGIÃO AO SUPREMO TRIBUNAL FEDERAL

OSCAR VALENTE CARDOSO

Introdução

O Professor e Ministro Teori Zavascki prestou uma grande contribuição em sua carreira para o desenvolvimento do direito brasileiro, especialmente no direito público e no direito processual civil. Além disso, a partir de sua atuação no Supremo Tribunal Federal, influenciou enormemente o direito penal (material e processual).

A sua capacidade de compreender, sintetizar e transformar questões complexas em frases simples, objetivas e diretas, auxiliava na compreensão e aplicação dos extensos (seja no tempo da sessão, seja na quantidade de páginas dos acórdãos) julgamentos do STF, o que auxiliava não apenas na identificação dos fundamentos determinantes e na efetiva observância da decisão em todo o Judiciário, mas certamente facilitava a elaboração dos informativos, a divulgação de notícias sobre as decisões e, principalmente, o entendimento da sociedade e das pessoas efetivamente afetadas.

Não é à toa que, no final da dedicatória de seu livro *Eficácia das sentenças na jurisdição constitucional*, ao também dedicar a obra aos juízes do TRF da 4ª Região (onde atuava na época), aos alunos e professores da Universidade Federal do Rio Grande do Sul, conclui: "Magistratura e magistério constituíram a fonte e a finalidade do presente estudo".

O magistério e a magistratura andavam lado a lado, e de forma equilibrada, com o Professor e Ministro Teori, que sabia utilizar na medida certa a sua experiência como professor nos julgamentos e a sua experiência como julgador nas salas de aula e auditórios.

No direito público, possuía um notório conhecimento em direito tributário e em direito previdenciário, com suas decisões nos órgãos colegiados do Superior Tribunal de Justiça servindo de referência na Academia e nos Fóruns, o que foi igualmente mantido (e ampliado) na Suprema Corte.

No direito previdenciário, também escreveu artigos, ministrou aulas e proferiu palestras sobre diversos temas, além de ter desenvolvido estudos mais amplos sobre a eficácia social da prestação jurisdicional.

Por isso, este texto analisa, na sequência, quatro decisões relevantes em matéria previdenciária que tiveram a participação do Ministro Teori Zavascki em seu julgamento: duas no Tribunal Regional Federal da 4ª Região (um sobre o valor mínimo dos benefícios previdenciários e outro sobre a coisa julgada administrativa nos benefícios previdenciários), uma no Superior Tribunal de Justiça (prazo decadencial para a revisão de benefícios previdenciários) e uma no Supremo Tribunal Federal (desaposentação).

1   Valor mínimo dos benefícios previdenciários

A Constituição de 1988 reestruturou a Seguridade Social no Brasil, com a sua organização ampla para formar a base de proteção social no território nacional. A Seguridade Social é, basicamente, um sistema integrado de proteção das pessoas contra os riscos e contingências sociais (como a velhice, a pobreza, a deficiência etc.), mantido e administrado pela Administração Pública e pela sociedade civil.

A Seguridade Social é dividida em três ramos distintos: Saúde, Previdência Social e Assistência Social. Nos termos do *caput* do art. 194 da Constituição, "a seguridade social compreende um conjunto integrado de ações de iniciativa dos Poderes Públicos e da sociedade, destinadas a assegurar os direitos relativos à saúde, à previdência e à assistência social".

Em outras palavras, a Seguridade Social é o gênero que abrange as espécies Saúde, Previdência Social e Assistência Social. Enquanto aquela compreende de forma ampla o sistema proteção social do ser humano, os seus três ramos tratam de aspectos específicos dessa tutela: a Saúde busca eliminar ou reduzir doenças e outros problemas de saúde dos seres humanos, a Previdência Social cuida da cobertura de contingências predeterminadas como contrapartida ao pagamento de contribuições e a Assistência Social também abriga os riscos sociais, mas de forma gratuita (não contributiva) para pessoas hipossuficientes não inseridas no subsistema previdenciário (possui um caráter subsidiário em relação à Previdência) .

A Previdência Social, como o próprio nome indica, busca prever e resolver problemas sociais, para que as pessoas em risco social recebam uma renda para assegurar sua subsistência.

A Declaração Universal dos Direitos Humanos preocupou-se com o assunto, ao dispor em seu Artigo XXV.1:

> toda pessoa tem direito a um padrão de vida capaz de assegurar a si e a sua família saúde e bem-estar, inclusive alimentação, vestuário, habitação, cuidados médicos e os serviços sociais indispensáveis, e direito à segurança em caso de desemprego, doença, invalidez, viuvez, velhice ou outros casos de perda dos meios de subsistência fora de seu controle.

Em resumo, a Previdência Social é uma modalidade de proteção social que tem como principal objetivo o de custear o pagamento de benefícios e serviços para contingências que possam vir a ocorrer com os segurados e seus dependentes (doença, idade avançada, morte, prisão etc.), garantindo uma renda mínima para a subsistência de seus beneficiários.

A Constituição de 1988 regula a Previdência Social nos arts. 201/202, que formam a base do sistema previdenciário no país e contêm princípios que norteiam a elaboração, a interpretação e a aplicação das regras infralegais sobre a matéria.

Entre elas, o §5º do art. 201 da Constituição previa, em sua redação originária, que "nenhum benefício que substitua o salário de contribuição ou o rendimento do trabalho do segurado terá valor mensal inferior ao salário mínimo". O dispositivo permanece no texto constitucional, mas foi renumerado para o §2º pela EC nº 20/98.

Essa norma levou à seguinte controvérsia: o art. 201, §5º, é autoaplicável e deve produzir reflexos imediatos sobre os benefícios previdenciários ou depende de lei reguladora para autorizar a sua aplicação?

Administrativamente, concluiu-se que a norma não era autoaplicável, logo, os benefícios previdenciários pagos em valores inferiores ao salário mínimo não foram revisados, o que levou à judicialização do tema.

Em acórdão relatado por Teori Zavascki no ano de 1991, o TRF da 4ª Região decidiu que o dispositivo constitucional que determinava a observância do salário mínimo para o pagamento dos benefícios previdenciários era autoaplicável, razão pela qual não dependia de lei reguladora e deveria ser aplicado de imediato:

> CONSTITUCIONAL. PREVIDÊNCIA SOCIAL. AUTO-APLICABILIDADE DOS PARÁGRAFOS 5º E 6º DO ARTIGO 201 DA CONSTITUIÇÃO FEDERAL.
>
> 1. Dado o caráter obrigatório das normas de direito constitucional, delas se há de extrair, para imediata aplicação, todo o potencial de eficácia possível.
>
> 2. Deixar de aplicar o preceito constitucional, sob fundamento de ausência de norma de caráter regulamentar necessária, implica inconstitucionalidade por omissão.
>
> 3. O reconhecimento de inconstitucionalidade por ação e por omissão subordina-se a cuidados e princípios exegéticos idênticos: a presunção milita em favor da constitucionalidade do ato ou da omissão; a omissão inconstitucional só pode ser admitida quando a necessidade de norma regulamentadora se demonstrar evidente e acima de toda dúvida razoável.
>
> 4. Inexistência, na hipótese, de óbices sérios à imediata aplicação, com plena eficácia, do preceito constitucional.
>
> 5. Sentença confirmada. (TRF4. AC nº 91.04.01397-2. Rel. Min. Teori Albino Zavascki, 2ª Turma. *DJ*, 8 maio 1991)

Em consequência, a revisão dos benefícios inferiores ao salário mínimo deveria ser realizada de forma imediata pela Administração Previdenciária e independentemente de requerimento dos beneficiários, porque decorria da aplicação direta do novo dispositivo constitucional. Tendo em vista que a norma da Constituição não remetia à sua regulação e contém um comando claro e direto (os benefícios previdenciários que substituírem o salário de contribuição ou o rendimento do trabalho do segurado devem ser pagos com o valor mensal de, ao menos, um salário mínimo), deve ser cumprida independentemente de complementação por lei.

Pouco mais de dois anos depois, o Supremo Tribunal Federal apreciou a mesma questão controversa no RE nº 159.413 (relatado pelo Ministro Moreira Alves), e decidiu da mesma forma, ou seja, com a autoaplicabilidade da norma constitucional:

Previdência Social. PAR. 5. do artigo 201 da Constituição Federal. - É auto-aplicável o PAR. 5. do artigo 201 da Constituição Federal. Recurso extraordinário não conhecido. (RE nº 159.413/SP. Rel. Min. Moreira Alves, Pleno, j. 22.9.1993. *DJ*, 26 nov. 1993, p. 25543)

Posteriormente, a fim de dar cumprimento ao julgado da Suprema Corte, o ministro da Previdência Social editou a Portaria MPS nº 714/93, de 9.12.1993, que previa em seu art. 1º a observância desse acórdão a partir de março de 1994, com a revisão administrativa automática e o pagamento aos beneficiários que receberam valor inferior a um salário mínimo (na aposentadoria, auxílio-doença, auxílio-reclusão, pensão por morte e renda mensal vitalícia), a diferença entre o valor dos benefícios pagos e o salário mínimo vigente em cada mês de competência, no período de 6.10.1988 a 4.4.1991.

A fixação do salário mínimo como o piso para os benefícios previdenciários que substituírem o salário de contribuição ou o rendimento do trabalho do segurado contém duas exceções: os benefícios que não substituem o rendimento ou o salário de contribuição do segurado podem ser inferiores ao salário mínimo (como ocorre com o auxílio-acidente e o salário-família) e a divisão dos benefícios de auxílio-reclusão e de pensão por morte para os dependentes pode levar à existência de cotas em valor inferior a um salário mínimo.

2 Benefício previdenciário e coisa julgada administrativa

O processo civil possui um sistema rígido, formado por etapas distintas e preclusões. Conhecida como a "preclusão máxima", a coisa julgada é uma situação jurídica do conteúdo de determinadas decisões judiciais (as decisões de mérito, de acordo com o art. 502 do CPC), consistente em um atributo específico que leva à impossibilidade de sua modificação, que se agrega aos reflexos que ela produz (declaratórios, constitutivos, condenatórios, mandamentais ou executivos *lato sensu*), estabilizando-os. O art. 5º, XXXVI, da Constituição, assegura a coisa julgada como uma garantia fundamental, a qual, por ser cláusula pétrea, não pode ser revogada, tampouco limitada por norma infraconstitucional.

Por sua vez, a coisa julgada administrativa é um tema polêmico, a começar pelo uso da expressão para designar a existência da coisa julgada nas decisões administrativas, por duas razões:

(a) a não equiparação das decisões proferidas por agentes administrativos (inclusive no Judiciário) aos pronunciamentos de mérito dos juízes, ou seja, as primeiras são decisões que não são proferidas no desempenho da atividade jurisdicional e, consequentemente, não têm os seus atributos;

(b) e a parcialidade da Administração Pública que é uma parte interessada no julgamento dos processos administrativos, de forma diversa da imparcialidade exigida para o julgamento dos processos judiciais.

Ainda assim, a existência de uma coisa julgada administrativa significa que a Administração Pública se vincula às suas próprias decisões e não pode desrespeitá-las no futuro. Trata-se, de forma mais simplificada, de uma preclusão interna, que limita os atos administrativos futuros, mas não impede o questionamento da decisão administrativa em um processo judicial.

Outros valores constitucionais conduzem à estabilidade dos atos administrativos: a segurança jurídica leva à necessidade de previsibilidade dos atos administrativos e a isonomia impõe o tratamento semelhante para fatos iguais e para pessoas em situações similares.

Sobre o assunto (e os limites de alteração das decisões administrativas pela própria Administração Pública), a Súmula nº 473 do Supremo Tribunal Federal (aprovada em 3.12.1969) dispõe:

> a administração pode anular seus próprios atos, quando eivados de vícios que os tornam ilegais, porque deles não se originam direitos; ou revogá-los, por motivo de conveniência ou oportunidade, respeitados os direitos adquiridos, e ressalvada, em todos os casos, a apreciação judicial.

Esse enunciado leva a três constatações:

(a) em regra, a Administração Pública deve respeitar os seus próprios atos nas suas condutas futuras;
(b) excepcionalmente, a Administração Pública deve anular os atos administrativos ilegais e pode revogar os atos administrativos no futuro, com fundamento na conveniência ou na oportunidade administrativa, mas sem retroagir os efeitos dessa mudança ou violar os direitos adquiridos;
(c) em quaisquer situações, de manutenção, anulação ou revogação dos atos administrativos, é possível a revisão judicial do ato.

No direito previdenciário, a discussão sobre a existência da coisa julgada administrativa ou de uma preclusão interna das decisões administrativas afeta o cumprimento dos requisitos e a expectativa dos segurados para a obtenção das prestações (benefícios e serviços) previdenciárias.

Por exemplo, em um pedido de benefício por incapacidade, se o INSS reconhece que o postulante trabalhou nos 60 meses anteriores como segurado especial, ele pode ter a expectativa de que, em requerimentos futuros (como exemplo, de aposentadoria por idade, ainda existente para essa categoria de segurados), esse período será mantido administrativamente ou deverá novamente produzir provas para esse intervalo de tempo? De outro lado, para excluir esse período nos requerimentos posteriores do mesmo segurado o INSS deve justificar a revogação do ato anterior?

No Tribunal Regional Federal da 4ª Região, entre vários processos relatados pelo então Juiz Federal Teori Albino Zavascki, destaca-se um caso em que o INSS realizou justificação administrativa (com a produção de prova oral), concedeu a aposentadoria ao segurado e, posteriormente, cancelou o benefício, retirando a eficácia das provas:

> ADMINISTRATIVO E PREVIDENCIÁRIO. PROVA DO TEMPO DE SERVIÇO. JUSTIFICAÇÃO ADMINISTRATIVA. CANCELAMENTO DO BENEFÍCIO.
> 1. A APOSENTADORIA CONCEDIDA APOS COMPROVAÇÃO DO TEMPO DE SERVIÇO MEDIANTE JUSTIFICAÇÃO ADMINISTRATIVA JULGADA EFICAZ SÓ PODE SER CANCELADA POR MOTIVO DE NULIDADE. NÃO SE COMPATIBILIZA

COM O ORDENAMENTO JURÍDICO, NOTADAMENTE COM SEU OBJETIVO DE DAR SEGURANÇA E ESTABILIDADE AS RELAÇÕES JURÍDICAS, O ATO DA ADMINISTRAÇÃO QUE, FUNDADO UNICAMENTE EM NOVA VALORAÇÃO DA PROVA, MODIFICOU O RESULTADO DA DECISÃO ANTERIOR, JÁ ACOBERTADA PELO EFEITO DE COISA JULGADA ADMINISTRATIVA.
2. SENTENÇA CONFIRMADA. (TRF4. AC nº 90.04.26301-2. Rel. Teori Albino Zavascki, 2ª Turma. *DJ*, 20 jan. 1993)

O julgamento reconheceu a existência da coisa julgada administrativa, com fundamento na segurança jurídica e, consequentemente, manteve a validade do ato de concessão da aposentadoria, em decorrência da ausência de prova de sua nulidade (o que poderia justificar a anulação administrativa).

Assim, no exemplo referido acima, ao averbar em um processo administrativo o período de 60 meses de trabalho do segurado especial, o INSS deverá: (a) em regra, manter e observar esse tempo no futuro; (b) e, excepcionalmente, caso haja a comprovação de sua nulidade (como o uso de provas adulteradas ou a motivação incorreta ou insuficiente da decisão administrativa anterior), a Administração Previdenciária pode anular o ato, desde que observado previamente o devido processo legal.

Quase 30 anos depois do citado julgamento, apesar de ainda existir divergência sobre a denominação (coisa julgada ou preclusão administrativa), essa concepção ainda prevalece na Justiça Federal, inclusive para as decisões proferidas administrativamente pelo INSS (por exemplo: TRF1, AC nº 0033895-06.2013.4.01.3500, 1ª Câmara Regional Previdenciária da Bahia, Rel. Juiz Federal Saulo José Casali Bahia, j. 9.8.2019, *DJ* de 2.9.2019; TRF2, AC nº 0005111-27.2004.4.02.5110, Rel. Des. Federal Liliane Roriz, j. 27.10.2010, *DJ* de 10.11.2010; TRF3, AC nº 0007955-34.2012.4.03.6114, 9ª Turma, Rel. Des. Federal Gilberto Jordan, j. 11.12.2017, *DJ* de 26.1.2018; TRF4, AC nº 5001945-64.2015.4.04.7209, Turma Regional Suplementar de Santa Catarina, Rel. Des. Federal Paulo Afonso Brum Vaz, j. 12.12.2018, *DJ* de 14.12.2018; TRF5, AC nº 2006.80.00.001000-1, 3ª Turma, Rel. Des. Federal Vladimir Carvalho, j. 14.2.2008, *DJ* de 28.4.2008).

3 Prazo decadencial para a revisão de benefício previdenciário

O Ministro Teori Zavascki foi o relator, no Superior Tribunal de Justiça, do REsp nº 1.303.988, sobre o prazo de decadência para a revisão de benefícios previdenciários concedidos pelo INSS.

A controvérsia surgiu com as sucessivas alterações realizadas sobre o art. 103 da Lei nº 8.213/91, que, na sua redação original, fixava apenas o prazo prescricional de cinco anos para a pretensão do beneficiário de cobrar parcelas não pagas. A partir da Medida Provisória nº 1.523-9/1997 (convertida na Lei nº 9.528/97), o dispositivo passou a prever o prazo decadencial de dez anos para o beneficiário exercer o seu direito de revisão dos atos administrativos de concessão do benefício. Esse período foi reduzido para cinco anos pela Lei nº 9.711/98 e foi restaurado para dez anos pela Medida Provisória nº 138/2003 (convertida na Lei nº 10.839/2004).

Diante disso, surgiu a seguinte controvérsia, repetida em milhares de processos judiciais: o prazo decadencial se aplica a todos os benefícios previdenciários (inclusive aqueles concedidos anteriormente ao dia 28.6.1997, quando entrou em vigor a MP nº 1.523-9/97), ou apenas àqueles objeto de ato administrativo praticado a partir da modificação legislativa?

A 1ª Seção do STJ decidiu a questão da seguinte forma:

> PREVIDÊNCIA SOCIAL. REVISÃO DO ATO DE CONCESSÃO DE BENEFÍCIO PREVIDENCIÁRIO. DECADÊNCIA. PRAZO. ART. 103 DA LEI 8.213/91. BENEFÍCIOS ANTERIORES. DIREITO INTERTEMPORAL.
>
> 1. Até o advento da MP 1.523-9/1997 (convertida na Lei 9.528/97), não havia previsão normativa de prazo de decadência do direito ou da ação de revisão do ato concessivo de benefício previdenciário. Todavia, com a nova redação, dada pela referida Medida Provisória, ao art. 103 da Lei 8.213/91 (Lei de Benefícios da Previdência Social), ficou estabelecido que "É de dez anos o prazo de decadência de todo e qualquer direito ou ação do segurado ou beneficiário para a revisão do ato de concessão de benefício, a contar do dia primeiro do mês seguinte ao do recebimento da primeira prestação ou, quando for o caso, do dia em que tomar conhecimento da decisão indeferitória definitiva no âmbito administrativo".
>
> 2. Essa disposição normativa não pode ter eficácia retroativa para incidir sobre o tempo transcorrido antes de sua vigência. Assim, relativamente aos benefícios anteriormente concedidos, o termo inicial do prazo de decadência do direito ou da ação visando à sua revisão tem como termo inicial a data em que entrou em vigor a norma fixando o referido prazo decenal (28/06/1997). Precedentes da Corte Especial em situação análoga (v.g.: MS 9.112/DF Min. Eliana Calmon, DJ 14/11/2005; MS 9.115, Min. César Rocha (DJ de 07/08/06, MS 11123, Min. Gilson Dipp, DJ de 05/02/07, MS 9092, Min. Paulo Gallotti, DJ de 06/09/06, MS (AgRg) 9034, Min. Félix Ficher, DL 28/08/06).
>
> 3. Recurso especial provido. (REsp nº 1.303.988/PE. Rel. Min. Teori Albino Zavascki, 1ª Seção, j. 14.3.2012. *DJe*, 21 mar. 2012)

Em seu voto, o Ministro Teori Zavascki utilizou quatro fundamentos:

(a) o prazo de decadência estabelecido em lei nova se aplica à revisão dos atos administrativos praticados em data anterior e posterior à sua vigência;
(b) o prazo decadencial é um prazo para exercício do direito (sob pena de caducidade), logo, aplicar retroativamente a sua contagem levaria à extinção do próprio direito, o que violaria o direito adquirido (art. 5º, XXXVI, da Constituição);
(c) por outro lado, não existe direito adquirido à manutenção do regime jurídico e o legislador não é proibido de alterar o ordenamento jurídico para o futuro;
(d) em consequência, a contagem do prazo decadencial aos fatos ocorridos em momento anterior à nova lei tem o seu termo inicial fixado na data da entrada em vigor da norma.

Posteriormente, o STF decidiu a questão no Tema nº 313 da Repercussão Geral, com a fixação das seguintes teses:

I - Inexiste prazo decadencial para a concessão inicial do benefício previdenciário;

II - Aplica-se o prazo decadencial de dez anos para a revisão de benefícios concedidos, inclusive os anteriores ao advento da Medida Provisória 1.523/1997, hipótese em que a contagem do prazo deve iniciar-se em 1º de agosto de 1997.

Mais recentemente, o Supremo Tribunal Federal voltou a apreciar o assunto na ADI nº 6.096, sobre a nova alteração realizada pela Medida Provisória nº 871/2019 (convertida na Lei nº 13.846/2019), que ampliou a contagem do prazo decadencial para (além da concessão) os atos de indeferimento, cancelamento ou cessação do benefício previdenciário, bem como para os atos de deferimento, indeferimento ou não concessão do pedido de revisão do benefício.

Neste novo julgamento em controle abstrato de constitucionalidade, o Plenário do STF concluiu, por 6 x 5 votos, que a instituição do prazo legal de decadência para questionar a ausência de concessão ou revisão do benefício leva à exclusão do reconhecimento do próprio direito (ADI nº 6.096, Pleno, Rel. Min. Edson Fachin, j. 13.10.2020, *DJe* de 26.11.2020).

Em resumo, nos dois julgamentos a Suprema Corte definiu que:

(a) não há prazo decadencial para questionar o ato que não concedeu o benefício previdenciário, ou seja, a sua contagem ocorre apenas para o pleito de revisão do ato de concessão;
(b) para os benefícios concedidos a partir de 28.6.1997, o termo inicial da contagem do prazo de decadência para a revisão do ato de concessão corresponde ao primeiro dia do mês seguinte ao recebimento da primeira prestação (art. 103 da Lei nº 8.213/91);
(c) para os benefícios concedidos até 27.6.1997, o termo inicial da contagem do prazo de decadência para a revisão do ato de concessão é sempre o dia 1º.8.1997 (primeiro dia do mês seguinte ao pagamento da primeira prestação posterior à entrada em vigor da MP nº 1.523-9/97);
(d) não há prazo decadencial para revisar judicialmente o ato administrativo que negou, cancelou ou cessou o benefício previdenciário, tampouco o ato que deferiu, indeferiu ou não concedeu o requerimento de revisão do benefício previdenciário.

4 Direito à desaposentação

No Supremo Tribunal Federal, o Ministro Teori Zavascki participou do julgamento dos recursos extraordinários nºs 381.367, 661.256 e 827.833, para a criação de um precedente vinculante no Tema nº 503 da Repercussão Geral sobre a existência – ou não – de um direito à desaposentação.

Os argumentos favoráveis à desaposentação eram, basicamente, os seguintes:

(a) caráter contributivo e filiação obrigatória do RGPS: as contribuições previdenciárias são tributos com uma destinação específica determinada pela Constituição, ao sistema previdenciário (e não à Administração Pública). Logo, ao continuar em atividade, o segurado aposentado permanece compulsoriamente filiado ao RGPS e suas contribuições devem ser computadas ao seu novo e futuro benefício de aposentadoria;
(b) regra da contrapartida: o sistema previdenciário permite que o aposentado permaneça em atividade como segurado obrigatório, logo, as contribuições recolhidas

devem produzir reflexos sobre o benefício. Por isso, o art. 18, §2º da Lei nº 8.213/91 viola os limites do art. 201, §11, da Constituição, especialmente o seu §11, que prevê a repercussão das contribuições previdenciárias sobre os benefícios;
(c) inexistência de vedação legal expressa: a aposentadoria é um direito voluntário e o segurado pode renunciar às prestações, motivo pelo qual também tem um direito à substituição de uma aposentadoria por outra;
(d) caráter protetivo do RGPS: a função primordial da Previdência Social é protetiva (e não arrecadadora), portanto, deve permitir a renúncia a um direito adquirido, para ser substituído por um novo direito adquirido.

Nesse sentido, o Tema nº 563 dos Recursos Repetitivos do Superior Tribunal de Justiça acolhia o direito à desaposentação, sem a necessidade de restituição dos valores recebidos na aposentadoria (posteriormente, em juízo de retratação, o STJ modificou o seu precedente, para adequá-lo ao precedente do STF).

De outro lado, os principais argumentos contrários à desaposentação, analisados no julgamento do STF, foram os seguintes:

(e) princípio da solidariedade, natureza tributária das contribuições previdenciárias e regime de repartição: as contribuições são pagas pelos segurados porque são compulsórias e não se destinam para os benefícios futuros do segurado contribuinte, mas sim para o custeio dos benefícios atuais. Em suma, o recolhimento de contribuições previdenciárias não lhe confere o direito adquirido à aposentadoria, mas apenas uma expectativa de direito às prestações previdenciárias, que serão concedidas mediante o cumprimento dos requisitos legais (por exemplo, se o segurado contribuir durante toda a sua vida laborativa para a Previdência Social e falecer sem deixar dependentes, não haverá nenhuma contrapartida do sistema previdenciário);
(f) equilíbrio financeiro e atuarial e ausência de contrapartida: o art. 18, §2º da Lei nº 8.213/91 não autoriza a produção de reflexos das contribuições do aposentado sobre a sua aposentadoria. O dispositivo legal prevê que o segurado que optar por se aposentar e continuar como filiado obrigatório do RGPS tem o conhecimento prévio de que as suas contribuições posteriores não influenciarão o valor de sua aposentadoria, tampouco serão utilizadas em alguma futura prestação previdenciária a seu favor (salvo nas hipóteses expressamente previstas em lei);
(g) ausência de autorização legal expressa: a concessão da aposentadoria é um ato administrativo vinculado e não existe previsão legal que autorize a Administração Pública ao cancelamento do benefício previdenciário legalmente concedido, substituindo-o por uma nova aposentadoria, apurada em uma data posterior à primeira. Portanto, diante do princípio da legalidade estrita, se não há lei autorizadora, o ato administrativo não pode ser praticado. Apesar de a aposentadoria ser um direito patrimonial disponível, após a concretização do fato gerador e do exercício desse direito, não é possível a ocorrência de um novo fato gerador da aposentadoria para o mesmo segurado. Acerca do tema, a 2ª Turma do STF decidiu em 14.3.2006 que a desaposentação não é

possível em virtude da ausência de autorização legal expressa, a partir de um caso curioso: o aposentado com proventos integrais pretendia renunciar ao benefício não com o objetivo de computar contribuições posteriores, mas sim de excluir algumas contribuições menores e se aposentar proporcionalmente, com um valor que defendia ser superior (RE nº 297.375/RS, 2ª Turma, Rel. Min. Gilmar Mendes, j. 14.3.2006, *DJ* de 7.4.2006, p. 55). Essa questão é denominada "retroação da melhor DIB", não se confunde com a desaposentação e foi posteriormente decidida no Tema nº 334 da Repercussão Geral do STF, com a fixação da seguinte tese:

> Para o cálculo da renda mensal inicial, cumpre observar o quadro mais favorável ao beneficiário, pouco importando o decesso remuneratório ocorrido em data posterior ao implemento das condições legais para a aposentadoria, respeitadas a decadência do direito à revisão e a prescrição quanto às prestações vencidas.

(h) reserva de lei para tratar dos reflexos das contribuições sobre a concessão de prestações previdenciárias (natureza estatutária ou institucional do RGPS): o art. 201, §11, da Constituição, dispõe, na sua parte final, que as contribuições previdenciárias produzem reflexos sobre os benefícios, "[...] nos casos e na forma da lei". Logo, trata-se de norma constitucional de eficácia limitada, que depende de regulamentação por lei infraconstitucional para produzir seus efeitos, razão pela qual a existência do direito à desaposentação depende de autorização legal expressa.

A partir desses argumentos, o STF decidiu, por 7 x 4 votos, que a **desaposentação não é atualmente admissível no ordenamento jurídico nacional, mas que pode ser instituída e regulamentada por lei** (no entendimento dos ministros Dias Toffoli, Teori Zavascki, Edson Fachin, Luiz Fux, Gilmar Mendes, Celso de Mello e Cármen Lúcia). Ainda, houve um voto no sentido de que a desaposentação é permitida, sem ressalvas (Min. Marco Aurélio), e três votos com a compreensão de que a desaposentação é permitida, com ressalvas (Min. Roberto Barroso, Rosa Weber e Ricardo Lewandowski).

Em consequência, a Suprema Corte fixou a seguinte tese para o Tema nº 503:

> No âmbito do Regime Geral de Previdência Social (RGPS), somente lei pode criar benefícios e vantagens previdenciárias, não havendo, por ora, previsão legal do direito à "desaposentação", sendo constitucional a regra do artigo 18, parágrafo 2º, da Lei 8.213/1991.

Há coerência desta tese com julgamentos anteriores em matéria previdenciária. Em setembro de 2006, a 1ª Turma do STF decidiu, no RE nº 437.640/RS, que a contribuição previdenciária do aposentado que continua ou retorna ao trabalho de filiação obrigatória tem fundamento no princípio da universalidade do custeio e tais contribuições não repercutem necessariamente no seu benefício (RE nº 437.640/RS, 1ª Turma, Rel. Min. Sepúlveda Pertence, j. 5.9.2006, *DJ* de 2.3.2007, p. 38). Esse acórdão se apoiou no julgado da ADI nº 3.105, no qual o STF, ao concluir pela constitucionalidade das contribuições previdenciárias dos inativos, usou entre os fundamentos o de que não há correspondência entre a contribuição e a RMI do benefício, ou seja, o sistema previdenciário não é contratual, mas institucional, e a contribuição previdenciária não é prestação sinalagmática, mas sim um tributo (ADI nº 3.105, Pleno, Rel. Min. Ellen Gracie, Rel. p/ acórdão Min. Cezar Peluso, j. 18.8.2004, *DJ* de 18.2.2005, p. 5).

O voto do Ministro Teori Zavascki sobre a desaposentação no Tema nº 503 contém quatro fundamentos principais:

(a) o Regime Geral de Previdência Social tem natureza estatutária ou institucional (e não contratual), logo, os direitos subjetivos dos segurados (e de seus dependentes) são apenas aqueles previstos expressamente no estatuto, ou seja, nas normas previdenciárias;

(b) o estatuto jurídico do aposentado que exercer atividades laborativas prevê que as contribuições pagas por ele se destinam ao custeio geral do sistema de Seguridade Social e não produzem reflexos sobre o seu benefício ou sobre a concessão de um benefício futuro, para o segurado ou os seus dependentes;

(c) as aposentadorias pagas pelo RGPS são irreversíveis e irrenunciáveis, portanto, não é possível haver uma "progressão" ou "promoção" sobre o valor da aposentadoria já concedida, com base em contribuições posteriores;

(d) a Previdência Social é caracterizada pela solidariedade (equidade ou solidariedade contributiva) e pelo caráter contributivo, razão pela qual a aposentadoria paga pelo segurado que permanece em atividade é paga por suas próprias contribuições (e de outros segurados). Além disso, as proibições e limitações existentes para os segurados aposentados que continuam ou retornam ao trabalho são um mecanismo de inibição à cumulação de prestações previdenciárias, o que compreende a proibição da desaposentação.

Desse modo, concluiu-se que não existe inconstitucionalidade na ausência da previsão da desaposentação como um direito subjetivo do segurado no estatuto jurídico do RGPS.

Conclusões

As contribuições do Ministro Teori Zavascki para o direito previdenciário no país foram extremamente relevantes e influenciaram a doutrina, a prática judiciária, as decisões dos tribunais e as orientações administrativas.

Como visto, suas decisões (e a participação em julgamentos) no Tribunal Regional Federal da 4ª Região, no Superior Tribunal de Justiça e, por fim, no Supremo Tribunal Federal, contém fundamentos que permanecem atuais e coerentes com a interpretação e a aplicação do ordenamento jurídico previdenciário.

Informação bibliográfica deste texto, conforme a NBR 6023:2018 da Associação Brasileira de Normas Técnicas (ABNT):

CARDOSO, Oscar Valente. Direito previdenciário: do magistério à magistratura, do Tribunal Regional Federal da 4ª Região ao Supremo Tribunal Federal. *In*: SEEFELDER FILHO, Claudio Xavier; AZEVEDO, Daniel Coussirat de (Coord.). *Teori na prática*: uma biografia intelectual. Belo Horizonte: Fórum, 2022. p. 409-419. ISBN 978-65-5518-344-3.

DANO MORAL COLETIVO *IN* TEORI: INQUIETUDES PERSISTENTES

PAULO MARCOS DE FARIAS
VANESSA WENDHAUSEN CAVALLAZZI

1 Introdução

O ano era 2016 e seguíamos viagem de carro por Santa Catarina, acompanhando o Ministro Teori Zavascki em uma de suas inúmeras incursões pelo estado. Catarinense de nascimento, Teori nutria um amor profundo pelo povo e pelas coisas de sua terra natal. Aliás, quem frequentava o seu gabinete no Supremo Tribunal Federal não deixava de se espantar com o painel de parede inteira que retratava com majestade a verdejante Serra do Rio do Rastro, um dos seus recantos preferidos em solo barriga-verde. Ali, entre os amigos, que cultivava com carinhosa dedicação, permitia-se manter longas conversas, cheias de picardia e bom humor sobre assuntos diversos, que iam desde banalidades da vida diária até as dificuldades de uma República em apuros.

E foi justamente assim, cortando o solo catarinense, que surgiu o tema objeto deste artigo. Passávamos por uma cidade onde o Ministério Público de Santa Catarina havia proposto ação civil pública por ato de improbidade contra o cartorário local, em decorrência de milhares de fraudes em registros imobiliários que, a par de violarem o princípio da legalidade e de proporcionarem robustos ganhos ilícitos, haviam impingido à comunidade insegurança jurídica acerca da correção de seus títulos de propriedade. Ao apresentar o município ao ministro, mencionamos a ação e a pretensão ministerial de condenação do cartorário pelos danos morais coletivos em razão dos atos ímprobos. Imediatamente ouvimos de Teori: "Muito cuidado com essa estória de dano moral coletivo!" Incautos, desconhecíamos sua posição acerca do tema e desafiando a prudência, ousamos questioná-lo acerca de sua renitência.

Após longa pausa, característica da prosa "teoriana" (ele ria muito quando lhe apontavam esse traço!), socraticamente o ministro preferiu devolver-nos a pergunta: "E onde está o dano ao patrimônio moral da sociedade aí?". Teori não era dado a demonstrações estéreis de saber, pois preferia substantivos aos adjetivos e não costumava perder tempo com discussões inúteis. Pragmático, sua pergunta revelava menos um método inquisitório e mais a genuína curiosidade de quem tinha dúvidas. Um pouco surpresos, discorremos sobre as mazelas ocasionadas à comuna, o abalo à segurança das transações imobiliárias, o sentimento generalizado de incerteza tanto daqueles que detinham títulos quanto daqueles que pretendiam adquirir imóveis, o desprestígio com o qual a cidade começou a ser vista por quem desejava adquirir uma gleba.

Nova longa pausa se seguiu até que Teori assentisse: "Até pode ser, mas todo cuidado nesse tipo de análise é pouco para que não se confundam danos morais experimentados por um grupo identificado de pessoas com aqueles que, em tese, poderia uma coletividade sofrer". O voto estava lançado e uma porta se abria.

A viagem seguiu seu curso entre gargalhadas porque, sim, o ministro não se encaixava no estereótipo taciturno no qual as descrições midiáticas lhe procuravam aprisionar. Ele era discreto, seletivo, mas uma das melhores companhias que alguém poderia escolher para quase qualquer empreitada. Havia algo de leve no modo como trilhava o seu caminho e sua vida.

Antes de sermos apresentados a Teori, um amigo em comum nos advertiu de que seus silêncios não equivaliam a sintomas de ausência. Ao contrário. Segundo esse querido amigo, o ministro não perdia um detalhe sequer do que acontecia à sua volta. O que se seguiu à nossa viagem atestou a veracidade da observação. Alguns meses mais tarde, recebemos pelas mãos desse mesmo amigo um presente de Teori: um livro de sua autoria. Na primeira página da obra *Processo coletivo: tutela de direitos coletivos e tutela coletiva de direitos*, uma singela dedicatória: "Querida Vanessa, Parabéns pelo seu aniversário. Tudo de bom a você. Abraço carinhoso, Teori". Entre as páginas 40 e 43 do livro vinha a senha, ou seja, um tópico inteiro sugestivamente intitulado: "Danos morais transindividuais?". Nós não havíamos esquecido as provocações... e muito menos ele.

2 Recurso Especial nº 598.281/MG: um voto paradigmático

A construção teórica consolidada pelo Ministro Teori Zavascki no acórdão lavrado no Recurso Especial nº 598.281/MG, de 2.5.2006, quando ainda atuava na 1ª Turma do Superior Tribunal de Justiça, não só reflete a primeira fase da jurisprudência dos Tribunais Superiores na análise da possibilidade de reconhecimento de danos morais coletivos;[1] ela vai além, estratificando preocupações relativas à coesão e coerência dos fundamentos que esteiam a categoria, que até hoje não encontraram respostas definitivas nem da doutrina e muito menos da jurisprudência. São esquinas teóricas que principiam pelo conceito de dano moral transindividual, estendem-se pela sua natureza jurídica e desaguam na destinação das verbas daí oriundas, controvérsias que continuam a demandar reflexões em ordem de alcançar construtos mais sólidos.

---

[1] SOARES, Flaviana Rampazzo. O percurso do "dano moral coletivo" na jurisprudência do Superior Tribunal de Justiça. *In*: ROSENVALD, Nelson; TEIXEIRA NETO, Felipe (Coord.). *Dano moral coletivo*. Indaiatuba: Foco, 2018. p. 76-92. A autora classifica a jurisprudência do Superior Tribunal de Justiça em duas fases. A primeira delas com tendência refratária ao reconhecimento da existência de danos morais coletivos, embora com algumas divergências entre os órgãos jurisdicionais, é inaugurada pelo REsp nº 598.281/MG, da relatoria do Ministro Teori Zavascki. A segunda, por sua vez, tem início no ano de 2010 com o REsp nº 1.114.893/MG, da relatoria do Ministro Herman Benjamin, e se caracteriza pela admissão da categoria, mas encontra muitas divergências tópicas.

Esses problemas estruturais são tão graves que redundaram no emprego errático pela jurisprudência de múltiplos recursos teóricos, muitos deles conflitantes entre si, para o fim de justificar a existência autônoma dos danos morais coletivos, criando variantes que, no dizer de Di Marino e Ferraz, impressionam muito mais pela intensidade do que pela consistência.[2]

Com efeito, ora a jurisprudência recorre a uma conceituação que mimetiza aquela empregada para os danos morais individuais, indicando a sua vinculação a um "sentimento coletivo de menoscabo, de desprezo, de depreciação", sem, contudo, identificar no que consistiriam essas expressões indeterminadas.[3] Em um segundo modelo, procura-se despregar da concepção civilista clássica da responsabilidade civil[4] para erigir uma espécie de dano *in re ipsa*,[5] justaposto à simples vulneração do direito coletivo tutelado.[6] Ainda se descreve a sua natureza jurídica como ressarcitória, seja de cunho pedagógico, preventivo, como também punitivo, tudo sem contar o uso mixado dessas características ao arrepio das exigências normativas que cada uma delas impõe.[7]

---

[2] DI MARINO, Bruno; FERRAZ, Álvaro. A saga jurisprudencial do dano moral coletivo: tinha razão o saudoso ministro Teori Zavascki. *Migalhas*, 20 mar. 2019. Disponível em: https://www.migalhas.com.br/depeso/299108/a-saga-jurisprudencial-do-dano-moral-coletivo--tinha-razao-o-saudoso-ministro-teori-zavascki. Acesso em: 20 abr. 2021.

[3] No REsp nº 1.057.274/RS, a Relatora Ministra Eliana Calmon conceituou dano moral coletivo como aquele transindividual, que atinge "uma classe específica ou não de pessoas" e que é "passível de comprovação pela presença de prejuízo à imagem e à moral coletiva dos indivíduos enquanto síntese das individualidades percebidas como segmento, derivado de uma mesma relação jurídica-base". A ministra ainda acentuou que o dano extrapatrimonial coletivo "prescinde da comprovação de dor, de sofrimento e de abalo psicológico, suscetíveis de apreciação na esfera do indivíduo, mas inaplicável aos interesses difusos e coletivos" (BRASIL. Superior Tribunal de Justiça. Recurso Especial nº 1.057.274/RS. Recorrente: Ministério Público do Estado do Rio Grande do Sul. Recorrido: Empresa Bento Gonçalves de Transporte Ltda. Relator: Min. Eliana Calmon, j. 01.02.2018. *DJ*, 26 fev. 2010. Disponível em: https://scon.stj.jus.br/SCON/GetInteiroTeorDoAcordao?num_registro=200801044981&dt_publicacao=26/02/2010. Acesso em: 20 abr. 2021).

[4] Yussef Said Cahali caracteriza o dano moral como "[...] a privação ou diminuição daqueles bens que têm um valor precípuo na vida do homem e que são a paz, a tranquilidade de espírito, a liberdade individual, a integridade física, a honra. Diz que há dano que afeta a parte social do patrimônio moral (honra) e o dano que diz respeito a parte afetiva do patrimônio moral (dor, tristeza)" (CAHALI, Yussef Said. *Dano moral*. 2. ed. São Paulo: Revista dos Tribunais, 1998. p. 20).

[5] No REsp nº 1.517.973/PE, o Relator Ministro Luis Felipe Salomão destacou que "O dano moral coletivo é aferível *in re ipsa*, ou seja, sua configuração decorre de mera constatação da prática de conduta ilícita que, de maneira injusta e intolerável, viole direitos de conteúdo extrapatrimonial da coletividade, revelando-se despicienda a demonstração de prejuízos concretos ou de efetivo abalo moral" (BRASIL. Superior Tribunal de Justiça. Recurso Especial nº 1.517.973/PE. Recorrente: TV e Rádio Jornal do Comércio Ltda. Recorrido: Ministério Público do Estado de Pernambuco. Relator: Min. Luis Felipe Salomão, j. 16.11.2017. *DJ*, 26 fev. 2010. Disponível em: https://scon.stj.jus.br/SCON/GetInteiroTeorDoAcordao?num_registro=201500407550&dt_publicacao=01/02/2018. Acesso em: 20 abr. 2021).

[6] Para Xisto Tiago de Medeiros, o conceito de dano moral coletivo não deve se restringir ao sofrimento moral ou à dor psíquica. Para além disso, deve abarcar toda a modificação desvaliosa do espírito coletivo ou, ainda, qualquer violação aos valores fundamentais compartilhados pela coletividade (MEDEIROS NETO, Xisto Tiago de. *Dano moral coletivo*. São Paulo: LTr, 2004. p. 136). Sobre o reconhecimento do dano moral coletivo *in re ipsa*, vide TEIXEIRA NETO, Felipe. Ainda sobre o conceito de dano moral coletivo. *In*: ROSENVALD, Nelson; TEIXEIRA NETO, Felipe (Coord.). *Dano moral coletivo*. Indaiatuba: Foco, 2018. p. 39-44.

[7] Segundo Di Marino e Ferraz, "[...] toda indenização, por definição, visa ressarcir/compensar o lesado, na medida, tanto quanto isso seja materialmente possível, da extensão da lesão [..] ocorre que o fruto da condenação não reverte a ninguém especificamente; [...] não indeniza, nem compensa a vítima; pior: não reverte nem sequer para a melhoria do serviço ou produto específico questionado na ação coletiva [...] de modo que, se a condenação em dano moral reverte-se para a sociedade, ela não tem, nem pode ter, natureza de indenização, mas sim, de multa/punição/castigo; [...]". Conforme os autores, caso a indenização por danos morais coletivos tivesse essa natureza punitiva não dispensaria previsão típica específica e a correlata sanção pecuniária administrativa ou penal descrita em norma legal anterior (DI MARINO, Bruno; FERRAZ, Álvaro. A saga jurisprudencial do dano

E é por isso que o voto do Ministro Teori Zavascki parece nos conduzir às perguntas corretas: no que consistiria o dano moral experimentado pela coletividade? A simples vulneração de direitos coletivos pode induzir a caracterização de danos morais coletivos, sem que seja preciso demonstrar esses efetivos prejuízos? Caso contrário, quais os requisitos necessários para o reconhecimento dos danos morais coletivos? A resposta a todas essas questões exige uma incursão pelo REsp nº 598.281/MG e pelo próprio pensamento de seu subscritor.

Pois bem, o recurso especial teve origem em ação civil pública proposta pelo Ministério Público de Minas Gerais em face do município de Uberlândia e de empresa do ramo imobiliário. A pretensão consistia na paralisação da implantação de loteamento e a reparação dos danos causados ao meio ambiente, além de indenização em dinheiro a título de danos morais coletivos, sob o argumento de que tais atividades causavam erosão, destruição de matas e prejuízos a nascentes de água. A insurgência interposta pelo MPMG perante o Superior Tribunal de Justiça, por sua vez, tinha como objetivo reverter a decisão do tribunal local que havia rejeitado este último pedido, ao argumento de que o dano moral era categoria da responsabilidade civil de expressão pessoal, inviável de ser traduzida à ambiência coletiva por meio de ação civil pública.[8]

Para tanto, o Ministério Público sustentava que o art. 1º da Lei nº 7.347/85 prevê a possibilidade de que a coletividade seja sujeito passivo do dano moral e que, tendo o direito ao meio ambiente ecologicamente equilibrado natureza difusa, sua lesão "atinge concomitantemente a pessoa no seu status de indivíduo relativamente à quota-parte de cada um e, de forma mais ampla, toda a coletividade". Defendia, também, a imperatividade da condenação em danos morais coletivos à vista do simples reconhecimento da existência de danos ambientais. Por último, afirmava a natureza indenizatória e preventiva da categoria.[9]

O relator original, Ministro Luiz Fux, votou pelo provimento do reclamo ministerial, sublinhando:

> [...] o reconhecimento do dano moral ambiental não está umbilicalmente ligado à repercussão física no meio ambiente, mas, ao revés, relacionado à transgressão do sentimento coletivo, consubstanciado no sofrimento da comunidade, ou do grupo social, diante de determinada lesão.

---

moral coletivo: tinha razão o saudoso ministro Teori Zavascki. *Migalhas*, 20 mar. 2019. p. 3. Disponível em: https://www.migalhas.com.br/depeso/299108/a-saga-jurisprudencial-do-dano-moral-coletivo--tinha-razao-o-saudoso-ministro-teori-zavascki. Acesso em: 20 abr. 2021).

[8] BRASIL. Superior Tribunal de Justiça. Recurso Especial nº 598.281/MG. Processual civil. Ação civil pública. Dano ambiental. Dano moral coletivo. Necessária vinculação do dano moral à noção de dor, de sofrimento psíquico, de caráter individual. Incompatibilidade com a noção de transindividualidade (indeterminabilidade do sujeito passivo e indivisibilidade da ofensa e da reparação). Recurso especial improvido. Recorrente: Ministério Público do Estado de Minas Gerais. Recorrido: Município de Uberlândia e outro. Relator: Min. Teori Zavascki, j. 2.5.2006. *DJ*, 1º jun. 2006.

[9] BRASIL. Superior Tribunal de Justiça. Recurso Especial nº 598.281/MG. Recorrente: Ministério Público do Estado de Minas Gerais. Recorrido: Município de Uberlândia e outro. Relator: Min. Teori Zavascki, j. 02.05.2006. *DJ*, 1º jun. 2006. p. 30.

De acordo com o Ministro Luiz Fux, essa espécie de dano teria voz autônoma em relação aos danos patrimoniais e seria aferível *in re ipsa*, ou seja, dispensaria qualquer prova da ocorrência de concretos prejuízos.[10]

Em voto-vista, no entanto, o Ministro Teori Zavascki divergiu do relator, ressaltando sua compreensão de aparente incompatibilidade entre o ressarcimento por danos morais e a ideia de transindividualidade. Segundo escreveu:

> É que o dano moral envolve, necessariamente, dor, sentimento, lesão psíquica, afetando "a parte sensitiva do ser humano, como a intimidade, a vida privada, a honra e a imagem das pessoas, como a intimidade, a vida privada, a honra e a imagem das pessoas" (Clayton Reis, *Os Novos Rumos da Indenização do Dano Moral*, Rio de Janeiro: Forense, 2002, p. 236), "tudo aquilo que molesta gravemente a alma humana, ferindo-lhe gravemente os valores fundamentais inerentes à sua personalidade ou reconhecidos pela sociedade em que está integrado" (Yussef Said Cahali, *Dano Moral*, 2ª ed., São Paulo: RT, 1998, p. 20, *apud* Clayton Reis, *op. cit.*, p. 237). [...] Os danos morais dizem respeito ao foro íntimo do lesado, pois os bens morais são inerentes à pessoa, incapazes, por isso, de subsistir sozinhos. Seu patrimônio ideal é marcadamente individual, e seu campo de incidência, o mundo interior de cada um de nós, de modo que desaparece com o próprio indivíduo.[11]

Em passagem singela, mas de importância ímpar, registrou ainda não ter a parte autora da ação sequer indicado no que consistiria o alegado dano extrapatrimonial, omitindo-se em apontar qual teria sido a coletividade afetada ou os bens jurídicos lesados. Nessa direção, de forma precisa, como era seu costume, chamou a atenção para o fato de que nem toda conduta ilícita importa em dano moral. Finalmente, acompanhado pelos votos da Ministra Denise Arruda e do Ministro Francisco Falcão, tornou-se vencedor e relator para o acórdão.

3 "Danos morais transindividuais?"[12]

As preocupações do Ministro Teori Zavascki com a estruturação do conceito de dano moral coletivo e com a sua operacionalização no mundo da vida continuam mais que atuais. Não há como descurar-se do fato de que a indenização por dano moral, como qualquer pretensão indenizatória, embora guarde uma função punitivo-pedagógica secundária,[13] voltada à prevenção de novas violações, detém caráter marcadamente

---

[10] BRASIL. Superior Tribunal de Justiça. Recurso Especial nº 598.281/MG. Recorrente: Ministério Público do Estado de Minas Gerais. Recorrido: Município de Uberlândia e outro. Relator: Min. Teori Zavascki, j. 02.05.2006. *DJ*, 1º jun. 2006. p. 27.

[11] BRASIL. Superior Tribunal de Justiça. Recurso Especial nº 598.281/MG. Recorrente: Ministério Público do Estado de Minas Gerais. Recorrido: Município de Uberlândia e outro. Relator: Min. Teori Zavascki, j. 02.05.2006. *DJ*, 1º jun. 2006. p. 32-33.

[12] ZAVASCKI, Teori Albino. *Processo coletivo*: tutela de direitos coletivos e tutela coletiva de direitos. 6. ed. São Paulo: Revista dos Tribunais, 2014. p. 40.

[13] Leonardo Roscoe Bessa defende que a condenação por dano moral coletivo constitui sanção pecuniária por violação a direitos coletivos ou difusos e que, portanto, possui caráter exclusivamente punitivo (BESSA, Leonardo Roscoe. Dano moral coletivo. *Revista da EMERJ*, v. 10, n. 40, 2007). Sobre o conceito de *punitive damages*, vide BÜHRINGS, Marcia Andrade. Alguns aspectos do dano moral ambiental e danos punitivos. *In*: SARLET, Ingo Wolfgang; RUARO, Regina Linden; LEAL, Augusto Antônio (Org.). *Direito, ambiente e tecnologia*: estudos em homenagem ao Professor Carlos Alberto Molinaro. Porto Alegre: Editora Fundação Fênix, 2021. p. 166-175. Ainda sobre o tema, decisão do STJ no REsp nº 1.414.547/MG, do qual se extrai: "A condenação judicial por dano moral coletivo é sanção pecuniária, com caráter eminentemente punitivo, em face de ofensa a direitos coletivos e difusos nas

reparatório e subordina-se ao sistema normativo da responsabilidade civil. Nesses termos, não pode ser confundida com multas de ordem administrativa ou penal, "[...] que são manifestações do poder sancionador monopolizado pelo Estado e sujeito a regras e princípios próprios, nomeadamente o da tipicidade e o da legalidade estrita".[14]

É de ver-se: indenização supõe efetivo prejuízo e penalidades não prescindem de prévia lei que estabeleça o seu conteúdo e as hipóteses típicas de sua incidência. Daí a insistência em firmar que a ocorrência de dano atrai o complexo normativo da responsabilidade civil que, sob nenhuma escusa, nem mesmo aquela fundada na gravidade e extensão dos prejuízos ou na dificuldade de sua delimitação, pode ser substituído pelo sistema sancionador administrativo ou penal, sob pena de incorrer-se em pura arbitrariedade. Ademais, ainda não existe no direito brasileiro "previsão normativa tipificando conduta ou fixando pena por dano moral"; o que há é o "reconhecimento do direito à indenização do dano moral".[15]

3.1 A natureza jurídica do dano moral coletivo e os requisitos para o seu reconhecimento

Essa é uma das grandes trilhas que Teori abre no sentido de identificar elementos mais sólidos de composição da categoria "dano moral coletivo". Embora o compreenda como direito subjetivo individual, conectado com uma ofensa moral dirigida à pessoa enquanto portadora de um *vultus* singular e, portanto, insuscetível de atingir a coletividade como unidade social autônoma, o ministro põe em destaque a necessidade de respeitar-se a natureza mesma da categoria.

Em outras palavras, sublinha a obrigação basilar de dar-se aplicação aos requisitos que o sistema de responsabilidade civil demanda à imposição de indenização por essa espécie. Isto significa volver aos pressupostos essenciais para a configuração do dever de indenizar.

Destarte, nos termos dos arts. 927, parágrafo único, e 186, do Código Civil e art. 1º da Lei nº 7.347/85, todo aquele que causar danos aos direitos coletivos previstos neste último dispositivo fica obrigado a reparar os prejuízos morais produzidos, independentemente da comprovação de haver obrado com culpa. Por conseguinte, a edificação legal impõe o dever de que seja atestada a existência (i) da conduta violadora, seja ela omissiva ou comissiva; (ii) do prejuízo provocado a um dos direitos coletivos elencados na Lei da Ação Civil Pública e (iii) do nexo de causalidade entre ambos. O dano é, portanto,

---

mais diversas áreas [...]. O objetivo da lei, ao permitir expressamente a imposição de sanção pecuniária pelo Judiciário, a ser revertida a fundos nacional e estadual foi basicamente de reprimir a conduta daquele que ofende direitos coletivos e difusos" (BRASIL. Superior Tribunal de Justiça. Recurso Especial nº 1.414.547/MG. Recorrente: Ministério Público do Estado de Minas Gerais. Recorrido: Territorial Investimentos Ltda. e outro. Relator: Ministro Paulo de Tarso Sanseverino, j. 04.12.2014. *DJe*, 10dez. 2014. Disponível em: https://processo.stj.jus.br/processo/pesquisa/?src=1.1.3&aplicacao=processos.ea&tipoPesquisa=tipoPesquisaGenerica&num_registro=201303602311. Acesso em: 20 abr. 2021).

[14] ZAVASCKI, Teori Albino. *Processo coletivo*: tutela de direitos coletivos e tutela coletiva de direitos. 6. ed. São Paulo: Revista dos Tribunais, 2014. p. 40.

[15] ZAVASCKI, Teori Albino. *Processo coletivo*: tutela de direitos coletivos e tutela coletiva de direitos. 6. ed. São Paulo: Revista dos Tribunais, 2014. p. 41.

fonte da responsabilidade civil, pelo que sem dano não há o que indenizar, ainda que se esteja diante de conduta antijurídica.[16]

Para Maria Celina Bodin de Moraes, "muitas são as teorias a conceituar o dano como pressuposto inafastável da responsabilidade civil. De fato, quando se trata do direito da responsabilidade civil, usualmente se pontua: se não há dano, não há o que indenizar".[17]

Assim, quando a jurisprudência do Superior Tribunal de Justiça caracteriza o dano moral coletivo como aferível *in re ipsa*, apontando sua configuração como decorrente "da mera constatação da prática da conduta ilícita que, de maneira injusta e intolerável, viole direitos de conteúdo extrapatrimonial da coletividade"; quando registra ser "despicienda a demonstração de prejuízos concretos ou de efetivo abalo moral", parece haver confundido coisas distintas.[18] É que a desnecessidade de prova material do dano, porquanto pertencente à categoria metafísica de prejuízos, não subtrai do operador do direito a obrigação de delimitar esse prejuízo, de situá-lo na coletividade afetada e de indicar a objetividade jurídica ofendida. Sim, porque o dano produzido não equivale à conduta comissiva ou omissiva levada a efeito pelo autor do ato ilícito. Fosse desse modo, quaisquer atos ilícitos violadores de direitos coletivos produziriam danos morais de mesma estirpe, o que se sabe inverídico.

Aliás, em diversas oportunidades o Tribunal da Cidadania manifestou-se com essa compreensão. Nos autos do REsp nº 1.303.014/RS, que tratava de questão relacionada à imposição de obrigação da companhia aérea de informar por escrito seus passageiros acerca de voos atrasados, o relator para o acórdão, Ministro Raul Araújo, anotou que o reconhecimento de dano moral coletivo deve limitar-se às hipóteses em que configurada ofensa grave, sob pena de sua banalização.[19] Em caso relativo à exploração de atividade de bingo, o relator do REsp nº 277.516/SP, Ministro Napoleão Nunes Maia, assentou que não é qualquer atentado aos interesses dos consumidores que importa

---

[16] TOLOMEI, Carlos Young. A noção de ato ilícito e a teoria do risco na perspectiva do novo Código Civil. *In*: TEPEDINO, Gustavo (Coord.). *Código Civil na perspectiva civil-constitucional*. Rio de Janeiro: Renovar, 2013. p. 392.

[17] MORAES, Maria Celina Bodin de. *Danos à pessoa humana*: uma leitura civil-constitucional dos danos morais. Rio de Janeiro; São Paulo: Renovar, 2003. p. 14.

[18] BRASIL. Superior Tribunal de Justiça. Recurso Especial nº 1.517.973/PE. Recorrente: TV e Rádio Jornal do Comércio Ltda. Recorrido: Ministério Público do Estado de Pernambuco. Relator: Min. Luis Felipe Salomão, j. 16.11.2017. *DJ*, 26 fev. 2010. Disponível em: https://scon.stj.jus.br/SCON/GetInteiroTeorDoAcordao?num_registro=201500407550&dt_publicacao=01/02/2018. Acesso em: 20 abr. 2021.

[19] BRASIL. Superior Tribunal de Justiça. Recurso Especial nº 1.303.014/RS. Recurso especial. Consumidor. Processual civil. Ação Civil Pública. Transporte Aéreo. Dever de informação. Formulário escrito. Inexistência de norma específica ao tempo da propositura da ação. Improcedência. Danos morais coletivos. Inocorrência. Recurso provido. 1. É inviável o ajuizamento de ação civil pública para condenar certa companhia aérea a cumprir o dever de informar os passageiros acerca de atrasos e cancelamento de voos, seguindo forma única e detalhada, sem levar em conta a generalidade de casos e sem amparo em norma específica, apenas com suporte no dever geral de prestar informações contido no art. 6º, III, do Código de Defesa do Consumidor. 2. A condenação em reparar o dano moral coletivo visa punir e inibir a injusta lesão da esfera moral de uma coletividade, preservando em *ultima ratio*, seus valores primordiais. Assim, o reconhecimento do dano moral coletivo deve se limitar às hipóteses em que configura grave ofensa à moralidade pública, sob pena de sua banalização, tornando-se, somente, mais um custo para as sociedades empresárias, a ser repassado aos consumidores. 3. No caso concreto, não restou configurada a grave ofensa à moralidade pública a ensejar o reconhecimento da ocorrência de dano moral coletivo. 4. Recurso especial provido. Recorrente: TAM Linhas Aéreas. Recorrido: Ministério Público do Estado do Rio Grande do Sul. Relator: Ministro Luis Felipe Salomão. Relator para o acórdão: Ministro Raul Araújo, j. 18.12.2014. *DJe*, 26 maio 2015. Disponível em: https://scon.stj.jus.br/SCON/GetInteiroTeorDoAcordao?num_registro=201101853650&dt_publicacao=26/05/2015. Acesso em: 20 abr. 2021.

na produção de dano moral coletivo, mas somente aqueles de razoável significância, que desbordem os limites de tolerabilidade e que acarretem alterações relevantes na ordem extrapatrimonial.[20]

É por essa razão, entre outras, que Felipe Teixeira Neto sustenta que presumir a existência de um dano é diferente de torná-lo equivalente à lesão do interesse jurídico tutelado pelo preceito legal. Para o autor, o que caracteriza o prejuízo reparável não é propriamente a natureza do bem, mas a frustração da utilidade que dele se extrai. "Nesses termos, não obstante o reconhecimento da violação de um interesse jurídico transindividual extrapatrimonial seja um início importante à demarcação do que constitui dano moral coletivo, não pode ser tomado de forma absoluta [...]". É preciso avançar na direção da aferição do que chama de circunstâncias e consequências efetivamente danosas, mesmo que estas não necessitem de comprovação material.[21]

Nada obstante, para ingressar nessa tormentosa seara é preciso olhar com um pouco mais de atenção para o conceito de dano moral e sua conexão com a ideia de transindividualidade, o que constitui a segunda trilha de reflexão aberta pela decisão paradigmática lavrada nos autos do REsp nº 598.281/MG.

3.2 A conexão entre danos morais e a ideia de transindividualidade

Como já destacado, o Ministro Teori Zavascki concebia os danos morais como prejuízos impostos ao complexo de direitos da personalidade de que é titular o indivíduo, o que seria incompatível com a noção de coletividade. Segundo seu pensamento, os danos morais remetem a abalos que atingem as dimensões imateriais do indivíduo, que violam sua intimidade, sua vida privada, sua honra, sua imagem, enfim, o conjunto de direitos subjetivos que compõem, repita-se, o complexo de direitos da personalidade.

Ocorre que é justamente aí que talvez esteja edificada a ponte capaz de alinhar a teoria da responsabilidade civil, o conceito de danos morais e a ideia de transindividualidade.

Com efeito, na concepção minimalista de diversos autores, entre eles Orlando Gomes, os direitos da personalidade compreendem um feixe de direitos personalíssimos e de direitos essenciais ao desenvolvimento da pessoa humana, disciplinada no corpo do Código Civil como direitos absolutos. Esses direitos estariam vetorizados à preservação

---

[20] BRASIL. Superior Tribunal de Justiça. Recurso Especial nº 277.516/SP. Processual civil e administrativo. Agravo regimental no agravo em recurso especial. Exploração da atividade de bingo. Indenização por danos morais à coletividade. Necessidade de comprovação de efetivo dano. Incidência da Súmula 7/STJ. Agravo regimental desprovido. 1. Esta Corte já se manifestou no sentido de que não é qualquer atentado aos interesses dos consumidores que pode acarretar dano moral difuso. É preciso que o fato transgressor seja de significância e desborde os limites da tolerabilidade. Ele deve ser grave o suficiente para produzir verdadeiro sofrimento, intranquilidade social e alterações relevantes na ordem extrapatrimonial coletiva (REsp. 1.221.756/RJ, Rel. Min. Massami Uyeda. *DJe*, 10.02.2012). 2 A revisão do acórdão recorrido, a fim de perquirir se houve efetivo dano moral à coletividade, demandaria necessariamente reexame do material fático-probatório dos autos, providência inviável nesta Corte por incidência da Súmula 7 do STJ. 3. Agravo regimental do Ministério Público Federal desprovido. Recorrente: Ministério Público Federal Recorrido: Barracão Entretenimentos, Promoções e Lanchonete Ltda. Relator: Ministro Napoleão Nunes Maia Filho, j. 23.04.2013. *DJe*, 3 maio 2013. Disponível em: https://scon.stj.jus.br/SCON/GetInteiroTeorDoAcordao?num_registro=201202743770&dt_publicacao=03/05/2013. Acesso em: 20 abr. 2021.

[21] TEIXEIRA NETO, Felipe. Ainda sobre o conceito de dano moral coletivo. *In*: ROSENVALD, Nelson; TEIXEIRA NETO, Felipe (Coord.). *Dano moral coletivo*. Indaiatuba: Foco, 2018. p. 41.

da dignidade humana, por meio da salvaguarda de um espaço privado mínimo no qual cada homem pudesse desenvolver sua personalidade.[22]

Todavia, não é mais possível desconsiderar que a Constituição da República de 1988 nos brindou com um novo roteiro axiológico, realocando valores, instituindo princípios e impondo ao intérprete do direito a tarefa de redefinir os filtros hermenêuticos. De uma forma mais direta, "a posição da cidadania e da dignidade da pessoa humana como fundamentos da República [...] condicionam o intérprete e o legislador ordinário, modelando todo o tecido normativo infraconstitucional com a tábua axiológica eleita pelo constituinte [...]" e erigindo uma cláusula aberta da personalidade.[23] Ora, se os direitos da personalidade têm como finalidade a salvaguarda da dignidade humana e se esta constitui vetor axiológico central da Constituição brasileira, é certo afirmar que o conteúdo da dignidade humana pode auxiliar na estratificação do que venha a ser essa cláusula constitucional geral da personalidade.

Maria Celina Bodin de Moraes parte de uma compreensão de dignidade que entende a pessoa como integrante de uma comunidade. Trata-se de uma concepção que contempla o indivíduo como sujeito moral da comuna e que "reconhece a existência de outros sujeitos iguais [...] merecedores do mesmo respeito à integridade psicofísica", "dotado de autodeterminação", que compõe um grupo social no qual não pode ser marginalizado.[24]

Luís Roberto Barroso, por outro lado, decompôs o que chamou de o conteúdo mínimo da dignidade humana, identificando três elementos centrais: o valor intrínseco, a autonomia e o valor comunitário. O valor intrínseco traduz a ideia de que a pessoa não pode ser tratada apenas como um meio, mas, antes, como um fim em si mesma. Compreende, então, vários direitos, como o direito à vida, à igualdade e à integridade física e psíquica. A autonomia envolve a dimensão privada, ou seja, o "autogoverno do indivíduo"; a dimensão pública, correspondente à participação democrática e os mínimos existenciais necessários ao exercício das liberdades (direito à educação, saúde e moradia, por exemplo). O valor comunitário, por fim, atribui à dignidade uma expressão comunal, na medida em que coloca em relevo os valores compartilhados pela sociedade.[25]

Ingo Sarlet vai mais longe. Para ele, a dignidade humana apresenta uma conformação necessariamente multidimensional, insuscetível de ser reduzida a uma expressão puramente física ou biológica, pois "contempla a qualidade da vida como um todo, inclusive do ambiente em que a vida humana (mas também a não humana) se desenvolve". Realça as interações entre a dimensão natural ou biológica da dignidade (direito à vida ou à saúde) e sua dimensão ecológica, cujo conteúdo alarga o conceito de dignidade

---

[22] GOMES, Orlando. *Introdução ao Código Civil*. 11. ed. Rio de Janeiro: Forense, 1996. p. 130.
[23] DONEDA, Danilo. Direitos da personalidade no Código Civil. *In*: TEPEDINO, Gustavo (Coord.). *Código Civil na perspectiva civil-constitucional*. Rio de Janeiro: Renovar, 2013. p. 61.
[24] MORAES, Maria Cecília Bodin de. Os princípios da dignidade da pessoa humana. *In*: MORAES, Maria Cecília Bodin de. *Na medida da pessoa humana*: estudos de direito-civil constitucional. Rio de Janeiro: Renovar, 2010. p. 85.
[25] BARROSO, Luís Roberto. *A dignidade da pessoa humana no direito constitucional contemporâneo*: a construção de um conceito jurídico à luz da jurisprudência mundial. Belo Horizonte: Fórum, 2013. p. 112.

da pessoa humana no sentido de assegurar um padrão de qualidade, integridade e segurança ambiental mais amplo.[26] E arremata:

> Assim como outrora os direitos liberais e os direitos sociais formataram o conteúdo da dignidade humana, hoje os "direitos ecológicos ou de solidariedade", como é o caso do direito de viver em um ambiente sadio, equilibrado e seguro, passam a conformar o seu conteúdo, ampliando o seu âmbito de proteção.[27]

Fica evidente, portanto, que a tarefa de assegurar a dignidade humana e, assim, o pleno desenvolvimento da pessoa, nos termos do que determina o art. 1º, inc. III, da Constituição Federal, já não pode ser confinada aos estreitos limites da preservação de sua intimidade, de sua imagem, de sua honra, tal como posto no Código Civil. É necessário o emprego do esquadro constitucional, a fim de readequar esses espaços, dando-lhes o sentido e o tamanho que a Constituição lhes empresta.[28] Nessa equação, pois, há que ser considerada a inviabilidade de se pretender o florescimento humano de forma isolada do grupo social onde vive, de onde habita, das complexas relações que estabelece com o mundo à sua volta e, por vezes, da intergeracionalidade de suas consequências. Há que se dar lugar a uma cláusula aberta da personalidade que possa abarcar a tutela do meio ambiente, da ordem urbanística, da saúde pública, dos bens de interesse histórico, artístico, cultural e paisagístico.

> Por meio deles, busca-se a realização da personalidade de cada indivíduo através da satisfação de interesses de ordem extrapatrimonial que, por terem uma titularidade plurissubjetiva, só podem ser protegidos de modo global, uma vez que marcados por uma transindividualidade genética que não permite a sua ideação plena enquanto pretensão individual.[29]

Neste viés, a garantia da dignidade humana, não raro, exige a salvaguarda de situações subjetivas que, sob o ponto de vista da titularidade, estão acima do plano individual, mas que são intimamente ligadas ao pleno desenvolvimento da pessoa, o qual só é alcançado pelo reconhecimento de direitos de matiz transindividual.

---

[26] SARLET, Ingo Wolfgang. *Direito constitucional ecológico*: Constituição, direitos fundamentais e proteção da natureza. 6. ed. São Paulo: Thompson Reuters Revista dos Tribunais, 2019. p. 125.

[27] SARLET, Ingo Wolfgang. *Direito constitucional ecológico*: Constituição, direitos fundamentais e proteção da natureza. 6. ed. São Paulo: Thompson Reuters Revista dos Tribunais, 2019. p. 125.

[28] Cuidando da constitucionalização do direito civil, Luiz Edson Fachin concebe um tríplice modo de atuação constitutiva do direito civil: uma formal, expressão das regras positivadas e submetidas à correção hermenêutica da Constituição; uma substancial, correspondente à manifestação da força normativa da principiologia constitucional, e uma prospectiva, relativa à dimensão propositiva e transformadora da constitucionalização (FACHIN, Luiz Edson. *Direito civil*: sentidos, transformações e fim. Rio de Janeiro: Renovar, 2015. p. 8-9). Segundo Paulo Lobo, "Constitucionalização do direito civil é o processo de elevação ao patamar constitucional dos princípios fundamentais do direito civil, que passam a condicionar a observância pelos cidadãos, e a aplicação pelos tribunais, da legislação infraconstitucional pertinente. É certo que os valores fundamentais do ordenamento jurídico civil foram absorvidos pela Constituição, na medida em que diferentes conceitos do direito constitucional como propriedade, família e contrato só são explicáveis se considerarmos a prévia definição jusprivatista de seu conteúdo. Mas, por outro lado, essa 'inelutabilidade hermenêutica não pode conduzir a uma contestação da autonomia da Constituição ou da relatividade dos conceitos jurídicos' [...]" (LÔBO, Paulo. *Direito civil – Parte geral*. 5. ed. São Paulo: Saraiva, 2015. p. 49-50).

[29] TEIXEIRA NETO, Felipe. Ainda sobre o conceito de dano moral coletivo. *In*: ROSENVALD, Nelson; TEIXEIRA NETO, Felipe (Coord.). *Dano moral coletivo*. Indaiatuba: Foco, 2018. p. 35-36.

Portanto, quando direitos coletivos ou difusos forem objeto de lesão que frustre sua função de promover a plena realização da pessoa por intermédio da garantia de sua dignidade, estar-se-á à vista de hipótese que autoriza, em tese, o reconhecimento de dano moral coletivo.[30]

Tem-se, pois, a plausibilidade da ocorrência de prejuízos de ordem não econômica a indivíduos, singularmente considerados, mas também à coletividade, como unidade autônoma, que podem repercutir sobre ambos os titulares de forma concomitante. O que propicia essa duplicidade subjetiva é o fato de que, mesmo incidindo de modo individual sobre cada uma das pessoas atingidas enquanto membros da coletividade, os danos não podem ser integralmente apropriados por qualquer delas, porquanto os direitos malferidos pertencem ao grupo social. Daí a irrelevância da identificação concreta das pessoas lesadas para o fim de indenização dos danos morais coletivos. É que o interesse vulnerado não é composto pela soma dos individuais, mas consubstancia um interesse único, titulado por uma coletividade.[31]

Diante de todas essas considerações, impende delinear um conceito de dano moral coletivo que, satisfeitas as premissas estabelecidas neste artigo, inspiradas nas preocupações traduzidas no voto condutor do REsp nº 598.281/MG, possa instrumentalizar uma análise menos sujeita a expressões indeterminadas.

4 Dano moral coletivo: contribuições para um conceito operacional

Como já destacado, as tentativas de conceituação do dano moral coletivo podem ser classificadas em dois grandes grupos. No primeiro deles, colocam-se os conceitos que procuram transplantar à esfera coletiva os elementos caracterizadores do dano moral individual ligados aos sentimentos humanos negativos, como abalo, indignação, desalento, diminuição da estima, dor, sofrimento, humilhação, frustração, desgosto ou comoção popular.[32]

Nessa linha, temos o voto do Ministro Massami Uyeda, relator do REsp nº 1.221.756/RJ, segundo o qual, para que fique patenteado o dano moral transindividual, é preciso que o fato transgressor "seja grave o suficiente para produzir verdadeiros sofrimentos, intranquilidade social e alterações relevantes na ordem extrapatrimonial coletiva". Ou, ainda, a definição de Xisto Tiago de Medeiros Neto, para quem o dano moral estará patenteado quando o ferimento de interesse extrapatrimonial de uma coletividade provocar "abalo, repulsa, indignação ou mesmo a diminuição da estima" em dimensão coletiva".[33]

---

[30] TEIXEIRA NETO, Felipe. Ainda sobre o conceito de dano moral coletivo. *In*: ROSENVALD, Nelson; TEIXEIRA NETO, Felipe (Coord.). *Dano moral coletivo*. Indaiatuba: Foco, 2018. p. 36.

[31] TEIXEIRA NETO, Felipe. Ainda sobre o conceito de dano moral coletivo. *In*: ROSENVALD, Nelson; TEIXEIRA NETO, Felipe (Coord.). *Dano moral coletivo*. Indaiatuba: Foco, 2018. p. 38.

[32] Conforme Rogério Tadeu Romano, o dano moral ambiental tem cunho subjetivo e, à imagem e semelhança do dano moral individual, se configura quando, além da repercussão física no patrimônio ambiental, houver ofensa ao "sentimento difuso ou coletivo" identificada como "dor, sofrimento ou desgosto da comunidade" (ROMANO, Rogério Tadeu. *Dano moral coletivo*: aspectos processuais. Disponível em: https://www.jfrn.jus.br/institucional/biblioteca-old/doutrina/doutrina227.pdf. Acesso em: 20 abr. 2021).

[33] MEDEIROS NETO, Xisto Tiago de. *Dano moral coletivo*. São Paulo: LTr, 2004. p. 136. Para Romano, o dano moral coletivo se verifica quando, além da repercussão física no patrimônio coletivo, houver ofensa ao "sentimento

O ponto inconveniente dessas construções repousa no fato de que as emoções humanas são estados mentais que surgem em decorrência de experiências de caráter afetivo vivenciadas pelo indivíduo e que, por isso, não dão conta de retratar realidades próprias de lesões experimentadas pelo grupo social como unidade autônoma. Aliás, o dano coletivo não equivale à síntese dos sofrimentos dos membros da comuna. Ele tem existência própria, atinge um complexo de direitos extrapatrimoniais que não pertence a qualquer indivíduo em particular, mas a toda a coletividade.

Exemplo emblemático é o que se refere aos danos ambientais suportados pelos povos indígenas. A contaminação dos rios por chumbo, derivada da mineração indiscriminada em território amazônico, não produz apenas um conjunto de tristezas individuais ou uma coleção de abalos anímicos singulares. Para esses povos, o meio ambiente não é unicamente o lugar onde estabelecem moradia ou de onde extraem o seu sustento. Os recursos naturais são determinantes para a preservação do seu modo de fazer, de criar, de viver, para sua organização social, seus costumes e tradições e, sobretudo, para a sua reprodução física e cultural. Há, portanto, uma relação direta entre a proteção à natureza e a proteção à sua identidade cultural, donde se extrai que a poluição dos rios, a par de causar prejuízos morais a cada um dos indivíduos, gera um dano moral aos valores identitários do grupo social enquanto coletividade, e é justamente esse prejuízo imaterial que deve ser indenizado.[34]

O segundo bloco contempla as definições que associam o dano moral coletivo à mera lesão a interesses transindividuais de natureza extrapatrimonial. Para os seus partidários, dano moral coletivo consiste na violação antijurídica de determinado círculo de valores coletivos, que impõe ao seu causador o dever de ressarcir pelo simples fato da violação (dano *in re ipsa*).[35]

Há, aqui, substancial evolução conceitual. Embora ainda se estabeleça confusão entre a desnecessidade de comprovação do prejuízo e o reconhecimento de sua existência a partir da simples prática da conduta ilícita, o esforço caminha no sentido de escapar das analogias de difícil transplante. Isso não quer dizer que aqui ou acolá não apareçam alusões a sentimentos humanos desagradáveis tomados como recurso linguístico de aproximação. Trabalham assim José Rubens Morato Leite e Ricardo Luís Lorenzetti. Para esses, o dano moral coletivo se dá pela tão só "ofensa ao sentimento coletivo"[36] ou, ainda, pela violação de "sentimentos grupais".[37]

Na jurisprudência do Superior Tribunal de Justiça, a Ministra Eliana Calmon inaugurou tal entendimento, positivando que o dano extrapatrimonial coletivo de

---

difuso ou coletivo" identificado como "dor, sofrimento ou desgosto da comunidade" (ROMANO, Rogério Tadeu. *Dano moral coletivo*: aspectos processuais. Disponível em: https://www.jfrn.jus.br/institucional/biblioteca-old/doutrina/doutrina227.pdf. Acesso em: 20 abr. 2021).

[34] MELLO, Patrícia Perrone Campos; PEÑAFIEL, Juan Jorge Faundes. Povos indígenas e proteção da natureza: a caminho de um giro hermenêutico ecocêntrico. *Revista Brasileira de Políticas Públicas*, v. 10, n. 3, p. 222-251, 2020. p. 230. Disponível em: https://www.publicacoesacademicas.uniceub.br/RBPP/article/view/7240/pdf. Acesso em: 20 abr. 2021.

[35] BITTAR, Carlos Alberto. Coletividade também pode ser vítima de dano moral. *Conjur*, 25 fev. 2004. Disponível em: https://www.conjur.com.br/2004-fev-25/coletividade_tambem_vitima_dano_moral.

[36] LEITE, José Rubens Morato. *Dano ambiental*: do individual ao coletivo extrapatrimonial. 2. ed. São Paulo: Revista dos Tribunais, 2003. p. 295-297.

[37] LORENZETTI, Ricardo Luis. *Fundamentos do direito privado*. Tradução de Vera Maria Jacob de Fradera. São Paulo: Revista dos Tribunais, 1998. p. 218.

natureza ambiental "[...] atinge direitos da personalidade do grupo massificado, sendo desnecessária a demonstração de que a coletividade sinta a dor, a repulsa, a indignação, tal qual fosse um indivíduo isolado".[38]

Sem prejuízo do avanço que todos esses conceitos representam, remanescem salientes duas questões: (i) a confusão entre a conduta ilícita em si e os danos morais coletivos que tal conduta é capaz de produzir e (ii) a generalidade emprestada às assertivas, o que faz com que sejam capazes de abranger circunstâncias fáticas díspares e, nem sempre, merecedoras do mesmo tratamento.[39] Não é de se negar que haverá mesmo algumas situações em que a "[...] a violação ilícita de interesses imateriais de titularidade coletiva poderá autorizar, por si só, a presumir-se um dano moral coletivo [...]".[40]

Ocorre que a hipótese em tela não é universalizável, o que impõe aos operadores do direito a tarefa de localizar o prejuízo imaterial produzido ao interesse coletivo tutelado, adequando o fato à moldura legal existente. Exemplo da distorção de que se cuida seria o reconhecimento de dano moral transindividual tanto no caso de prática comercial de venda casada de serviços de telefonia quanto no de contaminação de nascentes de rios pela exploração inadequada de petróleo.[41] Embora em ambas as hipóteses exista a vulneração de direito coletivo, impende fazer distinções que apontam para uma

---

[38] BRASIL. Superior Tribunal de Justiça. Recurso Especial nº 1.269.494/MG. Ambiental, Administrativo e Processual Civil. Ação Civil Pública. Proteção e preservação do meio ambiente. Complexo Parque do Sabiá. Ofensa ao art. 535, inciso II, do CPC não configurada. Cumulação de obrigações de fazer com indenização pecuniária. Art. 3º da Lei 7.347/1985. Possibilidade. Danos morais coletivos. Cabimento. [...] 2. Segundo a jurisprudência do STJ, a logicidade hermenêutica do art. 3º da Lei 7.347/1985 permite a cumulação das condenações em obrigações de fazer ou não fazer e indenização pecuniária em sede de ação civil pública, a fim de possibilitar a concreta e cabal reparação do dano ambiental pretérito, já consumado. Microssistema de tutela coletiva. 3. O dano ao meio ambiente, por ser bem público, gera repercussão geral, impondo conscientização coletiva à sua reparação, a fim de resguardar o direito das futuras gerações a um meio ambiente ecologicamente equilibrado. 4. O dano moral coletivo ambiental atinge direitos de personalidade do grupo massificado, sendo desnecessária a demonstração de que a coletividade sinta a dor, a repulsa, a indignação, tal qual fosse um indivíduo isolado. 5. Recurso especial provido, para reconhecer, em tese, a possibilidade de cumulação de indenização pecuniária com as obrigações de fazer, bem como a condenação em danos morais coletivos, com a devolução dos autos ao Tribunal de origem para que verifique se, no caso, há dano indenizável e fixação do eventual *quantum debeatur*. Recorrente: Ministério Público do Estado de Minas Gerais. Recorrido: Fundação Uberlandense de Turismo Esporte e Lazer – FUTEL. Relatora: Ministra Eliana Calmon, j. 24.09.2013. *DJe*, 1º out. 2013. Disponível em: https://arquivocidadao.stj.jus.br/index.php/recurso-especial-n-1-269-494-mg. Acesso em: 21 abr. 2021.

[39] TEIXEIRA NETO, Felipe. Ainda sobre o conceito de dano moral coletivo. *In*: ROSENVALD, Nelson; TEIXEIRA NETO, Felipe (Coord.). *Dano moral coletivo*. Indaiatuba: Foco, 2018. p. 41.

[40] TEIXEIRA NETO, Felipe. Ainda sobre o conceito de dano moral coletivo. *In*: ROSENVALD, Nelson; TEIXEIRA NETO, Felipe (Coord.). *Dano moral coletivo*. Indaiatuba: Foco, 2018. p. 40.

[41] A menção é alusiva ao Caso 105-14-EP, julgado pela Corte Constitucional do Equador em 27.6.2008, que condenou a petroleira Chevron ao pagamento de mais de U$9,5 bilhões a título de danos patrimoniais e morais pela contaminação por petróleo de diversas nascentes de rios situados no interior da Floresta Amazônica equatoriana. Os prejuízos socioambientais incluíram o aumento da incidência de câncer de útero, estômago, fígado e pulmões, a destruição da biodiversidade local e o comprometimento da identidade cultural dos povos indígenas Cofans, Iona, Siekopai, Secoyas, Tetetes e Sansahuari. Em 2018, o Tribunal Permanente de Arbitragem de Haia anulou a condenação da multinacional, ao argumento de que o Equador teria negado vigência ao Tratado de Proteção de Investimentos entre Washington e Quito, denegando justiça à Chevron (PIGRAU, Antoni. The Texaco-Chevron case in Ecuador: law and justice in the age of globalization. *Revista Catalana de Dret Ambiental*, v. 5, n. 1, p. 1-43, 2014. Disponível em: https://www.researchgate.net/publication/264419780_The_Texaco-chevron_case_in_Ecuador_Law_and_justice_in_the_age_of_globalization. Acesso em: 30 abr. 2021; CHEVRON wins Ecuador rainforest 'oil dumping' case. *BBC News*, 8 ago. 2018. Disponível em: https://www.bbc.com/news/world-latin-america-45455984. Acesso em: 23 abr. 2021).

construção conceitual que considere a dignidade humana e sua repercussão sobre os direitos coletivos como um vetor de qualificação do dano moral transindividual.

A premissa central a ser considerada, neste particular, é a de que a concretização da categoria jurídica em causa supõe a frustração de uma utilidade extrapatrimonial tutelada pelo direito. Dito de outra forma, a positivação do dano moral coletivo impõe o comprometimento da finalidade imaterial que se busca viabilizar por intermédio da proteção jurídica outorgada àquela gama de interesses.[42]

Mas não é só. É preciso que a frustração dessa finalidade traga repercussões sobre a dignidade humana em sua dimensão coletiva,[43] cujo conteúdo inclui os direitos à vida, à igualdade e à integridade física e psíquica, as liberdades, os direitos à educação, à saúde e à moradia, os valores e a cultura compartilhados pelo grupo social, entre outros. Sim, porque se a Constituição Federal estabelece a centralidade da dignidade humana; se, por decorrência, a hermenêutica constitucional determina a abertura da cláusula dos direitos da personalidade para abraçar interesses que, embora tenham titularidade plurissubjetiva e só possam ser protegidos de modo global, também são responsáveis pelo exaurimento do desenvolvimento humano, é justo afirmar que o seu comprometimento induza a produção de um dano moral coletivo.

O emprego de tal entendimento não só racionaliza a utilização da categoria pelos operadores do direito, como objetiva o seu campo de incidência, conferindo maior certeza aos julgadores na tarefa de sua aferição, delimitação e valoração.

A análise de casos concretos talvez traduza com maior precisão o que se está a defender. Tome-se como exemplo o que foi vertido nos autos da Ação Civil Pública nº 2009.33.07.000238-7, proposta pelo Ministério Público Federal e pelo Ministério Público do Estado da Bahia contra empresas mineradoras de amianto na 1ª Vara Federal da Subseção Judiciária de Vitória da Conquista/BA pela degradação ambiental decorrente da sua exploração (contaminação do lençol freático, poluição do ar, erosão), pela omissão em dar destinação adequada ao rejeito proveniente do encerramento das atividades e pelos agravos à saúde da população local, contaminada pela dispersão de partículas do metal cancerígeno.[44]

Na hipótese descrita, é inegável que a conduta das empresas violou o direito das comunidades afetadas pela mineração a um meio ambiente hígido, tal como assegurado no art. 225 da Constituição Federal.

Com efeito, além da própria conduta ilícita, temos a produção de danos extra-patrimoniais que vulneram os direitos à saúde e a um meio ambiente seguro daquela comuna, afetada que foi pela convivência diuturna com pó de minério cancerígeno aspergido, em suspensão no ar, a lhes exigir novas formas de viver, de fazer, de existir naquele local. A frustração dessa utilidade imaterial do direito coletivo tutelado com

---

[42] TEIXEIRA NETO, Felipe. Ainda sobre o conceito de dano moral coletivo. *In*: ROSENVALD, Nelson; TEIXEIRA NETO, Felipe (Coord.). *Dano moral coletivo*. Indaiatuba: Foco, 2018. p. 43.

[43] TEIXEIRA NETO, Felipe. Ainda sobre o conceito de dano moral coletivo. *In*: ROSENVALD, Nelson; TEIXEIRA NETO, Felipe (Coord.). *Dano moral coletivo*. Indaiatuba: Foco, 2018. p. 46.

[44] BRASIL. 1ª Vara Federal da Subseção Judiciária de Vitória da Conquista. *Ação Civil Pública nº 2009.33.07.000238-7*. Autores: Ministério Público Federal e Ministério Público do Estado da Bahia. Réus: SAMA S/A Minerações Associadas e outros. Juiz: João Batista de Castro Júnior, j. 9.4.2018. Disponível em: https://www.probusbrasil.org.br/hd-imagens/noticias/Sentenca%20sama%20ambiental%20Autos%20n%20%202009%20238-7%20-%20Low.pdf. Acesso em: 20 abr. 2021.

repercussões na dignidade humana é patente, o que determina o reconhecimento do dano moral transindividual. É de se registrar, aliás, que as empresas foram condenadas ao pagamento de mais de R$31.000.000,00 (trinta e um milhões de reais) pelos prejuízos desta estirpe causados à coletividade.

Diferente é, todavia, a situação retratada no REsp nº 1.610.821/RJ, da relatoria do Ministro Luis Felipe Salomão, no seio do qual o Ministério Público do Estado do Rio de Janeiro buscava a condenação de empresa do ramo de *e-commerce* ao pagamento de indenização por danos morais coletivos por prática abusiva, que condicionava a realização da troca de produtos com vício ao prazo máximo de 7 (sete) dias úteis. Em que pese, possa se extrair a ocorrência de conduta antijurídica violadora aos direitos dos consumidores, não se constata o comprometimento de cláusula ou a vulneração de finalidade protetiva conectada com a dignidade humana e suas projeções sobre a coletividade.[45]

Nesse cenário é que se busca propor como conceito integrativo de dano moral coletivo o prejuízo decorrente da violação de um interesse transindividual que implique consequências extrapatrimoniais associadas ao comprometimento do livre desenvolvimento da personalidade[46] e à frustração da dignidade humana em sua dimensão coletiva.

5 Conclusão

Ao fim e ao cabo volve-se às inquietações retratadas pelo Ministro Teori Zavascki no bojo do REsp nº 598.281/MG naquele longínquo ano de 2006. Por algum tempo, houve quem defendesse que o voto trazia uma posição conservadora e limitada, incapaz de contemplar as complexidades da "sociedade líquida".[47] Houve, de outra parte, quem localizasse o voto como nada além de um marco histórico estático na edificação doutrinária e jurisprudencial de um conceito pós-moderno de dano extrapatrimonial coletivo.

Nada obstante, indício de que tais concepções não eram verídicas é o fato prosaico de que qualquer análise conceitual acerca do tema não consegue se despregar dos pilares definidos por Teori, nem que seja para refutá-los. A consistência do julgado e a robustez lógica do percurso traçado pelo saudoso ministro nunca cessaram de interrogar a quem se dispusesse a lê-lo com um pouco de sinceridade jurídica.

O voto condutor do REsp nº 598.281/MG é, portanto, um importante convite a reflexões que impressionam pela atualidade.

A primeira delas remonta à natureza jurídica do dano moral coletivo. Embora o compreenda no plano do direito subjetivo individual, conectado com uma ofensa moral

---

[45] BRASIL. Recurso Especial nº 1.610.821/RJ. Recurso Especial. Ação Civil Pública. Recorrente: Ministério Público do Estado do Rio de Janeiro. Recorrido: Fast Shop S.A, j. 15.12.2020. *DJe*, 26 fev. 2021. Disponível em: https://scon.stj.jus.br/SCON/GetInteiroTeorDoAcordao?num_registro=201400199005&dt_publicacao=26/02/2021. Acesso em: 20 abr. 2021.

[46] TEIXEIRA NETO, Felipe. Ainda sobre o conceito de dano moral coletivo. *In*: ROSENVALD, Nelson; TEIXEIRA NETO, Felipe (Coord.). *Dano moral coletivo*. Indaiatuba: Foco, 2018. p. 43.

[47] A expressão remonta à "modernidade líquida" empregada por Zygmunt Bauman para definir um mundo onde nada teria sido concebido para durar, um mundo de instantaneidade, de incertezas, de fluidez identitária, de vulnerabilidade (BAUMAN, Zygmunt. *Modernidade líquida*. São Paulo: Zahar, 2001).

dirigida à pessoa enquanto portadora de um *vultus* singular e, por isso, insuscetível de atingir a coletividade como unidade social autônoma, Teori põe em destaque a necessidade de respeitar-se a natureza mesma da categoria. Simples assim: indenização supõe dano e penalidades não prescindem de prévia lei que estabeleça o seu conteúdo e as hipóteses típicas de sua incidência. Em outros termos, sublinha o imperativo de dar-se aplicação às premissas que o sistema de responsabilidade civil define para a imposição de indenização por essa espécie. E é esse construto que permite questionar a compreensão de dano moral coletivo *in re ipsa* abraçada pela jurisprudência, identificando problemas na operacionalização do conceito.

A segunda reflexão ressai da intersecção entre as ideias de dano moral coletivo e transindividualidade. Mesmo que se considerassem tais categorias incompatíveis, é a definição emprestada pelo ministro à espécie que abre espaço para a elaboração de um conceito capaz de alinhá-las ao sistema de responsabilidade civil, empregando a dignidade humana como um conduto constitucional. A proposta conceitual, então, não só acolhe boa parte de suas premissas, mas escolhe enxergar o instituto a partir de seu olhar e de suas inquietações para a projeção de novas possibilidades de abordagem.

Referências

BARROSO, Luís Roberto. *A dignidade da pessoa humana no direito constitucional contemporâneo*: a construção de um conceito jurídico à luz da jurisprudência mundial. Belo Horizonte: Fórum, 2013.

BAUMAN, Zygmunt. *Modernidade líquida*. São Paulo: Zahar, 2001.

BESSA, Leonardo Roscoe. Dano moral coletivo. *Revista da EMERJ*, v. 10, n. 40, 2007.

BRASIL. 1ª Vara Federal da Subseção Judiciária de Vitória da Conquista. *Ação Civil Pública nº 2009.33.07.000238-7*. Autores: Ministério Público Federal e Ministério Público do Estado da Bahia. Réus: SAMA S/A Minerações Associadas e outros. Juiz: João Batista de Castro Júnior, j. 9.4.2018. Disponível em: https://www.probusbrasil.org.br/hd-imagens/noticias/Sentenca%20sama%20ambiental%20Autos%20n%20%202009%20238-7%20-%20Low.pdf. Acesso em: 20 abr. 2021.

BRASIL. Recurso Especial nº 1.610.821/RJ. Recurso Especial. Ação Civil Pública. Recorrente: Ministério Público do Estado do Rio de Janeiro. Recorrido: Fast Shop S.A, j. 15.12.2020. DJe, 26 fev. 2021. Disponível em: https://scon.stj.jus.br/SCON/GetInteiroTeorDoAcordao?num_registro=201400199005&dt_publicacao=26/02/2021. Acesso em: 20 abr. 2021.

BRASIL. Superior Tribunal de Justiça. Recurso Espacial nº 1.221.756/RJ. Recorrente: Banco Itaú S/A Recorrido: Ministério Público do Estado do Rio de Janeiro. Relator: Ministro Massami Uyeda, j. 02.02.2012. DJe, 10 fev. 2012. Disponível em: https://scon.stj.jus.br/SCON/GetInteiroTeorDoAcordao?num_registro=201001970766&dt_publicacao=10/02/2012. Acesso em: 20 abr. 2021.

BRASIL. Superior Tribunal de Justiça. Recurso Especial nº 1.057.274/RS. Recorrente: Ministério Público do Estado do Rio Grande do Sul. Recorrido: Empresa Bento Gonçalves de Transporte Ltda. Relator: Min. Eliana Calmon, j. 01.02.2018. DJ, 26 fev. 2010. Disponível em: https://scon.stj.jus.br/SCON/GetInteiroTeorDoAcordao?num_registro=200801044981&dt_publicacao=26/02/2010. Acesso em: 20 abr. 2021.

BRASIL. Superior Tribunal de Justiça. Recurso Especial nº 1.269.494/MG. Recorrente: Ministério Público do Estado de Minas Gerais. Recorrido: Fundação Uberlandense de Turismo Esporte e Lazer – FUTEL. Relatora: Ministra Eliana Calmon, j. 24.09.2013. DJe, 1º out. 2013. Disponível em: https://arquivocidadao.stj.jus.br/index.php/recurso-especial-n-1-269-494-mg. Acesso em: 21 abr. 2021.

BRASIL. Superior Tribunal de Justiça. Recurso Especial nº 1.277.516/SP. Recorrente: Ministério Público Federal. Recorrido: Barracão Entretenimentos, Promoções e Lanchonete Ltda. Relator: Ministro Napoleão Nunes Maia Filho, j. 23.04.2013. DJe, 3 maio 2013. Disponível em: https://scon.stj.jus.br/SCON/GetInteiroTeorDoAcordao?num_registro=201202743770&dt_publicacao=03/05/2013. Acesso em: 20 abr. 2021.

BRASIL. Superior Tribunal de Justiça. Recurso Especial nº 1.303.014/RS. Recorrente: TAM Linhas Aéreas. Recorrido: Ministério Público do Estado do Rio Grande do Sul. Relator: Ministro Luis Felipe Salomão. Relator para o acórdão: Ministro Raul Araújo, j. 18.12.2014. DJe, 26 maio 2015. Disponível em: https://scon.stj.jus.br/SCON/GetInteiroTeorDoAcordao?num_registro=201101853650&dt_publicacao=26/05/2015. Acesso em: 20 abr. 2021.

BRASIL. Superior Tribunal de Justiça. Recurso Especial nº 1.414.547/MG. Recorrente: Ministério Público do Estado de Minas Gerais. Recorrido: Territorial Investimentos Ltda. e outro. Relator: Ministro Paulo de Tarso Sanseverino, j. 04.12.2014. DJe, 10dez. 2014. Disponível em: https://processo.stj.jus.br/processo/pesquisa/?src=1.1.3&aplicacao=processos.ea&tipoPesquisa=tipoPesquisaGenerica&num_registro=201303602311. Acesso em: 20 abr. 2021.

BRASIL. Superior Tribunal de Justiça. Recurso Especial nº 1.517.973/PE. Recorrente: TV e Rádio Jornal do Comércio Ltda. Recorrido: Ministério Público do Estado de Pernambuco. Relator: Min. Luis Felipe Salomão, j. 16.11.2017. DJ, 26 fev. 2010. Disponível em: https://scon.stj.jus.br/SCON/GetInteiroTeorDoAcordao?num_registro=201500407550&dt_publicacao=01/02/2018. Acesso em: 20 abr. 2021.

BRASIL. Superior Tribunal de Justiça. Recurso Especial nº 598.281/MG. Recorrente: Ministério Público do Estado de Minas Gerais. Recorrido: Município de Uberlândia e outro. Relator: Min. Teori Zavascki, j. 02.05.2006. DJ, 1º jun. 2006.

BÜHRINGS, Marcia Andrade. Alguns aspectos do dano moral ambiental e danos punitivos. *In*: SARLET, Ingo Wolfgang; RUARO, Regina Linden; LEAL, Augusto Antônio (Org.). *Direito, ambiente e tecnologia*: estudos em homenagem ao Professor Carlos Alberto Molinaro. Porto Alegre: Editora Fundação Fênix, 2021.

CAHALI, Yussef Said. *Dano moral*. 2. ed. São Paulo: Revista dos Tribunais, 1998.

CHEVRON wins Ecuador rainforest 'oil dumping' case. *BBC News*, 8 ago. 2018. Disponível em: https://www.bbc.com/news/world-latin-america-45455984. Acesso em: 23 abr. 2021.

DI MARINO, Bruno; FERRAZ, Álvaro. A saga jurisprudencial do dano moral coletivo: tinha razão o saudoso ministro Teori Zavascki. *Migalhas*, 20 mar. 2019. Disponível em: https://www.migalhas.com.br/depeso/299108/a-saga-jurisprudencial-do-dano-moral-coletivo--tinha-razao-o-saudoso-ministro-teori-zavascki. Acesso em: 20 abr. 2021.

DONEDA, Danilo. Direitos da personalidade no Código Civil. *In*: TEPEDINO, Gustavo (Coord.). *Código Civil na perspectiva civil-constitucional*. Rio de Janeiro: Renovar, 2013.

FACHIN, Luiz Edson. *Direito civil*: sentidos, transformações e fim. Rio de Janeiro: Renovar, 2015.

GOMES, Orlando. *Introdução ao Código Civil*. 11. ed. Rio de Janeiro: Forense, 1996.

LEITE, José Rubens Morato. *Dano ambiental*: do individual ao coletivo extrapatrimonial. 2. ed. São Paulo: Revista dos Tribunais, 2003.

LÔBO, Paulo. *Direito civil* – Parte geral. 5. ed. São Paulo: Saraiva, 2015.

LORENZETTI, Ricardo Luis. *Fundamentos do direito privado*. Tradução de Vera Maria Jacob de Fradera. São Paulo: Revista dos Tribunais, 1998.

MEDEIROS NETO, Xisto Tiago de. *Dano moral coletivo*. São Paulo: LTr, 2004.

MELLO, Patrícia Perrone Campos; PEÑAFIEL, Juan Jorge Faundes. Povos indígenas e proteção da natureza: a caminho de um giro hermenêutico ecocêntrico. *Revista Brasileira de Políticas Públicas*, v. 10, n. 3, p. 222-251, 2020. Disponível em: https://www.publicacoesacademicas.uniceub.br/RBPP/article/view/7240/pdf. Acesso em: 20 abr. 2021.

MORAES, Maria Cecília Bodin de. *Na medida da pessoa humana*: estudos de direito-civil constitucional. Rio de Janeiro: Renovar, 2010.

MORAES, Maria Celina Bodin de. *Danos à pessoa humana*: uma leitura civil-constitucional dos danos morais. Rio de Janeiro; São Paulo: Renovar, 2003.

PIGRAU, Antoni. The Texaco-Chevron case in Ecuador: law and justice in the age of globalization. *Revista Catalana de Dret Ambiental*, v. 5, n. 1, p. 1-43, 2014. Disponível em: https://www.researchgate.net/publication/264419780_The_Texaco-chevron_case_in_Ecuador_Law_and_justice_in_the_age_of_globalization. Acesso em: 30 abr. 2021.

ROMANO, Rogério Tadeu. *Dano moral coletivo*: aspectos processuais. Disponível em: https://www.jfrn.jus.br/institucional/biblioteca-old/doutrina/doutrina227.pdf. Acesso em: 20 abr. 2021.

SARLET, Ingo Wolfgang. *Direito constitucional ecológico*: Constituição, direitos fundamentais e proteção da natureza. 6. ed. São Paulo: Thompson Reuters Revista dos Tribunais, 2019.

SOARES, Flaviana Rampazzo. O percurso do "dano moral coletivo" na jurisprudência do Superior Tribunal de Justiça. *In*: ROSENVALD, Nelson; TEIXEIRA NETO, Felipe (Coord.). *Dano moral coletivo*. Indaiatuba: Foco, 2018.

TEIXEIRA NETO, Felipe. Ainda sobre o conceito de dano moral coletivo. *In*: ROSENVALD, Nelson; TEIXEIRA NETO, Felipe (Coord.). *Dano moral coletivo*. Indaiatuba: Foco, 2018.

TOLOMEI, Carlos Young. A noção de ato ilícito e a teoria do risco na perspectiva do novo Código Civil. *In*: TEPEDINO, Gustavo (Coord.). *Código Civil na perspectiva civil-constitucional*. Rio de Janeiro: Renovar, 2013.

ZAVASCKI, Teori Albino. *Processo coletivo*: tutela de direitos coletivos e tutela coletiva de direitos. 6. ed. São Paulo: Revista dos Tribunais, 2014.

Informação bibliográfica deste texto, conforme a NBR 6023:2018 da Associação Brasileira de Normas Técnicas (ABNT):

FARIAS, Paulo Marcos de; CAVALLAZZI, Vanessa Wendhausen. Dano moral coletivo in Teori: inquietudes persistentes. *In*: SEEFELDER FILHO, Claudio Xavier; AZEVEDO, Daniel Coussirat de (Coord.). *Teori na prática*: uma biografia intelectual. Belo Horizonte: Fórum, 2022. p. 421-438. ISBN 978-65-5518-344-3.

REGULARIZAÇÃO FUNDIÁRIA E CONSTITUIÇÃO

MANOEL L. VOLKMER DE CASTILHO

Essa é, de resto, a orientação da legislação infraconstitucional que prevê, inclusive, e em certos casos especiais, a legitimação das ocupações e apossamentos de boa-fé até limites estabelecidos e mediante a satisfação de alguns requisitos, também previstos em lei (Lei 4.504/64, art. 97, I e ss; Lei 4.947/66, art. 6º e ss; DL 1.414/75 e, recentemente, a Lei 13.178/2015), a dizer que, conquanto não afetadas, submetem-se ao rigor do regime administrativo do patrimônio público. E assim, sempre tem sido, particularmente antes da Constituição de 1988, de modo que a invocação dessa nova interpretação, supostamente instituída por ela, dando as terras devolutas como usucapíveis, além de incorreta, busca reverter contra o passado orientação que então prevalecia pacificamente com a jurisprudência uniforme desta Corte.
(RE nº 834.535/SP Ag Reg. Rel. Min. Teori Zavascki, 2ª T., j. 15.3.2016, u.)

O juiz que assinou esse veredicto nasceu num faxinal, que é uma modalidade de ocupação, coletiva e compartilhada, de terras originariamente públicas, encontrado nos estados do Sul do país e que se legitima pelo uso e finalidade comuns. A regularização dessas ocupações históricas, ainda que não estivessem sujeitas a regramento formal, deu-se pela prática e pelo consenso das populações respectivas, transformando-se muitas em núcleos urbanos organizados e hoje, cidades modernas. A inspiração da regularização fundiária de terras públicas certamente tem hoje motivação, justificativa e exemplo na legitimação dessas ocupações, a despeito de acontecidas em um universo de livre iniciativa individualista, mas precisa ter a mesma razão da de reformar a estrutura agrária desigual e injusta. O estudo a seguir quer seguir a ideia de que a regularização de ocupações de terras públicas, os assentamentos rurais e os projetos de colonização afinados com a Constituição podem conduzir as comunidades rurais a um novo faxinal.

Introdução

A despeito de tema recorrente no domínio dos bens públicos, a regularização fundiária[1] é questão que, outra vez, mais recentemente, tem mobilizado a Administração Pública Federal a ponto de ultrapassar os limites do problema jurídico-administrativo para constituir-se em assunto de predominante importância política e econômica. Ademais da notória repercussão na realidade jurídica da disciplina dos *bens públicos federais* ocupados por particulares, lícita ou ilicitamente, essa nova atenção tem se mostrado sobremaneira relevante na atualidade da vida econômica e social dos vários segmentos nacionais envolvidos por variadas razões. A utilização de *bens públicos federais* por particulares há muito tem sido objeto de discussão, análise e, principalmente, busca de soluções que compatibilizem o regime de supremacia do domínio público em face dos interesses particulares e as justas expectativas de ocupantes e posseiros pelo reconhecimento da legitimidade de sua conduta, sobretudo quando respeitados os direitos respectivos de cada qual e os dos demais cidadãos, assim como a irrestrita obediência aos postulados constitucionais vigentes ao longo dos anos. O estado atual da regularização fundiária no país – aí compreendidos, de um lado, a ocupação consentida ou espontânea *de terras públicas federais* e, de outro, o ilegal, ilícito ou clandestino apossamento de *terras de domínio público federal* por particulares –, como já o fora por décadas, está a exigir inadiável equação que resolva as pendências daí surgidas na perspectiva jurídico-constitucional e econômico-política, sempre respeitando os *bens imóveis da União* vinculados à preservação ambiental, à proteção das populações indígenas e tradicionais, às necessidades da nação, dos cidadãos e do bem comum, à vista dos princípios republicanos constantes do art. 3º da Constituição. Nessa perspectiva, revela-se oportuno recordar um pouco da *trajetória histórica* da ocupação do solo e do território do país ao longo dos tempos para auxiliar a boa compreensão de certos hábitos que se consolidaram culturalmente em nosso meio, assim como recapitular o modo e as reiteradas tentativas ao longo do tempo de regularizar e solver em definitivo as decorrências das ocupações incontroladas e principalmente de as redirecionar ou acomodar a projetos de justa distribuição das terras públicas federais ou tornadas públicas. Em seguida, vale avaliar a *regularização* ou legitimação das ocupações sobre terras públicas federais assim evidenciadas, oferecidas como propostas de governo e objeto de diversas providências legislativas, desde mais antigas a modernas, com a declarada intenção de consolidar o regime jurídico (quase sempre numa perspectiva de mercado) e ao mesmo tempo propiciar segurança jurídica para estabilizar a titularidade e uso da propriedade pelos particulares, mediante procedimentos compatíveis que tenham ou tivessem reconhecido como convergentes aos afirmados interesses nacionais e aqueles dos legítimos ocupantes. Na mesma linha, estuda-se as ocupações decorrentes de títulos nulos dados por estados sobre terras da União, via *ratificação*, que é modalidade de regularização. Por fim, propõe-se considerar

---

[1] A regularização fundiária de que aqui se trata é a regularização das ocupações de *terras públicas federais de vocação rural*. Em alguns pontos a legislação de regência também dispôs sobre regularização fundiária urbana com o que não se deve confundir a despeito de semelhanças em alguns de seus institutos. O conceito de regularização fundiária está previsto no art. 46 da Lei Federal nº 11.977/2009, que estabelece: "A regularização fundiária consiste no conjunto de medidas jurídicas, urbanísticas, ambientais e sociais que visam à regularização de assentamentos irregulares e à titulação de seus ocupantes, de modo a garantir o direito social à moradia, o pleno desenvolvimento das funções sociais da propriedade urbana e o direito ao meio ambiente ecologicamente equilibrado".

a regularização da ocupação de terras públicas federais como instrumento da reforma agrária e, portanto, compreender o quanto esse procedimento está vinculado aos respectivos limites e padrões constitucionais.

Um pouco da história das ocupações

Na conhecida afirmação de Cirne Lima,[2] a história das terras no Brasil começa em Portugal, pois foi em decorrência do descobrimento que os portugueses tomaram posse daquelas terras situadas até 370 léguas a oeste das Ilhas de Cabo Verde, como fazia certo o Tratado de Tordesilhas (7.6.1494),[3] firmado entre o Reino de Portugal e a Coroa de Castela, entre elas parte do Brasil atual. Pela distância e dificuldades de administrar o enorme território, em seguida, introduziram o regime de *capitanias hereditárias* (1534) e de concessões de terras reais com frente, maior ou menor (50 a 100 léguas de costa), para o litoral, e extensão indefinida de fundos, geralmente, até os limites do reino ou "quanto puderem entrar" (até os de Tordesilhas), cabendo aos capitães um poder de vida e morte sobre as terras e as gentes, ali fazendo a lei e os costumes e dando formato a extensões territoriais que mais tarde modelariam as províncias imperiais e depois os estados na República. Concomitantemente, nomearam-se *governadores-gerais*, também com poder absoluto de ceder e conceder, às vezes em grandes extensões, terras reais basicamente a quem lhes aprouvesse, originando feudos e dando origem a uma natural mentalidade de ocupação e apossamento. Os donatários das capitanias e os governadores-gerais eram escolhidos diretamente pelo rei de Portugal. Como a Fazenda Real e o patrimônio do Rei então se confundiam, era este que dispunha das terras a seu juízo e conveniência. De modo geral, a característica principal desses sistemas era o poder praticamente ilimitado dos titulares das capitanias dentro de seu território e dos governadores-gerais na Colônia, em especial o de conceder *datas de terras* ou *sesmarias*[4] em nome do Rei de Portugal, a seu juízo e critério, assim propiciando

---

[2] LIMA, Ruy Cirne. *Pequena história territorial do Brasil*: sesmarias e terras devolutas. 2. ed. Porto Alegre: Sulina, 1954. p. 11.

[3] Esse apossamento, por conta da legitimidade conferida na origem por uma bula papal (*Inter Coetera*, em 3.5.1493) que repartia entre Portugal e Espanha a posse de tais terras, fez incorporar à Coroa portuguesa todas as assim "descobertas".

[4] Os três primeiros governadores-gerais foram Tomé de Sousa (que governou de 1549 a 1553), Duarte da Costa (1553-1558) e Mem de Sá (1558-1572). Do Regimento de Tome de Souza (1548): "Item. Tanto que tiverdes assentada a terra para seguramente se poder aproveitar dareis de sesmaria as terras que estiverem dentro do dito termo as pessoas que vo-las pedirem... Somente pagarão o dizimo à Ordem de Nosso Senhor Jesus Cristo e com as condições e obrigações do foral dado as ditas terras e de minha ordenação [...] com condição de que resida na povoação da dita Bahia... três anos dentro do qual tempo as não poderá vender ne enlhear e não dareis a cada pessoa mais terra que aquela que boamente e segundo sua possibilidade vos parecer que poderá aproveitar [...]". A origem das *sesmarias* se atribui a uma lei de D. Fernando, Rei de Portugal por volta de 1375 (Lei das Sesmarias), de cujo regime também se teria originado a noção de terras devolutas (v. LOPES, Fernão. *II Crônica de D. Fernando* – Clássicos portugueses. Lisboa: Editora Clássica Editora, 1945; NASCIMENTO, Renata Cristina de S. *As duas faces da moeda: A influência da nobreza (1367-1373) e da alta burguesia (1374-1383) na política de D. Fernando.* p. 98 e ss. Disponível em: https://files.cercomp.ufg.br/weby/up/113/o/NASCIMENTO__Renata_Cristina_de_S_-_1998. pdf). De fato, a lei das sesmarias, de 28.5.1375, estabeleceu a obrigatoriedade do cultivo das terras abandonadas ou desocupadas e quem não o pudesse deveria devolvê-las (daí *devolutas*) ou dá-las a outrem. A etimologia da palavra *sesmaria* pode indicar o sentido de dividir e distribuir terras para plantio e aproveitamento em época de carestia de grãos, como foi a regência política de D. Fernando. De modo geral as sesmarias mediam 3 léguas de comprimento por 1 de largura. Ainda hoje, no Rio Grande do Sul, se usa a expressão "quadra de sesmaria" (mais ou menos 90 hectares) IBGE. *Unidades agrárias não decimais em uso no Brasil.* Rio de Janeiro: IBGE, 1948.

privilégios e vantagens que se perpetuariam daí por diante como perene traço cultural administrativo. Os diferentes e sucessivos ciclos econômicos concentradores e hegemônicos (pau-brasil, açúcar, mineração etc.) estão na origem dessa política que atravessou a Colônia até a Independência. Tanto o regime de capitanias quanto o dos governadores-gerais, mesmo com semelhantes poderes, lograram sucesso relativo. Quanto às terras concedidas, nas cartas de data e de sesmaria que outorgavam, havia cláusulas de aproveitamento e cultura e algumas ainda com obrigação pessoal de moradia habitual ao modo de condições a serem cumpridas pelos donatários em garantia da validade jurídica da concessão e sob *pena de comisso*, isto é, de extinção e reversão das terras acaso desatendidas aquelas.[5] Ficavam, portanto, essas concessões sujeitas a implemento de condutas dos agraciados – a chamada *confirmação* – embora mui raramente se desse por extinta qualquer delas por falta do cumprimento dessas condições. Algumas de extensão notável, como a conhecida *Casa da Torre*, na Bahia, verdadeiro feudo tropical[6] de frente para o mar (sede na hoje Praia do Forte/Salvador) cujos fundos se diz que iam até o Piauí. Em suma, as terras reais americanas conquistadas e legitimadas *uti possidetis* eram entregues a donatários amigos e nobres, por vezes sem qualquer limitação ou respeito a eventuais anteriores possuidores ou residentes, como os indígenas e populações naturais da terra, cuja subjugação de resto igualmente daria margem a inumeráveis guerras e disputas até o completo extermínio, exclusão ou integração forçada.[7] Esse quadro de "fricção" étnica e social se estendeu durante toda a Colônia com maior ou menor grau de conflito entre terratenientes, posseiros ocupantes e autóctones, sendo os donatários e sesmeiros cada vez mais impetuosos na apreensão de terras disponíveis ao apropriar-se delas como se fossem abandonadas e livres para ocupação, embora tecnicamente – ao menos no tempo colonial – pertencessem ao Rei e à sua Fazenda

---

p. 59) e "sesmaria de campo" (cerca de 13 mil ha) (IBGE. *Unidades agrárias não decimais em uso no Brasil*. Rio de Janeiro: IBGE, 1948. p. 60) para designar medida de extensão nas estâncias gaúchas. As *datas de terras* em geral designavam porções menores. A legislação das Ordenações Afonsinas (1446), Manuelinas (1521) e Filipinas (1603) absorveu o regime que se foi acomodando ao longo do tempo e se desenvolveu através de uma gama de alvarás, cartas régias e forais.

[5] Interessante notar que, atualmente, na Lei nº 11.952 (regularização), comentada adiante, consta semelhante previsão de reversão das terras ao patrimônio da União se não puderem ser *regularizadas* (art. 20, §2º), o que, embora não previsto expressamente na Lei nº 13.178, também se poderá aplicar aos casos de impossibilidade de *ratificação* (espécie de regularização) de registros nulos.

[6] BANDEIRA, Luís Alberto Moniz. *O feudo*: a Casa da Torre de Garcia d'Ávila – Da conquista dos sertões à independência do Brasil. Rio de Janeiro: Civilização Brasileira, 2007; CALMON, Pedro. *História da Casa da Torre*. [s.l.]: Jose Olympio, 1958.

[7] Do início desse período é oportuno conferir as narrativas dos jesuítas, vindos em catequese e registrando costumes "civilizados" e selvagens, em MOREAU, Felipe Eduardo. *Os índios nas cartas de Nóbrega e Anchieta*. [s.l.]: Anablume, 2003; para a subjugação e descimento indígena, v. GAMBINI, Roberto. *Espelho índio*: os jesuítas e a destruição da alma indígena. Rio de Janeiro: Espaço e Tempo, 1988, que revela com precisão os mecanismos psicológicos da "integração"; quanto à "assimilação", são muitas as obras de interesse, valendo por todas RIBEIRO, Darcy. *Os índios e a civilização*: a integração das populações indígenas no Brasil moderno. 7. ed. São Paulo: Companhia das Letras, 1996. Com a Constituição de 1988, houve uma importante mudança na concepção jurídica das etnias e comunidades indígenas e seus direitos, desaparecendo a *ideia de integração* e *civilização* para prevalecer a de *diversidade étnica e autoidentificação* (Convenção OIT nº 169), acarretando daí por diante inúmeras e incessantes disputas sobre terras com ocupantes indígenas, uma vez que no imaginário do proprietário tradicional *ainda* remanesce a ideia equivocada de que índio é o selvagem isolado e só se reconheceria a presença e ocupação indígena nessas condições (v. sobre o assunto a emblemática discussão judicial no Caso Raposa Serra do Sol: Pet. nº 3.388/RR, Rel. Min. Britto, acórdãos de 2009, 2013 e 2018 do STF).

Real,[8] e toda a legislação *sempre reservasse* aos indígenas espaços de sua ocupação. Essa *lógica de apropriação* voluntariosa gerada pela lógica da Colônia reproduziu-se repetidamente de tal modo que quem podia apropriava-se do que "não tivesse dono",[9] passando a possuir as terras assim havidas como suas e a partir daí sendo reconhecido como legítimo titular em face de terceiros e da Administração Pública. Pouco antes da Independência, em 17.7.1822,[10] porém, uma deliberação do Reino provinda da *Mesa do Desembargo do Paço*, subscrita pelo Príncipe e pelo Patriarca da Independência, suspendeu as concessões de datas de terras e sesmarias até que se aprovasse um regime legal de regularização, que, no entanto, só veio em 1850 com a Lei nº 601, a famosa *Lei das Terras*, que finalmente disciplinou o acesso às terras públicas. A partir de então (já no segundo Império), ficaram proibidas as datas e sesmarias e vedada a ocupação de terras públicas, permitida apenas a *venda* ou a *legitimação* de ocupações. Ou seja, o que não era legitimamente particular era público. A nova lei também dispôs sobre critérios de reconhecimento das ocupações anteriores e para tanto as fez submeter a um cadastro geral através de declarações chamadas de *registro paroquial* ou *do vigário*, que consistia numa declaração do ocupante ou possuidor perante o vigário ou pároco da situação do imóvel,

---

[8] Confundiam-se a fazenda do Rei e a fazenda Real. A Constituição Imperial de 1824 revela resquícios desse fato: "Art. 115. Os Palácios, e Terrenos Nacionaes, possuídos actualmente pelo Senhor D. Pedro I, ficarão sempre pertencendo a Seus Sucessores; e a Nação cuidará nas acquisições, e construcções, que julgar convenientes para a decência, e recreio do Imperador, e sua Família".

[9] Pontes de Miranda, apoiando-se nessa lógica, sustenta que as terras são públicas (incluindo as devolutas), privadas ou *nullius* (ou adéspotas), estas, de ninguém, permitindo assim o apossamento por quem tivesse oportunidade (PONTES DE MIRANDA. *Tratado de Direito Privado*. Rio de Janeiro: [s.n.], 1971. p. 441-442. XII, §1418), e esse entendimento repercutiu em algumas decisões da Suprema Corte (notadamente no RE nº 72.020/SP. Rel. Rodrigues Alckmin, 1ª T., j. 11.9.1973, cuja conclusão aparentemente pressupõe a necessidade de prévio registro imobiliário das públicas, na falta do qual as terras são de ninguém), dando margem a teses de prescritibilidade de terras originariamente públicas. No citado caso, se fez distinção entre as devolutas, isto é, as efetivamente devolvidas no modo histórico citado e as que se vagaram por abandono, o que parece incorreto ante a unidade patrimonial anterior na Colônia e no primeiro Império que não distinguia os bens públicos da Fazenda real ou imperial, e assim que não pertencessem a particulares seriam logicamente públicas do domínio eminente e do domínio patrimonial da Coroa. Até o advento da Lei nº 601, era comum referir-se a essas terras como *terras vagas*, entretanto, isso não significava fossem de ninguém. De resto, esse é o inequívoco sentido do art. 3º da Lei nº 601/1850; do art. 5º do DL nº 9.760 de 1946; dos arts. 11, 97 e 98 da Lei nº 4.504 de 1964; do art. 5º da Lei nº 4.947 de 1966; e dos arts. 12 e 28 da Lei nº 6.383 de 1976, os quais em momento algum indicam a hipótese de terras que, não sendo privadas, sejam de ninguém. Ao contrário, a inexistência de propriedade particular pela lógica colonial e imperial não alterada pela legislação republicana importa na propriedade ou domínio *público*. A despeito dessa lição de Pontes de Miranda que os tribunais superiores parecem ter aceito, o Ministro do STF Victor Nunes Leal mostrou em notável parecer – "Titulação constitucional dos estados para primeira alienação de terras devolutas" (*Revista da Procuradoria Geral do Estado do Rio de Janeiro*, v. 37, 1966. p. 5 e ss. Disponível em: https://pge.rj.gov.br/comum/code/MostrarArquivo.php?C=NzUyOQ%2C%2C) – a erronia dessa conclusão e que, ao contrário, o título de domínio das terras devolutas deriva da Constituição, as quais se apuram por exclusão mediante processo de discriminação e *não dependem de registro ou matrícula*, donde não há hipótese lógica, no direito administrativo, de terras *nullius*.

[10] Resolução nº 76 – Reino: "De consulta da mesa do desembargo do Paço de 17 de julho de 1822. Manda suspender a concessão de sesmarias futuras até a convocação da Assembleia Geral Constituinte. Foi ouvida a Mesa do Desembargo do Paço sobre o requerimento em que Manoel José dos Reis pede ser conservado na posse de terras em que vive há mais de 20 anos com a sua numerosa família de filhos e netos, não sendo jamais as ditas terras compreendidas na medição de algumas sesmarias que se tenham concedido posteriormente. Responde o Procurador da Coroa e Fazenda: não é competente este meio. Deve, portanto, instaurar o suplicante novo requerimento pedindo por sesmaria as terras de que trata, e de que se acha de posse; e assim se deve consultar. Parece à Mesa o mesmo que ao Desembargador Procurador da Coroa e Fazenda, com que se conforma. Mas a Vª Real Resolverá o que houver por bem. Rio de Janeiro, 8 de julho de 1822. Resolução. Fique o suplicante na posse das terras que tem cultivado e suspendam-se todas as sesmarias futuras até a convocação da Assembleia Geral, Constituinte e Legislativa. Paço, 17 de julho de 1822. Com a rubrica de S. A. Real o Príncipe Regente. José Bonifácio de Andrada e Silva".

descrevendo as terras possuídas, cujo relato representaria a "prova" da posse justa ou anterior à proibição da Lei das Terras.[11] Esse registro, na prática, embora não oficialmente, acabou adquirindo o poder de conferir ao menos uma presunção *hominis* de certeza e legitimidade às posses e, ainda hoje, se verdadeiros, são reconhecidos como fonte de direito para a prova da aquisição legítima da posse/propriedade de terras públicas antes da dita lei e principalmente antes da República. Esses registros, contudo, têm gerado inúmeras disputas judiciais com a Administração Pública pela facilidade de fraudes e adulterações, já que os livros dos registros paroquiais, então organizados sem maiores cautelas e sem controle rigoroso, mais tarde se prestariam a má utilização, além do que nem todos foram recolhidos aos arquivos públicos para consulta, tornando muito fácil a adulteração e muito difícil e trabalhosa a impugnação deles.[12] Sem embargo, no campo da Administração Pública, os bens públicos e nomeadamente as terras públicas – e destas, sobremaneira as devolutas que de regra não são registradas – talvez por isso mesmo continuaram sendo objeto de apropriação, apossamento e invasão indiscriminada, e, pois, longe de serem reconhecidas como bens de interesse público, destinatários do respeito e segurança de todos os cidadãos.[13] A história da integração e do *moderno* desenvolvimento nacional foi possivelmente iniciada no século 19, com a entrada de seringueiros[14] e depois com o extraordinário feito da *Coluna Prestes* (1925/1927), que desvendou politicamente o Brasil central de Sul a Norte. As seguidas iniciativas de ocupação para incremento de produção ou de defesa e "integração nacional" incentivaram a *marcha para o Oeste*, desbravando o interior "sem dono", estimulando o avanço das fronteiras agrícolas. E, junto com ela, a ambição de possuir diante de um patrimônio público "abandonado e sem utilidade" deixa patente o descontrole da ocupação. Entrementes, a mudança da capital federal para Brasília, os programas de colonização

---

[11] Essas declarações eram sempre muito resumidas, propiciando mais tarde discussões e controvérsias na identificação das terras declaradas, pois os vigários, segundo disposto no art. 103 do Regulamento, cobravam 2 "reais" por letra (v. JUNQUEIRA, Messias. *As terras devolutas na reforma agrária*. São Paulo: RT, 1964; JUNQUEIRA, Messias. *Instituto brasileiro das terras devolutas*. São Paulo: Lael, 1976), e assim as descrições eram sumarias. À época, o Estado e a Igreja estavam unidos e era comum as paróquias exercerem atividade notarial pela natural capilaridade. Modalidade semelhante adotou o Dec. nº 10.105, de 1913, quando editou o regulamento das terras devolutas da União no Acre (arts. 19 a 28), contudo, sem conferir "direito algum" aos declarantes.

[12] O Decreto nº 1.318, de 1854, que regulamentou a lei, dispôs sobre o registro paroquial (arts. 91 a 107), mas nada estabeleceu sobre a natureza e caráter desse registro, e na jurisprudência mais tarde prevaleceu que ele não conferia direito algum, o que, entretanto, não parece correto pela redação do texto e, sobretudo, porque a prática mostrou que ele tem servido como *importante* indicação da posse antiga.

[13] V. RODRIGUES JUNIOR, Otavio Luiz. *Direito civil contemporâneo*. Rio de Janeiro: Forense, 2019. O autor mostra como a constitucionalização do direito privado e a eficácia dos direitos fundamentais em relação aos particulares tem provocado a revisão da perspectiva exclusivamente privada da propriedade particular, o que pode propiciar a ressignificação das origens que a conquista e ocupação portuguesa inspiram até hoje, à base das quais as coisas supostamente não ocupadas ou desocupadas são apropriáveis pelos particulares, ainda que sejam públicas ou não privadas. Em especial, diante do dever constitucional de todos de promover uma sociedade justa, solidária e livre que deve erradicar a pobreza, a marginalização e a desigualdade, e porque as terras particulares não obedientes à sua função social podem ser desapropriadas, e as públicas sem afetação devem ser entregues para a reforma agrária. No mesmo sentido, discorrendo sobre a *função social da posse*, em face da Constituição e das ocupações coletivas, matrizes de desapropriação indireta, v. ZAVASCKI, Teori Albino. Tutela da posse na Constituição e no Novo Código Civil. *Direito e Democracia*, Canoas, v. 5, n. 1, p 7-28, 1º sem. 2004. A abordagem é inteiramente pertinente ao tema aqui tratado, fornecendo substância para a tese da vedação da regularização das ocupações que *não* se harmonizem com a missão constitucional das terras públicas.

[14] A conquista do Acre pelos seringueiros brasileiros sobre terras originariamente bolivianas é exemplo disso (v. nota 22, *infra*), assim como a saga de Rondon e a implantação das linhas telegráficas, a *Marcha para Oeste* do Governo Getúlio Vargas e as expedições da Fundação Brasil Central.

("homens sem-terra para terra sem homens") na Rodovia Transamazônica, ou na zona dos Projetos Polo Noroeste ou Calha Norte e tantos outros do período do "milagre econômico", sob a administração militar, acabaram produzindo uma euforia e incentivo à ocupação desordenada que as instituições formais não contiveram a tempo, dando-se apossamentos generalizados sem critério e sem respeito a padrões constitucionais estabelecidos e antigos de proteção ambiental, de proteção das fronteiras e de defesa das comunidades indígenas ou tradicionais.[15] Em suma, a história da ocupação do território nacional, particularmente a região amazônica, desde sempre foi marcada pela grande mobilidade social, pelos diferentes ciclos econômicos e por iniciativas em que predominou o interesse individual político e econômico, naturalmente vocacionado ao apoderamento das terras por segmentos sociais que se sentiam inspirados pelo velho espírito colonial em manter e aumentar o apossamento das terras em razão, agora, da sua atividade "desenvolvimentista" e geradora de riquezas ao país. Trata-se de uma autotitulada ocupação "legitimadora", como ainda hoje defendem os representantes do chamado agronegócio e boa parte dos parlamentares ligados à atividade rural, isto é, uma espécie de apoderamento da terra pública para o bem da nação. Resulta desse mosaico histórico o surgimento de noções próprias a que se deve atenção para aproximação adequada e compatível com a realidade. Com efeito, é preciso distinguir terras de território e territorialidade, sobretudo porque a luta pela terra vai além da simples questão fundiária, já que os movimentos sociais que a promovem estão também em busca de um território mais do que um suporte físico para a proteção de seus grupos, isto é, em busca da construção social de espaço correspondente, tanto quanto as comunidades indígenas, quilombolas, ribeirinhas e outras exercem territorialidade própria a serem respeitadas. Daí a luta por elas demanda a necessária compreensão dessa perspectiva que compreende a regularização fundiária de ocupações legítimas e legitimáveis como política de estado tal qual a de reforma agrária.

A regularização fundiária. Terras devolutas da União

Faixa de fronteira. Reforma agrária

A regularização fundiária, assim como apresentada hoje na legislação moderna, embora se pretenda uma ferramenta necessária para a solução de conflitos agrários, ou para a equação da desigualdade no acesso à terra ou principalmente como modalidade de distribuição dela a partir do fato do apossamento espontâneo ou ilegal, em princípio levava em conta principalmente a realidade amazônica, isso é, um conjunto de

---

[15] Na passada década de 70, o lema da política oficial de ocupação era "integrar para não entregar", sem cautelas ambientais ou de preservação, inclusive quanto a populações tradicionais ou indígenas, direcionada para a Amazônia, que se dizia cobiçada internacionalmente. Essa iniciativa tinha também o propósito de desviar a pressão fundiária de agricultores expulsos dos minifúndios nos estados do Sul, buscando ou sendo compelidos para programas de colonização e assentamento em terras devolutas disponíveis em abundância no Norte. Esse incentivo à ocupação foi inspirado pela União, mas também pelos estados do Centro-Oeste e Norte, que alienaram espantosa quantidade de terras, na maioria sem prévia apuração. Para coibir o avanço sobre terras devolutas, a certa altura, porém, a União fez editar lei autorizando a declaração de inexistência de títulos e/ou cancelamento administrativo do registro de títulos nulos (Lei nº 6.739, de 5.12.1979, arts. 8º-A e 8º-B; pela constitucionalidade, v. MS nº 26.492, STF, Rel. Teori), permitindo assim a *arrecadação imediata* de terras públicas ocupadas ilegalmente.

circunstâncias econômico-sociais peculiares caracterizado por distância dos centros de decisão e administrativos e pela grande dificuldade de acesso às facilidades da "civilização", nomeadamente a educação e a saúde. Esse quadro de todo especial foi a *motivação central* dos propósitos da MP nº 458, convertida depois na Lei nº 11.952, pois nasceu da necessidade de uma política de estado própria para privilegiar pequenos e médios ocupantes de terras públicas da *União* situados na área de abrangência da Amazônia Legal. Ou seja, tinha a intenção expressa de resgatar juridicamente os ribeirinhos, os posseiros migrantes, os excluídos do latifúndio mecanizado do agronegócio ou dos minifúndios sulinos, a partir de uma visão política de integração econômica e social de segmentos da população desde há muito esquecidos e deserdados que se instalaram sobre bens federais. A linha principal dessa lei, por isso, contemplava a ocupação amazônica na perspectiva do *patrimônio da União* (ou seja, fora dos bens estaduais regidos por sua própria legislação) e, nessa linha, a interpretação e a compreensão das realidades e fatores influentes na aplicação de seus comandos seguiam a lógica desse mundo, cujos valores em grande parte são distintos do mundo litorâneo e metropolitano da costa brasileira. Assim, a estratégia própria dessa legislação guardava distância de outras realidades. Essa perspectiva foi corretamente percebida por Luciana Machado, em um notável estudo mostrando que a lógica da regularização implantada pela Lei nº 11.952, mesmo limitada ao âmbito amazônico federal, prendia-se a esse universo precípuo, *e não outro*, pois as soluções oferecidas respondiam às suas demandas de todo distintas das de outras regiões.[16] Ocorre que as alterações legislativas subsequentes, como se verá, além de permitirem confusão entre patrimônio federal e estadual, em boa parte se distanciaram desse objetivo e na mesma proporção se desviaram de seus propósitos a ponto de degradarem *por completo* a lógica amazônica e as boas razões de estado que a inspiraram, de tal modo que se era inicialmente fácil compreender que essa política se incluía num projeto maior, operando *como elemento da reforma agrária*, depois das modificações já não se podia mais identificá-las. Tal como no trabalho citado (nota 17), a despeito de coincidentemente seguir o mesmo desenvolvimento na enumeração e justificação das proposições ora adotado, a conclusão aqui procura resgatar a regularização fundiária como *instrumento* da reforma agrária tendo presente que a legislação em análise, em sentido contrário, foi se convertendo paulatinamente em legislação de inspiração civilista e quase simplesmente legitimadora das apropriações ilícitas, esquecendo o viés socioadministrativo original das terras públicas preferencialmente e prioritariamente destinado à correção de desigualdades.[17] Cumpre manter vivo esse

---

[16] MACHADO, Luciana de Oliveira Rosa. *Uma nova Lei de Terras para a Amazônia*: o caso de Santarém, Pará. Tese (Doutorado) – UnB, 2011. Essa visão amazônica, porém, está sendo abandonada de modo em sucessivas proposições de alteração da Lei nº 11.952 (marcadamente a MP nº 910/2019, o PL Senado nº 510/2021 e o PL Câmara nº 2.633/2020 e apensos) para estender suas disposições indiscriminadamente a todo o país.

[17] A propósito dessa questão, o PGR na ADI nº 5.771, de sua autoria e que impugna várias disposições da Lei nº 13.465 (alterações da Lei nº 11.952), a despeito dessa compreensão, assinalou em parecer, aliás com parte de razão, que a regularização fundiária não se coaduna com o regime da reforma agrária constitucional: "Não respeita o regime constitucional de proteção da propriedade e de destinação de imóveis públicos a criação de novo instituto denominado legitimação fundiária, como forma de aquisição originária do direito real de propriedade pública ou privada ocupada em área objeto de regularização fundiária. O instituto da legitimação fundiária não se coaduna com a vedação de usucapião de imóveis públicos (Constituição, art. 183–§3.º), o regime de usucapião de imóveis privados (Constituição, art. 183–caput) e a exigência de prévia e justa indenização para desapropriação por necessidade ou utilidade pública (Constituição, art. 5.º–XXIV)". A crítica do PGR tem fundamento se vista

registro para a correta inteligência e aplicação de seus termos e para além da noção patrimonialista, eis que a regularização fundiária inspirada na Constituição se nutre, mais do que de terras, das noções de território e territorialidade dos seus destinatários. Como antes referido, nada obstante a liberalidade com que outrora eram distribuídas, as concessões de terras reais ou regalengas ficavam formalmente submetidas à *confirmação*, sob pena de *comisso*, porque a ideia original é que fossem instrumentos de produção. Cuidava-se de concessões sob condição resolutiva pelas quais o donatário ou concessionário tinha obrigações em face do poder concedente. E sendo outorga *intuitu personnae*, originariamente destinada a comprometer o beneficiado aos fins da concessão, eram obrigatórias a exploração agrícola ou pecuária e a fixação do colono ao território como política de manutenção do poder do Rei sobre a Colônia, e no caso das terras de fronteira ainda para proteção do Reino. O mecanismo de controle e revalidação das sesmarias e datas de terras, por essa razão, desde logo as distinguia de mera dação de terras. No entanto, face o afrouxamento desse controle e seguindo a *lógica da colonização*, tais cláusulas nem de longe eram inteiramente executadas à época. E mais tarde, quando invocadas como fonte de direito ou prova da legitimidade da origem, seus sucessores tiveram dificuldade em demonstrar que, a despeito da falta da revalidação ou confirmação, as datas ou sesmarias não teriam caído em comisso ou que, mesmo assim, deveriam ser reconhecidas. É certo, todavia, que a aplicação rigorosa que hoje se procura emprestar aos controles coloniais dessas concessões antigas, especialmente as mais velhas, vem se ressentindo de um verdadeiro "obstáculo epistemológico". Esse, a despeito das mudanças dos costumes e hábitos socioeconômicos, é o modelo que ainda hoje se extrai da legislação, mesmo a mais moderna. Assim, se o administrador/intérprete *moderno* entender de apreciar com o *rigor de hoje* as cláusulas resolutivas das concessões ou títulos emitidos há muitos anos ou até *séculos atrás*, cujo descumprimento à época nem teria sido considerado uma burla dos concessionários, senão tolerância ou complacência de uma política leniente e ocasional dos poderes então concedentes, terá inúmeros problemas de difícil solução. Como muitas das concessões de sesmarias ou datas não foram revalidadas, o que é fato histórico, poderá ser simplista demais *agora* considerá-las caducas, retirando seu conteúdo jurídico só por essa circunstância, como também não parece acertado *agora* desprezar as posses assim havidas sem qualquer ressalva. De certo isso não significa a aceitação delas sem critério, até porque semelhante quadro fundiário forçosamente fez convergir a atenção do administrador/legislador para a *necessidade* de uma disciplina legal que pusesse fim à ocupação indiscriminada. Com efeito, até a Lei nº 601, se designavam *terras devolutas* as que tivessem sido devolvidas por abandono ou comisso, visto que sendo terras reais ou regalengas originariamente voltaram ao seu domínio nesses casos (cf. nota 8, *supra*). E então, tidas por devolvidas as que não estivessem ocupadas legalmente, podiam ser redestinadas. E, para defini-las com precisão e assim permitir regularizar sua ocupação, porque havia exceções a preservar – por exemplo, as posses legítimas –, a lei definiu seu *conceito por exclusão*. Essa definição de 1850 consolidou-se e passou a constituir categoria jurídica fundamental para a administração fundiária imperial e ainda hoje serve para a racionalização da

---

a regularização como simples ato desligado dos programas de reforma agrária e se o ocupante não atende às exigências respectivas.

política de regularização fundiária moderna, de modo que o conceito de terras devolutas é também hoje categoria jurídica cujo conteúdo material se apura por exclusão. Alguns doutrinadores até dizem que se trata de patrimônio público *in fieri*, e a Lei nº 601 tem esse sentido de patrimônio a ser constituído.[18] A partir desse paradigma, as sesmarias e outras concessões do "governo geral ou provincial" só seriam revalidadas depois de identificadas com prova da posse evidenciada por cultura efetiva e moradia habitual (definidas no art. 6º), tal qual outras posses mansas e pacíficas que só seriam legitimadas mediante idêntica condição (arts. 4º e 5º). Desde então, prevalecia a noção básica de que as terras públicas alienáveis tinham por função dar acesso a quem não dispunha e vocacionar esse patrimônio à produção. A Lei das Terras, além disso, tendo definido formalmente o que eram *terras devolutas*, implantou ainda um modelo de deslinde e identificação do patrimônio público que até hoje se mantém vigente na denominada *discriminação de terras públicas*, procedimento instaurado para separá-las e apurá-las, pelo qual, mediante a chamada ou convocação dos interessados que se julgassem possuidores em determinado perímetro, o então juiz comissário responsável dirimia a legitimidade ou não das alegadas posses ou títulos apresentados. Pretendia a lei com isso sindicar e assentar a legitimidade do *desmembramento das terras particulares daquela do patrimônio público,* separando as que o fossem das que não o eram. Na sequência, com a Lei Hipotecária[19] e mais tarde o Código Civil de 1916 (art. 859, hoje art. 1.245 do CC 2002), instalou-se, como hoje o temos, o regime da propriedade privada *mediante registro público formal* com os direitos e deveres correspondentes, de modo que só se adquire a propriedade mediante o registro cuja cadeia sucessória por essas razões deve remontar *necessariamente* à propriedade pública. Esse modo prático de extremar o domínio público do particular, hoje firmado na legislação como processo judicial/procedimento administrativo de *discriminação de terras públicas*, acaba por constituir também pressuposto essencial para entender e aplicar a disciplina da regularização

---

[18] "Art. 3º São terras devolutas: §1º As que não se acharem aplicadas a algum uso público nacional, provincial ou municipal. §2º As que não se acharem no domínio particular por qualquer título legítimo, nem forem havidas por sesmarias e outras concessões do Governo Geral ou Provincial, não incursas em comisso por falta do cumprimento das condições de medição, confirmação e cultura. §3º As que não se acharem dadas por sesmarias, ou outras concessões do Governo, que, apesar de incursas em comisso, forem revalidadas por esta Lei. §4º As que não se acharem ocupadas por posses, que, apesar de não se fundarem em título legal, forem legitimadas por esta Lei". A necessidade de separar previamente as terras devolutas das que estivessem apropriadas ou aplicadas a uma finalidade, para ulterior destinação, recorde-se, sempre dominou os atos da administração colonial, imperial e republicana, seja de forma sumária, seja por via de processo de discriminação (*v.g.*, a Lei nº 601/1850, art. 10, e leis seguintes) à base do pressuposto de que não há terras sem dono (v. nota 9, *supra*). Quanto ao procedimento, já o antigo *Registro Torrens* (Dec. nº 451-B, 31.5.1890, e CPC 39, arts. 457 e ss.; CPC 73, art. 1.218, IV; e CPC 2015, art. 1.046 e parágrafos), que se aplica à propriedade rural, continha uma espécie de discriminação preliminar. Confirma essa compreensão, em toda linha, o magnífico estudo já citado de Victor Nunes Leal (v. nota 9 *supra*). A mesma noção ficou assentada no art. 5º do DL nº 9.760 de 1946, a chamada Lei dos Bens Imóveis da União. As controvérsias havidas até então acerca do conteúdo da expressão, no entanto, perderam importância e foram vencidas pela lei imperial assim como consolidada na República, fixado em definitivo o conceito por exclusão. Uma boa recapitulação do tema, sobretudo quanto à regularização/legitimação, pode ser vista em MIRANDA, Newton Rodrigues. Breve histórico da questão das terras devolutas no Brasil. *Revista do CAAP*, Belo Horizonte, v. XVII, n. 2, p. 153-176, 2011. Por fim, cabe registrar que alguns doutrinadores distinguem *terras devolutas* de *terras públicas*. Conquanto esta seja uma divisão didática, em rigor, *terras públicas* é o gênero e *devolutas*, uma espécie daquelas.

[19] Lei nº 1.237 de 24.9.1864 (art. 7º e seu Regulamento, Dec. nº 3.453, de 26.4.1865, art. 28), que instituiu o registro como prova da propriedade, e depois o Decreto nº 370 de 2.5.1890 (art. 25), que a revogou antes do Código Civil de 1916.

fundiária.[20] Ficava, portanto, instituído o primeiro regime de *regularização das ocupações de terras (públicas) devolutas*.[21] Esse regime vigorou até o advento da República com maior ou menor rigor (às vezes precariamente, inclusive por circunstâncias políticas) e foi a base da política administrativa fundiária do segundo Império, assim como berço do regime das terras públicas republicanas. Como as terras devolutas imperiais então se estendiam por todo o território do Império, a regularização de que cuidava a Lei nº 601 aplicava-se respectivamente a todo ele. Com a Constituição de 1891, fundada a República e a Federação, as terras públicas de domínio da União passaram a distinguir-se das de domínio dos estados federados, ainda que *na origem* tivessem estado unidas nas províncias (não havia distinção entre terras provinciais e terras imperiais), cuja autonomia administrativa era reduzida, e seus presidentes, embora outorgassem os títulos definitivos (art. 51 do Regulamento/Decreto nº 1.318 de 1854), não dispunham de maior poder nessa matéria. Implantada a nova ordem, as terras devolutas existentes no país dividiram-se, tocando à União "somente a porção do território que for indispensável para a defesa das fronteiras, fortificações, construções militares e estradas de ferro federais" (art. 64 da Constituição de 1891), nela, então, compreendidas as terras devolutas situadas na faixa de 10 léguas ou 66 km de largura (art. 1º da Lei nº 601, recebida) a contar da linha divisória. Nesse ínterim, já no tempo republicano e depois de solucionada a questão acreana, mas *claramente* por ela motivada e para consolidar a política de terras devolutas *federais*, foi editado o Decreto nº 10.105, de 5.3.1913, pelo qual foi baixado certo *Regulamento das Terras Devolutas da União*, em que se definiu seu conceito na mesma linha da Lei das Terras precursora da moderna *regularização* (arts. 29 e ss.) *e revalidação* (arts. 36 e ss.) *sumária* das ocupações legítimas ou legitimáveis, no caso, mediante procedimento judicial em até 4 anos de sua vigência. Esgotado esse prazo, o referido decreto estabeleceu a *obrigatoriedade* do processo *discriminatório* das terras devolutas visando a seu deslinde e, no mesmo texto, introduziu o *reconhecimento* dos títulos dados pela Bolívia, pelo estado independente do Acre e pelo estado do Amazonas, a dizer que a administração disciplinou (por *regularização*, *legitimação* e *ratificação*) o uso das terras

---

[20] Interessante e esclarecedor estudo de Edmundo Zenha, num trabalho da maior importância (*Terras devolutas* – Lei 601, de 1850. Disponível em: http://bibliotecadigital.fgv.br/ojs/index.php/rda/article/view/12437. Acesso em: 25 ago. 2020), historia a origem, a discussão, as características e as decorrências por elas provocadas e mostra, com inteira razão, o quão inspirador foi seu texto e proposições a repercutir até hoje na legislação nacional, sobretudo pela perspectiva sociopolítica da necessidade de distribuição das terras devolutas com a mesma preocupação aqui firmada.

[21] Antes dela houve outra tentativa com curioso desfecho, como revela o mesmo Edmundo Zenha: "O documento mais importante, porém, destes todos, é o alvará de 5-10-1795. Feito especialmente para o Brasil, trazia a intenção de regularizar, no seu todo, a grave questão territorial que, à época, era a mais baralhada possível [...]. Procurando atalhar tal estado de coisas, o alvará prescrevia normas que se agrupam em XXIX artigos, desenvolvidos com aquela largueza e prolixidade peculiares às leis antigas. O alvará revalidava todas as ordens, resoluções e leis que sobre a matéria haviam os reis anteriores baixado. [...]. O alvará de 1795 visava pôr termo à situação deplorável causada pelas infinitas demandas sobre sesmarias e pelos atrevimentos de ocupantes sem título. As confusões resultantes da incerteza de divisas, do comércio imobiliário baseado em documentos sem ascendência, do apetite despertado pelas terras fáceis da coroa, determinaram a expedição do alvará. As leis sobre terras regalengas, ou devolutas, como agora se diz, causam, porém, o efeito de uma pancada em vespeira. E o citado alvará não fugiu à regra. Ante o clamor que o mesmo levantou na Colônia e ante as apreensões que ele veio semear no ânimo de centenas de possuidores pacíficos que se viam obrigados a exibir um título que não tinham e a proceder a demarcações dispendiosas, ante o alarma geral produzido, baixou-se o decreto de 10 de dezembro de 1796, que suspendia a execução do alvará" (ZENHA, Edmundo. *Terras devolutas* – Lei 601, de 1850. Disponível em: http://bibliotecadigital.fgv.br/ojs/index.php/rda/article/view/12437. Acesso em: 25 ago. 2020).

devolutas da União em toda a dimensão *aqui* também ora considerada.[22] Essa política fundiária, apesar de nitidamente motivada pela realidade de uma região, sugere orientação geral para terras *federais* situadas em outros estados. As demais devolutas *fora da zona de fronteiras* foram atribuídas pela Constituição de 1891 aos estados federados, constituindo daí por diante seu patrimônio e, assim, se sujeitando à Constituição estadual e às políticas administrativas *respectivas*, inclusive suas próprias normas processuais civis,[23] o que explica que em certa época alguns estados tivessem tratamento processual distinto com relação às suas terras devolutas. Com a progressiva centralização legislativa pela União, a partir do final da década de 30, a disciplina e o regime jurídico processual das terras devolutas estaduais passou a observar o processo civil nacional. No meio tempo estabeleceu-se, sem prejuízo da faixa de fronteira propriamente "dominial", *faixas de segurança* de 100 km ou de 150 km de largura, em variadas épocas por conta de sucessivas Constituições, nas quais prevalecia o controle de segurança nacional. Remanesciam, contudo, inalteradas para efeitos dominiais as terras devolutas de domínio da União que se encontrassem na faixa de fronteiras de 10 léguas, de modo que as que estivessem na faixa de segurança além dos 66 km seriam de domínio dos estados, *embora* sujeitas ao assentimento do órgão federal de segurança nacional quando fossem por aqueles tituladas.[24] Essa faixa de *intervenção federal* sobre terras estaduais (além dos 66 km e até 100 km ou até 150 km conforme a época) foi mantida até a Lei nº 2.597 de 1955 que então – como regra interpretativa – estendeu em definitivo (como faixa "dominial" *contínua*) a faixa de fronteiras para 150 km de largura.[25] A Constituição

---

[22] A criação do então Território do Acre é resultado do Tratado de Petrópolis, de 17.11.1903, com a Bolívia, e do Decreto Executivo nº 5.188, de 7.4.1904, mas foi objeto de longa disputa armada com os bolivianos e depois judicial no STF (ACO nº 9 nunca julgada) da União com o estado do Amazonas, que o pretendia ante a Constituição de 1891, sendo patrono deste Rui Barbosa, que escreveu como razões finais *O direito do Amazonas ao Acre Setentrional*, v. XXXVII, t. V das obras completas, 1910, em mais de 600 páginas com farta prova da posse brasileira desde 1861.

[23] O primeiro Código de Processo Civil nacional (DL nº 1.608, de 18.9.1939), entrou em vigor em 1º.3.1940. Até então o processo civil era regulado por leis estaduais, e cada estado dispunha do seu código, sendo daí possível a ocorrência de soluções processuais diversas de um estado para outro, em face da mesma questão jurídica relacionada com a apuração e destinação das terras devolutas *estaduais*.

[24] Depois da Lei nº 601, o domínio das terras devolutas na faixa de fronteira foi previsto inicialmente pela Constituição de 1891, em seu art. 64, que ao definir o patrimônio dos estados reservou à União "a porção do território que for indispensável para defesa das fronteiras", o que quer dizer que *apenas* a porção de *terras* devolutas situadas no *território* indispensável à defesa da fronteira é que constituía domínio da União. Esse *território* é a faixa de fronteira e, portanto, a faixa de fronteira não era por si só de domínio da União, mas tão só a *porção de terras devolutas* indispensável à sua defesa, isto é, a *defesa da fronteira*. Ao longo do período de 1850 até 1955, a *faixa de fronteira* – enquanto território onde se situavam porções de terras devolutas – sempre esteve limitada à largura de 10 léguas, donde então as concessões ali, *seja pela União* sobre suas terras devolutas (as indispensáveis à defesa), *seja pelos estados* sobre as suas (isto é, as terras devolutas *não* indispensáveis à defesa da dita faixa), por ausência de vedação constitucional sempre esteve livre e praticamente sem limites para alienação por venda ou concessão gratuita, conforme suas respectivas normas. Nesse caso, do ponto de vista da União e dos estados, para além dos 66 km até 100 km (CF 34) ou 150 km (CF 37) da linha de fronteira, bastaria à audiência prévia do CSSN, conforme a época, sendo que as alienações de terras devolutas estaduais nesses limites ficavam tão só reguladas por sua própria legislação e sujeitas à audiência prévia do CSSN. Nesse entendimento, é possível que até 1955, na faixa de 66 km ao longo das fronteiras, *coexistissem legitimamente* terras devolutas federais com terras devolutas estaduais, a distingui-las apenas a *indispensabilidade* para a defesa da faixa territorial, a qual logicamente caberia à União definir, na falta do que seria *discutível* o domínio federal. Todavia, como acabou usual e comum, toda a faixa de fronteira passou a ser considerada indispensável à defesa dela, e a Lei nº 2.597 consagrou isso.

[25] Identificando-a para os efeitos do art. 180 da Constituição de 1946, essa lei estabeleceu que a porção de terras devolutas indispensável à defesa da fronteira (art. 34, II) era constituída por uma faixa (contínua) interna de 150 km de largura paralela à linha divisória, porque até então permaneciam dúvidas sobre a natureza da faixa de intervenção e a de domínio propriamente, e lei ordinária poderia desfazê-las interpretando a Constituição. A Lei

de 1988 pacificou as dúvidas que inobstante ainda surgiam e finalmente fixou a faixa de fronteira como a de até 150 km de largura adjacente à linha de fronteira, a qual é considerada fundamental para defesa do território nacional e *estabeleceu que (todas) as terras devolutas indispensáveis à defesa das fronteiras ali situadas constituiriam bem da União* (art. 20, II c/c §2º). Não é certo que *todas* as terras devolutas situadas na faixa de fronteira sejam de fato diretamente indispensáveis à defesa, mas desde a Lei nº 2.597/55 e, agora, na Constituição de 88, em face da redação, há uma *presunção* lógica de que, estando situadas na faixa adjacente à linha de fronteira, sejam naturalmente afetas à defesa nacional, gerando daí a de que hoje *todas* as terras devolutas na faixa de fronteira interessam à segurança nacional (art. 91, §1º, III). De qualquer forma, para opor à União em qualquer tempo qualquer pretensão de domínio, posse ou direito sobre terras devolutas na fronteira, será necessário demonstrar (contra essa presunção) que *não* interessam à defesa nacional o que, no entanto, só à União compete definir, sendo o ônus da prova em contrário a quem alegar seja estado federado ou particular. A partir daí, a definição da dominialidade das terras de fronteira tem particular relevância no processo de regularização das ocupações porque, como já referido, são ainda incontáveis em face da incerteza do regime anterior da faixa de fronteiras as controvérsias entre a União e particulares nelas titulados pelos estados ou "posseiros" que nela se instalaram. O STF, em julgamento definitivo, considerou nulas as alienações estaduais *a non domino*, e a partir de sucessivos acórdãos editou súmula de sua jurisprudência,[26] ressurgindo então sucessivas pretensões de *ratificação* delas. A mesma pretensão já se manifestara com muitas discussões judiciais e administrativas e, particularmente, desde a Lei nº 4.947 de 1966, na qual se inseriu cláusula permitindo *formalmente* a ratificação desses títulos. Na sequência desta, também o fizeram o DL nº 1.414 de 1975, depois, a MP nº 1.797 de 1999 e por fim a Lei nº 9.871 de 1999, sempre estendendo prazos que a Administração sem embargo não cumpria pelo volume e certamente pela dificuldade

---

nº 2.597 de 1955 foi revogada pela Lei nº 6.634 de 1979, a qual também deu regras para o assentimento prévio do Conselho de Segurança Nacional em caso de alienação e concessão de terras públicas na faixa de fronteira, *mas* confirmou-a em 150 km de largura paralela à linha divisória. Daí por diante *todas* as terras devolutas na faixa de fronteira interessam à segurança e defesa nacionais e, portanto, integram os bens da União. A respeito da dominialidade da faixa de fronteira, o STF teve ocasião de definir, na AC nº 9.621/PR, em razão de inúmeras e dúplices titulações estaduais naquela área, que as terras devolutas na faixa de 66 km eram de domínio da União, e a titulação estadual ali era nula. Cuidava-se de reiterada titulação estadual sobre terras valiosas e fertilíssimas à base de considerações do próprio estado de nulidade de concessões antigas unilateralmente revogadas ou cassadas. O quadro de enorme impasse para a execução desse acordão provocou a edição do Dec.-Lei nº 1.942 de 1982, destinado a organizá-la. Entrementes, a Reclamação nº 1.074 STF (contra decisão do TRF/4 que mantivera sentença favorável aos expropriados em ação de desapropriação do Incra sobre as terras alienadas pelo estado e tidas como de domínio federal), cujo acordão em dezembro de 2019 (Rel. Min. Ellen/Min. Gilmar) finalmente admitiu a compatibilidade do decreto-lei com o acordão na AC nº 9.621 e assim garantiu o prosseguimento do feito ainda pendente no TRF4.

[26] Súmula STF nº 477 (aprovada em 3.12.1969): "As concessões de terras devolutas situadas na faixa de fronteira, feitas pelos estados, autorizam, apenas, o uso, permanecendo o domínio com a União, ainda que se mantenha inerte ou tolerante, em relação aos possuidores". Antes dela, já o Decreto-Lei nº 7.724 de 1945 (*idem*, em termos, nos DL nº 1.164 de 1939, DL nº 11.968 de 1940, DL nº 2.610 de 1940), afirmava o direito da União sobre as terras devolutas da faixa de fronteira e admitia a "confirmação pela União das vendas, concessões ou aforamentos quando se verificar que os estados e municípios efetuaram quaisquer concessões de colonização ou exploração agrícola ou industrial na suposição de lhes pertencerem a terras". As discussões acerca do domínio não cessaram senão com a súmula, mas as questões possessórias ainda persistem, pois, além de emitidas sobre terras federais, muitos estados titularam duplamente a mesma terra, o que constitui ainda hoje dificuldade adicional para a ratificação e definição das posses.

de resolver as intrincadas questões técnicas e fáticas, esgotando-se o último prazo em 2003 (mais tarde reaberto na Lei nº 13.178/2015, já referida). Apesar do nome igual, não se deve confundir a *ratificação* administrativa com a *convalidação* ou confirmação de negócio ou ato jurídico anulável, própria do direito comum (arts. 169 e 172 do atual Código Civil). Aquela, ao contrário desta, refere-se a ato nulo e é disposição *unilateral* que envolve unicamente interesses indisponíveis da União que não participou do ato anterior. Na "ratificação" administrativa da alienação de terras devolutas, trata-se de *ato de supremacia* pelo qual o a União, titular do domínio público, a seu *exclusivo* juízo, revalida a concessão anterior de terceiro (Estado não titular) com efeito regularizador da ocupação, mediante várias e estritas condições. Por isso, não se cuida propriamente de ratificação, mas de uma *modalidade de regularização* da ocupação até então garantida pela titulação anterior reconhecida como nula, independentemente da vontade do adquirente.[27] Por outro lado, já desde a década de 60 do século passado, se havia assentado a necessidade de uma *reforma agrária* que melhor distribuísse as terras, pois a concentração que expulsava os camponeses e trabalhadores rurais do campo, além de socialmente injusta, provocava distúrbios e conflitos. Tomando corpo no Governo Jango, com as reformas de base e forma legal definitiva com os militares em 1964,[28] a *constitucionalização* da reforma agrária a partir de 1988 fixou na lei maior os critérios para a definição do *conteúdo jurídico constitucional* da propriedade do imóvel rural e sua função social, assim como os de aferição de valor e pagamento em caso de desapropriação. Vislumbra-se, aí, a *redistribuição* fundiária como verdadeiro *direito subjetivo público* dos trabalhadores rurais sem-terra e sem propriedade.[29] Ficou patente que a reforma agrária

---

[27] Em parecer da Consultoria-Geral da República, aprovado pelo presidente da República (Parecer L-068, de 13.6.1975), Luiz Rafael Mayer, considerando constitucional a ratificação autorizada pela Lei nº 4.947/66 no conteúdo e na extensão, sobre o ponto, fez constar: "Entenda-se que o conceito de ratificação, empregado na lei, tem um sentido próprio no contexto, pois não é convalidação do ato pela própria entidade que nele foi parte como geralmente ocorrente no ato jurídico anulável, mas convalidação ou confirmação de ato jurídico praticado por outrem, sem poderes especiais para isso. Suprindo a incompetência originária e a consequente carência do poder de dispor, a ratificação retroage à data em que o ato defeituoso foi praticado, para que possa ter efeitos jurídicos, desde então". Como a ratificação autorizada pela Lei nº 13.178 hoje se orienta pelo desempenho *atual* da ocupação de certo modo contrariando o parecer, essa retroação, quando houver, pode vir a ser parcial do título original. Cuida-se tão só de expectativa de direito à base do princípio da confiança (segurança jurídica) em face da presunção de legalidade dos atos administrativos.

[28] Antes do golpe, a criação da Supra, o Plano Trienal de Desenvolvimento Econômico e Social (63-65), "a reforma agrária na lei ou na marra", as Reformas de Base e o Dec. nº 53.700 de 13.3.1964 de desapropriação da margem das estradas deram substância a uma política de reforma agrária iniciante. Já sob o regime militar, a Emenda Constitucional nº 10 de 9.11.1964 à Constituição de 1946 (art. 5º) institucionalizou a reforma e viabilizou a desapropriação e a indenização por títulos da dívida pública.

[29] Com apoio na EC nº 10, de 1964, a Lei nº 4.504/64 – o Estatuto da Terra (em tudo compatível com a legislação pós-Constituição de 88 e por ela recebida) – estabeleceu "Reforma Agrária é o conjunto de medidas que visem a promover melhor distribuição da terra, mediante modificações no regime de sua posse e uso, a fim de atender aos princípios de justiça social e ao aumento da produtividade" (art. 1º, §1º), sendo assegurado "a todos a oportunidade de acesso à propriedade da terra, condicionada pela sua função social na forma prevista em lei" (art. 2º). Por conta dessa opção, que a atual Carta não desmerece, antes reafirma, o Estatuto da Terra: "é dever do Poder Público promover e criar as condições de acesso do trabalhador rural à propriedade da terra economicamente útil, de preferência nas regiões onde habita" (art. 2º, §2º). Com efeito, se a Reforma Agrária é o conjunto de medidas que visam promover a melhor distribuição da terra pública e particular, mediante modificações no regime de sua posse e uso para atender aos princípios de justiça social e aumento da produtividade e o Estado democrático de direito *está* constitucionalmente comprometido com a cidadania, com a dignidade da pessoa humana, com a construção de uma sociedade livre e justa, com a erradicação da pobreza, da marginalização e das desigualdades, promovendo assim o bem de todos, sem discriminação e preconceito. Portanto, como corolário lógico, a inexistência de imóveis rurais aptos à desapropriação na região em que existam agricultores sem-terra *impõe ao jurista, ao*

como política constitucional de Estado naturalmente implicava que também as terras públicas não afetadas a finalidades administrativas – com mais razão as devolutas – deveriam ser *necessariamente* endereçadas para a reforma agrária, por regularização ou alienação, do mesmo modo como as terras particulares que não cumprissem *rigorosa* função social deveriam ser expropriadas e incorporadas ao esforço reformador. O próprio Estatuto da Terra, vale recordar, no conjunto das regras de reforma agrária, tinha disposições *expressas* sobre a legitimação e regularização das posses (arts. 97 e 99), o que reforça a compreensão de que tais medidas se integram na política de reforma agrária. O *Estatuto da Terra*, com efeito, implantara a disciplina geral da moderna legislação agrária e fundiária – marcadamente no domínio da desapropriação e uso funcional da terra – e, retomando a proposição do DL nº 9.760 de 1946 (Lei dos Bens Imóveis da União), *também* dispôs sobre a legitimação (modalidade de *regularização*) das posses encontradas (art. 99) bem como dispôs sobre a discriminação de terras devolutas (arts. 11 e 97, I). No período pós-constitucional, a política de *desapropriação* por interesse social para fins de reforma agrária teve impulso prioritário no Governo Fernando Henrique (1995/2002) e, sobretudo, no primeiro Governo Lula (2003/2007), mobilizando terras particulares desatentas à sua função social para a reforma agrária, mas sem prejuízo da regularização de ocupações e ratificações dos títulos nulos. A pressão por mais terras e sua apropriação desordenada, porém, crescia na mesma medida que se expandiam a agricultura e a pecuária em razão do bom desempenho da economia nacional após o sucesso do chamado Plano Real de estabilização da moeda. Em 25.6.2009, como mencionado acima, foi então editada a Lei nº 11.952, que permitia a *regularização fundiária* das ocupações, já havidas, por *pessoas físicas* até 1.500 hectares *em terras situadas em áreas da União* no âmbito da Amazônia Legal. E, com idêntica motivação, em 22.10.2015, editou-se a Lei nº 13.178 que reabriu a oportunidade de *ratificação dos registros* de títulos de propriedade dados por estados federados sobre terras devolutas da União na faixa de fronteira (art. 1º), o que indica nova retomada da política de regularização fundiária. Cuidava-se de reiterado esforço, com foco no pequeno e médio ocupante. De um lado, para mobilização de terras para a economia rural e, de outro, para prover segurança jurídica na legalização das posses sobre terras devolutas ou terras públicas não aplicadas ou revertidas de aplicações especiais. E embora a lei

---

intérprete e ao aplicador reconstituir a disciplina jurídico-constitucional no que respeita à reforma agrária, admitindo *inclusive* a desapropriação por interesse social de imóveis produtivos e/ou que estejam cumprindo sua função social. Em outras palavras, a valer a equação constitucional acima citada, na ausência de terras disponíveis para a reforma agrária, *os cidadãos despossuídos ou excluídos têm direito* à iniciativa do Estado de promover a redistribuição das terras necessárias *independentemente* de serem elas produtivas ou mal aproveitadas, visto que a questão não é mais de produtividade, senão de igualdade. Nessa linha de entendimento, foi proposta no STF em 10.12.2020 a ADPF nº 769 (Rel. Marco Aurélio; em 9.6.2021, o relator negou seguimento ao pedido, pendente agravo regimental – Rel. atual Min. André Mendonça), por diversas entidades de trabalhadores rurais e vários partidos políticos requerendo a retomada das ações de desapropriação e implementação imediata de um plano geral de reforma agrária que a considere um direito fundamental, sustando-se a destinação de terras públicas a outro fim que não a reforma agrária. À luz dessa compreensão, é da *essência* da reforma agrária a *redistribuição* da terra por desapropriação judicial ou amigável. Mostra-se por isso insuficiente a política de "reforma agrária de mercado" patrocinada pelo Banco Mundial e que se substancia pela compra e venda de terras financiadas pelo Estado (v. SAUER, Sérgio. "Reforma agrária de mercado" no Brasil: um sonho que se tornou dívida. *Estudos Sociedade e Agricultura*, v. 18, n. 1, p. 98-126, abr. 2010; OLIVEIRA, Alexandra Maria de. *A contrarreforma agrária do Banco Mundial e os camponeses no Ceará*. Tese (Doutorado) – USP, 2005. Capítulo 2; e RAMOS FILHO, Eraldo da Silva. *Movimentos socioterritoriais, a contrarreforma agrária do Banco Mundial e o combate à pobreza rural*. São Paulo: Clacso, 2013).

não o dissesse expressamente a serem avaliadas também a partir dos predicados obrigatórios de moradia habitual e cultura efetiva, tal qual se exigia desde a Lei das Terras, em tudo obediente aos critérios definidos na Constituição e da *função social da propriedade*.[30] Era evidente a intenção de, com o mesmo espírito, ao lado dos programas de reforma agrária, propiciar a regularização de ocupação compatível com os seus critérios. É claro que, para regularizar essas terras devolutas que são, como dito atrás, patrimônio *in fieri* ("a constituir-se") é preciso conhecê-las, deslindá-las e extremá-las previamente das demais, identificando-as de modo a separá-las formalmente, respeitando assim as posses e propriedades privadas legítimas e os bens públicos já destinados. Isto é, o processo de regularização está *organicamente* ligado à discriminação das terras devolutas e assim ao processo de reforma agrária, aliás, tal qual estabelecido pelo

---

[30] A *regularização* de que tem cogitado a legislação, de modo geral, refere-se a ocupações *pessoais*, isto é, de *pessoas físicas*, que por um ou outro motivo tenham se instalado sobre terras públicas, de modo lícito ou ilícito, e que agora se pretendem destinatários das respectivas normas. Essa é a regra geral tanto historicamente considerada quanto referida na legislação sucessiva, até porque as concessões, alienações, outorgas ou licenças eram conferidas de modo pessoal, donde então a legalização delas naturalmente se reportaria a pessoas físicas. Nessa linha é a compreensão que resulta da interpretação das antigas e das leis recentes votadas para o fim de regularizar ocupações, as quais mencionam clara e expressamente a ocupação de *pessoas físicas* e sua família (art. 2º e incisos, art. 5º e incisos da Lei nº 11.952). Cuida-se aí de situação a ser aferida à luz das disposições constitucionais, pois, de acordo com o art. 189 e parágrafo único da Constituição, as terras destinadas à reforma agrária serão concedidas por título de domínio ou concessão de uso "ao homem ou à mulher, ou a ambos, independente do estado civil, nos termos e condições previsto em lei". Mas daí não se segue que as pessoas jurídicas ou comunidades não individuais estivessem *inteiramente* excluídas da regularização de ocupação, ainda que não sejam as preferenciais, pois é possível que empreendimentos coletivos, personalizados ou não, como pequenas cooperativas, comunidades tradicionais, remanescentes das comunidades de quilombos (que são titulados coletivamente, conforme o disposto no art. 17 do Decreto nº 4.887, de 20.11.2003, declarado constitucional na ADI nº 3.239 do STF), ou associações sem fins lucrativos, assim como microempresas rurais unipessoais (*v.g.*, art. 2º, III, c/c art. 5º, IV da Lei nº 11.952), no exercício da atividade agrícola ou pecuária, possam satisfazer as exigências da Constituição e das leis respectivas particularmente no que se refere aos programas de reforma agrária. Em outras palavras, ao dirigir-se às pessoas físicas como destinatários das terras públicas, a Constituição privilegiou-as claramente, embora seja compatível com esse propósito a regularização de ocupação de grupos *coletivos* formais ou informais *que, por sua vez, também privilegiem as pessoas físicas* e cujo reconhecimento deva se dar caso a caso nos estritos limites dos programas de reforma agrária. Com relação às *ratificações* de alienações (registros imobiliários) feitas pelos estados *sobre porção de terras devolutas indispensáveis à defesa da fronteira*, na faixa de "domínio" federal, a despeito de se orientar a disciplina correspondente pelos *mesmos vetores* constitucionais, sobressai uma peculiaridade. É que as alienações originais nulas podem ter sido concedidas a pessoas jurídicas donde a ratificação em princípio referir-se-ia a pessoa jurídica também. Ocorre que a ratificação de que trata a Lei nº 13.178 de 2015 (é forma de regularização e não distingue pessoa física ou jurídica) destina-se ao *ocupante atual* que tenha origem na titulação nula e então pode acontecer de ser ele uma pessoa física ou jurídica. De qualquer sorte, a ratificação só pode se realizar atendidos (na data da ratificação) os requisitos constitucionais da função social da propriedade, dos programas de reforma agrária e dos requisitos próprios da ocupação regularizável, fatores que de algum modo privilegiam as pessoas físicas. Essas mesmas considerações se aplicam a *pessoas físicas estrangeiras* (as *pessoas jurídicas* estrangeiras estão, elas sim, excluídas, pois obedecem a regime jurídico próprio e incompatível, cf. art. 190 CR), a quem a regularização da ocupação possa ser reconhecida no âmbito dos programas de reforma agrária, sem prejuízo das demais cautelas especiais e condições específicas para a concessão de terras para estrangeiros, nomeadamente na faixa de fronteira (Lei nº 5.709 de 1971, especialmente o art. 3º e parágrafos, e os arts. 7º, 9º e 12; vale registrar que o PL nº 2.963/2019, do Senado, que dispõe sobre a nova regulamentação da venda de terras para estrangeiros foi aprovado em 15.12.2020, na Câmara Alta e está em votação na Câmara dos Deputados). Cabe enfatizar ainda que na regularização fundiária, a L. nº 11.952/2009 admite como elemento legitimador da ocupação a exploração direta pelo ocupante "ou por meio de pessoa jurídica de cujo capital social ele seja titular majoritário ou integral" (art. 2º, III com a redação da L. nº 13.465/2017, aqui talvez contrariamente ao art. 189 e parágrafo único da CR), e assim a regularização respectiva. O TCU (Acórdão nº 686/2018 – Plenário, Proc. TC nº 034.553/2016-9), no entanto, para fins de distribuição de lotes da reforma agrária, tem objetado a titulação coletiva (Dec. nº 8.738/2016, art. 6º e §1º e Dec. nº 9.311/2018, art. 24, §2º), porque a L. nº 8.629/93 (arts. 19 e 19-A) não a admitiria. A posição do Tribunal, sem embargo, parece contrariar a legislação posterior (art. 18, §§2º e 3º da L. nº 8.629 com redação L. nº 13.465/2017), que menciona a titulação coletiva para a reforma agrária e, portanto, logicamente também para regularização fundiária, instrumento da reforma agrária.

Estatuto da Terra no seu art. 11. E porque as devolutas se definem por exclusão, a *inversão do ônus da prova* é decorrência da origem e natureza constitucional das terras devolutas. Donde, então, cabe ao proprietário particular mostrar que a sua propriedade ou ocupação é legítima por apoderamento de boa-fé ou desmembramento regular do patrimônio público originário conforme.[31] Em certa época (anos 1970), a administração fundiária a cargo do Incra realizou discriminações mais informais, sobretudo, na região amazônica, através de simples pesquisa cartorial nos registros de imóveis nos perímetros de seu interesse, fazendo transcrever as terras abrangidas que não contivessem registros conhecidos, desdenhando das posses ou ocupações acaso existentes. Tais iniciativas em geral destinavam-se a identificar grandes áreas para afetação militar ou para acelerada pacificação social. Exemplos podem ser conferidos no então Getat – Grupo Executivo de Terras Araguaia Tocantins para regularização e distribuição de lotes em seguida às ações da guerrilha do Araguaia, e a criação da Base Militar do Cachimbo e outras, com cerca de 1 milhão de hectares cada, ou como se dizia, uma quadricula do Brasil ao milionésimo. Essa é uma condicionante lógica para que a regularização fundiária se acomode ao regime constitucional da reforma agrária, uma vez que o patrimônio público tem proteção especial da Carta Magna e a alienação ou concessão de terras públicas que o integrem, por via de regularização ou ratificação de títulos sem as cautelas que o identifiquem como disponíveis, importará em lesão aos bens da União. Isto é, será aplicação inconstitucional da lei nova. Regularização de ocupação ou legitimação de posse, aliás, são expressões que aparentemente têm significados ou procedimentos distintos na metodologia, mas, na realidade prática, ambas constituem atividade típica

---

[31] "Art. 11. O Instituto Brasileiro de Reforma Agrária fica investido de poderes de representação da União, para promover a discriminação das terras devolutas federais, restabelecida a instância administrativa disciplinada pelo Decreto-Lei n. 9.760, de 5 de setembro de 1946, e com autoridade para reconhecer as posses legítimas manifestadas através de cultura efetiva e morada habitual, bem como para incorporar ao patrimônio público as terras devolutas federais ilegalmente ocupadas e as que se encontrarem desocupadas. §1º Através de convênios, celebrados com os Estados e Municípios, iguais poderes poderão ser atribuídos ao Instituto Brasileiro de Reforma Agrária, quanto às terras devolutas estaduais e municipais, respeitada a legislação local, o regime jurídico próprio das terras situadas na faixa da fronteira nacional bem como a atividade dos órgãos de valorização regional. §2º Tanto quanto possível, o Instituto Brasileiro de Reforma Agrária imprimirá ao instituto das terras devolutas orientação tendente a harmonizar as peculiaridades regionais com os altos interesses do desbravamento através da colonização racional visando a erradicar os males do minifúndio e do latifúndio. [...] Art. 97. Quanto aos legítimos possuidores de terras devolutas federais, observar-se-á o seguinte: I - o Instituto Brasileiro de Reforma Agrária promoverá a discriminação das áreas ocupadas por posseiros, para a progressiva regularização de suas condições de uso e posse da terra, providenciando, nos casos e condições previstos nesta Lei, a emissão dos títulos de domínio; [...]". Atualmente, a disciplina legal da ação de discriminação está na Lei nº 6.383, de 7.12.1976, que revogou a Lei nº 3.081, de 22.12.1956, a qual havia alterado o DL nº 9.760, de 5.9.1946, que também disciplinara a espécie até então. A Lei nº 4.504/64 – Estatuto da Terra e a Lei nº 4.947/66, entrementes, também dispunham sobre esse processo de deslinde que se tornou *pressuposto* legal para o aproveitamento das terras devolutas, convertendo-se na única forma técnico-jurídica de identificá-las para posterior integração aos planos de reforma agrária ou de regularização das ocupações. No mais, tem prevalecido a compreensão de que histórica e logicamente as terras na origem sempre são públicas, e então cabe exclusivamente ao particular mostrar sua origem e desmembramento regular, como já assentou o STF (RE nº 51.290/GO, Rel. Min. Evandro Lins, especialmente o voto do Min. Aliomar Baleeiro – "o Estado não precisa provar nada" – Pleno, j. 24.9.1968, v. u.; no mesmo sentido, ACO nº 132/MT, Rel. Min. Baleeiro, Pleno, j. 4.4.1973, v. u.). Assim, a regularização das ocupações existentes sobre suas terras *devolutas* demanda logicamente a apuração prévia delas, o que passa a ser *pressuposto necessário* da possível futura regularização. Nessa linha, revela-se impossível regularizar posses ou ocupações sobre terras devolutas da União como forma de legitimação por titulação dominial *sem* a necessária *discriminação prévia*, ainda que os ocupantes nelas se mantenham. A Lei nº 6.739 de 1979 (arts. 8º-A e 8º-B), no entanto, para casos excepcionais, constituiu uma modalidade *sumária* de discriminação de terras (conhecida vulgarmente como "discriminação branca", considerada constitucional STF – Rp nº 1.070-8/DF; MS nº 31.156/DF; MS nº 31.365/DF) e permitiu o cancelamento administrativo de registros nulos sobre terras públicas (v. nota 20, *supra*).

de administração visando tornar lícita ou regular a posse ou ocupação ilícita de particulares sobre terras públicas (sejam elas em sentido estrito ou devolutas), pela qual o poder público com motivação expressa[32] promove em favor de ocupantes ou possuidores a estabilidade e segurança jurídica na relação destes com aquelas. A rigor, a despeito de uma simplificação do legislador, que padronizou tudo como regularização, a legitimação de posse (reconhecimento administrativo da aquisição da propriedade pela posse) é uma espécie de regularização legal da ocupação, procedimento que pode compreender outras formas de legitimação, como exemplo, a ratificação, a usucapião *pro labore* até 50 hectares ou a concessão de direito real de uso. A Lei nº 601, de 1850, já estabelecera a *legitimação* como modalidade de alienação e, para tanto, instituíra um procedimento a partir do fato da posse ou ocupação espontânea ou irregular com a finalidade de frear a ocupação desordenada, propiciar o acesso a terras a interessados e ao mesmo tempo conferir segurança aos já ocupantes estabelecidos.[33] Foi com essa preocupação social – e em vista também do esgotamento dos prazos de ratificação além da necessidade de regularização para mobilização econômica da agricultura – que o Governo Lula fez editar a MP nº 458/2009, que resultou na Lei nº 11.952 de 25.6.2009,[34]

---

[32] Alguns doutrinadores ainda distinguem legitimação de regularização pelo limite e onerosidade. Assim porque a legitimação até 100 ha (L. nº 4.504) era graciosa e a regularização até o limite constitucional exigia o pagamento da terra nua (FORSTER, Germano de Rezende. *A privatização das terras rurais*. São Paulo: Manole, 2003. p. 103-104). A maioria dos jusagraristas (diz DONZELE, Patrícia Fortes Lopes. Legitimação e regularização de posse. *Revista Jurídica*, Anápolis, n. 2, jan./dez. 2000) entende que "a principal distinção entre o processo de legitimação de posse e o de regularização de posse está na extensão da área a ser legitimada. Assim, se a área for menor que 100 hectares, cabe a legitimação da posse e se superior a este quantum, o processo é de regularização de posse. Isto porque quanto aos outros requisitos exigidos para os dois processos a exigência é a mesma". Hoje prevalece indistintamente a regularização fundiária como modalidade de alienação do domínio pelo reconhecimento da ocupação mediante paga, com exceções pontuais. Como é fácil de ver, todavia, trata-se de atividade vinculada *não discricionária* e, portanto, estritamente obediente à legislação, e mesmo quando se apresente ocasião de discricionariedade há de ser orientada sempre pela *melhor* solução em face do bem público (cf. FREITAS, Juarez. *Discricionariedade administrativa e o direito fundamental à boa administração*. São Paulo: Malheiros, 2007. p. 123-128).

[33] Desde a Lei nº 601, era prevista uma modalidade de regularização: "Art. 5º Serão legitimadas as posses mansas e pacíficas, adquiridas por ocupação primaria, ou havidas do primeiro ocupante, que se acharem cultivadas, ou com princípio de cultura, e morada, habitual do respectivo possuiro, ou de quem o represente, guardadas as regras seguintes: §1º Cada posse em terras de cultura, ou em campos de criação, compreenderá, além do terreno aproveitado ou do necessário para pastagem dos animais que tiver o possuiro, outro tanto mais de terreno devoluto que houver contíguo, contanto que em nenhum caso a extensão total da posse exceda a de uma sesmaria para cultura ou criação, igual ás ultimas concedidas na mesma comarca ou na mais vizinha. §2º As posses em circunstâncias de serem legitimadas, que se acharem em sesmarias ou outras concessões do Governo, não incursas em comisso ou revalidadas por esta Lei, só darão direito á indemnização pelas benfeitorias. Excetua-se desta regra o caso do verificar-se a favor da posse qualquer das seguintes hipóteses: 1ª, o ter sido declarada boa por sentença passada em julgado entre os sesmeiros ou concessionários e os possuiros; 2ª, ter sido estabelecida antes da medição da sesmaria ou concessão, e não perturbada por cinco anos; 3ª, ter sido estabelecida depois da dita medição, e não perturbada por 10 anos. §3º Dada a exceção do parágrafo antecedente, os possuiros gozarão do favor que lhes assegura o §1º, competindo ao respectivo sesmeiro ou concessionário ficar com o terreno que sobrar da divisão feita entre os ditos possuiros, ou considerar-se também possuiro para entrar em rateio igual com eles. §4º Os campos de uso comum dos moradores de uma ou mais freguesias, municípios ou comarcas serão conservados em toda a extensão de suas divisas, e continuarão a prestar o mesmo uso, conforme a pratica atual, enquanto por Lei não se dispuser o contrário". A Lei nº 601 exigia morada *habitual*; a Lei nº 6.383 de 1976 exigia morada *permanente*; a Lei nº 11.952 de 2009 agora só menciona *ocupação direta* (que implica moradia) ou *indireta* sem o requisito moradia para fins de regularização, mas de acordo com a Constituição de qualquer sorte a destinação das terras da reforma agrária impõe a fixação nela dos destinatários (v. nota 30, *supra*).

[34] Na redação original, a lei foi objeto de *ADI nº 4.269* (Rel. Min. Fachin, j. 18.10.2017), julgada, por maioria, procedente em parte, para conferir interpretação conforme o art. 4º, §2º, e assim afastando interpretação que permitisse regularização fundiária de terras na Amazônia Legal ocupadas por quilombolas e outras comunidades tradicionais, bem como afastando interpretação ao art. 13 que concluísse pela desnecessidade de vistoria prévia dos imóveis rurais até 4 módulos, assegurando ainda a proteção ambiental.

a qual expressamente dispôs sobre a regularização fundiária das ocupações sobre terras públicas. Fiel à política de reforma agrária, de valorização da agricultura familiar e de favorecer o pequeno proprietário, a *regularização fundiária* ali prevista alcançaria *tão só* as ocupações de até 15 módulos fiscais e não maiores que 1.500 hectares (a reserva legal ali varia de 20% a 80%) *em terras situadas em áreas da União* no âmbito da Amazônia Legal.[35] A política oficial recente, contudo, tem deliberadamente concebido a regularização de ocupação de terras públicas, em especial as devolutas, como processo *direto* – isto é, sem discriminação prévia – mediante concessão ou reconhecimento pela administração da posse ou ocupação *sem licitação* e, sobretudo, sem mencionar que essa concessão pressupõe necessária e legalmente a *definição prévia* da existência de terras públicas disponíveis. No limite, essa compreensão não só *inverte* a assertiva legal e constitucional de que as devolutas se provam por exclusão como contradiz a boa interpretação da legislação recente e amplamente referida, de acordo com a qual, muito ao contrário, cabe ao particular a prova de seu direito. De qualquer sorte, cabendo ou não ao Estado a prova do domínio das devolutas, com mais razão, será necessária a discriminatória regular, pois, a não ser assim, a regularização *sem deslinde* poderá importar numa forma de alienação proibida: de fato, se não houver prova da condição de devolutas ou se ao cabo das providências administrativas se concluir pela insuscetibilidade de regularização e o ocupante já ostentar a posse e o título respectivo, terá havido manifesta vulneração da inalienabilidade do domínio público.[36] Por isso, a

---

[35] É preciso registrar, para a boa compreensão e avalição *dessa* política fundiária, que, embora a legislação e as políticas administrativas tenham o propósito legítimo de privilegiar o acesso à terra e a distribuição das de domínio público, a regularização das ocupações *pressupõe* logicamente a irregularidade delas, isto é, trata-se de terras ocupadas que *perderam a regularidade* por algum motivo (caso das sujeitas à ratificação) ou aquelas desde logo *ocupadas ilicitamente*. Nesse último caso em particular, o processo de regularização importa em afastar a irregularidade, a qual, na origem, tipifica uma hipótese criminosa (art. 20 da Lei nº 4.947 de 1966) vez que uma ocupação ilícita indica sempre uma *invasão com a intenção de ocupar*. Se a lei faz regularizável a ocupação originada em invasão de terra pública, nessa hipótese ela tem *caráter descriminante*, pois passa a considerar lícita uma conduta contrária à lei penal, valorizando-a administrativamente. O citado art. 20 da Lei nº 4.947/66 estabelece que é *crime* invadir terra pública com a intenção de ocupar, donde o caráter criminoso da ocupação só cederá acaso reconhecida a legitimidade dela. As "invasões" promovidas pelos sem-terra não constituem nem invasão nem ocupação ilícita no sentido da lei penal, pois objetivam pressionar politicamente pela desapropriação quando identificam latifúndio por extensão ou exploração e não propriamente ocupação para apossamento, até porque, acaso expropriadas, as terras podem vir a ser distribuídas para terceiros não "invasores", conforme o planejamento. Cabe, portanto, ter presente que toda a ocupação regularizável é em tese decorrente de uma conduta criminosa, o que deve ser levado na devida conta (ainda que ulteriormente descriminada: art. 5º, XL da Constituição) se estão observados os requisitos da função social, já que, acaso *não* regularizável, prevalecerá a hipótese penal.

[36] Essa modalidade de regularização/legitimação sumária – talvez inspirada nos arts. 7º, 8º e 9 da Lei nº 601 de 1850 que assim sugeria – foi objeto de disciplina no já referido Decreto nº 10.105, de 5.3.1913 (*Regulamento das Terras Devolutas da União*), que *autorizava* a legitimação *direta* das posses mediante procedimento administrativo/judicial simplificado excepcionalmente *até 4 anos da sua vigência*, findo os quais seria determinada a discriminação das terras devolutas. A L. nº 6.383/76 também previa no art. 28 ("Art. 28. Sempre que se apurar, através de pesquisa nos registros públicos, a inexistência de domínio particular em áreas rurais declaradas indispensáveis à segurança e ao desenvolvimento nacionais, a União, desde logo, as arrecadará mediante ato do presidente do Instituto Nacional de Colonização e Reforma Agrária – INCRA") uma "discriminação branca" na hipótese de busca cartorial indicar ausência de propriedade privada. Essa modalidade de regularização se naturalizou pela prática, mas, de acordo com Luciana Machado, a L. nº 11.952 dispensa a licitação, mas não dispensa a discriminação prévia que ela por vezes refere como georreferenciamento prévio (MACHADO, Luciana de Oliveira Rosa. *Uma nova Lei de Terras para a Amazônia*: o caso de Santarém, Pará. Tese (Doutorado) – UnB, 2011. p. 174). A regularização adotada na legislação moderna, portanto, não pode ser realizada de modo sumário, pois *não há autorização legal expressa* como a de outrora e menos ainda permissão constitucional. De fato, *por interpretação lógica*, só se pode dar a regularização – isto é, a alienação – *após* a discriminação, que é o único modo de ter certeza do domínio público, sendo assim precipitada a interpretação (acrítica) adotada alhures na doutrina e jurisprudência de

fórmula de *regularizar sem discriminar* é *ontologicamente* incorreta e constitui uma simplificação sem rigor técnico, visto que antes do processo de regularização sempre haverá um *prius* lógico a demonstrar: a existência do patrimônio público e a ocupação "legítima". A perseverar entendimento diverso, a União ao regularizar imóvel que não sabe se lhe pertence, atribuir-se-á uma competência que não poderá não ter tido após discriminá-lo. Esse modelo de regularização direta sem prévio discrime e que pressupõe *arbitrariamente* a dominialidade pública, inobstante, tem prevalecido ao menos desde 1946 (e desde a Lei nº 4.947 para a ratificação) e se orienta pelo propósito básico de facilitar o acesso a terras públicas ocupadas por particulares – e, assim, *sem licitação* (art. 37, XXI da Constituição c/c art. 17 e §2º, II c/c §2º-A e §2º-B, II e alterações da Lei nº 8.666 pela Lei nº 11.196/2005, até a vigência da Lei nº 14.133/2021) –, porque se trataria de uma *política de estado*. Ante esse quadro, resulta natural que a regularização da ocupação seja predominante nas terras devolutas federais da *faixa de fronteiras terrestres* do país, na maioria, situadas na Amazônia Legal e por presunção afetas à segurança nacional. O regime administrativo/legal das terras devolutas da faixa de fronteiras, contudo, é especialmente confuso e complicado, tanto pela extensão (diz-se que a faixa de fronteira somaria aproximadamente 2.400.000 km²) como pela localização (distante e inacessível em boa parte) e, ainda, na largura, dependente da época constitucional respectiva. Por isso, mostra-se legalmente acertado o entendimento de que na condição de devolutas a serem mobilizadas para esse fim as terras teriam de ser sempre *previamente* discriminadas e identificadas pelo processo legal previsto sucessivamente na Lei nº 601 de 1850, no DL nº 9.760 de 1946, na Lei nº 4.947 de 1966 e na Lei nº 6.383 de 1976, ainda que isso possa representar uma demorada e dispendiosa empreitada.[37] Revela-se sobremaneira evidenciado que a ocupação só poderá ser reconhecida uma vez declaradas as terras como devolutas, pois antes disso não haverá certeza *oficial* da dominialidade pública (federal) e então também não haverá certeza da possibilidade jurídico-processual de

---

considerar autorizada pelo arts. 11, 97 e 99 (o art. 98 designa o chamado usucapião *pro labore*) do Estatuto da Terra, que, ao invés, claramente pressupõem a prévia discriminação ou no caso do art. 191 da Constituição, por exceção formal, a "regularização" em até 50 hectares.

[37] É bem verdade que o presidente da República, no âmbito federal, parece ter percebido essa circunstância, pois, ao regulamentar *novamente* a Lei nº 11.952/2009 (Dec. nº 10.592, de 24.12.2020), a aplicar-se em todas as ocupações (art. 2º) com todos os requisitos (arts. 4º e 5º), não só criou uma *Câmara Técnica de Destinação e Regularização Fundiária de Terras Públicas Federais Rurais* (art. 11), como instituiu um processo de consulta prévia (art. 12) a ser submetido à Câmara, em que "o Incra definirá as glebas a serem regularizadas" com identificação do perímetro da área respectiva, inclusive com previsão de desafetação (§7º) e consulta ao Conselho de Defesa Nacional (§8º), ou exclusão de áreas afetadas (art. 14). Esse processo de consulta prévia evidencia a necessidade da prévia discriminação acima referida, o que por sua vez indica claramente a necessidade *lógica* da identificação das terras regularizáveis antes do processo de regularização. Ou seja, a regularização fundiária, como *insistentemente* dito e agora aqui expressamente reconhecido pelo decreto citado, não pode prescindir da prévia discriminação. Idêntica providência adotou a Portaria nº 104/2021/Incra, que normatizou as medidas do *Programa Titula Brasil* (v. nota 49, *infra*), tanto com menção à Câmara como ao procedimento (arts. 11, 12, 13, 14, 15, 16) que reproduzem idênticas diligências de uma discriminação tradicional, inclusive uma renovada burocratização que outrora paralisou os programas oficiais de deslinde. No âmbito estadual, "[c]hama atenção [que] o trâmite legislativo seja por meio de Medidas Provisórias, em regime de urgência ou sem qualquer discussão pública mais ampla. O caso mais emblemático nesse sentido foi a aprovação da lei de terras do Pará em 2019, com uma tramitação de apenas 33 dias, sem audiência pública, e com votação de dois turnos em um só dia. No Amapá, a nova lei também tramitou em regime de urgência, em 50 dias, e houve apenas uma audiência pública. Esses trâmites acelerados e sem debate público suficiente também demonstram a baixa transparência das Assembleias Legislativas dos estados. No Pará, por exemplo, o texto do Projeto de Lei não estava disponível para consulta na internet" (BRITO, Brenda et al. *Dez fatos essenciais sobre regularização fundiária na Amazônia*. Belém: Imazon, 2021).

reconhecer a ocupação como legitimável. Ou, mesmo sendo públicas, a condição de *desocupada* ou *não ocupada* pode não indicar terra devoluta disponível, pois existem terras com vocação ambiental (art. 225, CR) e de ocupação indígena (art. 231, CR) ou quilombolas (art. 68, ADCT) ou populações tradicionais (art. 216 e parágrafo único, CR), que *excluem* a regularização de terceiros. A regularização fundiária que as novas medidas propõem, no entanto, acaba forçando os limites da disponibilidade dos bens da União. É que, surpreendentemente, a Lei nº 11.952 também prevê nesse art. 3º estender (o que as alterações posteriores não mudaram) a regularização sobre outras terras já *discriminadas e registradas* em nome da União (inc. I), ou aquelas *remanescentes* do DL nº 2.375/1987 (inc. II), ou *remanescentes* de núcleos de colonização (também já registradas), ou ainda sobre terras *registradas* em nome do Incra (incs. III e V). No entanto, todas estas hipóteses, a despeito de mencionadas pela lei, indicam *possibilidade tecnicamente remota de regularização*, dado que as terras nessas condições já estarão *necessária e logicamente* afetadas (e para isso registradas), pois teriam *antes* sido respectivamente destinadas a alguma finalidade precípua imediatamente após sua identificação ou discriminação e então não se trataria mais de ocupação espontânea ou irregular de alguém de boa-fé, mas de crime de invasão de bem público afetado e integrado ao patrimônio especial da União.[38] No caso das relacionadas e ressalvadas no DL nº 2.375/1987, que tiveram destinação expressa, uma vez discriminadas e aplicadas estão logicamente fora, e se não foram discriminadas oficialmente *voltaram* ao patrimônio estadual[39] tal qual as que foram discriminadas para *destinarem-se* à colonização e reforma agrária, pois já estariam igualmente afetadas e não podem ser regularizadas ao menos na forma pretendida (*excetuadas as situadas nos municípios citados no art. 1º parágrafo único, II, do decreto-lei e as da faixa de fronteiras*), pois foram restituídas aos estados federados. Outra hipótese sujeita à regularização de ocupação ilícita prevista na lei menciona as terras *remanescentes* de núcleos de colonização. Ora, a racionalidade aí é menor ainda, pois já estariam afetadas aos programas de colonização e acaso existissem remanescentes deveriam ser encaminhadas aos programas de reforma agrária. Por fim, as que já tivessem sido discriminadas e registradas em nome da autarquia fundiária igualmente

---

[38] V. nota 35, *supra*.

[39] O STF teve ocasião de discutir essa questão nas ACO nº 477, ACO nº 478, ACO nº 945 AgRg, ACO nº 689 AgRg, ACO nº 481, ACO nº 693 AgRg, ACO nº 478 ED, ACO nº 678, ACO nº 945 AgRg (da UF contra o estado de Tocantins) e considerou que as terras afetadas ou de algum modo detidas em razão de situação jurídica constituída *anteriormente* estariam fora do alcance da condição imposta pelo DL nº 1.164/71 – isto é, interessantes à segurança nacional e então devolutas – assim como as que, pela Administração Federal na vigência dele, tivessem merecido alguma afetação ou ocupação teriam deixado de ser restituídas aos estados quando da vigência do DL nº 2.375/87, que revogou aquele, donde a ulterior titulação estadual era nula. Na ACO nº 689 AgRg, o Tribunal expressamente aceitou que são devolutas as terras "que não estão destinadas a qualquer fim público nem incorporadas ao domínio privado" e, citando Maria Sylvia Zanella Di Pietro, que "[c]ontinua válido o conceito residual de terras devolutas como sendo todas as terras existentes no território brasileiro, que não se incorporaram legitimamente ao domínio particular, bem como as já incorporadas ao patrimônio público, porém não afetadas a qualquer uso público" (aparentemente afastando a tese das terras *nullius*), e, por fim, que não são devolutas as afetadas, as sob destinação de interesse social e as registradas na forma da lei (DL nº 2.375/87, §§2º e 3º). Considerou-se também que a *posse mansa e pacífica* constitui situação constituída preservada na ressalva do DL nº 1.164/71, deixando assim as terras de serem devolutas e que aí não se cogita de usucapião. Na ACO nº 478, também discutindo a dominialidade das terras abrangidas pelo DL nº 1.164/71, com a adesão do colegiado, o relator admitiu a *legitimidade ativa do Incra* para ação de anulação de título estadual com base no arts. 11 e 97 da L. nº 4.504/64, isto é, *independentemente de prévia discriminação* que afirmasse o domínio da União sobre as terras devolutas em questão. (v. nota 31, sobre o texto do art. 11 Estatuto da Terra, que, ao contrário, conduz à compreensão distinta).

estariam irreversível e *necessariamente* vocacionadas para os programas de colonização ou de reforma agrária (art. 188, CF), portanto, de uso especial, devotadas à reforma agrária, à colonização ou à alienação por licitação, as quais logicamente *não* podem comportar ocupação ilícita ou irregular *sanável*. Como se vê, todas essas hipóteses legais são *impeditivas* de regularização, *exceto* se estiverem também enquadradas nas previsões do programa de reforma agrária respectivo. Por essa razão, salvo quanto às terras devolutas (ainda não afetadas), as demais hipóteses previstas no art. 3º da lei, conquanto previstas como hipótese de regularização, em verdade constituem situações em que as terras, estando logicamente afetadas, *dependem* de *prévia desafetação formal e especial* (específica) para o fim proposto. Nesses casos, a desafetação constitui um (outro) *requisito formal implícito* para a possível futura regularização.[40] Em resumo, a regularização das ocupações com os predicados analisados apresenta-se, assim, como atividade típica de política pública fundiária obrigatoriamente convergente com os programas de reforma agrária e de colonização oficial.

Política fundiária atual e Constituição

O postulado fundamental que se extrai de tudo até aqui exposto e particularmente do texto constitucional é que a destinação *preferencial* das terras devolutas federais da faixa de fronteira ou as públicas desafetadas é a *reforma agrária*. Na hipótese de regularização de ocupações, consoante a Lei nº 11.952 de 2009 (e alterações), ou no caso da ratificação permitida pela Lei nº 13.178 de 2015 sobre terras federais tituladas ilegalmente pelos estados,[41] aquelas que não estiverem sendo aproveitadas na forma legal, tornando-se "irratificáveis e irregularizáveis", devem ser redestinadas para os programas oficiais de distribuição. Isto é, embora as terras devolutas não destinadas *devessem* sempre ser destinadas aos programas gerais de reforma agrária, a lei permite e autoriza sejam neles implicitamente admitidas *por via de regularização anômala* quando *estritamente* conformes. Na contramão dessa política de reforma agrária de nítida inspiração constitucional, entretanto, os governos Temer e Bolsonaro têm promovido

---

[40] Como a lei estabeleceu tantos critérios e requisitos especiais para a regularização amazônica, assim como condições para ao exercício da propriedade daí resultante, entrevendo um regime jurídico peculiar, alguns o denominaram "propriedade amazônica" (NEGRI, Mariana Carvalho de Ávila. *Propriedade e regularização fundiária na Amazônia Legal*: os propósitos da norma e a propriedade amazônica como uma nova instituição. Dissertação (Mestrado) – Faculdade de Direito, UnB, 2015). Desse modo, sendo disciplina própria especial, não se aplicam as regras de direito civil senão subsidiariamente e com reserva (cf. nota 13, *supra*).

[41] A propósito, as terras públicas federais situadas nos antigos territórios federais quando da transformação deles em estados federados suscitou demandas por estes. A Lei nº 10.304, de 5.11.2001 (com a redação da L. nº 11.949/2009 e L. nº 14.004 /2020) mandou "passar ao domínio" dos estados de Roraima e Amapá (art. 1º) as "terras pertencentes à União" não afetadas e as que *não* foram expressamente excluídas (art. 2º), assim como o art. 102 da Lei nº 13.465 de 2017 autorizou a União a *doar* ao estado de Rondônia as "as glebas públicas arrecadadas e registradas em nome da União nele situadas" e ali identificadas, para fins agrários e de assentamento. Esses estados eram originariamente territórios federais nos quais as terras devolutas pertenciam à União e sobre as quais foram estabelecidos inúmeros assentamentos, unidades de conservação ou áreas de ocupação indígena ou populações tradicionais, formal ou informalmente, e com a criação deles pela Constituição de 1988 a pretensão estadual sobre elas era crescente, gerando uma série de conflitos e controvérsias dominiais e de barganha política. É importante lembrar que ficaram excluídos os bens referidos no art. 20, II a XI da Constituição, além de outros expressamente indicados (v. ACO nº 653 e ACO nº 943/STF, Incra x Estado RR). A destinação das terras recebidas pelos estados é objeto da ADI nº 7.052 (Rel. Toffoli), ajuizada pela Contag visando garantir aplicação à reforma agrária por interpretação conforme o art. 188 da CR.

e autorizado, por medida provisória e de modo infraconstitucional, a regularização de ocupações sobre terras públicas da União desatenta do bloco de constitucionalidade, *sem* licitação e *sem* determinar sejam satisfeitos os *demais* requisitos legais e constitucionais. É que, a despeito de essa prática administrativa ter sido executada durante décadas, a partir da Constituição de 1988, com regra expressa prevalece a *necessidade da convergência* do uso e posse das terras públicas com os postulados constitucionais e a necessidade da prévia discriminação, pois aquelas ocupadas irregularmente, ou as não aproveitadas ou mal aproveitadas, *deverão* em qualquer caso ser recuperadas e direcionadas aos programas de reforma agrária (art. 188). O processo de *regularização* de ocupações constitui assim procedimento *auxiliar* da reforma agrária, seja quando *confirma* a ocupação adequada à lei e à Constituição, seja quando mobiliza para os programas oficiais as terras cuja regularização *não se confirme*. Da mesma forma, como outra modalidade de compatibilização com os programas de reforma agrária, a regularização fundiária pela *ratificação* dos registros de títulos de propriedade dados por estados federados sobre terras devolutas da União na faixa de fronteira (Lei nº 13.178/2015, art. 1º) fixa o bom ocupante com título nulo e afasta aquele que não atende ao padrão constitucional. Cuida-se, num e noutro caso, de apuração da legitimidade da "posse" de particulares sobre terras públicas ontologicamente destinadas à reforma agrária, a partir dos predicados que ostentem e que sejam com ela compatíveis, isto é, revelem "posse" pessoal com moradia habitual e cultura efetiva obedientes aos mesmos critérios de respeito à função social da propriedade. Por isso, a flexibilização da *regularização* das ocupações da Lei nº 11.952 de 2009, operada especialmente pela Lei nº 13.465 de 2017 (bem assim as diversas iniciativas legislativas em trâmite), e a retomada da *ratificação* pela Lei nº 13.178 de 2015, sem esses cuidados, estão a tolerar ilegalmente a adoção de critérios formalmente menos rigorosos e a despertar sérias suspeitas de que o novo procedimento poderá acobertar manobras de regularização *sem* a estrita obediência ao estatuto agrário constitucional. Quanto a este último ponto, ante os crescentes conflitos nas terras de fronteira e diante da jurisprudência da Corte Suprema, foram renovadas algumas regras para a *ratificação* dos títulos definitivos dados por estados sobre as ditas terras da União em *condições convergentes* com aquelas da velha Lei nº 601/1850. Ou seja, pelas suas características, a *ratificação* foi lógica, implícita e formalmente *inserida* na política de reforma agrária como *outra* modalidade de regularização. A despeito dos seus bons propósitos, a situação fundiária fronteiriça remanescia por anos sem grandes avanços, até que foi editado o DL nº 1.414 de 1975 (e seu regulamento, o Dec. nº 76.694/75), disposto a enfrentar de vez o problema, estabelecendo procedimentos *bem definidos e marcos temporais* precisos (coisa que até então sempre travava as providências administrativas e judiciais com discussões intermináveis). Mesmo assim, também aí, em virtude de dificuldades burocráticas ou ausência de recursos suficientes e provavelmente porque gerava insegurança jurídica, a regularização via ratificações não andou como desejado, e a União não teve forças para dar andamento às determinações legais.[42] A confirmar-se esse quadro, como é fácil perceber, ficam ofendidos os programas de reforma agrária pela subtração de terras

---

[42] É que, mesmo nulos, os títulos ainda constam dos registros e continuam servíveis no meio rural para garantia hipotecária ou bancária e a ratificação, incerta, demorada e onerosa nem sempre interessa ou francamente desinteressa aos titulares e ainda pode ser indeferida com cancelamento do registro respectivo.

públicas que deveriam ser neles aplicadas. Os argumentos expostos contra a Lei nº 13.178 (na ADI nº 5.623), embora mais abrangentes, são semelhantes aos invocados contra a Lei nº 11.952 (na ADI nº 4.269, então parcialmente acolhidos pela Corte Suprema) e enunciados mais tarde nas diversas ADIs em face da Lei nº 13.465 (que alterou a Lei nº 11.952),[43] os quais buscam obstar tanto a regularização fundiária como a *ratificação* de títulos de propriedade nulos se as exigências constitucionais da política agrícola, da função social da propriedade e da reforma agrária não estiverem satisfeitas integralmente. Na ADI nº 5.623, iniciado o julgamento, o voto da ministra relatora (acompanhado por mais quatro juízes) acolheu a tese da inicial e o parecer da PGR:

> para julgar procedente o pedido e atribuir interpretação conforme à Constituição aos arts. 1º, 2º e 3º da Lei 13.178/2015 fixando-se como condição formal para a ratificação de registros imobiliários, além dos requisitos formais previstos naquele diploma, que os respectivos imóveis rurais se submetam à política agrícola e ao plano nacional de reforma agrária previstos no art. 188 da Constituição da República e dos demais dispositivos constitucionais que protegem os bens imóveis que atendam a sua função social (inc. XXIII do art. 5º caput e inciso III do art. 170, art. 186 da Constituição do Brasil. [...] Seja realçado que a ratificação de registro imobiliário de terras prevista na Lei nº 13.178/2015 não se sobrepõe aos direitos originários dos índios sobre terras que tradicionalmente ocupam.[44]

O ponto relevante dessa decisão é que (até agora) o STF aceitou o entendimento de que as medidas de regularização fundiária apreciadas de modo administrativo ou em demandas judiciais ficam *sempre* sujeitas à estrita obediência ao regime *constitucional* da propriedade fundiária pública e da função social da propriedade privada e aos planos de reforma agrária e de política agrícola,[45] sujeitando-se às eventuais medidas *sancionatórias* ou à desapropriação para fins de reforma agrária acaso divorciadas do sentido da Constituição. Em outras palavras, para a constitucionalidade da regularização de ocupação ou da ratificação de "títulos nulos" se haverá de exigir como *requisito essencial* a satisfação *integral* do regime constitucional da função social da propriedade e o da obrigatória destinação das terras disponíveis para a reforma agrária e atenção à política agrícola, como *condição e padrão* para regularização. Exatamente por isso a Lei nº 11.952, na redação original editada ainda durante o Governo Lula, e ao contrário do que ora se propõe indiscriminadamente, limitava a regularização *a pequenas ou médias propriedades* e, portanto, *convergia* para os interesses de fixação e proteção da atividade

---

[43] ADI nº 5.787 – Partido dos Trabalhadores; ADI nº 5.771 – PGR; ADI nº 5.883 – IAB, todas ainda sem julgamento, *mas* com parecer favorável da PGR pois, entre outros argumentos, a regularização indiscriminada "não se coaduna com a vedação de usucapião de imóveis públicos (Constituição, art. 183–§3.º), o regime de usucapião de imóveis privados (Constituição, art. 183–caput) e a exigência de prévia e justa indenização para desapropriação por necessidade ou utilidade pública (Constituição, art. 5.º–XXIV)".

[44] A Lei nº 13.178/2015 sancionada no segundo Governo Dilma, foi objeto da referida ADI nº 5.623 (Rel. Min. Cármen Lúcia, julgamento pendente de voto-vista do Min. Gilmar, havendo – em 25.6.2020 – já 5 votos favoráveis) movida pela Contag, a qual também recebeu parecer favorável da PGR de modo a garantir-se interpretação conforme a Constituição. No voto que acompanhou a relatora, o Ministro Fachin anotou: "[...] a política agrícola e a reforma agrária, previstas na Constituição da República [e] alinhados aos objetivos fundamentais do art. 3º, são balizas constitucionais obrigatórias para a interpretação das normas em questão".

[45] ADCT, art. 50; objetivos e instrumentos da política agrícola: Lei nº 8.171 de 17.1.1991 (sobretudo arts. 19 e 99) e Lei nº 8.174, de 30.1.1991.

rural familiar nos imóveis situados na *Amazônia Legal de domínio da União*.[46] Além disso, a referência à Amazônia Legal indica *apenas* as áreas federais nessa região que basicamente se resumem às da faixa de fronteira onde se situam suas terras devolutas, pois as *demais devolutas* fora dos 150 km da linha divisória, apesar de *situadas na Amazônia Legal*, constituem bem dos estados, sujeito à sua legislação, ou, acaso constituam bem da União, devem estar necessariamente afetadas a fins federais definidos. Por esse motivo, é preciso dimensionar corretamente a extensão da zona abrangida, já que desavisadamente alguém poderia cogitar de *toda a área da Amazônia Legal*, o que é incorreto. Nela, de fato, há vários imóveis federais, como áreas militares, grandes unidades de conservação e grandes terras indígenas ao longo da fronteira ou não, desde Mato Grosso do Sul até Roraima, Pará e Amapá, que se situam de *modo contínuo* na faixa de fronteira e, quando fora dela, também *necessariamente excluídas* de qualquer regularização. E mesmo as terras ditas públicas *federais fora da fronteira*, ou as áreas indígenas e quilombolas e as unidades de conservação ambiental, dentro ou fora da Amazônia Legal, devem ser consideradas com cuidado, pois, *não* sendo devolutas já que afetadas a importantes finalidades públicas, estão igual e definitivamente *fora* do permissivo legal em comento. A esse respeito vale assinalar que a limitação à Amazônia Legal que fora então afastada pela MP nº 910 voltou a prevalecer quando esta caducou no final de 2019. É verdade que tanto o PL nº 2.633 de 2020 – Câmara dos Deputados quanto o PL nº 510 de 2021 – Senado Federal (praticamente com as mesmas proposições e idênticas características e ainda pendentes de discussão) tornam a estender o programa de regularização fundiária a *todo* o território nacional sobre "terras situadas em áreas de domínio da União ou do Incra". Ademais dessa controvérsia, cumpre assinalar que os números relativos à *quantidade* de terras públicas e devolutas de domínio da União disponíveis na Amazônia Legal (ou até mesmo fora dela) são incertos e sobremaneira imprecisos.[47] Esses dados são tão significativamente contraditórios e incertos que

---

[46] Cabe registrar que na redação original – o que as alterações posteriores desfiguraram inteiramente – a lei objetivava a regularização *apenas* em terras devolutas da União, isto é, de fronteira, em terras derivadas do DL nº 1.164/71, e em remanescentes de projetos de colonização na Amazônia Legal. Nos termos do art. 2º da Lei Complementar nº 124, de 2007, a *Amazônia Legal* engloba nove estados brasileiros pertencentes à Bacia Amazônica, correspondendo à totalidade dos estados do Acre, Amapá, Amazonas, Mato Grosso, Pará, Rondônia, Roraima e Tocantins, e parte do estado do Maranhão (porção a oeste do Meridiano 44º), ou, no todo, 61% do território nacional.

[47] Os dados existentes e utilizados aparentemente confundem terras federais e estaduais. A exposição de motivos da Lei nº 11.952 de 2009, por exemplo, refere que "a União detém 67 milhões de hectares não destinados ou seja 13,42% da área da região" (no programa *Terra Legal* essa cifra reduziu-se para 48,9 milhões e 180 mil posseiros; aliás, cf. MACHADO, Luciana de Oliveira Rosa. *Uma nova Lei de Terras para a Amazônia*: o caso de Santarém, Pará. Tese (Doutorado) – UnB, 2011. p. 167, as áreas assim consideradas compreenderiam as margens das rodovias federais previstas no DL nº 1.164, o que é inexato, já que ao tempo da L. nº 11.952 estava ele derrogado e as terras teriam sido devolvidas ou, as discriminadas, afetadas). A título meramente ilustrativo, a última versão do Censo Agropecuário 2017 IBGE (2019) tem um item em que se aponta a "condição legal e uso das terras", mas que não identifica as terras consideradas devolutas, mencionando tão só as que estão sem título definitivo ou então referindo a forma e o modo de ocupação sem distinguir sobre o domínio, estadual ou federal, se encontram. Os números apresentados de 8.798.642 hectares com áreas *ocupadas* e 6.165.766 hectares *sem titulação definitiva* só por essa condição não podem ser confundidos com terras devolutas, da mesma maneira como não se confunde a faixa de fronteira (que no todo somaria 2.400.000 de quilômetros quadrados ou 240.000.000 de hectares) com Amazônia Legal. E também está muito longe dos afirmados 136.532.973,4424 hectares (referido pelo Incra como total de imóveis públicos, onde sequer se pode identificar as devolutas), ou então os mais de 139 milhões de hectares de terras devolutas (mencionados pela Embrapa), ou ainda os números comumente mencionados por estudiosos, como no *Atlas da Questão Agrária* (FCT Unesp), informando que o Incra detinha em 2003 mais de 100 milhões de hectares (cerca de 67.823.810 hectares mais 35.027.088 hectares atribuídos a posseiros, sendo estes sobre terras presumidamente públicas). No *Relatório final da CPI destinada a investigar a Ocupação de Terras na Região*

qualquer disposição legal liberando as terras – como as referidas nas leis editadas recentemente sem qualquer cuidado – pode ter *efeitos lesivos aos bens públicos*, imprevistos, seguramente irreversíveis e certamente irremediáveis. Recorde-se que os *imóveis da União* na Amazônia Legal de que trata a lei (art. 3º, Lei nº 11.952) para o efeito regularizador são apenas as terras devolutas (art. 3º, IV) e estão *quase exclusivamente* confinadas na região da fronteira, pois as demais fora dela pertencem aos estados ou se aí existirem estarão já afetadas (deixando de serem devolutas) a outras finalidades públicas *federais*. Portanto, *na prática*, o que as leis referidas fizeram foi implantar *sofregamente* programas de regularização apenas sobre as terras devolutas *indispensáveis à defesa das fronteiras*, as quais têm disciplina precisa na lei constitucional e nas leis nºs 2.597/55 e 6.634/79. As demais outras – *que interessam à proteção de fortificações ou construções militares (fora das fronteiras), dependem da verificação e apuração prévia dessa condição, assim como as que margeiam as ilhas e os rios federais (art. 20, III e IV da Constituição c/c Súmula nº 479 STF)*[48]

Amazônica, de 2001, da Câmara dos Deputados (p. 608), consta que a União teria incorporado ao seu patrimônio entre 1972-1978 cerca de 97 milhões de hectares. No estudo *Grilagem de Terras Públicas na Amazônia Brasileira* (MMA/IPAM, 2006, p. 58), consta que a União teria declarado existirem 235 milhões de hectares devolutos na *Amazônia Legal* (o que não significa sejam federais, que, ao invés, diz serem bem menores). No estudo *Dez fatos essenciais sobre regularização fundiária na Amazônia Legal* (BRITO, Brenda et al. *Dez fatos essenciais sobre regularização fundiária na Amazônia*. Belém: Imazon, 2021), isto é, federal *e estadual*, consta como área não destinada ou sem informação de destinação 28,5% da mesma, ou 143.649.502 hectares. Nos números citados, além de significativa imprecisão há manifesta ausência de dados relativos às terras devolutas objeto da quase totalidade das regularizações de ocupação e menos ainda relativos a terras devolutas *federais* ou que estivessem na zona de fronteira, *hoje* praticamente a única hipótese de terras devolutas indispensáveis à segurança nacional (art. 20, II CF), as quais se atribuiriam à União. A carência desses dados *confirma* a ideia de que as terras devolutas só serão conhecidas *após a discriminação*, daí porque as tabelas e estatísticas amiúde invocadas se mostram incapazes de revelar o universo sobre o qual se realizarão as possíveis atividades de regularização, se é certo que a regularização sumária é incompatível com a lei e a Constituição. Por fim, o Incra, que legalmente tem a responsabilidade pela administração das terras devolutas federais, não tem dados precisos *acessíveis* ao público, e os atos regulatórios da regularização prevista na Lei nº 11.952 em geral referem-se a terras registradas (*v.g.*, IN nº 100, de 30.12.2019, *DOU* de 31.12.2019 S1, p. 58), o que parece incongruente e incompatível com os pressupostos da lei (v. nota 49, adiante).

[48] As terras que margeiam ilhas e rios federais *não* são terras devolutas. Súmula nº 479: "As margens dos rios navegáveis são de domínio público, insuscetíveis de expropriação e, por isso mesmo, excluídas de indenização". Em caso de rios que banham mais de uma unidade da Federação, as margens são de domínio público federal: a questão então é saber se nessa condição podem excepcionalmente ser objeto de regularização de ocupação em favor de ribeirinhos e tradicionais. A esse respeito, um excelente estudo coletivo sobre *A função socioambiental do patrimônio da União na Amazônia* (IPEA, 2016) traz uma análise específica: *Desafios da regularização fundiária para as comunidades ribeirinhas na Amazônia*" (capítulo 8, p. 315). Consideraram, no entanto, os autores, sem maiores explicações, que "[...] boa parte das terras da União na Amazônia são glebas públicas federais, perfazendo uma área de aproximadamente 1,13 milhão de quilômetros quadrados que representa em torno de 22,5% [ou 20% cf. SPU] da área dos 5,02 milhões de quilômetros quadrados da Amazônia Legal. Deste total, 550 mil quilômetros quadrados são objeto da Câmara Técnica de Destinação e Regularização de Terras Públicas Federais no Âmbito da Amazônia Legal... dentro do Programa Terra Legal. Os demais 580 mil quilômetros quadrados já estão destinados e sob responsabilidade de diferentes órgãos federais [...]". O trabalho técnico ali apresentado (não jurídico) aparentemente considerou as várzeas (não alienáveis) dos rios amazônicos como áreas regularizáveis mediante Termo de Autorização de Uso Sustentável – TAUS, emitido pela Secretaria do Patrimônio da União – SPU, presumidamente no suposto de que constituem áreas de domínio federal alienável. As margens dos rios federais de fato constituem *terrenos reservados* de domínio da União, mas até "7 braças craveiras" (ou 15 metros, DL nº 9760/46) contadas da margem histórica, o que em qualquer caso demanda prévia fixação (segundo o SPU, só 3% estão demarcados). Assim, o cálculo afirmado pode conter sérios equívocos. De qualquer sorte, a regularização de ribeirinhos realiza-se por concessão de direito real de uso que a lei admite, e isso exclui ocupantes do agronegócio ou interessados em grandes empreendimentos que essas áreas não comportam. Ver OLIVEIRA, Walder Araújo de. Ribeirinhos e a concepção de propriedade coletiva da terra. *Revista Unaerp – Anais do Congresso Brasileiro de Processo Coletivo e Cidadania*, n. 7, p 825-844, out. 2019 (com referências abundantes), e especialmente o *Parecer nº 00175/2021/CPAR/PFE-ICMBio/PGF/AGU* de 20.09.2021 propondo, corretamente, a releitura do art. 42 da Lei nº 9.985/2000, com resenha dos casos de sobreposição sobre unidades de conservação. V. também LEUZINGER, Marcia D. *Natureza e cultura*: direito ao meio ambiente equilibrado e direitos culturais diante da criação de

ou as rodovias federais que outrora integraram os bens federais (Dec.-Lei nº 1.164 de 1971) na extensão de 100 km de cada lado do eixo das estradas referidas e que hoje estão formalmente afetadas a fins federais ou devolvidas aos estados por força do Dec.-Lei nº 2.375 de 1987 – não se sujeitam ao regime de regularização desta Lei nº 11.952, exceto para excluí-las. Por tais razões, os programas e processos de regularização fundiária complementares aos programas de reforma agrária, além de não poderem distanciar-se do regime constitucional correspondente, não podem se compadecer com a ligeireza institucional e o desrespeito aos modelos de tratamento legal dos bens públicos federais.[49] Por isso, na contramão de todo esse conjunto normativo constitucional e em descompasso com os propósitos da Reforma Agrária, a mudança de orientação política do Governo Federal após o "golpe parlamentar" de 2016 abriu caminho para as reiteradas iniciativas ultraliberais, como a Medida Provisória nº 759/2016, logo convertida na Lei nº 13.465, de 11.7.2017, editada no Governo de Michel Temer, pela qual foram introduzidas profundas alterações na Lei nº 11.952/2009 (como a "nova" proposta de regularização fundiária, art. 4º, alterando os arts. 2º; 5º e parágrafos; 6º e parágrafos; 11; 12 e parágrafos; 14; 15 e parágrafos; 16 e parágrafos; 17 e parágrafos; 18 e parágrafos; 19 e parágrafos; 20; 33; 38 e parágrafo; e incluindo o art. 40-A e parágrafos),[50] e mais o implemento de diversas medidas de *extrema complacência* para com os ilícitos e perigosa *flexibilização* no reconhecimento das ocupações, notadamente com redução dos prazos de ocupação e aumento da extensão territorial delas, ademais de abranger *todo o país* e não apenas a Amazônia Legal. E tudo, ainda, em aberta desconformidade com as cautelas dos arts. 184 a 189 da Constituição. A dita lei, como já referido, foi objeto de imediata impugnação por várias ações diretas de inconstitucionalidade[51] que censuraram *expressamente* a ausência de respeito ao padrão constitucional de obediência aos planos de reforma

---

unidades de conservação de proteção integral e domínio público habitadas por populações tradicionais. Tese (Doutorado) – UnB, 2007.

[49] Exemplo da excessiva informalidade para alcançar esses propósitos é a *Portaria Conjunta nº 1*, de 2.12.2020 (*DOU* de 3.12.2020), do Secretário Especial de Assuntos Fundiários do Mapa e o presidente do Incra, que instituiu o *Programa Titula Brasil* com o objetivo de aumentar a capacidade operacional dos procedimentos de titulação e regularização fundiária das áreas rurais sob domínio da União ou do Incra, a ser executado por certo núcleo municipal de regularização fundiária "integrado por recursos humanos disponibilizados pelo Município [...]". A informalização e a entrega das tarefas de regularização na prática aos municípios revelam por si só a intenção de relaxar a fiscalização e controle dessa atividade, visto que os interesses locais são normalmente muito influentes na proteção dos ocupantes. De outra parte, a Instrução Normativa Incra nº 104, de 29.1.2021 (*DOU* de 2.2.2021), fixou procedimentos para a regularização fundiária em obediência àquela Portaria nº 1/2020 conjunta. Entretanto, essa mesma IN nº 104, paradoxalmente, exige para a regularização que a gleba pública conste do "registro no Cartório de Registro de Imóveis em nome da União ou do Incra" (art. 4º, I), o que pressupõe logicamente, se devolutas, a discriminação, a identificação e o registro prévios. No PL nº 2.633 (*idem* PL nº 510/2021), previu-se nova redação ao art. 24 da L. nº 11.952 que confirma essa cautela: "art. 24. Quando necessária a prévia arrecadação ou a discriminação da área, o Incra ou, se for o caso, o Ministério da Economia procederá à sua demarcação, com a cooperação do município interessado e de outros órgãos públicos federais e estaduais, com posterior registro imobiliário em nome da União".

[50] No art. 40-A, §2º, a lei fez aplicar às terras referidas no Dec.-Lei nº 1.942 de 1982 (que regulou a aplicação do acordão na AC nº 9.621 do STF – v. nota 25 – pelo qual ficou assentado o direito da União sobre determinados imóveis na fronteira situadas no estado do Paraná e que haviam sido concedidas a terceiros pelo governo estadual) as regras da avaliação do preço previstas no art. 12, §1º da Lei nº 11.952 de modo aparentemente impróprio, pois em rigor não se trata de regularização nem de ratificação típica, mas de venda ao possuidor ou adquirente (cf. art. 2º do DL nº 1.942).

[51] V. nota 43, *supra*. Enquanto não julgadas essas ações, as alterações inconstitucionais produzem efeitos e imóveis públicos podem estar sendo "regularizados" ilicitamente de modo irreversível com notável lesão ao meio ambiente e ao patrimônio fundiário federal. A demora judicial agrava os danos aos bens públicos.

agrária e de obediência à política agrícola. Agravando os prejuízos aos bens públicos causados por essa importante modificação, também em contradição com o espírito constitucional que deve reger os procedimentos de regularização fundiária de terras federais, bem como as medidas de ratificação das alienações nulas, já no Governo Bolsonaro, foi editada a Medida Provisória nº 910 de 2019 – cognominada *MP da Grilagem* – que desfigurou profundamente o regime da Lei nº 11.952 (já alterado pela Lei nº 13.465, ela mesma conversão da MP nº 759 de 2016), pois dela retirava *ainda mais* as travas constitucionais de modo a liberar a regularização *ao extremo*, aumentando irracionalmente as extensões regularizáveis e reduzindo as exigências de ancianidade e efetividade da ocupação, com exagerada dispensa de vistorias prévias e, em lugar delas, admitindo meras declarações como prova. Aliás, essa MP foi editada em *aberta afronta* ao STF que censurara, no julgamento da ADI nº 4.629 (ajuizada contra algumas medidas do programa *Terra Legal* da mesma Lei nº 11.952), a desatenção da lei original ao não assegurar expressamente a concretização dos propósitos das suas normas, *em harmonia* com os valores constitucionais da proteção ambiental e das exigências da reforma agrária contra possível interpretação que tolerasse falta de obediência às cautelas e limites da regularização. Essas sucessivas ações executivas governamentais extremadas e que permitem interpretação danosa aos bens públicos e aplicação *imediata* (todas elas originariamente implementadas por medida provisória, com manifesta ofensa ao processo legislativo típico da via parlamentar, sem urgência reconhecida e clara sonegando da discussão sobre a oportunidade e a inciativa dela), por certo visaram prover celeremente os "interessados" com uma rápida legitimação para ocupações irregulares sobre (possíveis) terras devolutas federais nunca identificadas previamente, os quais, destinatários, na maioria, nem se identificam com a clientela da reforma agrária referida no art. 188 da Constituição e arts. 24 e 25 do Estatuto da Terra. Aliás, é bom insistir, não se exigiu nessas leis, *em momento algum*, a prova de serem devolutas as terras (ou mesmo, daquelas já registradas, que tivessem sido desafetadas), limitando-se a pedir a prova (precária) de uma ocupação contemporânea por *mera declaração*, sinalizando de modo óbvio uma deliberada desproteção do patrimônio público e incentivo a ocupação clandestina, com estímulo ao desmatamento precoce e permissividade na exploração intensiva e imoderada do patrimônio público.[52] Os desvios de motivação e de finalidade parecem *notórios*, pois

---

[52] A esse respeito, a imprensa diária tem reportado comentários de técnicos e especialistas apontando que 54% dos focos de incêndio havidos nos meses de agosto, setembro e outubro do ano de 2020 são resultantes de desmatamento irregular proporcionalmente maior em menos imóveis de grande extensão e com *significativa incidência* sobre terras públicas invadidas ou "griladas", contra aqueles em maior número havidos em pequenas ocupações. De acordo com estudos, queimadas/incêndios seguem o "novo" arco de desmatamento, alcançando agora partes dos estados do Mato Grosso, Pará e Amazonas que até então estavam intocados (INSTITUTO DE PESQUISA AMBIENTAL DA AMAZÔNIA – IPAM. NT *nº 3, abril de 2020*. Disponível em: https://ipam.org.br/wp-content/uploads/2020/04/NT3-Fogo-em-2019.pdf; Disponível em: https://www.dw.com/pt-br/queimadas-seguem-rastro-do-novo-arco-do-desmatamento-no-amazonas/a-54792935. Acesso em: 5 nov. 2020). Noticiário mais recente e impressionante (FLEISCHATLAS 2021 – Atlas da Carne. *DW*, Berlim, 6 jan. 2021. Disponível em: https://www.dw.com/pt-br. Acesso em: 8 jan. 2021) mostra que a demanda global por carne impulsiona o desmatamento no Brasil, estimulando a expansão das ocupações para pasto (63% das áreas desmatadas da Amazônia), plantio de soja para ração e uso de agrotóxicos. Como regra, "após a retirada das madeiras de valor comercial, toda a floresta é devastada, transformada em pasto para o boi usado como instrumento para legalizar a posse da terra" (em Amazônia Real, 18.5.2021), não respeitando terras indígenas, áreas de preservação ou públicas, embora de acordo com a Súmula nº 619 do Superior Tribunal de Justiça (STJ), "a ocupação indevida de bem público configura mera detenção, de natureza precária, insuscetível de retenção ou indenização por acessões e benfeitorias", portanto, logicamente, não regularizável.

a própria exposição de motivos da MP nº 910, que acompanhou o texto, expressamente referia a legislação até aqui mencionada e invocava para mudança "a necessidade de segurança jurídica". Mas não indicava, nem o texto legal respectivo revelou, em que o respeito aos postulados constitucionais atinentes ao regime das terras públicas e a destinação delas a programas de reforma agrária *seriam prejudiciais* aos "ocupantes" ou à sua segurança. Pelo contrário, as medidas legislativas assim aprovadas não só violam abertamente direito de *outros ocupantes com preferência*, como afrontam a legalidade do procedimento de regularização que deve rigorosa atenção aos preceitos constitucionais e a estrita obediência à *função social da posse* e aos *limites reais da ocupação* com morada habitual e cultura efetiva, o que *logicamente* exclui o latifúndio (por exploração ou dimensão) e, em qualquer caso, as grandes extensões, pois esse *não é o objetivo* constitucional da reforma agrária e, portanto, também não o da regularização fundiária. É bem verdade que a MP nº 910 não resistiu às pressões políticas e caducou, mas em seu lugar, *e rapidamente,* apresentou-se novo projeto de lei (*PL nº 2.633 da Câmara, já aprovado em regime de urgência com substitutivo – ao qual estão apensados o PL nº 2.660/2020 e o PL nº 1.730/2021 – ora tramitando em conjunto na Câmara Alta com o PL nº 510 de 2021 do Senado Federal – ambos mantendo a lógica da MP nº 910, alterando inúmeros dispositivos da Lei nº 11.952 e retomando o tema em bases muito semelhantes, com os mesmos vícios de potencial inconstitucionalidade*). Prevê-se em ambos os projetos (embora a preferência dos parlamentares ruralistas pareça centrar-se no PL nº 510/SF), tal como estava na MP nº 910,[53] uma modalidade de regularização de ocupações vulgarizada por autodeclaração – sobretudo, pelo uso e valorização indevidos do Cadastro Ambiental Rural/CAR – despojada das cautelas constitucionais citadas e deixando claramente entrevista a entrega de bens públicos, marcadamente as terras devolutas de domínio da União, sem a prévia discriminação que as declarasse efetivamente federais *não* aplicadas a outros fins públicos e sem qualquer atenção aos *obrigatórios* propósitos de direcionamento delas aos programas de reforma agrária. Tudo agravado pela dispensa de vistoria presencial em vários casos, e pela venda direta em outros (PL nº 2.633, art. 38 e parágrafos), por vezes desprezando o limite de 2.500 ha e pela manifesta omissão do Incra "em

---

[53] v. Nota técnica do MPF/PFDC nº 12/2020/PFDC/MPF, de 18.5.2020, com crítica dos termos e tramitação do projeto e que ao Incra caberia ainda cumprir o Acórdão TCU (Processo TC nº 031.961/2017-7, Acórdão Plenário nº 727 de 2020, j. 1º.4.2020, e confirmado pelo Acórdão Plenário nº 1.840/2020 Embargos, Rel. Ana Arraes), cujas determinações vão no sentido da imediata recuperação de terras mal ocupadas. Segundo o MPF: "Persistem, ainda, inconstitucionalidades materiais, como a violação do princípio republicano, tendo em vista a ausência de qualquer estudo que evidencie a justiça da medida de destacamento do patrimônio público para o privado. Afinal, a fragilidade das bases de dados fundiárias oficiais revela que não é possível determinar o número, a distribuição e o perfil dos imóveis que necessitam de regularização. Desse modo, não há justificativa: (i) para o aumento da área passível de regularização e seus impactos econômicos e ambientais; (ii) para a autodeclaração e a confiabilidade das informações assim apresentadas; (iii) para a dispensa de vistoria e da assinatura dos confrontantes, à vista da experiência já produzida em contextos semelhantes" e remanesce ofensa ao art. 188 CR. Ao contrário disso, no entanto, noticiário da imprensa dá conta da insistência com que diferentes parlamentares, setores da opinião pública e da atividade econômica confiam na celeridade da tramitação do PL nº 2.633 na Câmara dos Deputados (então aprovado em regime de urgência em 13.7.2021) – e mais agora no PL nº 510/2021 do Senado – como sucedâneo da medida provisória para liberar a regularização. Sem embargo, é *necessário* registrar que a MP nº 910 de 11.12.2019 esteve em vigor durante o frustrado processo de conversão por 120 dias (até 19.5.2020) e nesse período foi aplicada proporcionando regularizações que hoje estão fora da cobertura legal (*v.g.* aquelas fora da Amazônia Legal). Nesses casos, a Constituição (art. 62, §3º) impõe ao Congresso a edição de um decreto legislativo disciplinando as relações jurídicas decorrentes da MP não convertida, mas não se tem notícia disso e é possível que **regularizações**, hoje ilegais, tenham prevalecido, isto é, "conservar-se-ão por ela regidas" (cf. §11), apesar do modo inconstitucional.

recuperar mais de R$1 bilhão em áreas irregularmente ocupadas", equivalente ao volume extraordinário de cerca de 657,9 mil hectares irregularmente ocupados por particulares, de modo a caracterizar assim verdadeiras manobras de "grilagem"[54] muito próximas do sentido e significado vulgar que a opinião pública costuma emprestar a essa ilicitude.[55] De acordo com o PL nº 2.633/2020 (dando nova redação ao art. 4º-A da Lei nº 11.952 e no PL nº 510/2021 – substitutivo – em menor amplitude, propondo nova redação ao art.

---

[54] As expressões "grilo" ou "grilagem" têm origem na denominação de práticas fraudulentas que se valem da utilização de documentos ou papéis antigos, adulterados ou falsos, relativos à posse ou propriedade de terras rurais ou a velhos processos judiciais respectivos, ou cujo envelhecimento é artificialmente provocado (diz-se, anedoticamente, que mediante a colocação de grilos em caixas de papelão os tais documentos acabavam tomando feição de velhos), destinados a promover em juízo ou perante a administração a prova de aquisições ou apossamentos "legítimos" que assim dessem origem à cadeia sucessória imobiliária, preferentemente anterior aos marcos legais do Código Civil de 1916 e da legislação imperial conforme o caso, para justificar a ausência de registro e fugir dos rigores formais da justificação da posse e da imprescritibilidade dos bens públicos, que apesar disso se admite excepcionada *pela prescrição imemorial*, isto é, anterior a 40 anos antes do CC 1916 (Súmula nº 340 do STF). A vulgarização da expressão "grilagem" passou a referir toda e qualquer fraude sobre terras, que se tornaram recentemente muito comuns sobretudo nos estados de *Goiás*, *Pará*, *Maranhão*, *Mato Grosso* e *Amazonas*, por força da abertura de novas fronteiras agrícolas e agora na região dos estados do Matopiba, especialmente o noroeste da *Bahia* (ver Ação Penal nº 940 do STJ, Rel. Min. Og Fernandes). Atribui-se a expressão a especuladores e estelionatários do início do século XX e finais do século XIX, ante a expansão da fronteira agrícola do estado de São Paulo com a abertura da Estrada de Ferro Noroeste do Brasil até Corumbá/MS, que deu acesso às terras até então devolutas ainda não aproveitadas (a região do Pontal do Paranapanema ainda é o exemplo clássico). No estado do Paraná também foi extensa a utilização de fraudes fundiárias dada a qualidade das terras e a velocidade da ocupação delas, embora no oeste do *Paraná* e de *Santa Catarina* – onde aliás o estado do Paraná titulou sobre terras catarinenses em vista de conflito de limites que *resolveu* a seu modo –, a ocupação tenha se dado muito mais por dupla ou tripla titulação, principalmente sobre a faixa de fronteira ou por sobreposição de titulação à base de decisões judiciais. Os conflitos no sudoeste paranaense chegaram a causar choques armados na década de 1940/1950 entre posseiros pobres e "proprietários" titulados com papéis irregulares, estes últimos auxiliados pela polícia local, como a revolta de Capanema, Pato Branco e Francisco Beltrão, com inúmeras mortes. A solução mais tarde adotada pelo Incra para resolver o impasse foi promover a desapropriação das terras (uma oblíqua ação de nulidade, pois, a rigor, na origem, eram devolutas federais) para retitular apenas os verdadeiros possuidores/ocupantes num procedimento semelhante ao de regularização que, todavia, seria extremamente demorado (v. o já citado *Relatório da Comissão Parlamentar de Inquérito destinada a Investigar a Ocupação de Terras Públicas na Região Amazônica*, 29.8.2001 e também o *Livro Branco da Grilagem de Terras no Brasil*, [s.d.], Incra).

[55] Exatamente por essa razão o art. 51 e parágrafos do ADCT de 1988 assentou que nos 3 anos seguintes à promulgação da Constituição seriam revistas por uma Comissão Mista do Congresso Nacional "todas as doações, vendas e concessões de terras públicas com área superior a três mil hectares [até então o limite de alienação], realizadas no período de 1º de janeiro de 1962 a 31 de dezembro de 1987": pelo critério da legalidade quanto às *vendas*; e pelos critérios de legalidade e conveniência, quanto às *doações e concessões*. Conforme a hipótese, em caso de ilegalidade ou interesse público, as terras reverteriam ao patrimônio público da União, estados, Distrito Federal e municípios. A Comissão Mista foi constituída em 25.4.1991, Relator o Senador João Rocha, que apresentou um relatório preliminar em 7.10.1991. A Comissão, contudo, foi extinta por determinação do presidente do Congresso em 8.10.1991, "tendo em vista o término do prazo previsto no art. 51 do Ato das Disposições Constitucionais Transitórias" e o processo respectivo arquivado com o relatório citado sem apreciação, tendo como última movimentação, em 23.3.2010, "mantido em arquivo". Como visto, as preocupações do constituinte de rever as eventuais ilegalidades e inconveniências das anteriores alienações de terras públicas, federais e estaduais sobretudo, nesse ponto, não foram atendidas. A esse respeito, o PL nº 2.633 dando redação nova ao art. 20-A e parágrafos da L. nº 11.952, volta a dispor sobre essa medida: "§2º No prazo de três anos contados da data de entrada em vigor da Medida Provisória no 910, de 10 de dezembro de 2019, deverá o Incra apresentar plano de ação, detalhando ações, responsáveis e prazos para: I - inibir a divulgação pública de dados de imóveis que apresentem indícios de comercialização irregular, bem como a emissão do Certificado de Cadastro de Imóvel Rural de imóveis que não possuam títulos de posse ou de propriedade validos; II - recuperar, a fim de dar-lhes a devida destinação, os imóveis da União: a) ocupados irregularmente por detentores que não cumprem os requisitos determinados nesta Lei; b) ocupados irregularmente após o indeferimento dos processos de regularização; c) titulados a partir de declarações falsas, apresentando indícios de fracionamento simulado ou qualquer outra situação incompatível com as regras da regularização, ou apresentando indícios de comércio irregular. III - identificar e fiscalizar áreas irregularmente comercializadas, de forma a combater a grilagem de terras; IV - fiscalizar o cumprimento das cláusulas resolutivas nas áreas tituladas; V - estabelecer procedimentos que permitam verificar a veracidade das informações declaradas pelos requerentes na solicitação de regularização fundiária e que impeçam a regularização de parcelas incompatíveis com suas regras".

24 da Lei nº 11.952), o Incra definirá as glebas a serem regularizadas após consulta prévia a vários órgãos e entidades públicas encaminhando à *Câmara Técnica de Destinação e Regularização Fundiária de Terras Públicas Federais Rurais*, e, depois, a identificação do perímetro será disponibilizada ao público, o qual disporá de oportunidade de manifestação por consulta pública (art. 4º-A: "§6º A definição de glebas passíveis de regularização fundiária nos termos do caput deve ser precedida de consulta pública de sessenta dias para identificação de situações descritas nos incs. I a III do caput e no §2º, devendo o Incra disponibilizar na Internet o arquivo eletrônico com a identificação do perímetro da gleba em análise e instruções para recebimento de contribuições"). Esse processo de regularização (*como previsto no art. 13 Lei nº 11.952, nova redação pelo PL nº 2.633, substitutivo*) e, sobretudo, seu resultado, que implica a transferência do domínio público para o particular, entretanto, só podem ser lidos na perspectiva do art. 20 da Constituição, isto é, em relação às terras *efetivamente* disponíveis. É que as terras públicas federais sempre foram consideradas inusucapíveis porque inalienáveis por natureza, e ainda o são como regra (art. 191, parágrafo único da Constituição), *salvo* nas hipóteses de venda ou regularização na forma prevista expressamente em lei, ou para reforma agrária. Por isso, a despeito de não assentar categoricamente a inalienabilidade dos bens públicos, esse dispositivo – art. 191, parágrafo único –, *logicamente*, veda a alienação daqueles afetados a alguma finalidade pública, bem como os que forem de uso comum do povo ou de uso especial, donde resulta compreensível que os bens que se encontram *fora do serviço, não afetados ou desafetados*, integrantes do domínio patrimônio dominical (*v.g.*, devolutas), em certas condições, podem vir a ser objeto de alienação *na forma da lei* ou para reforma agrária, nesse caso, com todas as exigências constitucionais. De fato, consoante o Código Civil,[56] são bens públicos *os de uso comum do povo* (ruas, praças, praias), os de *uso especial* (edifícios, terrenos destinados ao serviço) e os *dominicais*, que constituem patrimônio pertencente às pessoas de direito público, sendo os primeiros inalienáveis enquanto afetados, e os dominicais alienáveis na forma que a lei determinar (arts. 99, 100 e 101), aí então compreendidas as terras *devolutas* da faixa de fronteiras cuja ocupação será regulada pela lei (art. 20, §2º Constituição). Como está no Código

---

[56] A Constituição *não* estabelece que as terras públicas dominicais (devolutas) *não* possam ser vendidas. A inalienabilidade própria do domínio público, usualmente afirmada em razão da vedação de usucapião ou da imprescritibilidade, todavia, não importa na proibição de venda, que em favor do interesse público pode ser autorizada na forma da lei. O disposto no art. 101 do Código Civil deve ser entendido como regra extravagante do direito privado e ser compreendido dentro desse espírito constitucional, isto é, a venda de bens públicos dominicais no caso de terras rurais só será compatível com o art. 20 da CF quando rigorosamente afeiçoada aos propósitos da *reforma agrária* ou do *interesse público estrito*, pois o domínio público está geneticamente vocacionado ao bem público donde a alienação que não se prove *absolutamente* endereçada ao bem público será contrária a essa finalidade e, assim, inconstitucional. De modo que tanto a *regularização* (legitimação) ou *ratificação* de ocupações ou alienações de terras devolutas federais constituem instrumentos de reforma agrária e assim a lei pode autorizá-las. Com relação às terras devolutas da faixa de fronteira, o art. 20, §2º da CR *expressamente* autoriza a lei a fazê-lo. Quando os demais bens públicos (art. 99, parágrafo único do CC) estiverem incorporados a entidades ou empreendimentos estatais, podem indiretamente perder a inalienabilidade. Parece aí questão de constitucionalidade relevante a ser dirimida, a despeito da decisão do STF admitindo a alienação de controle acionário de estatais sem licitação e sem autorização legislativa, em voto médio: "1 - A alienação do controle acionário de empresas públicas e sociedade de economia mista matriz exige autorização legislativa e licitação. 2 - A exigência de autorização legislativa, todavia, não se aplica a alienação do controle de suas subsidiárias e controladas. Nesse caso, a operação pode ser realizada sem a necessidade de licitação, desde que siga procedimento que observe os princípios da administração pública, respeitada, sempre, a exigência de necessária competitividade" (ADI nºs 5.624, 5.846, 5.924, e 6.029).

Civil (art. 101), caberá à lei ordinária dispor sobre a alienação dos bens públicos (quando cabível) e, conforme o caso, sempre obediente ao regime da Lei nº 8.666, de 1990, até a revogação pela Lei nº 14.133 de 1º.4.2021.[57] Nesse quadro, de acordo com a legislação fundiária federal, são alienáveis as terras devolutas e as desafetadas ou *não* afetadas. Por outro lado, a Constituição estabeleceu que as terras públicas *rurais* de seu domínio e não afetadas *devem* ser encaminhadas aos programas de reforma agrária (art. 188), isto é, à alienação mesmo não sendo usucapíveis (art. 191, parágrafo único).[58] Resulta compreensível, pois, que a "inalienabilidade" dos bens públicos comporte essa flexibilização sempre que a mobilização deles seja *conveniente e oportuna ao interesse público* e, nessa linha, como já afirmado, no que respeita às *terras rurais devolutas*, sendo deslindadas e não afetadas, *devem* ser mobilizadas para a reforma agrária ou podem ser *alienadas* diretamente por regularização ou legitimação (nas condições referidas), ou por licitação, como admitem o texto constitucional permanente e a lei ordinária. Quanto aos demais *bens* de uso público, de vocação agrária, ou os de uso público especial com idêntica característica, quando excepcionalmente e regularmente *desafetados*, também podem ser alienados ou regularizados *na forma da lei*. Nessa hipótese se enquadram, portanto, aquelas situações previstas na Lei nº 11.952 (art. 3º e incs. I, II, III e V), relacionadas a ocupações de terras da União ou do Incra, terras de assentamentos ou de remanescentes de projetos ou de finalidades ou empreendimentos desativados. No caso das terras devolutas *devidamente apuradas*, a sua existência sem destinação especial implica desde logo a destinação ou alienação para a reforma agrária. Diversas leis, de há muito, vinham autorizando a legitimação de posse[59] ou regularização da ocupação como modalidade de alienação direta, mas o diferencial, *hoje*, é que, se até a Constituição nova a lei ordinária tinha autonomia bastante para disciplinar a regularização por seus próprios critérios, *a partir de 1988*, a regularização das ocupações de terras públicas *não só* deve ficar obediente aos requisitos legais e formais *como também* aos preceitos *constitucionais*, gerais e específicos, relacionados com o *regime jurídico do patrimônio público* e das *políticas de reforma agrária*, assim como da *função social da propriedade particular* e da *política agrícola*.[60]

---

[57] Na lei nova, art. 76, I: "[...] dispensada a licitação nos casos de: [...] h) alienação e concessão de direito real de uso, gratuita ou onerosa, de terras públicas rurais da União e do Instituto Nacional de Colonização e Reforma Agrária (Incra) onde incidam ocupações até o limite de que trata o §1º do art. 6º da Lei nº 11.952, de 25 de junho de 2009, para fins de regularização fundiária, atendidos os requisitos legais; i) legitimação de posse de que trata o art. 29 da Lei nº 6.383, de 7 de dezembro de 1976, mediante iniciativa e deliberação dos órgãos da Administração Pública competentes; j) legitimação fundiária e legitimação de posse de que trata a Lei nº 13.465, de 11 de julho de 2017; [...]".

[58] A Constituição proibiu a aquisição de terras públicas por usucapião (assentando a imprescritibilidade dos bens públicos como corolário lógico), mas admitiu (art. 191) excepcionalmente uma forma de usucapião especial de até 50 ha, com os requisitos ali indicados, reproduzindo em parte hipótese anteriormente regulada pela Lei nº 6.969 de 1981, que o admitia (até 25 ha) inclusive sobre terras devolutas (cf. art. 2º, que aí excepciona a necessidade de discriminação e, assim, *a contrario*, confirma a regra), exceto áreas de segurança nacional, indígenas, quilombolas e ambientais, mediante ação judicial. Semelhante disposição se inspirou no art. 98 do Estatuto da Terra ("área caracterizada como suficiente [...] para o lavrador e sua família"), conhecido como usucapião *pro labore*.

[59] Embora corrente na linguagem comum, tecnicamente não há "posse" de particular sobre bens públicos, senão mera detenção, porque "inalienáveis" e imprescritíveis. Mesmo alguém mantendo sobre o bem público o *corpus* e a *affectio tenendi*, falta-lhe o "n" (a não proibição) da conhecida fórmula de Ihering para o conceito de posse.

[60] Cuidando-se de preceito constitucional federal, esses critérios se aplicam também aos estados federados que devem obediência ao mesmo regime conforme seu patrimônio, pois assim o estabelece a própria Constituição no at. 25, *caput*. No entanto, como os programas de reforma agrária e as medidas de desapropriação e controle da função social da propriedade em geral são precípuas da Administração *Federal*, e daí se mostra interessante saber se os estados devem encaminhar aos programas federais de reforma agrária suas terras devolutas não

Daí, *logicamente,* não basta a satisfação legal dos requisitos materiais ou formais atinentes ao fato da "posse" ou ocupação, pois *obrigatoriamente* deverá o ocupante, *acima* de tudo, evidenciar respeito escrupuloso aos postulados constitucionais. Nesse sentido, as alterações da Lei nº 11.952 de 2009 (originalmente Programa Terra Legal Amazônia) pela Lei nº 13.465 de 2017, até a recente legislação *expansiva* (MP nº 910 e PL nº 2.633 quanto à regularização, e em especial a Lei nº 13.178, com relação à ratificação de títulos nas terras de fronteira), e a política fundiária governamental por elas implantada, têm propositalmente estendido de modo inconstitucional as áreas de regularização de terras devolutas federais para *fora* da Amazônia Legal e com critérios cada vez mais elásticos e perdulários, beneficiando ilicitamente ocupações nem sempre verdadeiras e sem exigir concomitantemente que se cumpram as exigências próprias do regime da reforma agrária. E, principalmente, sem acautelar-se da presença de remanescentes de comunidades de quilombos, ou unidades de conservação, e especialmente garantida em qualquer caso a presença indígena, sua posse permanente e o usufruto exclusivo das terras ocupadas independentemente de possível "ocupação" por terceiros. Ou seja, a afetação ambiental e a ocupação indígena, tradicional ou quilombola, são impeditivos constitucionais *absolutos* para a regularização de ocupação de terceiros, assim como o é para a reforma agrária. Ocorre que também aí a atual Administração Federal tem perversamente invertido a lógica constitucional. Uma recente *instrução normativa da Funai*[61] está permitindo, para fins de regularização de ocupação ou posse de particulares,

---

afetadas. Na forma do seu art. 9º do Estatuto da Terra, as terras devolutas dos estados subordinam-se "aos fins desta lei", isto é, aos fins da reforma agrária e à redistribuição, embora programas estaduais de distribuição (não, porém, de desapropriação: STF, RE nº 482.452, Rel. Min. Toffoli; RE nº 496.861, Rel. Min. Celso) de terras não estejam vedados na Constituição da República, e, por conseguinte, também não estejam vedados programas de regularização de ocupação sobre terras estaduais sujeitos à lei estadual desde que conformes a Constituição de 1988. Essa questão está posta na ADI nº 7.052, movida pela Contag em face da Lei nº 14.004 de 26.5.2020 e das leis nºs 13.465/2017 e 11.952/2009.

[61] Instrução Normativa nº 9 de 16.4.2020, Ministério da Justiça e Segurança Pública/Fundação Nacional do Índio, publicada em 22.4.2020. Consta do art. 1º e parágrafos: "Art. 1º. A emissão do documento denominado Declaração de Reconhecimento de Limites será processada de acordo com as normas estabelecidas na presente Instrução Normativa. §1º A Declaração de Reconhecimento de Limites se destina a fornecer aos proprietários ou possuidores privados a certificação de que os limites do seu imóvel respeitam os limites das terras indígenas homologadas, reservas indígenas e terras dominiais indígenas plenamente regularizadas. §2º Não cabe à FUNAI produzir documentos que restrinjam a posse de imóveis privados em face de estudos de identificação e delimitação de terras indígenas ou constituição de reservas indígenas. §3º As comunidades indígenas que se tornem, por seus próprios meios, proprietárias de imóveis rurais ou urbanos deverão comunicar os limites desses imóveis para que a FUNAI possa contemplá-los na análise de emissão de Declaração de Reconhecimento de Limites. §4º O procedimento de análise de sobreposição da FUNAI realizada pelos servidores credenciados no Sistema de Gestão Fundiária (SIGEF) do Instituto Nacional de Colonização e Reforma Agrária (INCRA) deverá seguir os conceitos e regras disciplinados nesta Instrução Normativa. §5º Os atestados administrativos já emitidos pela FUNAI ao tempo da publicação da presente instrução normativa permanecem válidos a seus fins legais" e do art. 2º: "§1º A Declaração de Reconhecimento de Limites se destina a fornecer aos proprietários ou possuidores privados a certificação de que os limites do seu imóvel respeitam os limites das terras indígenas homologadas, reservas indígenas e terras dominiais indígenas plenamente regularizadas. §2º. Não cabe à FUNAI produzir documentos que restrinjam a posse de imóveis privados em face de estudos de identificação e delimitação de terras indígenas ou constituição de reservas indígenas". Esse texto da IN nº 9/2020 está em sentido *oposto* ao vigente até então (IN nº 3 de 2012) e, como se vê, conflita com a advertência do voto da ministra relatora na ADI nº 5.623 (reproduzido acima) e da decisão do relator na ADPF nº MC/709 (Rel. Barroso, 17.3.2021), na qual se reconheceu a identidade étnica independentemente da territorialidade homologada, e de que nem mesmo títulos definitivos particulares ou públicos se sobrepõem às terras ocupadas por indígenas ante a jurisprudência consolidada de que a demarcação ou homologação são meramente declaratórias (sobre esse ponto, v. RE nº 1.017.365/SC, em que essa questão está em julgamento, já com repercussão geral) em face do direito constitucional dos indígenas à sua posse com ou sem demarcação. O Partido Rede ajuizou a ADPF nº 679 em face dessa IN nº 9/Funai, mas o

a emissão pelo órgão de uma declaração de limites das terras indígenas em favor de pretensos ocupantes sobre áreas de tradicional ocupação indígena. Segundo a instrução normativa em questão, essa manifestação administrativa seria emitida *apenas* com relação a terras indígenas já *demarcadas e homologadas*, o que tornaria possível d'ora em diante, *indireta e oficialmente*, admitir ocupações e apossamentos regularizáveis por particulares, ou não os impugnar, sobre terras indígenas *ainda não demarcadas ou não homologadas*, quando estas, no sentido constitucional (art. 231, §§1º e 2º), têm claramente reconhecida, também nelas, a ocupação *tradicional*. A referida normativa de nível administrativo inferior ofende preceito constitucional expresso (este, aliás, verdadeira cláusula pétrea, na inspiração do §2º do art. 5º da Constituição) e tanto viola a *posse* permanente dos índios como afronta a própria regra constitucional.[62] O mesmo se passa com a *ocupação quilombola* que, por si só (ADCT, art. 68 c/c Convenção nº 169, OIT), confere às comunidades remanescentes título dominial e, assim, *prevalece* sobre direitos de terceiros (Dec. nº 4.887 de 2003 e ADI nº 3.239).[63]

O direito à regularização

A partir de todos os desdobramentos e fundamentos relacionados com o processo de regularização das ocupações de terras públicas assim como mostrados e revelados a partir da postura constitucional e legal correspondente, por fim, uma indagação não tratada diretamente pela legislação por vezes é suscitada, e são poucos os comentaristas a considerá-la. A questão diz respeito ao eventual *direito dos ocupantes à regularização*, visto que a legislação tem estabelecido determinados requisitos para esse efeito. A pergunta natural é sobre as consequências jurídicas decorrentes da satisfação integral das exigências legais e constitucionais, uma vez verificado o fato da ocupação nos moldes previstos. Na *Lei das Terras*, assegurava-se a legitimação "das posses mansas e pacíficas [...] guardadas as regras seguintes", e tanto na legislação da República Velha quanto no Estado Novo e no *Estatuto da Terra* (arts. 11, 97 e 99) – como reportado acima

---

Relator Min Fux negou-lhe seguimento. Das 28 ações civis públicas ajuizadas sobre o tema em todo o país, cinco ainda (08/2021) estavam pendentes de apreciação, em Belém (PA), São Luís (MA), Carazinho (RS), Ji-Paraná (RO) e São Paulo (SP). Cinco das liminares deferidas já foram confirmadas por sentenças, em Santarém (PA), Tucuruí (PA), Castanhal (PA), Rio Branco (AC) e Boa Vista (RR). Em uma das ações judiciais iniciadas pelo MPF, em Belo Horizonte (MG), houve declínio de competência. A despeito, a Funai editou o Ofício Circular nº 18/2021/CGMT/DPT de 29.12.2021, que contraria *abertamente* decisão do ministro relator na ADPF nº 709, exarada em 16.3.22021 em sentido contrário (v. Nota Técnica Cimi de 10.1.2022). Seguindo a mesma "nova" orientação, a Funai também modificou os critérios de autoidentificação indígena ("heteroidentificação") na *Resolução nº 4/2021* com manifesta violação do estatuto indígena acolhido pela Constituição e pela Convenção OIT nº 169; também ela foi suspensa por decisão do relator na ADPF nº 709 (Rel. Min. Barroso), porque minimiza a definição da ocupação indígena garantida em maior amplitude no art. 231 da CR.

[62] A normativa em questão vai em sentido contrário ao entendimento do STF (ADI nº 5.623: "Seja realçado que a ratificação de registro imobiliário de terras prevista na Lei nº 13.178/2015 não se sobrepõe aos direitos originários dos índios sobre terras que tradicionalmente ocupam [...]"), isto é, a regularização/ratificação não se sobrepõem a eles, demarcada ou não essa ocupação indígena.

[63] Nas áreas de ocupação quilombola pode ocorrer situação semelhante, pois, à força do art. 68 – ADCT, prevalece a propriedade das comunidades de remanescentes de quilombos, e os eventuais terceiros que se vejam objeto de extrusão poderão, desde que ostentem propriedade formal legítima, ser "desapropriados" ou, conforme o caso, reassentados se cumprirem os requisitos do Plano Nacional de Reforma Agrária (CORRÊA, Luiza Andrade. *Comunidades quilombolas no Judiciário brasileiro*: análise comparativa da jurisprudência. Monografia (Aperfeiçoamento/Especialização em Escola de Formação) – Sociedade Brasileira de Direito Público, 2009).

– foram diversas as ocasiões em que se abriu com maior ou menor rigor a oportunidade de "reconhecer as posses legítimas" e "preferência para adquirir um lote [...] obedecidas as prescrições da lei" ou a *transferência do domínio* no competente processo administrativo de legitimação de posse. Na Lei nº 11.952, está expresso que "para a regularização da ocupação nos termos desta lei o ocupante e seu cônjuge [...] deverão atender os seguintes requisitos [...]" (art. 5º) e que, preenchidos os requisitos, a administração regularizará as áreas ocupadas mediante *alienação* (art. 6º), cujas condições serão liberadas após a *verificação de seu cumprimento* (art. 16). Por igual, nos termos da legislação anterior – conquanto não tenha direito subjetivo incondicional –,[64] o ocupante pode obter *a ratificação* de alienações anteriores nulas (art. 5º e §1º da Lei nº 4.947 de 1966), se "se coadunam com os objetivos do Estatuto da Terra". Na lei atual de ratificação de alienações nulas (Lei nº 13.178), estabelece-se que a Administração *deverá* ratificá-las "desde que os interessados obtenham do órgão federal responsável" a anuência da satisfação dos requisitos. Posto isso, do conjunto dessas disposições legais resulta defensável que, uma vez atendidos os requisitos e condições pelo particular, o ocupante a título de posse ou de dono de registro nulo *têm direito a pleitear a aquisição* do domínio definitivo do imóvel mediante a alienação pela União por via da formalização de um título legitimador. Daí se pode dizer que ao ocupante nessas condições corre o *direito à aquisição formal* do imóvel, bem como o acesso aos documentos correspondentes e, portanto, *tem direito a compelir a Administração* (ressalvada recusa fundada em razão de ordem pública) a conceder-lhe oficialmente o reconhecimento, de modo a permitir-se inscrever no registro imobiliário como direito real. Isso significa que, em verdade, o procedimento/processo de regularização conflui para um *contrato administrativo sui generis* em que, embora sempre prevaleça a supremacia do interesse público, uma vez satisfeitos os requisitos e as exigências constitucionais, a manifestação da vontade do particular que aceita cumprir todos os requisitos predefinidos faz convolar, daí por diante, a relação em *negócio jurídico* com direitos subjetivos para ambas as partes, conforme a lei. Em outros termos, qualquer cidadão tem direito de adquirir terras públicas mediante a satisfação de *todos* os quesitos legais e constitucionais. A partir desses postulados conjugados ao longo do texto, é possível afirmar, *como regra*, que a regularização das ocupações de terras públicas federais não afetadas – sem prejuízo dos requisitos e pagamentos estipulados – devolutas ou não, dentro ou fora da Amazônia Legal (excetuadas as terras indígenas em qualquer estágio de reconhecimento; as de proteção ambiental; as de ocupação quilombola; e as devolutas afetadas), poderá ser deferida *somente* aos ocupantes pessoa física (eventualmente pessoa jurídica) que nelas demonstrarem moradia habitual (por si ou outrem) e cultura efetiva, com observância de *todos* os demais requisitos constitucionais da função social da propriedade (art. 186, CF), do respeito às políticas agrícolas (art. 187, CF) e com absoluta afinidade para com os pressupostos do art. 188 da CF, bem assim, quando excedentes do limite de 2.500 hectares, da *autorização prévia* do Congresso Nacional (art. 49, XVII, CF).[65] Igual parâmetro

---

[64] V. nota 27, *supra*: "Cuida-se de expectativa de direito à base do princípio da confiança (segurança jurídica) em face da presunção de legalidade dos atos administrativos".

[65] Essa manifestação do Congresso, todavia, é ato *político*, e assim não há direito do ocupante a essa autorização, o que significa que não há direito subjetivo à regularização, ou mesmo à propriedade particular maior de 2.500 hectares que se tenha originado de terras públicas.

se deve adotar para o processo de ratificação de títulos nulos dados por estados na faixa de fronteira sobre terras federais, pois nesse caso, ademais do atendimento dos requisitos previstos nos arts. 2º e 3º da Lei nº 13.178 de 2015, cumpre atender aos padrões constitucionais acima referidos, particularmente, a manifestação do Conselho de Defesa Nacional (art. 91, §1º, III da CR). Em suma, os possíveis direitos à regularização sujeitam-se de modo absoluto aos limites da reforma agrária constitucional, inclusive a proibição lógica de *desdestinação* ou a alienação do imóvel assim adquirido *para fora das condições constitucionais* que aderem ao ato administrativo vinculado de regularização da ocupação. Daí a conclusão de que as proposições legislativas desencadeadas pela Lei nº 11.952 e suas alterações – *pela Lei nº 13.465 de 2017, bem como pela MP nº 910 de 2019, e recentemente pelo PL nº 2.633/CD ou PL nº 510/SF* – para a regularização de ocupações e as introduzidas pela Lei nº 13.178 de 2015 para a ratificação das alienações nulas, que buscam insistentemente flexibilizar e liberalizar os rigores da disciplina constitucional com privilegio à propriedade privada, *só podem ser aplicadas em conformidade* com os padrões constitucionais referidos e, sobretudo, em estrita obediência *ao regime constitucional da reforma agrária*, pois, caso contrário, *desatendem* ao interesse público e o bem comum, assim como implicam a inversão da lógica constitucional, que privilegia de modo absoluto a redistribuição de terras, e lesam diretamente o patrimônio público protegido constitucionalmente, sujeitando-se à arguição de sua inconstitucionalidade material direta ou por desconformidade.[66] Em outras palavras, nesse caso, não surge para o ocupante qualquer pretensão legítima à regularização. Demais, a política constitucional de reforma agrária e a da função social da propriedade constituem *cláusulas pétreas*, na medida que servem ao princípio da propriedade, no sentido de que são instrumentos

---

[66] A esse respeito o Instituto *Imaflora* aponta em estudo estatístico essa tendência, confirmando o desvio referido: "Discutimos que a desigualdade da distribuição da terra no Brasil nunca foi enfrentada, sendo que os governos têm priorizado a política agrícola (de produção) em detrimento da agrária (de terras), favorecendo o crescimento econômico e a desigualdade ao invés do desenvolvimento, da inclusão e da conservação. Priorizaram assentamentos em terras públicas em detrimento de terras privadas que não cumprem seu papel social, o que tem alimentado a grilagem e o desmatamento. [...]. Além disso, as seguidas medidas de regularizações fundiárias com mudanças de marcos temporais e aumento de áreas a serem regularizadas reforçam este ciclo predatório (leis 11.952/2009, 13.465/2017 e Medida Provisória 910/2019). Além dos diversos aspectos negativos apontados por outros estudos e manifestações [...], os tamanhos das áreas sujeitas à regularização são muito maiores do que os imóveis e estabelecimentos rurais médios encontrados no nosso estudo e por Hoffmann (2019) para os dados do Censo Em oposição aos 1.500 e 2.500 ha sujeitos à regularização da lei 13.465/2017 e da MP 910/2019, encontramos que a área média dos imóveis brasileiros é de 78,6 ha e variam de 21,12 ha no Sergipe a 359,50 no Mato Grosso do Sul. Portanto, os parâmetros destas regulamentações alcançam um grupo que não representa a média ou os marginalizados dos proprietários de terra do Brasil" (INSTITUTO de Manejo e Certificação Florestal e Agrícola – Imaflora. *Sustentabilidade em debate*, n. 10, Piracicaba, abr. 2020). Afirma o Instituto do Homem e Meio Ambiente da Amazônia – *Imazon*, "[...] além disso, a prática de mudança de prazos para ocupação de terra pública representa uma violação do princípio jurídico da vedação do retrocesso ambiental. Ele é aplicável para impedir a redução de proteção ambiental que afete, por exemplo, processos ecológicos essenciais, bem como ecossistemas frágeis ou à beira do colapso. Mesmo se tratando de legislação fundiária, os adiamentos desse tipo de prazo afetam diretamente a proteção da floresta amazônica, já que estimulam novas ocupações com desmatamento, na expectativa de futuras flexibilizações na lei. Por exemplo, um estudo do Imazon estimou que mudanças de prazo de ocupação nas regras fundiárias federais ameaçam pelo menos 19,6 milhões de hectares de áreas federais não destinadas na Amazônia, os quais podem ser ocupados e desmatados na expectativa de regularização. Se toda essa área for privatizada, estima-se um desmatamento adicional entre 11 mil quilômetros quadrados e 16 mil quilômetros quadrados até 2027 devido à expansão da fronteira agropecuária nessa área. Além disso, uma vez privatizados, os imóveis podem ainda desmatar legalmente até 20% de sua área mediante autorização. Esses cenários representam evidente retrocesso na conservação florestal" (BRITO, Brenda *et al. Dez fatos essenciais sobre regularização fundiária na Amazônia.* Belém: Imazon, 2021).

para permitir a todos,[67] cada vez mais, como garantia individual, o acesso às terras públicas não afetadas. Daí porque a *política de estado ou de governo* que indiretamente estimular novas ocupações irregulares empurradas pela perspectiva de liberalidade na futura regularização, assim como pela expectativa da fácil legalização, e, por elas, o inevitável apoderamento antecipado de terras virgens ou ainda protegidas na natureza, por pretendidos, sedizentes ou supostos titulares de posse – *com o uso de métodos agressivos ao meio ambiente e aos ocupantes originários, indígenas ou tradicionais e, principalmente, com afronta aos critérios constitucionais da igualdade, de socialização e acesso popular aos recursos fundiários em atenção ao propósito constitucional de fixação e preservação da agricultura familiar e de pequeno porte* – afronta claramente a Constituição.[68] É dizer, o relaxamento dos controles de acesso aos bens públicos *sem* a estrita observância dos valores consagrados na Constituição, no sentido que lhe deu o voto da Ministra Relatora na ADI nº 5.623, acima reproduzido, não só vai inteiramente *de encontro* aos valores constitucionais fundantes da República, como ofende os próprios e afirmados objetivos *de igualdade, segurança jurídica e regularidade fundiária* socialmente desejáveis, já que permite obliquamente a desordenada destruição de recursos naturais e a indiscriminada exclusão de terceiros interessados e a expulsão de populações originárias e tradicionais. Tal é desenganadamente inconstitucional e desnatura a finalidade do patrimônio público e da propriedade (ou da posse) de terras rurais públicas ou privadas como valor social e libertador para transformá-las em pura ou mera mercadoria e poder acumulado.

Conclusão

A regularização das ocupações de terras públicas, como se orienta a interpretação até aqui exposta e que a Constituição sugere, recomenda e determina, compõe o conjunto de medidas próprias aos programas institucionais de reforma agrária com as quais as demais categorias jurídicas de ordem fundiária ou agrária devem afinidade obrigatória. Daí porque as proposições legislativas ou administrativas que delas se desviam incorrem em vedação natural e então a regularização que desequilibra e lesiona direitos de outrem deixa de ser uma garantia jurídica do ocupante. A noção de regularização fundiária está,

---

[67] A Constituição, no art. 5º, XXII, garante a todos os brasileiros o "direito de propriedade", e é certo que este só se converte em efetiva garantia se todos os brasileiros tiverem real oportunidade e *acesso à propriedade* sem os quais o direito será exercitável por alguns e não se converterá em direito a todos, remanescendo como simples proposta desatenta ao sentido expresso da dita cláusula. Corolário lógico é que a ocorrência de ocupações ilegítimas ou irregulares é fruto da má distribuição das terras no país e sintoma claro da falta de uma reforma agrária séria e efetiva. Ante essa assertiva, a boa compreensão constitucional recomenda a adoção de limites para a propriedade privada como diferentes países têm feito (v. MACHADO, Luciana de Oliveira Rosa. *Uma nova Lei de Terras para a Amazônia*: o caso de Santarém, Pará. Tese (Doutorado) – UnB, 2011. p. 194), com possível limite de 3.500 hectares ou 35 módulos fiscais de 100 hectares (cf. estudos inclusive no Congresso Nacional – Disponível em: http://www.limitedaterra.org.br).

[68] Exemplo da obsessiva e recente investida contra os valores constitucionais mais caros ao regime da Carta de 1988 é a *Proposta de Emenda Constitucional nº 80* (PEC nº 80, de autoria do Senador Flavio Bolsonaro, na CCJ, aguardando relator), que visa alterar o conceito de função social da propriedade para reduzir "a discricionariedade do poder público" e afastar – aí com visível ofensa ao princípio de vedação do retrocesso – as exigências do núcleo essencial correspondente, de modo a facilitar ainda mais o uso ilimitado da propriedade e elidir as medidas desapropriatórias e de reforma agrária. Na mesma linha tramita no Senado Federal o PLS nº 107 de 2011 da Senadora Katia Abreu (aguardando designação de relator na CCJ desde 20.8.2019), com parecer favorável na CAE e que propõe alterar o conceito de propriedade produtiva e de aproveitamento racional da terra (arts. 6º, 9º e 11 da L. nº 8.629/93).

portanto, essencialmente relacionada com o bloco de constitucionalidade da reforma agrária, e seus critérios estão necessariamente submetidos aos mesmos padrões e exigências. É a lição que se recebe do conteúdo do acórdão do Ministro Teori.

Brasília, 22 de fevereiro de 2022.

Informação bibliográfica deste texto, conforme a NBR 6023:2018 da Associação Brasileira de Normas Técnicas (ABNT):

CASTILHO, Manoel L. Volkmer de. Regularização fundiária e Constituição. *In*: SEEFELDER FILHO, Claudio Xavier; AZEVEDO, Daniel Coussirat de (Coord.). *Teori na prática*: uma biografia intelectual. Belo Horizonte: Fórum, 2022. p. 439-476. ISBN 978-65-5518-344-3.

NOTA SOBRE O TEMA DECISÃO DO STF NA AC Nº 4.070 – "SUSPENSÃO DE MANDATO PARLAMENTAR E AFASTAMENTO DA PRESIDÊNCIA DA CÂMARA DOS DEPUTADOS"

LUIZ CARLOS STURZENEGGER

Introdução

Eu e Teori ingressamos no quadro jurídico do Banco Central do Brasil pelo mesmo concurso público, no ano de 1976. Fui lotado na sede, no então Departamento de Consultoria. Teori foi lotado na Delegacia de Porto Alegre. Com a junção dos Departamentos de Consultoria e do Contencioso, assumi a função de chefe adjunto dessa nova unidade e, quase ao mesmo tempo, Teori assumiu a Chefia do Núcleo de Porto Alegre. Nossos contatos passaram a ser frequentes.

Logo Teori passou a ser referência no quadro jurídico do Banco Central, ao lado de outros nomes de igual expressão, com destaque, entre os antigos, para George Marcondes Coelho de Souza e José Bonifácio Diniz de Andrada. Entre os recém-concursados, para citar apenas um nome numa equipe de altíssima qualidade, Jorge Amaury Maia Nunes.

Nossa relação passou facilmente da esfera profissional para a amizade, amizade centrada na franqueza, lealdade, identidade de valores e respeito às divergências, levemente temperada por humor crítico e ironia fina. Nossas reuniões de trabalho terminavam muitas horas depois de terminar o trabalho e, se estivéssemos em Porto Alegre, entravam madrugada adentro num churrasco de costela na casa de outro grande e comum amigo, Cláudio Mauch.

Amigos do Banco Central costumavam se reunir depois do expediente em torno de um *scotch*, para alegadamente "aliviar o *stress*". Todos eram também amigos do Teori, e este, quando em Brasília, não se fazia de rogado e comparecia às reuniões, onde oceânicas doses de veneno eram destiladas. Nesses encontros foi fundada uma bizarra organização chamada Orca, a significar "Ordem dos Canalhas". O nome dizia tudo em termos de requisito básico para ingressar na confraria, que tinha por costume fixar em número de anos de *whisky* o valor da "joia" a ser cobrada dos pretendentes a tanto.

Adaptada aos tempos neoliberais, tinha uma estrutura bastante enxuta: uma Presidência, uma Secretaria Executiva e um Departamento de Reflexões. A Presidência e a Secretaria Executiva eram cargos vitalícios, e qualquer decisão monocrática da Presidência era considerada "unânime e irrecorrível". Desde sua criação só um tema foi encaminhado ao Departamento de Reflexões, e está lá até hoje. Eu e Zé Carlos Medeiros, então chefe do Departamento de Liquidações, fomos eleitos por aclamação para, respectivamente, a Presidência e a Secretaria Executiva. Zé Carlos jura de pés juntos que foi o contrário. Por essa e outras razões, a governabilidade da confraria sempre se manteve caótica, o que não impedia que todos tivessem vívido interesse em participar de nossas animadas reuniões. Teori, sempre chegado a coisas organizadas, apareceu com uma *aplication* para ingressar formalmente na Orca, nem que fosse na categoria de "agregado". Sumariamente o pedido foi negado, por decisão "unânime e irrecorrível" da Presidência, pela notória ausência de atributos no candidato. O mesmo aconteceu com Pedro Malan, Armínio Fraga, Gustavo Loyola, Sérgio Darcy e muitas outras pessoas de reputação ilibada que, apesar disso – melhor, exatamente por isso –, jamais conseguiram ingressar na Orca.

A trajetória de Teori no Poder Judiciário é bastante conhecida, o que recomenda economizar palavras. Iniciou como desembargador federal na vaga do TRF 4 destinada ao "quinto constitucional". Mostrou-se um juiz completo, com domínio da matéria jurídica em qualquer dos campos do direito, autocontido nos limites da discussão posta no processo, mas sempre atento às repercussões econômicas, políticas e sobretudo sociais de cada decisão.

Mercê do merecido conceito conquistado na 2ª instância, Teori foi guindado a ministro do Superior Tribunal de Justiça, e, em várias turmas e seções, não só manteve como aumentou a reputação de juiz competente, com visão de largo alcance.

Finalmente, Teori se tornou ministro do STF, Corte em que, como se costuma dizer, as questões em discussão, além de extremamente complexas, têm alto componente político. Pois foi ali que Teori esbanjou para todo o país seu notório saber jurídico, aliado à firmeza no comando de decisões de grande repercussão e à extrema habilidade no encaminhamento não traumático de questões politicamente sensíveis entre diferentes correntes de pensamento dentro da corte.

Quis o destino que Teori nos deixasse, nos deixasse antes do tempo! Perdeu o Brasil um grande jurista. Perdeu o STF, a despeito do curto espaço de tempo de atuação na Corte, um notável ministro, que muita falta faz nestes tempos de radicalização cultural, religiosa e de costumes, exacerbação de ânimos e crescente intolerância com o pensamento divergente.

Acredito que Teori partiu em paz com sua alma e consigo mesmo, na percepção do sentimento de todos que com ele conviveram de que em toda sua vida, em todos os lugares por onde andou, viveu e trabalhou, foi um grande e ao mesmo tempo humilde ser humano, um magnífico cidadão, um exemplar servidor público.

Eu perdi um amigo, um amigo verdadeiro (redundância às vezes necessária), e isso é uma perda enorme, a fazer brotar sentimento que só o tempo, lenta e inexoravelmente, fará apagar.

O caso

Ao deferir pedido de medida cautelar contido em ação cautelar ajuizada pelo procurador-geral da República (AC nº 4.070, DF), ainda em fase de investigação criminal, decisão do Ministro Teori Zavascki, do início de 2016, determinou a suspensão do exercício do mandato do deputado federal, então presidente da Câmara dos Deputados, e, em consequência, o seu afastamento da aludida Presidência. Essa decisão foi em seguida referendada pelo plenário da Corte, em votação unânime.

A suspensão de mandato parlamentar por decisão judicial, sobretudo quando proferida (como no caso) em sede de medida cautelar, ainda em fase de investigação criminal, deu lugar a questionamentos quanto à possível não observância de princípios constitucionais bastante caros ao Estado democrático de direito, em particular o do equilíbrio e independência dos poderes e o da soberania popular.

Parece apropriado, aqui, discutir, nas possibilidades deste pequeno espaço, as questões assim suscitadas, tanto na perspectiva do caráter declaradamente excepcional da decisão, quanto na da possibilidade, que não se pode afastar, de vir a ser erigida em precedente que deva ser seguido em situações não necessariamente revestidas da mesma excepcionalidade.

Com esse enfoque, mostra-se de todo pertinente apresentar painel com o sumário da evolução do entendimento predominante no STF sobre as referidas questões, surgidas do embate entre, de um lado, princípios constitucionais assecuratórios da efetividade e inafastabilidade da prestação jurisdicional e, de outro, regras imunizantes constitucionalmente conferidas a detentores de mandato eletivo, com origem e razão de ser nas construções dogmáticas em torno dos sacrossantos institutos do voto e da soberania popular.

Voto. Soberania popular. Imunidades para detentores de mandato eletivo

Declara a Constituição, no seu art. 1º, parágrafo único, que todo o poder emana do povo, que o exerce diretamente ou por meio de representantes eleitos. Aqui se acha consagrada a base da ordem democrática brasileira (SILVEIRA; COUTO, 2012, p. 135).

Diz também o texto constitucional, ainda em seu início (art. 14), que a soberania popular será exercida pelo sufrágio universal e pelo voto direto e secreto, com valor igual para todos.

É o voto, portanto, não só o instrumento a conferir legitimidade aos detentores de cargos eletivos no Poder Executivo e no Congresso, como também o instrumento a assegurar, na sua base, a essência democrática do sistema de representação popular e, mais do que isso, a higidez do próprio Estado democrático de direito.

A noção de soberania popular, conforme o feliz registro de Claudio A. Reis (2012, p. 135), envolve a crença, lapidarmente resumida nesta expressão que se repete em todas as Constituições brasileiras desde 1934, de que "todo o poder emana do povo". Essa é a crença, assinala o autor, de que a autoridade mais alta – a autoridade soberana – repousa, em última instância, no conjunto de pessoas que constituem a própria sociedade política. Toda e qualquer outra autoridade deve poder ser vista como derivando-se, em algum sentido, dessa autoridade originária – deve poder ser vista como autorizada por essa fonte originária, que é o próprio povo. A menção à soberania popular já no primeiro artigo da Constituição "lembra-nos justamente disso: todo o resto do texto constitucional deve, em alguma medida, poder ser visto em conexão com a promoção desse ideal implicado pela noção de soberania popular".

A Constituição traz uma série de garantias, prerrogativas e imunidades aos detentores de cargos eletivos no Executivo e no Parlamento. Isso encontra fundamento no sistema de freios e contrapesos que informa o princípio de equilíbrio (separação, harmonia e independência) entre os poderes, mas, como destaca Eloísa Machado de Almeida (2020), não se trata apenas disso. A preservação do vínculo de representatividade entre eleitor e eleito é mais uma razão, talvez a maior delas, para a existência de imunidades a detentores de cargos eletivos. Por isso, destaca: "A função é especialmente importante e protegida porque decorre de investidura vinda de voto".

Não é de hoje a discussão quanto à delicada questão envolvendo a possibilidade de afastar-se detentor de mandato eletivo por força de decisão judicial. Há importantes valores constitucionais em confronto nessa discussão, e o seu componente principal, que quase sempre se apresenta como o fator decisivo para orientar a decisão, num ou noutro sentido, tem natureza essencialmente política e é em regra fortemente marcado pelas circunstâncias que em dado momento estejam a influenciar a opinião pública.

Como pondera Luís Roberto Barroso (2009, p. 350), o domínio da colisão dos direitos fundamentais, da ponderação e da construção argumentativa da norma concreta não é feito de verdades plenas ou de certezas absolutas: "Ele é influenciado não apenas pela maior ou menor complexidade das normas e dos fatos envolvidos, como também pela pré-compreensão do intérprete e pelos valores morais e políticos da sociedade".

A decisão que aqui se pretende discutir tem a ver com suspensão de mandato eletivo por força de decisão judicial proferida em medida cautelar, ainda em fase de investigação criminal. É situação que se pode dizer nova nos registros de nosso Judiciário, por isso a discussão tem início com o debate, nos últimos tempos, de significativa frequência em nossa Suprema Corte, a propósito da possibilidade de suspensão ou perda de mandato eletivo por força de sentença penal condenatória transitada em julgado.

Essa discussão, já mais antiga, por certo ajuda a enfrentar a nova. Ainda com Luís Roberto Barroso (2009, p. 343), "o juiz não pode ignorar a história, as sinalizações pretéritas e as expectativas legítimas dos jurisdicionados. Na boa imagem de Ronald Dworkin, a prática judicial é como um 'romance em cadeia', escrito em vários capítulos, em épocas diferentes".

Imunidades parlamentares e sentença penal condenatória transitada em julgado. Jurisprudência do STF. Evolução recente

Observa com propriedade José Levi Mello do Amaral Júnior (2013) que "a Constituição de 1988, no que se refere à perda de mandato parlamentar por força de condenação criminal, não adota conjunto normativo muito claro".

Ao tempo em que estabelece a proibição à cassação de direitos políticos, diz o art. 15 da Constituição que a perda ou suspensão desses mesmos direitos se dará, entre outros, nos casos de condenação criminal transitada em julgado, enquanto perdurarem seus efeitos. Mais adiante (art. 55), a mesma Constituição admite como causas de perda de mandato parlamentar a perda ou suspensão de direitos políticos (inc. IV) e a condenação criminal em sentença transitada em julgado (inc. VI).

Mais uma vez com José Levi Mello do Amaral Junior (2013), no contexto até aqui narrado, talvez pareça evidente que da condenação criminal transitada em julgado decorra, ao natural (ou seja, como efeito da própria condenação), a perda do mandato parlamentar: isso porque o mandato pressupõe o gozo de direitos políticos, o que não se tem com a suspensão destes advinda do trânsito em julgado da condenação criminal.

O problema surge quando se tenta conciliar os textos dos §§2º e 3º do art. 55 da mesma Constituição. A teor do §3º, em se tratando de perda ou suspensão dos direitos políticos, "a perda do mandato será *declarada* pela Mesa da Casa respectiva". Já o §2º diz que, em se tratando de condenação criminal em sentença transitada em julgado, "a perda do mandato será *decidida* pela Câmara dos Deputados ou pelo Senado Federal".

Essa antinomia explica os diferentes caminhos percorridos pela jurisprudência do STF nas últimas décadas.

No período anterior ao rumoroso julgamento do chamado "Mensalão" (AP nº 470/MG), essa jurisprudência, de forma reiterada, esteve atrelada ao precedente formado no julgamento do RE nº 179.502-6, de 1995, de relatoria do Ministro Moreira Alves, forte no sentido de que a condenação criminal por sentença transitada em julgado não acarreta automaticamente a perda de mandato do parlamentar, dependendo de *decisão* da Casa onde esteja ele abrigado.

Com poucas palavras, enuncia o voto condutor a *ratio* da decisão tomada no referido julgamento:

> Assim sendo, tem-se que, por esse critério da especialidade – sem retirar a eficácia de qualquer das normas em choque, o que só se faz em último caso, pelo princípio dominante no direito moderno, de que se deve dar a máxima eficácia possível às normas constitucionais – o problema se resolve excepcionando-se da abrangência da generalidade do art. 15, III, os parlamentares referidos no art. 55, para os quais, enquanto no exercício do mandato, a condenação criminal por si só, e ainda quando transitada em julgado, não implica a suspensão dos direitos políticos, só ocorrendo tal se a perda do mandato vier a ser decretada pela casa a que ele pertencer.

O julgamento do "Mensalão" estampou com nova cara a dificuldade de leitura apta a conferir coesão ao referido conjunto de dispositivos constitucionais. Observou o Ministro Gilmar Mendes na ocasião:

> Configura-se, assim, uma antinomia entre o art. 15, III, e o art. 55, VI e §2º, da Constituição: o art. 15, III, prescreve a suspensão dos direitos políticos como um efeito automático de toda condenação penal transitada em julgado, e o art. 55, VI e §2º, estabelece que a perda do mandato parlamentar, na hipótese de condenação criminal transitada em julgado, fica condicionada ao controle político das Casas Legislativas. A antinomia fica ainda mais evidente, gerando uma completa incongruência na sistemática de perda do mandato parlamentar, quando se leva em consideração que o próprio art. 55, em seu inciso IV, estabelece a hipótese de perda do mandato decorrente da suspensão dos direitos políticos, a qual ocorre por incidência do inc. III do art. 15 (condenação criminal transitada em julgado) e deve ser apenas declarada pela Mesa das Casas Legislativas, conforme preceitua o §3º do art. 55.

Como se verá adiante, o desfecho do julgamento não serviu para pacificar a questão. Liderada pelo voto do relator, Ministro Joaquim Barbosa, apertada maioria concluiu pela perda automática e imediata do mandato eletivo dos parlamentares condenados, assim que transitado em julgado o respectivo acórdão. A ementa da decisão não deixa dúvidas quanto ao que restou decidido:

> Deputado Federal. Perda do mandato. Competência do STF. Admissibilidade. Escândalo do "mensalão". Condenação criminal transitada em julgado que autoriza a cassação do mandato parlamentar, sem a necessidade de manifestação da Casa Legislativa a que ele pertence. Decisão prevista no art. 55, §2º, da CF/1988 que tem efeito meramente declaratório, não podendo rever nem tornar sem efeito decisão condenatória final.

Para o relator:

> a previsão qualificada, contida no inc. VI, justifica-se [...] nas hipóteses em que a sentença condenatória não tenha decretado a perda do mandato pelo parlamentar, seja por não estarem presentes os requisitos legais para tanto (art. 92 do CP), seja por ter sido proferida antes da expedição do diploma, tendo-se operado o trânsito em julgado somente em momento posterior. [...] Situação inteiramente diversa, porém, é aquela que envolve a decretação da perda do mandato eletivo pelo Poder Judiciário, que pode atingir não apenas o parlamentar eleito como qualquer outro mandatário político, seguindo normas específicas de direito penal e processual penal. Parece evidente que não há possibilidade de transigência ou de desqualificação da condenação criminal transitada em julgado. A Constituição, na verdade, contempla, como único momento em que é possível ao Poder Legislativo interferir na atividade jurisdicional propriamente dita, o da instauração da ação penal (art. 53, §3º, da Constituição da República). Com isso, a capacidade de o juízo político obstar o exercício da jurisdição criminal exaure-se com a possibilidade de a Casa Legislativa sustar o trâmite da ação penal. Não exercida esta prerrogativa no momento oportuno, preclusa fica essa possibilidade, de modo que o processo e o julgamento, com todos os seus consectários legais, foram aceitos pelo órgão político no momento em que lhe cabia se manifestar.

Ao acompanhar o relator, o Ministro Gilmar Mendes acrescentou qualificação argumentativa no sentido de que:

> além dos casos em que a condenação criminal transitada em julgado leva à perda do mandato, em razão de a fundamentação da decisão deixar expresso que a improbidade administrativa está contida no crime, como elementar do tipo pelo qual foi condenado o parlamentar, há, ainda, outras hipóteses em que a gravidade do delito leva à aplicação de pena privativa de liberdade superior a 4 (quatro) anos. Nesses casos, aplicar-se-á o art. 92 do CP, de modo que a condenação poderá gerar a perda do mandato parlamentar, em virtude do desvalor atribuído à conduta pelo ordenamento jurídico brasileiro e de sua incompatibilidade, portanto, com o exercício do mandato.

Como observa Fernando Gaspar Neisser (2013, p. 8), o Ministro Gilmar Mendes, com firme apoio no pensamento de Peter Häberle, sustenta que o STF vem reiteradamente se valendo do conceito de "pensamento do possível" como ferramenta hermenêutica apta a resolver "as lacunas (que afetam o ideal de completude do sistema) e as antinomias (que afetam a coerência do sistema normativo)". Partindo destes fundamentos, ainda nos passos do referido autor, Gilmar Mendes propõe uma solução para a antinomia que "deve advir de uma interpretação harmonizadora fundada no substrato axiológico (ética e moralidade na política) das normas constitucionais sobre o tema". Daí porque sugere que os conceitos de ética, moralidade e o fundamento republicano apontam:

> os cidadãos que venham a ser condenados (definitivamente, com decisões transitadas em julgado) criminalmente ou por atos de improbidade administrativa não devem participar da gestão da coisa pública [...] e, dessa forma, não podem ocupar cargos públicos, especialmente os de caráter político.

Não se há de desconhecer que essa posição majoritária da Corte contou com expressivo apoio da mídia e da opinião pública, naquilo que passava aos jurisdicionados sinais bastante claros de significativa mudança de paradigma no combate à corrupção, flagelo que há tempos corrói as entranhas do Estado brasileiro em suas mais variadas frentes.

Os votos dissidentes estiveram centrados na existência de vários precedentes do STF no sentido de não ser automática a perda de mandato parlamentar em virtude de sentença penal condenatória transitada em julgado. Diversos julgamentos foram invocados nesse sentido, além do já citado RE nº 179.502/SP, de relatoria do Min. Moreira Alves: MS nº 25.461/DF, relator o Min. Sepúlveda Pertence; RE nº 225.019/GO, relator o Min. Nelson Jobin; RE nº 418.876/MT, relator o Min. Sepúlveda Pertence; MS nº 21.443, relator o Min. Octávio Gallotti.

Para o Ministro Ricardo Lewandowski, "a condenação criminal [...] configura apenas uma condição necessária, mas não suficiente, para a perda dos respectivos mandatos, a qual depende da instauração do competente processo na Câmara, que não pode deixar de fazê-lo, se devidamente provocada". Para a Ministra Rosa Weber:

> o juiz competente para julgar sobre o exercício do poder político, do poder de representação, em uma democracia, é o povo soberano, que o faz diretamente (caso de democracias cujas Constituições preveem o instituto do *recall*) ou por meio de seus representantes (caso da hipótese prevista no art. 55, VI e §2º, da Constituição brasileira).

Para o relator e os outros ministros que o seguiram, no entanto, não havia naquele momento jurisprudência assentada na casa, e o caso do "mensalão" se apresentava como diferente de todos os antecedentes em vários aspectos, tudo a justificar, portanto, decisão diferente das proferidas nos precedentes citados. Além do mais, como salientou o relator, a máxima *stares decisis et quieta non movere*, se aplicada inadvertidamente, provoca desdobramentos negativos, trazendo um "conservadorismo contrário à contínua evolução da sociedade e dos fatos submetidos à análise do Poder Judiciário".

Verdade histórica, a decisão do STF no caso "mensalão", como já mencionado, recebeu apoio entusiástico da mídia e da opinião pública, mas também foi alvo de críticas pontuais da doutrina especializada, centradas nos fundamentos de que a lei ordinária (por exemplo, o art. 92 do CP) não pode ser o vetor de interpretação do texto constitucional, assim como não pode a prerrogativa contida no §3º do art. 53 da CF ser lida como fator a esvaziar a prerrogativa contida no art. 55, VI, da mesma Constituição, dado que se apresentam como garantias complementares, que não se confundem (STOCO; SOBRAL, 2013, p. 7).

Posteriormente ao julgamento do "mensalão", no entanto (mais uma vez nas trilhas do registro de José Levi Mello do Amaral Júnior [2013]), no julgamento da Ação Penal nº 565/RO, relatora a Ministra Cármen Lúcia, julgada em 8.8.2013, em que figurava como réu um senador, a jurisprudência foi modificada. Dois novos ministros, Teori Zavascki e Roberto Barroso, aderiram ao entendimento vencido na Ação Penal nº 470.

Por outro lado, semanas antes, em 26.6.2013, transitara em julgado a Ação Penal nº 365/RO, também relatora a Ministra Cármen Lúcia, julgada em 28.10.2010, em que figurava como réu um deputado federal. O parlamentar foi recolhido à penitenciária logo após o trânsito em julgado. Em 28.8.2013, a Câmara dos Deputados votou a perda do mandato parlamentar: foram 233 favoráveis à perda, 131 contrários e 41 abstenções, resultado insuficiente para a perda do mandato (que demanda voto da maioria absoluta dos membros da Casa, ou seja, 257 votos na Câmara dos Deputados). Configurou-se, então, a situação de cidadão detentor de mandato parlamentar preso no cumprimento de decisão transitada em julgado, sem que para tanto tenha havido o referendo da Casa Legislativa a que pertencia.

Em meio a todos esses casos, cabe referir o destaque midiático para a decisão do STF que referendou decreto de prisão de parlamentar ocupante de cadeira no Senado. Segundo os fundamentos da decisão (que sofre contestação [MALAN, 2016]),[1] estava-se, no caso, ante flagrante de crime inafiançável, situação em que a prisão conta com explícita autorização constitucional (art. 53, §2º).

Mais recentemente, anota Eloísa Machado de Almeida (2020), decisões do STF reforçaram o sentimento de falta de uniformidade da Corte a respeito de um mesmo tema: a possibilidade de afastamento da função pública como cautelar alternativa à prisão de parlamentares, com apoio no art. 319, VI, do Código de Processo Penal (incluído pela Lei nº 12.403, de 2011), por cuja dicção cabe a suspensão do exercício de função pública quando houver justo receio de sua utilização para a prática de infrações penais.

O primeiro dos casos mencionados vem a ser o da decisão proferida pelo Min. Teori Zavascki (referendada pelo Plenário da Corte por decisão unânime) objeto do presente estudo, que deferiu pedido de medida cautelar ainda em fase de investigação, e com isso suspendeu o mandato do deputado federal, então presidente da Câmara dos Deputados. Na linha do que observa a autora, essa decisão não passou pelo crivo da Casa Legislativa. Logo depois, o STF entendeu que decisão nas mesmas condições suspendendo mandato de um senador deveria ser analisada pelo Senado, e este veio a derrubar a decisão de afastamento. Desde então, a decisão tem suscitado questões inéditas: juízes de primeira instância poderão determinar a prisão cautelar ou afastamento de deputados e senadores de suas funções? Poderão determinar busca em gabinetes parlamentares?

Em caso bem mais recente, largamente explorado na mídia, investigações contra um senador foram suspensas monocraticamente pelo presidente da Corte, pois as

---

[1] Para o autor, "ao que tudo indica o STF cometeu equívoco ao decretar prisão processual de Senador da República nos autos da MC 4.039. Isso por duas razões: (i) o crime investigado (Lei 12.850/13, art. 2º, §1º) é de natureza afiançável; (ii) a imunidade prisional – por possuir natureza jurídica de regra (e não de princípio) – é insuscetível de sofrer relativização ou ponderação com valores contrastantes, à luz da proporcionalidade".

buscas determinadas por juízes de primeira instância poderiam afetar documentos relacionados ao atual mandato do senador em questão.

Como se acaba de ver, seja pela criticada falta de clareza e coesão do texto constitucional, seja por essa razão misturada a outros fatores, entre eles em certos momentos a influência exercida pela opinião pública a partir de justificadas manifestações de indignação cívica, a posição da jurisprudência de nossa Suprema Corte sobre o tema das imunidades constitucionalmente conferidas a mandatos eletivos ainda se mostra carente de definição.

É no contexto desse quadro que cabe situar o exame da decisão do STF que, ainda na fase de investigação criminal, ao deferir medida cautelar requerida em ação cautelar ajuizada pelo procurador-geral da República, determinou a suspensão do mandato do então presidente da Câmara dos Deputados e, em consequência, o seu afastamento da aludida Presidência.

Suspensão de mandato eletivo por decisão do STF em processo criminal em fase de investigação (AC nº 4.070 DF). Fundamentos

Pondera o extenso e elucidativo voto condutor da decisão referendada pelo Plenário da Corte (AC nº 4.070 DF), de início:

> o deferimento de medidas cautelares, no processo penal, pressupõe escrutínio que não se confunde com o juízo de culpa. [...] O que se há de investigar, nesse momento, e a partir de uma leitura contextualizada dos fatos suspeitadamente ilícitos, é se os implicados na narrativa persecutória manifestaram alguma espécie de comportamento que possa se traduzir em risco de ineficácia para a realização da jurisdição penal.

Prossegue comentando que a reforma positivada pela Lei nº 12.403/2011 no Código de Processo Penal trouxe algumas alterações na racionalidade da decretação de medidas de cautela, entre as quais o estabelecimento da preferencialidade do uso de meios alternativos à prisão preventiva (art. 282, §6º), que podem tomar a forma das diligências enunciadas no art. 319, entre elas a do seu inc. VI, mediante a qual se determinará a "suspensão do exercício de função pública [...] quando houver justo receio de sua utilização para a prática de infrações penais". Por isso, acrescenta:

> Nestes casos, a decretação da medida servirá a dois interesses públicos indivisíveis: a preservação da utilidade do processo (pela neutralização de uma posição de poder que possa tornar o trabalho de persecução mais acidentado) e a preservação da finalidade pública do cargo (pela eliminação da possibilidade de captura de suas competências em favor de conveniências particulares sob suspeita). [...] Em outras palavras, a norma do art. 319, VI, do Código de Processo Penal tutela igualmente – e a um só tempo – o risco de (prática da) delinquência no poder e o risco (de uso) do poder para delinquir.

Mais adiante, enfrenta o voto a questão das prerrogativas das Casas do Congresso para decidir a respeito da perda de mandato de seus integrantes:

> Não há qualquer dúvida de que os §§1º e 2º do art. 55 da Constituição da República outorgam às Casas Legislativas do Congresso Nacional – ora por deliberação de seus Plenários, ora

por deliberação de suas Mesas Diretoras – a competência para decidir a respeito da perda de mandato político nos casos em que venha a se configurar qualquer das infrações previstas nos incisos I a VI do mesmo art. 55. Trata-se de competência que, segundo entendimento assentado pela maioria do Plenário, assiste exclusivamente às Casas Congressuais, não podendo ser relativizada nem mesmo nas hipóteses em que a penalidade venha a decorrer de condenação penal transitada em julgado. [...] Realmente, não há como contestar o significado da competência constitucional verbalizada pelo art. 55, §2º, cujo comando entrega a cada uma das Casas Parlamentares a grave missão institucional de decidir sobre a cassação do título que investe deputados e senadores nos poderes inerentes à representação popular. Isso implica admitir – por mais excêntrico que possa parecer à consciência cívica em geral – que um mandato parlamentar pode vir a subsistir ainda quando o seu titular tenha tido seus direitos políticos suspensos pela Justiça, por decisão transitada em julgado.

E continua:

Por outro lado, é imprescindível atentar – ainda a propósito do art. 55, VI, e de seu §2º – que a outorga da decisão sobre a perda do mandato às próprias Casas Legislativas tem como pressuposto a ultimação dos trabalhos da Justiça Criminal, na forma de uma sentença transitada em julgado. O preceito trabalha com uma lógica de harmonia entre poderes, que não interdita o funcionamento de qualquer um deles. Pelo contrário, permite que cada um funcione dentro de suas respectivas competências. O Judiciário terá se pronunciado quanto à formação da culpa, enquanto o Parlamento irá se manifestar sobre a cessação do mandato [...]. Todavia, nas hipóteses em que isso ainda não tenha ocorrido – mas em que haja investigações ou ações penais em curso – a interação entre o Judiciário e Legislativo ganha outros contornos. Dois elementos adquirem relevância: a competência das Casas parlamentares para (a) resolver sobre a prisão de seus membros, caso tenham sido eles detidos em flagrante por crime inafiançável (art. 53, §2º); e (b) para sustar o andamento de ação penal que porventura tenha sido recebida contra senador ou deputado por crime ocorrido após a diplomação (art. 53, §3º). A última palavra sobre a prisão e a avaliação a respeito da suspensão do processo penal são garantias institucionais deferidas pela Constituição em favor do Poder Legislativo – e que ressoam no desenvolvimento da persecução penal. Como prerrogativas que são, naturalmente reivindicarão interpretação restritiva. Fora dessas hipóteses, as investigações e processos criminais deflagrados contra parlamentares haverão de transcorrer ordinariamente, sem qualquer interferência do Poder Legislativo, inclusive quanto à execução das demais medidas cautelares previstas no ordenamento, que ficam à disposição da jurisdição, podendo ser acionadas a tempo e modo, isto é, quando forem necessárias e adequadas. [...] Assim, a partir de quando um parlamentar passa a ser alvo de investigação por crime comum, perante o foro apropriado, também esses agentes políticos haverão de se sujeitar a afastamentos temporários da função, desde que existam elementos concretos, de particular gravidade, que revelem a indispensabilidade da medida para a hígida sequência dos trabalhos judiciários.

Nos termos do voto, a legitimidade do deferimento das medidas cautelares de persecução penal contra deputados encontra abrigo farto, mas não isolado, no princípio da inafastabilidade da jurisdição (art. 5º, XXXV, da CF). Também acodem esse tipo de medida preceitos éticos da maior relevância, e que estão na base do próprio sistema de representação popular que confere movimento ao Estado de direito.

A seguir é invocada:

a equiprimordialidade entre os diferentes poderes constituídos, a partir da consideração dos espaços de fiscalização recíproca entre eles, noção que está à base mesmo da elementar noção de freios e contrapesos. É que, a prevalecer uma interpretação que exclua do sistema a possibilidade de suspensão cautelar de parlamentar de suas funções públicas, ter-se-á uma situação de tratamento injustificadamente diferenciado entre os altos agentes políticos vinculados aos diversos poderes.

Realça depois o voto *a circunstância de que o cumprimento de qualquer diligência investigatória naquela Casa deve ser precedido de autorização da respectiva Mesa Diretora, presidida pelo requerido*. Ou seja, a produção de provas em relação a eventuais ilícitos praticados pelo presidente da Câmara dependeria, segundo lá se defende, de prévia autorização do próprio investigado. Ora, ainda que a perfeita interação entre os poderes seja a situação idealizada como padrão pela Constituição, que deles exige harmonia, isso se manifesta claramente impossível quando o investigado é – como no caso – o próprio presidente da Mesa Diretora.

Assinala, ainda, a circunstância de que, na iminência de desfecho do processo de *impeachment* da presidente da República, "é o Presidente da Câmara dos Deputados a primeira autoridade alheia ao Poder Executivo que, pela Constituição, deverá ser convocado para chefiar o Estado, o Governo e a Administração Federal nas hipóteses de indisponibilidade temporária dos ocupantes naturais da Presidência", e que, nessa hipótese, estaria ele impedido de fazê-lo por figurar como réu em processo penal em curso no Supremo Tribunal Federal.

Finaliza o voto acentuando que *os poderes da República são independentes entre si, mas jamais poderão ser independentes da Constituição*, e que:

> não são apenas os produtos legislativos que estão submetidos ao controle judicial. Também o veículo da vontade popular – o mandato – está sujeito a controle. A forma preferencial para que isso ocorra, não há dúvida, é pela mão dos próprios parlamentares. Mas, em situação de excepcionalidade, em que existam indícios concretos a demonstrar riscos de quebra da respeitabilidade das instituições, é papel do STF atuar para cessá-los, garantindo que tenhamos uma república para os comuns, e não uma comuna de intocáveis.

A ementa do acórdão é suficientemente esclarecedora tanto quanto a decisão tomada quanto ao seu principal fundamento:

> CONSTITUCIONAL. PROCESSO PENAL. MEDIDA CAUTELAR DE SUSPENSÃO DO EXERCÍCIO DA FUNÇÃO (ART. 319, VI, DO CPP), A ABRANGER TANTO O CARGO DE PRESIDENTE DA CÂMARA DOS DEPUTADOS QUANTO O MANDATO PARLAMENTAR. *CABIMENTO DA PROVIDÊNCIA, NO CASO, EM FACE DA SITUAÇÃO DE FRANCA EXCEPCIONALIDADE. COMPROVAÇÃO, NA HIPÓTESE, DA PRESENÇA DE MÚLTIPLOS ELEMENTOS DE RISCOS PARA A EFETIVIDADE DA JURISDIÇÃO CRIMINAL* E PARA A DIGNIDADE DA PRÓPRIA CASA LEGISLATIVA. ESPECIFICAMENTE EM RELAÇÃO AO CARGO DE PRESIDENTE DA CÂMARA, CONCORRE PARA A SUSPENSÃO A CIRCUNSTÂNCIA DE FIGURAR O REQUERIDO COMO RÉU EM AÇÃO PENAL POR CRIME COMUM, COM DENÚNCIA RECEBIDA PELO SUPREMO TRIBUNAL FEDERAL, O QUE CONSTITUI CAUSA INIBITÓRIA AO EXERCÍCIO DA PRESIDÊNCIA DA REPÚBLICA. DEFERIMENTO DA MEDIDA SUSPENSIVA REFERENDADA PELO PLENÁRIO.

Suspensão de mandato eletivo por decisão do STF em processo criminal em fase de investigação (AC nº 4.070 DF). Discussão

Como se acaba de ver, a decisão percorre diversos fundamentos para chegar a uma conclusão que se apresenta como inevitável: a inexistência de outra solução que não seja a da suspensão do mandato parlamentar e do afastamento de seu titular do cargo de presidente da Câmara dos Deputados.

O afastamento da chefia da Casa Legislativa é mera consequência da suspensão do mandato eletivo, pois uma vez destituído desse mandato perde o seu titular o requisito mínimo para exercer aquela chefia.

O acórdão traz uma fundamentação adicional para decretar esse afastamento. Como ter denúncia recebida pelo STF é causa de suspensão do mandato do presidente da República (CF, art. 86, I), não é possível permanecer na linha sucessória do chefe do Poder Executivo quem já figura na condição de réu em processo em curso perante o STF, exatamente a então situação do parlamentar que teve seu mandato suspenso.

Lógica e juridicamente correto, o fundamento não se mostra vulnerável à crítica.

De outro lado, o acórdão trabalha com a construção de que a outorga da decisão sobre a perda de mandato às próprias casas legislativas (CF, art. 55, VI, §2º) tem como pressuposto a ultimação dos trabalhos da Justiça Criminal, na forma de uma sentença transitada em julgado, a significar que nas hipóteses em que isso ainda não tenha ocorrido, mas em que haja investigações ou ações penais em curso, a interação entre o Judiciário e o Legislativo ganharia outros contornos: a competência constitucionalmente conferida às casas parlamentares nos §§2º e 3º do art. 53 (respectivamente, para resolver sobre a prisão de seus membros, em casos de flagrante de crime inafiançável, e para sustar o andamento de ação penal por crime ocorrido após a diplomação), como prerrogativas que são, acham-se sujeitas à interpretação estrita, ou seja, fora dessas hipóteses as investigações e processos criminais deflagrados contra parlamentares haverão de transcorrer ordinariamente, sem qualquer interferência do Poder Legislativo, *inclusive quanto à execução das demais medidas cautelares previstas no ordenamento, que ficam à disposição da jurisdição, podendo ser acionadas a tempo e a modo, isto é, quando forem necessárias e adequadas*.

Nesse contexto, o acórdão se mostra influenciado pela novidade legislativa trazida pela previsão de meios alternativos à prisão preventiva, representados pelas medidas cautelares enunciadas no art. 319 do CPP, entre as quais (inc. VI) *a suspensão do exercício de função pública quando houver justo receio de sua utilização para a prática de infrações penais*.

Vale dizer, legitimada estaria, inclusive por encontrar amparo em disposição de lei, a suspensão do exercício de mandatos eletivos, mesmo de deputados federais e senadores, em decorrência de decisão judicial proferida em processos criminais ainda em fase de investigação.

O tema merece reflexão.

Nos termos da CF, o detentor de mandato eletivo na esfera federal perde o mandato (i) na hipótese de perda ou suspensão de seus direitos políticos (art. 55, IV), caso em que a perda será *declarada* pela Mesa da Casa respectiva (art. 55, §3º), e (ii) na hipótese de condenação criminal transitada em julgado, caso em que a perda será *decidida* pela Casa a que pertencer o parlamentar, por maioria absoluta (art. 55, §2º).

Interpretada em sua letra, a CF não permite, portanto, a suspensão ou perda de mandato parlamentar sem que esteja referendada pela Casa Legislativa a que pertença o seu titular. Essa prerrogativa encontra apoio no instituto do voto e no princípio da soberania popular, que asseguram a essência democrática do sistema de representação popular e constituem pedra angular do Estado democrático de direito.

A despeito disso, no julgamento do chamado "Mensalão", como vimos, o STF foi além do texto constitucional. Atento ao comportamento nada ortodoxo de verdadeiros grupos de delinquência instalados nas estruturas do poder estatal, e com forte apoio da mídia e da opinião pública, entendeu a Suprema Corte (i) ser permitida pela CF a perda do mandato de parlamentar em virtude de condenação criminal transitada em julgado que autoriza a cassação do mandato, sem a necessidade de manifestação da Casa Legislativa a que ele pertence, e (ii) que a decisão prevista no art. 55, §2º, da CF tem efeito meramente declaratório, não podendo rever nem tornar sem efeito decisão condenatória final.

Como observa Eloísa Machado de Almeida (2020), esse tipo de interpretação restritiva significou o avanço do Judiciário sobre as imunidades parlamentares e foi amparada – e isso é inegável – por um sistema político agindo de forma nada republicana, não raras vezes usando as imunidades como anteparo para a prática criminosa. Traem a lei e seus representantes.

O entendimento que prevaleceu no julgamento do "Mensalão" acabou sendo revisto em decisões posteriores do STF, sobretudo em razão de modificações em sua composição. O fato concreto, a lamentar, é que não se tem, no presente momento, um posicionamento claro e definitivo a respeito do tema na mais alta Corte do país.

De qualquer modo, tal como ocorreu no julgamento do "Mensalão", várias vezes referenciado na previsão de perda de mandato eletivo contida no art. 92, I, do Código Penal, o julgamento aqui em discussão fez o mesmo, invocando a previsão de suspensão do exercício de função pública contida no art. 319, VI, do Código de Processo Penal. Mostra-se assim, nesse ponto, exposto às mesmas críticas que sofreu o julgamento anterior.

Essas críticas, conhecidas, advêm do entendimento, assente na dogmática jurídica, de que não é a lei ordinária o parâmetro de interpretação do texto constitucional. É vedado à lei ordinária, em especial, impor contornos ou limites a direitos e garantias assegurados pela Constituição.

Expõe-se a crítica à decisão também quando argumenta com a necessidade de tratamento isonômico entre os altos agentes políticos vinculados aos diversos poderes, de forma a estarem todos sujeitos à medida cautelar de afastamento da função pública, nos termos da lei, ainda que detentores de mandato eletivo. Como observa Eloísa Machado de Almeida (2020), "a cautelar de afastamento de função pública é uma alternativa à prisão. Porém aplicada a cargos eletivos parece esquecer um componente essencial dessa relação: a proteção que a Constituição dá ao voto".

Críticas à parte, o fato é que, no julgamento aqui discutido, como estampado na ementa do acórdão, estava-se ante a situação "de franca excepcionalidade", diante da comprovação "da presença de múltiplos elementos de riscos para a efetividade da jurisdição criminal".

A ementa é fiel ao voto condutor do Ministro Teori Zavascki, por cujos termos, *diante de situação extraordinária, excepcional e, por isso, pontual e individualizada, de risco de ineficácia para a realização da jurisdição penal, mesmo que não conte com previsão específica, com assento constitucional, a medida de suspensão do mandato parlamentar neste caso se mostra claramente devida, e tem abrigo no princípio da inafastabilidade da jurisdição (CF, art. 5º, XXXV).*

Aqui se localiza o ponto central da decisão: há visível choque de valores constitucionais entre, de um lado, regras a conferir imunidade a detentores de mandato eletivo e, de outro, princípio a assegurar a efetividade e a inafastabilidade da jurisdição. Ante esse tipo de situação, adverte Luís Roberto Barroso (2009, p. 343), os critérios tradicionais de solução de conflitos entre normas infraconstitucionais não se mostram apropriados.

Ana Paula de Barcelos (2005, p. 186-187) explica o fenômeno:

> É possível identificar uma relação entre a segurança, a estabilidade e a previsibilidade e as regras jurídicas. Isso porque, na medida em que veiculam efeitos jurídicos determinados, pretendidos pelo legislador de forma específica, as regras contribuem para a maior previsibilidade do sistema jurídico. A justiça, por sua vez, depende em geral de normas mais flexíveis, à maneira dos princípios, que permitam uma adaptação mais livre às infinitas possibilidades do caso concreto e que sejam capazes de conferir ao intérprete liberdade de adaptar o sentido geral do efeito pretendido, muitas vezes impreciso e indeterminado, às peculiaridades da hipótese examinada. Nesse contexto, portanto, os princípios são espécies normativas que se ligam de modo mais direto à ideia de justiça. Assim, como esquema geral, é possível dizer que a estrutura das regras facilita a realização do valor segurança, ao passo que os princípios oferecem melhores condições para que a justiça possa ser alcançada.

O voto condutor reúne importantes apoios em manifestações apresentadas em outros julgamentos da Corte.

É o caso do voto da Min. Cármen Lúcia no julgamento do HC nº 89.417, que, com feliz síntese da gravidade da situação então sob análise, pondera que, eventualmente, há que se sacrificar a interpretação literal e isolada de uma regra para se assegurar a aplicação e o respeito de todo o sistema constitucional. Imunidade é prerrogativa que advém da natureza do cargo exercido. Quando o cargo não é exercido segundo os fins constitucionalmente definidos, aplicar-se cegamente a regra que a consagra não é observância da prerrogativa, é criação de privilégio. E esse, sabe-se, é mais uma agressão aos princípios constitucionais, ênfase dada ao da igualdade de todos na lei.

O voto da Min. Cármen Lúcia menciona superlativa manifestação de Geraldo Ataliba, para quem, a se permitir que o representante possa trair o eleitor e fraudar a Constituição, rui o Estado democrático, afunda-se a Constituição, sossega-se o juiz constitucional, cala-se o direito, porque nada há a fazer, diante de uma regra que se sobreporia a toda e qualquer outra; a garantir que uma pessoa pudesse se ressalvar de qualquer regra jurídica em face da regra proibitiva de seu processamento e de sua prisão em qualquer caso.

Também é o caso do voto do Min. Eros Grau no julgamento do RE nº 597.994, a assinalar que a exceção é o caso que não cabe no âmbito de normalidade abrangido pela norma geral. Ela está no direito, ainda que não se encontre nos textos normativos de direito positivo. Ao Judiciário, sempre que necessário, incumbe decidir regulando também essas situações de exceção. Ao fazê-lo, não se afasta do ordenamento.

Em suma, a decisão do STF que referendou o voto do relator, Min. Teori Zavascki, deu solução excepcional à situação excepcional, e o fez com amparo em interpretação voltada a garantir a efetividade e a inafastabilidade da jurisdição estatal.

Como esclarece o voto condutor, o cumprimento de qualquer diligência investigatória na Casa Congressual foi tido como dependente de autorização da respectiva Mesa Diretora. Assim, a produção de provas, no caso, em relação a eventuais ilícitos praticados pelo presidente da Câmara, dependeria de prévia autorização da referida autoridade (presidente da Mesa Diretora), que vem a ser o próprio investigado. Ainda, pois, que a perfeita interação entre os poderes seja a situação idealizada como padrão pela Constituição, que deles exige harmonia, isso se manifesta claramente impossível quando o investigado é o próprio presidente da Mesa Diretora da Casa.

Coerentemente, em homenagem ao princípio constitucional da razoabilidade e da proporcionalidade, termina o voto com a declaração de que a medida postulada (a suspensão do mandato parlamentar) se mostrava "necessária, adequada e suficiente" para corrigir a flagrante anomalia então existente.

Como assinalado linhas atrás, eventualmente há que se sacrificar a interpretação literal e isolada de uma regra para se assegurar a aplicação e o respeito de todo o sistema constitucional.

O irrestrito apego à regra protetiva de mandato parlamentar prevista na Constituição levaria, no caso concreto, ao indesejado esvaziamento dos meios que asseguram a efetividade e a inafastabilidade da prestação jurisdicional, valores igualmente protegidos pelo texto constitucional.

Diante da excepcionalidade da situação, e do princípio da unidade da Constituição, que nega a existência de hierarquia jurídica entre normas constitucionais, a necessária ponderação dos valores constitucionais postos em choque revelou a inevitabilidade de sacrificar-se a prerrogativa parlamentar em benefício da higidez do sistema constitucional como um todo.

Exceção é a situação fora da regra, que dá lugar à solução fora da regra. Tomando em conta tudo quanto exposto, não há dúvida de que se impõe como acertada (racional e plausível) em sua fundamentação, porque em sintonia com a ordem constitucional, a decisão da Suprema Corte no caso aqui analisado.

Também por tudo quanto exposto, deve ela permanecer na condição de "excepcional, pontual e individualizada" e, por isso, imune às tentações que possam surgir no sentido de erigi-la a precedente a ser seguido em situações não revestidas da mesma excepcionalidade.

A acertada solução validada pelo STF fundamentou-se em sua sofisticada percepção, haurida nos precedentes mencionados neste trabalho, das interações entre os poderes da República, ao enxergar que o instrumento de proteção ao mandato parlamentar e, em última análise, à soberania popular, pressupõe o respeito à função do Poder Judiciário, não podendo servir de meio de interdição à Jurisdição Criminal. É a identificação desse conflito latente entre a persecução criminal e a proteção da soberania popular que acaba permitindo solucionar adequadamente o angustiante problema. Com isso, resta demonstrado que a solução de problemas excepcionais e, por isso, de difícil solução, depende de um entendimento amplo e um apreço profundo pelos fundamentos da vida republicana.

Referência

ALMEIDA, Eloísa Machado de. Decisão monocrática provisória que afastou Witzel parece fora de lugar. *Folha de S. Paulo*, 30 ago. 2020.

AMARAL JÚNIOR, José Levi Mello do. Jurisprudência sobre perda de mandato tem de ser clara. *Conjur*, 30 nov. 2013. Disponível em: https://www.conjur.com.br/2013-nov-30/observatorio-constitucional-jurisprudencia-perda-mandato-clara. Acesso em: 15 out. 2020.

BARCELOS, Ana Paula de. *Ponderação, racionalidade prática e atividade jurisdicional*. Rio de Janeiro: Renovar, 2005.

BARROSO, Luís Roberto. *Curso de direito constitucional contemporâneo* – Os conceitos fundamentais e a construção do novo modelo. São Paulo: Saraiva, 2009.

COUTO, Mônica Benetti; SILVEIRA, Vladmir Oliveira da. Perda e suspensão de direitos políticos: breves reflexões em torno do art. 15, III, da CF/1988. *In*: GUILHERME, Walter de Almeida; KIM, Richard Pae; SILVEIRA, Vladmir Oliveira da (Org.). *Direito eleitoral e processual eleitoral*: temas fundamentais. São Paulo: Revista dos Tribunais, 2012.

MALAN, Diogo. Imunidades parlamentares: aspectos processuais penais. *Revista Brasileira de Ciências Criminais*, São Paulo, v. 122, p. 63 -91, set./out. 2016.

NEISSER, Fernando Gaspar. A Constituição que se tem e a Constituição que se quer: a perda do mandato de deputados federais por decisão criminal transitada em julgado. *Revista dos Tribunais*, São Paulo, v. 102, n. 933, p. 167-183, jul. 2013.

REIS, Cláudio A. "Todo o poder emana do povo": o exercício da soberania popular e a constituição de 1988. *In*: DANTAS, Bruno; CRUXÊN, Eliane; SANTOS, Fernando; LAGO, Ponce de Leon (Org.). *Constituição de 1988*: o Brasil 20 anos depois. Os alicerces da redemocratização. Brasília: Senado Federal, 2008. v. 1.

STOCO, Leandro de Oliveira; SOBRAL, Ricardo Miguel. Perda de mandato parlamentar por condenação criminal: análise à luz do "julgamento do Mensalão". *Revista dos Tribunais*, São Paulo, v. 102, n. 933, p. 285-296, jul. 2013.

Informação bibliográfica deste texto, conforme a NBR 6023:2018 da Associação Brasileira de Normas Técnicas (ABNT):

STURZENEGGER, Luiz Carlos. Nota sobre o tema decisão do STF na AC nº 4.070 – "Suspensão de mandato parlamentar e afastamento da Presidência da Câmara dos Deputados". *In*: SEEFELDER FILHO, Claudio Xavier; AZEVEDO, Daniel Coussirat de (Coord.). *Teori na prática*: uma biografia intelectual. Belo Horizonte: Fórum, 2022. p. 477-492. ISBN 978-65-5518-344-3.

SOBRE OS AUTORES

Adriano Chiari da Silva
Mestrando em Direito Tributário pela Fundação Getulio Vargas (FGV). Pós-Graduado *lato sensu* em Direito Público pela Universidade de Brasília (UnB). Coordenador-Geral de Assuntos Tributários na Procuradoria-Geral da Fazenda Nacional (PGFN). Procurador da Fazenda Nacional há 14 anos, com atuação em consultoria e contencioso judicial tributário perante turmas recursais, tribunais regionais federais e o Supremo Tribunal Federal.

Alexandra Maria Carvalho Carneiro
Mestranda em Direito Tributário pela Fundação Getúlio Vargas Direito (FGV). Pós-Graduada pela Fundação Getúlio Vargas em Administração Pública. Bacharela em Direito pela UFPE – Universidade Federal de Pernambuco. Procuradora da Fazenda Nacional desde 2005. Foi Procuradora Seccional da Fazenda Nacional em Santo Ângelo/RS; Coordenadora da Atuação da PGFN junto ao Superior Tribunal de Justiça; Procuradora-Geral Adjunta Substituta; Coordenadora da Atuação da PGFN junto ao Supremo Tribunal Federal e Assessora Especial na Secretaria Executiva do Ministério do Desenvolvimento Regional. Coautora das obras *Novo Código de Processo Civil – Na prática pela Fazenda Nacional* e *Constituição e Código Tributário comentados sob a ótica da Fazenda Nacional*, pela Ed. RT.

Amanda de Souza Geracy
Pós-Graduada *lato sensu* em Direito Tributário pela Escola de Administração Fazendária (Esaf). Pós-Graduada *lato sensu* em Direito Tributário pela Universidade do Sul de Santa Catarina (Unisul). Pós-Graduanda *lato sensu* em Advocacia Pública pela Escola da Advocacia-Geral da União (Eagu). Procuradora da Fazenda Nacional desde maio de 2007. Atualmente atua defendendo a Fazenda Nacional (PGFN) perante o Superior Tribunal de Justiça, Tribunal Superior do Trabalho, Tribunal Superior Eleitoral e Turma Nacional de Uniformização. Assessora na Subchefia para Assuntos Jurídicos da Casa Civil da Presidência da República (SAJ/CC/PR) – Adjuntoria de Infraestrutura (2018). Analista Judiciária – Área Judiciária e Assessora de Ministro do Superior Tribunal de Justiça (03/2005-05/2007). Conselheira da 4ª Câmara de Recursos Fiscais do extinto Conselho de Recursos da Previdência Social/CRPS – Representante das Empresas (2003-2004). Servidora Temporária do Conselho Administrativo de Defesa Econômica/Cade – Área Jurídica (10/2004-05/2005). Exercício da Advocacia Privada – (02/2003-10/2004).

Anselmo Henrique Cordeiro Lopes
Procurador da República. Ex-Procurador da Fazenda Nacional. Mestre e Doutor em Direito Constitucional pela Universidad de Sevilla. Bacharel em Direito pela Universidade de São Paulo.

Arnaldo Sampaio de Moraes Godoy
Livre-Docente em Teoria Geral do Estado pela Faculdade de Direito da Universidade de São Paulo – USP. Professor do Programa de Mestrado e Doutorado do CEUB. Advogado.

Claudio Xavier Seefelder Filho
Mestre em Direito Tributário e Desenvolvimento Econômico pelo Instituto de Direito Público de Brasília (IDP). Pós-graduado *lato sensu* em Direito Tributário e Finanças Públicas pelo Instituto Brasiliense de Direito Público (IDP). Professor de Direito Constitucional, Direito Tributário e Direito Processual Civil. Professor nas Pós-Graduações de Direito Tributário do Instituto de

Direito Público de Brasília (IDP) e da Faculdade Presbiteriana Mackenzie – Rio. Procurador da Fazenda Nacional desde 2000. Na Procuradoria-Geral da Fazenda Nacional liderou a Coordenadoria-Geral de Representação Judicial da Procuradoria-Geral da Fazenda Nacional (PGFN) e a Procuradoria-Geral Adjunta de Consultoria e Contencioso Tributário, além de ter ocupado o posto de Procurador-Geral Substituto. Desde 2004 atua intensamente na defesa da Fazenda Nacional perante o Superior Tribunal de Justiça e o Supremo Tribunal Federal. Atualmente é Assessor Especial do Ministro Advogado-Geral da União (AGU). Autor da obra *Jurisdição Constitucional e a eficácia temporal da coisa julgada nas relações jurídico-tributárias de trato continuado* (Fórum, 2022) e coordenador das obras *Comentários sobre transação tributária* (Thomson Reuters Revista dos Tribunais, 2021), *Constituição e Código Tributário Comentados sob a ótica da Fazenda Nacional* (Thomson Reuters Revista dos Tribunais, 2020) e *Novo Código de Processo Civil comentado na prática da Fazenda Nacional* (Thomson Reuters Revista dos Tribunais, 2017).

Daniel Coussirat de Azevedo
Professor de Direito Processual Civil na Faculdade de Direito do Centro Universitário Euro-Americano – Unieuro em 2007. Assessor de Ministro do Superior Tribunal de Justiça e do Supremo Tribunal Federal há 20 anos. Atualmente atua no Gabinete do Ministro Alexandre de Moraes.

Daniel Pincowscy
Bacharel em Direito pelo Centro Universitário de Brasília – UniCEUB. Investido, desde 2009, no cargo de Advogado da União. Assessor de Ministro do Supremo Tribunal Federal entre 2013 e 2017. Atualmente responde como Diretor do Departamento de Controle Concentrado, da Secretaria-Geral de Contencioso, unidade da Advocacia-Geral da União que oficia junto ao Supremo Tribunal Federal.

Eliana Calmon Alves
Formada em Direito pela Universidade Federal da Bahia, com especialização em Processo Civil. Foi Procuradora da República em Pernambuco e Brasília. Promovida à Desembargadora Federal em 1989, dez anos depois, em 1999, veio a ser nomeada como Ministra do Superior Tribunal de Justiça, a primeira mulher a ocupar o cargo, tendo atuação marcante como Corregedora Nacional de Justiça (2010/2012) e como Diretora da Escola Nacional de Formação e Aperfeiçoamento de Magistrados – Enfam (2012/2013). Além de magistrada, exerceu o magistério superior desde 1972, quando foi aprovada em concurso público para a Universidade Federal do Rio Grande do Norte, lecionando ainda na Fundação Faculdade de Direito da Universidade Federal da Bahia, na Associação de Ensino Unificado do Distrito Federal e na Faculdade de Direito da Universidade Católica de Salvador. Atualmente é advogada e sócia majoritária do escritório Eliana Calmon Advocacia e Consultoria, em Brasília.

Ellen Gracie Northfleet
Foi Procuradora da República (1973-1989). Integrou a composição original do TRF/4ª Região, em vaga destinada ao quinto constitucional. Exerceu na mesma Corte, por biênios sucessivos, a Vice-Presidência (1995-1997) e a Presidência (1997-1999). Presidente da 1ª Turma do TRF/4ªRegião (1999-2000). Em 14.12.2000, foi empossada no cargo de Ministra do Supremo Tribunal Federal. Foi empossada Vice-Presidente do Supremo Tribunal Federal (2004/2006). Empossada no cargo de Presidente do Conselho Nacional de Justiça (Biênio 2006/2008). Empossada Presidente do Supremo Tribunal Federal (Biênio 2006/2008). Aposentou-se em 8.8.2011. A partir de dezembro de 2011, é advogada com inscrição na OAB/RS e OAB/RJ, atuando na elaboração de pareceres jurídicos e em arbitragens.

Fabrício Da Soller
Mestrando em Administração Pública – Ebape-FGV-RJ. Pós-Graduado em Direito Econômico e das Empresas pela FGV-Brasília. Pós-Graduado em Direito Tributário pela Universidade Católica

de Brasília. Pós-Graduado em Administração Pública pela FGV-Brasília. Graduado em Ciências Jurídicas e Sociais pela Universidade Federal do Rio Grande do Sul. Procurador da Fazenda Nacional desde 1998. Coordenador-Geral da Representação Judicial da Fazenda Nacional de 2003 a 2006. Procurador-Geral Adjunto de Consultoria e Contencioso Tributário da PGFN de 2007 a 2015. Consultor-Geral da União Substituto da Advocacia-Geral da União em 2015. Procurador-Geral da Fazenda Nacional de dezembro de 2015 a dezembro de 2019. Adjunto do Advogado-Geral da União de fevereiro de 2019 a maio de 2020. Secretário-Geral de Consultoria da AGU de maio de 2020 a agosto de 2021. Assessor Especial do Ministro Advogado-Geral da União.

Flávia Palmeira de Moura Coelho
Bacharela em Direito pela Universidade Federal de Pernambuco – UFPE. Especialista em Direito Tributário pela Escola de Administração Fazendária – Esaf. Procuradora da Fazenda Nacional desde 2010. Atualmente desempenha suas atribuições na Coordenação-Geral de Atuação Perante o Supremo Tribunal Federal – CASTF. Ex-Coordenadora-Geral da Representação Judicial da Fazenda Nacional interina e Advogada do Banco Nacional de Desenvolvimento Econômico e Social – BNDES.

Fredie Didier Jr.
Professor titular de Direito Processual Civil da Universidade Federal da Bahia. Mestre (UFBA). Doutor (PUC-SP). Pós-Doutor (Lisboa). Livre-Docente (USP). Advogado e consultor jurídico.

Gilmar Ferreira Mendes
Doutor em Direito pela Universidade de Münster, Alemanha. Professor de Direito Constitucional nos cursos de Graduação e Pós-Graduação do Instituto Brasileiro de Ensino, Desenvolvimento e Pesquisa (IDP). Ministro do Supremo Tribunal Federal (STF).

Gilson Dipp
Juiz do Tribunal Regional Federal da 4ª Região. Membro Titular do Tribunal Regional Eleitoral do Estado do Rio Grande do Sul. Ministro do Superior Tribunal de Justiça. Coordenador-Geral do Conselho da Justiça Federal. Corregedor Nacional de Justiça – CNJ. Vice-Diretor da Enfam – Escola Nacional de Formação e Aperfeiçoamento de Magistrados. Ministro do Tribunal Superior Eleitoral. Presidiu a comissão de juristas destinada a elaborar anteprojeto de Código Penal. Coordenador da Comissão da Verdade. Vice-Presidente do Superior Tribunal de Justiça e do Conselho da Justiça Federal.

Grace Mendonça
Advogada. Advogada-Geral da União (2016-2018). Mestre em Direito Constitucional. Especialista em Direito Processual Civil. Membro consultora da Comissão de Estudos Constitucionais do Conselho Federal da Ordem dos Advogados do Brasil. Advogada Pública com atuação no Supremo Tribunal Federal (2001-2018).

João Batista de Figueiredo
Procurador da Fazenda Nacional. Coordenou a atuação judicial da Procuradoria-Geral da Fazenda Nacional – PGFN junto ao Supremo Tribunal Federal – STF. Coordenou a atuação judicial da Procuradoria-Geral da Fazenda Nacional – PGFN junto ao Superior Tribunal de Justiça – STJ. Coordenou a Coordenação-Geral da Representação Judicial da Fazenda Nacional – CRJ/PGFN. Coordenou a Coordenação de Consultoria Judicial do Contencioso da PGFN. Ex-Advogado da União, com atuação no Tribunal Regional Federal da 1ª Região e na Justiça Federal de Primeiro Grau. Pós-Graduado em Direito Processual Civil. Pós-Graduado em Direito Público. Pós-Graduado em Gestão Pública. Graduado em Direito pelo Centro Universitário de Brasília. Graduado em Matemática pelo Centro Universitário de Brasília.

José de Castro Meira
Ministro aposentado do Superior Tribunal de Justiça. Ex-Ministro do Tribunal Superior Eleitoral. Ex-Procurador da Fazenda Nacional. Mestre em Direito. Advogado.

José Péricles Pereira de Sousa
Mestre em Direito Constitucional pela Universidade Federal do Ceará (UFC). Mestre em Filosofia Política pela Universidade Clássica de Lisboa (UL). Doutorando em Sociologia Política, pela Universidade de Coimbra (UC). Organizador, com Paulo Mendes, da obra *Tributação e cidadania – Homenagem aos 30 anos do Superior Tribunal de Justiça*. Organizador da obra *Jurisdição constitucional e direitos fundamentais – Estudos em homenagem a Jorge Reis Novais*. Procurador da Fazenda Nacional, integrante do Laboratório de Inovação e de Jurimetria da Coordenação-Geral de Representação Judicial (LABJUD/CRJ). Atuou, entre 2018 e 2020, como Coordenador-Geral da Atuação da PGFN junto ao STJ, ao TST, ao TSE e à TNU (CASTJ).

Lana Borges Câmara
Procuradora da Fazenda Nacional desde 2008, com atuação nos Tribunais Superiores. Ex-Coordenadora da Atuação da PGFN junto ao STJ. Coordenadora da Estratégias Judiciais da Fazenda Nacional (atualmente) Pós-Graduada em Direito Processual Civil pelo Centro Universitário de Brasília (UniCEUB). Ex-Assessora no STF e na PGR. Mestranda em Direito e Políticas Públicas pelo Centro Universitário de Brasília (UniCEUB).

Liziane Paixão Silva Oliveira
Doutora em Direito pela Université Aix-Marseille III, França. Professora dos programas de Mestrado e Doutorado do Ceub e da Unit. Advogada.

Luana Vargas Macedo
Formada em Direito pela Faculdade de Direito de Recife – UFPE, em 2006. Mestre em Direito pela Universidade de Harvard, em 2017. Procuradora da República desde 2012, tendo, entre outras atividades, integrado a Força Tarefa Greenfield em 2017 e o grupo de trabalho da Lava-Jato na PGR entre 2017 e 2020. Antes de ingressar no MPF, foi Procuradora da Fazenda Nacional por seis anos, período em que, como integrante da Coordenação de Assuntos Tributários (CAT), representou a Fazenda Nacional junto ao Conselho Administrativo de Recursos Fiscais (CARF), e como integrante da Coordenação de Representação Judicial (CRJ), chefiou divisão responsável pela estratégia de defesa judicial da Fazenda Nacional em temas prioritários.

Luciana Miranda Moreira
Procuradora da Fazenda Nacional. Pós-Graduada *lato sensu* em Direito Constitucional pelo Instituto Brasileiro de Ensino, Desenvolvimento e Pesquisa (IDP). Ex-Servidora e Ex-Assessora de Ministro do Supremo Tribunal Federal. Atua na defesa da Fazenda Nacional (PGFN) perante o Supremo Tribunal Federal.

Luiz Carlos Sturzenegger
Procurador-Geral do Banco Central do Brasil. Procurador-Geral da Fazenda Nacional. Assessor Legal do Banco Inter-Americano de Desenvolvimento. Advogado militante. Mestre em Direito pela Universidade de Harvard (EUA).

Manoel L. Volkmer de Castilho
Bacharel em Direito UFRGS, em 1970. Sindicato dos Trabalhadores Rurais de Camaquã/RS e Cachoeira do Sul/RS – Advogado trabalhista, de 1970 a 1973. Incra – Advogado e Procurador de 3ª categoria concursado, de 1973 a 1976. Justiça Federal SJ/PR – Juiz Federal, Seção Judiciaria do Paraná, de 1976 a 1984 (Juiz Federal designado SJ/SC 1977; Juiz Federal designado SJ/MT 1978/1979 e Juiz Federal designado SJ/MS 1980/1981; Juiz do TRE/PR, Juiz do TRE/SC, Juiz do

TRE/MT e Juiz do TRE/MS nos períodos respectivos). Justiça Federal SJ/SC – Juiz Federal, Seção Judiciária de Santa Catarina, de 1984 a 1989 (Juiz do TRE 1987/1988). TRF4 – Juiz do Tribunal Regional Federal da 4ª Região em Porto Alegre/RS, de 1989 a 2003 (Juiz do TRE/RS 2001/2003). AGU – Consultor-Geral da União, de 2003 a 2007. STF – Secretário-Geral da Presidência, de 2007 a 2008. CJF – Assessor do Corregedor-Geral, Corregedoria-Geral da Justiça Federal, de 2007 a 2008. CNJ – Corregedoria Nacional de Justiça – Assessor do Corregedor Nacional, de 2007 a 2009. STJ – Assessor de Ministro, de 2009 a 2012. CNV – Comissão Nacional da Verdade – Assessor Especial, em 2012. STF – Assessor de Ministro, de 2012 a 2013. STJ – Assessor de Ministro, de 2013 a 2014. STF – Assessor de Ministro, de 2014 a 2016. Advogado, de 2017 a 2022.

Marcus Vinicius Barbosa
Graduado, Mestre e Doutorando em Direito pela Universidade do Estado do Rio de Janeiro (UERJ). Master of Laws (LL.M.) pela Columbia Law School (New York) com honras pelo desempenho acadêmico superior (Harlan Fiske Stone honor) e com a obtenção do Parker School Recognition of Achievement in International and Comparative Law. Comparative Tax and Police Administration Program pela Harvard Kennedy School of Government (HKS). MBA em Investimentos e Private Banking pelo Instituto Brasileiro de Mercado de Capitais – IBMEC. Professor de Direito Tributário nos programas de Pós-Graduação *lato sensu* da UERJ e da Faculdade Presbiteriana Mackenzie – Rio. Ex-Assessor de Ministro do Supremo Tribunal Federal. Ex-Procurador da Fazenda Nacional. Membro da Comissão Especial de Assuntos Tributários e da Comissão de Mercado de Capitais da Ordem dos Advogados do Brasil – Seção do Rio de Janeiro. Diretor e Membro-Fundador da Sociedade Brasileira de Direito Tributário (SBDT). Membro da Associação Brasileira de Direito Fiscal (ABDF) e da International Fiscal Association – IFA.

Moisés de Sousa Carvalho Pereira
Procurador da Fazenda Nacional em atuação junto ao Carf desde 2008. Coordenador-Geral da Atuação da PGFN junto ao Carf. Mestrando em Direito Tributário pela Fundação Getulio Vargas (FGV/SP). Especialista em Direito Tributário pelo Instituto Brasileiro de Estudos Tributários (Ibet). Professor de Direito Tributário na Pós-Graduação da Faculdade Presbiteriana Mackenzie – Rio.

Nelson Azevedo Jobim
Graduado em 1968 como Bacharel em Ciências Jurídicas e Sociais pela Faculdade de Direito da Universidade Federal do Rio Grande do Sul. Ocupou os cargos de Membro e Presidente do Supremo Tribunal Federal de 1997 a 2006, Ministro da Justiça, Ministro da Defesa, Presidente do Conselho Nacional de Justiça e de Ministro e Presidente do Tribunal Superior Eleitoral. Pelo Rio Grande do Sul, foi deputado federal durante dois mandatos. Como advogado, atuou de 1969 a 1994; de 2006 a 2007; e de 2011 até 2016.

Oscar Valente Cardoso
Doutor em Direito (UFRGS). Mestre em Direito e Relações Internacionais (UFSC). Juiz Federal na 4ª Região. Professor e Coordenador de Direito Digital na Esmafe/PR. Coordenador de Processo Civil e de Noções Gerais de Direito e Formação Humanística na Esmafe/RS. Juiz Federal. Coordenador do Comitê Gestor de Proteção de Dados do TRF4, foi Juiz Auxiliar do Supremo Tribunal Federal no Gabinete do Ministro Teori Zavascki. Juiz Auxiliar da Presidência do Tribunal Regional Federal da 4ª Região (6/2019 a 5/2020).

Paulo Marcos de Farias
Mestre em Direito pela Universidade do Vale do Itajaí – Univali. Juiz de Direito da Primeira Turma Recursal do Tribunal de Justiça de Santa Catarina. Atuou como Juiz Auxiliar do Superior Tribunal de Justiça (2014) E Juiz Auxiliar e Instrutor do Supremo Tribunal Federal (2015-2020).

Paulo Mendes
Pós-Doutor pela Universidade Federal da Bahia. Doutor e Mestre pela Universidade Federal do Rio Grande do Sul. Professor da Graduação, Mestrado e Doutorado do Instituto Brasileiro de Ensino, Desenvolvimento e Pesquisa (IDP) em Brasília. Procurador da Fazenda Nacional. Coordenador-Geral da atuação da PGFN no STF. Autor de diversos livros e artigos.

Paulo Roberto Riscado Junior
Ex-Procurador-Geral da Fazenda Nacional. Chefe de Assessoria no Gabinete do Conselheiro Luis Braido, do Conselho Administrativo de Defesa Econômica – Cade.

Rafael de A. Araripe Carneiro
Professor do Instituto Brasileiro de Ensino, Desenvolvimento e Pesquisa (IDP), onde coordena o Grupo de Pesquisa sobre Improbidade Administrativa. Mestre e Doutorando em Direito Público pela Universidade Humboldt, Alemanha. Advogado e presidente da Comissão de Direito Eleitoral da OAB-DF.

Rogério Campos
Mestre em Políticas Públicas e Governo pela Fundação Getúlio Vargas (FGV). Coordenador e Coautor das obras *Novo Código de Processo Civil comentado na prática da Fazenda Nacional*, Editora RT, 2017; *Constituição e Código Tributário comentados sob a ótica da Fazenda Nacional*, Editora RT, 2020; *Comentários sobre transação tributária*, Editora RT, 2021 e *Microssistema de recuperação do crédito fiscal*, Editora RT, 2021, bem como coautor de diversas obras coletivas. Procurador da Fazenda Nacional de 2003, tendo exercido os cargos de Coordenador-Geral da Representação Judicial da Fazenda Nacional, Subchefe Adjunto de Políticas Econômicas da Casa Civil da Presidência da República, atualmente ocupando o cargo de Diretor de Programa no âmbito da Secretaria Executiva do Ministério da Economia.

Vanessa Wendhausen Cavallazzi
Doutoranda em Direito pelo Centro Universitário de Brasília – UniCEUB. Mestre em Políticas Públicas e Direito pelo Centro Universitário de Brasília – UniCEUB. Promotora de Justiça do Ministério Público do Estado de Santa Catarina. Foi Diretora do Centro de Estudos e Aperfeiçoamento Funcional do Ministério Público do Estado de Santa Catarina – CEAF/MPSC (2015/2016) e Membro Auxiliar do Conselho Nacional do Ministério Público, desenvolvendo suas funções junto à Comissão de Sistema Prisional, Controle Externo da Atividade Policial e Segurança Pública (2017-2019). Assessorou o Escritório de Representação do Ministério Público do Estado de Santa Catarina em Brasília (2020-2021). Participa do Grupo de Pesquisa Cortes Constitucionais e Democracia instalado na UniCEUB.

Esta obra foi composta em fonte Palatino Linotype, corpo 10
e impressa em papel Offset 75g (miolo) e Supremo 250g (capa)
pela Gráfica Forma Certa.